LA LIBERTÉ

DANS

L'ORDRE INTELLECTUEL ET MORAL

ÉTUDES DE DROIT NATUREL

PAR

ÉMILE BEAUSSIRE

PROFESSEUR A LA FACULTÉ DES LETTRES DE POITIERS

> Les sociétés humaines naissent, vivent et meurent sur la terre; là s'accomplissent leurs destinées, là se forment leur part en imparfaite et fautive, qui n'est fondée que sur le besoin et le droit qu'elles ont de se conserver. Mais elle n'accomplissent pas l'homme tout entier. Après qu'il s'est engagé à la société, il lui reste la plus noble partie de lui-même, ces hautes facultés par lesquelles il s'élève à Dieu, à une vie future, à des biens inconnus, à un monde invisible.
> ROYER-COLLARD.

L'INDIVIDU ET L'ÉTAT. — LA FAMILLE.
LA LIBERTÉ D'ENSEIGNEMENT. — LA LIBERTÉ DE CONSCIENCE.
LA LIBERTÉ DE LA PRESSE. — LA LIBERTÉ D'ASSOCIATION.
LA PROPRIÉTÉ : PROPRIÉTÉ MATÉRIELLE.
PROPRIÉTÉ INTELLECTUELLE.

PARIS

A. DURAND ET PEDONE-LAURIEL

LIBRAIRES-ÉDITEURS

9, rue Cujas (ancienne rue des Grès)

1866

LA LIBERTÉ

DANS

L'ORDRE INTELLECTUEL ET MORAL

ÉTUDES DE DROIT NATUREL.

OUVRAGES DU MÊME AUTEUR :

Du fondement de l'obligation morale, in-8º.— 1855.

Lectures philosophiques, ou Leçons de logique extraites des auteurs dont l'étude est prescrite par l'Université, in-18. — 1857.

Antécédents de l'Hégélianisme dans la philosophie française. — Dom Deschamps, son système et son école. In-18 (Bibliothèque de philosophie contemporaine). — 1865.

Poitiers. — Imp. de A. Dupré, rue de la Mairie, 10.

LA LIBERTÉ

DANS

L'ORDRE INTELLECTUEL ET MORAL

ÉTUDES DE DROIT NATUREL

PAR

ÉMILE BEAUSSIRE

PROFESSEUR A LA FACULTÉ DES LETTRES DE POITIERS.

> Les sociétés humaines naissent, vivent et meurent sur la terre : là s'accomplissent leurs destinées, là se termine leur justice imparfaite et fautive, qui n'est fondée que sur le besoin et le droit qu'elles ont de se conserver. Mais elles ne contiennent pas l'homme tout entier. Après qu'il s'est engagé à la société, il lui reste la plus noble partie de lui-même, ces hautes facultés par lesquelles il s'élève à Dieu, à une vie future, à des biens inconnus dans un monde invisible.
>
> ROYER-COLLARD.

L'INDIVIDU ET L'ÉTAT. — LA FAMILLE.
LA LIBERTÉ D'ENSEIGNEMENT. — LA LIBERTÉ DE CONSCIENCE.
LA LIBERTÉ DE LA PRESSE. — LA LIBERTÉ D'ASSOCIATION.
LA PROPRIÉTÉ : PROPRIÉTÉ MATÉRIELLE ;
PROPRIÉTÉ INTELLECTUELLE.

PARIS

A. DURAND ET PEDONE-LAURIEL

LIBRAIRES-ÉDITEURS

9, rue Cujas (ancienne rue des Grès)

1866

INTRODUCTION.

> Des trois objets de la loi, le gouvernement, l'honneur et l'âme, le gouvernement appartient aux chefs, l'honneur et l'âme appartiennent à tous.
> ANCIENNE LOI D'IRLANDE.

L'âme seule a des droits. C'est elle qui sanctifie le corps qu'elle anime et toutes les choses que le corps s'est appropriées sous sa direction et par son commandement. Mais, si tous les droits appartiennent à l'âme, il en est qu'elle revendique plus directement comme son véritable domaine. Elle n'est indifférente ni à la liberté physique ni à la propriété matérielle; mais c'est elle-même qui jouit de la liberté de penser, et qui crée, au profit de ses propres œuvres, la propriété intellectuelle. Parmi les droits mêmes qui constituent la propriété matérielle, ceux qui représentent des sentiments et des devoirs, comme la communauté conjugale et l'hérédité, n'intéressent-ils pas éminemment la vie morale, c'est-à-dire la vie de l'âme?

Ces droits propres à l'âme sont ceux qui se prêtent le moins à une définition légale. Les lois positives ont besoin de s'appuyer sur la matière pour donner à leurs formules une précision suffisante. Dès que cette base leur manque, elles ne savent où se prendre, et les droits sont livrés, suivant les intérêts ou les passions du moment, à toutes les incertitudes et à toutes les variations des législations et des jurisprudences. Voilà plus de cinq mille ans que le nom de liberté fait battre tout cœur généreux, même chez les peuples barbares : la liberté de conscience est d'hier; elle n'est reconnue dans sa plénitude que chez deux ou trois nations, et elle n'a reçu presque nulle part son complément nécessaire, la liberté d'enseignement. Quoi de moins fixe dans nos lois protectrices de la propriété que le droit d'hérédité ? Quoi de plus discuté encore aujourd'hui que les principes constitutifs de la famille elle-même ? Et quoi de plus nouveau que la propriété intellectuelle ?

Ces droits sont non-seulement les plus précaires dans les institutions sociales : ils restent vagues et obscurs pour les consciences elles-mêmes. La conscience, comme la loi, sent le besoin d'une base positive. Elle se laisse souvent outrager sans murmurer, ou plutôt elle ne se rend pas compte de ses sourds murmures, quand l'outrage ne porte pas sur un objet sensible, ou quand il ne viole pas un texte protecteur. De là la facilité avec laquelle les esprits les plus éclairés confondent ce qui est juste avec ce qui est légal ; de là la longue persistance, au sein des législations les plus équitables et même les plus libérales, de tant d'abus tyranniques. Lors même que l'âme offensée proteste contre un excès de pouvoir autorisé par les lois, ce n'est, dans bien des cas, qu'une protestation individuelle et naïvement égoïste. On n'a pas attendu la proclamation de la liberté de conscience pour repousser la persécution religieuse ; mais on a vu, dans tous les temps, les sectes les plus jalouses de leur liberté s'associer à la persécution des sectes rivales, et les opprimés de la veille devenir les oppresseurs du lendemain.

Les philosophes anciens réclamaient moins la liberté de professer leurs doctrines sans contrôle et sans entraves légales que la réalisation de leurs théories dans toutes les sphères où peut s'étendre l'action de l'État. Dans cet État idéal dont ils se font les législateurs, rien n'échappe à leurs règlements. Les croyances, les mœurs, les relations de famille, d'amitié ou d'intérêt, tout doit subir l'empire de la loi ; car la loi, pour eux, c'est la droite raison, la raison même de Dieu ; elle ne reconnaît rien en dehors ni au-dessus d'elle ; le droit naturel se propose non de borner le domaine du droit civil, mais de le féconder. Telles sont également les maximes des jurisconsultes, dès qu'ils demandent des lumières à la philosophie. Leur science s'intitule, comme la philosophie elle-même, la science universelle, la connaissance des choses divines et humaines : *divinarum atque humanarum rerum notitia* [1].

Prétentions généreuses, mais funestes, et pour la liberté des citoyens et pour la sécurité de l'État lui-même. En vain le législateur se propose-t-il un modèle idéal, en vain cherche-t-il à reproduire la loi éternelle de Dieu ; son œuvre est imparfaite, comme toute œuvre humaine ; elle porte, quoi qu'il fasse, la trace de son ignorance, de ses erreurs, de ses passions. Il n'est pas une législation, même chez les peuples les plus civilisés, qui soit de tout point juste et bienfaisante. De mauvaises lois valent mieux, sans contredit, que l'absence de lois, quand il s'agit de fixer les limites dans lesquelles doivent se renfermer les droits des individus pour prévenir tout conflit et tout empiétement réciproque ; mais, précisément parce que les lois peuvent être mauvaises, il faut qu'elles s'imposent à elles-mêmes des limites, et qu'elles se considèrent plutôt comme un mal nécessaire que comme l'expression adéquate de la conscience humaine et de la raison divine. Il faut surtout qu'elles craignent de toucher à ce domaine de l'âme, à ces droits délicats qu'on risque d'étouffer dès qu'on veut les enfermer dans une définition ou dans une formule. L'individu qui, en l'absence d'une loi protectrice, me dérobe impunément mon bien, ne me fait qu'un tort matériel ; la loi qui empiète sur le domaine sacré de ma pensée, de mes

---

[1] *Institutorum*, l. I, t. I.

sentiments, de mes devoirs les plus essentiels et les plus intimes, porte atteinte à mon âme elle-même. C'est la pire des tyrannies, la tyrannie morale, d'autant plus détestable qu'elle ne peut se maintenir que par l'obscurcissement des intelligences et l'abaissement des caractères. Un peuple éclairé et courageux finira toujours par comparer cette détermination légale des choses divines et humaines avec l'idéal qu'il porte dans sa conscience, et, du moment qu'il aura conçu une loi meilleure, les moyens ne lui feront pas défaut pour en exiger la réalisation. Heureux s'il se borne à soustraire à l'action de l'État les droits propres de l'âme, et s'il ne se forge pas de nouvelles chaînes en donnant à la loi plus ou moins parfaite qu'il institue l'étendue et l'omnipotence de celle qu'il a brisée !

Le christianisme a consacré la limitation nécessaire des droits de l'État. *Rendez à César ce qui appartient à César*, dit l'Évangile, *et à Dieu ce qui appartient à Dieu*. Mais cette distinction, par laquelle Jésus ferma la bouche aux Pharisiens, ne pouvait satisfaire César lui-même et les représentants de César. La société païenne ne connaissait pas deux droits, mais un seul, et l'empire romain, la dernière et la plus complète expression de cette société, personnifiait ce droit unique, en réunissant sur une seule tête le souverain pontificat et le gouvernement du monde. En vain les disciples du Christ, fidèles à la parole de leur maître, remplissent exactement tous leurs devoirs de citoyens et de sujets ; en vain ils acquittent tous les impôts, même celui du sang ; en vain ils obéissent à toutes les lois, sauf à une seule, celle qui, en prétendant régler leurs croyances, réclame, au nom de César, ce qui n'appartient qu'à Dieu : une telle restriction des droits de César est une révolte manifeste aux yeux des plus sages empereurs, comme Trajan, aux yeux des empereurs philosophes, comme Marc-Aurèle ; et les magistrats les plus modérés, comme Pline, croient concilier tous les devoirs en ne traitant avec rigueur que les chrétiens obstinés et endurcis, c'est-à-dire les chrétiens sincères et fermement attachés à leur foi [1].

Cette confusion de l'ordre temporel et de l'ordre intellectuel et moral, qui avait déjà coûté la vie à Socrate, et contre laquelle ni Socrate ni aucun de ses disciples n'avait protesté en principe, cessa-t-elle avec la société et la philosophie païennes? L'avénement de la religion nouvelle fut loin d'être une rupture complète avec les traditions du passé. Constantin, en se faisant chrétien, n'entend abdiquer aucun des droits de César ; il est toujours le souverain pontife, le régulateur suprême des choses divines et humaines ; il n'a pas cessé d'être le gardien, l'arbitre et l'interprète de la foi de l'empire, soumettant à sa décision toutes les questions de discipline et même de dogme, et continuant à persécuter, comme rebelles, ceux qui refusent leur obéissance à la doctrine officiellement orthodoxe. Ces prétentions, qu'entretiennent et qu'autorisent les maximes toujours subsistantes de la jurisprudence romaine et de la philosophie antique, sont celles de tous ses successeurs. Charlemagne les a renouvelées en reconstituant l'empire, et il les a transmises à tous les États qui se sont partagé son héritage. Il n'est pas, aujourd'hui même, un seul État chrétien, schismatique ou uni, protestant ou catholique, où l'on n'en trouve plus ou moins la trace.

Cependant le christianisme, dans ses diverses communions, a institué une puissance religieuse qui ne peut, sans mentir à son principe, laisser au pouvoir civil la garde des dogmes dont elle est dépositaire, et leur donner pour mesure et pour garantie l'intelligence et la bonne volonté des gouvernements humains. L'Église catholique surtout, repré-

---

[1] Interrogavi ipsos an essent christiani : confitentes iterum ac tertio interrogavi, supplicium minatus : perseverantes duci jussi. *Neque enim dubitabam qualecumque esset quod faterentur, pervicaciam certe et inflexibilem obstinationem debere puniri.*— Plinii epistolæ, l. x, ep. 47.

sentée par un chef visible, qu'elle a le droit d'opposer aux successeurs des Césars, n'a jamais cessé de lutter pour son indépendance, qui est celle des consciences elles-mêmes. Elle a contribué ainsi à maintenir, dans les sociétés modernes, un principe de liberté morale étranger aux sociétés antiques. Toutefois, tous les droits de l'ordre moral ne trouvent pas leur sauvegarde dans l'indépendance de l'Église. Elle ne profite qu'aux croyances religieuses, et par là chaque Église n'entend que ses propres croyances, celles qu'elle regarde comme les seules vraies, comme les seules révélées par Dieu même. Par une contradiction déplorable, les Églises mêmes qui ont repoussé avec le plus d'énergie l'immixtion de l'État dans leurs cérémonies et dans leurs dogmes ont été les premières à appeler, sur les opinions qu'elles condamnaient, la persécution séculière; elles ont continué à voir dans César, sinon l'interprète de la vérité, du moins le bras de Dieu, obligé de se lever pour la défense de ses droits et d'exterminer tous les ennemis de son nom et de sa foi. Ainsi s'est conservée, dans le domaine de la religion et sous le couvert de l'autorité spirituelle, l'antique omnipotence de la loi civile. Chaque Église, comme autrefois chaque secte philosophique, s'est réservé le droit de répudier toute loi contraire à ses dogmes; mais, soit que la puissance religieuse ait accepté, sous cette réserve, la suprématie de l'État, soit qu'elle ait cherché à le placer lui-même sous sa dépendance, elle l'a presque partout associé à son gouvernement, et le royaume de César est resté confondu avec le royaume de Dieu.

Une autre confusion, dont le libéralisme moderne n'a pas encore su se dégager, est sortie de ces prétentions tantôt rivales, tantôt unies, de la puissance politique et de la puissance religieuse. On a vu, dans tous les temps, ceux qui se mettaient en opposition avec la discipline ou la foi de leur Église, chercher un refuge, non dans la revendication de la liberté de penser, que ni l'Église ni l'État n'étaient disposés à leur accorder, mais dans la prépondérance de celui des deux pouvoirs qui leur semblait le moins intolérant. Domination pour domination, ils préféraient celle de l'État, moins directement intéressée à la pureté des doctrines, lors même qu'elle se faisait l'auxiliaire de l'orthodoxie religieuse. Ils sentaient que l'État, en qualité de puissance souveraine et de magistrature laïque, n'est jamais pour l'Église qu'un allié jaloux et circonspect, qui ne saurait accepter sans réserve la direction d'un pouvoir rival, ni prendre l'engagement d'intervenir dans toutes ses querelles. Aussi c'est de ce côté que l'État a quelquefois trouvé le plus de zèle pour renforcer et pour étendre ses droits. « Défends-moi avec l'épée, je te défendrai avec la plume, » disaient aux Césars d'Allemagne les libres penseurs du moyen âge [1].

C'est ainsi que la Réforme, en secouant le joug de l'Église romaine, l'a échangé presque partout contre celui des souverainetés temporelles, et qu'on a vu trop souvent la philosophie moderne, lorsqu'elle n'usait pas de ménagements excessifs vis-à-vis de l'Église, s'inspirer des maximes des philosophes et des jurisconsultes anciens pour livrer la liberté religieuse à l'arbitraire du pouvoir civil, ou, si l'on veut, pour substituer à l'intolérance ecclésiastique la tolérance relative de l'État. Spinoza a écrit un traité dont le but principal et avoué est la défense de la liberté des opinions. « Il n'est pas, suivant lui, de gouvernement plus tyrannique que celui qui fait un crime des opinions individuelles; car elles constituent le droit de chacun, dont personne ne doit rien retrancher [2]. » Quelle sera donc sa conclusion? « Que la

---

[1] *Tu me defendas gladio, ego te defendam calamo.* Adresse de Guillaume d'Occam à l'empereur Louis de Bavière.

[2] *Ibi enim violentissime regnatur, ubi opiniones, quæ uniuscujusque juris sunt, quo nemo cedere potest, pro crimine habentur.* — *Tractatus theologico-politicus*, c. 18.

religion n'a de droits qu'en vertu des décrets de ceux qui sont investis du droit de commander, et qu'il n'y a pas de royaume particulier de Dieu sur les hommes, si ce n'est par l'intermédiaire de ceux qui exercent l'empire. » Et il ajoute : « que le culte de la religion et la pratique de la piété doivent être accommodés à la paix et à l'intérêt de l'État, et, par conséquent, n'être déterminés que par les pouvoirs souverains, qui en doivent être également les interprètes [1]. » C'est aussi la conclusion de Rousseau, qui ne proscrit l'intolérance religieuse qu'au profit de l'intolérance civile, invitée à bannir quiconque n'accepte pas la profession de foi de l'État, et à punir de mort quiconque, après l'avoir acceptée, n'y conforme pas sa conduite [2]. Ce sont ces maximes d'une fausse philosophie, jointes aux réminiscences des institutions républicaines de l'antiquité, qui ont égaré la Révolution française, plus jalouse, comme les réformateurs philosophes de la Grèce et de Rome, de reconstituer l'État sur une base entièrement rationnelle, que de lui assigner des bornes, dans l'intérêt des droits individuels et des libertés morales. C'est enfin le même esprit qui prévaut encore de nos jours dans ce prétendu libéralisme qui

---

[1] Ostendere volo religionem vim juris accipere a solo eorum decreto, qui jus imperandi habent, et Deum nullum singulare regnum in homines habere, nisi per eos qui imperium tenent, et præterea quod religionis cultus et pietatis exercitium reipublicæ paci et utilitati accommodari, et consequenter a solis summis potestatibus determinari debet, quæque adeo ejus interpretes debent esse.—*Ibid.*, c. 19.

[2] « Il y a donc une profession de foi purement civile, dont il appartient au souverain de fixer les articles, non pas précisément comme dogmes religieux, mais comme sentiments de sociabilité, sans lesquels il est impossible d'être bon citoyen ni sujet fidèle. Sans pouvoir obliger personne à les croire, il peut bannir de l'État quiconque ne les croit pas : il peut le bannir non comme impie, mais comme insociable, comme incapable d'aimer sincèrement les lois, la justice, et d'immoler au besoin sa vie à ses devoirs. Que si quelqu'un, après avoir reconnu publiquement ces mêmes dogmes, se conduit comme ne les croyant pas, qu'il soit puni de mort ; il a commis le plus grand des crimes : il a menti devant les lois. » — *Contrat social*, l. IV, c. 8.

prend la défiance et la haine de l'Église pour l'amour de la liberté, et qui croit avoir tout fait quand il a enlevé au clergé la consécration de la famille, l'éducation des enfants, et même la discipline ecclésiastique, pour en investir le pouvoir civil.

Méconnus par l'Église et par les philosophes, les droits propres de l'ordre intellectuel et moral ont trouvé, dans les mœurs elles-mêmes, une garantie souvent plus puissante, quoique plus précaire, que dans les institutions et les lois. Le christianisme a donné un nouveau prix à la vie de l'âme. Cette destinée immortelle que les philosophes païens espéraient pour l'âme humaine, plutôt qu'ils n'osaient l'affirmer, est devenue le véritable but de l'existence du chrétien. Pleine à la fois de promesses et de menaces, elle l'invite à conquérir la réalisation des unes et à détourner l'effet des autres. Ce n'est pas assez de s'assurer ici-bas une position avantageuse dans la société civile, il faut mériter pour l'éternité une place dans la société des esprits bienheureux. La loi extérieure est sans rapport avec ce but suprême; il ne peut être atteint que par l'obéissance de l'âme elle-même à une loi tout intérieure et toute morale, par les œuvres fondées sur la foi. De là, pour le chrétien, un trésor de croyances sur lequel il veille avec un soin jaloux, une sphère d'action qu'il ne laisse envahir par aucune puissance, et que le plus tiède, on l'a vu à toutes les époques de persécution et au sein de toutes les communions, ne craindra pas de défendre au péril de ses jours.

Toutefois, cette pensée de l'autre vie, si elle est la plus haute, n'est pas, en général, la plus constante préoccupation de l'âme. Même le chrétien le plus fervent se sent appelé par la nature, et, à certains égards, obligé par la loi morale elle-même, à donner une grande part de ses soins aux intérêts et aux devoirs dont il est chargé ici-bas. C'est là proprement la vie active de l'homme, au point de vue moral comme au point de vue matériel. Si elle embrasse les actes civils et politiques, sur lesquels l'Etat exerce naturellement son contrôle, elle comprend aussi ces actes privés qui sont le domaine propre de la conscience et des affections de l'âme, et qui répugnent, en général, à toute détermination, comme à toute contrainte légale.

Dans les sociétés antiques, où la civilisation se montre à peu près inséparable de l'état républicain et de la participation de tous les hommes libres au gouvernement de la cité, la vie privée est subordonnée et quelquefois sacrifiée à la vie publique. On songe d'autant moins à restreindre l'action de la loi que chaque citoyen participe à cette action comme législateur et comme juge. Si l'on peut moins comme individu ou comme père de famille, on se dédommage par l'influence plus étendue que l'on exerce comme citoyen. Les sociétés modernes, au contraire, se sont généralement élevées à la civilisation sous l'état monarchique : c'est en dehors de la vie publique, au sein de la vie privée, que les individus ont eu à se développer. De là, pour cette dernière, un prix plus grand, un besoin d'indépendance que connaissaient à peine les républiques anciennes. Or, la vie privée, ce n'est pas seulement l'exercice d'une profession matérielle, en vue des besoins du corps; c'est la vie morale au sein de la famille, ce sont toutes les relations sociales qui procurent au cœur ses plus pures jouissances ou qui favorisent la culture de l'esprit : la liberté qu'elle revendique, ce sont les droits mêmes de l'âme.

Cet intérêt supérieur, qui s'attache à la vie privée chez les peuples modernes, a été aussi le fruit de l'esprit nouveau que l'invasion germanique a répandu en Europe à la chute de l'empire romain. L'indépendance individuelle est le premier besoin du Germain. Barbare, il la plaçait dans l'activité matérielle, dans la chasse, dans la guerre, dans l'initiative des expéditions aventureuses; civilisé, il la réclame pour ses pensées, pour ses sentiments, pour toutes les manifestations de son âme. Aujourd'hui encore, les peuples où domine le sang germanique sont ceux qui souffrent le moins l'intervention de l'État : les Allemands dans la vie spéculative, les Anglo-Saxons dans la vie active.

N'oublions pas, enfin, la part des femmes dans cette séparation de la vie privée et de la vie publique. La poésie antique a personnifié dans une femme la première protestation de l'âme contre les empiétements de la loi. L'Antigone de Sophocle, accusée d'avoir violé l'édit de Créon en remplissant un pieux devoir, oppose aux décrets arbitraires et variables des hommes « les lois éternelles et inébranlables des dieux, qui ne sont pas d'aujourd'hui ni d'hier, mais qui vivent toujours, sans que nul puisse dire quand elles sont apparues. » Le discours que lui prête le poëte sent peut-être le philosophe et le rhéteur. Il a mérité d'être cité par Aristote et commenté par Cicéron et par Hégel [1]. Mais, si ce n'est pas le langage, ce sont bien les sentiments d'une femme. Appelée à renfermer sa vie dans l'intérieur de la famille, où le gouvernement est tout moral et ne s'exerce qu'au nom de la conscience, sous l'impulsion du cœur, la femme semble mieux préparée que l'homme à défendre les droits de la nature et de l'âme contre l'envahissement des puissances temporelles. Ce n'est pas qu'elle éprouve ce besoin passionné de liberté qui soulève l'homme contre la tyrannie politique : la femme ne fait ni les révolutions ni les lois ; elle aime la règle par instinct autant que par réflexion ;

---

[1] « La *piété*, dans une de ses manifestations les plus parfaites, l'Antigone de Sophocle, est présentée de préférence comme la loi de la femme, comme la loi de la substantialité subjective et sensible de l'intimité qui n'aspire pas encore à sa réalisation complète. C'est la loi des anciens dieux, des dieux de l'enfer, la loi éternelle dont personne ne connaît la première apparition, en opposition à la loi publique, à la loi de l'État. Contraste des plus moraux, et par cela même des plus tragiques, dans lequel se personnifient la nature propre de l'homme et celle de la femme. » — Hégel, *Fondements de la philosophie du droit*, § 166.

mais elle veut une loi qui parle à son âme, en s'imposant à sa volonté ; elle ne comprend et n'accepte volontiers la contrainte matérielle que si elle y sent une force morale.

La liberté que l'homme réclame, c'est surtout la liberté extérieure, le droit non de s'isoler dans son indépendance et dans l'accomplissement de ses devoirs privés, mais de se mêler activement à la vie de ses semblables, en exerçant sur eux une influence égale à celle qu'ils prétendent exercer sur lui. La femme réclame aussi la liberté, mais intérieure et concentrée en quelque sorte, le droit de suivre en paix, dans la pratique de tous les devoirs auxquels elle se sent ou se croit soumise, la décision de sa conscience, de ses sentiments, de ses préjugés même, en un mot la loi idéale qu'elle trouve dans son cœur. Pour la défense de ces droits de l'âme, la plus faible femme saura opposer à la violence un courage indomptable. Sa résistance, toute passive, comme celle de la vierge païenne, ne sera pas une révolte, mais la revendication, au péril de sa vie, du domaine moral par excellence, de ce que nous pouvons appeler avec Hégel, dans le sens le plus général, le *domaine de la piété*, où tout repose sur l'amour de Dieu, les sentiments de famille et le respect de soi-même, et au seuil duquel doit expirer l'action de l'État, parce qu'un tel domaine est en dehors des droits que l'État protége.

Ce n'est que dans les temps modernes que les femmes ont pu avoir une influence décisive sur l'affranchissement de la vie privée. Il ne faut pas sans doute exagérer, comme on le fait trop souvent, leur rôle dépendant et servile dans la civilisation païenne. Sans parler des héroïnes épiques ou tragiques, les historiens anciens sont pleins de nobles caractères de femmes, et celles dont ils nous ont transmis les belles actions ou les belles paroles nous apparaissent, précisément dans la sphère de ces devoirs privés qui sont propres à leur sexe, prêtes à donner leur vie pour l'accomplissement de ces chers devoirs, et sachant s'y renfermer, dans l'intérêt de la patrie même, pour qui elles travaillent à former de sages et courageux citoyens. Toutefois, malgré ces illustres exceptions, il est incontestable que les femmes n'avaient pas, dans les institutions civiles de la Grèce et de l'Italie, les droits et la dignité qu'elles doivent, chez les modernes, à la double influence des croyances chrétiennes et des mœurs germaniques. Elles devaient tout à l'ascendant de leur caractère personnel, non de leur condition sociale. Elles ne tenaient pas, même dans la famille, un rang assez indépendant et assez élevé pour maintenir la vie privée à la hauteur de la vie publique. Elles ne sortaient de l'obscurité de leur position qu'en assumant indirectement un rôle politique par les consolations ou les conseils qu'elles donnaient à leurs maris ou à leurs fils. Elles avaient besoin d'être des héroïnes pour cesser d'être des servantes ; et ceux dont elles prétendaient relever le courage et diriger la conduite avaient toujours le droit de leur dire, comme Télémaque à sa mère : « Rentre dans ton appartement, donne tes soins aux ouvrages de ton sexe, à la navette et au fuseau, et distribue entre tes esclaves les tâches qu'elles ont à remplir. C'est aux hommes qu'il appartient de parler, et surtout à moi qui suis le maître dans la maison [1]. »

Depuis la chute du paganisme, la femme est maîtresse dans la maison aussi bien que l'homme, qu'elle sait y retenir par la réciprocité de leurs devoirs et de leurs droits. Cette autorité qui se partage entre les deux chefs de la famille ; cet échange d'égards et d'affection, qui est pour eux une nécessité autant qu'un devoir pour prévenir les luttes et pour les apaiser ; cette communauté de soins qu'exigent les besoins matériels et les intérêts moraux qu'ils ont également à satisfaire, ce sont autant de liens qui les attachent à la vie domestique et qui leur en font sentir tout le prix. Or, ces liens sont tout moraux ; les lois ne contribuent qu'en sous-

---

[1] *Odyssée*, l. I, v. 356 et sqq.

œuvre à les former et à en empêcher la rupture ; ils dépendent, avant tout, des sentiments individuels et des croyances morales ou religieuses. La famille, telle que l'ont constituée les mœurs modernes, est la base des droits indépendants que la vie intellectuelle et morale revendique au sein de la société : la liberté d'enseignement, la liberté religieuse, le droit de propriété lui-même, considéré comme le signe visible de l'union et de la perpétuité des familles. Ces droits ne se sont posés, dans leur inviolabilité, en face de ceux de l'État, que depuis que l'homme a cessé de se laisser envahir par la vie publique, pour placer dans la vie privée ses premiers et ses plus précieux intérêts. L'instinct moral de la femme s'y était déjà attaché, comme à la garantie nécessaire de ses devoirs ; la raison de l'homme a fini par les comprendre et les a peu à peu réclamés formellement, comme la condition de sa dignité et de son indépendance. S'ils sont encore contrariés par les maximes que l'antiquité nous a léguées, et dont l'Église et l'État, la philosophie et la jurisprudence n'ont pas toujours su répudier l'héritage, ils tendent partout à forcer, par la puissance des mœurs, le retranchement que leur oppose la force illimitée ou mal définie de la loi.

De grandes victoires ont déjà été remportées depuis plus d'un demi-siècle, grâce à l'ébranlement qu'a produit dans toute l'Europe la Révolution française. Dès son début, la Révolution avait flotté entre deux courants contraires, l'un ne cherchant qu'à restreindre et à contrôler l'action de l'État, l'autre laissant à l'État une puissance sans bornes, à condition qu'elle passât des mains d'un prince dans celles d'une assemblée populaire. Les législateurs de 1789 ont été entraînés tour à tour par ces deux courants ; la Convention, plus logique, n'a guère suivi que le second. Aussi la réaction monarchique, provoquée par ses excès, a pu s'approprier, sans y rien changer, le système de centralisation et de compression qu'elle avait édifié au nom de la démocratie. Ce système a envahi toute l'Europe, et l'on a vu les États les plus antipathiques à la centralisation politique, comme l'Allemagne ou la Suisse, ou à la centralisation administrative, comme l'Angleterre, lui faire plus d'un emprunt, tantôt par l'influence des idées françaises, tantôt pour opposer à ces idées une barrière plus sûre. Dans ces alternatives de révolutions et de réactions, chaque parti a ainsi forgé les armes que ses adversaires ont tournées contre lui ; et, comme ces armes du despotisme ont fait partout de cruelles blessures, tous les partis ont appris tour à tour à les détester ; tous ont fini par sentir, dans leurs défaites, le besoin de ces garanties qu'ils méconnaissaient dans leurs triomphes.

Il s'est ainsi produit, au sein des diverses opinions, en faveur de tous les droits, si précieux et si fragiles, qui se recommandent des intérêts de la vie privée, et surtout des intérêts de l'ordre intellectuel et moral, un mouvement continu et irrésistible, qui n'a pas cessé de gagner du terrain soit dans les esprits, soit dans les institutions elles-mêmes. Aujourd'hui, toutes les anciennes distinctions de partis tendent à s'effacer pour laisser place à une seule, celle des adversaires et des partisans de l'omnipotence de l'État, ou, comme on dit dans le langage des journaux, celle des *libéraux* et des *autoritaires*. Dans chaque camp on trouve d'anciens ennemis, des protestants et des catholiques, des démocrates et des aristocrates, ligués, dans un intérêt commun, contre leurs amis de la veille. Or, il n'est pas difficile d'apprécier de quel côté a passé l'élite des anciens partis, et, bien que l'opinion publique se montre encore hésitante, il n'est pas non plus difficile de conjecturer de quel côté sera la victoire, quand on mesure, d'une part, les progrès déjà accomplis, et qu'on entend, de l'autre, les chefs des gouvernements demander eux-mêmes que leur responsabilité soit allégée, et qu'une plus grande latitude soit laissée à l'initiative individuelle.

Il y a soixante-quinze ans, au moment où l'Europe entière unissait ses efforts contre le flot envahissant de la Révolution française, dans le pays même qui avait pris l'initiative de la résistance et de la lutte, un jeune écrivain dont le nom de famille devait recevoir une double illustration, Guillaume de Humboldt, eut le mérite de comprendre et de démontrer que le seul remède efficace aux aspirations révolutionnaires, en même temps que le seul moyen légitime de leur donner satisfaction, était non pas d'exagérer, mais de restreindre la puissance de l'État, et surtout de lui soustraire tout ce qui touche directement à l'ordre moral. Quelques fragments seulement de l'essai qu'il composa, dès 1792, sur les limites de l'action de l'État, furent publiés dans différents recueils. Les temps n'étaient pas encore assez mûrs pour des idées aussi radicales. L'ouvrage entier n'a paru qu'après la mort de l'auteur [1], et il répondait si bien alors aux besoins des esprits, que, dans le pays le plus pratique de l'Europe, un éminent économiste en reproduisait bientôt toute la substance, avec des vues originales, dans un court et substantiel traité que tous les penseurs des deux mondes ont voulu lire [2]. Le livre de M. Stuart Mill a été traduit en français au lendemain de sa publication, et, quoique nos mœurs ne soient pas aussi bien préparées que les mœurs anglaises à s'affranchir, à la voix de l'auteur, non-seulement de la sujétion de l'État, mais de celle de l'opinion elle-même, il a produit parmi nous une vive impression. Nous n'avions pas besoin, du reste, en fait de théories libérales, de faire des emprunts à nos voisins d'outre-Rhin et d'outre-

---

[1] *Ideen zu einem Versuch die Grænzen der Wirksamkeit des Staats zu bestimmen.* — Wilhelm Von Humboldt's gesammelte Werke, 7 ter Band. 1852.—*Voir* la brillante esquisse de M. Challemel-Lacour : *La philosophie individualiste, étude sur Guillaume de Humboldt* (Bibliothèque de philosophie contemporaine).

[2] *On liberty*, by John Stuart Mill, ouvrage traduit par M. Dupont-White. — Paris, Guillaumin, 1860.

Manche. Guillaume de Humboldt cite presque à chaque page notre Mirabeau, et, de Mirabeau à Benjamin Constant, de Benjamin Constant à Tocqueville, de Tocqueville à MM. Laboulaye et Jules Simon, notre tribune, nos journaux ; notre littérature politique ou philosophique, nos chaires universitaires elles-mêmes, n'ont jamais déserté, malgré de fréquentes contradictions et des défaillances passagères, la cause des libertés de l'ordre moral [1].

Le temps n'est plus, d'ailleurs, où l'on pouvait chercher, dans l'exagération des droits de l'État, un contre-poids à l'esprit envahissant et exclusif que l'on reprochait aux puissances religieuses. Il n'y a qu'un libéralisme attardé qui songe encore à évoquer le spectre de la domination cléricale. Chaque Église a bien assez à faire de maintenir son autorité sur ses propres fidèles, sans se montrer menaçante à l'égard des croyances rivales. Toutes les communions ont un ennemi commun, qui n'est ni l'hérésie ni la libre pensée, mais l'indifférence, et leurs efforts, lors même qu'ils semblent rappeler les prétentions d'un autre âge, vont plutôt à réveiller le zèle endormi qu'à renouveler des persécutions désormais impuissantes. Au lieu de s'effrayer de ces excès de réaction, il est plus juste d'applaudir à l'esprit libéral qui anime aujourd'hui les sectateurs les plus intelligents des diverses religions. C'est l'arme de la liberté, non celle de l'intolérance, que l'on invoque le plus souvent, au sein du catholicisme comme du protestantisme. Partout on commence à comprendre qu'il est dangereux de s'appuyer sur l'État pour conserver ou pour conquérir les âmes, et que le seul service que la foi doive attendre de lui, c'est qu'il n'apporte aucune entrave à son développement. Des esprits soup-

---

[1] *Voir* surtout les deux volumes de M. Jules Simon sur *la Liberté*, ouvrage excellent qui ne nous eût laissé rien à faire, si nous n'avions choisi un point de vue plus spécial, et si nous n'avions eu le regret de nous séparer, sur quelques questions, de l'éloquent écrivain, dont nous nous honorons d'avoir été l'élève.

çonneux peuvent ne voir qu'une tactique dans ces appels à la liberté ; nous aimons mieux y reconnaître un effort sincère, sinon tout à fait désintéressé, pour échapper à des traditions qui ont encore force de loi pour bien des consciences religieuses, et qu'elles peuvent difficilement éluder sans un certain artifice d'interprétation. Quoi d'étonnant, d'ailleurs, qu'il s'y mêle des réserves et des arrière-pensées, quand le parti contraire donne trop souvent l'exemple du même manque de netteté et de franchise ? Nulle cause, même celle de la liberté, n'a entièrement abjuré les maximes et les pratiques de l'intolérance. Il faut, du moins, se féliciter de ce que toutes les causes, même celles pour qui l'intolérance semble un article de foi, sentent de plus en plus le besoin de compter avec la liberté.

Une science nouvelle, l'économie politique, contribue encore à favoriser, dans notre siècle, l'indépendance de la vie intellectuelle et morale. Sa tendance, on le sait, est de réduire l'État à un rôle de police et d'arbitrage, et de laisser à l'activité individuelle l'initiative de la production et de la distribution des richesses. Or, elle ne peut se dispenser de faire entrer soit parmi les richesses elles-mêmes, soit parmi les instruments qui les produisent, les pensées, les sentiments, toutes les facultés en un mot et toutes les opérations de l'âme. La liberté que réclament les économistes pour toutes les branches de travail s'étend donc nécessairement aux actes intellectuels et moraux ; elle implique l'émancipation complète de la vie privée. Que leurs maximes aient, en général, quelque chose de trop absolu, nous en tombons d'accord ; que l'opinion publique répugne à les accueillir sans réserve, c'est un fait incontestable ; mais on ne saurait nier le progrès qu'elles font tous les jours dans les idées, dans les mœurs, dans les lois particulières des peuples et dans les traités qui les unissent. Seront-elles aussi bienfaisantes que le supposent leurs partisans pour les intérêts matériels des sociétés ? Nous n'avons pas à le rechercher ; nous ne voulons que signaler l'heureux effet qu'on en peut attendre pour l'affranchissement des âmes.

Toutefois ce n'est ni aux économistes ni aux politiques qu'il convient d'abandonner la défense des droits de l'âme. Pour les premiers, il n'y a que des intérêts et des faits, et ils ne voient qu'une différence de forme et de degré, plutôt que de nature, entre l'ordre matériel et l'ordre moral. Or, on peut toujours opposer les faits aux faits, les intérêts aux intérêts ; et, dans cet amalgame que font les économistes de tous les éléments matériels ou immatériels de la richesse sociale, la faiblesse de leurs démonstrations sur quelques points risque toujours de compromettre les parties plus solides de leur édifice. Eussent-ils, d'ailleurs, raison de toutes les objections, ils ne réussiraient qu'à établir que le libre développement de l'activité individuelle, dans toutes ses manifestations, physiques, intellectuelles ou morales, est, pour une société, la condition la plus avantageuse ; il resterait toujours à prouver, non plus par des faits, mais par des raisons de droit, qu'un tel régime ne blesse pas la justice, qu'il ne porte atteinte à aucun droit, qu'il ne contrarie l'exercice d'aucun devoir. Ce point de vue du juste est naturellement étranger à l'économie politique ; il est incompatible et avec sa méthode tout expérimentale et avec son objet propre, qui ne sort pas des bornes de l'utile.

Le juste est un des points de vue de la politique, mais ce n'est pas le seul. L'idéal de la politique est de réaliser la justice sans froisser les intérêts. Or, c'est le malheur des lois imparfaites ou radicalement mauvaises que les réformes qu'elles appellent, même les plus légitimes, même les plus urgentes, mettent toujours en péril des intérêts plus ou moins respectables. Il n'est pas d'une sage politique de ne considérer que le bien auquel elle vise, sans tenir compte du mal qu'elle peut produire par un changement trop brusque et trop hâtif. Il faut qu'elle prenne les abus de biais, en tournoyant autour de la montagne, comme dit Descartes, plutôt que « d'entreprendre d'aller plus droit, en grimpant au-dessus des rochers et descendant jusqu'au bas des précipices [1]. » *Périssent les colonies plutôt qu'un principe!* est la devise du fanatisme, non d'une politique juste et raisonnable. Enfin, il ne suffit pas qu'un progrès soit désirable et sans danger; il faut encore qu'il soit mûr dans les idées et dans les mœurs. Imposer à une société une réforme dont elle ne sent pas le besoin, c'est en compromettre le succès. L'homme d'État doit consulter avec soin l'opinion, afin de s'appuyer sur elle. Il doit ménager ses préventions et se plier à ses exigences, dans l'intérêt même des principes dont il poursuit l'application. Il est même souvent forcé, lorsqu'elle se divise en partis rivaux, de s'attacher à l'un de ces partis, et de s'assurer son appui par d'utiles concessions. En un mot, la politique, même dans le meilleur sens, ne se contente pas de bonnes intentions et de principes solides ; elle exige la connaissance des hommes et l'art de les manier ; elle doit joindre à l'honnêteté du but l'entente des moyens et le savoir-faire pour les mettre en œuvre. Cette science des concessions et des compromis, cette habileté à tourner la difficulté, à ménager les intérêts, à diriger l'opinion sans lui faire violence, à faire jouer tous ces ressorts, si compliqués et si délicats, dont le concours et l'accord sont nécessaires à toutes les entreprises, absorbe aisément toute l'attention du publiciste et de l'homme d'État, et lui fait souvent perdre de vue le but même de ses efforts, la réalisation de la justice. Il faut, non pour appliquer, mais pour reconnaître le droit en lui-même, une science pure, une science désintéressée, qui, sans se préoccuper des faits, des difficultés, de l'état de l'opinion, des luttes des partis, des intérêts individuels ou collectifs, s'attache avant tout à ce que demandent la conscience et la raison. Cette science n'est

---

[1] *Discours de la méthode,* 2ᵉ partie.

pas la jurisprudence, qui ne considère que le droit réalisé, le droit appuyé sur des textes. C'est la science qui ramène toutes les questions à leurs principes rationnels, c'est la philosophie.

Le philosophe n'est appelé ni à gouverner les États, comme le voulait Platon, ni même à inspirer directement les projets et les résolutions des politiques. Son rôle est d'éclairer l'opinion, en la rappelant à la notion pure du droit, en lui présentant l'idéal dont les institutions civiles ou politiques doivent offrir la réalisation plus ou moins imparfaite. Même dans l'ordre pratique, ses recherches ont un caractère spéculatif; les moyens d'application ne sont qu'indirectement de sa compétence, et en s'engageant, pour en tenir compte, sur le terrain de la politique, il compromet la sérénité de ses principes, sans profit pour son influence. Si elle sait se renfermer, au contraire, dans les notions de droit et dans leurs applications les plus immédiates, la philosophie provoque la discussion et l'examen; elle ramène les esprits spéculatifs vers les questions pratiques, dont il leur appartient de préparer la solution; elle élève les esprits pratiques vers les théories générales, auxquelles ils doivent demander leurs principes; enfin, quel que soit le destin de ses déductions, qu'elles soient renversées par des déductions contraires ou arrêtées par des impossibilités d'exécution, ou qu'elles entrent peu à peu et plus ou moins modifiées dans les esprits, il en jaillit toujours des lumières, qui dirigent, en définitive, tous les progrès des mœurs et des lois. La philosophie est ainsi plus hardie et plus réservée tout ensemble que la politique : plus hardie, car, pour elle, les faits présents, les institutions en vigueur, les besoins actuellement ressentis, n'ont qu'une importance secondaire et ne peuvent prévaloir contre l'enchaînement logique de ses principes et de leurs conséquences ; plus réservée, car elle ne poursuit que la vérité, non des réformes immédiates. Elle ne demande pour elle-même que l'indépendance de la science, convaincue qu'une théorie poussée jusqu'au bout, conséquente avec elle-même et livrée aux libres discussions de ses partisans et de ses adversaires, finit toujours par manifester ce qu'elle a de faux et par triompher dans ce qu'elle a de vrai. Elle laisse aux hommes pratiques le soin de démêler, entre les idées qu'elle propose, celles qui peuvent être actuellement réalisées, celles qui doivent être ajournées ou écartées, celles enfin qui doivent rester comme un idéal, dont la réalité ne peut que se rapprocher sans jamais l'atteindre. Ses conquêtes, ce sont plutôt les réflexions qu'elle provoque que les réformes dont ses théories sont le point de départ[1].

Or, s'il est une question de droit naturel qui appelle les méditations du philosophe, c'est celle des garanties que réclame la vie intellectuelle et morale. Le domaine propre de la philosophie, c'est l'âme, c'est l'ordre moral. Le droit, dont elle poursuit partout la détermination idéale, doit lui devenir encore plus cher, s'il est possible, lorsqu'elle peut le considérer sur un terrain où elle est maîtresse, et où, en le défendant, elle défend en quelque sorte sa propre cause.

C'est précisément l'intérêt particulier que la philosophie prend aux choses de l'âme, qui l'a souvent égarée dans ses théories politiques. Elle a cédé aux mêmes entraînements que la théologie, cherchant à faire prévaloir par les armes de l'État ce qu'elle croyait la vérité et la justice, sans

---

[1] « Le vrai, dès qu'il a jeté des racines dans un terrain propice, ne fût-ce que dans l'esprit d'un seul homme, exerce toujours, quoique d'une façon plus lente et moins sensible, une influence salutaire sur la vie réelle; tandis que, si l'on veut l'y transporter immédiatement, sa pureté s'altère dans le transport, et il n'a plus d'action sur les idées. Il y a aussi des idées que le sage ne doit jamais chercher à appliquer. Pour les fruits les plus beaux, les plus mûrs de l'esprit, la réalité n'est, dans aucun temps, assez mûre : l'idéal, dans toutes les sphères, doit toujours planer devant l'âme de l'artiste comme un modèle inaccessible. » — G. de Humboldt, ouvrage cité, XVI.

songer combien il est dangereux de remettre à la force matérielle le gouvernement des âmes. Depuis la fin du dernier siècle, la philosophie, comme l'économie politique, comme la politique elle-même, a su revenir à d'autres tendances. Il faut surtout en faire honneur à l'Allemagne, où Kant a renouvelé la science du droit naturel, en même temps que la métaphysique. L'indépendance de la vie morale est un principe qu'il a légué à ses successeurs, et auquel Hégel lui-même, bien qu'il exagère souvent les droits de l'État, fait encore une large part. Abandonné par les écoles qu'on appelle socialistes, et qui n'appartiennent qu'à moitié à la philosophie, ce principe n'a trouvé en France que des défenseurs parmi les philosophes spiritualistes. Il nous suffit de citer les pages trop peu nombreuses que M. Cousin a consacrées aux questions de droit naturel, la *Morale sociale* de M. Garnier, les belles leçons de M. Janet sur la famille et sa *Philosophie du bonheur*, les cours et les publications de M. Franck, et cette série de nobles écrits qu'a inaugurée le livre du *Devoir*, et qui sont tous, même sur des matières de l'ordre économique, des traités de morale. La question est loin d'être épuisée cependant ; les vieux préjugés se font jour jusque dans les ouvrages destinés à les combattre. Les principes sont posés, mais non dans toute leur netteté et avec toutes leurs conséquences. Il y a encore, en un mot, à édifier une théorie d'ensemble. Ces études n'ont pas la prétention de la donner ; nous serions heureux, du moins, si nous avions réussi à en esquisser le plan et à en préparer les matériaux.

Notre constante préoccupation a été de conserver l'indépendance d'esprit nécessaire dans toutes les recherches philosophiques, et qu'il est si difficile de maintenir, dans les questions pratiques, contre l'influence des idées dominantes, des usages et des lois en vigueur. On ne songe pas assez quel prestige gardent sur les plus libres esprits les habitudes consacrées par les institutions et par les mœurs. C'est une seconde nature, dit M. Stuart Mill, qui est continuellement prise pour la première [1]. Que dis-je ! pour la conscience elle-même. Comment la philosophie ne se défierait-elle pas de l'influence de l'ordre établi, quand on se rappelle que, depuis Platon jusqu'à Leibnitz, tous les philosophes qui ont traité du droit naturel ont considéré l'esclavage comme une institution légitime et nécessaire ? En nous tenant en garde contre l'attrait du paradoxe, nous avons résisté, autant qu'il était en nous, à cette séduction des maximes reçues. Nous n'avons pas cru devoir sacrifier la liberté de nos appréciations au respect que nous professons pour les lois de notre pays : heureux, quand nous avons pu les défendre contre d'imprudentes innovations, mais n'hésitant pas à en faire la critique toutes les fois qu'elles nous ont paru reposer sur des principes faux ou dangereux.

Tel est l'esprit dans lequel sont conçus ces essais sur les droits propres de l'ordre intellectuel et moral au sein de la société et dans leurs rapports avec la puissance publique. Nous n'avons écarté aucune des questions de politique ou de jurisprudence qui rentraient dans notre cadre ; mais ce n'est qu'en philosophe que nous avons cherché à les résoudre, bien décidé à ne pas franchir les bornes de la discussion philosophique, comme aussi à n'abandonner aucun de ses droits.

[1] *De la liberté,* page 9 de la traduction française.

CHAPITRE PREMIER.

L'INDIVIDU ET L'ÉTAT.

> Siccome ciascuna arte e uffizio umano dall' imperiale è a certi termini limitato, cosi questo da Dio a certi limiti è finito.
> DANTE, *Convito*.

ARGUMENT.

I. Dans quelles limites les droits des individus sont subordonnés aux droits de l'État. — Droit de résistance et d'insurrection. — Les droits de l'âme.
II. Responsabilité limitée de l'État. — Sa destination; sa nature; caractère essentiellement matériel de sa puissance.
III. Rapports constants de l'ordre matériel et de l'ordre moral; difficulté de les séparer.
IV. Division des attributions de l'État.—Le droit civil; sa détermination législative.
V. La justice civile.—Le jury en matière civile.
VI. La police et la juridiction administratives.
VII. Le droit pénal; ses limites morales. — Illégitimité des peines infamantes. — La justice pénale; nécessité universelle du jury.
VIII. Les services publics. — Services obligatoires : l'impôt.
IX. Services personnels : devoirs des témoins et des jurés.
X. Le service militaire : limite morale de ses exigences.
XI. Services facultatifs : les fonctions publiques; indépendance relative à laquelle elles ont droit.

I.

Les droits des individus n'ont qu'un caractère abstrait et indéterminé, tant que l'État ne les a pas définis, en les marquant à son empreinte. Il ne se borne pas à en fixer l'étendue et les limites, il intervient activement pour en assurer le respect; il tient dans sa main tous les individus qui le reconnaissent pour législateur et pour juge, comprimant leur liberté par ses défenses et la dirigeant par ses ordres, disposant, en un mot, pour s'acquitter des devoirs généraux qu'il a pris à sa charge, de leurs biens, de leur travail et de leur vie. Leur activité ne peut se déployer que dans le cercle plus ou moins étroit qu'il a tracé autour d'elle : il ne leur appartient pas, en retour, d'enfermer dans des bornes fixes et infranchissables l'exercice de sa puissance souveraine.

Il est certain que nous avons le droit, dans notre for intérieur, de juger librement les lois humaines. Nous pouvons rechercher les meilleurs systèmes de législation, apprécier les défauts des lois existantes et les réformes dont elles sont susceptibles. Nous pouvons, en un mot, nous faire une idée plus ou moins précise des devoirs de l'État, et il nous est permis de nous indigner, quand ils sont méconnus par les pouvoirs publics. Aucune puissance au monde ne peut m'empêcher de trouver mal ce qui est mal, injuste ce qui est injuste, déraisonnable ce qui choque ma raison. Mais quand je me serai convaincu que la loi de mon pays est cruelle, tyrannique et funeste, je n'en devrai pas moins reconnaître que c'est la loi, et qu'elle a droit à mon obéissance : *Dura lex, sed lex.*

Si je devais, en effet, ne m'en rapporter qu'à ma propre raison sur la valeur de chaque commandement légal, je détruirais la nécessité de la loi. En marchandant à la loi mon obéissance, je me révolte, en réalité, non contre ses abus ou ses imperfections, mais contre son principe; j'élève mon droit personnel au-dessus des droits de tous, que représente la puissance civile ; je dispose à mon gré du bien commun de la société tout entière.

Il y a cependant à cette indépendance souveraine de l'État une limite absolue, dont chaque individu a le droit de se faire juge. L'État peut tout pour régler l'usage de nos droits ; il ne peut rien contre leur fondement, c'est-à-dire contre nos devoirs. Il n'y a pas de droit contre la loi; mais il n'y a pas de loi contre le devoir. Toute interdiction ou toute prescription légale qui va contre un ordre ou une défense obligatoire de ma conscience, est moralement nulle. Ici, je suis juge, parce qu'il s'agit de ma responsabilité personnelle, non pas devant les hommes, mais devant Dieu et devant la loi qu'il a imprimée dans mon âme. La résistance n'est pas seulement permise, elle est un devoir : la première loi pour nous est celle qui nous commande d'être honnêtes. C'est le principe sacré pour lequel la tragédie antique faisait mourir la sœur de Polynice, pour lequel Socrate a bu la ciguë, et que des milliers de martyrs, dans toutes les persécutions religieuses ou politiques, ont attesté par la fermeté de leur courage et de leur foi, en face des cachots, des tortures et des supplices. C'est l'honneur de la législation française de l'avoir reconnu et proclamé contre elle-même. Les principes de 1789, qui sont aujourd'hui la base de notre droit public, posent comme un des droits naturels et imprescriptibles de l'homme la résistance à l'oppression [1]. Or, l'oppression la plus manifeste, comme la plus odieuse, n'est-ce pas celle qui pèse sur les consciences en s'opposant au devoir?

Il y a une façon toute passive, la plus légitime assurément et la moins contestée, d'exercer cette résistance morale, nous pourrions dire légale. En refusant d'obéir, nous faisons notre devoir simplement, sans éclat, sans ostentation, sans que notre résistance ait l'apparence d'une révolte. On ferme les temples où nous célébrons notre culte : nous cesserons de les fréquenter ; car ce n'est qu'une restriction, non la suppression de notre droit. On nous interdit de plus toute réunion, toute cérémonie religieuse : nous continuerons à honorer Dieu, car il s'agit ici de notre devoir ; mais nous n'irons pas, comme Polyeucte, provoquer nos ennemis dans leurs temples ; nous attendrons paisiblement qu'ils viennent nous frapper, et, sans chercher le martyre, nous serons prêts à le recevoir.

Mais quoi ! n'avons-nous pas d'autre recours, pour la défense de nos devoirs, que la résignation à la mort? N'est-ce pas un devoir de conserver notre vie? Sommes-nous obligés de la sacrifier à des exigences abusives et immorales? L'Évangile nous conseille, quand on nous frappe sur la joue droite, de tendre la joue gauche, et, quand on veut nous prendre notre tunique, de céder aussi notre manteau [2]. Mais ce précepte n'a jamais été considéré comme un commandement. C'est un idéal de perfection, ce n'est pas une loi obligatoire. L'homme le plus modéré,

---

[1] *Déclaration des droits de l'homme et du citoyen*, art. 11.
[2] Matthieu v, 39 et 40.

le chrétien le plus pieux se reconnaît le droit d'opposer la violence à la violence, non-seulement pour la conservation de sa vie, mais pour celle d'un bien matériel. Ce droit de légitime défense, qui va jusqu'à m'absoudre si je prends la vie de celui qui veut prendre ma bourse, n'est pas propre à l'état de nature ; il est reconnu par toutes les législations. Si je puis l'exercer sans scrupule contre un assassin ou un voleur, dois-je m'en abstenir contre les tyrans de ma conscience, quand je me sens assez fort par moi-même et par mes compagnons d'oppression pour leur arracher leur injuste puissance ? Ce n'est pas un soufflet que je reçois sur la joue, ce n'est pas ma tunique ou mon manteau que l'on veut me dérober ; c'est mon âme elle-même que l'on frappe, c'est mon devoir que l'on usurpe : dois-je encore livrer ma vie ?

Je ne repousse pas cette assimilation entre le droit d'insurrection et le droit de légitime défense ; je ne saurais, toutefois, l'accepter sans réserve. Les droits qu'il nous est permis de défendre, en opposant la force à la force, sont des droits positifs, consacrés et circonscrits par les lois. En recourant à la révolte, c'est contre les lois elles-mêmes, au nom de notre conscience individuelle, peut-être égarée par des préjugés, peut-être troublée par l'intérêt ou la passion, que nous prendrions les armes. Quand nous avons usé du droit de légitime défense, nous ne sommes pas déchargés de toute responsabilité devant la justice publique; nous avons à justifier de la nécessité qui nous a forcés à nous faire, en quelque sorte, juges et bourreaux dans notre propre cause. Le droit d'insurrection échappe à toute responsabilité légale. Si l'on réussit, on est au-dessus des lois qu'on a brisées ; si l'on échoue, on est autorisé à ne voir, dans les magistrats qui les appliquent, que des vainqueurs et non des juges : la seule sanction, en réalité, c'est le succès.

Il ne saurait plus, dira-t-on, être question d'ordre légal. Une loi qui va contre son principe, en renversant la base même des droits qu'elle a pour mission de définir, cesse proprement d'être une loi ; les pouvoirs qui l'appliquent, ne sont plus des pouvoirs légitimes ; nous rentrons dans l'état d'anarchie, où chacun a le droit de se faire justice soi-même. — J'admets que nous ayons le droit de nous placer moralement dans cet état d'anarchie, quand nous ne trouvons plus dans l'ordre légal la protection de nos devoirs : avons-nous le droit d'y placer nos concitoyens, qui n'ont pas les mêmes griefs? Avons-nous le droit de leur enlever les garanties que leur offre encore une société organisée et paisible? Le droit de légitime défense, soit en dehors de la société civile, soit à l'abri de ses lois, ne s'exerce qu'entre individus. C'est une querelle privée, qui se vide entre ceux qu'elle intéresse : le résultat le plus fâcheux qu'elle puisse avoir, c'est la mort d'un innocent. L'insurrection contre les lois ne met pas seulement en présence les opprimés et les oppresseurs : les droits des tiers sont aussi engagés dans la lutte. Tant qu'elle dure, leur sécurité est troublée; si elle cesse, par la défaite des lois existantes, leur destinée est entre les mains des vainqueurs.

C'est justice, dira-t-on encore : tous ceux qui se prêtent, même passivement, à la tyrannie, peuvent être considérés comme ses complices, et doivent partager son châtiment. Mais qui vous a fait leur juge? qui vous a donné des droits sur eux? Ce droit que vous avez sur la personne de votre agresseur, dans le cas d'un péril urgent, est déjà exorbitant, quoique nécessaire : votre défense vous autorise-t-elle à disposer du bien de tous? Prétention énorme, quand vous seriez sûr de ne pas vous tromper, à plus forte raison quand le désaccord même qui se produit entre vous et vos concitoyens, doit vous inspirer quelque défiance!

Est-ce donc à dire qu'il faille nécessairement opter entre la désertion du devoir et le martyre? Non, sans doute. Le martyre est un remède héroïque, dont on ne peut faire une obligation universelle et absolue. Si la persécution ne s'adresse qu'à un petit nombre, on a la ressource de l'exil volontaire, ressource extrême et douloureuse, mais non sans consolations et sans espérances, comme ces puritains anglais du temps des Stuarts, qui ont fondé la prospérité matérielle et morale de l'Amérique du Nord. Mais, si elle se fait sentir à toute une nation ou à une partie considérable d'une nation, il serait presque puéril de conseiller l'émigration ou le martyre. Quand les opprimés se comptent par milliers dans un petit pays, par millions dans un grand État, ils n'emportent pas leurs devoirs dans la tombe ou au delà des mers; ils revendiquent, les armes à la main, le droit d'y consacrer leur vie sur le sol qui les a vus naître. Ce n'est plus un duel contre nature, entre quelques individus et les pouvoirs protecteurs de tout le corps social; c'est une guerre légitime entre un peuple et les représentants infidèles de ses droits, ou bien entre deux parties d'un même peuple, dont l'union de fait n'est plus qu'un acte de violence. Triste nécessité, toutefois, et qui doit faire hésiter les plus fiers courages! C'est la défense du devoir appuyée sur le renversement des barrières qui protégent le devoir. C'est, dans l'intérêt du droit, l'appel à la force brutale et à toutes les passions désordonnées qui lui servent habituellement de cortége. C'est le dernier refuge d'une population honnête contre la tyrannie religieuse ou politique, quand elle vient attenter à la liberté des consciences jusque dans le sanctuaire de la famille. Ceux qui provoquent ces terribles mouvements doivent être bien convaincus de la solidité de leurs principes et de la pureté de leurs motifs. Ils assument devant leur propre conscience et devant celle de la postérité une responsabilité énorme. Obéissent-ils au sentiment éclairé et désintéressé du devoir, ils seront, s'ils réussissent, les libérateurs de leur patrie; s'ils échouent, des héros ou des martyrs. Mais se laissent-ils diriger, sciemment ou à leur insu, par de vains préjugés ou par des passions égoïstes, le succès ne saurait les absoudre : ce sont des factieux ou des fanatiques.

Contre les usurpations d'un individu, chacun peut compter sur la protection de l'ordre légal; contre les usurpations de la puissance publique, l'individu ne peut se protéger qu'en sortant de l'ordre légal. L'insurrection la plus légitime est la dissolution momentanée de la société, c'est l'ébranlement de tous les droits et l'obscurcissement de tous les devoirs. La résistance passive elle-même met toujours plus ou moins en péril les intérêts sociaux. L'État est matériellement et moralement affaibli, quand une partie de ses sujets se résigne à la mort ou à l'exil, plutôt que de se plier à ses exigences. Pour sauvegarder l'ordre légal, le premier devoir de l'État est donc de s'imposer à lui-même de telles limites que la conscience des individus ne voie jamais un devoir dans les ressources extrêmes et toujours funestes de l'insurrection et de la résistance; c'est de retrancher plutôt quelque chose de ses droits légitimes, que de s'exposer à les mettre aux prises avec les devoirs individuels. Le plus honnête homme peut, de bonne foi, se croire opprimé par une loi qui ne dépasse pas les attributions propres de l'État. Le législateur le plus sage peut faire violence à des devoirs qu'il ne soupçonne pas ou dont il ne comprend pas le caractère obligatoire. Pour éviter de déplorables conflits, il ne suffit pas de recommander la modération aux individus, il faut que l'État s'abstienne de toucher à tout ce qui tient, de près ou de loin, à l'exercice des devoirs privés ; il faut, en un mot, qu'il trace autour de ces devoirs une sorte de cercle, qu'il ne devra jamais franchir, à moins d'y être obligé par sa propre responsabilité, et dans lequel les individus, de leur côté, devront renfermer leurs prétentions et leurs exigences. C'est une garantie que l'État se doit à lui-même contre la possibilité d'une injustice involontaire ; qu'il doit aux individus, pour ne pas soulever dans leurs âmes des scrupules toujours respectables, lors même qu'ils sont exagérés ; qu'il doit enfin au droit lui-même, dont il est le gardien obligé, et qui souffre nécessairement toutes les fois qu'une lutte s'engage entre la conscience des individus et l'autorité morale de la loi. « Plus la puissance sait se restreindre, dit Aristote, plus elle assure sa puissance [1]. »

Or le devoir se concentre dans l'âme ; il se révèle à la raison, il intéresse la sensibilité, il commande à la volonté ; le corps n'en est que l'instrument. Ce respect que l'État doit s'imposer, soit par conscience, soit par prudence, pour les devoirs privés et pour toutes leurs conditions essentielles, se résume donc dans le respect de la vie de l'âme et de tous les actes qui lui sont propres. Ce cercle que nous avons à retracer autour des devoirs, est le cercle des droits de l'âme.

II.

Il en est de l'État comme des individus : sa responsabilité ne s'étend pas à tout ; elle ne doit pas même se régler sur la mesure de son pouvoir, mais sur celle des devoirs qui lui sont propres. Si son pouvoir est plus étendu et plus indépendant que celui des individus, ses devoirs ont peut-être un caractère plus spécial et

---

[1] *Politique*, l. v, c. 2.

plus restreint. L'habitude de la monarchie absolue a contribué sur ce point à fausser les idées. Quand tous les pouvoirs se personnifient dans un seul homme, qui peut dire, comme Louis XIV : *l'État, c'est moi*, il est naturel qu'il confonde ses devoirs comme individu avec les obligations qui lui incombent comme chef et représentant de la société. Si, par exemple, il se sent obligé personnellement de servir les intérêts de sa foi religieuse, il croira aisément que sa conscience lui commande d'employer, pour en assurer le triomphe, toute la force publique dont il dispose. La distinction se fait plus aisément, bien qu'elle soit encore souvent méconnue, quand les pouvoirs sont partagés entre différents individus, qui ne peuvent agir en commun que dans la limite de leur accord. Mais, quelle que soit la forme du gouvernement, c'est une distinction qu'il ne faut jamais perdre de vue. Législateurs, magistrats, fonctionnaires de toutes sortes, tous ceux qui exercent soit la plénitude, soit une partie des droits de l'État, doivent se reconnaître une double responsabilité, comme hommes privés et comme hommes publics, et il ne leur est pas permis de mettre au service de la première la puissance qui ne leur est attribuée qu'en vue de la seconde.

Quelle est donc la destination propre de l'État ? Il n'est pas besoin de nous égarer dans la recherche métaphysique de son origine, il suffit de considérer sa nature.

Considéré soit dans ses lois, soit dans son gouvernement, l'État est directement et manifestement l'expression d'une *volonté* ; indirectement et d'une façon plus obscure, celle d'une *pensée*. La loi nous déclare ce qu'a voulu le législateur ; elle nous laisse seulement soupçonner à quels mobiles il a obéi. Les exposés de motifs dont elle est quelquefois accompagnée, les discussions qui précèdent, dans les États libres, son adoption et sa promulgation, nous éclairent sur les intentions de ses auteurs, c'est-à-dire sur le résultat qu'ils veulent obtenir ; mais nous n'y trouvons pas nécessairement leur pensée intime. Si la loi émane d'un seul homme, il a pu céder, en la portant, à des nécessités de situation, à des exigences politiques en désaccord avec sa conviction personnelle. Les raisons qui l'ont déterminé au fond de l'âme, peuvent même être entièrement opposées à celles qu'il avoue : son hypocrisie n'enlève rien à l'autorité de la loi. La loi n'est pas chargée de dévoiler ses sentiments, mais de poser des règles générales, dont il commande l'application. Si elle a besoin d'être acceptée par une ou plusieurs assemblées, de concert avec le chef du gouvernement, on peut être assuré d'avance qu'elle ne répondra jamais exactement aux opinions de tous ceux qui la consacrent par leur vote ou par leur sanction. Ils sont obligés de se faire des concessions mutuelles, pour ne pas se réduire à l'impuissance. Leur décision exprime les points sur lesquels ils ont consenti à se mettre d'accord, c'est-à-dire leur volonté, non leur sentiment ou leur opinion. Aussi les délibérations législatives et les préambules des lois ne sont pour le juge que des éléments d'appréciation pour éclaircir le sens d'une disposition vague ou obscure, ou, en d'autres termes, pour suppléer au texte, quand il ne dit pas assez nettement ce qu'a voulu le législateur. On ne leur accorde aucune autorité décisive, et on n'en tient même aucun compte, quand le texte paraît formel et positif.

Ce qui est vrai des lois ne l'est pas moins des actes destinés à les appliquer. Ces actes n'expriment que la volonté des magistrats, dans les limites que leur a tracées la volonté législative. Les considérants qui précèdent les arrêts des tribunaux, n'ont pas pour effet de nous faire lire dans l'âme des juges; ils ne nous révèlent que les motifs qui ont déterminé leur sentence; ils ont surtout pour but d'établir la conformité du jugement avec la loi dont il doit être l'application. Or les magistrats ne sont pas obligés de *penser* que la loi au nom de laquelle ils prononcent, est la meilleure possible, mais seulement de *vouloir* qu'elle soit exécutée.

Si l'État ne manifeste que sa volonté, s'il n'est proprement qu'une volonté, il s'ensuit qu'il n'a d'action que sur les volontés de ceux qui lui obéissent. Obéir, c'est se soumettre volontairement à un commandement, c'est y conformer sa conduite, non ses convictions ou ses sympathies. La loi est satisfaite quand elle ne rencontre pas de résistance : le fond de l'âme lui échappe. Ce serait de sa part une prétention chimérique que de vouloir commander aux intelligences et aux cœurs. On peut, sans doute, l'essayer indirectement; on peut, par des ordres ou par des défenses, par des encouragements ou par des menaces, chercher à peser sur les consciences. Il n'est guère de gouvernement qui se soit interdit toute incursion sur ce terrain étranger des sentiments et des idées. C'est, en réalité, sortir de lui-même. Il n'appartient qu'à l'esprit de parler à l'esprit, au cœur d'agir sur le cœur. Dans une âme individuelle, dont toutes les facultés se prêtent un mutuel concours et s'impliquent les unes les autres, la volonté peut se mettre au service de la sensibilité et de la raison, parce qu'elle les représente véritablement et complètement dans l'unité indivisible du *moi*. Mais, dans l'État, une seule faculté domine, la volonté; les autres ne sont représentées que d'une façon indirecte, en tant que les individus qui exercent l'action de l'État, ont voulu conformer leurs décisions à leurs croyances ou à leurs inclinations personnelles. Il y a une âme dans l'État, mais incomplète et empruntée : comment pourrait-il s'arroger le gouvernement entier des âmes?

La volonté individuelle a une double action : sur l'âme, comme force morale; sur le corps, comme force motrice, et, en quelque sorte, comme force physique. Je veux appliquer mon esprit, et je l'applique; je veux mouvoir mon bras, et je le meus. La volonté sociale, dans l'État, implique essentiellement une force matérielle. Une loi positive est une loi accompagnée d'une sanction; non pas un conseil, mais un ordre, dont l'exécution est imposée à l'aide de moyens coercitifs, et dont la violation est punie par des châtiments corporels. Une force morale est-elle jointe à cette force matérielle? Cela n'est pas douteux. Il ne s'agit pas, pour l'État, d'une contrainte brutale, mais d'une action intelligente et bienfaisante, exercée au nom du droit et dans l'intérêt du devoir. Il protége les âmes, quand il paraît ne protéger que les corps, et il trouve son plus sûr appui, non dans la soumission extérieure, mais dans l'adhésion des consciences. Toutefois, c'est la soumission extérieure qui est son objet propre; le reste ne dépend pas de lui. Les moyens qu'il met en œuvre sont purement physiques; les seules satisfactions qu'il puisse exiger, pour toute espèce de tort et pour toute nature de crime, sont également toutes physiques; chez lui, en un mot, la vie morale est assujettie aux conditions de la vie matérielle. Dans l'individu, l'âme agit directement sur l'âme : l'État ne peut agir sur les âmes qu'au moyen de sa domination sur les corps. Son empire sur elles, s'il était absolu et sans réserve, serait le plus monstrueux esclavage, l'asservissement de l'homme tout entier, corps et âme ; que dis-je? l'asservissement de l'esprit à la matière. Si je laisse chez moi la chair régner sur l'esprit, je ne suis l'esclave que de moi-même ; en laissant à l'État la direction de mes pensées, je subis la servitude, non pas seulement de l'âme d'autrui, mais de la chair d'autrui, en quelque sorte, de la force extérieure et physique dont l'État est dépositaire. Y a-t-il un principe qui puisse autoriser cette confiscation des âmes? L'État, comme emploi de la force, représente la contrainte matérielle que les autres hommes peuvent exercer sur moi dans l'intérêt de leurs droits. Sa puissance légitime ne va pas au delà de celle que les individus auraient les uns sur les autres, s'ils étaient réduits à se protéger eux-mêmes. Le vainqueur pourrait tuer le vaincu ; il pourrait l'emprisonner ; admettons même qu'il pourrait en faire son esclave : il n'aurait aucun droit sur son âme.

La force de l'État, ce n'est pas sans doute la force passionnée et partiale de l'individu ; c'est un pouvoir essentiellement moral, qui n'est constitué qu'en vue du droit. Aussi, en substituant son arbitrage au droit odieux du plus fort, il peut, avec moins de danger, se montrer plus exigeant que les vengeances individuelles. La soumission à l'État, même le plus tyrannique, vaut mieux, pour les âmes comme pour les corps, que les hasards et les cruelles représailles des guerres privées. Son action a un double avantage sur celle des individus : elle est plus désintéressée et elle est plus efficace. Ce n'en est pas moins une force toute humaine, qui n'échappe à aucune des erreurs ou des faiblesses humaines ; et, précisément parce qu'elle est plus puissante que les forces individuelles, il importe de la resserrer dans de justes bornes.

Entre individus, le droit du plus fort a toujours quelque chose de précaire. Un homme vaut un homme, en général, et le plus faible garde toujours dans son cœur l'espoir de venger son injure. « Ceux-là seuls qu'on a tués ne songent pas à la vengeance, » dit Machiavel ; mais ils en laissent la pensée à leurs parents, à leurs amis, à tous ceux que leur exemple avertit de se préserver d'un sort semblable, et il est rare que celui qui s'est élevé par la violence ne tombe pas par la ruse, quand il ne tombe pas par la violence elle-même. L'oppression individuelle (et l'oppression d'un despote n'est pas autre chose) trouve donc, dans sa nature même, sa limite et son correctif. Mais à l'oppression d'un gouvernement régulier il faut une limite de droit. De l'individu à l'État, il n'y a pas de proportion : l'État pèse sur chacun de toute la force qu'il reçoit de tous. La lutte contre lui n'est possible que par une conspiration ou une révolution, qui demande, pour réussir, le concours au moins négatif du plus grand nombre. A cette puissance énorme qui appartient à l'État, et qu'il serait dangereux de laisser sans bornes, même dans l'ordre matériel, ajouterons-nous des droits qui en feraient l'égal de Dieu même, puisqu'ils supposent une sorte d'infaillibilité ? *Omnis potestas à Deo*, tout empire doit à Dieu même son existence et ses droits. Mais en élevant les gouvernements, en nous obligeant à leur obéir, Dieu ne s'est pas chargé de les inspirer ; il ne s'est pas engagé à joindre à la souveraineté temporelle la plénitude de la vertu et de la science ; en lui donnant des droits sur nos actions, il ne lui en a pas donné sur nos inclinations et sur nos croyances. Et, à proprement parler, ces droits de la force sur l'intelligence, Dieu ne se les est pas réservés pour lui-même. Il a mis en nous la raison pour discerner le vrai du faux, la conscience pour distinguer le bien du mal, et il a voulu que toute pensée ou tout sentiment qui se présente à notre âme, même en son nom, même comme révélé par lui, se soumît au contrôle de ces deux facultés souveraines. Le secours qu'il prête à la vérité est un secours tout spirituel, et il ne saurait autoriser ceux qui la possèdent, ou qui croient la posséder, à lui donner l'appui de la force matérielle. S'ils ont en main le pouvoir de contraindre, ils ne l'ont que sur les corps : Dieu s'est réservé l'empire des âmes et il en a fait l'empire de la liberté.

III.

S'il est facile d'établir en principe que les droits de l'État ne se rapportent directement qu'aux actes matériels des individus, l'application, dans beaucoup de cas, suppose des distinctions extrêmement délicates, aisément éludées par la passion ou le préjugé, chez l'homme public comme chez l'homme privé, mais qui embarrasseront toujours une conscience scrupuleuse. L'âme et le corps ne sont pas tellement séparés par leur nature qu'ils ne se confondent sans cesse par leur action réciproque. Ces actes matériels, auxquels nous bornons l'action de l'État, émanent de l'âme, et toute restriction qu'on y apporte est subie par l'âme elle-même. Il n'y a que le sage chimérique des stoïciens qui puisse dire que sa liberté morale reste entière, quand son corps est jeté dans un cachot, chargé de chaînes ou mis à la torture. « Tu pourras enchaîner ma jambe, dit Épictète à son maître, mais mon libre arbitre, Jupiter lui-même ne pourrait le vaincre [1]. » Hélas! il n'est pas besoin de toute la force du ciel, il n'est pas besoin d'un bourreau, il suffit souvent de la moindre menace ou de la promesse du plus faible avantage pour courber une volonté humaine. Et ce n'est pas la volonté seule que l'on maîtrise, mais, avec elle, la pensée qui la dirige et le sentiment dont elle suit l'impulsion. Si la loi n'est appelée à défendre que les intérêts du corps, combien d'actes se présenteront où la violence physique ne sera que le signe d'une injure morale, où le tort fait à l'âme aura son contre-coup pour le bien-être du corps. Un soufflet est un acte essentiellement et brutalement matériel : celui qui le reçoit, s'aperçoit-il seulement de la douleur physique? Un secret confié à un ami est un acte purement moral ; car « ce qui se dit dans ces épanchements de cœur que la conversation produit entre deux amis, ne peut être considéré que comme des pensées [2] : » une erreur de la part de l'un, une indiscrétion de la part de l'autre, pourra causer la ruine de toute une famille. Il y a une infinité de nuances à observer pour fixer la limite légale entre ces deux domaines, à la fois si rapprochés et si distants, de la vie matérielle et de la vie morale. Nous chercherons, dans les chapitres suivants, à discerner ces nuances et à marquer cette limite, pour les principaux droits qui intéressent proprement l'âme et ses devoirs. Ici quelques considérations générales doivent seulement trouver place.

IV.

Les droits que l'État peut exercer sur les individus sont de deux sortes, limitatifs ou positifs, suivant qu'il fixe ou circonscrit

---

[1] Epicteti Enchiridium, l. i, c. 1.
[2] Montesquieu, *Grandeur et décadence des Romains*, c. XIV.

leurs droits particuliers, ou qu'il réclame leur concours actif et personnel. Les premiers forment la double sphère du droit civil et du droit pénal ; les seconds, celle des institutions politiques et administratives.

Le droit civil est la détermination légale des droits individuels : cette détermination appartient au législateur pour les cas généraux ; aux tribunaux, pour les applications particulières ; à l'administration, pour certaines circonstances spéciales dont la loi ou les arrêts judiciaires lui laissent l'appréciation.

La loi civile ne représente pas autre chose que les droits des individus dans leur opposition réciproque. Elle est, entre ces droits, comme une ligne de démarcation, ou, pour employer une image à la fois plus sensible et plus exacte, comme une frontière fortifiée. Même quand elle impose à l'État des devoirs d'assistance à l'égard des particuliers, elle ne fait que régler l'assistance mutuelle qu'ils se doivent les uns aux autres ; elle n'en fait un service public qu'en la mettant à la charge de tous par l'impôt destiné à y subvenir, et en assurant ainsi, moyennant le payement de cet impôt, la propriété privée contre des réclamations et des exigences incompatibles avec la jouissance paisible de ses droits. Mettre fin à tout conflit entre les prétentions individuelles, quand elles ne peuvent se concilier d'elles-mêmes et par des moyens moraux, telle est la véritable mission de la loi. Si tous les hommes étaient d'accord sur leurs obligations réciproques et invariablement disposés à les remplir, il y aurait place encore pour des associations volontaires : l'État, au sens propre, devrait disparaître, avec la nécessité de la contrainte légale.

Avant de fixer la limite d'un droit, le législateur doit se demander d'abord jusqu'à quel point l'exercice de ce droit peut être considéré par l'âme comme un devoir. Ainsi, qu'on m'oblige à entourer de certaines formalités la transmission d'une propriété ou la constitution d'une société commerciale, ma liberté pourra se trouver gênée, mais il est évident qu'aucun de mes devoirs ne saurait en souffrir. Que l'on soumette à une censure préventive la transmission publique de toute pensée, que l'on exige une autorisation préalable pour toute réunion, même pour celles qui n'ont pour but qu'un intérêt moral ou religieux, il n'est pas douteux que de telles mesures peuvent se trouver en opposition avec les consciences. Il est des manifestations de ma pensée, il est des réunions pour l'accomplissement d'un devoir commun que je puis considérer comme des obligations rigoureuses, dont l'appréciation n'appartient qu'à moi. Dans ce cas, la plus grande discrétion est assurément commandée au législateur.

Il devra se demander, en second lieu, si le droit dont il s'agit, dans son extension indéfinie, touche directement et forcément aux droits et aux intérêts d'autrui. Ainsi, le droit illimité d'aller et de venir serait manifestement incompatible avec le respect de la propriété. Une concurrence effrénée, dans l'ordre industriel, ne blesse proprement aucun droit, puisque la concurrence appelle la concurrence, et qu'il y a limitation réciproque : cependant, des intérêts dignes d'égard peuvent en souffrir ; certains droits sont même quelquefois en péril : par exemple, si l'inventeur d'un procédé nouveau le voit exploité par des rivaux, qui profitent de son travail, et, sans avoir eu part à la peine, en partagent la récompense. La publication d'un écrit ne nuit directement à aucun intérêt, non plus qu'à aucun droit ; car nul n'est forcé de le lire, et ceux qui le lisent ne sont pas forcés d'en adopter les maximes. S'ils y puisent de mauvais conseils, c'est sous leur responsabilité qu'ils les suivent. L'auteur du livre ne pourrait être considéré comme leur complice, que s'il les avait volontairement et directement incités à une mauvaise action, et une telle complicité doit se prouver formellement ; elle ne doit pas simplement se déduire de l'esprit et des tendances d'un ouvrage. D'ailleurs, comme il n'y a pas là un conflit permanent entre les droits des individus, ce peut être l'objet de poursuites criminelles, non de restrictions civiles.

Il faut, en effet, pour la loi civile, un droit naturellement litigieux, et qui demande à être enfermé dans une formule générale et rigoureuse. Comment s'acquiert, comment s'aliène une propriété ? Quelle part faut-il faire, dans l'ordre industriel, aux droits des inventeurs, quelle part à la liberté de l'industrie ? Quels sont, dans la famille, les droits de chaque époux ? Où s'arrête l'autorité du père, où commence la liberté du fils ? Autant de questions, qui ne peuvent se passer d'une solution précise, et qui ne peuvent la recevoir que de la loi. Mais, en fait d'opinions, où trouverait-on matière à une définition légale, applicable à tous les cas? La même opinion peut égarer certains esprits, et provoquer chez d'autres d'utiles réflexions. La même opinion, suivant le sol où elle est déposée, peut ébranler l'autorité des lois ou leur venir en aide, en signalant leurs points faibles et les réformes plus ou moins urgentes qui doivent être leur salut. La même opinion, enfin, peut se produire avec une intention coupable ou avec un sincère désir de rendre service au public et la conviction de remplir un devoir.

Le législateur doit craindre de toucher à des actes qui peuvent se présenter à la conscience avec un caractère obligatoire : il doit craindre également de toucher à des actes, mauvais en eux-mêmes, dont il appartient aux individus de faire justice sans attendre son intervention. Lorsqu'il s'agit d'un préjudice matériel, chacun doit, en principe, se décharger sur l'État du soin de sa défense, parce qu'il faudrait recourir à la violence, et qu'elle n'est permise qu'en cas d'absolue nécessité. Même contre le voleur qui s'est introduit dans ma maison, je ne suis pas dispensé de faire appel à la force publique, si elle peut entendre ma voix, et, dans tous les cas, à la justice légale. S'agit-il, au contraire, d'un préjudice moral, ma défense est, avant tout, mon devoir personnel. C'est sur moi, non sur la loi, que repose la garde de mes convictions, de mes sentiments, de ma réputation : je ne dois m'en rapporter qu'à moi pour ces intérêts sacrés.

Il n'est point de tort plus cruel que celui qui est fait à l'âme ; mais nul n'est sans armes pour s'en défendre. C'est le devoir de chacun de veiller sur son honneur. Si l'honnête homme ne peut pas toujours braver la calomnie, il peut, du moins, en émousser les traits. Nous sommes les artisans de notre bonne renommée, et, si elle est en péril, il n'appartient qu'à nous de la défendre. L'intervention de l'État serait inefficace pour nous ramener l'opinion. La réparation que nous pourrons obtenir par les voies légales, n'effacera pas le préjudice moral ; elle ne pourra que compenser le préjudice matériel qui vient souvent à la suite. Quant à son effet comme exemple, pour effrayer les diffamateurs, il ne faut pas le dédaigner ; mais il ne faudrait pas que la crainte des lois et des tribunaux empêchât les gens de cœur et de probité de démasquer les lâches et les fripons, en les traitant avec le mépris qu'ils méritent. Il y a là, dans certains cas, un devoir à remplir, et la loi ne doit pas le décourager. La protection de l'honneur des individus ne rentre donc qu'indirectement dans les attributions de l'État ; il ne doit l'exercer qu'avec réserve, et l'effet le plus certain qu'il puisse en attendre, est un dédommagement matériel pour un tort de même nature. D'ailleurs, ce dédommagement ne peut être obtenu qu'en vertu d'un jugement particulier ; il n'autorise pas une restriction générale de la liberté des opinions.

C'est cette incompétence des pouvoirs publics, dans les questions d'honneur privé, qui explique et qui justifie en partie la coutume du duel, et qui a rendu impuissantes toutes les lois destinées à la réprimer. Notre jurisprudence assimile le duel au meurtre : ce serait, dans tous les cas, un meurtre accepté par la victime elle-même, une sorte de complicité de suicide. Qu'il y ait lieu à répression, il faut l'admettre, car il y a un tort matériel, au moins pour la société, et l'État ne saurait autoriser la persistance des guerres individuelles sous le couvert des institutions qui ont pour but d'y mettre un terme. D'ailleurs, si l'on ne peut espérer d'empêcher les duels, il est bon qu'on oblige les adversaires et les témoins à rendre compte, devant la justice, des motifs de la lutte et de la façon dont elle a été conduite. Mais un procès public, quand une condamnation légère est inefficace et une condamnation sévère presque impossible à obtenir, se réduit, en définitive, à un appel à l'opinion, et laisse à nu l'insuffisance des moyens légaux. En rendant les duels plus rares, en les forçant à être toujours sérieux et loyaux, on n'a réussi qu'à donner une sorte de sanction à l'usage qu'on voulait détruire. Cet usage, qu'il est facile de traiter de barbare, mais qui fera longtemps hésiter les consciences les plus éclairées et les plus droites, ne cessera qu'avec le progrès des mœurs, lorsqu'on n'attachera plus exclusivement l'honneur à l'acceptation du péril et à la bravoure en face de la mort. Et, encore, il faudra que les mœurs fournissent un autre moyen de défendre et de rétablir la considération des individus et des familles. Les lois ne seront pour rien dans ce progrès, et, s'il se réalise, la disparition du duel, aussi bien que son apparition, attestera combien la protection de l'ordre moral est naturellement étrangère aux attributions de l'État.

On fait à l'âme un tort plus immédiat, quand l'esprit est égaré ou quand le cœur est perverti par de mauvais conseils. Mais ici l'incompétence de l'État est encore plus flagrante. Des conseils inintelligents ou perfides ne sont pas un acte de violence ; ils ne s'imposent pas, ils se font accepter. C'est le droit, c'est le devoir de chacun de ne se rendre qu'à l'évidence. Si l'on n'est pas suffisamment éclairé pour apercevoir l'erreur ou le piége, on peut du moins apprécier les lumières et la moralité du conseiller, ses titres à la confiance qu'il réclame. On peut enfin contrôler ses avis par d'autres, et, s'il y a désaccord, garder un doute prudent et s'abstenir. En intervenant par des décisions législatives ou judiciaires, l'État substituerait son appréciation à celle des individus ; il se chargerait, en réalité, de remplir leur devoir, il se mettrait à la place de leur conscience. Quelques lumières qu'il apporte à cette tâche délicate, elle ne rentre ni dans ses droits, ni dans sa responsabilité.

Il y a pourtant des cas où l'individu ne saurait être absolument obligé d'examiner et de juger par lui-même : c'est quand il s'agit de connaissances spéciales, qui sont le fait d'un petit nombre, comme les connaissances médicales ou industrielles. Il y a nécessité pour moi de m'en rapporter à un médecin ou à un pharmacien pour le soin de ma santé ; aux fabricants ou aux marchands, pour la plupart des objets utiles ou agréables dont je me fais un besoin. Si je ne suis pas toujours réduit à agir en aveugle, mon appréciation individuelle est forcément incomplète, et, si je suis trompé, je ne pourrai pas m'en prendre à moi-même. On peut donc admettre que la loi intervienne pour prévenir ou pour réprimer les funestes effets de la fraude ou de l'ignorance. Mais quels sont ces effets ? la santé compromise et quelquefois la mort causée par des remèdes mal entendus ; des dépenses faites en pure perte pour des objets sans usage, ou dont la valeur a été frauduleusement exagérée ; en un mot, un préjudice tout matériel. Contre des abus de ce genre, les individus ont droit à la protection de la loi, et, tant qu'elle ne favorise pas, par un excès de prévoyance, leur paresse ou leur incurie, elle ne sort pas de son rôle en prenant leurs intérêts sous sa sauvegarde.

Il en est autrement, quand la tromperie a ses effets sur l'âme elle-même, qu'elle séduit par de fausses opinions, ou qu'elle trouble en faisant appel à des sentiments déshonnêtes ; ici, nul ne peut alléguer son insuffisance pour se dispenser d'apprécier le vrai et le bien. Pour ma santé, pour mes intérêts matériels, je suis quelquefois obligé de me laisser conduire par les lumières d'autrui ; pour mes croyances, pour mes sentiments, pour ma conduite morale, mon premier guide est ma conscience. Je puis, je dois même souvent demander des conseils ; mais, avant de les suivre, ma conscience doit être appelée à les contrôler, ou, du moins, elle ne doit accepter aucune autorité avec une foi aveugle. La foi surnaturelle elle-même demande une soumission raisonnable, *rationale obsequium*. Devant un devoir aussi précis et aussi rigoureux, la loi n'a rien à faire ; la direction de mon âme ne lui appartient pas. Que je suive mes propres inspirations ou celles d'autrui, mon choix doit être libre. Si je me trompe, ou si je me laisse tromper, je subirai les conséquences de mon erreur. Si je me laisse égarer jusqu'au crime, jusqu'à la violation des lois, je ne devrai m'en prendre qu'à moi du châtiment que j'aurai attiré sur ma tête. J'aurai le droit, sans doute, au milieu de mes remords, d'accuser ceux qui m'auront perdu en abusant de mon ignorance et de ma faiblesse ; mais je n'aurai pas le droit d'accuser la loi, parce qu'elle m'aura traité en homme, et qu'elle n'aura pas voulu mettre ma conscience en tutelle.

Toutefois, l'intervention légale pourrait devenir, non-seulement légitime, mais obligatoire, s'il y avait séduction de l'intelligence ou du cœur d'un enfant. L'enfant n'a pas la responsabilité entière de ses actes ; c'est peu à peu qu'il s'élève jusqu'au devoir et au droit d'apprécier par lui-même ce qu'il doit croire et ce qu'il doit aimer. Son âme est soumise à une direction souveraine, celle de sa famille. Toute influence que l'on prétend exercer sur lui, contre le gré ou sans l'aveu de ses guides naturels, est coupable et peut être réprimée. Mais à quel titre ? non comme un tort moral fait à l'enfant, mais comme une violation sensible et positive des droits du père. Ni la loi, ni les tribunaux, n'ont à rechercher de quel côté serait l'éducation la plus intelligente, la plus morale, la plus salutaire. Tout repose sur un fait matériel : la naissance, et il ne s'agit que de sauvegarder les devoirs et les droits qui en sont la conséquence naturelle.

La puissance publique doit-elle donc laisser sans protection un enfant que des parents vicieux ou négligents corrompent eux-mêmes ou abandonnent sans surveillance à la corruption? Une tutelle morale exercée dans ce cas par la loi, ne se heurterait pas à des devoirs qui n'existent pas encore; car les jeunes âmes dont elle s'emparerait, pour en prendre soin, sont incapables de se garder elles-mêmes. Elle se justifierait comme prévenant un tort flagrant, contre lequel ceux qui doivent en souffrir, sont sans défense, et dont les effets, pour toute la suite de la vie, dans l'ordre matériel comme dans l'ordre moral, sont incalculables. Elle pourrait aussi alléguer, comme motif légitime, l'intérêt général de la société, dont l'avenir, à tous les points de vue, dépend de la direction donnée à l'enfance. N'oublions pas cependant que, si la loi, en se chargeant de veiller sur les mœurs des enfants, n'empiète pas sur leurs devoirs encore imparfaits, elle empiète sur les devoirs précis des parents, elle se substitue à leur responsabilité. Ce peut être la source d'un conflit périlleux, où le législateur doit craindre de s'engager, quand il n'y est pas obligé par un devoir incontestable. Nous aurons à revenir sur ce point délicat, quand nous traiterons de la famille. Nous ne voulons que constater ici, par un nouvel exemple, quelle réserve est commandée à la loi, même quand son intervention paraît le mieux justifiée, dès qu'elle touche à la sphère de l'âme.

Un dernier point qui doit appeler l'attention du législateur, ce sont les moyens naturels dont les individus disposent pour la défense de leurs intérêts ou de leurs droits. S'il n'y a que l'emploi de la force qui puisse les protéger efficacement, il faut leur assurer l'appui de la force légale, car c'est la seule qui soit entièrement légitime pour la défense des individus. S'ils peuvent, et surtout s'ils doivent s'abstenir des armes matérielles, le devoir du législateur sera de s'effacer; car ces armes sont précisément les seules qu'il puisse leur offrir. La force seule peut me remettre en possession de ce qui m'est dû, si le détenteur de mon bien ne veut pas me le rendre; mais, quand un homme blesse par son langage mes convictions ou mes sentiments d'honneur, j'ai contre lui deux armes légitimes : la persuasion, pour le faire rentrer en lui-même, et, si je ne réussis pas, la retraite pour ne plus l'entendre. La violence est inutile pour me préserver de ses discours empoisonnés : ce serait une violation de sa personne matérielle, qui n'est pas justifiée par mon propre salut; ce serait, de plus, une violation de sa personne morale, si je comptais sur la contrainte pour modifier sa manière de penser; car l'âme doit céder à la force des arguments, non à celle des coups. Si le recours à la violence n'appartient, dans ce cas, à aucun individu, il n'appartient pas davantage à la loi, dont les droits ne vont pas au delà des droits individuels qu'elle détermine et qu'elle protége.

Dans l'appréciation de ces différents points, le législateur doit consulter sa conscience, en y joignant les lumières que lui fournit son expérience des hommes et des choses. Il n'est obligé que de se bien pénétrer des devoirs propres de l'État, sans qu'on puisse lui demander de faire abstraction de ses croyances religieuses ou de ses convictions philosophiques. On est assez porté, de nos jours, à faire de l'homme une pure abstraction, en séparant, dans un même individu, le chrétien du philosophe, le philosophe de l'homme d'État. La nature répugne à ces distinctions, la conscience ne souffre pas de partage. Si je puis, quand je prends part à la législation de mon pays, oublier mon système philosophique, ou ne tenir aucun compte de la foi que je professe, c'est que ce système n'est qu'une création artificielle de mon esprit, c'est que cette foi n'est pour moi que l'habitude artificielle de certaines pratiques, et qu'elle n'a pas pris possession de mon âme. Dans la sphère naturelle de sa responsabilité, l'homme public suit les mêmes lumières que l'homme privé. Sa règle est sa conscience, telle qu'il la sent en lui et telle qu'elle lui parle, sous l'influence inévitable de l'éducation qu'il a reçue et de celle qu'il s'est donnée à lui-même.

Mais, si l'on ne peut mutiler l'âme du législateur, il est juste de prendre des précautions contre les passions et les préjugés qui pourraient l'entraîner sciemment ou à son insu au delà des bornes qu'il doit se prescrire. La recherche de ces précautions est l'objet le plus important de la science politique. Il n'entre pas dans notre plan de les considérer en elles-mêmes, car c'est affaire d'expérience plutôt que de principes. Les devoirs du législateur sont partout les mêmes; le mode suivant lequel s'exerce la puissance législative, est naturellement variable. Cette puissance souveraine n'appartient, d'une manière absolue et universelle, ni à un monarque, ni à une aristocratie, ni même à la majorité des citoyens. Le droit, qu'elle a pour mission de sauvegarder, n'est pas plus inviolable dans dix millions d'individus que dans un seul. Il est en péril, toutes les fois que la loi est dictée par une volonté partiale. Or, les passions populaires peuvent être aussi exclusives et aussi aveugles que les passions individuelles. Quand les institutions d'un pays sont à fonder, on peut chercher de quel côté se trouveraient les plus sûres garanties de sagesse et d'équité: tant qu'elles fonctionnent sans trouble et sans injustice, nous devons les supporter, en nous efforçant, dans la mesure de nos droits, d'en prévenir l'abus, et, dans celle de nos lumières, d'en éclairer la pratique et d'en préparer le progrès. L'idéal, que l'on devrait toujours avoir en vue, ce n'est pas la réalisation d'un système absolu, monarchique, aristocratique ou démocratique, ce n'est pas non plus la combinaison plus ou moins ingénieuse de ces trois éléments ; c'est un ensemble d'institutions libérales, qui permettrait à toutes les opinions, même à celles d'une faible minorité, de se faire jour et de se défendre, dans le but d'assurer un égal respect à tous les droits, une égale protection à tous les devoirs.

V.

Le législateur ne considère les faits que d'une façon générale et par hypothèse. Les tribunaux sont chargés, non-seulement d'interpréter et d'appliquer la loi, mais d'apprécier des faits particuliers et réels. En matière de droit, la justice civile procède de la loi ; en matière de fait, elle ne procède que de la conscience. Telle est l'origine de la distinction du juge et du juré, qui n'est pas moins naturelle dans l'ordre civil que dans l'ordre pénal.

Quand il s'agit de la détermination d'un droit, la volonté individuelle est obligée de s'incliner devant la volonté générale exprimée par la loi, commentée par le magistrat civil. Mais la constatation d'un fait n'est pas un acte de volonté ; c'est affaire d'expérience, de bon sens et de bonne foi. Quiconque a pu voir ce fait de ses propres yeux, quiconque est assez éclairé pour apprécier les témoignages produits de part et d'autre, est compétent pour en affirmer la réalité ou la fausseté, la probabilité ou l'incertitude. Sur ce point, il n'y aurait pas besoin d'autres juges que les parties elles-mêmes, si leur discernement ou leur sincérité pouvait toujours résister à la séduction de leur intérêt. Quand leurs affirmations sont discordantes, il faut nécessairement des arbitres. Que ces arbitres soient du moins choisis de telle sorte qu'ils représentent, à défaut de la conscience aveuglée des parties, la conscience humaine, dans sa généralité et son impartialité.

Ce rôle arbitral peut-il être rempli par les juges ordinaires, par les juges du droit? Non, du moins en principe. Les interprètes officiels de la loi ne représentent que la loi, c'est-à-dire la volonté du législateur; ils prononcent en son nom, ils sont armés pour ses intérêts; ils sont, en un mot, les dépositaires d'une partie de la souveraineté de l'État. Or, si je dois mon obéissance à l'État dans les matières de sa compétence, j'ai le droit de me défier de lui dans tout le reste, et de craindre de sa part une appréciation partiale. L'État, c'est une personne collective, qui peut avoir, comme un individu, ses intérêts, ses passions, ses préférences, et se laisser influencer par des inclinations de caste, de secte ou de parti. L'observation des formes juridiques, la publicité des débats, la nécessité des considérants en tête de chaque arrêt, et surtout l'inamovibilité des magistrats, peuvent sans doute transformer, dans une certaine mesure, les tribunaux publics en organes indépendants de la conscience générale. Mais il y a toujours des inconvénients à cette confusion, dans une seule personne, de la double qualité de juge du droit et de juge du fait. Le magistrat est toujours, par sa nomination, l'homme de l'État; par son caractère, l'homme de la loi. Quand il ne serait pas, à ce double point de vue, le représentant de la volonté dominante et de l'opinion plus ou moins partiale dont cette volonté est la manifestation, l'habitude de tout apprécier à la lumière du droit positif donne à l'esprit une certaine direction et comme une sorte de pli, qui peut fausser le jugement dans les matières extralégales, en substituant une conscience factice à la conscience naturelle de l'homme. Il y a là deux attributions différentes qui se rapportent à deux natures d'esprit: tous les intérêts, de même que tous les droits, sont d'accord pour qu'elles soient séparées.

Il semblerait peut-être plus convenable de confier le jugement arbitral des faits à des magistrats spéciaux, désignés, non par la puissance publique, pour dégager sa responsabilité, mais par le suffrage soit des citoyens en général, s'il s'agit d'intérêts communs, soit d'électeurs appartenant à une même profession, s'il s'agit d'intérêts spéciaux. Telles sont, dans ce dernier cas, nos tribunaux de commerce et nos conseils de prud'hommes. Mais l'élection, c'est le droit de la majorité, non le droit de tous : l'esprit de parti peut la diriger ; des intérêts coalisés peuvent l'exploiter à leur profit; le plus petit nombre y est livré à la merci du plus grand nombre. Pour apprécier si un fait est réel, si un témoignage est digne de foi, toutes les consciences se valent, pourvu qu'on ne puisse suspecter ni l'ignorance ni l'intérêt. Il est donc plus équitable de laisser le choix au sort, en accordant aux parties un large droit de récusation. Tel est le but et l'esprit de l'institution du jury. Vous ne vous en rapportez pas à votre adversaire, qui, de son côté, ne s'en rapporte pas à vous. Vous pouvez vous croire le droit de vous défier de l'État et de ses représentants directs, dont l'impartialité ne vous est pas assurée. Vous pourriez vous défier également des élus d'une majorité, dont les intérêts sont peut-être opposés aux vôtres. Eh bien! voici trente-six hommes, pris au hasard parmi vos concitoyens ; vous en pouvez rejeter douze, s'ils vous sont suspects ; après que votre adversaire aura exercé le même droit, vous ne devez voir l'un et l'autre, dans ceux qui restent, qui vont être appelés à prononcer sur vos allégations, que vos égaux, vos *pairs*, d'autres vous-mêmes, dégagés des préventions qui troublent votre jugement. C'est votre conscience qui va parler par leur bouche, et vous devez recevoir leur sentence comme votre propre témoignage.

L'institution du jury soulève de graves objections, surtout en matière civile. On se défie de la probité ou, tout au moins, des lumières d'un tribunal désigné par le sort. Ces défiances seraient légitimes, si le jury devait être pris nécessairement et pour toutes les causes parmi l'universalité des citoyens. C'est exagérer le principe du jury. Sur des questions spéciales, nos pairs, ce ne sont pas tous les hommes, mais les hommes de notre profession, accoutumés au maniement des mêmes affaires et des mêmes intérêts. Ce sont des négociants, s'il s'agit d'une question commerciale; des médecins, s'il s'agit de l'exercice de la médecine ; des écrivains et des éditeurs, s'il s'agit de la propriété littéraire. Nous possédons, en France, plusieurs de ces tribunaux spéciaux ; chambres syndicales, chambres de discipline, conseils de l'ordre des avocats, tribunaux consulaires, etc. Pour les transformer en jurys, il suffirait de substituer le sort à l'élection, et de leur accorder l'appréciation souveraine des faits, en leur retirant, même au premier degré, l'interprétation et l'application des lois.

Sur les questions générales, il faut évidemment un jury général. Mais aucun principe ne demande que tous les citoyens soient compris sur la liste. Le suffrage universel peut être une excellente institution politique ; ce n'est pas un droit absolu. Et quand même nous reconnaîtrions à tous les citoyens majeurs le droit inné de concourir à former la volonté souveraine, il ne s'ensuivrait pas qu'ils dussent également représenter la conscience humaine, avec toutes les garanties de lumières et de probité qu'exige le jury. Le droit de récusation, qui appartient aux parties dans leur intérêt particulier, appartient aussi, d'une manière générale, à la société dans l'intérêt de tous. Pour l'exercice des fonctions de juré, comme pour tous les droits, il y a une moyenne à prendre, une ligne de démarcation à tracer, en tenant compte, non-seulement des principes absolus, mais de l'état intellectuel et moral de la nation. C'est au législateur à fixer le niveau, à écarter du jury toutes les catégories de citoyens, qui, prises dans leur ensemble, ne présentent pas des garanties suffisantes d'éducation, ou que leur condition sociale exposerait trop aisément à des suggestions dangereuses. Il faut s'en rapporter à son expérience et à sa prudence, en lui demandant seulement de ne pas obéir à d'autres intérêts qu'à ceux du droit lui-même. Une épuration de ce genre sera forcément arbitraire; mais elle le sera, du moins, d'une façon générale, comme toutes les distinctions posées par les lois. Elle échappera aux préoccupations individuelles, qui entachent plus ou moins toute élection populaire, tout triage ou tout choix officiel. Elle n'assurera pas des jurés toujours impartiaux; mais elle ne laissera subsister qu'une partialité variable et se neutralisant elle-même.

Il est surtout certaines questions de fait pour lesquelles le jury, tel que nous l'avons défini, peut être considéré comme indispensable. C'est quand il y a lieu d'apprécier, non pas un fait matériel, mais un fait moral, par exemple une atteinte portée à l'honneur d'une personne, l'impossibilité de la vie commune pour deux époux, l'abus du pouvoir paternel, les intentions d'un testateur. Ce sont là proprement des faits de conscience, sur lesquels on ne peut se prononcer qu'à la lumière du sentiment intérieur, et dont la constatation semble répugner à la science formaliste du juge. Ils rentrent, soit par leur nature, soit par les devoirs auxquels ils se rattachent, dans ce domaine de l'âme, qui doit rester, autant que possible, en dehors de l'action de l'État. Si la loi doit s'y appliquer, que ce soit du moins après que les faits eux-mêmes auront été constatés par une autre autorité. Quand il s'agit de lire dans les âmes, les magistrats institués par l'État doivent déclarer leur incompétence, en se renfermant dans leur rôle naturel, qui est de lire dans la loi. Qu'ils se déchargent de ce soin et de cette responsabilité sur un tribunal entièrement indépendant, qui représente, quand il est entouré des garanties nécessaires, le tribunal même de la conscience.

VI.

Les tribunaux civils ne jugent que les contestations qui leur sont soumises par les individus. Avant toute contestation, les droits individuels peuvent être restreints, non-seulement par les lois, d'une façon générale, mais par les décisions particulières de certains magistrats, de certains agents de l'État, à qui les lois ont confié ce pouvoir. C'est l'objet de ce qu'on appelle proprement la *police*. Les mesures de police ne sont pas moins légitimes que les déterminations législatives. Elles ont également pour but d'empêcher, dans l'intérêt de tous, les excès, les empiétements de la liberté laissée à chacun. Si le législateur pouvait tout prévoir, il vaudrait mieux sans doute que tout fût réglé par lui ; mais, comme il est forcé de se renfermer dans les cas les plus généraux, il est nécessaire qu'il institue, pour les cas particuliers, des législateurs en petit, dépositaires de sa souveraineté dans la sphère qu'il leur assigne. La magistrature administrative doit, d'ailleurs, dans l'exercice de son pouvoir discrétionnaire, s'imposer les mêmes règles que le législateur lui-même. Elle doit éviter tout conflit avec des devoirs de conscience, et n'intervenir que lorsqu'il y a un danger immédiat, dont les individus n'ont ni l'obligation ni les moyens de se préserver eux-mêmes.

Il suit évidemment de ces principes que la police doit s'abstenir dans tout ce qui touche directement à l'ordre moral, aux manifestations de la pensée et de la foi. Là se rencontrent des devoirs dont l'appréciation n'appartient qu'à la conscience de l'individu. Le danger qui peut résulter de ces devoirs mal entendus, n'est jamais immédiat; et, s'il peut s'y rattacher soit la responsabilité civile d'un préjudice matériel, soit la complicité d'un acte criminel, il n'y a pas lieu de devancer les décisions des tribunaux. Entre la violation du domaine sacré de la conscience et tout autre péril que peuvent courir les individus ou la société elle-même, le choix, si jamais il est justifié, ne saurait être laissé à l'arbitraire des pouvoirs administratifs.

Parmi les mesures préventives, la plus grave, sans contredit, est celle qui a pour but de s'assurer de la personne d'un individu soupçonné d'un délit ou d'un crime. Ce n'est plus une restriction apportée à l'exercice de certaines professions ou à la jouissance de certains droits, c'est la suppression temporaire de presque tous les droits, et même la suspension des plus importants devoirs, par exemple des devoirs de famille. Toutefois, tant que la liberté matérielle est seule entravée, l'État ne sort pas de ses attributions légitimes. Le droit ne serait violé dans son principe que si l'État s'ingérait dans les devoirs de l'individu, s'il prétendait les remplir à sa place, ou s'il en empêchait, d'une manière absolue, le libre accomplissement. Il peut, dans l'intérêt des droits de tous, disposer de ma liberté, disposer même de ma vie ; il ne peut disposer de mon âme. Assurément, on doit souhaiter que les emprisonnements préventifs ne soient qu'une mesure extrême, autorisée par une nécessité évidente. Mais ce qu'on doit demander à l'État, au nom des droits de l'âme, ce n'est pas d'y renoncer, c'est de ne pas s'en servir pour peser sur les consciences. L'usage abominable de la torture matérielle a, grâce à Dieu, disparu de tous les pays civilisés. La justice humaine ne cherche plus des lumières dans des aveux sans valeur morale, arrachés par la crainte de la douleur. Mais il est d'autres tortures que celles qui brisent les membres. Affaiblir l'énergie de l'âme par une longue séquestration ; empêcher le prévenu, par la prolongation du secret, de pourvoir aux besoins de sa défense, qui est pour lui un devoir, s'il est innocent, et un droit, s'il est coupable; l'embarrasser dans les liens d'une interrogation subtile, pour laquelle le magistrat instructeur est armé de toutes pièces, tandis qu'il est seul et nu devant lui, et que la peur et la honte paralysent toutes ses facultés : ce sont là, sans contredit, des violences morales, dont il faut craindre l'usage et ne jamais exploiter l'influence. Si l'État a le droit de défendre la société contre le mauvais vouloir et les artifices d'un malfaiteur, il a aussi le devoir de respecter la liberté morale du coupable, et, à plus forte raison, du simple prévenu, dont il doit toujours présumer l'innocence.

VII.

Le droit civil, sous toutes ses formes, législation, justice, administration, courbe sous le même niveau tous les individus. La répression pénale n'atteint, dans leurs droits, que les individus reconnus coupables d'une violation volontaire des lois.

Les peines infligées par les lois humaines doivent être morales, acceptées par la conscience même du coupable, ou, si elle est entièrement dépravée, par la conscience générale des hommes. Si elles n'ont pas pour effet d'éveiller le remords, si la conscience n'en approuve pas la rigueur salutaire, elles ne sont qu'un des mille accidents auxquels la vie est exposée. On peut en souffrir cruellement, comme on souffre d'une maladie, d'une blessure, d'un violent chagrin ; mais elles n'auront pas, pour celui qui les subit, le caractère d'une punition méritée. En nous frappant des coups les plus affreux, Dieu lui-même ne nous châtierait pas, si notre conscience ne se joignait à lui pour nous faire expier nos fautes.

Mais, si les châtiments extérieurs ne se suffisent pas à eux-mêmes, s'ils doivent trouver leur confirmation dans l'âme du coupable, ils n'en sont pas moins nécessaires. La loi de l'État, comme celle de Dieu, demande une sanction. Il faut que ceux qu'elle gouverne répondent de la liberté qu'elle leur laisse, qu'ils lui offrent des garanties proportionnées au tort qu'ils peuvent faire à la société. Il faut, en un mot, que le criminel ne puisse nuire aux droits d'autrui, qui sont protégés par la loi, sans se nuire à lui-même, sans mettre en péril ses biens, sa liberté et sa vie.

En demandant à la conscience la confirmation de ses décrets, la loi pénale n'a ni le droit ni le devoir d'atteindre tout ce qui est condamné par la conscience. Elle n'a pas des droits plus étendus que la loi civile, dont elle est la sanction nécessaire. Elle doit, comme cette dernière, se défier de ses erreurs, inséparables de toute œuvre humaine, et, pour en diminuer les effets, souvent irréparables, restreindre elle-même son domaine. Elle doit éviter surtout d'entrer en conflit avec le sentiment moral des individus. Il faut donc qu'elle ne vise en tout qu'à l'indispensable. Le droit pénal, comme tous les droits de l'État, n'est qu'une des formes de cette protection matérielle que les individus attendent de la société ; il ne tient pas la place du tribunal de Dieu ou du tribunal de la conscience; il n'est que leur auxiliaire, investi, sous leur contrôle, d'une portion de leur autorité, et il n'est appelé à leur prêter son concours que dans une des sphères de leur juridiction souveraine.

Le droit pénal est une restriction du droit civil; il implique une diminution de la propriété et de la liberté extérieure, et, quelquefois même, la perte de la vie. Il frappe le coupable dans tous les droits dont la loi civile a marqué la limite : il respecte ceux qui doivent rester en dehors de l'action de l'État, comme appartenant proprement à la vie de l'âme. Ainsi il restreindra, il supprimera même, jusqu'à un certain point, la liberté purement matérielle, le droit d'aller et de venir ; il ne touchera pas aux libertés morales, à la liberté de penser, à la liberté religieuse ; il reculera, pour la même raison, devant cet esclavage du corps, qu'un Epictète pouvait supporter sans s'avilir, mais qui, pour tout autre qu'un stoïcien, est toujours une dégradation de l'âme ; il s'abstiendra, en un mot, de toute immixtion dans la sphère de la conscience et des devoirs dont elle est l'arbitre.

Mais prendre à un homme sa liberté physique, lui prendre jusqu'à sa vie, n'est-ce pas l'arracher à ses devoirs, n'est-ce pas, en s'emparant de son corps, empiéter aussi sur son âme ? Il faut bien distinguer entre les conditions essentielles et les instruments extérieurs du devoir. Notre âme appartient en tout temps aux devoirs dont elle est responsable ; notre corps ne leur appartient qu'autant que nous en avons la jouissance. Or, cette jouissance de nos facultés physiques n'est qu'un fait fortuit et précaire. Nous pouvons la perdre par accident, par maladie, par notre propre volonté ou par la volonté d'autrui. C'est quelquefois un devoir de la conserver, quelquefois aussi d'en faire le sacrifice. En temps de paix, je dois vivre pour ma famille ; en temps de guerre, je puis être obligé de mourir pour mon pays. Mon âme est la propriété indivisible de tous mes devoirs, aussi doit-elle être à l'abri de toute atteinte ; mon corps est la propriété du devoir le plus pressant, le plus immédiat : l'immoler à ce devoir, ce n'est pas porter préjudice aux autres. Or, quand un homme a commis un crime, son premier devoir est de l'expier ; quand il a attenté à la liberté ou à la vie d'autrui, il doit livrer à la justice publique sa liberté et sa vie, non pas comme une compensation, qui ne rachèterait rien, mais comme une garantie pour l'efficacité de la loi et pour la sécurité de ses concitoyens. La société ne fait qu'user d'un droit légitime et nécessaire en le forçant à payer sa dette. Elle n'irait au delà que si elle lui prenait son corps pour le livrer à des outrages, qui seraient une souillure pour l'âme elle-même. La peine capitale est de droit naturel, tout aussi bien que le service militaire : la peine de la prostitution, usitée dans des temps de barbarie, est le dernier et le plus infâme abus de la force.

On a quelquefois considéré le châtiment comme un moyen de corriger le coupable, de le ramener dans la voie du bien. Ce doit être, en effet, le fruit naturel de la peine, quand elle est acceptée par la conscience, quand elle éveille ou confirme le remords. Mais la justice humaine doit-elle se proposer ce but immédiat, dans la détermination et la gradation des peines qu'elle institue ? Travailler à l'amendement du coupable est, pour l'État, un devoir d'assistance, étranger au droit pénal lui-même, mais qui n'est pas moins digne de toute la sollicitude du législateur. S'il est des individus à qui on doive une assistance particulière, ce sont assurément ceux qui sont tombés si bas qu'il leur faut des efforts presque surhumains pour se relever eux-mêmes. Remarquons, toutefois, qu'il s'agit de secours moraux, qui ne sont pas proprement de la compétence de l'État. Ce qu'il peut faire, c'est de les faciliter, c'est d'ouvrir ses prisons à tous les dévoûments inspirés par la philanthropie ou par la foi, sans cependant les imposer aux prisonniers ; c'est, enfin, de prêter à ces dévoûments, sinon sa coopération directe, au moins son concours pécuniaire. Mais, soit qu'il cherche à faire du châtiment un moyen d'amélioration, soit qu'il lui laisse simplement son caractère répressif, il doit, avant tout, éviter de porter atteinte à la liberté intérieure du condamné. Ses droits ne vont pas jusqu'à l'âme, et aucune contrainte, aucune pression ne doit être exercée sur elle, même en vue de la purifier.

A plus forte raison, ne faut-il pas que le châtiment ait pour effet de dégrader l'âme et de l'avilir. C'est condamner le coupable à une véritable prostitution que de lui prendre sa liberté, pour lui faire perdre, dans une atmosphère d'infamie, le peu qui lui reste de dignité morale. La responsabilité de l'État ne demande pas absolument qu'il améliore ceux qu'il châtie ; elle exige, du moins, qu'il ne contribue pas à les dépraver.

Nos lois reconnaissent des peines, non-seulement afflictives, mais infamantes. Cette dernière expression transporte l'action pénale hors de sa sphère naturelle. La honte qu'éprouve le condamné, le mépris public dont il est l'objet, sont des sentiments salutaires, qui ajoutent à l'efficacité de la peine ; mais ce ne sont pas des éléments essentiels du châtiment légal. Il n'appartient pas à l'État de façonner les âmes, de leur commander les sentiments qu'elles doivent éprouver. Le mépris public est une peine réelle, à laquelle doit s'attendre quiconque outrage la loi morale ; mais c'est une peine indépendante de celles qui sont infligées au nom des lois positives. Elle s'attache souvent à des actes que le législateur doit laisser impunis ; elle n'atteint pas ou elle atteint faiblement d'autres actes, dont on doit un compte sévère devant les tribunaux. Il y aurait péril pour la conscience à chercher la mesure de ce juste mépris dont elle frappe les méchants, dans une pénalité qui ne repose ni sur les mêmes intérêts ni sur les mêmes principes. Or, telle est l'influence des lois sur les mœurs qu'on voit souvent des infamies, que la loi ne peut pas frapper, mais qui n'en sont pas moins justiciables de l'indignation publique, se produire tête levée, tandis que des fautes relativement légères, mais légalement mieux appréciables, ont à subir, à la suite d'une condamnation juridique, une peine morale, dont la honte ne s'efface plus.

C'est, en même temps, une injustice à l'égard des condamnés

eux-mêmes, dont le devoir est de se réhabiliter, de reconquérir l'estime publique, et qui se voient fermer quelquefois tout retour au bien par la flétrissure qui leur est imprimée. Sans doute, la société a le droit de tenir en suspicion ceux qu'elle a condamnés, même après les avoir rendus à la liberté ; mais cette surveillance qu'elle continue à exercer sur eux, ces droits dont elle leur interdit, soit temporairement, soit perpétuellement, la jouissance, il ne faut y voir qu'une peine afflictive, une restriction apportée à l'usage de leur liberté extérieure. Quant à l'infamie qui peut s'y joindre, il faut la laisser à l'appréciation des consciences, sans chercher à peser, par une déclaration formelle, sur leur sévérité ou leur indulgence. Aucun moyen ne doit être refusé aux dégradés de la loi, pour qu'ils puissent reprendre dans la société comme honnêtes gens la place qui leur est encore interdite comme citoyens [1].

Dans l'application des peines, les tribunaux ont à considérer, non-seulement la réalité des faits et leur criminalité légale, mais leur criminalité morale. Il ne suffit pas, en effet, pour qu'on doive prononcer une condamnation effective, qu'un acte dûment constaté rentre dans un des cas prévus par la loi ; il faut qu'il soit condamné par la conscience comme ayant été accompli sciemment et volontairement, dans une intention coupable. Autrement, la punition serait un acte de précaution ou de vengeance, non un acte de justice. Il appartient naturellement au jury, dans l'ordre pénal comme dans l'ordre civil, de prononcer sur la réalité des faits. Il lui appartient, à plus forte raison, d'en affirmer la culpabilité. Si aucune peine ne doit être infligée en opposition avec le jugement de la conscience, il faut que le jugement se produise dans les conditions les plus absolues d'indépendance et d'impartialité. L'idéal serait réalisé, si le coupable pouvait être condamné

---

[1] Cette question délicate des peines infamantes est traitée avec une grande force de logique dans l'ouvrage cité de Guillaume de Humbold, § 15. Nous pouvons ajouter que les mêmes principes s'appliquent aux récompenses honorifiques. L'État a certainement le droit de récompenser comme de punir ; mais il ne lui appartient pas de nous dicter nos sentiments d'estime ou de respect. Des marques de distinction, telles que le port d'un ruban ou d'une croix, ou un titre nobiliaire, ne peuvent donc être acceptées, en principe, que si elles se présentent, non comme le signe général de l'honneur, mais comme la rémunération de services rendus à l'État, et dont les chefs de l'État sont les juges naturels.

sur sa propre sentence. Il faut, du moins, que sa conscience soit représentée, en quelque sorte, par l'expression la plus générale de la conscience humaine, par des hommes qui ne rendent leur sentence qu'en leur qualité d'hommes, non comme les interprètes de la loi, non comme les organes du gouvernement ou d'une majorité, mais comme les égaux, comme l'image épurée de l'accusé lui-même. Les garanties que l'État exige de ses juges, leur confèrent, sans doute, quelques-uns des caractères des jurés; elles ne leur ôtent pas ce caractère officiel et ces habitudes formalistes, qui se concilient mal avec le pur témoignage de la conscience. Quand le même homme est appelé à prononcer au nom de la loi et au nom de sa conscience, il est toujours à craindre ou qu'il ne fasse violence au texte légal, pour le mettre d'accord avec le témoignage intérieur, ou qu'il n'étouffe la voix de son cœur, dans l'intérêt de cette légalité étroite dont il est le représentant. Il n'est pas de pire torture que celle des lois, a dit Bacon : il est une torture pire encore, c'est celle de la conscience au profit des lois elles-mêmes.

La loi française distingue, d'après la gravité des peines qu'ils encourent, entre les délits et les crimes, et, pour ces derniers seuls, elle s'en remet à l'appréciation souveraine du jury. S'il y avait lieu à distinguer dans les juridictions, il faudrait plutôt tenir compte du lien plus ou moins étroit qui rattache les faits incriminés, soit à la vie physique, soit à la vie morale. Quand la matérialité du fait est une présomption à peu près certaine de sa criminalité, comme pour le vol ou l'assassinat, le concours du jury, quoique toujours nécessaire en principe, peut paraître moins indispensable aux yeux de la conscience. Quand, au contraire, tout réside dans l'appréciation d'une intention obscure, quand il faut, comme on dit, sonder les cœurs et les reins, alors la conscience réclame impérieusement ses juges naturels, et, qu'il s'agisse d'un délit ou d'un crime, il y a danger à se passer du jury. Telles sont, par exemple, les questions de fraude commerciale ou d'escroquerie. Elles résident moins, en général, dans la constatation matérielle d'un préjudice causé, que dans l'appréciation morale d'une tromperie, d'une séduction, d'une influence illégitime, attribuée à un individu sur l'esprit d'un autre individu. On a vu, sur des questions de ce genre, des réponses contradictoires données par les tribunaux correctionnels. Il est permis de croire qu'il y aurait plus de fixité dans les déclarations d'un jury étranger à toute préoccupation légale et ne suivant que les inspirations d'une conscience droite. Ses variations ne présenteraient pas du moins les mêmes périls. Le jury ne prononce que sur le fait particulier qui lui est soumis ; il n'est pas obligé de préciser le sens et les motifs de sa déclaration ; s'il acquitte, sa sentence peut signifier aussi bien le doute, qui suffit pour écarter une condamnation, que la certitude de l'innocence. Les magistrats officiels ont le devoir de donner des considérants, qui non-seulement déterminent le caractère à la fois moral et légal qu'ils assignent à un cas particulier, mais qui, par la généralité des raisons sur lesquelles ils s'appuient, serviront de précédents pour tous les cas semblables, et concourront à former la jurisprudence. C'est l'autorité de la justice, c'est l'autorité de la loi, c'est l'autorité de la conscience elle-même qui est mise en péril par leurs contradictions.

S'il est un domaine qui ne doive, à aucun titre, être soustrait au jury, c'est celui des délits et des crimes qui se commettent proprement au sein de la vie intellectuelle et morale ; ce sont tous les actes qui se rapportent aux devoirs de famille, à la religion, aux manifestations de la pensée. Là, le rôle du juge ne peut être que secondaire et subordonné. Si l'abus du droit, par les dangers qu'il fait courir à autrui ou à la société en général, peut justifier l'application d'une peine, le droit dont il s'agit, non-seulement dans sa source, mais dans son exercice même, est inhérent à l'âme. Tout se passe dans une sphère supérieure, qui n'est pas celle de l'État. Les magistrats n'ont à réprimer que les conséquences matérielles d'un fait d'un autre ordre, qui constitue seul l'acte criminel. Ils doivent donc se tenir à l'écart jusqu'à ce que la conscience ait parlé par son organe légitime. Ils pourront alors prononcer une condamnation, s'il y a lieu, sans jeter le trouble dans les âmes, ou, du moins, sans éveiller, au détriment de l'État lui-même, des susceptibilités respectables.

VIII.

L'État touche moins, en principe, aux droits individuels, lorsqu'il les restreint, les suspend ou les supprime, que lorsqu'il force les individus à lui prêter un concours actif. Là, il ne fait que poser une barrière devant leur volonté ; ici, il se met à la place de leur volonté même, pour diriger leur conduite. Ce droit énorme appartient, sans contredit, à l'État. L'État n'est pas seulement un être de raison, mais une force réelle et agissante, s'exerçant sur les individus par leur intermédiaire réciproque. Il représente, dans leurs garanties nécessaires, et le respect que se doivent entre eux les membres de la société, et l'assistance qu'ils ont le droit d'attendre les uns des autres. Cette nécessité du concours des individus pour régner sur eux est, au fond, la sauvegarde de leur liberté. Elle met le gouvernement dans leur dépendance, en même temps qu'elle les assujettit à ses lois et à sa puissance. S'ils la subissent comme une charge, ils peuvent aussi la revendiquer comme un droit. Mais c'est toujours une charge, c'est toujours un empiétement sur leur initiative personnelle et, à certains égards, sur leur âme elle-même. Il n'est aucun point où les domaines rivaux de l'individu et de l'État soient plus près de se confondre, et où il soit plus important de reconnaître exactement leurs frontières.

Le concours que l'État demande aux individus, peut être forcé ou facultatif. Le concours forcé est lui-même pécuniaire ou personnel.

Le concours pécuniaire ou l'impôt ne touche qu'indirectement à la liberté des individus. Il ne les force proprement à aucune action ; car, s'ils refusent de payer, le fisc peut se payer de ses propres mains, en se saisissant de leurs biens. C'est plutôt encore une restriction apportée à l'exercice de leurs droits, qu'une participation directe et positive aux devoirs de l'État. Il n'en peut résulter aucun conflit sérieux entre leur conscience et la loi.

Les devoirs de l'État ne se bornent pas à empêcher le mal ; il remplit aussi, comme l'individu, des devoirs d'assistance ou de bienfaisance, auxquels il associe, par l'impôt, tous les contribuables. Dans la pratique de ces derniers devoirs, l'État ne sort pas de ses limites, en prenant soin des intérêts moraux comme des intérêts matériels des individus. Il ne porte atteinte à aucun droit, il ne nuit à aucun devoir, s'il se contente d'offrir son assistance, sans en imposer l'usage. En fondant ou entretenant des écoles, en donnant des encouragements aux travaux scientifiques, philosophiques ou littéraires, la seule chose qu'il exige des particuliers, c'est leur concours pécuniaire à ces institutions intellectuelles et morales : il ne touche ainsi proprement qu'à leurs intérêts matériels.

Il toucherait cependant, quoique d'une façon indirecte, à des intérêts plus élevés et plus délicats, s'il prétendait favoriser, aux frais de tous, la propagation exclusive de certaines opinions ou de certaines croyances. Sans doute, ma responsabilité n'est pas engagée dans l'emploi que fait l'État de l'impôt que je lui paye. Néanmoins, ma conscience est blessée, quand mon concours est réclamé en faveur de doctrines que je repousse, au détriment de celles que je professe. C'est une sorte d'invasion sur le terrain de mes devoirs. C'est, en même temps, une exagération de ceux de l'État. Son assistance, soit physique, soit intellectuelle, n'a pour but que de prêter main-forte, si je puis ainsi parler, à la liberté des individus. Il est leur auxiliaire naturel dans toutes les sphères d'action où leurs ressources personnelles ne sont pas en rapport avec leur responsabilité morale. Mais cette responsabilité elle-même demande que rien ne gêne le choix de leur conscience, que toutes les idées, tous les sentiments, tous les points de vue puissent librement se débattre devant eux, sans qu'une influence aussi énorme que celle de l'État pèse sur la délibération. Les caractères perdent de leur énergie, quand on prend trop de soin de les diriger. Les croyances restent, pour ainsi dire, à la surface de l'âme et ne créent que des habitudes d'agir, non des habitudes de penser, quand elles ne sont pas fortifiées par la discussion, quand elles ne sont pas devenues une possession, d'autant plus précieuse qu'elle est plus vivement disputée. En supposant même que l'État ne se trompât jamais dans ses préférences, la vérité se défend faiblement, lorsqu'elle se croit maîtresse du terrain, et l'erreur, qui n'ose plus l'attaquer de front, profite souvent de son désavantage même pour se dérober à la lutte, et pour s'insinuer de biais dans les âmes. Le rôle de l'État est donc d'encourager le conflit salutaire des opinions, sans se proposer un autre but, par son assistance toute pécuniaire, que la culture des esprits et la diffusion générale des lumières.

Dans sa perception même, l'impôt peut encore toucher aux intérêts de la conscience, lorsque l'État place les individus entre leur devoir et leur intérêt, en exigeant d'eux une déclaration pour servir de base à son droit. Une telle alternative est toujours fâcheuse, et l'impôt qui la rend inévitable, a quelque chose d'immoral. Il ne faut jamais provoquer la fraude : quand elle a pour elle l'apparence de l'intérêt, il est rare qu'elle ne trouve pas une excuse à opposer au cri de la conscience. Qui ne fait tort qu'à l'État, ne fait tort à personne, disent les moins scrupuleux. Ce n'est pas faire tort à l'État, disent des casuistes plus subtils, que de dissimuler un objet destiné à contenter une fantaisie, non à satisfaire un besoin ; car on s'en passerait, si l'on n'avait pas l'espoir d'échapper aux droits. Les déguisements que l'on se permet dans un acte de vente n'ont rien d'illégitime, disent chaque jour de très-honnêtes gens, tant qu'ils ne portent pas sur la valeur réelle de l'objet vendu, mais sur la valeur de convenance ou de sentiment que cet objet a pour le vendeur ou pour l'acheteur. Maximes dangereuses assurément, mais auxquelles il est plus dangereux encore de fournir un prétexte. Il vaut mieux, sans doute, s'en rapporter aux déclarations des contribuables, que de les soumettre à une inquisition vexatoire ; mais, quand la nature de la matière imposée invite à la dissimulation, il serait préférable de renoncer à l'impôt. Si les besoins publics ne le permettent pas, que les déclarations exigées ne se rapportent, du moins, qu'à l'existence, et non à la valeur des objets. Combien de fraudes n'éviterait-on pas, si l'État prenait sur lui d'assigner une valeur aux propriétés pour asseoir ses droits de mutation, de même qu'il évalue arbitrairement leur revenu d'après leur superficie, pour asseoir l'impôt foncier ! Ces fraudes ne lui sont pas seulement préjudiciables, elles nuisent aux intérêts permanents des particuliers, en altérant la sincérité de leurs contrats ; elles nuisent surtout aux consciences, dont elles faussent la droiture par l'habitude des distinctions subtiles, des restrictions mentales et du mensonge.

IX.

L'un des signes les plus certains du progrès d'une société, c'est, comme le remarque Hégel, la substitution des charges pécuniaires aux services personnels. Ceux-ci, comme actes particuliers, ne doivent émaner, en principe, que de la volonté particulière des individus; la volonté publique ne devrait, autant que possible, les exiger qu'indirectement; elle ne devrait demander à tous que de lui fournir les moyens de récompenser ceux qui, de leur plein gré, consentiraient à lui prêter leur concours [1]. Toutefois, il est des services personnels qui ne peuvent pas s'évaluer en argent, et que l'État ne peut se dispenser de réclamer en nature : tels sont les services moraux des témoins et des jurés devant les tribunaux; tel est, jusqu'à un certain point, le service militaire. Il importe d'examiner comment ces obligations positives et personnelles peuvent se concilier avec la liberté morale des individus.

L'État ne demande aux témoins et aux jurés que leur présence et des réponses sincères aux questions qui leur sont posées. Il ne leur dicte pas leur langage; il n'exerce aucune pression sur leur âme. Les jurés, qui ne représentent que la conscience, sur laquelle l'État n'a aucun droit, prononcent souverainement; ils ne sont responsables que devant eux-mêmes et devant Dieu. Les témoins, dont le devoir n'est pas d'apprécier les faits, mais de les déclarer tels qu'ils les connaissent, sont responsables devant la justice humaine du tort qu'ils peuvent faire à autrui par une affirmation mensongère. Un faux témoignage est une violation formelle du droit, dont la répression ne touche pas aux immunités de l'âme. Mais n'est-ce pas aller trop loin que d'exiger du témoin, non-seulement qu'il ne dise que la vérité, mais qu'il dise toute la vérité? Une telle obligation, toute légitime qu'elle semble en principe, peut soulever dans la conscience un de ces conflits de devoirs qu'on ne saurait éviter avec trop de sollicitude. Il est

---

[1] « Platon fait distribuer aux individus, par les magistrats, leurs professions et leurs tâches particulières. Dans la monarchie féodale, les vassaux étaient assujettis à des services indéterminés, mais toujours particuliers, par exemple aux fonctions de juges et autres semblables. Ces redevances, dans l'ancien Orient, par exemple pour les édifices énormes de l'Égypte, ont aussi ce caractère particulier. C'est blesser le principe de la *liberté subjective*, qui veut que l'action particulière de l'individu, nécessairement particulière dans de pareils services, soit accomplie par l'intermédiaire de la volonté particulière. Le droit suppose que les services ne sont exigés que sous la forme de leur valeur générale (l'argent), et c'est le fondement du changement qui s'est produit. » Hegel, *Grundlinien der Philosophie des Rechts*, § 299.

des secrets dont la violation répugne à une âme droite, même quand l'intérêt de la justice est en jeu. Des exceptions sont parfois admises en faveur du médecin et du prêtre, de ceux, en un mot, à qui leur état fait un devoir d'une discrétion sans réserve. Or, en dehors de toute profession spéciale, n'y a-t-il pas des cas où le même devoir s'impose à la conscience avec la même rigueur?

Ces cas sont rares, dira-t-on, et la nécessité de témoignages complets et sans réticences est de tous les jours; ne sacrifions pas les droits de la société à un scrupule respectable en lui-même, mais le plus souvent sans application, et gardons-nous de fournir un prétexte à la crainte, à l'intérêt, à la corruption, pour échapper à d'impérieux devoirs. Nous répondrons qu'il n'est pas de vains scrupules, quand il s'agit de l'honneur, de la confiance, de l'amitié. Que l'on considère, d'ailleurs, qu'aucune sanction ne peut s'attacher à cette obligation légale; car un témoignage incomplet peut toujours être mis sur le compte d'un manque de mémoire: tout au plus pourrait-on punir le refus absolu de parler. On retomberait alors dans ce crime de non-révélation, que l'ami de Cinq-Mars a expié sur l'échafaud, et dont la mémoire de Richelieu porte toute la honte.

Un serment est partout demandé aux témoins. C'est un reste de la confusion qui a si longtemps subsisté entre l'ordre spirituel et l'ordre temporel. Le serment est un acte purement religieux, qui se rapporte à des sentiments tout personnels, et naturellement en dehors de la compétence de l'État. Il y a des consciences, au sein de certaines sectes, qui le repoussent absolument. D'autres ne l'admettent qu'avec une grande réserve. Quelques-unes répugnent à la forme sous laquelle la loi l'impose. Pour celles mêmes qui l'admettent, son autorité repose sur des croyances qui échappent à tout contrôle légal, et qui se refusent à toute contrainte. S'appuyer sur la foi du serment, c'est s'appuyer sur une garantie dont la valeur est, en général, confirmée par l'expérience, surtout chez les nations où la religion a conservé son empire; mais là même où cette garantie n'est pas inefficace, elle présente au moins autant de dangers que d'avantages. Pourquoi demande-t-on le serment? C'est qu'on n'a pas confiance dans la simple parole de l'homme. Or, cette défiance même, quelque justifiée qu'elle paraisse, encourage le manque de foi. On s'habitue à ne rougir que du parjure, et à considérer le mensonge, même le plus grave, comme une faute vénielle, tant qu'on n'a pas engagé sa parole. Or, ce n'est jamais impunément qu'on se fait un jeu de la vérité. Si on ne la respecte pas, quand elle n'est pas protégée par le serment, le serment sera bientôt pour elle une défense impuissante. Toujours demandé, par suite de la confiance exclusive qu'il inspirera, il ne tardera pas à s'avilir par son usage même. Ce ne sera plus qu'une formule banale, une façon de parler, qu'il serait puéril de prendre au sérieux. On cherchera alors, pour les circonstances importantes, des formes de serment qui n'aient rien perdu de leur prestige. Mais elles se dépouilleront, comme les autres, de leur caractère sacré, à mesure qu'elles deviendront plus usitées. Quelle force conservera donc le serment légal? Celle qu'il puise dans sa sanction, dans les peines édictées contre sa violation. Or, si ces peines pèsent plus en faveur de la vérité que le serment lui-même, n'est-il pas plus naturel d'en frapper directement tout témoignage menteur, sans faire intervenir et sans compromettre la majesté divine? Que les témoins soient prévenus que tout déguisement volontaire de la vérité est un crime prévu par les lois : cette menace sera l'arme la plus sûre contre une mauvaise foi sans pudeur. Quant à la force qu'y ajouterait le serment pour une âme à demi honnête, elle ne vaut pas l'habitude de considérer la vérité comme respectable en elle-même, et le mensonge, même sans parjure, comme un acte condamné par les lois humaines, aussi bien que par les lois divines.

Les mêmes observations s'appliquent au serment exigé des jurés, et, en général, de tous ceux qui ont à remplir des devoirs publics. L'État ne doit compter, pour l'observation du devoir, que sur le devoir lui-même, et sur la sanction qu'il peut lui donner. L'usage du serment l'oblige à faire intervenir une force étrangère, qu'il ne lui appartient pas de diriger, et qu'il affaiblit presque toujours en se l'appropriant. Inutile pour les âmes les plus droites, quand il ne les blesse pas, soit par lui-même, soit par sa formule, il n'est pour les autres qu'une formalité sans valeur morale. S'il a de l'influence sur quelques-unes, c'est presque toujours aux dépens de la conscience, qu'il habitue à ne pas respecter le devoir pour lui-même. Il en est du devoir comme de la vérité : quand il a besoin du serment pour se soutenir, il tombe bientôt malgré le serment, en entraînant son support dans sa chute. On compromet surtout l'autorité du serment, quand on en fait une condition pour l'ambition, ou pour l'intérêt. L'imposer à des jurés qui n'ont à remplir que des devoirs gratuits, ce n'est qu'un excès de précaution. L'exiger de celui qui veut obtenir une place honorifique ou lucrative, c'est en faire, à ses yeux, moins une barrière contre ses mauvaises passions, qu'un moyen de parvenir.

La loi anglaise, exagérant le principe du jury, fait aux jurés une obligation de l'unanimité. Il est certain que la conscience n'est pas entièrement satisfaite, tant qu'il y a désaccord entre ceux qui la représentent. Mais c'est demander à la nature humaine plus qu'elle ne peut donner ; c'est confondre avec la conscience idéale et abstraite, essentiellement invariable, la conscience réelle de l'homme, qu'il faut chercher à débarrasser des erreurs et des passions qui l'altèrent, mais qu'on ne trouve jamais pure de tout alliage. Les moyens employés dans les tribunaux anglais ne satisfont à la lettre de la loi qu'en la violant dans son esprit. Ils se résument dans une pression exercée sur les âmes par une séquestration indéfiniment prolongée, qui met aux prises avec le devoir, l'intérêt des jurés, et les égards qu'ils se doivent entre eux. Sous cet accord extérieur, auquel ils finissent toujours par se prêter, doivent se cacher souvent des capitulations de conscience. On n'a pas voulu d'alliage, et l'on n'a qu'une fausse monnaie.

X.

Entre le juré et le soldat, il y a un point commun. L'un et l'autre sont appelés par l'État à disposer de la vie d'autrui. Mais le juré n'en dispose que par une déclaration, qui est demandée à sa conscience, et dont l'effet ne dépend pas de lui ; le soldat, par un acte de ses mains, qui a pour but immédiat de donner la mort.

Le droit de vie et de mort n'est pas impliqué proprement dans le verdict du juré. Il déclare seulement, en son âme et conscience, quelle est sa conviction sur la culpabilité ou l'innocence d'un accusé. Non-seulement ce n'est pas lui qui frappe, mais ce n'est pas lui qui condamne; il n'apporte qu'une appréciation morale. Entre sa sentence et le supplice du coupable, se placent l'arrêt de condamnation, le recours en cassation et le droit de grâce. Le soldat est mis en face d'autres hommes, livrés directement à ses coups par une autre volonté que la sienne, au nom d'une autre conscience que la sienne, pour une querelle qu'il ne lui appartient pas, en général, d'apprécier. C'est là, sans contredit, ce qu'il y a de plus exorbitant dans l'obligation du service militaire. Arracher un homme à sa famille, à tous ses intérêts, à toutes ses affections; l'assujettir à une discipline rigoureuse, qu'il ne peut enfreindre sans exposer sa liberté et souvent même sa vie, pour des fautes qui, hors de l'armée, ne sont pas même recherchées; le jeter sur un champ de bataille, où tous les dangers l'environnent, où la mort s'offre à lui sous tous les aspects : ce ne sont encore que des charges, les plus pénibles, les plus cruelles, si l'on fait abstraction des sentiments de devoir et d'honneur qui les relèvent; mais, du moins, le soldat ne fait que les subir ; elles n'empiètent pas sur sa responsabilité personnelle. Où les droits de l'État vont jusqu'à leur limite extrême, c'est quand il s'empare de la volonté et du bras de cet homme pour lui commander et pour le forcer à exécuter un acte positif; et quel acte ? l'usage le plus grave qu'un homme puisse faire de sa liberté : le meurtre de ses semblables ; et cela, sans le consulter, sans lui donner d'autre motif que le devoir général qui l'oblige envers sa patrie, et qui exige de lui une obéissance aveugle et passive.

C'est le droit de l'État; c'est le devoir du soldat; et ce droit et ce devoir, tout énormes qu'ils paraissent, toutes les consciences, en général, non-seulement en comprennent la nécessité, mais y attachent les plus hautes idées de dévoûment et de gloire. Le service militaire, en effet, avec ses douloureuses exigences, est la plus complète et la plus noble expression de ce devoir d'assistance et de protection mutuelles, qui s'exerce par l'intermédiaire de l'État, avec le concours de tous ceux qu'il appelle à la défense commune. Repousser par tous les moyens, même par le meurtre, une agression violente contre notre personne ou nos biens, c'est un droit rigoureux, dont l'honnête homme n'use qu'en gémissant. C'est ce même droit qui arme le bras du soldat pour protéger les biens, la liberté, les familles de ses concitoyens, au péril de sa vie, avec une entière abnégation. La responsabilité est pour l'État, qui engage ou qui accepte la lutte; l'honneur est pour le soldat, qui la soutient par devoir; et le courage passif qu'il doit y apporter ajoute encore à la grandeur de son dévoûment. Ce rôle tout mécanique, en quelque sorte, que les progrès de l'art de la guerre ont imposé au soldat, et qui n'exclut pourtant ni la présence d'esprit ni l'énergie personnelle, achève de donner au combat, suivant une profonde remarque de Hégel, son caractère moral. Ce ne sont plus des individus qui sont en présence, poussés par des sentiments d'ambition ou de vengeance ou par le besoin de se défendre, mais des corps agissant par une impulsion commune et par un effort collectif, et dont les membres abdiquent toute passion, toute préoccupation, toute initiative particulières, pour s'identifier entièrement avec l'intérêt général de la patrie [1].

Mais, quelle que soit la moralité de la guerre pour le soldat dont elle exige le dévoûment, il est cependant des consciences qui répugnent à cette obligation de verser le sang ; il est des sectes religieuses qui refusent de s'y soumettre. On peut trouver ce scrupule excessif et déraisonnable : nous oserions pourtant demander qu'il fût respecté. Quand il s'agit, non pas de restreindre la liberté, mais de forcer le sanctuaire de la volonté par un commandement positif, une nécessité absolue peut seule permettre de se passer de l'approbation de la conscience individuelle.

Ce n'est, direz-vous, que la conscience aveuglée de quelques individus. Qu'importe le nombre ? Les convictions isolées d'un seul homme ne sont pas moins respectables que les convictions unanimes de tous les autres. Un immense progrès s'est réalisé dans nos institutions militaires, lorsqu'elles ont considéré le

---

[1] « Le principe du monde moderne, la *pensée* et *le général*, a donné au courage une forme plus haute; si son expression est devenue mécanique en apparence, si ce n'est plus l'acte d'une personne particulière, mais celui d'un membre d'un tout, c'est qu'il est dirigé, non contre des individus, mais contre un tout hostile, de sorte que la valeur personnelle prend un caractère impersonnel. A ce principe est due l'invention de la poudre, invention qui n'a pas été un pur effet du hasard, et qui a substitué une forme plus abstraite du courage à sa forme toute personnelle.»—Hégel, *Grundlinien*, § 328.

service volontaire comme la règle, et lorsqu'elles ont admis, pour le service forcé lui-même, la faculté du rachat. Plus le soldat est obligé de faire abstraction de sa volonté propre, du moment qu'il concourt à la défense commune, plus il est juste que sa volonté soit libre et qu'elle n'obéisse qu'à sa conscience, quand il s'agit de prendre les armes. Toutefois, la contrainte subsiste encore, et le rachat à prix d'argent n'est pas accessible à tous. Nous voudrions donc qu'on admît le rachat en nature, l'échange facultatif du service militaire contre d'autres devoirs non moins pénibles, non moins périlleux, mais qui ne soulèveraient pas les mêmes scrupules [1]. Si l'on réservait les fonctions d'infirmiers dans les ambulances ou des services analogues pour ceux dont la conscience prend dans un sens absolu le précepte : *tu ne tueras point*, on n'aurait pas à craindre que la lâcheté ne se couvrît du manteau de la religion, puisque les risques seraient les mêmes sans les mêmes moyens de s'en préserver.

La guerre, en général, n'est condamnée que par le fanatisme de quelques sectes ; mais une guerre particulière peut blesser par ses motifs un grand nombre de consciences. De tous les conflits qui peuvent s'élever entre les convictions individuelles et les commandements de l'État, c'est assurément le plus grave et par son objet et par ses conséquences. L'État, ou le gouvernement qui le représente, a le droit de faire la guerre, comme de faire les lois, non pas, sans doute, sous son bon plaisir, mais sous son inspiration personnelle, avec toutes les chances d'erreur qui sont inséparables des résolutions humaines. Il faut toujours s'attendre à des lois imparfaites et à des guerres injustes, et l'on ne peut même pas espérer que la loi la meilleure ou la guerre la plus légitime réunira tous les suffrages et ne blessera aucune opinion respectable. Nous devons sacrifier nos sentiments personnels à l'obligation d'obéir à la loi, quelque défectueuse, quelque odieuse qu'elle nous paraisse, à moins qu'elle n'exige de nous un acte réprouvé par notre conscience. Nous devons faire un sacrifice semblable pour une guerre que nous blâmons, et ne voir, dans notre participation forcée à cette guerre, que la défense de nos

---

[1] Cet échange est conseillé en faveur des Quakers et des Anabaptistes par Hégel lui-même, grand admirateur de la guere et partisan décidé de l'omnipotence de l'État. (Ouvrage cité, § 270, à la note.)

concitoyens et de notre patrie. Mais la loi se borne, en général, à nous interdire certains actes ; dans la guerre, il faut agir, il faut assumer une responsabilité, et, si l'État, qui nous a mis les armes à la main, garde la plus grande part de cette responsabilité, pouvons-nous la répudier tout entière, quand nous contribuons personnellement à faire triompher une cause que nous jugeons inique, immorale et infâme ? Il faut hésiter longtemps et mûrement délibérer, avant de prendre parti contre une guerre entreprise et soutenue par le gouvernement de son pays ; mais, quand la conscience parle hautement, sans ambages et sans réserve, c'est un de ces cas douloureux où la résistance passive peut apparaître comme un devoir et la résistance active comme un droit. De son côté, l'État, par devoir et par intérêt, pour ne pas blesser la justice et pour ne pas troubler la conscience, doit éviter toute guerre où le droit peut sembler douteux, et dont la nécessité n'est pas manifeste. Enfin, quand sa décision est prise, les mêmes motifs doivent l'engager à n'employer, autant que possible, dans la guerre qu'il entreprend, que des soldats à qui elle ne soit pas antipathique et qu'aucun scrupule ne pourra détourner de leur devoir. Il serait à la fois barbare et impolitique de forcer les sectateurs d'une religion à combattre contre leurs coreligionnaires armés pour la défense de leur foi commune. L'empereur d'Autriche craindra d'employer ses régiments italiens contre le royaume d'Italie ; et, si le Sultan obligeait ses sujets grecs au service militaire, il ne s'en servirait pas contre l'État hellénique.

Le service militaire, lors même qu'il peut être accepté sans scrupule, ne doit être imposé qu'aux simples soldats, c'est-à-dire à ceux à qui on ne demande qu'une obéissance passive. Toutes les fois qu'il y a une initiative à prendre, et, par conséquent, un exercice direct de la volonté, il faut replacer la volonté dans ses conditions naturelles, dont la plus essentielle est la plénitude du libre arbitre. Avec les grades militaires, nous entrons donc dans la sphère des services facultatifs.

XI.

En demandant aux individus des services facultatifs, soit gratuits, soit rétribués, l'État n'exerce aucun droit sur eux, à proprement parler, puisqu'ils restent libres et de refuser toute fonction publique et de se démettre de celles qu'ils ont acceptées, dès qu'il ne leur convient plus de les remplir. Mais, s'il en est ainsi en principe, les emplois de l'État, par le pouvoir et la considération qu'ils confèrent, et surtout par le salaire qui est attaché à la plupart d'entre eux, pèsent toujours plus ou moins sur la liberté, et, par la liberté, sur la conscience. C'est trop compter sur la nature humaine, que de supposer qu'on sera toujours prêt à sacrifier une position honorable, influente et lucrative, que dis-je? à sacrifier sa carrière et ses moyens de subsistance, plutôt que de se plier à des exigences contraires à ses convictions et au sentiment de ses devoirs. Il y a encore là une de ces luttes entre la conscience et l'intérêt, qu'il ne faut jamais imposer à l'homme, parce que plus d'une âme honnête y succombe, et que les plus fermes y perdent souvent quelque chose de leur dignité.

Et quels intérêts, en effet, ne sont pas en jeu? On peut tenir peu de compte des intérêts de l'ambition, si séduisants pourtant, même pour une âme délicate. On peut traiter avec dédain les intérêts matériels, même quand il s'agit d'un emploi conquis par le travail, après une longue et pénible préparation, et dont la perte équivaut à la misère. Le devoir parle ; tous ces avantages sociaux, tous ces besoins de la vie privée doivent faire silence. Mais souvent c'est le devoir lui-même qui élève la voix contre le devoir. Si l'on est disposé pour soi-même à tous les sacrifices, quel cœur ne se serrerait pas en pensant aux êtres chéris à qui on se doit, à une femme, à des enfants, habitués à cette aisance qu'on leur avait faite, et dont on va détruire d'un seul coup et le bonheur présent et les espérances d'avenir? Et quand tout se réunit pour ébranler le courage : l'ambition, l'intérêt personnel, les devoirs de famille, des plaintes d'autant plus irrésistibles qu'on en est malgré soi le complice par les plus douces habitudes de son âme, l'opinion du monde, enfin, qui ne voit qu'un coup de tête et un triomphe cruel de la vanité dans des scrupules qu'elle ne comprend pas, ou qu'elle désapprouve formellement, qui peut dire que la liberté reste entière et que la conscience garde tout son empire? On cite, comme des exemples singuliers, les démissions offertes, les destitutions ou les disgrâces affrontées par fidélité au devoir. Et, dans ces actes de courage et de vertu, le monde n'a pas toujours tort de faire la part de l'amour-propre, de l'entêtement, des engagements de parti, quelquefois même d'une ambition raffinée, qui compte sur un changement politique, et qui spécule sur les profits futurs d'une disgrâce. Si la victoire de la conscience est si rare, si elle est assurée quelquefois par des auxiliaires impurs, combien sa défaite n'est-elle pas à craindre ? Que de lâchetés, de faiblesses, de capitulations plus ou moins coupables, doivent tantôt se produire sans pudeur, tantôt se dissimuler sous l'hypocrisie du langage et de la conduite, tantôt se déguiser à l'âme elle-même sous une sorte de conscience officielle, dont la règle est au dehors, et qui usurpe peu à peu la place du sentiment intérieur !

C'est le devoir de l'État de ne pas provoquer ces luttes et ces défaillances. Il ne doit pas, sans doute, renoncer à son autorité légitime sur ceux qui consentent à le servir. Il est juste qu'il récompense le talent et le zèle, qu'il punisse l'infidélité et la négligence, et qu'il écarte l'incapacité. En sollicitant ou en acceptant des fonctions publiques, chacun doit savoir quelles en sont les obligations, et nul ne peut se plaindre de violence ou d'injustice, si l'on exige de lui qu'il les remplisse. Mais ces obligations ne s'étendent qu'aux services propres à chaque fonction et à leurs conditions nécessaires. Elles sont politiques, si la fonction est politique ; elles demandent la capacité financière, la probité et l'activité, s'il s'agit d'un comptable ; la science, le talent d'enseigner et le dévoûment à la jeunesse, s'il s'agit d'un professeur. On peut y ajouter certaines garanties générales de bonnes mœurs, d'éducation, de tenue, qui, sans être essentielles aux fonctions elles-mêmes, importent à l'autorité de ceux qui en sont investis et à la dignité de l'État qu'ils représentent. Mais pousser plus loin ses exigences, faire, par exemple, du zèle politique ou de certaines pratiques religieuses, un devoir inhérent à tous les emplois, c'est exercer sur les consciences une pression illégitime et immorale.

Il est une catégorie de fonctions pour laquelle l'État a le droit de réclamer un dévoûment effectif à sa politique actuelle : ce sont les fonctions proprement politiques. Un agent direct du gouvernement, à l'intérieur ou à l'extérieur, non-seulement n'a pas le droit de contredire, par son langage ou par ses actes, la politique dont il est le représentant, mais il manque à ses devoirs s'il continue à la servir, quand ses convictions lui sont contraires. Il serait inexcusable de n'avoir pas prévu cette obligation, et c'est lui faire injure que de la lui rappeler ou de l'inviter à la remplir.

Mais, pour être inévitable, la lutte n'est pas moins pénible entre le devoir et l'intérêt. Pour assurer la victoire en diminuant l'enjeu du combat, les intérêts de la conscience exigeraient qu'aucune fonction politique n'eût le caractère d'une profession lucrative, qu'il n'y fût attaché aucune rétribution, sinon comme indemnité, et qu'on n'eût à supporter, en la perdant ou en la quittant volontairement, qu'un sacrifice d'ambition. Il y a quelque chose d'immoral à demander ses moyens d'existence à un emploi qui dépend des variations de l'opinion. C'est accepter d'avance, sinon la nécessité des lâches compromis, du moins celle des tentations périlleuses. Une âme délicate fuit de pareilles épreuves. De sages institutions craignent d'y exposer la fragilité humaine. Que toutes les fonctions qui font un devoir du zèle et du dévoûment politique soient donc matériellement une charge, si elles sont moralement un pouvoir et un honneur. Que leur perte, en apportant dans la vie publique des déceptions plus ou moins amères, quoique presque toujours mêlées d'espérances, ne trouble pas du moins la vie privée. Quant aux autres fonctions, qu'on puisse en faire sa carrière, leur consacrer son existence, fonder sur elles son bien-être et celui de sa famille ; mais qu'alors elles soient affranchies de toutes les obligations qui ne leur sont pas essentielles ; qu'elles jouissent de la même sécurité et de la même indépendance que les professions libres. Ainsi seront conciliés les droits de l'État, les devoirs des consciences et la paix des âmes.

Quoi donc? un gouvernement qui se respecte peut-il permettre que ceux qui reçoivent de lui un salaire parlent, écrivent ou agissent contre ses institutions, sa politique ou les croyances qu'il couvre de sa protection ? — Pourquoi non, s'ils ne violent aucune loi, s'ils ne font qu'user des droits que vous laissez aux autres citoyens, et si l'usage qu'ils en font ne nuit en rien à l'exercice de leurs fonctions ? Que fait à cela leur salaire ? C'est la récompense de services rendus, non au gouvernement, mais à la nation tout entière. Ils le reçoivent, il est vrai, des mains du gouvernement, mais aux frais de tous. Les traitements des fonctionnaires publics sont demandés à tous les contribuables, sans distinction d'opinion, aux adversaires politiques comme aux partisans du gouvernement. Ceux qui les payent réellement n'entendent pas favoriser telle ou telle opinion, mais assurer la meilleure gestion possible de chaque fonction spéciale, dans leur intérêt commun. Sur ce point, tous sont d'accord. Ils ne cessent de l'être que lorsqu'on considère les intérêts qui les divisent, non ceux qui les réunissent. Or, si les fonctions politiques ne peuvent pas faire abstraction des premiers, les autres fonctions ont l'avantage de ne s'adresser qu'aux seconds.

Un particulier a certainement le droit, bien que l'usage en puisse être déraisonnable, de renvoyer ses domestiques, de changer ses fournisseurs, son notaire ou son médecin, tous ceux, en un mot, qu'il emploie et qu'il salarie, quand leurs opinions, leur langage, leur conduite générale blessent ses convictions. Il n'est chargé que de ses propres intérêts; il ne se sert que de ses propres revenus. Il n'en est pas ainsi de ceux qui gouvernent l'État; ils n'exercent aucun droit dans leur intérêt et en leur propre nom. Leur politique particulière peut être l'expression de leur volonté personnelle, quand elle ne leur est pas imposée par le parti sur lequel ils s'appuient; mais, dans ses institutions générales et dans l'ensemble de ses fonctions, le gouvernement représente les droits de tous les citoyens, et, dans les ressources dont il dispose, il n'est que le dispensateur de la fortune publique. Ajoutons qu'un particulier, en exigeant de ceux qu'il paye le respect de ses opinions, ne gêne pas proprement leur liberté, car il ne les tient pas dans sa dépendance exclusive. Ils peuvent trouver d'autres clients ou d'autres maîtres; et ce qui est pour lui un motif d'exclusion peut être un titre à la sympathie des autres. Mais à quel autre maître s'adresseront les serviteurs de l'État, s'ils sont forcés de quitter son service ? En échangeant les fonctions publiques contre des emplois privés, qui sont rarement de même nature, il faudra qu'ils commencent une nouvelle carrière, qu'ils fassent un nouvel apprentissage, et qu'ils perdent tout le fruit de leurs labeurs antérieurs. Il y aurait de l'inhumanité à faire peser sur les fonctionnaires une telle nécessité, à moins qu'elle ne fût justifiée par un grave manquement à leurs devoirs spéciaux : ni les droits souverains du gouvernement, ni le respect qui lui est dû, ne l'autorisent à l'imposer à un homme de cœur, qui lui a rendu, qui peut lui rendre encore tous les services propres à ses fonctions, et qui se refuse seulement à des exigences étrangères à son emploi et contraires à ses principes. Qu'il renferme, dira-t-on, dans son for intérieur, ses convictions personnelles ; on ne lui demande pas d'agir à l'encontre, mais de ne pas les manifester publiquement. Eh quoi ! si sa conscience lui ordonne de les manifester et de les répandre, si c'est là le devoir qui s'impose à sa volonté, pourquoi l'empêcher de s'en acquitter, quand les services qu'il s'est engagé à vous rendre ne doivent pas en souffrir ?

Les chefs de l'État trouvent, sans doute, un avantage à n'avoir sous leurs ordres que des hommes en communauté de sentiments et de convictions avec eux. Mais cet avantage, à quel prix l'achètent-ils ? Ils éloignent des fonctions publiques tous ceux qu'effrayent des engagements qui peuvent mettre aux prises leur droiture et leurs intérêts, c'est-à-dire les âmes les plus fermes et les plus nobles intelligences. Ils froissent, dans le sentiment de leur dignité et de leur liberté, ceux dont ils obtiennent le concours. Sous le silence qu'ils exigent, et quelquefois même sous le dévoûment actif dont on fait montre à leur égard, se cache plus d'une arrière-pensée de vengeance et de trahison. Quand le gouvernement est fort, les adhésions sont bruyantes et affectent la spontanéité. Quand il chancelle, elles se refusent ou se donnent de mauvaise grâce. On se ménage, ou du moins on évite de se compromettre vis-à-vis des successeurs présumés de ceux qu'on est encore forcé de servir. La plupart prennent l'habitude d'un dévoûment circonspect, qui se transporte sans trop de peine d'un pouvoir à un autre, mais qui exclut toute énergie, toute initiative, tout effort fécond pour le bien. Même dans une position dépendante, on ne remplit avec fruit les devoirs particuliers dont on est chargé, que si l'on peut agir en homme libre, avec la pleine conscience de ses droits, avec la disposition entière de ses sentiments, de ses pensées, de tout l'ensemble de sa conduite.

Mal servi par ceux qu'il emploie, quand il impose à leur liberté d'inutiles entraves, un gouvernement voit s'élever contre lui tous ceux qu'il a destitués, qu'il a repoussés, ou qui ne peuvent espérer de se faire accepter par lui, pour des motifs religieux ou politiques. Leur espoir est désormais soit dans un changement de ministère, soit dans une révolution. Pour s'assurer des dévoûments équivoques, il s'est suscité des inimitiés d'autant plus acharnées qu'elles sont intéressées à sa perte. Et il n'a pas seulement à lutter contre le mauvais vouloir de ses adversaires, mais contre les exigences immodérées de ses amis ou de ceux qui prennent ce titre. La plupart des gouvernements imiteraient volontiers, dans la pratique, un sage particulier, qui sait laisser de côté ses préférences morales, dans le choix de ceux qu'il appelle à le servir, pour consulter avant tout les intérêts spéciaux qu'il remet entre leurs mains. Mais cette utile tolérance n'est pas possible. Du moment qu'un gouvernement n'ose pas poser en principe l'indépendance de ses fonctionnaires, pour tout ce qui ne touche pas aux emplois qu'il leur confie, il devient responsable de tout ce qu'ils peuvent dire ou faire. Les convictions sincères que leur langage ou leur conduite a pu blesser, s'en prennent naturellement au pouvoir, qui s'est réservé sur eux un droit absolu de révocation. A ces réclamations plus ou moins consciencieuses se mêlent aisément les plaintes intéressées des rivaux qu'ils ont supplantés, des ambitieux qui aspirent à prendre leur place. Il faut que le gouvernement frappe, au détriment du service, ou qu'il accepte une solidarité qui met son autorité en péril.

La force de l'État, en ce point comme en tous les autres, est dans la diminution de sa responsabilité, dans une sage renonciation à tout pouvoir inutile. Qu'il ne garde sur ses fonctionnaires que les droits justifiés par des nécessités de service, et qu'il s'en rapporte pour tout le reste à la loi ou à leur conscience. Que leur avancement soit soumis à des règles fixes, qui, sans décourager le mérite, ne permettent pas des choix entièrement arbitraires. Que leur position, à tous les degrés, soit considérée comme une propriété, à laquelle on ne peut toucher que par un jugement. Qu'ils ne puissent être condamnés soit à une destitution, soit à un changement de résidence, soit à une peine disciplinaire quelconque, sans que les plaintes portées contre eux aient été soumises à des jurys spéciaux, pour toutes les catégories de fonctions, avec toutes les garanties d'un jugement éclairé et impartial. Que ces plaintes elles-mêmes se renferment dans les limites de leurs devoirs de fonctionnaires et dans les cas prévus par la loi. Alors toute dénonciation devra se produire au grand jour, en présence de l'accusé lui-même, et sans engager la responsabilité de l'État au delà de ses droits essentiels. Les fonctions publiques, plus sûres et plus indépendantes, seront sollicitées par les plus consciencieux et les plus capables. Elles seront remplies avec d'autant plus de zèle qu'elles coûteront moins à la fermeté du caractère. Le gouvernement n'aura plus à compter d'un côté avec des ressentiments implacables, de l'autre avec des réclamations intempestives. Vis-à-vis de ses agents eux-mêmes, il gagnera en force réelle tout ce qu'il laissera à leur liberté et à leur dignité morales.

Respecter les consciences de ceux qui lui prêtent leur concours, tel est donc l'intérêt et le devoir d'un bon gouvernement. S'il ne doit rien leur demander, en dehors de leurs fonctions, qui puisse heurter leurs devoirs, lui est-il permis, dans l'exercice de ces fonctions mêmes, de leur commander ou d'attendre d'eux des actes déshonnêtes? On comprend que nous faisons allusion à certains moyens de police, auxquels une conscience pure rougirait de se prêter, mais dont des âmes d'une incontestable droiture ne craignent pas de tirer parti, en raison de leur nécessité supposée. On ne les impose pas, sans doute, à ceux qui les pratiquent, mais on les encourage en les récompensant; on ne peut attendre de pareils services que d'une âme déjà corrompue, mais la provocation au mal, même quand elle s'adresse à une mauvaise conscience, est toujours une influence immorale exercée sur elle, et une participation volontaire à sa responsabilité. Aucune raison d'utilité ou même de nécessité n'autorise à se faire le complice d'une violation de la loi morale. Mais, ici comme ailleurs, l'intérêt tient de plus près qu'on ne croit au devoir. On arrive, par ces moyens, à découvrir et à déjouer des tentatives criminelles, mais on jette de la déconsidération sur le gouvernement qui en fait usage; on rend odieux ce nom de police, qui représente un des devoirs les plus importants et les plus honorables de l'État; on éloigne de ces utiles fonctions, qui exigent autant de courage et de dévoûment que d'intelligence et d'adresse, les hommes les plus dignes de les remplir; on pousse implicitement la masse des citoyens à leur refuser tout concours, et souvent même à en entraver l'exercice, de peur de s'associer à la souillure qui s'y attache; on donne enfin aux âmes peu délicates le dangereux exemple de subordonner la légitimité des moyens à la légitimité du but. L'État se compromet de toute manière, quand il prend sur lui la responsabilité des désordres moraux, soit en se chargeant directement de les prévenir, en dehors de ses attributions naturelles, soit en les autorisant par les avantages qu'il en retire.

CHAPITRE II.

LA FAMILLE.

> Wife and Children are a kind of discipline of humanity.
>
> BACON.

ARGUMENT.

I. Fondement de la famille : l'enfant.
II. Origine de la famille : le mariage.
III. Le mariage n'est pas un contrat.
IV. Fondement de la suprématie légale du mari.
V. Le mariage religieux. — Le mariage civil.
VI. Obstacles au mariage : empêchements civils.
VII. Empêchements naturels au mariage : l'inceste ; la polygamie.
VIII. Illégitimité morale ; légitimité légale du divorce.
IX. La séparation de corps.
X. Les droits des parents.
XI. Les droits des enfants ; la majorité légale.
XII. Dans quelles limites l'intervention de l'État dans la famille peut être légitime.
XIII. Le conseil de famille.

Nous n'avons pas l'intention de présenter une théorie complète de la famille, d'exposer en détail toutes les relations qui la constituent, tous les devoirs qu'elle embrasse, tous les sentiments dont elle est le centre : sujet inépuisable et charmant, auquel on ne peut toucher sans prêter à la métaphysique elle-même un caractère inusité de tendresse et de douceur. Notre tâche est plus simple et plus austère. Nous nous proposons de rechercher quels sont les droits essentiels qui dérivent des relations domestiques, et dans quelle mesure la puissance législative et l'action de l'État peuvent en régler l'exercice sans faire violence à la liberté des âmes et aux devoirs que leur impose la loi suprême de la nature.

I.

Chaque homme est jeté par sa naissance au sein d'une famille à qui il est confié. « C'est, au point de vue pratique, dit Kant, une idée tout à fait juste, que de considérer la procréation comme un acte par lequel nous avons mis au monde une personne, sans son consentement et d'une façon tout arbitraire, et qui nous impose l'obligation de lui rendre aussi agréable que nous le pouvons faire cette existence que nous lui avons donnée... Ce n'est pas seulement une chose, mais un citoyen du monde que les parents ont produit, et l'existence qu'ils lui ont donnée ne peut, suivant les idées du droit, leur être indifférente [1]. »

Kant ne dit pas assez. Ce *citoyen du monde*, produit par un acte *arbitraire*, et souvent en dehors de toute idée de devoir, crée, dès sa naissance et avant même qu'il ait vu le jour, la plus lourde responsabilité pour ceux dont il est l'œuvre commune. Dans ce corps frêle et nu, qui réclame tant de soins, de précautions et d'amour, gît une âme immortelle, appelée à remplir des devoirs, à exercer des droits, à poursuivre une destinée infinie. L'enfant a droit au respect, car c'est déjà une personne; il a droit à plus encore. Si le droit à l'assistance a pu être mis en question quand il s'agit de l'homme fait, qui pourrait le contester pour l'enfant, au sein de la famille où le sort l'a fait naître? Pendant bien des années, ni son esprit ni son corps ne se suffiront à eux-mêmes. Comment pourra-t-il, plus tard, obéir à cette loi morale qui règne sur lui comme sur tous les hommes, quand il ne peut rien par lui-même, non-seulement pour développer son intelligence et pour armer sa volonté contre les entraînements des passions, mais pour conserver à son corps un seul jour de vie? Il faut l'aider, la nourrir, l'environner de tendres soins, cette faible et noble créature. Si on ne doit rien à ce corps à peine formé, à peine capable d'exercer les fonctions animales; si on ne doit rien, proprement, à cette âme encore engourdie, et qui n'agit que par instinct, comme celle des plus humbles animaux, on doit tout à la loi

---

[1] *Éléments métaphysiques de la doctrine du droit*, traduction de M. Barni, p. 118.

morale, dont ce petit être va devenir un des ministres. C'est sa destinée morale qui réclame pour lui des secours, c'est elle qui lui confère des droits, et même des droits plus étendus que ceux de l'homme fait; car on ne doit à celui-ci que le simple respect ou une assistance très-limitée, tandis qu'il faut à l'enfant une protection continuelle et tous les genres d'assistance.

L'enfant est respectable à l'humanité tout entière : il n'a un droit positif et absolu qu'à l'assistance de deux personnes. C'est la plus forte, mais c'est aussi la plus douce des obligations. La nature a tout fait pour disposer le cœur humain à ce rude esclavage des devoirs de famille. Elle a mis dans nos âmes les sentiments les plus vifs de tendresse et de dévoûment pour ces êtres imparfaits, sans attendre qu'ils soient capables de répondre à notre amour. Elle nous fait trouver un charme infini à leurs moindres caresses, à leur gai sourire, qui brille si vite au milieu des larmes, à ce babil inarticulé, qui dit tant de choses à l'imagination complaisante d'une mère ; elle nous fait même supposer chez eux un retour d'affection, alors qu'ils n'ont pas d'autre langage que leurs pleurs et leurs cris. Et il faut que ces sentiments soient bien impérieux pour que la nature humaine, si souvent rebelle au devoir, se prête, sans trop de murmures, à ces sacrifices de tous les instants, à cet abandon de soi-même et des plus chères habitudes. Ces jeunes époux qui, hier encore, ne songeaient qu'à leurs plaisirs, consentiront désormais à ne plus s'appartenir, à ne plus vivre que pour cet enfant, dont il faut prévenir tous les désirs et satisfaire toutes les exigences ; car sait-on si ces cris, si ces plaintes qui semblent absurdes, ne cachent pas un vrai besoin et une souffrance inconnue ? Ce sont de chers petits tyrans, disent quelquefois les mères. Ce mot dit tout, et l'empire absolu de l'enfant sur les actions de ses parents, et la faiblesse qui en est l'explication et l'excuse, et la tendresse qui le rend supportable.

Toutes les institutions que comprend la famille découlent, comme d'un commun principe, de ces obligations envers l'enfant. Pourquoi le père et la mère doivent-ils rester unis d'une union perpétuelle ? C'est qu'ils appartiennent l'un et l'autre à des devoirs indivisibles. Pourquoi la même union doit-elle longtemps subsister entre les frères, entre les proches ? C'est qu'ils sont soumis à une même autorité, qui ne peut se partager pour les suivre en des voies diverses. Otez ces premiers devoirs, la famille doit pouvoir se dissoudre au gré de ceux qui l'ont formée, et les liens légaux qui la maintiennent par contrainte ne sont plus qu'une tyrannie.

Mais pourquoi chercher des raisons pour justifier des obligations dont nous sentons si clairement la nécessité ? Nous n'avons pas besoin de réfléchir aux droits de notre enfant, de nous convaincre qu'il a une âme destinée à aimer le bien, à le comprendre et à le pratiquer ; il est inutile de nous démontrer qu'en lui donnant le jour, nous sommes devenus responsables de son existence, de son développement physique et moral : c'est notre enfant, cela suffit ; notre conscience n'en demande pas davantage pour assujettir notre volonté à ces exigences de la vie de famille, si pénibles et si aimables tout ensemble. Quiconque remplit ces devoirs n'en cherche point la raison, et quiconque les viole n'a point besoin de nos arguments pour reconnaître sa faute. On peut réduire au silence, par des arguments en forme, les adversaires théoriques de la famille ; mais, dans la pratique, ils seront les premiers à oublier leurs raisonnements aussi bien que les nôtres : la nature parlera assez haut pour les inviter à remplir ces devoirs dont ils médisent dans leur cabinet, ou, s'ils tentent de s'y soustraire, pour les punir par le remords.

La voix de la nature est loin de suffire, toutefois, pour assurer partout l'accomplissement des devoirs de famille. Le nombre a toujours été grand des époux désunis, des mauvais fils, des parents dénaturés. Pour maintenir les uns et les autres dans les bornes de leurs droits respectifs, on ne peut compter d'une manière absolue sur aucune influence morale, ni sur l'instinct, ni sur la raison, ni sur la religion elle-même : on est réduit à invoquer la loi civile et les magistrats qui la font respecter. Or, cette action de l'État n'est proprement que celle d'une force matérielle, et si les opprimés y trouvent une protection toute-puissante, cette toute-puissance même peut la rendre infiniment dangereuse. Elle a besoin elle-même d'être contenue dans des limites : il n'appartient ni au sentiment ni à la conscience de les fixer. Le sentiment s'indigne, la conscience se révolte à la vue des emportements de la passion et des écarts de la volonté : le législateur et le magistrat ont quelquefois à faire violence à ces justes murmures de leur cœur, pour donner au vice lui-même un bill d'indemnité, dans l'intérêt du droit et par respect pour la liberté. C'est dans les principes seuls qu'ils doivent chercher des lumières ; ils ne doivent les demander qu'à la froide raison. Ainsi s'explique la nécessité d'une théorie rationnelle de la famille, pour éclairer le droit positif par les maximes rigoureuses du droit naturel.

II.

L'enfant n'est confié immédiatement qu'à sa mère, à la personne qui l'a mis au monde, et que la nature elle-même a appelée à le nourrir. Si elle se doit à ce fruit de ses entrailles, elle a le droit de réclamer le concours du père, mais à certaines conditions seulement, dont l'ensemble constitue l'état de mariage. Il faut que la paternité ne puisse être douteuse ; il faut que la femme qui s'est livrée à un homme se soit associée à sa vie et confiée à sa vigilance ; il faut qu'elle lui ait donné les plus sûres garanties de sa fidélité. Elle se doit à lui tout entière, pour qu'il se doive à leur enfant ; mais, pour l'accomplissement de ses devoirs, il se doit aussi tout entier à elle ; elle a le droit d'exiger de lui toutes les garanties qu'elle lui donne, et, s'il lui fait l'injure de les lui refuser, elle est d'autant plus inexcusable de s'en passer, qu'elle assume par là toute la responsabilité de leur faute commune. La conscience flétrit le séducteur qui, pour se dispenser de ses obligations envers sa victime, l'outrage par des soupçons immérités. Mais elle-même, en s'abandonnant à lui sans les gages réciproques d'une union complète et irrévocable, n'ignorait pas quelle loi elle avait à subir ; si nous plaignons sa faiblesse, si nous réservons notre mépris pour celui qui l'a trahie, n'oublions pas qu'elle a été coupable, non-seulement envers elle-même, mais envers l'enfant qu'elle s'exposait à mettre au monde sans lui assurer avec certitude les soins de son père. Et qu'on n'allègue pas l'entraînement de la passion : ce peut être une atténuation, ce n'est jamais une excuse. Qu'on n'exalte pas non plus cette noble confiance de l'amour dans l'amour qui croirait se profaner en réclamant d'égoïstes garanties ; il n'y a pas d'égoïsme, quand un tiers innocent est intéressé dans l'abandon que vous faites de votre personne. Il faut voir, en effet, autre chose, dans l'union de l'homme et de la femme, qu'un engagement arbitraire vis-à-vis l'un de l'autre, dans leur intérêt commun : c'est un engagement obligatoire vis-à-vis de l'enfant qui peut naître de cette union ; c'est pour lui qu'ils doivent confondre leurs domiciles, leurs existences, leurs destinées, pour ne former, en quelque sorte, qu'une même personne : avant sa naissance, avant sa conception même, il se place entre eux comme le lien idéal qui rend leur union indissoluble.

Le mariage a été défini d'une façon très-élevée par un ancien jurisconsulte : « L'union de l'homme et de la femme, associés dans toute leur vie et mettant en commun le droit divin et le droit humain : *Nuptiæ sunt conjunctio maris et feminæ, consortium omnis vitæ, divini juris et humani communicatio* [1]. » Tout est à retenir dans cette définition. Il ne faut voir, dans le mariage, qu'une union de devoirs, non de sentiments et d'intérêts. Ces devoirs sont illimités dans leur objet et dans leur durée ; ils s'étendent à la vie entière. Ils ne sont pas une création arbitraire des lois humaines ou de la volonté des époux ; ils sont imposés par les lois éternelles de la morale ; ils sont non-seulement de droit humain, mais de droit divin.

On méconnaît l'essence du mariage, si l'on cherche son principe et sa loi dans cette affection mutuelle qu'il est naturel de supposer, soit au début, soit dans la durée de l'union des deux sexes. Si cette affection est sincère, elle rend les devoirs du mariage plus faciles à remplir ; elle peut aussi les compromettre, lorsqu'elle vient à s'affaiblir ou à s'éteindre. L'usage donne un rôle à l'amour dans les préliminaires de tout mariage, et il est déplacé de ne pas le feindre, si, par hasard, on ne le ressent pas. Ce n'est trop souvent, hélas ! qu'une comédie que l'un des fiancés joue vis-à-vis de l'autre, quand ils ne la jouent pas tous les deux; quelquefois on se fait illusion, souvent aussi l'inclination est réelle et plus ou moins profonde ; mais sera-t-elle durable ? sera-t-elle toujours partagée? sera-t-elle à l'abri de toute déception ? Nul n'en peut répondre, et il y aurait folie à faire

---

[1] Modestini jurisconsulti fragmenta.

dépendre la destinée de toute sa vie d'un sentiment aussi fragile.

Nous ne parlons pas ici de l'amour des sens, qui a sans contredit sa part naturelle et considérable dans l'union conjugale ; nous parlons de cet amour de l'âme qui transforme le besoin physique en sentiment, et qui est propre à l'homme, comme l'union conjugale elle-même. « L'homme est une plante du ciel, et non de la terre, » comme dit Platon [1] ; tout en lui tend à l'infini, et il prête volontiers à toutes ses affections cette éternité pour laquelle il se sent fait. Rien n'honore plus la nature humaine que cette foi dans la durée de nos sentiments, car rien n'atteste mieux la conscience de notre origine divine. Une telle confiance convient surtout à l'amour, passion exclusive et envahissante, qui tient l'homme tout entier sous son empire, depuis les appétits les plus grossiers du corps jusqu'aux plus hautes aspirations de l'âme. Mais cette confiance généreuse, qu'il est beau de garder, malgré les démentis continuels qu'elle reçoit de l'expérience, est malheureusement aussi précaire que la passion qu'elle sanctifie. Bien loin qu'elle subsiste dans toutes les âmes, combien ne la connaissent pas ; combien en font un sujet de dérision ; combien, corrompus de bonne heure par l'habitude de la débauche, sont incapables de ressentir même le plus faible degré de cette affection toute morale qui prétend à l'immortalité ! L'amour n'est donc pas le lien essentiel du mariage, car il peut lui être complétement étranger, sans que rien soit changé à son caractère moral et aux obligations qui en découlent.

Ce qu'on cherche le plus souvent dans le mariage, ce n'est pas la satisfaction de l'amour, soit physique, soit moral ; ce n'est pas non plus, quoi qu'en disent les satiriques de tous les temps, l'intérêt matériel, une belle dot ou de belles espérances : c'est le mariage lui-même, cette association constante de l'homme et de la femme, qui semble, pour les deux sexes, le vœu le plus impérieux de la nature. L'homme est fait à la fois pour la vie extérieure et pour la retraite, pour le tumulte des affaires et pour le silence du cabinet ; mais, entre ces deux extrêmes, il a besoin d'un intérieur dont le mouvement calme et la solitude animée

---

[1] *Timée*, traduction de M. Cousin, p. 239.

l'arrachent à la foule et à lui-même ; il a besoin de ces *pénates*, dans lesquels un philosophe allemand personnifie la vie morale de la famille [1]. Or, il a beau y trouver les soins empressés de domestiques fidèles, y réunir de nombreux amis, y jouir de la compagnie et des caresses de ses proches, il se sent gauche et mal à l'aise dans l'intérieur le plus agréable, si une femme n'y préside pas ; ses pénates ne sont plus que des idoles de bois ; son foyer n'exerce sur lui aucune attraction, et, après un repas rapide, il a hâte de le quitter pour retourner à son cabinet, à son atelier, à la place publique, aux lieux d'affaires ou de plaisirs. La maison est le royaume propre de la femme, et, si elle savait ou si elle pouvait y renfermer sa vie, elle se suffirait pleinement à elle-même. Mais la femme la plus modeste ne peut se confiner entièrement dans cet intérieur, que sa présence vivifie. Quand elle ne chercherait pas au dehors des distractions et des plaisirs, les intérêts mêmes de son ménage la mettraient forcément en rapport avec le monde extérieur, vers lequel elle se sent attirée d'elle-même par une sorte de curiosité inquiète et timide. Or, cette inexpérience et cette gaucherie que l'homme apporte au foyer domestique, quand il n'y est pas soutenu par la femme, la femme l'apporte dans le monde, quand elle n'y trouve pas l'appui de l'homme, non-seulement dans ce monde des affaires qui lui est naturellement étranger, mais dans le monde des plaisirs, qui lui offre encore une couronne et un royaume. Les deux sexes ont besoin, pour conserver leur équilibre dans toutes les situations de la vie, de se reposer l'un sur l'autre, de confondre leurs existences, de former une seule et même personne. Voilà pourquoi ils se recherchent, pourquoi ils s'associent, pourquoi ils sentent la nécessité de concessions mutuelles ; voilà peut-être le mobile le plus naturel et le plus constant du mariage.

Dans l'antiquité, l'homme vivait surtout au dehors, sur la place publique, au milieu de ses concitoyens ; son intérieur ne l'attirait que pour la satisfaction de ses besoins physiques ; sa femme ne tenait une place dans sa vie que pour partager son lit, veiller à ses repas et prendre soin de ses enfants. En faisant une part plus grande à la vie privée, les mœurs modernes ont rehaussé le rôle

---

[1] Hégel : *Grundlinien der philosophie des Rechts*, § 163.

de la femme ; elle est entrée davantage dans la vie de l'homme, et le mariage a pris son véritable caractère comme association complète des deux sexes, comme absorption de leur double personnalité dans une destinée commune. Mais cet idéal, que l'antiquité ne connaissait pas, le voyons-nous partout réalisé ? L'est-il même entièrement dans une seule famille ? Sans parler des dissentiments sérieux qui troublent tant de ménages, n'entendons-nous pas partout des plaintes : ici, sur la légèreté, les goûts frivoles, les habitudes de luxe ; là, sur les passions ruineuses, la parcimonie tracassière, les exigences despotiques ? Combien d'intérieurs sont un véritable enfer, et pour l'homme qui vient vainement y chercher le repos et d'innocentes distractions, et pour la femme qui ne peut y régner en paix ! Et lors même qu'on échappe aux tempêtes, ces calmes unions n'offrent-elles pas souvent l'image de deux rivières à leur confluent, quand leurs eaux se mêlent sans se confondre ? Point de discussions, par lassitude ou par indifférence, mais point d'entente ; rien de commun dans les pensées, dans les goûts, dans les espérances ; des âmes profondément étrangères l'une à l'autre, et qui ne cherchent pas à se rapprocher.

Je lis dans plus d'un auteur de nos jours, publiciste ou romancier, que c'est la faute de l'éducation des femmes. Nous avons marché avec l'esprit moderne ; nous sommes les fils de Voltaire et de Rousseau, les héritiers de la révolution française : la plupart des femmes, même les plus cultivées, en sont encore à l'ancien régime, nourries dans tous les préjugés de caste et dans toutes les superstitions du moyen âge. Les femmes ne pourraient-elles pas rétorquer le reproche ? Avec leur ignorance et leurs préjugés, presque toutes ont une foi, des croyances morales et religieuses, une préoccupation constante des choses de l'âme. Que trouvent-elles chez leurs maris, pour tous ces intérêts élevés qui leur sont si chers ? L'indifférence ou le doute, quelquefois des négations téméraires, le plus souvent un oubli complet, rarement des convictions, et encore si peu solides qu'elles s'évanouissent d'ordinaire à l'approche de la mort. Que conclure de ces accusations réciproques ? Si le mariage promet aux deux sexes la satisfaction de ces besoins moraux qui les portent à s'unir, il s'en faut qu'il tienne toujours ses promesses ; et si cette satisfaction est sa raison d'être, ce n'est pas sans fondement que certaines théories le condamnent comme une institution impuissante et tyrannique. Que de fois n'a-t-on protesté contre le mariage, tantôt au nom de l'amour, à qui il fait violence en enchaînant sa liberté naturelle, tantôt au nom des droits de l'âme, qu'il comprime sans la rendre heureuse! Ces protestations seraient légitimes si le mariage avait son principe dans l'agrément ou dans l'intérêt des époux, si leurs devoirs ne reposaient que sur les motifs qui ont présidé à leur union. Mais cet agrément, cet intérêt, ces motifs, n'ont qu'une valeur accidentelle et arbitraire ; leur importance est immense pour ceux dont elle met la destinée en jeu ; elle est nulle dans la sphère éternelle et absolue du droit.

Kant fait reposer l'institution du mariage sur les droits et sur la dignité des époux. Sa théorie, extrêmement subtile, est très-élevée dans sa subtilité même. Il voit dans l'union des deux sexes un abandon réciproque que l'homme et la femme se font de leur personnalité : ils se livrent tout entiers l'un à l'autre, mais en même temps ils font l'acquisition l'un de l'autre d'une façon complète et indivisible ; car la personne ne se partage pas, et qui se donne doit donner tout son être, son âme aussi bien que son corps, la totalité de sa vie et de sa destinée. Tel est l'état de mariage, dans lequel le sacrifice est immense, mais compensé par une acquisition également immense, sans que la dignité soit compromise de part et d'autre. En dehors du mariage, en dehors de cette communauté de toute la vie et de cette absorption réciproque de la personnalité, il n'y a plus qu'un pacte infâme et contre nature. Ou bien l'un des deux amants fait l'abandon de sa personne, sans acquérir la personne de l'autre, et se condamne ainsi à un véritable esclavage, ou bien, dans l'intérêt de leur indépendance mutuelle, ils se livrent l'un à l'autre, comme des choses, comme des instruments passagers de plaisir, ils ne donnent rien de leur personne, car il faudrait la donner tout entière, mais ils la dégradent et l'immolent [1].

C'est ainsi que le métaphysicien allemand est conduit à repousser comme étrangère au droit toute institution contraire à l'unité et

---

[1] Kant, *Éléments métaphysiques de la doctrine du droit*, traduction de M. Barni, p. 112 et sqq.

à la perpétuité du mariage. Nous acceptons ses conclusions et quelques-uns de ses arguments; mais le principe même de son argumentation est chimérique. L'abdication, soit complète, soit partielle de la personne, n'est jamais légitime, lors même qu'elle serait compensée par l'acquisition d'une autre personne. Le mariage n'est pas une absorption, mais une association, une mise en commun de deux existences : c'est la plus étroite et la plus intime des sociétés ; mais elle ne va pas, comme le veut Kant, jusqu'à faire des deux époux la propriété l'un de l'autre. Or, tous les degrés sont possibles et peuvent être légitimes en fait d'union personnelle. On peut s'associer pour un acte physique ou dans un but intellectuel et moral, pour un intérêt particulier ou pour l'ensemble de ses intérêts, pour un temps limité ou pour toute la vie. D'où vient donc que l'union des sexes réclame, comme seul conforme au droit, l'état de mariage? C'est qu'à cette union est attachée, pour les deux amants comme pour les deux époux, une responsabilité commune et perpétuelle. Il ne leur est pas permis de la détourner de son but, de n'y chercher que leur plaisir ou la satisfaction de leurs passions, ou tout autre intérêt personnel. C'est un acte moral, un acte religieux par excellence, car il a pour but la conservation de l'espèce humaine, et, si Dieu le bénit, il appelle à sa suite, pour compléter son œuvre, le dévoûment de l'âme entière. Après la Création vient la Providence. Kant a raison : le droit naturel n'admet entre l'homme et la femme qu'une union complète et sans réserve. S'ils ne s'appartiennent pas l'un et l'autre au sens trop absolu de sa théorie, ils appartiennent à un maître commun, leur devoir, personnifié dans les fruits de leur union. Se soustraire à ce devoir, ce n'est pas maintenir son indépendance, c'est asservir à une jouissance passagère le plus noble privilége de la puissance humaine : le privilége de former un homme.

C'est donc avec raison que nous avons fait reposer sur les droits de l'enfant tout l'édifice de la famille. Le mariage, qui fonde et qui consacre la famille, n'est une institution morale que parce qu'il étend ses devoirs au delà des affections, des intérêts et des droits des deux personnes qu'il associe pour l'accomplissement d'une mission indivisible.

III.

Le mariage n'est pas un contrat, bien que l'expression *contracter mariage* semble consacrée par la langue du droit, aussi bien que par la langue usuelle. Il y a dans cette expression plus qu'une confusion : ç'a été l'origine de presque toutes les fausses théories qui ont compromis l'institution du mariage. Un contrat est un acte essentiellement arbitraire dans toutes ses parties. Que je m'engage à titre gratuit ou à titre onéreux, pour un bien matériel ou pour un service personnel, pour une cession absolue ou pour un prêt temporaire, il y a de ma part et de celle de la personne envers qui je m'oblige une libre promesse, une libre acceptation, une libre détermination de la matière et des conditions de l'engagement, ainsi que des devoirs qui en découlent; la libre faculté, enfin, de résilier le contrat d'un commun accord ou de le considérer comme annulé, si les conditions convenues n'ont pas été remplies de part et d'autre. En est-il ainsi du mariage? Je vois bien la liberté au début, dans le consentement volontaire des deux époux à leur union ; mais elle disparaît aussitôt pour faire place à des obligations réciproques, qu'il ne leur appartient ni de fixer, ni de modifier, ni d'annuler. Ils auraient pu ne pas s'unir ; mais une fois unis, quelques engagements qu'ils aient pris, et quand ils n'en auraient pris aucun, ils sont moralement liés l'un à l'autre par une chaîne qu'ils n'ont pas formée et qu'ils n'ont pas le droit de rompre. Ils se doivent une vie commune et une fidélité mutuelle ; ils se doivent, en un mot, tout ce qui constitue le mariage. A part les conventions particulières, qui ne touchent qu'à la jouissance des biens extérieurs, et qui n'ont rien à voir avec le fait même de l'union conjugale, le seul objet pour lequel il y ait une sorte de contrat, c'est, il faut le dire sans ambages, le fait de la possession physique. Tout ce qui distingue un commerce déshonnête d'une légitime union y est naturellement étranger. Ici les obligations sont reconnues, là on n'en tient aucun compte; ici on s'engage à les remplir, là on se réserve la faculté, non le droit, de les violer ; ici, en un mot, il y a un état moral, là un état immoral; mais nulle part il n'y a place pour des conventions, qui, dans un cas, ne créeraient aucune obligation nouvelle, et, dans l'autre, seraient nulles de plein droit, comme contraires aux bonnes mœurs.

Qu'est-ce donc que l'acte de mariage? C'est la reconnaissance réciproque des devoirs qui naissent naturellement de l'union des sexes, et la promesse solennelle de les accomplir. Comme il n'y a rien là de facultatif, l'effet de cette promesse n'est pas d'engendrer des devoirs, mais de constater et de garantir des droits. C'est un titre entre les mains des deux époux : il assure à l'homme le droit de réclamer la cohabitation et la fidélité de la femme; à la femme, le droit de revendiquer, pour ses enfants, les soins paternels, et, pour elle-même, une place honorable et sans partage dans la maison conjugale ; à tous deux, enfin, le droit de diriger en commun l'éducation des créatures humaines que leur union est destinée à produire.

IV.

Ces droits réciproques, dont le mariage n'est que la reconnaissance, sont-ils égaux entre les deux époux ? On fonde souvent la suprématie légitime de l'homme sur sa supériorité physique ou intellectuelle. Cette supériorité n'est qu'un fait fortuit, qui ne se produit pas toujours, quoiqu'il semble conforme à l'ordre de la nature. Fût-il sans exception, il serait moralement sans valeur. Il n'y a pas lieu davantage d'invoquer en faveur des droits du mari la coutume à peu près universelle qui attribue à l'homme l'initiative du mariage. On en déduirait plutôt les droits de la femme ; car c'est se placer, en quelque sorte, sous sa dépendance que de solliciter sa main et de la recevoir comme une faveur. En fait, dans chaque famille, l'autorité est tantôt du côté de l'homme, tantôt du côté de la femme, et, chez l'un et l'autre sexe, elle dépend moins, en général, de la force ou de l'intelligence que de l'ascendant du caractère. Souvent elle se partage, par une convention tacite, suivant la diversité des goûts et des aptitudes. Dans les meilleurs ménages, il y a une entente parfaite, cimentée par des concessions et des prévenances mutuelles ; l'autorité est à la fois unique et commune, parce qu'il n'y a proprement qu'une seule personne. En principe, les droits sont égaux comme les devoirs. Le mariage est une communauté, non un empire exercé par l'un et subi par l'autre. Si les attributions doivent se partager, si une volonté doit quelquefois prédominer, c'est affaire d'intérieur, c'est l'objet d'un arrangement qui doit se prendre d'un commun accord, quand il ne s'établit pas de soi-même.

S'il faut un chef à la famille pour en représenter l'unité, c'est seulement au dehors, vis-à-vis des tiers, qui peuvent être intéressés dans un conflit, et de la loi, qui peut être appelée à le régler. Dans ce cas, le droit naturel est d'accord avec toutes les législations positives pour reconnaître la suprématie du mari. Elle résulte de l'origine morale du mariage et de l'étendue relative des devoirs qu'il impose à chaque époux. En réclamant les garanties matrimoniales, la femme allège sa responsabilité, l'homme augmente la sienne ; la femme se décharge d'une partie des devoirs qu'elle serait exposée à remplir seule, si elle prétendait conserver son indépendance en faisant l'abandon de sa personne ; l'homme accepte des devoirs qu'il pourrait être autorisé à répudier, si des garanties ne lui étaient pas données et s'il n'avait pas le droit et le pouvoir d'en exiger l'observation : voilà le seul fondement naturel et légitime de la subordination d'un sexe à l'autre dans l'union conjugale.

L'homme est le chef, non le maître de la communauté. Il a le droit de faire dominer sa volonté dans tout ce qui est nécessaire à l'accomplissement des fins du mariage, dans tout ce que réclame sa responsabilité personnelle. Hors de là, la soumission n'est qu'une concession, que l'intérêt de l'union peut imposer à la femme comme un devoir, mais dont elle a le droit et quelquefois l'obligation de s'affranchir pour sauvegarder sa dignité et pour obéir à sa conscience. C'est une de ces situations délicates où la limite est d'autant plus difficile à marquer qu'il s'agit des droits propres de l'âme. Le sentiment intérieur en doit être le premier juge ; il peut être éclairé par les puissances morales qui se chargent de guider les consciences ; il y a, enfin, des cas où l'intervention de la puissance civile, protectrice nécessaire de tous les droits, peut paraître indispensable à la sécurité des familles et de la société.

V.

Cet ensemble inviolable de devoirs et de garanties qui constitue le mariage appelle naturellement une consécration religieuse. Quand on s'engage irrévocablement, au nom d'une loi éternelle, rien de plus convenable que de prendre Dieu à témoin de ses promesses. Le mariage est, chez tous les peuples, un acte religieux, où interviennent les ministres du culte. Son caractère moral n'a été bien compris qu'au sein du Christianisme, et particulièrement du Catholicisme. L'Évangile exclut la polygamie et réprouve le divorce. L'Église catholique assure la perpétuité du mariage, en en faisant un sacrement, une grâce spéciale qui s'attache aux promesses réciproques des deux époux, qui est destinée à les soutenir, s'ils sont constants dans la foi jurée, et qui s'élèvera contre eux, pour les condamner comme sacriléges, s'ils osent séparer ce que Dieu a uni. Nous n'avons pas à nous prononcer sur la valeur théologique de cette conception ; mais nous devons reconnaître qu'aucun emblème ne rend mieux la sainteté de l'union conjugale.

Toutefois, un lien religieux n'est qu'un lien idéal, plus fort, à certains égards, qu'une pure obligation morale, car il revêt une forme sensible, moins efficace, sous d'autres rapports, car il suppose une foi qui n'est pas donnée à tous les hommes. Une Église n'a aucun droit sur ceux qui refusent leur croyance à ses dogmes ; sur ses fidèles eux-mêmes, elle n'a qu'un droit de persuasion ; elle n'a aucun moyen de contrainte, à moins de recourir au pouvoir temporel ou de se confondre avec lui. Comme réciprocité de droits, le mariage a besoin d'une garantie matérielle, d'une sanction instituée par une loi positive et assurée au besoin par la force : il ne peut la demander qu'aux lois et aux pouvoirs de l'État.

Il en est des droits des époux comme de tous les autres droits : si l'État leur doit sa protection, il lui appartient aussi de fixer par ses lois les conditions auxquelles il l'accorde. Il peut imposer au mariage certaines formalités, y apporter certains empêchements, y régler, en un mot, tout ce qui peut recevoir une détermination plus ou moins arbitraire, tout ce qui ne touche pas aux prescriptions obligatoires de la loi naturelle. De là ce qu'on nomme le mariage civil.

L'acte de mariage, considéré comme acte civil, n'est que l'inscription authentique sur les registres publics des engagements personnels pris par les conjoints, conformément à leurs devoirs et aux lois. Pour l'État, comme pour la religion, comme pour la conscience, le mariage est tout entier dans la reconnaissance volontaire et réciproque des devoirs qui le constituent. L'officier de l'état civil n'y intervient que pour le constater, pour l'attester par sa présence et par sa signature. On peut dire, en un sens, qu'on est marié par le prêtre, car il confère à l'union conjugale un caractère nouveau, il la transforme en sacrement. On n'est pas marié par le maire, on se marie devant lui ; son rôle se borne à recevoir une double déclaration, pour qu'elle puisse produire des effets civils. Il est, pour l'état des personnes, ce qu'est, pour celui des propriétés, le notaire qui rédige les actes, ou l'employé de l'enregistrement qui les transcrit. Si l'acte déclaratif du mariage, après l'accomplissement de toutes les formalités préalables exigées par la loi, avait été reçu et attesté soit par un notaire ou toute autre personne publique, soit même simplement par deux témoins, il semble que la société, pour sauvegarder ses droits, n'aurait rien de plus à demander que la reproduction de cet acte sur ses registres authentiques. Notre législation a voulu entourer le mariage civil d'un appareil solennel analogue à celui qui est propre au mariage religieux. Nous craignons qu'elle n'ait dépassé le but et compromis l'institution qu'elle cherchait à ennoblir.

On a voulu, sans doute, frapper l'esprit des futurs époux par l'image imposante de la loi, gardienne de leurs droits et de leurs devoirs. Cet effet est-il produit? Que l'on assiste successivement à un mariage civil et à un mariage religieux, peu importe dans quelle communion : le contraste est des plus frappants. Ici, le recueillement, même chez ceux qui n'ont pas la foi ; là, l'indifférence, les rires, les conversations à haute voix, souvent des regards effrontés ; ici, un prêtre, pénétré, au moins en apparence, de la sainteté de son ministère; là, un magistrat civil, embarrassé de sa contenance, ayant peine quelquefois à prendre son rôle au sérieux, et, lors même que l'infériorité de son éducation ne nuit pas au respect qui lui est dû, ne réussissant presque jamais à maintenir aux yeux des assistants la dignité de son caractère légal. Quoi de plus imposant, pourtant, que la célébration d'un mariage, même en dehors de toute cérémonie religieuse? C'est la fondation de ce royaume du devoir qu'on appelle une famille ; c'est la consécration irrévocable de deux créatures humaines à une vie de dévoûment. Mais la grandeur de cet acte réside tout entière dans la volonté des époux qui l'accomplissent d'eux-mêmes et qui lui donnent seuls son caractère sacré. Tout est petit autour d'eux, même ce représentant de la loi, qui reçoit et qui contre-signe leurs engagements. Tout est petit et ne sert qu'à les rapetisser eux-mêmes. Il y a, dans le mystère qu'ils célèbrent, un sentiment de pudeur qui craint la foule, qui fuit le bruit, qui voudrait, s'il était possible, se passer de paroles, pour ne laisser place qu'à l'union des âmes. Même dans le temple, où tout est sanctifié par l'idée divine, cette exhibition des futurs époux, cette curiosité qui s'attache à eux, à peine contenue par le respect du lieu, ont quelque chose d'embarrassant pour leur pudeur et de choquant pour toute âme élevée. Du moins, cette bénédiction qui leur est donnée au nom de Dieu et, dans l'Église catholique, ce sacrement qu'ils reçoivent, ajoutent à l'acte qu'ils accomplissent une grandeur nouvelle. L'officier de l'état civil relève aussi son rôle en lisant les articles de la loi qui contiennent leurs devoirs. Mais que leur apprennent ces vagues formules ? et qu'y trouvent-ils autre chose qu'un écho affaibli de leur conscience ? Le prêtre peut parler de devoirs, car il représente, pour ceux qui ont foi dans sa parole, la conscience humaine éclairée et agrandie par la révélation divine. La loi civile représente aussi la conscience, mais amoindrie, réduite aux proportions des droits étroits qu'elle détermine et qu'elle protége. Nous l'écoutons avec respect, quand elle marque les limites de nos droits : un sentiment secret nous dit qu'elle est au-dessous de sa tâche quand elle prétend nous annoncer nos devoirs [1].

---

[1] « Le mot de *solennité* jure avec toutes nos habitudes, dit, en parlant du mariage civil, M. Jules Simon (*De la liberté*, t. II, p. 251 de la 2ᵉ édit.), et, plus nous allons, plus nous nous dégoûtons de tout ce qui est cérémonie. C'est un fait aussi incontestable que regrettable. »—

Nous ne sommes pas de ceux qui voudraient remettre au clergé des diverses communions les registres de l'état civil. Nous repoussons toute confusion de l'ordre temporel et de l'ordre spirituel. Le mariage civil a sa raison d'être comme formalité d'enregistrement ; mais, en dehors de cette formalité et des conditions préalables auxquelles elle est soumise, nous ne voyons qu'une superfétation, compromettante pour la dignité même de la loi.

Mais quoi ! si l'acte civil ne doit être que l'enregistrement officiel d'un acte privé antérieurement effectué, acceptera-t-on en aveugle, sur les registres de l'état civil, tout mariage auquel un ministre d'un culte quelconque aura prêté son ministère, abandonnant ainsi les droits les plus essentiels de la société ? Ou bien repoussera-t-on, en le frappant de nullité, tout mariage contraire aux prescriptions légales, au risque de jeter le trouble dans les consciences engagées peut-être de bonne foi ? Il suffirait, pour échapper à ce dilemme, d'obliger, sous des peines sévères, toutes les personnes investies du droit d'attester authentiquement un mariage, à s'assurer, avant d'y concourir par leur signature, qu'il ne renferme aucune cause légale de nullité. Il ne s'agit pas, en effet, de remettre aux ecclésiastiques, aux notaires, aux témoins dont la présence et la signature pourraient rendre un mariage valable, les attributions de la puissance civile. Il est juste, en leur conférant un droit, de leur imposer le devoir qui en est la garantie, et de prendre des précautions contre une erreur ou une imprudence qui serait moralement irréparable.

Il y aurait une fraude punissable, de la part d'un ecclésiastique, à célébrer un mariage illégal sans prévenir les conjoints que ce mariage ne saurait produire d'effets civils. Mais si, dûment avertis, ils persistent, et si sa conscience ne voit pas d'empêchement à leur union, pourquoi lui serait-il défendu de la bénir ? Les époux ne pourraient en réclamer l'insertion sur les registres publics, ni, en cas de désaccord, l'invoquer l'un contre l'autre devant les tribunaux ; les enfants qui en naîtraient n'auraient pas civilement les droits d'enfants légitimes ; mais, dans cette

---

Incontestable, oui ; regrettable, non, s'il s'agit de cérémonies civiles. Rien n'atteste mieux l'incompétence de l'État dans tout ce qui tient proprement à l'ordre moral.

union extra-légale, il y aurait au moins un engagement de conscience pris à la face de Dieu. Tels étaient, avant la Révolution, les mariages des protestants. Les ministres qui les consacraient savaient qu'aux yeux de la loi ce n'était qu'un état de concubinage ; mais ils se croyaient du moins le droit de leur donner devant la conscience un autre caractère. Cette liberté, qui n'a d'ailleurs jamais été reconnue, serait, dira-t-on, sans raison d'être aujourd'hui, car nos lois ne contiennent aucune prohibition contraire au droit naturel, et on n'est plus excusable de chercher à les éluder. Je le crois ; mais je ne saurais oublier que les législateurs de l'ancien régime avaient de leurs lois la même opinion : où l'erreur est possible et peut devenir oppressive, laissons un refuge à la liberté.

Nous irions même plus loin ; nous voudrions que l'État, à moins d'une violation manifeste des lois de la nature, reconnût comme valable tout mariage célébré suivant les rites d'une religion dont il respecte l'exercice public. Nous verrions là, non pas un abandon de ses privilèges légitimes, mais un hommage à la liberté de conscience. Un empêchement légal, que n'acceptent pas toutes les religions professées par d'honnêtes gens, dans un pays civilisé, ne saurait être un empêchement absolu, et, dès lors, quel intérêt social pourrait être mis en balance avec la paix des âmes ?

VI.

Parmi les causes de nullité qui peuvent empêcher ou vicier légalement les mariages, il en est, comme la proximité des liens de parenté ou un mariage antérieur encore subsistant, qu'on est en droit de considérer comme absolues ; d'autres, bien que fondées en raison, ont, dans leur détermination, quelque chose d'arbitraire et de variable. Le défaut de publications préalables, le refus de consentement des parents, l'observation de certaines limites d'âge, et, dans quelques pays, l'absence de ressources suffisantes pour élever une famille, sont des empêchements de ce genre, qui, sans toucher à l'essence du mariage, semblent plus ou moins nécessaires pour en garantir les devoirs. Ces restrictions ne laissent pas le droit naturel indifférent; mais il n'appartient qu'aux lois positives de les soumettre à des règles précises, en tenant compte des besoins sociaux et de l'état des mœurs ; et tout ce qu'on peut leur demander en principe, c'est d'user des plus grands ménagements pour tout ce qui tient à la liberté morale.

Le mariage est un acte trop sérieux, et trop d'intérêts y sont engagés pour qu'il convienne de l'abandonner sans contrôle à l'initiative passionnée de deux adolescents, et, parmi les atteintes que peut recevoir la liberté des individus, il en est peu de plus justifiables que de leur interdire de fonder une famille contre le gré de la famille à laquelle ils appartiennent, ou d'assumer la plus grave des responsabilités, sans avoir les moyens d'y faire honneur[1]. Mais, d'un autre côté, tout empêchement au mariage est plus qu'une simple restriction de la liberté, c'est un empiétement sur les inclinations de l'âme et quelquefois sur ses devoirs. S'il n'avait pour effet que de faire violence à la passion, on pourrait le regretter, quand elle est innocente et pure ; on n'aurait pas le droit de s'en plaindre, car ce qui est respectable dans l'âme, ce n'est pas la passion. Mais la passion est souvent plus forte que les barrières qu'on lui oppose, et, dès lors, quand elle a cherché, en dehors du mariage, la satisfaction dont on lui refuse les garanties légales, l'opposition de la loi, impuissante à prévenir la faute, ne réussit qu'à en retarder la réparation, et peut-être même à la rendre irréparable. Sans doute, en plaçant la passion dans cette alternative périlleuse d'une victoire à remporter sur elle-même ou d'une satisfaction déshonnête, la loi pourra exercer sur elle une salutaire contrainte. Le danger n'en subsiste pas moins : danger pour l'âme, que l'on expose à des tentations toujours redoutables ;

---

[1] « Les idées généralement reçues de liberté, qui se prêtent si aisément à des violations réelles de la liberté de l'individu pour des choses qui ne concernent que lui, repousseraient toute tentative faite pour contraindre ses inclinations, lorsque, en les satisfaisant, il condamne un ou plusieurs êtres à une vie de misère et de dépravation, qui réagira de plus d'une triste façon sur tout leur entourage. Quand on compare l'étrange respect de l'espèce humaine pour la liberté avec son étrange manque de respect pour cette même liberté, on pourrait se figurer qu'un homme a le droit indispensable de nuire aux autres, et n'a pas le droit de faire ce qui lui plaît et qui ne nuit à personne. »
J. Stuart Mill, *De la liberté*, p. 198 et 199 de la traduction française.

danger pour le devoir, dont on compromet l'accomplissement ; danger, enfin, pour d'innocentes créatures, dont on n'empêche pas la naissance, mais que l'on prive de la considération et des droits d'une naissance légitime.

La loi n'atteindrait sûrement son but que si elle pouvait joindre à l'interdiction du mariage la punition du concubinage lui-même. Mais elle se heurterait à de nouveaux écueils, plus redoutables peut-être : le déshonneur des familles livré à une publicité scandaleuse ; la recherche si délicate et si périlleuse de la paternité, à moins qu'on ne se résignât à faire tomber le châtiment sur un seul coupable, souvent le plus digne d'excuse ; une provocation constante à tous les moyens criminels qui sacrifient la vie de l'enfant à l'honneur de la mère ; enfin, la résistance presque invincible des mœurs, qui assurerait le plus souvent l'impunité des faits incriminés, surtout si on en laissait, comme le demandent les principes, l'appréciation au jury.

L'Église catholique, dans sa législation matrimoniale, nous paraît avoir gardé une juste mesure entre une tolérance immorale et des exigences non moins funestes. Elle ne frappe de nullité que les mariages accomplis sans un consentement parfaitement libre de part et d'autre ou en dehors des conditions auxquelles elle reconnaît un caractère absolu ; elle accepte, en les réprouvant et en les frappant de peines disciplinaires, ceux qui ne violent que les formalités qu'elle a cru utile de poser, sans en proclamer la nécessité inéluctable [1]. Le législateur civil ne doit pas montrer moins d'égards pour la liberté. En déclarant l'irrégularité de certains mariages, il pourrait menacer d'une peine plus ou moins sévère ceux qui y prêteraient leur ministère et leur concours ; il pourrait aussi en différer l'inscription sur les registres publics. Mais, après un certain délai, lorsque cette inscription serait demandée avec persis-

---

[1] Tametsi dubitandum non est clandestina matrimonia libero contrahentium consensu facta, rata et vera esse matrimonia quamdiu Ecclesia ea irrita non fecit ; et proinde jure damnandi sunt illi, ut eos sancta synodus anathemate damnet, qui ea vera ac rata esse negant, quique falso affirmant, matrimonia a filiis familias sine consensu parentum contracta, irrita esse, et parentes ea rata vel irrita facere posse : nihilominus sancta Dei Ecclesia ex justissimis causis illa semper detestata est ac prohibuit.— Concilii Tridentini, sessio xxiv, canon xii, cap. 1.

tance, lorsqu'on aurait affronté, pour l'obtenir, les châtiments légaux, lorsque tout concourrait ainsi à établir une bonne foi mutuelle et une résolution sérieuse, lorsqu'enfin toutes les oppositions auraient pu se produire devant les tribunaux compétents, la loi montrerait, à notre avis, une sollicitude excessive pour les intérêts de la société, si elle refusait obstinément sa consécration.

VII.

Quand un principe absolu s'oppose au mariage, la même tolérance n'est plus de saison. Il peut cependant se présenter des cas où la prudence la conseillera, dans une certaine mesure, au législateur.

Le mariage est moralement nul quand il prétend fonder la famille sur la négation même des devoirs qui la constituent. Tel est le cas de l'inceste et de la polygamie.

Dans l'union entre proches parents, il y a une distinction que tout le monde fait. Pour certains degrés de parenté, qui ne rentrent pas d'une façon nécessaire et perpétuelle dans l'unité morale de la famille, l'obstacle n'est pas invincible, et il dépend des lois soit de le poser, soit de le lever absolument ou conditionnellement : pour les premiers degrés, c'est-à-dire entre le fils et la mère, le père et la fille, le frère et la sœur, le mariage est contre nature. Ce n'est pas, comme on l'a dit quelquefois, une simple interdiction d'ordre public fondée sur l'avantage que trouve la société au croisement des familles, ou sur la crainte de voir les enfants échanger pour la familiarité de l'amour le respect qu'ils doivent à leurs parents. L'inceste n'est pas seulement contraire à l'intérêt social ou à l'accomplissement de quelques devoirs ; il est la corruption même de la famille. Le mariage est un acte de confiance et de défiance tout ensemble ; il demande à la fois l'union la plus intime et les plus fortes garanties réciproques. L'attrait du sexe provoque naturellement à la confiance et à l'union ; le sentiment du devoir et du droit, la conscience d'une responsabilité de toute la vie autorise la défiance et réclame les garanties. Voilà pourquoi le mariage n'est légitime qu'en dehors d'une même famille. Entre un jeune homme et une jeune fille qui appartiennent à des maisons différentes, les relations peuvent être assez fréquentes pour éveiller le désir ; elles ne sont pas assez étroites pour faire taire la prudence. Mais cette pudique réserve qui doit préluder au mariage et en assurer la sainteté, les parents ne doivent ni ne peuvent la connaître vis-à-vis de leurs enfants, ni, jusqu'à un certain point, les sœurs vis-à-vis de leurs frères ; aucune arrière-pensée ne doit profaner l'abandon de leurs épanchements et la pureté de leurs caresses. Si la passion ou les sens pouvaient y mêler leurs désirs, ou bien la promiscuité des brutes s'introduirait à la suite des sentiments mêmes qui font l'intimité de la famille, ou bien il faudrait y apporter une discrétion qui détruirait cette intimité. C'en serait fait, dans les deux cas, du lien moral de la famille. L'inceste est possible, comme tous les crimes ; mais, comme tous les crimes qui révoltent la nature, avant d'être condamné par les lois, il inspire au cœur humain une horreur instinctive et presque invincible.

Une littérature raffinée s'est complu souvent à décrire des sentiments incestueux, et, sans les justifier, du moins à appeler sur eux l'intérêt : la *Mirra* d'Alfieri, le *René* de Chateaubriand, l'épisode d'Asphéridon et d'Astarté dans les *Lettres persanes*. Ces peintures ont plutôt pour effet de corrompre l'imagination que de troubler le cœur et de fausser la conscience. Si Montesquieu semble prendre la défense des mariages guèbres, c'est un de ces paradoxes qu'il faut reprocher à son esprit, non à sa raison, et que ni lui ni aucun de ses lecteurs n'a jamais songé sérieusement à faire passer dans notre législation et dans nos mœurs. Toutefois, comme dans presque tous les paradoxes de Montesquieu, il y a là une question qui mérite d'éveiller l'attention du législateur. Le cas particulier qu'il suppose nous semble un de ceux où il faudrait peut-être faire la part de la tolérance légale, sans renoncer aux justes protestations de la conscience. S'il existe des populations dont la religion et les mœurs autorisent le mariage du frère et de la sœur, leurs usages, tout condamnables qu'ils sont en principe, pourraient être respectés par la nation plus civilisée qui les tiendrait sous sa dépendance ; ou, du moins, renonçant à la contrainte légale, il serait peut-être plus sage de laisser au prosélytisme religieux le soin de les détruire par la persuasion. De telles unions ne peuvent être consacrées par les coutumes et par les croyances de toute une population, sans que leurs dangers soient par là considérablement atténués. Les considérer comme des crimes ou simplement leur refuser tout effet civil, ce serait soulever un de ces conflits entre la religion et la loi qui sont presque toujours plus funestes que les abus qu'on veut déraciner. La loi est immorale lorsqu'elle commande, non lorsqu'elle souffre le mal, et l'on peut réprouver ce qu'elle tolère, sans la blâmer de le tolérer.

C'est en vertu de ce respect pour tout usage autorisé par la religion des peuples que la France ne se fait aucun scrupule de laisser un caractère légal à la polygamie de ses sujets musulmans dans ses possessions algériennes. La polygamie est certainement moins odieuse que l'inceste. Si nos institutions la repoussent comme mariage, elles la tolèrent comme concubinage, sauf le cas d'adultère, pour lequel elles sont encore assez indulgentes ; et même beaucoup de moralistes, sans la justifier entièrement, n'oseraient affirmer qu'elle soit contraire au droit naturel. Ils sont induits en erreur par la dangereuse théorie du contrat arbitraire ; ils méconnaissent la véritable nature du mariage. La femme se doit à un seul homme pour que ses enfants aient le droit d'avoir un père. L'homme se doit aussi rigoureusement à une seule femme, pour qu'il y ait entre eux communauté de devoirs. Partout où subsiste la polygamie, l'unité de la famille n'est maintenue qu'en concentrant sur l'homme seul toutes les obligations vraiment morales et tous les droits qui s'y rattachent. Privées d'initiative et d'autorité, réduites au partage des soins matériels et des jouissances physiques, les femmes s'y prêtent sans rivalité, comme des esclaves, non comme des épouses ou des mères. On demandait devant nous à un jeune Persan quels sentiments il éprouvait pour les femmes de son père. Ce sont toutes mes mères, répondit-il simplement. Moralement, il n'avait point de mère.

La polygamie ne peut donc être l'objet que d'une tolérance exceptionnelle, et seulement pour les peuples dont les mœurs n'ont pas encore élevé la femme au sentiment de sa responsabilité et de ses droits. Une religion nouvelle, comme celle des Mormons, qui, au sein de notre civilisation, prétendrait légitimer la pluralité des femmes, ne pourrait revendiquer que la liberté de prêcher ses doctrines, non celle de les mettre en pratique ; ou, du moins, ces unions immorales auxquelles elle prêterait sa consécration ne pourraient recevoir une existence civile : la loi, comme la conscience, ne saurait avoir pour elles que cette tolérance de fait qu'elle est souvent obligée d'accorder au libertinage. De pareilles prétentions ne sont pas, d'ailleurs, à redouter. Dans l'état de nos mœurs, il y aurait plutôt lieu de protéger les Mormons contre une intolérance hypocrite et inconséquente que d'armer la société contre de vaines théories, qui sont sans danger pour la vertu et qui n'apportent au vice aucune facilité nouvelle [1].

VIII.

On peut rapprocher le divorce de la polygamie. Autoriser un nouveau mariage sans que le premier ait été dissous par la mort, voilà l'essence de l'un et de l'autre, avec des effets contraires, mais non moins funestes quant aux devoirs et aux droits constitutifs de la famille. La polygamie confond plusieurs familles en une seule ; le divorce disperse dans des maisons différentes et forcément ennemies les éléments moralement inséparables d'une même famille.

Le divorce a gardé, dans les mœurs et dans les religions des peuples modernes, incomparablement plus de crédit que la polygamie. Il a droit par là, de la part du législateur civil, à une plus grande tolérance ; mais, au point de vue purement moral, il n'est pas plus acceptable.

La prétendue légitimité du divorce est la conséquence la plus directe de la fausse hypothèse du contrat. Un contrat est résilié de plein droit, si l'une ou l'autre des parties ne tient pas ses engagements. La désertion du domicile conjugal, l'infidélité, de graves outrages, tout manquement, en un mot, aux devoirs essentiels du mariage, entraînerait naturellement sa dissolution, s'il ne

[1] Nous aurons occasion de revenir, quand nous traiterons de la liberté de conscience, sur cette question de la polygamie des Mormons que le *cant* anglo-américain a seul affecté de prendre au sérieux.

reposait que sur un pacte arbitraire. Ce sont là, sans contredit, des obstacles à la vie commune, et le droit naturel, comme toutes les religions, comme toutes les législations, ne peut qu'y voir des motifs sérieux pour une séparation de fait ; mais ils ne sauraient briser un lien dont la destination est d'être indissoluble. L'oubli du devoir n'est pas la suppression du devoir. Quand on est empêché de le remplir, par sa propre faute ou par celle d'autrui, on n'a pas le droit de s'y soustraire d'une façon irrémissible et sans espoir de retour.

Rien de plus évident lorsque le devoir a pris un corps, lorsqu'il s'est incarné dans un enfant. En vain l'un des époux l'abandonnerait-il à l'autre ; en vain s'accorderaient-ils pour le laisser dans une maison tierce, à la garde d'un dévoûment désintéressé ou mercenaire : leurs volontés peuvent consentir à se décharger de leurs devoirs, mais leurs devoirs ne lâchent pas prise ; ils les tiennent unis malgré eux, sinon par ce lien de fait dont il leur plaît de s'affranchir, du moins par un lien de droit qu'aucune volonté ne peut rompre. Le jugement de Salomon ne serait pas ici de mise. Il n'y avait qu'une vraie mère, qui se faisait reconnaître au cri de son cœur. Entre un père et une mère opposés de sentiments, mais non de devoirs, il n'y a pas à consulter le cœur : il faut s'incliner devant le droit, qui est tout entier dans chacun d'eux, et qui ne souffre pas de partage. S'il y a nécessité d'accorder une séparation, si l'on est forcé soit de diviser les enfants, soit de les enlever à l'un des époux ou même à tous les deux, il faut qu'une porte reste toujours ouverte pour la réconciliation, pour le rétablissement de la famille, pour l'accomplissement des devoirs communs.

S'il n'y avait pas d'enfants, si les époux n'avaient d'obligations que l'un vis-à-vis de l'autre, faudrait-il persister dans ces maximes austères et rigoureuses? Quand il n'y a pas de tiers intéressés au maintien d'un contrat, n'est-il pas juste que les deux parties puissent le rompre à l'amiable, ou que chacune d'elles se considère comme dégagée, si l'autre a manqué à ses engagements? — Oui, si le mariage n'était qu'un contrat, s'il ne créait que des obligations arbitraires et révocables. Le mariage a pour fin naturelle l'éducation des enfants dont il consacre la naissance ; mais ses devoirs ne sont pas attachés à leur existence actuelle. Il imprime à l'union des deux sexes un caractère moral ; il l'arrache au joug des sens et des passions capricieuses ; il ne lui permet pas une autre destination que sa destination légitime. Quel homme soucieux de sa dignité se marierait avec cette condition qu'il devrait se résigner à voir un jour la femme qui reçoit son nom passer aux bras d'un autre homme? Quelle jeune fille pure, en accordant à un époux les droits du mariage, envisagerait sans rougir, comme la consécration de sa liberté, la possibilité de les transporter à un autre du vivant du premier, et d'avoir à soutenir les regards de deux hommes qui l'auraient également possédée? Chacun des deux époux a le droit de compter sur la perpétuité du lien qu'il accepte : telle est la loi qu'ils se sont *forcément* imposée en s'unissant *librement* par le mariage. S'ils n'ont pas entendu s'unir sous l'empire de cette loi, ne parlez plus de mariage, ne parlez plus de droit ; leur union s'est formée, elle subsiste, elle se dissout en dehors des obligations et des garanties de la morale.

Il ne faut pas s'y méprendre : ce n'est pas seulement l'intérêt des enfants qui réclame la perpétuité du mariage. Peut-être cet intérêt serait-il mieux sauvegardé par le divorce lui-même que par le maintien de la vie commune après des torts graves qui en ont détruit l'intimité, ou par une simple séparation qui ouvre la porte à tous les désordres. C'est une question de fait, qui peut être diversement appréciée, suivant les circonstances ; mais le droit pur doit craindre de s'engager sur ce terrain : il n'y trouverait qu'un sable mouvant. Il faut se placer, pour le fixer, sur le roc inébranlable des principes. Laissons donc de côté une expérience toujours incomplète et des intérêts toujours douteux et souvent contradictoires : c'est la raison, c'est le devoir, c'est la loi fondamentale du mariage qui proteste contre le divorce.

Mais, si l'expérience est étrangère au droit pur, elle dirige le droit positif. Dans ses permissions, comme dans ses prohibitions, la loi civile, il ne faut jamais l'oublier, doit consulter les intérêts variables des individus aussi bien que les principes éternels de la justice. Une seule règle lui est strictement imposée, c'est de ne rien commander qui soit contraire au devoir. La blâmons-nous d'ouvrir des asiles qui facilitent l'abandon des enfants, pour prévenir un crime plus grand, l'infanticide? de faire de la prostitution une sorte d'industrie patentée pour protéger l'honneur des familles contre un libertinage plus funeste? d'accorder au concubinage des effets civils qu'elle refuse à l'adultère, bien que l'un, s'il est plus dangereux, ne soit pas plus légitime que l'autre? Nous ne la blâmerons pas davantage de permettre le divorce, dans un intérêt social, en l'entourant de toutes les conditions qui peuvent en pallier les dangers. Sur ce point, comme sur tous les autres, elle doit s'appuyer non-seulement sur des principes absolus, mais sur les mœurs, les croyances religieuses, les besoins de la société dont elle est l'arbitre. Une conscience scrupuleuse, en se plaçant au point de vue de la pureté du mariage, devra sans doute persister dans la condamnation théorique du divorce. Elle devra même, dans la pratique, ne voir qu'un concubinage autorisé, qu'un adultère susceptible d'effets civils, dans ces seconds mariages sanctionnés par la loi avant la dissolution naturelle des premiers. Mais la loi, en faisant cette concession à la faiblesse humaine, ne sort pas de ses attributions. Ajoutons qu'elle peut même remplir un devoir.

Il y a, en effet, dans la question du divorce, un intérêt essentiellement moral dont il est impossible de ne pas tenir compte. Si la vie conjugale ne devait jamais être brisée que par la mort, les principes qui en repoussent la dissolution garderaient toute leur force devant la loi, comme devant la conscience. On peut empêcher deux époux entre lesquels des torts graves, ou simplement l'incompatibilité de leur humeur et l'opposition de leurs volontés ont creusé un abîme, de former de nouveaux liens; mais peut-on enchaîner matériellement leurs existences? peut-on les contraindre au maintien de la vie commune, quand elle-même est devenue un obstacle aux devoirs dont elle est destinée à assurer l'accomplissement? Qu'on mette à la séparation toutes les entraves que suggérera la prudence, il se présentera toujours des cas où l'union de fait sera moralement impossible; car elle ne sera plus qu'un état de guerre et de violence, et elle ne fera que livrer à la merci des passions mauvaises, surexcitées par la lutte et par la contrainte, non-seulement les droits des époux, mais les plus chers intérêts de leurs enfants. Or, qu'est-ce que l'interdiction d'un second mariage, quand la séparation est devenue nécessaire? C'est l'obligation du célibat, si pénible et si périlleuse même pour le prêtre, qui l'embrasse par vocation et qui compte sur l'efficacité de la grâce pour vaincre la résistance de la nature. Tout, dans la nature humaine, se soulève, en effet, contre une loi incompatible avec sa faiblesse : non-seulement ces appétits des sens, auxquels on ne peut refuser satisfaction sans jeter le trouble dans l'esprit lui-même, mais ces sentiments plus élevés qui attirent un sexe vers l'autre par l'espoir des jouissances morales d'un amour partagé, et ce besoin si impérieux et si légitime de la vie domestique et des consolations de la famille qui se fait sentir à tous les âges, après que les sens se sont amortis et que la passion a perdu son prestige. Le célibat religieux échange du moins ces satisfactions de l'âme et des sens contre d'autres devoirs et d'autres chances de bonheur, contre une sorte de mariage mystique, où le cœur espère trouver l'aliment dont il a besoin. Il n'est, d'ailleurs, imposé à personne, et les religions qui l'encouragent veulent qu'il soit l'objet d'un vœu parfaitement libre. Le célibat de la séparation est sans dédommagement ; il arrache l'homme aux devoirs de son choix ; ceux qu'il laisse sans famille ou avec une ombre de famille sont contraints d'embrasser, contre le gré de la nature, contre le gré de leur cœur, un état que les vœux les plus libres, soutenus par la foi la plus vive et par les plus fortes diversions, sont souvent impuissants à maintenir.

Il n'y a pas contrainte, dira-t-on, ou du moins elle est méritée ; car ou bien on a demandé la séparation, et on en a librement accepté toutes les conséquences, ou bien on a été condamné à la subir, comme le châtiment des plus graves offenses. Qu'est-ce à dire ? On pourrait voir la libre acceptation d'un veuvage éternel dans une demande qu'un époux outragé a été forcé de faire pour sauver son honneur, ses droits, ses devoirs eux-mêmes ! Parce qu'il a été indignement trompé, parce qu'il a été d'autant plus sensible aux injures qu'il a reçues, qu'il portait plus haut le sentiment de la dignité du mariage, il ne pourra rejeter un fardeau impossible à soutenir, sans se déclarer déchu de toute prétention au bonheur conjugal ! Et pour celui-là même dont les torts ont nécessité la séparation, le châtiment sera-t-il toujours en proportion avec la faute ? La faute est souvent réciproque, quand les torts matériels ne le sont pas. J'ai manqué à des devoirs que l'on n'avait pas su me faire aimer ; j'ai cédé à des tentations auxquelles on avait, en quelque sorte, fourni des armes ; je me suis livré à des emportements, qui n'ont peut-être pas été sans provocation : quelle que soit mon excuse, j'ai assurément perdu le droit de retenir par force près de moi celle dont je me suis aliéné le cœur par mon infidélité ou par ma violence ; mais est-il sûr que mon cœur soit tellement souillé, que mon caractère soit tellement insupportable qu'il faille me déclarer à jamais indigne de remplir les devoirs d'époux et de père? Admettons, enfin, que je sois sans excuse : cette interdiction d'un nouveau mariage est-elle bien le châtiment qu'il convient de m'infliger, le remède que réclament les vices de ma nature? Contre qui est prononcée le plus souvent cette condamnation ? Contre ceux qui, par le caractère de leurs offenses, semblent attester leur impuissance à supporter les rigueurs du célibat et à échapper à ses périls.

Le plus grand péril de cette loi du célibat, c'est son inefficacité. Elle ne repousse le divorce qu'au profit de l'adultère. Après une séparation, soit volontaire, soit juridique, je doute qu'il y ait un seul homme et je ne sais s'il y a la moitié des femmes qui aient la force de garder la fidélité conjugale. Les uns se livrent à un libertinage plus ou moins éhonté ; les autres, et ce sont les meilleurs, les plus dignes d'excuse, cherchent à reporter sur une union illégitime les sentiments et les devoirs qu'on leur refuse le droit de mettre en pratique, mais auxquels leur cœur ne peut se soustraire. Qui n'a connu, à tous les étages de la société, quelqu'un de ces ménages légalement adultères, à qui il ne manque que la consécration civile et religieuse pour offrir tous les caractères moraux de la famille? La famille légitime n'a eu qu'une durée éphémère, pendant laquelle elle a été le théâtre des plus déplorables dissensions. Une nouvelle famille lui succède où règne une union intime et constante, où tous les devoirs sont fidèlement remplis, où le cœur brisé par d'amères déceptions se retrempe dans l'échange des affections les plus douces et les plus nécessaires. Triste consolation toutefois, car il faut cacher son bonheur comme une honte ; il faut se résigner à la déconsidération publique, ou, si l'on réussit quelquefois à lui donner le change, il faut subir le poids d'une situation équivoque et le remords d'une tromperie que rien ne saurait justifier. Il faut enfin, dans tous les cas, accepter pour les fruits innocents de cette union irrégulière les conséquences légales de l'adultère, c'est-à-dire l'impossibilité de leur laisser son héritage, à moins d'un détour et d'un subterfuge, et, quelques précautions qu'on puisse prendre pour assurer matériellement leur avenir, la tache indélébile d'une naissance illégitime. Ces cruelles épreuves, qui atteignent les parents dans les enfants, sont une digue nécessaire que la morale a le droit d'opposer à la violation de ses devoirs. Je l'admets en principe ; mais n'est-ce pas souvent une expiation bien rigoureuse d'un désastre domestique dont on peut, dans la moitié des cas, décliner la responsabilité, et d'une faiblesse qui a pour excuse tous les instincts physiques et moraux de la nature humaine ?

Gardez-vous, dira-t-on, par un tableau de fantaisie ou d'exception, de poétiser l'adultère, pour l'opposer aux principes sacrés de la morale. Ils sont rares, j'en conviens, ces exemples d'une honnêteté relative au sein du désordre ; et pourrait-il en être autrement, quand on n'a pas d'autres garanties d'une fidélité réciproque que la continuité d'un sentiment qui a commencé par se mettre au-dessus de la loi, de la religion et de l'opinion publique ? Mais, quand il serait vrai, en thèse générale, qu'il n'y a pas d'autre alternative, après une séparation, qu'une contrainte contre nature ou un libertinage sans pudeur, quel plus fort argument en faveur du divorce légal ! Dans l'ordre moral comme dans l'ordre physique, on ne commande à la nature qu'en lui obéissant, et il faut chercher dans ses forces ordinaires la limite de toute contrainte exercée sur elle. Il ne suffit pas qu'un effort de vertu soit possible pour qu'il soit érigé en devoir ; il faut qu'on soit en droit de l'attendre de tous les hommes en général. Le droit naturel lui-même, et à plus forte raison le droit positif, ne demandent ni mérite extraordinaire ni imprudence ; l'un et l'autre cherche sa règle dans ce que les hommes se doivent entre eux, et sa mesure dans ce qu'ils peuvent supporter suivant le cours ordinaire des choses. Il y a donc, en réalité, dans la question du divorce, un de ces conflits de principes qui ne peuvent être tranchés que par les tempéraments de la loi civile. Si le divorce est réprouvé par la loi morale, il se heurte à des obstacles naturels dont la morale elle-même impose au législateur l'obligation de tenir compte.

La question morale se complique d'ailleurs d'une question religieuse. Une seule religion proscrit absolument le divorce. Quand on demande aux ministres des autres cultes la bénédiction d'un mariage, on sait qu'on aura le droit de leur en demander la rupture. Il y a là, en principe, nous croyons l'avoir démontré, une réserve immorale ; mais, si la foi s'en contente, est-il nécessaire qu'elle tombe sous l'interdiction de la loi ? Nous voudrions que la loi s'inclinât et devant le mariage religieux et devant le divorce religieux, en se bornant à fixer, pour l'un et pour l'autre, les conditions auxquelles elle subordonnerait son acceptation. L'État n'est le gardien de l'ordre moral qu'autant qu'un intérêt vital s'y rattache pour la société. Il n'a pas à tracer des devoirs, à créer des droits, à remplir l'office du sentiment moral et de la religion. Son rôle légitime, on ne saurait trop le répéter, se borne à faire ce qui ne peut être fait que par lui. Or, s'il est un domaine où la plus grande discrétion lui soit commandée, c'est celui de la famille. Il y a là un royaume en quelque sorte rival du sien, où règnent la conscience, la sensibilité, la foi, les puissances purement morales. Il n'y doit intervenir qu'en dernier ressort, moins pour se substituer à ces puissances d'un autre ordre, que pour les protéger, même dans leurs abus, quand ils ne menacent pas directement l'ordre social.

L'Église catholique elle-même ne pourrait qu'applaudir à la faculté du divorce pour tous les mariages qui n'ont pas reçu sa consécration. Ces mariages sont nuls à ses yeux, et leur indissolubilité légale ne peut être qu'un obstacle aux devoirs qu'elle prescrit. Quand le sacrement qui peut seul, à ses yeux, valider l'union conjugale, est réclamé par un des époux et obstinément repoussé par l'autre, elle proteste avec raison contre la loi qui refuse de rompre un lien sacrilége.

Pour autoriser, dans ce cas, l'annulation du mariage sans accepter le divorce, des jurisconsultes ont eu recours à un subterfuge. Il y a, disent-ils, une erreur de personne, qui vicie juridiquement le mariage. La femme pieuse qui demande en vain la consécration religieuse de ses engagements a cru prendre un époux soumis comme elle à l'Église ; elle s'aperçoit qu'elle a été trompée : sa méprise ne saurait la lier pour toujours. On peut aller loin avec ce système de l'erreur morale.

Déjà il est question d'annuler, pour des raisons analogues, l'union formée, sans le savoir, avec un forçat libéré. Que dirons-nous de l'union avec tout autre condamné ? avec un failli, avec un ivrogne, un débauché ou un joueur ? avec un homme atteint d'infirmités dégoûtantes ? Dans toutes ces hypothèses, il peut y avoir erreur sur un des caractères de la personne, et un prétexte non moins fondé pour échapper à l'indissolubilité du mariage.

Il faut, d'ailleurs, supposer le cas où deux époux, étrangers ou indifférents à la foi catholique, ont été d'accord pour se passer d'un lien sacramentel. L'un d'eux, revenant à d'autres sentiments, ne voit plus, suivant la religion qu'il professe, qu'un état de concubinage dans le lien qui l'enchaîne civilement. Il ne peut pas, sans doute, alléguer sa bonne foi surprise pour en obtenir la rupture. Il pourra du moins, dira-t-on, pour obtenir une séparation que réclame impérieusement sa conscience, présenter comme un outrage le refus de l'autre époux de se rendre à ses scrupules. C'est en effet le biais auquel se sont arrêtés un grand nombre de jurisconsultes. Mais est-il vrai qu'il y ait nécessairement un outrage ? Le refus dont on se plaint peut être aussi l'accomplissement d'un devoir de conscience, qu'il est juste de respecter. Le sacrement de mariage, tel que le confère l'Église catholique, implique une profession de foi formelle, dont les usages du monde permettent peut-être de se faire une sorte de jeu, mais qu'un homme sérieux rougira de feindre quand ses convictions y sont contraires. Ce n'est pas là une offense, c'est plutôt un hommage à la foi qu'il ne peut partager. Ce n'en est pas moins un abîme entre deux époux, et il n'appartient pas à la loi civile d'essayer de le combler. Dès lors n'est-il pas plus digne d'elle, n'est-il pas plus conforme aux égards qu'elle doit aux consciences, de donner satisfaction à la foi de l'épouse catholique, en prononçant *ipso facto* la rupture du lien conjugal, que de demander un palliatif insuffisant à un artifice de jurisprudence qui l'oblige à s'immiscer dans les sentiments intimes et dans la conduite religieuse de l'autre époux ?

Même pour les mariages qu'elle a consacrés, la foi catholique peut se trouver blessée par une législation absolument contraire au divorce. Elle en permet, en effet, l'annulation dans certains cas, et, quand cette annulation n'est pas acceptée par la justice civile, il en résulte pour les consciences une situation douloureuse et fausse.

Tous les cultes ont donc un égal intérêt à réclamer de l'État la sanction légale du divorce, du moment qu'il est prononcé par une autorité religieuse. Mais si le divorce doit entrer dans la loi, il n'y doit entrer qu'au nom du droit commun, sans être nécessairement subordonné à un acte de la puissance spirituelle. Celui qui réclame le divorce, au mépris de la foi qui a sanctifié son mariage, et contre le gré de l'Église qui l'a béni, déclare par là même que cette foi a perdu sur lui son empire et qu'il prétend se placer en dehors de cette Église : il ne convient pas à la loi de lui imposer, en dehors du droit commun, les devoirs d'une religion dont sa conscience a secoué le joug.

En donnant au divorce, comme au mariage, une sanction purement civile, la loi ne porte, d'ailleurs, aucune atteinte à l'autorité légitime de l'Église. Les censures ecclésiastiques gardent toute leur force, et peuvent porter toutes leurs conséquences, comme l'interdiction des sacrements et la privation de la sépulture religieuse, sans parler des peines de l'autre vie. Tout ce que les intérêts religieux peuvent exiger de la puissance temporelle, c'est qu'un retour sérieux aux scrupules de la foi soit un motif suffisant pour obtenir la dissolution légale d'un second mariage contracté après un divorce : faculté dangereuse assurément, et qui ne devrait pas être accordée sans précautions et sans garanties, mais qui ne ferait, du moins, qu'une victime volontaire, résignée d'avance à la rupture d'une union dont elle connaîtrait et dont elle aurait accepté le caractère précaire. Ce serait ouvrir au divorce des facilités nouvelles, mais ce serait aussi lui imposer un nouveau frein : si ce second mariage, qui est la seule fin du divorce, doit être à la merci des variations de la conscience, il sera placé dans des conditions telles qu'il sera difficile de les faire accepter d'une âme honnête et pure.

Les mêmes principes s'appliquent évidemment au mariage légal des prêtres, qui ne serait que la reconnaissance de leur divorce avec l'Église. Il ne pourrait être permis qu'en réservant la faculté de le rompre, du moment que la conscience, à la suite d'une conversion sincère, ne le verrait plus qu'avec horreur. Mais, à part cette réserve, que réclame absolument la liberté religieuse, et qui porterait, comme dans le cas précédent, son remède avec elle, à quel titre la loi civile enchaînerait-elle le prêtre à des obligations purement spirituelles ? Au nom de la foi ? il n'appartient pas à l'État d'en imposer les devoirs soit aux âmes qu'elle gouverne, soit, à plus forte raison, à celles qui l'ont répudiée. Par égard pour les âmes pieuses, pour qui un tel mariage serait un spectacle scandaleux ? le spectacle des désordres d'un prêtre, que son caractère ne retient plus, et qui cherche dans le libertinage un dédommagement à l'interdiction d'une union légitime, n'est ni moins scandaleux ni moins révoltant. Pour assurer le secret des confessions, qu'un prêtre marié sera trop aisément sollicité à trahir ? on n'espère pas, sans doute, que la loi sera plus efficace que la foi pour lui imposer le respect de ses vœux de chasteté, et, dès lors, les confidences qu'il a reçues sont-elles plus en sûreté auprès d'une concubine que d'une femme légitime ? Pour opposer, enfin, une digue salutaire aux tentations de révolte et d'apostasie que pourrait provoquer au sein du clergé l'espoir du mariage ? n'est-ce pas confondre tous les domaines que d'emprunter le bras séculier pour faire l'office de la foi, quand on craint que la foi ne soit impuissante à contenir les âmes ? Les seules armes légitimes pour protéger les vœux religieux, ce sont les peines ecclésiastiques, c'est le retranchement de la communion des fidèles, c'est la menace des châtiments de l'autre vie. La loi ne doit rien faire soit pour affaiblir ces armes, soit pour les empêcher de reconquérir leur force perdue; mais elle doit leur laisser leur caractère moral et ne pas y ajouter des interdictions civiles qui sont pour la foi un auxiliaire inutile et compromettant, et qui, substituées à la foi, ne sont qu'un empiétement tyrannique sur les droits de la conscience.

IX.

Si le droit naturel consacre en principe la perpétuité du mariage, s'il ne permet d'y déroger qu'à certaines conditions qui ne peuvent être fixées que par le droit positif, la liberté des époux reprend ses droits quand il ne s'agit que d'une séparation, qui n'est pas la dissolution de l'union conjugale, mais la suspension d'une partie de ses devoirs.

La séparation, quand elle n'a pas pour motif l'impossibilité morale de la vie commune à la suite de graves outrages, blesse assurément la conscience. C'est l'abandon des devoirs qui naissent du mariage, non-seulement des obligations réciproques des époux, mais de celles qu'ils ont à remplir en commun envers leurs enfants. Tous ceux qui peuvent parler au nom du sentiment ou de la conscience, les amis, les proches, les ministres de la religion, doivent user de toute leur influence, pour calmer les ressentiments, pour contenir les antipathies, pour conjurer une rupture funeste et sacrilége. Ils doivent invoquer la foi jurée, les intérêts sacrés de la famille, la loi de Dieu offensée dans ses prescriptions immuables, les lois humaines elles-mêmes violées dans leur esprit et dans leur principe. Mais, quelles que soient les garanties dont les institutions sociales aient entouré les devoirs du mariage, ces devoirs ne sauraient devenir l'objet direct de la contrainte légale. Ces soins indéfinis que les époux se doivent entre eux ou qu'ils doivent à leurs enfants ne peuvent être que volontaires. Si le cœur y répugne, si la volonté s'y refuse, on peut encore les exiger, à la rigueur, sous la forme d'une compensation pécuniaire ; mais on atteste par là même l'impossibilité de la vie conjugale. Les imposer directement et par la force, ce n'est plus qu'un esclavage, plus étranger à la fin morale de la famille que ne seraient les services forcés d'un esclave, chez qui l'on peut supposer du moins un lien d'affection et de dévoûment.

Quelle voie, en effet, est ouverte à un époux contre la résistance obstinée de l'autre époux ? L'appel aux châtiments légaux ? il ne peut être question que de l'emprisonnement ; car une amende frapperait, dans ses propres ressources, la famille tout entière. Or l'emprisonnement, c'est, par le fait, une interruption de cette vie commune que l'on prétend sauvegarder ; c'est, en même temps, un outrage dont le ressentiment ne rendra pas plus facile le rétablissement de la paix domestique. Le recours direct à la force de la part des époux eux-mêmes ? c'est la guerre civile au sein de ce petit royaume où tous les intérêts sont confondus et solidaires ; c'est la justification de ces violences matérielles qui, dans tout pays civilisé, suffisent à motiver une séparation ; c'est, en réalité, l'asservissement du plus faible au plus fort, de la femme à l'homme. Les devoirs positifs du mariage ne pèsent, en effet, de tout leur poids que sur la femme. L'homme s'en affranchit quand il le veut, sans recourir à la séparation. Sauf l'obligation de garder sa femme dans sa maison, où il peut, d'ailleurs, s'abstenir de tout rapport avec elle, il gagne, au maintien de la vie commune, une plus grande liberté dans l'administration de ses biens et dans la disposition de ses enfants. L'esclavage complet de la femme, voilà, au contraire, la conséquence logiquement nécessaire d'un régime qui prétendrait la retenir par force sous le joug conjugal ; et ce régime appellerait à sa suite, avec les sévices qui sont la sanction naturelle de l'esclavage, les abus les plus monstrueux. Ce qu'on appelle proprement le devoir conjugal, qu'est-ce autre chose, si la femme y est asservie, qu'un attentat odieux, le viol devenu légitime ?

Que la loi renonce donc, en fait de séparation, à d'imprudentes exigences, dont elle ne peut attendre aucun profit pour les intérêts mêmes qu'elle prétend protéger. Quelle est, en effet, la situation d'une famille, quand un des époux veut la séparation contre le gré de l'autre, sans avoir en main les armes que demande la loi, ou après que les tribunaux ont jugé ses griefs insuffisants ? D'un côté, des manœuvres odieuses en vue d'obtenir, quoi ? le bénéfice d'un outrage manifeste et susceptible d'une constatation juridique ; de l'autre, des efforts de patience, qui peuvent être l'effet d'un amour incurable, mais qui sont aisément suspects d'hypocrisie et de bassesse ; pour les enfants, enfin, témoins et victimes de cette lutte immorale, un état plus pénible et plus fâcheux que la séparation elle-même. Il n'est pas sans doute impossible que l'irritation se laisse à la fin désarmer ; mais il est infiniment plus probable que la patience se lassera tôt ou tard, soit pour fournir à la demande en séparation l'argument victorieux qu'elle attend, soit pour prendre l'initiative de cette demande, en présence d'épreuves intolérables. Puis, quand les cœurs se seront ainsi de plus en plus aigris, le scandale d'un long procès viendra encore s'ajouter à l'amertume de leurs ressentiments, et, lors même qu'ils seraient disposés plus tard à les abdiquer, dresser devant leur réconciliation le mur souvent infranchissable du respect humain.

Sans doute, la séparation pourra devenir plus fréquente, si la loi la reconnaît et l'accepte, en s'inclinant devant la seule volonté de l'époux qui la réclame ; mais elle échappera à tous ces préludes, qui ne la retardent souvent que pour accumuler et envenimer les griefs réciproques. Les passions, qui en sont le mobile, pourront s'apaiser avec le temps ; les justes sujets de plaintes, à mesure qu'ils apparaîtront dans le lointain, perdront nécessairement de leur force ; ils pourront peu à peu laisser place au regret de la vie de famille, au sentiment d'une situation fausse vis-à-vis du monde et de soi-même ; le moment pourra venir, enfin, où le principal obstacle à une réconciliation ne sera plus que la mauvaise honte, et cet obstacle sera d'autant moins puissant qu'il n'empruntera rien à l'éclat d'un débat judiciaire. Alors, si tous ceux que les liens du sang ou de l'affection attachent aux époux séparés s'entremettent pour lever ce dernier obstacle, si la religion fait entendre sa voix, au nom du Dieu qui pardonne, au nom de cette bénédiction divine qu'ils ont appelée eux-mêmes sur leur union ; si, enfin, des enfants, image vivante de cette personnalité commune qu'ils ont cherché à briser, les tiennent liés malgré eux, en continuant à les confondre dans leur respect et dans leur amour, qui oserait désespérer d'un rapprochement ?

Que si cet espoir est déçu, si toutes les tentatives de réconciliation ont échoué et que de nouvelles barrières se soient élevées entre les époux, la loi pourra accepter alors, après un certain délai et l'accomplissement de toutes les formalités que peut réclamer l'intérêt social, la triste nécessité du divorce. C'est encore le parti le moins dangereux entre le maintien forcé de la vie commune et les obligations intolérables et presque toujours éludées de la séparation ; et il vaut mieux se résigner à cette éventualité que d'enchaîner la liberté des époux par des entraves impuissantes et pleines de périls. Quant à la séparation elle-même, elle doit être considérée comme un acte de liberté qui peut être abusif, mais qui ne peut donner lieu à aucun recours légal. Qu'une femme quitte le domicile conjugal ou qu'elle en soit renvoyée par son mari, il n'appartient pas à la loi de les replacer, par voie de contrainte, sous le joug l'un de l'autre, et, tant qu'elle n'a pas à punir un acte d'infidélité ou de violence, elle ne doit intervenir que pour sauvegarder les intérêts qui cessent d'être placés sous la garantie de leurs devoirs communs.

Un premier intérêt est propre au mari : ce sont les conséquences de l'adultère de la femme, soustraite, par la séparation, à sa surveillance personnelle, et qui pourrait faire peser sur lui une paternité légale. Pour échapper à ce danger, sans recourir aux formalités judiciaires d'un désaveu, il ne serait pas nécessaire que la séparation fût prononcée par autorité de justice ; il suffirait qu'elle pût être constatée authentiquement, après qu'elle serait devenue un fait accompli.

D'autres intérêts sont communs aux deux époux : les uns matériels, ce sont leurs biens ; les autres moraux, ce sont leurs enfants. Le partage des biens ne souffre que des difficultés de forme, soit qu'il ait lieu à l'amiable, soit qu'on s'adresse aux tribunaux. Le partage des enfants est toujours une nécessité cruelle. Elle a toutefois cela d'heureux, que c'est la plus forte barrière contre les ressentiments, fondés ou non, qui réclament la division de la famille. Quand on n'est pas arrêté par cette nécessité, il peut quelquefois y avoir entente, soit qu'un époux dénaturé renonce de lui-même à ces malheureux gages d'une union brisée, soit que les deux époux se résignent à un compromis qui laisse à chacun d'eux une moitié de famille dans le naufrage des devoirs et des affections domestiques. Il appartient aux membres des deux familles, après avoir épuisé toutes les tentatives de conciliation, d'intervenir pour faciliter ces arrangements, et, du moment qu'ils sont régulièrement constatés, la loi doit leur reconnaître un caractère obligatoire. Quand cette intervention officieuse n'a pas abouti, quand l'accord n'a pas pu s'établir, il faut bien s'adresser à la justice publique, et par là nous entendons l'arbitrage souverain du jury, non pas pour prononcer la séparation elle-même, mais pour en peser les motifs, pour apprécier les griefs, et pour décider, en suite de cette enquête, s'il y a lieu de laisser d'un seul côté la responsabilité morale de l'éducation des enfants, ou si leurs intérêts, qui doivent passer avant tous les autres, peuvent se prêter à un partage.

En conférant ainsi au pouvoir judiciaire, ou plutôt aux représentants juridiques de la conscience, le droit de disposer, non de la destinée des époux, mais de celle des enfants, après une séparation, la loi opposera un frein suffisant, quoique indirect, aux entraînements capricieux ou coupables des époux eux-mêmes. La privation de ses enfants sera, en effet, le châtiment naturel et légitime de celui qui rejettera la vie commune sans de justes motifs, ou qui l'aura rendue impossible par la gravité de ses torts. Et, s'il se résignait aisément à rompre tous les liens domestiques pour s'affranchir de ses devoirs d'époux, qui pourrait regretter son éloignement d'une famille où il ne serait retenu par aucun sentiment d'affection ou de devoir ?

Quelle que soit, d'ailleurs, l'issue du procès, cette menace d'un débat public, qui porterait naturellement, non sur certains griefs déterminés par la loi, mais sur tous les reproches que peuvent avoir à se faire deux époux désunis, et par conséquent sur la vie conjugale tout entière, serait, sans contredit, une puissante barrière contre la tentation trop facilement accueillie d'une séparation. Toutefois, si la séparation ne doit pas aboutir au divorce, qui supprime toute chance de rapprochement, des arrangements amiables pris en famille, en dehors de tout arbitrage officiel, sont encore préférables. Les influences privées sont toujours plus efficaces que l'action de la loi, soit pour maintenir, soit pour rétablir la famille. Que la loi accepte donc la liberté avec ses périls, pour ne pas contrarier ses bienfaits : le mal qu'elle réussit à prévenir compense rarement le bien auquel elle met obstacle.

X.

L'union conjugale forme dans la famille une première société. Les rapports des enfants et des parents en constituent une seconde, qui doit se régler par les mêmes principes.

Nous avons fait reposer tout l'édifice de la famille sur les droits essentiels que les enfants ont en puissance, avant de pouvoir eux-mêmes en revendiquer l'exercice. Ces droits trouvent à la fois leur garantie et leur limite dans ceux que les parents tirent de leurs propres devoirs.

On a quelquefois résumé les devoirs de l'enfant dans la reconnaissance qu'il doit aux auteurs de ses jours. La reconnaissance n'est pas une obligation propre à la famille ; elle est due à tous nos bienfaiteurs, et des étrangers peuvent y avoir plus de titres que nos propres parents. Ceux-ci ont sur nous des droits bien plus puissants : nous leur devons un respect positif et une entière obéissance.

Le respect, dans les principes de Kant, est un sentiment *sui generis*, qui ne s'attache qu'à la loi morale [1]. Or, pour l'enfant qui ne peut par lui-même ni développer son intelligence ni cultiver les germes de moralité déposés dans ses instincts, sa loi, ce sont les commandements et les leçons de ses parents ; c'est de là qu'il doit recevoir toutes les inspirations qui le prépareront à faire son métier d'homme. Si ses parents l'égarent, s'ils ne savent pas l'initier au devoir, ils portent avant lui la responsabilité de son ignorance, de ses erreurs et de ses fautes. Incapable de se conduire, il doit voir en eux ses guides nécessaires, et le respect qu'il doit à la loi morale se reporte naturellement sur ceux qui en sont pour lui les premiers interprètes.

Ce respect doit durer toujours. Lorsque l'enfant est devenu un homme, qu'il comprend par lui-même ses devoirs et ses droits, et qu'il sent peut-être l'imperfection des préceptes qu'il a puisés dans sa famille, il doit encore, comme dans ses jeunes années, honorer son père et sa mère. Ils représentent ses premiers devoirs, l'autorité qui, pendant longtemps, a régné sur lui sans partage et qui n'a pas perdu tout droit sur son âme. Si la loi civile fixe à vingt et un ans la majorité du jeune homme, elle ne l'affranchit pas de toute dépendance, et surtout de toute déférence à l'égard de ceux qui l'ont mis au monde. Aucune loi, en effet, ne saurait marquer, dans la vie de l'homme, un moment précis où ses parents n'auraient plus à s'intéresser à cette vie qu'ils lui ont donnée, à ces facultés qu'ils ont formées, et où il aurait le droit de repousser leurs conseils dans l'usage qu'il fait de leurs dons.

Rien de plus funeste que les habitudes, les préjugés ou les passions qui tendent à affaiblir ce respect nécessaire. Quand des parents se sont imposé les plus pénibles sacrifices pour élever leurs enfants au-dessus de leur condition, ceux-ci, se sentant supérieurs par l'éducation, par le rang, par la considération, à

---

[1] *Critique de la raison pratique*, traduction de M. Barni, p. 245 et sqq.

ceux de qui ils tiennent la vie, ont de la peine à les avouer dans une société plus distinguée, où ils sont fiers de se voir admis ; ils évitent les occasions qui peuvent entretenir leurs rapports habituels avec eux ; ils fuient quelquefois leur ville natale, pour n'avoir pas à rougir de leur basse origine. Le monde les encourage en fait, lors même qu'il semble les désapprouver en principe. Malgré l'égalité dont nous nous piquons, dans la plupart des relations sociales et surtout dans les mariages la naissance est souvent un motif d'exclusion. « Quel dommage, dit-on communément en parlant d'un jeune homme qui s'est élevé par son mérite, qu'on ne puisse pas le séparer de ses parents ! Si encore ils habitaient loin de lui ! » Malheur à l'homme sur qui ces préjugés prennent trop d'empire! Cet ouvrier, ce paysan, en qui vous avez honte de reconnaître votre père, c'est votre loi vivante ; ces liens que vous dédaignez, auxquels vous vous dérobez par la fuite, sont les plus sacrés de tous ; c'est la base de la société, c'est la consécration de la famille : on détruit son autorité dès qu'on lui marchande le respect.

Le respect suppose l'obéissance. S'il faut que l'enfant tienne de ses parents le développement de son être, aussi bien que son être lui-même, il faut nécessairement qu'il se soumette à leur direction, qu'il se laisse conduire par leur volonté. L'enfant obéit d'abord comme d'instinct et par contrainte. Bientôt ce devoir d'obéissance, comme tous ses autres devoirs, dont il est la première forme, lui est révélé par l'éducation maternelle. On lui apprend qu'il doit se plier docilement aux ordres qu'on lui impose, avant qu'il comprenne bien clairement ce que c'est qu'une obligation. Enfin, sa conscience, en s'éveillant, lui fait sentir peu à peu sa dépendance envers ses parents et la nécessité morale de se soumettre à leurs lois. On lui explique alors, et une lumière intérieure, qui s'allume en lui à la voix de ses précepteurs naturels, lui fait comprendre d'elle-même que cette puissance visible qui dirige sa conduite n'est que l'image d'une puissance invisible, infiniment sage et bienfaisante, à laquelle il doit rapporter tous ses devoirs. Il commence à trouver dans sa raison naissante le principe de l'obligation qui l'assujettit à ces deux puissances. Sa soumission devient raisonnée et véritablement morale.

Entre ces deux autorités, dont l'une doit gouverner sa jeunesse, et dont l'autre règne sur toute sa vie, l'enfant, parvenu à l'âge de raison, doit faire une distinction essentielle. Ce n'est pas seulement un père tout-puissant qu'il doit voir en Dieu, mais une intelligence parfaite, une justice infaillible. Tout ordre moral, rapporté à Dieu comme à sa source, doit se concevoir en soi-même comme strictement obligatoire et comme parfaitement raisonnable. Les ordres qu'un enfant reçoit de ses parents n'ont pas besoin d'avoir ce caractère pour s'imposer à son obéissance. Sa raison ne lui apprend et sa conscience ne lui démontre que l'obligation générale d'y conformer sa conduite. Il n'a pas, en eux-mêmes, à les examiner, à en discuter la valeur : bons ou mauvais, il faut qu'il s'y soumette. S'il les approuve, il puisera dans cette approbation un nouveau motif de les suivre ; mais elle ne donnera pas une force nouvelle à l'obligation qui s'y attache. Si, en effet, l'enfant avait le droit de discuter la volonté de ses parents, il deviendrait lui-même le juge souverain de sa conduite ; il se dirigerait, en dernier ressort, par les lumières de sa raison ; il se suffirait à lui-même, il cesserait d'être un enfant.

Il y a donc pour l'enfant, au sein de la famille, une autorité suprême, à laquelle il doit obéir comme à celle de Dieu, et même plus aveuglément qu'au souverain législateur. La volonté paternelle est une volonté imparfaite, arbitraire, sujette à faillir, dont les ordres seront souvent déraisonnables ou injustes. En obéissant à Dieu, nous pouvons nous dire, avec un certain orgueil, que nous n'obéissons qu'à notre raison, tandis que l'enfant le plus éclairé doit souvent abdiquer les prétentions de sa raison pour se plier aux exigences de ses parents. C'est un gouvernement qui représente celui de Dieu, où l'autorité est aussi absolue, l'obéissance aussi obligatoire, mais avec les imperfections qui sont inséparables de l'exercice de toute puissance humaine.

Il n'y a qu'un cas possible où l'enfant ait le droit de refuser son obéissance. Ce n'est pas quand il est victime de la brutalité ou de l'injustice, c'est quand les ordres qu'on lui donne révoltent sa conscience, en l'obligeant à participer à une mauvaise action. Il ne puise, en effet, que dans sa conscience la conviction de ses devoirs envers son père et sa mère : la loi générale qu'elle lui impose de se soumettre à leur volonté ne saurait prévaloir contre la défense absolue de commettre une injustice. Mais sa résistance doit se borner à refuser son obéissance à un ordre particulier : il est obligé de subir toutes les conséquences de son insoumission ; le sentiment de son innocence ne lui donne pas le droit de se refuser au châtiment, quand ses juges naturels le déclarent coupable. Il doit même racheter sa désobéissance d'un moment par un redoublement de respect ; il doit éviter, en restant fidèle à sa conscience, tout ce qui pourrait affaiblir les droits essentiels des auteurs de sa vie, premiers guides de son âme. La famille n'est pas un État libre, où chaque citoyen, politiquement majeur, ne voit, dans le prince à qui il obéit, que son délégué, et, à certains égards, sa créature : c'est une monarchie de droit divin, où la résistance passive peut être permise, mais jamais un acte de révolte qui l'ébranlerait dans ses fondements.

XI.

Il vient pourtant un jour où l'enfant peut vouloir avec raison voler de ses propres ailes, user de son intelligence et de sa liberté, entrer en possession de tous les droits de l'homme. Dès lors, il faut prévoir la lutte entre deux prétentions rivales, entre deux droits contradictoires. Il est certain que le jeune homme qui non-seulement peut par son travail subvenir aux besoins de son corps, mais trouve dans sa conscience, dans sa raison, dans l'éducation qu'il a reçue ou qu'il s'est donnée à lui-même, les lumières nécessaires pour diriger sa conduite, a le droit d'agir par lui-même et de n'obéir en général qu'à la loi qui lui vient de Dieu, et à laquelle il se sent naturellement soumis. C'est la condition même de ses devoirs d'homme, c'est son titre au respect, c'est le principe de ses droits vis-à-vis des autres hommes ; bien plus, c'est la suite nécessaire de cette dépendance morale qui l'a jusqu'à ce jour assujetti à ses parents. S'il n'était pas une personne, s'il n'était pas appelé à en exercer les droits et à en remplir les devoirs, la loi qui oblige son père et sa mère à prendre soin de lui, et qui est le fondement de toute leur autorité, serait sans raison d'être.

D'un autre côté, il n'est pas moins certain que cette autorité sacrée ne peut tout à fait disparaître. Quand nous avons consacré notre vie à nos enfants, nous ne nous sommes pas préoccupés seulement des soins qu'exigeait leur première enfance, nous nous sommes représenté, avec un orgueil légitime, toute la suite de leur existence, et nous avons travaillé à la rendre heureuse et honorable, avec plus d'émulation, de persévérance et d'ardeur que s'il s'était agi de nos seuls intérêts. « Les enfants sont d'autres nous-mêmes ; ce sont, pour ainsi dire, des branches d'un même tronc, qui ne font qu'un tout avec lui ; c'est proprement ici une extension d'amour-propre [1]. » Or, quand le moment est venu de jouir de notre œuvre, d'y mettre la dernière main, de lui donner tous les développements qui peuvent nous récompenser de nos soins, voilà qu'elle nous échappe, qu'elle se donne à elle-même une autre direction, qu'elle renverse peut-être tout l'échafaudage si péniblement élevé par nous, et qu'elle nous laisse seuls, avec les privations que nous nous sommes imposées pour parer à nos dépens ces *autres nous-mêmes*, avec le vide irréparable que va faire dans nos âmes la triste vanité de cette *extension d'amour-propre !* N'est-ce pas une injustice qui choque la raison et qui révolte la conscience? N'est-ce pas décourager cette sollicitude infinie qui porte les parents à veiller sans relâche sur l'avenir de leurs enfants, même par delà le tombeau? N'est-ce pas ébranler leur autorité légitime, pour le temps même où elle doit exercer des droits transitoires et précaires?

D'ailleurs, le jeune homme qui réclame la pleine jouissance de sa responsabilité personnelle, quel que soit le développement que son âme a reçu en même temps que son corps, peut-il jamais se dire avec certitude qu'il se suffit tout à fait à lui-même, qu'il peut se passer de direction, qu'il a, pour se conduire, toute la sagesse nécessaire? Et, s'il a le sentiment de sa faiblesse, où trouvera-t-il des guides plus sûrs, des appuis plus naturels que ceux à qui il doit tout? « Je sais qu'il m'aurait été

---

[1] Burlamaqui, *Éléments du droit naturel*, Du mariage, § 111.

encore nécessaire dix ans et utile toute ma vie, » disait, en parlant de son père, l'auteur des *Provinciales*, parvenu à toute la maturité de son âge et de son génie [1].

Voilà donc deux droits qu'il faut concilier, qui doivent se limiter l'un l'autre sans pourtant se détruire. La plupart du temps, cette conciliation se fait naturellement, par un accord exprimé ou tacite. Le père fait peu à peu le sacrifice de quelques-uns de ses droits, et le fils, sans cesser de respecter ses parents et de s'appuyer sur leurs conseils, s'élève progressivement à cette indépendance dont il a le droit de jouir. Toutefois le bon accord, cimenté par l'affection et par la prudence, ne se réalise pas toujours. Même quand l'union subsiste dans les familles, quand chacun se montre empressé à éviter tout sujet de conflit, des luttes sérieuses sont toujours à craindre. Le législateur doit intervenir, non-seulement pour réprimer les désordres, les outrages et les violences, comme dans le mariage, mais pour poser des limites précises et des règles invariables. Dans le mariage, il y a deux droits qui se confondent par un lien tout ensemble volontaire et obligatoire. Au point de vue de la loi, il n'y a proprement qu'une seule personne ; aussi son intervention n'est nécessaire que lorsque ces deux droits, identifiés par le mariage, tendent à s'opposer l'un à l'autre, non par une séparation naturelle, mais par une rupture violente. Entre les enfants et les parents, le lien est destiné à se relâcher de lui-même ; les droits ne sont confondus que pour un temps ; ils doivent, tôt ou tard, sinon s'opposer, du moins se juxtaposer dans leur indépendance mutuelle. Il ne s'agit pas seulement d'une lutte coupable à prévenir, mais d'une juste distinction à consacrer légalement. C'est le droit du fils, moralement émancipé, de trouver dans la loi la reconnaissance positive de son émancipation. C'est aussi le droit des tiers. Il faut qu'ils puissent savoir quand ils sont en face d'un homme, entièrement responsable de ses actes, ou d'un mineur, dont les engagements sont sans valeur tant qu'ils n'ont pas reçu l'approbation de sa famille.

En réglant ce qui concerne l'émancipation et la majorité, le législateur ne peut s'appuyer sur des principes absolus. La raison

---

[1] Lettre sur la mort de M. Pascal le père

pure ne saurait marquer le jour précis et l'occasion particulière où l'autorité du père doit faire place à la libre responsabilité du fils. Il faut évidemment tenir compte d'une foule de circonstances qui varient suivant les pays, les époques, l'état des mœurs, et que l'expérience seule peut apprécier. Il faut même se résigner à des déterminations capricieuses dans leur généralité nécessaire. Voici un jeune homme qui, aujourd'hui, est en tutelle et qui, demain, sera majeur : sera-t-il donc demain différent de ce qu'il est aujourd'hui, pour qu'une aussi grande révolution s'accomplisse dans son existence?

Pour atténuer les inconvénients de l'arbitraire, sans enlever à la loi cette généralité qui est une des plus sûres garanties de la liberté des individus, le plus sage serait d'établir des degrés dans la majorité. Le passage sans transition de la tutelle absolue à l'émancipation complète a quelque chose qui répugne au bon sens et à la conscience. Nos lois, en fixant la majorité à vingt et un ans, permettent de la devancer pour les enrôlements volontaires, et elles la reculent, d'un autre côté, jusqu'à vingt-cinq ans pour le mariage des garçons. Nous croyons qu'il y aurait lieu d'indiquer d'autres cas, soit pour l'anticipation de la majorité, soit pour la prolongation de la minorité. Enfin, il est un pouvoir qu'il faudrait restituer aux parents, sinon dans toute sa plénitude, du moins dans une plus large mesure, comme la garantie matérielle de cette autorité morale dont ils ne doivent jamais être entièrement dépouillés : c'est celui de disposer librement de leur fortune, soit de leur vivant, soit après leur mort. Nous nous réservons de discuter ce point capital en traitant de la propriété.

XII.

La loi intervient civilement entre le père et le fils, au moment où l'unité de la famille est appelée à se briser pour faire place à deux personnalités distinctes, quoique toujours unies. Son intervention ne peut être que pénale tant qu'il n'y a qu'une seule responsabilité et, pour ainsi dire, qu'une seule personne. Vis-à-vis de la société, les parents ont le droit non-seulement de commander à leurs enfants, mais d'en disposer, sous certains rapports, sinon comme de leurs biens, du moins comme d'une partie d'eux-mêmes, et d'en défendre la possession contre tout empiétement. Les soins qu'exigent les enfants tiennent la volonté des parents assez asservie pour que ceux-ci aient le droit d'agir en maîtres à leur tour et de soumettre librement à leur direction souveraine cette existence dont ils sont responsables. Cette autorité absolue est la condition nécessaire de leurs obligations spéciales. Leurs droits sont compromis si une autre autorité peut s'immiscer dans l'exercice de leurs devoirs. Devant les autres hommes, sinon devant Dieu, leurs droits peuvent aller jusqu'à violer leurs devoirs, jusqu'à manquer à cette sollicitude affectueuse qu'ils doivent à leurs enfants. Ils ne sont pas vraiment libres, s'il ne leur est jamais permis de se tromper, et si des lois trop prudentes prétendent leur ôter la possibilité de mal faire.

Faut-il cependant souffrir tous les excès d'un pouvoir dénaturé ? Faut-il laisser sans défense cette faible créature qui n'a d'autres armes que ses cris, souvent étouffés par la compression ou par la terreur ? Le droit du père va-t-il jusqu'à tuer son enfant, comme l'entendent les législations barbares? jusqu'à le mettre en vente, comme l'entendait le droit romain et comme l'ont entendu presque tous les traités de droit naturel jusqu'au XVIIIe siècle ? N'oublions pas que l'enfant a des droits en puissance qui intéressent la société tout entière. Ces droits sont absorbés dans ceux de ses parents, et, jusqu'à sa majorité, la loi n'a pas à les en séparer par des distinctions civiles ; mais, quand le père traite comme sa chose cette portion sacrée de sa personne morale, quand le droit se tourne ainsi contre lui-même, c'est proprement le suicide de la famille, c'est un véritable crime, qui appelle une répression pénale. Le père n'est plus protégé par son caractère de père, quand il ne voit dans la créature humaine, dans l'être moral qui lui est confié, qu'un instrument à exploiter ou à briser à son gré ; il se place, par son attentat, en dehors de la famille dont il est le chef, et c'est au nom de la famille elle-même que le châtiment doit l'atteindre.

Du reste, même en droit pénal, où il ne s'agit pas de mesures préventives, toujours plus ou moins arbitraires, mais de la juste expiation d'un crime avéré, la détermination des règles à suivre est encore fort délicate. Le droit de répression n'est que trop évident, en présence d'un de ces crimes odieux qui sont la destruction même de la famille, comme le meurtre, la vente ou la prostitution de l'enfant ; mais, au-dessous de ces outrages à la nature, combien d'excès qu'il faut supporter, si l'on veut que l'autorité paternelle garde toute sa force ! En se montrant trop zélée pour empêcher le mal, la société est bientôt entraînée à s'attribuer une partie de la responsabilité des parents, à veiller elle-même sur les enfants, à pourvoir à leur entretien et à leur éducation, et la famille, réduite à des fonctions subalternes, n'a plus de raison d'être.

Pour garder un juste milieu, il y a mille nuances à observer qui défient toute formule générale. Il faut tenir compte des caractères, des usages, du milieu social dans lequel vit la famille. Ainsi, le moraliste peut condamner en principe les châtiments corporels : le législateur les proscrira-t-il ? Malgré l'adoucissement progressif de nos mœurs, je connais un grand nombre de parents, parmi les classes élevées, aussi bien que dans les basses régions de la société, qui ne sauraient s'en passer. A moins de supprimer leur droit en vous mettant à leur place, et je doute que les enfants eussent à y gagner, serait-il sage de briser entre leurs mains une arme protectrice qu'ils jugent indispensable ? Que sera-ce donc quand on voudra réprimer, non des violences matérielles, mais des excès et des négligences qui appartiennent à l'ordre moral ? Qu'un père batte son enfant sans autre motif qu'un caprice ou un accès de colère, si vous êtes témoin du fait, votre intervention pourra être légitime ; vous pourrez, sans usurpation, arracher la victime des mains de son bourreau et dénoncer celui-ci à la vindicte publique. Et pourtant, même dans ce cas, à moins de sévices graves et habituels, je ne sais s'il n'y aurait pas plus de dangers que d'avantages à décapiter la famille en frappant d'une amende ou d'une peine corporelle ce père dénaturé. Que le même père élève mal son enfant, qu'il lui laisse contracter des habitudes vicieuses, qu'il ne prenne aucun souci de sa dépravation précoce, vous pourrez sans doute lui témoigner votre indignation, lui adresser les plus vifs reproches ; mais auriez-vous le droit d'arracher à son influence cette âme qu'il laisse corrompre, comme vous lui enleviez tout à l'heure ce corps qu'il accablait de coups ? Il est permis d'en douter. Dans le premier cas, il s'agissait d'un fait palpable, dont tout le monde peut être juge. L'éducation morale est quelque chose de plus délicat; une foule de circonstances peuvent la modifier; elle dépend non-seulement du caractère des parents, mais de l'humeur, des instincts, des dispositions des enfants; c'est le plus souvent une affaire de prudence et d'expérience, que l'on ne peut apprécier qu'avec des ménagements infinis. L'honnête homme peut donner des conseils, le prêtre peut y joindre des menaces au nom de Dieu : la contrainte, qui, dans tous les cas, ne peut s'exercer qu'au nom de la loi, est toujours périlleuse. Si, tout à l'heure, la loi devait hésiter à punir des faits matériels, qui sont proprement de son domaine, avec quelle réserve, avec quelles précautions ne doit-elle pas toucher à la vie morale, qui, par elle-même, n'est pas de son ressort! Et ici, comme pour le mariage, combien ne doit-elle pas craindre de s'ingérer dans le gouvernement de cette petite société, qui lui est antérieure, et à certains égards supérieure? La loi ne veille directement que sur les corps; elle ne représente que le pouvoir temporel : la famille a charge d'âmes; l'ordre temporel et l'ordre spirituel se confondent dans sa souveraineté.

Ce serait ici le lieu de discuter ce prétendu droit que de nombreux publicistes, et même certaines législations, reconnaissent à l'État, de frapper d'une peine non-seulement la mauvaise éducation, mais l'absence d'instruction, quand elle peut être imputable à la négligence des parents. Mais cette discussion trouvera plus naturellement sa place dans le chapitre suivant, où nous traitons de la liberté d'enseignement.

XIII.

Nous n'aimons pas, nous l'avouons, pour les excès qui troublent la famille, la répression légale confiée aux tribunaux. La loi est trop générale et trop inflexible; ses interprètes habituels sont astreints à des formes trop rigoureuses. Il ne faut ici que le jugement de la conscience, qui ne tient compte que des faits particuliers et de la désapprobation ou de l'excuse qu'ils rencontrent dans une âme honnête, en dehors de toute règle abstraite et précise. Puis il y a dans la puissance publique directement exercée une force trop grande et trop redoutable pour qu'elle doive, à moins d'une nécessité urgente, se dresser en face de cette autorité si fragile, et pourtant si absolue et si sacrée, qui réside dans la famille. Ses arrêts pourront faire trembler les méchants : ils pourront aussi effrayer les bons, les faire hésiter dans la revendication et le maintien de leurs droits, et compromettre ainsi l'ordre social dans son fondement naturel. Il vaut mieux, pour réprimer tout excès répréhensible de la part des chefs de la famille, un tribunal plus rapproché d'eux-mêmes, plus porté à se mettre à leur place, à partager, jusqu'à un certain point, leurs préjugés et leurs erreurs. Ce serait, nous le croyons, la fonction légitime du conseil de famille, que le législateur a placé, après la mort d'un des parents, auprès du parent survivant ou de tout autre tuteur, pour contrôler l'exercice de son autorité et, au besoin, pour en réprimer les abus. Sans attendre que la mort ait fait des vides dans la famille, ce conseil pourrait exercer une première juridiction sur tous ses membres, non-seulement au point de vue répressif, mais au point de vue purement civil ; non-seulement dans les rapports entre les parents et les enfants, mais dans ceux des époux eux-mêmes. Il y aurait lieu de lui déférer les questions d'éducation, de choix d'une profession, de mariage, de séparation, de divorce, et même les cas moins graves, quoique toujours périlleux, où un désaccord quelconque peut se produire entre les droits, les devoirs ou les volontés dont la bonne harmonie est le lien le plus sûr de la société domestique. Ses décisions n'auraient sans doute qu'un caractère conciliant ; ce ne seraient pas des arrêts, mais des avis. Elles seraient toutefois d'un grand poids, et, la plupart du temps, elles suffiraient pour empêcher le mal, sans présenter les dangers d'une intervention judiciaire [1].

Enfin, s'il fallait recourir à la justice publique, la seule juridiction compétente, nous n'avons plus à le démontrer, dans l'ordre

---

[1] Sur cette extension à donner aux attributions des conseils de famille, de même que sur tant d'autres points, nous sommes heureux de nous rencontrer avec M. Jules Simon (*De la liberté*, t. I, p. 245 et sqq., édition in-12). C'est aussi l'opinion de M. Legouvé (*Histoire morale des femmes*), et nous regrettons qu'elle ait trouvé un contradicteur dans M. Laboulaye (*De la liberté religieuse*, p. 415).

civil comme dans l'ordre pénal, c'est celle du jury. Le jury se compose de simples particuliers, non de magistrats ; il juge au nom de la conscience, sans tenir compte de la loi ; il incline, du moins ses adversaires le lui reprochent, plutôt vers l'indulgence que vers la sévérité : pour toutes ces raisons, il est par excellence le juge de l'ordre moral, et particulièrement le juge de la famille.

CHAPITRE III.

LA LIBERTÉ D'ENSEIGNEMENT.

> Dans une société bien ordonnée, tout invite les hommes à cultiver leurs moyens naturels. Sans qu'on s'en mêle, l'éducation sera bonne : elle sera même d'autant meilleure qu'on aura plus laissé à faire à l'industrie des maîtres et à l'émulation des élèves.
> MIRABEAU.

ARGUMENT.

I. La liberté d'enseignement considérée : 1° comme la forme la plus générale de la liberté de penser ;
II. 2° Comme la condition de toutes les libertés de l'ordre pratique.
III. Ses vicissitudes. — Indifférence constante dont elle a été l'objet.
IV. Explication de cette indifférence. — Nécessité d'y remédier.
V. Droits de la société religieuse sur l'enseignement.
VI. Droits de l'État : surveillance.
VII. A quel point de vue la surveillance des doctrines peut rentrer dans les attributions de l'État.
VIII. Indépendance légitime de la science : 1° dans l'ordre religieux ;
IX. 2° Dans l'ordre politique ;
X. 3° Dans l'ordre moral.
XI. Droit illimité de l'enseignement sur toutes les questions morales ou sociales.
XII. Les examens publics. — Dans quels cas ils peuvent être obligatoires.
XIII. Des examens et des grades exigés pour l'enseignement libre.
XIV. Les certificats d'études : motifs qui doivent les faire repousser.
XV. L'enseignement primaire peut-il être obligatoire ?
XVI. L'enseignement public ou l'enseignement donné aux frais de l'État. — Sa légitimité.
XVII. L'enseignement public doit-il être gratuit ?
XVIII. La liberté d'enseignement dans les écoles publiques.
XIX. Les universités. — Indépendance dont elles doivent jouir. — L'Université de France ; sa période de liberté (1828 à 1846).

I.

Toutes les libertés forment un chœur harmonieux comme celui des Muses; toutes se rattachent aux droits de la famille par la liberté d'enseignement.

La fonction essentielle de la famille et, pour ainsi dire, son unique raison d'être, c'est l'éducation des enfants. Les parents ont le devoir, et par conséquent le droit de diriger comme ils l'entendent le développement physique, intellectuel et moral des créatures humaines auxquelles ils ont donné la vie, sauf à répondre devant Dieu et, dans certains cas, devant les hommes, de l'accomplissement du premier et de l'exercice du second. En confiant à des mains étrangères le soin de compléter leur tâche, ils ne renoncent ni à leur devoir ni à leur droit; seulement celui-ci se résume dans le libre choix des maîtres, celui-là dans la surveillance exercée sur eux. Or, le choix n'est vraiment libre que si l'enseignement lui-même jouit d'une entière liberté, si toutes les méthodes, toutes les opinions, tous les systèmes, peuvent se produire au grand jour et se discuter sans entraves. La surveillance, de son côté, n'est efficace que si elle a pour sanction la faculté de remplacer les maîtres contre lesquels on croit avoir de justes sujets de plainte. Or, cette faculté demande évidemment la même latitude que le choix primitif; elle ne s'exerce avec une pleine indépendance que si le champ le plus libre est laissé à toutes les formes d'instruction. Les devoirs, comme les droits de la famille, ont donc pour condition nécessaire la liberté légale de l'enseignement.

Si les parents ont le droit d'élever ou de faire élever leurs enfants à leur gré, c'est seulement en vue d'en faire des hommes, capables de penser et d'agir par eux-mêmes. Cette première éducation, imposée nécessairement au jeune homme, n'est qu'une préparation à celle qu'il se donnera librement à lui-même. Un moment viendra où il aura le devoir de se rendre compte des sensations, des idées, des croyances qui ont donné le pli à son âme, sans la façonner irrévocablement, et, soit qu'il les conserve, soit qu'il les transforme, soit qu'il prétende s'en défaire entièrement, elles ne resteront pour lui que le point de départ d'un développement plus personnel. Comme condition de ce devoir, il faut qu'il ait le droit de puiser librement à toutes les sources d'instruction, sans que des obstacles légaux viennent s'ajouter à ceux qu'il peut trouver dans l'infériorité de son intelligence ou de sa fortune. L'éducation de l'âme commence dans la famille ; elle se continue toute la vie au sein de la société, et, partout, elle réclame la même indépendance, d'abord dans l'intérêt du père qui en a seul toute la responsabilité, puis dans celui du fils, dès qu'il peut prendre en main la direction morale de sa vie ; enfin dans celui de tous les individus qui, par leurs travaux, par leurs discours ou par leurs écrits, offrent à l'un et à l'autre des secours intellectuels ; elle réclame, en un mot, la liberté pleine et entière de la pensée.

La liberté d'enseignement embrasse tout le cercle des connaissances humaines. La liberté religieuse est une de ses formes, car la prédication n'est qu'un enseignement. Père de famille, j'ai le droit de faire élever mes enfants suivant ma foi ; homme fait, j'ai le droit de comparer les croyances dans lesquelles j'ai été nourri avec les autres croyances. Il faut donc que rien ne fasse obstacle à l'instruction religieuse, et par conséquent à la discussion des dogmes et au prosélytisme des Églises. La liberté de la presse est aussi une forme dérivée de la liberté d'enseignement. Enseigner, c'est manifester sa pensée et la répandre. La parole du maître, la parole vivante, est assurément le moyen le plus efficace ; l'écriture, multipliée par la presse, est le plus étendu et le plus rapide. L'un et l'autre sont également légitimes. Qu'il s'agisse de science ou de religion, toute idée a le droit de se produire et de circuler librement par toutes les voies qui lui sont ouvertes. La persécution religieuse est un attentat contre la conscience ; la persécution scientifique serait, sinon plus odieuse, du moins plus insensée, car il n'y a point pour la science pure d'autorité infaillible ni de dogmes immuables. La science est faite pour le progrès, pour des conquêtes successives achetées au prix de combats incessants, où la victoire n'est décisive que si tous les partis ont pu se mesurer sur le champ de bataille, en déployant toutes leurs forces. Dans ces luttes d'opinions et de doctrines, la vérité elle-même est intéressée à laisser l'erreur se manifester, non-seulement pour la réfuter plus sûrement, mais pour la faire servir à ses progrès : elle voit souvent, dans les idées plus ou moins erronées qui s'élèvent contre elle, des auxiliaires en même temps que des adversaires. L'esprit humain ne marche qu'à la condition de tomber quelquefois. Un faux pas peut être un pas en avant ; le système le plus faux peut être un effort louable pour élargir le champ trop étroit dans lequel s'est jusqu'alors renfermée la science. Il faut le combattre sans l'étouffer, sans fermer la voie aux idées neuves et fécondes qu'il peut recéler ou dont il peut provoquer l'éclosion. Le plus grand danger pour l'intelligence, ce n'est pas l'erreur, c'est l'immobilité.

La liberté est le droit de la science ; c'est aussi le droit de ceux qui l'enseignent. Si mes idées sont bonnes, il est juste que j'en puisse faire profiter les autres ; si elles sont mauvaises, il est juste que je puisse m'éclairer en les communiquant, en appelant sur elles la contradiction et la discussion. Dans tous les cas, le dévoûment que la science exige de ses adeptes suppose une complète indépendance. Quand je lui consacre tous mes efforts, quand, surtout, je fais de son enseignement ma profession et ma carrière, je ne puis promettre qu'une chose à moi-même et aux autres : c'est que je chercherai la vérité avec un zèle infatigable. L'homme la poursuit, Dieu seul la donne. Quelquefois elle se dérobe à ses amants les plus fidèles, pour se révéler tout à coup à des yeux indifférents. Moïse conduit pendant quarante ans les Israélites à la recherche de la terre promise : ce n'est pas à lui qu'il est donné d'y entrer, ni même de l'entrevoir. Et ce n'est rien encore que d'errer dans le désert, quand on le reconnaît pour ce qu'il est, quand on sait qu'on est encore loin du but : combien, par l'effet du mirage, prennent le désert lui-même pour la terre promise ! Au milieu de tous ces mécomptes, l'ardeur du savant ne se ralentit pas, tant qu'il se sent libre dans la recherche de la vérité, tant qu'un empêchement matériel ne vient pas l'arrêter, tant qu'une loi trop prévoyante ne prétend pas couper les ailes à ses espérances. Le découragement commence avec les entraves légales. Vous me fermez l'entrée de la carrière, si les doctrines que vous m'imposez ou dont vous me défendez de m'écarter ne sont pas les miennes ; je ne m'y engage qu'en tremblant, lors même que je partage ces doctrines : sais-je si demain ma conscience me permettra de les professer? La culture et même la diffusion de la science ne sont pas, sans doute, renfermées dans les écoles. Mais, lors même que la loi ne prétend enchaîner que l'enseignement proprement dit, l'enseignement par la parole, s'adressant à la jeunesse, elle interdit, par le fait, au savant indépendant la profession la plus digne de lui, la plus conforme à ses devoirs, celle qui lui offre la récompense la mieux proportionnée à ses efforts. Ne serait-il pas étrange d'établir une sorte d'incompatibilité entre la recherche et l'enseignement de la vérité, et de poser implicitement en principe qu'il ne sera permis d'enseigner qu'à la condition de ne pas penser?

Je n'ignore pas que la liberté du professeur ne sera jamais entière. Il devra toujours compter avec les opinions des familles, s'il se charge d'instruire l'enfance, avec celles des jeunes gens eux-mêmes, s'il peut les appeler directement à ses leçons. C'est une contrainte inévitable, et généralement salutaire; car elle détourne les maîtres de la jeunesse de ces opinions singulières qui n'ont souvent d'autre attrait pour l'esprit que leur singularité même. Il peut se faire, sans doute, qu'un seul homme ait raison contre tout le monde, et la sincérité des convictions ne laisse pas que de courir des risques, quand on trouve son intérêt dans l'adhésion au sentiment du plus grand nombre. Mais le danger serait peu à craindre sous un régime de liberté : il faudrait qu'une opinion fût bien déraisonnable ou, ce qui reviendrait presque au même, bien en avant de l'état des esprits, pour que sa propagation ne rencontrât partout que l'hostilité ou l'indifférence. Quelque avantage qu'on trouve, d'ailleurs, dans l'appui des gros bataillons, les minorités sont toujours plus compactes, plus zélées pour leurs doctrines, plus disposées à soutenir de tous leurs efforts ceux qui s'en font les interprètes et les propagateurs. Dans tous les cas, la résistance des familles et des individus aux doctrines paradoxales est dans la force des choses et dans la logique du droit : la contrainte légale serait seule une exigence arbitraire et tyrannique.

II.

L'instruction n'est pas seulement la culture de l'esprit, c'est le développement de l'homme tout entier, la formation d'un être raisonnable et libre, capable de se gouverner lui-même et d'affronter sans timidité, comme sans présomption, toutes les épreuves de la vie. On fait une distinction frivole entre l'instruction et l'éducation. Le désir de savoir ne peut être satisfait sans que l'âme s'élève, sans qu'elle acquière le sentiment de sa dignité, sans qu'elle éprouve un besoin impérieux d'indépendance qui lui rend insupportable toute contrainte que n'avoue pas la raison. L'ignorance a toujours été considérée comme le plus sûr soutien de l'esclavage, de l'oppression politique et de toutes les inégalités sociales. La culture de l'esprit éveille l'amour de la liberté, et, d'un autre côté, la liberté, sous toutes ses formes, est elle-même un puissant moyen d'instruction. « L'homme se développe d'autant mieux qu'il dispose davantage de lui-même, » dit Guillaume de Humboldt [1]. On ne sent pas le prix de la science et on ne lui offre qu'un champ stérile, quand on est habitué à se courber sous la volonté d'un maître, et à tout attendre de son initiative et de sa direction. « C'est la liberté seule, dit un poëte anglais, qui donne à la fleur de cette vie flottante son lustre et son parfum, et nous ne sommes, sans elle, que des herbes stériles. Toute contrainte, excepté celle que la sagesse impose aux méchants, est mauvaise; elle blesse les facultés; elle entrave leurs progrès sur la route de la science; elle aveugle l'esprit de découverte; elle engendre, chez ceux qui la supportent, une âme sordide et bestiale, une maigre intelligence, indigne de résider dans la noble forme de l'homme [2]. »

Toutes les libertés de l'ordre pratique, aussi bien que la liberté de penser, viennent donc se grouper autour de la liberté d'enseignement. L'enseignement doit être, pour ceux qui le reçoivent, l'apprentissage de la liberté; il doit reposer, chez ceux qui le dispensent, sur le sentiment, sur l'habitude, sur la jouissance effective de la liberté. Des esclaves ne peuvent former que des esclaves. On ne peut inspirer le goût de la science, si on ne l'a pas cultivée soi-même avec indépendance, dans toutes les conditions morales et physiques propres à assurer le libre développement de l'esprit,

---

[1] Ideen zu einem Versuch die Grœnzen der Wirksamkeit des Staats zu bestimmen, § IV.
[2] Cowper, *The task*, c. V.

et si on se borne à la transmettre comme une routine et pour faire son métier. On ne prépare pas les âmes à penser et à se décider par elles-mêmes, quand on est forcé de chercher ailleurs que dans sa conscience la règle de ses opinions et de ses actions. Enfin, on n'exerce pas sur elles une influence vraiment efficace, si on n'a pas l'autorité que peut seul donner le sentiment de la dignité personnelle, et si la supériorité du savoir s'efface derrière la dépendance de la position. « Des directeurs, des professeurs de lycée sont des magistrats importants, écrivait Napoléon à M. de Fontanes, en organisant l'Université ; ils marchent le front levé avec les parents, dont ils sont les égaux. Ils n'ont point devant eux une contenance de salariés ; ils n'assujettissent pas leurs principes aux caprices et à la mode; ils ne sont pas obligés à de puériles et fâcheuses condescendances ; ils peuvent faire tout le bien qu'ils sont appelés à produire. » Cette indépendance que les magistrats de l'enseignement doivent garder vis-à-vis des familles ne leur est pas moins nécessaire vis-à-vis de l'État lui-même. Les exigences d'un père de famille ne sont que des prétentions individuelles, auxquelles on a le droit d'opposer ses propres prétentions, et que l'on ne subit qu'en vertu d'un contrat librement débattu. Avec l'État, il n'y a plus cette garantie d'un libre contrat, sous la loi d'une libre concurrence ; les conditions qu'il impose à la profession de l'enseignement, il faut s'y plier ou chercher une autre profession. On est obligé quelquefois, pour plaire à certains parents, de se prêter à de puériles condescendances : l'expérience a prouvé qu'on n'est pas toujours affranchi vis-à-vis de l'État de condescendances de ce genre ; heureux quand son inquisition se borne à régler certaines démarches extérieures, sans s'étendre à tous les actes de la vie !

Lorsqu'on dépend du public, l'intérêt, le besoin quelquefois, peuvent engager à d'indignes complaisances; mais, en général, il faut autant les imputer à la faiblesse de ceux qui s'y résignent qu'à la vanité inintelligente de ceux qui les imposent. On réussit toujours à se faire respecter, si l'on se respecte soi-même. Le salaire qu'on reçoit n'est que l'équivalent d'un service rendu, et, s'il s'agit d'instruction, d'un service inestimable. Le besoin est réciproque, et si l'on est obligé de ménager ceux de qui l'on attend ses moyens de subsistance, ils n'ont pas moins de ménagements à garder envers celui qui donne à leurs enfants le pain de la science. L'avocat et le médecin obtiennent aisément le respect de leurs clients sans être couverts par le patronage de l'État : pourquoi en serait-il autrement du professeur ? Ses services ne sont ni moins nécessaires ni d'un ordre moins élevé, et il faudrait désespérer du bon sens d'un père de famille qui ne comprendrait pas qu'il est de son intérêt de ne confier l'âme de son enfant qu'à des maîtres non-seulement instruits, mais soucieux de leur dignité.

Les intérêts et les droits sont les mêmes pour le père de famille et pour celui qui le supplée dans l'éducation de ses enfants. Ils se doivent un égal respect, et, en associant leurs efforts, ils ont un égal intérêt à sauvegarder leur indépendance mutuelle. Ils compromettent leur mission commune, s'ils appellent l'État à régler leurs rapports, s'ils remettent entre ses mains, l'un la liberté de son choix, l'autre la liberté de son enseignement. Ils ne la compromettent pas moins s'ils laissent envahir par la puissance publique le domaine de leur vie privée. La liberté générale du professeur ne doit pas souffrir d'autres entraves que celles qui seraient justifiées à l'égard du père de famille, dont il est le délégué. La liberté du père de famille doit recevoir toute l'extension compatible avec la sécurité d'autrui. Les libertés qu'on peut appeler pratiques, la liberté individuelle, la liberté du travail, la liberté du commerce, ne sont pas seulement précieuses pour elles-mêmes et pour les devoirs dont elles sont la garantie, mais comme les auxiliaires naturels et nécessaires d'une éducation libérale.

La première éducation, et généralement la plus efficace, est celle de la famille. L'enseignement extérieur ne la modifie qu'en partie, et il ne la complète qu'en vertu du choix des parents et sous leur responsabilité. C'est la famille qui dépose dans l'âme de l'enfant les germes d'où sortira l'homme fait : germes de liberté, s'ils sont semés par une main libre; germes de servitude, si c'est par une main servile. Celui qui ne sait pas compter sur lui-même pour la satisfaction de ses besoins physiques ou moraux, pour l'exercice de sa profession, pour la direction générale de sa vie, ne donnera pas à ses enfants des habitudes d'indépendance. Il ne leur apprendra pas à sentir, à parler, à agir en hommes, s'il ne se sent pas maître de ses sentiments, de son langage et de tous ses actes. Il n'attachera aucun prix à la fermeté et à la dignité du caractère chez les maîtres qu'il charge de les instruire à sa place, si son propre caractère s'est formé sous l'influence d'une législation oppressive, qui fait dépendre toutes les libertés du bon plaisir de ceux qui gouvernent, ou qui ne les garantit en principe que pour les étouffer sous des règlements arbitraires et minutieux. La liberté, dans le sens le plus général, est à la fois l'instrument et le but d'une bonne éducation. Toute entrave inutile qu'elle supporte dans le présent atteint, dans l'avenir, l'esprit et le caractère des générations nouvelles.

III.

Les libertés ont leurs destinées. Toutes ces libertés physiques ou morales, pratiques ou spéculatives, que nous avons associées à la liberté d'enseignement, et qu'elle embrasse en quelque sorte dans son sein, comptent des siècles de luttes et de progrès. Toutes attendent, il est vrai, leur consécration complète et définitive. Chez les peuples les plus civilisés, il y a encore des entraves à l'exercice d'un grand nombre de professions, à la pratique des devoirs du culte, à la propagation de la pensée par la parole ou par la presse; il y a encore des esclaves et des partisans de l'esclavage! Mais ces restes d'une oppression séculaire n'ont jamais rencontré l'indifférence; ils subsistent au sein des sociétés modernes, comme des ruines informes, sans cesse battues en brèche et toujours vainement réparées, qui gardent la trace des assauts continuels qu'elles ont reçus et du sang généreux dont elles ont été constamment arrosées. Seule la liberté spéciale de l'enseignement, c'est-à-dire la liberté des familles dans le choix des maîtres à qui elles confient une partie de leur tâche, et des maîtres eux-mêmes dans le choix de leurs doctrines et de leurs méthodes, n'a, pour ainsi dire, point d'histoire; elle n'a soutenu que des luttes mesquines et souvent sans bonne foi, au milieu de l'indifférence générale; les temps modernes l'ont vue reculer plutôt qu'avancer, et les progrès qu'elle a faits de nos jours sont loin de lui avoir fait regagner le terrain qu'elle avait perdu depuis l'antiquité.

L'enseignement est entièrement libre dans les États anciens. Point de corps de professeurs institués par l'État et investis du droit exclusif d'instruire la jeunesse. Point de mesures préventives : ni examens, ni grades, ni brevets de capacité, ni autorisation préalable, ni inspection spéciale. Des peines souvent énormes, des condamnations souvent iniques, témoin Socrate, pour ceux qui sont accusés de corrompre la jeunesse ; mais la répression la plus injuste et la plus violente est elle-même la reconnaissance et la confirmation du droit. Les philosophes seuls, dans leurs républiques imaginaires, réclament pour l'État le droit d'organiser l'enseignement et de le retenir entre ses mains pour façonner tous les esprits dans un même moule et faire circuler partout la même pensée. Ces prétentions trouvent peu de faveur jusqu'aux derniers temps de l'empire romain, moins, il faut bien le dire, par un excès de tolérance que par suite du peu d'intérêt que l'on semble prendre aux études : l'État ne fait bon marché de ses droits que parce qu'il fait également bon marché de ses devoirs.

Avec la centralisation impériale, on voit poindre un commencement d'organisation. Il eût été bien étrange, en effet, que cette administration savante dont l'Empire a donné le modèle, plus durable que sa puissance, eût laissé l'enseignement en dehors de son action. C'est le propre de la centralisation d'être insatiable de sa nature, de tout envahir lentement et sans bruit. Les codes impériaux mentionnent des écoles publiques établies dans la plupart des villes, des examens, des corporations de professeurs nommés par l'État, payés par lui, inspectés par lui. Ce n'est pourtant que sous les empereurs chrétiens, quand la lutte entre les deux religions devint plus ardente en approchant de sa fin, que l'inspection se changea en une surveillance inquiète et jalouse, qui aboutit à la suppression de la plupart des écoles, considérées comme les asiles du paganisme expirant [1].

---

[1] *L'Enseignement au moyen âge et les facultés des lettres*, discours prononcé à la séance de rentrée des facultés de l'académie d'Aix, par M. Ouvré, professeur d'histoire à la faculté des lettres d'Aix, 1862. J'em-

Sous la domination de l'Église chrétienne commence véritablement la réglementation de l'enseignement. L'Église y avait un double intérêt. Dépositaire d'une doctrine inflexible, elle devait veiller avec un soin jaloux sur tout ce qui pouvait en altérer la pureté, et il était naturel qu'elle cherchât à retenir sous sa direction, ou du moins sous sa surveillance, toutes les manifestations de la pensée. D'un autre côté, appelée à prêcher le dogme, à l'interpréter, à le défendre contre toutes les objections, elle avait besoin de maintenir non-seulement dans son sein, mais dans la société, où elle se recrutait, le dépôt des sciences. Elle sentit surtout ce besoin, et elle y fit face avec un zèle dont on ne saurait lui garder trop de reconnaissance, quand, après l'invasion des barbares et le naufrage de toutes les institutions antiques, elle resta le seul asile des lumières. Toute école, au moyen âge, a un caractère plus ou moins ecclésiastique. L'enseignement renaît à l'ombre des cloîtres, sous le contrôle et au service de la théologie, et, grâce à ce vasselage nécessaire, qui est une protection avant d'être une entrave, il étend peu à peu son domaine : les écoles se multiplient et se groupent ; elles deviennent les *Universités*.

Dans les institutions du moyen âge, l'État est associé à toutes les fondations de l'Église. Il les encourage de ses dons, il les protége de son glaive, il cherche aussi à se les approprier, à en faire les instruments de sa puissance. Filles de l'Église, les universités ne représentent pas seulement l'intérêt religieux : la civilisation, la prospérité, le repos des peuples dépendent de la direction qu'elles donnent à la jeunesse. Les princes, qui, dans l'ordre spirituel lui-même, souffrent si difficilement l'indépendance de l'Église, ne pouvaient donc, sans abdiquer entre ses mains l'ordre temporel tout entier, lui abandonner le soin et le droit exclusifs de distribuer l'instruction. Cependant la dépendance mutuelle des sciences humaines et des sciences divines est si bien établie au moyen âge, qu'on ne voit nulle part la puissance civile opposer aux écoles cléricales des écoles purement laïques. Les universités gardent une position mixte, s'appuyant à la fois sur l'Église

---

prunte à ce remarquable travail presque tous les traits de cette histoire de la liberté d'enseignement.

et sur l'État, et profitant de la rivalité des deux pouvoirs pour assurer leur liberté et pour étendre leurs priviléges. Très-fermes dans leur orthodoxie, en même temps que très-attachées à l'État, qui les comble de faveurs, elles ont cet instinct de liberté que développent également l'esprit scientifique et l'esprit de corps. Elles deviennent peu à peu de véritables républiques, se recrutant librement, se gouvernant elles-mêmes, réclamant le concours de l'État pour donner force de loi à leurs décisions, et se conciliant sa protection par l'appui moral qu'elles lui prêtent dans ses querelles politiques ou religieuses, mais sans lui remettre l'appréciation de leurs doctrines et sans souffrir son intervention directe dans leur administration et dans leur discipline. Elles maintiennent ainsi, en un sens, la liberté de l'enseignement ; mais, comme pour toutes les corporations du moyen âge, ce n'est qu'une liberté de privilége. Elles élèvent, en théologie, leur autorité à la hauteur de celle de l'Église ; elles prétendent, dans toutes les sciences, à la même infaillibilité dogmatique. Aucune doctrine médicale, juridique ou philosophique ne peut circuler sans leur autorisation, et, quand elles ont condamné une nouveauté scientifique, la justice civile se charge de faire exécuter leur arrêt jusqu'au jour où il tombe sous le ridicule. Elles ne souffrent, de même, aucune école indépendante et rivale. On sait quelles luttes eurent à soutenir les jésuites, entourés de la faveur des papes et des rois, quand ils voulurent élever leurs colléges en face des colléges universitaires ; on sait aussi quelles difficultés ils suscitèrent eux-mêmes aux *Petites Écoles* de Port-Royal, quand ils eurent leur part du monopole.

Ce régime n'a pas disparu, et, s'il s'est plus ou moins modifié dans la plupart des pays de l'Europe, il n'a fait que suivre, en général, les vicissitudes de la rivalité permanente de l'Église et de l'État, sans consulter proprement les intérêts de la liberté. C'est en France qu'il a subi les modifications les plus radicales, mais non pas toujours les plus favorables à la liberté d'enseignement. L'Angleterre a gardé ses vieilles universités, avec leur organisation en grande partie cléricale ; mais, tandis que leurs priviléges ne font que rendre leur décadence plus sensible, elles ont vu s'élever, dans la capitale même du royaume, une florissante université libre. La Belgique, avec une population de quatre millions d'âmes, donne satisfaction à tous les intérêts par quatre universités, dont deux appartiennent à l'État, une à l'Église, et la quatrième à la liberté. Les universités allemandes, avec leur émulation féconde, avec les facilités qu'elles offrent aux cours privés, réalisent une partie des garanties que peut réclamer la liberté d'enseignement, sans avoir eu besoin de modifier profondément leur constitution séculaire. En France, la Révolution a emporté les universités avec toutes les institutions de l'ancien régime ; mais, dès son début, elle s'est moins préoccupée de leur substituer un régime de liberté que d'arracher l'enseignement des mains du clergé. Mirabeau lui-même, après avoir proclamé les vrais principes dans les lignes que nous avons prises pour épigraphe, cède aussitôt à cette préoccupation dans les lignes suivantes : « D'après cela, les principes rigoureux sembleraient exiger que l'Assemblée nationale ne s'occupât de l'éducation que pour l'enlever à des pouvoirs ou à des corps qui peuvent en dépraver l'influence [1]. »

Jusqu'à l'Empire, les essais d'organisation sont éphémères et presque stériles. Napoléon fonde une grande université qui diffère des anciennes par son caractère essentiellement laïque, bien qu'elle admette des prêtres dans son sein et même à sa tête, et que son enseignement ait pour base les préceptes de la religion catholique [2] ; mais elle en diffère aussi par sa centralisation, qui la rattache plus directement à l'État, par la suppression de la plupart des priviléges qui consacraient leur indépendance, et, enfin, par l'aggravation de son monopole, qui impose à tous les établissements d'instruction son autorisation, ses règlements, sa juridiction et même, toutes les fois qu'elle est possible, la participation directe à son enseignement.

Depuis le premier Empire, cette puissante institution, attaquée à la fois et souvent par les mêmes adversaires au nom de l'autorité et au nom de la liberté, a renoncé en partie à son monopole; mais elle a perdu, en même temps, le peu qui lui restait d'indépendance. Ce n'est plus proprement un corps, mais une collection de fonctionnaires sur lesquels le gouvernement central a un

---

[1] *De l'instruction publique.*
[2] Décret du 17 mars 1808, article 38.

droit absolu de nomination et de révocation, qui reçoivent de lui leurs programmes, et qui doivent attendre de son inspiration l'esprit de leur enseignement.

Tandis que la liberté a disparu ainsi de l'Université, dans quelle mesure s'est-elle réalisée au dehors? Pour l'enseignement primaire et l'enseignement secondaire, elle n'a été conquise en réalité, et non pas sans entraves, que par les congrégations religieuses. Rien n'a été stipulé quant à l'enseignement supérieur, sur lequel l'Université a gardé son monopole, qui est devenu, par suite de la suppression du concours et de l'inamovibilité, le monopole direct du gouvernement.

Ces changements ne se sont pas accomplis sans luttes; mais, dans ces luttes, les principes ont bien moins été en jeu que les intérêts. Ceux qui se donnent à eux-mêmes le nom de libéraux, et qui revendiquent avec le plus d'ardeur, contre l'Église et contre l'État, la liberté de penser, n'ont paru songer, en ce qui regarde l'enseignement, qu'à fortifier l'État contre l'Église. La liberté d'enseignement n'a guère été défendue qu'au nom des intérêts religieux, rarement par conviction de sa légitimité et par confiance dans ses bienfaits, le plus souvent comme un pis aller, à défaut du monopole du clergé, que l'esprit du siècle ne permettait plus de revendiquer. Aussi le monopole universitaire n'a été vivement attaqué que sur les points où la concurrence des établissements ecclésiastiques pouvait lui être opposée avec des chances de succès, et des garanties sérieuses n'ont été stipulées qu'en faveur de ces établissements. De là la conservation des priviléges de l'enseignement supérieur; de là les obstacles que rencontre la fondation des écoles purement privées, et l'isolement dans lequel elles sont maintenues, faute de pouvoir s'organiser et se grouper sous la forme d'universités libres, quand elles ne veulent dépendre ni de l'Église ni de l'État; de là, enfin, l'abolition des garanties d'indépendance que l'Université impériale avait reçues de son fondateur.

Ces garanties, en effet, n'ont guère rencontré que des adversaires. Indifférentes aux libéraux, à qui elles rappelaient les anciennes corporations, elles n'ont presque jamais été défendues par l'Université, mal organisée pour la résistance, et contente, d'ailleurs, dans sa lutte contre le clergé, de s'assurer l'appui du gouvernement, même au prix de sa liberté. Enfin, ce n'étaient pas sans doute les ennemis de l'Université qui pouvaient stipuler en faveur de son indépendance par un amour désintéressé de la liberté. Quant à l'opinion publique, indifférente à ces luttes, même au temps où elles étaient le plus ardentes, elle n'a pris parti entre les prétentions de l'Université et du clergé que lorsqu'il s'y est mêlé des passions politiques ou religieuses, étrangères à la liberté d'enseignement elle-même.

IV.

Cette indifférence et ces contradictions sont loin d'être inexplicables. Dans l'exercice des autres libertés, chacun ne s'en rapporte qu'à soi-même. La liberté individuelle me donne le droit d'aller et de venir, d'user comme il me plaît de mes facultés naturelles ou acquises ; la liberté industrielle affranchit mon travail ; la liberté de la presse, mes opinions ; la liberté religieuse, mes croyances. La liberté d'enseignement n'a d'intérêt pour les familles que lorsqu'elles sont obligées de se donner des substituts pour une partie de leur tâche, au-dessus de leur capacité ou de leurs forces ; ce n'est, en définitive, que la liberté d'un choix pour lequel elles sont les premières à proclamer leur incompétence.

Dans les matières religieuses, la plupart ne se sentent pas moins incompétents, et le plus souvent on suit aveuglément la croyance dans laquelle on a été élevé; mais chacun comprend du moins qu'il s'agit de sa propre foi, d'une disposition intime de son âme, qu'il faut posséder ou se figurer qu'on possède, et, si on ne la reçoit pas sans examen, nul ne voudrait cependant la recevoir par force. La religion est notre propre affaire : les matières ordinaires de l'enseignement, la grammaire, les sciences et les arts sont l'affaire des hommes spéciaux qui en ont fait l'objet de leurs études ; personne n'est obligé de s'y connaître, et, lors même qu'on en a une certaine connaissance, on n'est pas toujours en état d'apprécier la capacité de ceux qui les enseignent. Cet embarras se faisait déjà sentir dans l'antiquité, où les connaissances étaient moins étendues et moins variées, et la surveillance plus facile. C'est un point sur lequel aime à s'égayer l'ironie de Socrate, dans Xénophon et dans Platon, et sur lequel le poëte des *Nuées* s'égaye aux dépens de Socrate lui-même. La difficulté n'a fait que croître dans les temps modernes, à mesure que les sciences ont étendu et démembré leur domaine, et que les exigences professionnelles ont laissé moins de temps aux parents pour surveiller eux-mêmes l'éducation de leurs enfants.

Il n'est donc pas étonnant que les familles aient accueilli avec empressement tout ce qui pouvait les décharger d'une partie de leur responsabilité. Et d'abord l'intervention de l'Église, qui pendant longtemps s'est attribué la direction exclusive de l'enseignement, et dont le contrôle se présentait comme obligatoire pour les fidèles. Mais, s'il est des chrétiens pour qui tout se concentre dans l'intérêt religieux, la tendance la plus générale, au sein du christianisme, a toujours été de faire à l'Église sa part et de soustraire à sa domination tout ce qui n'est pas proprement et nécessairement du domaine de la foi. De là l'institution et le succès de ces universités mi-partie laïques et ecclésiastiques, dont les priviléges ont souvent paru une garantie contre les envahissements de la puissance religieuse. De là, enfin, la sympathie que les défenseurs les plus sincères et les plus zélés de la liberté montrent pour l'intervention directe de l'État dans l'enseignement. L'État, plus mobile, plus disposé, en général, à suivre les variations de l'opinion publique, quand elles ne menacent pas son autorité, laissera souvent un champ plus libre au mouvement de la pensée qu'une Église inflexible dans ses dogmes ou une corporation livrée aisément à l'esprit d'exclusion, d'intolérance et de routine. Même un prince absolu se fera quelquefois un honneur d'encourager la liberté de la science, ne fût-ce que pour donner une utile diversion aux esprits. A plus forte raison, que n'espérera-t-on pas de l'action de l'État, si elle est dirigée par des institutions libérales, qui ouvrent à toutes les opinions l'accès du pouvoir?

Des raisons domestiques ont encore contribué à désintéresser les familles de la liberté d'enseignement. L'éducation des enfants, et par suite le choix des maîtres, engagent à la fois la responsabilité du père et de la mère, et, quelle que soit l'autorité que la loi confère au mari, supposent un accord entre eux. Or, il arrive souvent, surtout de nos jours, que les deux chefs de la famille obéissent, sur ce point, à des tendances diverses. La femme se préoccupe davantage des intérêts de la foi. Le mari, sans être hostile à l'influence religieuse, ne la veut pas prépondérante. Pour trancher ce conflit, en dégageant sa responsabilité, chacun d'eux est disposé à faire appel à une autorité souveraine: celle-là à l'autorité de l'Église, celui-ci à l'autorité de l'État. Plus le père tient, pour ses enfants, à une éducation libérale, qui donne satisfaction à tous les besoins de l'esprit, sans tout subordonner à la foi, plus il se défie, en général, de la liberté d'enseignement. Il n'y voit que la liberté, pour le clergé, d'user de toute l'influence que lui donne la docilité des femmes pour s'emparer de la direction des familles, et, plutôt que d'avoir à soutenir une lutte pénible et inégale, il aime mieux chercher un contre-poids à cette influence redoutable dans l'exagération des droits de l'État. Étrange moyen assurément, quoique naturel à la faiblesse humaine, d'assurer votre liberté, que de vouloir enchaîner la liberté des autres! Si vous n'avez à opposer à la foi de votre femme et à la puissance religieuse qui règne par elle dans votre maison, que des antipathies et des défiances, vous n'avez pas le bon droit pour vous, car vous ne représentez que la négation et le doute. Si, au contraire, vous avez su vous faire des convictions sérieuses, que vous tenez à faire prévaloir, quelle force ne vous donnera pas contre un ascendant rival, je ne dis pas l'autorité maritale, mais la confiance qui résulte mutuellement de la communauté des affections, des intérêts et des devoirs! S'il faut un compromis et des concessions réciproques entre des opinions qui ne parviennent pas à se fondre, la libre concurrence, bien plus sûrement que l'État lui-même, fera surgir des maisons d'éducation où tous les intérêts seront ménagés et tous les scrupules prévenus. Si, enfin, vous trouvez plus commode de vous en rapporter à l'État, laissez son intervention facultative, et ne l'imposez pas à ceux qui préfèrent celle de l'Église ou qui mettent toute leur confiance dans la liberté.

L'intervention de l'État, si libérale qu'on la suppose, ne fait qu'encourager l'apathie des familles. C'est sans doute une lourde responsabilité que le choix d'un maître ou d'une maison d'éducation. Mais si nous manquons de lumières suffisantes, nous pouvons toujours consulter des personnes plus éclairées, à qui nous reconnaissons des droits à notre confiance. Notre ignorance de la médecine ne nous empêche pas de choisir notre médecin, et nous ne souffririons pas qu'il nous fût imposé. Pour l'enseignement lui-même, quand notre choix n'est pas déterminé, dirigé ou restreint par la sollicitude trop prévoyante de l'État, nous savons bien, malgré notre incompétence, prendre nous-mêmes toutes les informations qui peuvent le mettre à l'abri de l'erreur ou de la fraude. J'ai vu plus d'un père de famille se montrer plus difficile, lorsqu'il avait à chercher pour sa fille une maison d'éducation que lorsqu'il s'agissait de son fils; c'est que, pour les garçons, tous les établissements, soumis aux mêmes conditions de grades, aux mêmes programmes, à la même inspection, se valent en quelque sorte : pour les filles, il y a plus de diversité et de liberté, et l'on sent davantage la nécessité de se renseigner par soi-même. Quel soin n'apporte-t-on pas, surtout pour l'instruction des filles, dans le choix d'un maître de musique? C'est qu'ici l'aptitude n'est certifiée ni par un brevet ni par des lettres d'obédience ; elle est laissée à l'appréciation du public, et chacun, soit par ses propres lumières, soit en consultant la réputation acquise, ne néglige rien pour faire un bon choix. Que l'enseignement des lettres et des sciences soit mis hors de tutelle, il ne prendra pas davantage au dépourvu la vigilance des familles. Nul n'est jamais privé de tout moyen de s'éclairer ; et c'est le premier devoir, comme le droit le plus incontestable d'un père de famille, de maintenir autant que possible son initiative dans une œuvre qui n'est proprement confiée qu'à lui seul.

Désertée trop souvent par les pères de famille, la liberté d'enseignement n'a pas trouvé beaucoup plus de sympathie chez ceux qui sont appelés directement à l'exercer : je veux parler des professeurs eux-mêmes. Le soin même de leur indépendance et de leur dignité les a souvent entraînés à se placer sous un patronage tout-puissant, en lui remettant leur destinée tout entière. Il est certain qu'on se sent plus fort et plus respectable quand on se présente aux familles, non comme un employé à leurs gages, mais comme membre d'une Église ou d'une université, ou comme fonctionnaire de l'État. Ce dernier titre est même celui que recherchent parfois les esprits les plus libres. L'Église réclame une obéissance sans réserves, qui est toujours pour la conscience un engagement redoutable. Une université indépendante tombe aisément sous la direction d'une coterie jalouse et routinière. On peut espérer de trouver dans l'intervention directe de l'État une action plus large, plus impartiale, plus progressive. Aussi c'est au sein du corps enseignant, parmi ceux de ses membres qui montraient le plus de zèle pour les autres formes de la liberté, que le monopole de l'État dans l'instruction publique a surtout trouvé d'ardents défenseurs, moins par intérêt, pour repousser une concurrence préjudiciable à leur fortune, que par principe, pour élever le niveau général des esprits sous le contrôle obligatoire d'une administration intelligente et libérale.

Calcul imprudent et funeste ! Assurément c'est l'intérêt, aussi bien que le devoir d'un sage gouvernement, de laisser à ses fonctionnaires toute l'indépendance compatible avec le bien de leurs fonctions, et de faire servir toutes les fonctions publiques au progrès de la société. Mais l'enseignement a beau être placé sous la responsabilité de l'État, il n'est pas affranchi de toute responsabilité vis-à-vis des familles, et il ne peut leur être imposé qu'à la condition de ne pas faire violence à leurs sentiments, à leurs convictions, à leurs préjugés même. Si je suis forcé d'envoyer mon fils aux écoles, aux collèges, aux facultés de l'État, j'ai le droit de m'enquérir non-seulement de l'enseignement qu'on y donne, mais des principes et de la conduite de ceux qui donnent cet enseignement; et, si je crois avoir des sujets de défiance, l'État me fait injustice en refusant d'accueillir mes plaintes. Il ne peut justifier son monopole qu'en interdisant à ceux qui enseignent sous son patronage toute parole, toute démarche susceptible de blesser des sentiments respectables. Que si l'opinion dominante ne s'inquiète pas de ménager les opinions rivales, elle réclamera au moins des ménagements pour elle-même. La liberté du professeur ne sera donc que la liberté de suivre le mot d'ordre du jour, sauf à répondre de son audace au premier changement de politique. Un jour, les maîtres d'école seront invités à se faire les agents d'une propagande démocratique; le lendemain, on leur fera un crime du zèle intéressé qu'ils auront montré. Les susceptibilités religieuses sont-elles éveillées et en position de se faire écouter, on ira jusqu'à exiger des billets de confession; sont-elles en défaveur, les pratiques de dévotion seront presque une mauvaise note. L'enseignement concentré aux mains de l'État est le plus dépendant et le plus timide : le plus dépendant, car le gouvernement ne peut se dispenser de le tenir directement entre ses mains, pour être en mesure de faire face à toutes les réclamations qu'autorise son monopole; le plus timide, car en présence de réclamations contradictoires, et néanmoins également respectables, il faut qu'il évite toute opinion tranchée, tout ce qui pourrait devenir matière à controverse.

A quel prix s'est maintenu, de nos jours, sinon dans son ensemble, au moins dans quelques-unes de ses parties, ce monopole universitaire si imprudemment défendu par d'inconséquents amis de la liberté? L'enseignement, placé sous la dépendance du gouvernement, sous la direction d'un ministre politique, a perdu la garantie d'un conseil inamovible, en possession non-seulement d'exercer une juridiction disciplinaire, mais de pourvoir aux principales nominations; les concours, qui donnaient des droits, ont été remplacés par des examens, qui ne donnent que des titres; enfin, l'État s'est réservé, à tous les degrés de l'enseignement, le droit de révocation [1]. Usera-t-il au moins de cette centralisation excessive et de cette autorité sans limites pour imposer le progrès, pour s'emparer, à leur profit, des jeunes intelligences? Le progrès scientifique peut être, car il inspire, en général, peu de défiance; mais le progrès moral, le progrès dans les idées qui forment l'homme et le citoyen, ne peut naître que d'un enseignement indépendant. On se plaint que les jeunes gens sortent de nos colléges sans avoir pris intérêt à rien de ce qu'on leur enseigne, ni à l'histoire, ni à la philosophie, ni aux lettres elles-mêmes. Mais qu'est-ce qu'un enseignement historique obligé d'abdiquer toute opinion politique ou religieuse, de peur de blesser des convictions qu'on est tenu de respecter? Et que gagne-t-on à

---

[1] Ce droit a été récemment atténué par une mesure libérale, dont il faut faire honneur à l'initiative d'un ministre sorti de l'Université, mais il subsiste encore sans garanties pour le plus élevé de nos établissements d'instruction, pour le Collège de France.

enfermer dans son cadre les événements contemporains eux-mêmes, si le professeur appelé à les exposer doit également abdiquer, dans l'intérêt de sa position ou dans celui de son honneur, la liberté des critiques et celle des éloges? Qu'est-ce qu'un enseignement philosophique obligé de contenir, chez ceux à qui il s'adresse, toute velléité de penser par eux-mêmes, de peur d'ébranler les sentiments qu'ils ont puisés dans leurs familles? Qu'est-ce enfin qu'un enseignement littéraire qui ne peut pas s'appuyer sur l'habitude de la lecture? On ne lit pas dans les colléges, et on en sort sans aimer à lire. Je le crois bien. Quels livres un professeur prudent pourrait-il conseiller, qui ne soulèveraient aucun scrupule au point de vue de la religion ou des mœurs? Il a fallu écarter les *Provinciales*, expurger le *Siècle de Louis XIV* et réduire le théâtre classique à *Polyeucte*, *Esther* et *Athalie*. Si ce régime n'a pas produit des fruits plus funestes, le mérite en revient sans doute à la modération des ministres qui l'ont appliqué et à l'esprit libéral que la prudence n'a pu étouffer dans le corps qui l'a subi; mais il faut aussi en faire honneur à la réalisation partielle de cette liberté d'enseignement que l'Université a acceptée de si mauvaise grâce, et qui seule lui a permis de conserver un reste d'indépendance, en désintéressant ses adversaires. C'est vainement, en effet, qu'on séparerait la liberté du professeur de la liberté des familles. L'enseignement public ne peut avoir ses coudées franches que s'il fait appel à l'intelligence de tous, sans s'imposer à personne.

Mais ces avantages de la liberté ne peuvent être compris que par ce petit nombre d'esprits pour qui le premier bien est de pouvoir disposer d'eux-mêmes. Si les âmes les plus fières, soit au sein des familles, soit dans le corps enseignant, trompées par un intérêt mal entendu, ont souvent méconnu le prix de la liberté d'enseignement, faut-il s'étonner de l'indifférence ou de l'hostilité de ces hommes timides, presque toujours en majorité, qui s'habituent si aisément à renoncer à toute initiative, à recevoir du dehors leurs opinions et leur bien-être, à chercher, en un mot, la sécurité dans la dépendance? La plupart des hommes, il est triste de l'avouer, ont besoin d'une longue pratique de la liberté pour en sentir la privation, et, lorsqu'elle leur est rendue, ils ne sentent souvent que l'embarras d'en user. Il faut, pour les rappeler à eux-mêmes, les provocations incessantes de ceux qui gardent intact le sentiment de la dignité humaine; et, chez ceux-là même, il importe que ce sentiment soit toujours présent, toujours éveillé, sur tous les points où une liberté peut être en péril. On n'est pas vraiment un homme, si l'on s'estime heureux de n'avoir pas à pourvoir à ses propres besoins; on n'est pas un père de famille, si l'on s'estime heureux de n'avoir pas à s'occuper de l'éducation de ses enfants; on n'est pas digne d'instruire les autres, si l'on s'estime heureux de n'avoir pas à choisir ses opinions et à penser par soi-même.

V.

Par suite de l'inconséquence des uns et de l'indifférence des autres, la question de la liberté d'enseignement s'est presque toujours réduite, dans les temps modernes, à une compétition entre les prétentions de l'État et celles de l'Église sur l'instruction publique. On ne saurait nier qu'il n'y ait quelque chose de légitime dans ces prétentions rivales. Mais ce n'est que sur le terrain de la liberté qu'elles doivent faire valoir leurs titres et qu'elles peuvent les concilier.

La direction de l'enseignement est un des droits essentiels des sociétés religieuses. Rien de ce qui contribue à former l'esprit de l'homme ne peut rester étranger à l'autorité spirituelle. Il n'y a pas, sous ce rapport, à établir une ligne de démarcation entre les dogmes théologiques et les sciences purement humaines. Il n'appartient à personne d'enfermer une religion dans des bornes infranchissables. Tout ce qui peut être un objet de croyance, d'opinion ou de sentiment, peut recevoir, au sein de chaque Église, une définition dogmatique. Une physique en contradiction avec l'expérience, une histoire sans critique, une philosophie hostile à la raison, pourront sans doute se produire sous le couvert de la foi religieuse. Tant pis pour les sectes qui donnent asile à d'absurdes théories: elles ne font que prêter le flanc aux attaques de leurs adversaires. Chacun a le droit de signaler leurs erreurs scientifiques, comme de leur reprocher leurs erreurs théologiques, et si elles n'ont pas la sagesse de se concilier la science en acceptant tous ses résultats acquis, elles s'exposent à ébranler la foi en cherchant à ébranler la raison. Mais c'est leur affaire ; et, s'il se trouve des adhérents pour ces doctrines qui choquent votre bon sens, vous ne pouvez les empêcher de préférer à vos lumières l'autorité de ceux à qui ils ont confié leurs âmes, pas plus qu'ils ne peuvent vous retenir de force dans leur communion, si vous avez cessé de partager leurs croyances. Les droits de l'Église sont purement spirituels ; mais, tant qu'ils gardent leur caractère spirituel, ils sont naturellement sans limites.

Lors même qu'il serait possible de séparer le domaine de la foi de celui de la science, chaque Église pourrait encore revendiquer le droit de présider, dans tous les ordres de connaissances, à l'éducation de ses jeunes sectateurs. Tout se tient dans l'enseignement comme dans l'âme elle-même. Le cerveau n'a pas des cases différentes pour la théologie, pour les sciences et pour les lettres. L'esprit qu'il s'agit de former est un esprit indivisible : il faut approprier à son unité les aliments qu'on lui donne ; il faut faire un faisceau de toutes les connaissances dont on veut qu'il soit pourvu. Or, quelle religion consentirait à n'occuper qu'une place secondaire dans ce faisceau ? Qui dit religion dit un système de croyances sur la destinée humaine dans cette vie et dans une vie ultérieure : une Église ne peut chercher que dans cette double destinée, objet propre de ses dogmes, le lien essentiel de tout enseignement. Il appartient donc à l'autorité religieuse, sinon de tout enseigner, du moins de soumettre à une direction commune toutes les écoles fréquentées par ses fidèles ; et si les maîtres ou les familles y résistent, elle a le droit de les retrancher de sa communion ou de les frapper de quelques-unes des peines dont elle dispose. Un tel droit n'est pas la négation de la liberté d'enseignement ; il la suppose au contraire et la consacre. Ces châtiments que l'Église inflige aux fidèles ont un caractère tout moral, et, lors même qu'ils affecteraient un caractère matériel, ils ne frapperaient que ceux qui voudraient bien les subir. Ils ne deviendraient oppressifs que si la puissance temporelle se mettait au service de la puissance spirituelle en lui prêtant sa sanction coactive. Ce serait alors l'État qui outrepasserait ses droits ; l'Église n'aurait que le tort d'avoir appelé cette intervention illégitime et compromettante; ses droits propres n'en subsisteraient pas moins tout entiers.

Pour asseoir la liberté sur une base solide, il n'est pas nécessaire d'assigner des bornes à l'autorité religieuse et d'entraver son exercice; il faut seulement rappeler la puissance politique à ses devoirs. En reconnaissant à chaque Église le droit de patronner ou d'ouvrir des écoles, et de censurer ou de condamner tout enseignement qui repousse sa surveillance ou sa direction, l'État ne confère à aucune le droit de contraindre les familles à adopter les écoles qu'elle a instituées, ou de faire fermer celles qu'elle a frappées d'anathème. Il s'impose, au contraire, l'obligation de rester neutre entre leurs prétentions opposées, et de respecter la liberté de toutes les chaires, de tous les enseignements, publics ou privés, collectifs ou individuels, tant qu'il n'a pas à protéger quelqu'un des intérêts spéciaux dont il est le gardien. Ce qu'une religion réprouve peut être autorisé par une autre; ce que toutes repoussent peut être accepté par la conscience de ceux qui ne reconnaissent aucune religion positive. L'État n'est pas le juge des croyances: il n'a donc rien à voir dans les prescriptions ou les condamnations de telle ou telle Église; il n'a ni à les faire exécuter ni à y mettre obstacle, mais à veiller seulement à ce qu'elles ne changent pas de caractère en usant de violence. Tout excessives, tout absurdes qu'elles peuvent lui paraître, elles n'empiètent par elles-mêmes ni sur ses droits ni sur ceux des particuliers; elles ne sont pas un abus d'autorité, mais l'exercice légitime d'une liberté qui trouve son correctif naturel dans la liberté d'autrui. La liberté d'enseignement, de même que la liberté religieuse, n'a donc rien à redouter de l'extension des droits de l'Église; les dangers ne commencent pour l'une et pour l'autre qu'avec la confusion des pouvoirs, soit que l'Église ait recours à la force matérielle, soit que l'État s'immisce dans le domaine des consciences.

VI.

Les droits de l'État sur l'enseignement sont moins étendus que ceux de l'Église, mais l'abus en est bien plus redoutable, puisqu'ils reposent sur la force ; aussi importe-t-il d'en marquer exactement la limite.

L'enseignement appelle l'intervention de l'État au nom de ses devoirs de police et de ses devoirs d'assistance, et d'abord, à ce double titre, sa surveillance. Tous les actes des individus sont placés sous la surveillance générale de l'État ; tous ceux d'où peuvent naître de graves abus, sous sa surveillance spéciale. Or, il n'est pas une profession où plus de périls se joignent à plus de bienfaits que celle de l'enseignement, surtout l'enseignement de l'enfance. Quand il s'agit d'un cours public ouvert à tous, s'adressant à des jeunes gens ou à des hommes faits, les mesures ordinaires de police peuvent être suffisantes ; mais, dans une école ou un collège, où l'intérêt des études exige, en général, que les portes restent fermées, même à l'inquisition des familles, où le corps et l'âme de jeunes enfants sont à la merci d'étrangers, investis de l'autorité des parents sans la tempérer par la même tendresse, le contrôle ne saurait être trop sévère et les garanties trop étroites. Il faut lire, dans un roman de Dickens [1], le tableau des tortures que peuvent autoriser, dans une école anglaise, d'un côté la confiance aveugle ou l'incurie des parents, de l'autre l'absence de surveillance de la part de l'État. L'école de Dotleboys-Hall ne serait pas possible en France, et cependant, avec notre police, avec notre système d'inspection, avec les conditions préalables de capacité et de moralité que nos lois imposent à la profession d'enseigner, il ne se passe pas d'année sans qu'un grand nombre d'actes de violence ou des attentats plus odieux encore appellent devant nos cours d'assises quelques-uns des maîtres de l'enfance. Quand on voit alors se dérouler devant la justice une série de crimes qui remontent souvent à de longues années, sans avoir été l'objet de dénonciations et de poursuites, on ne peut s'empêcher de supposer que bien d'autres restent toujours dans l'ombre. On serait presque tenté de désespérer d'une liberté qui produit de tels excès, si l'on n'était pas conduit en même temps à désespérer d'une autorité qui se montre si impuissante à y mettre obstacle. Les sévices ou les actes d'immoralité peuvent, du moins, quand ils sont connus, être l'objet d'une répression

---

[1] Nicolas Nickleby.

sévère ; mais les actes de négligence? mais la santé compromise faute de soins? mais les habitudes vicieuses contractées faute de surveillance? et, pour ce qui regarde l'instruction elle-même, l'esprit laissé sans culture par un maître ignorant ou indifférent à ses devoirs? Combien d'abus qui échappent, en général, à la répression pénale, et qui semblent appeler plutôt des mesures préventives ! Combien de motifs pour l'État, non de supprimer la liberté d'enseignement, mais de joindre ses efforts à ceux des familles pour en atténuer les excès !

La surveillance de l'État sur l'enseignement est proprement, en effet, une des formes de cette assistance qu'il doit aux individus, quand ils sont impuissants à se protéger eux-mêmes ; c'est un concours qu'il prête aux parents pour une portion de leur tâche, qu'ils ne suffisent pas à remplir ; c'est, dans certains cas, une action tutélaire qu'il étend sur les enfants, quand des parents négligents ou dénaturés ne les confient à des soins étrangers que pour se débarrasser d'un fardeau gênant. Mais aider les individus, ce n'est pas se mettre à leur place ; se charger d'un devoir qu'ils négligent de remplir, ce n'est pas les dispenser de ce devoir. L'assistance publique, en matière d'éducation comme en tout le reste, serait un bienfait funeste, si elle laissait croire aux individus que leur responsabilité personnelle est désormais dégagée pour faire place à celle de l'État. Si l'État doit quelquefois protéger la faible enfance contre ses surveillants naturels eux-mêmes, il est juste qu'il se réserve le droit de les punir de l'abandon qu'ils font de leurs devoirs. S'il doit venir en aide à leur insuffisance, il ne faut pas qu'il les encourage à compter plutôt sur sa vigilance que sur leurs propres soins. Il partage également la responsabilité du mal qui se produit, et en ne faisant rien pour l'empêcher et en fournissant un prétexte à l'incurie des individus par un excès de sollicitude. D'ailleurs, s'il doit sa protection aux enfants et son concours aux parents, il doit aussi respecter la liberté des maîtres, d'abord parce qu'elle est respectable en elle-même, puis parce qu'elle est la condition d'un enseignement sérieux et efficace. Or, cette liberté nécessaire court beaucoup plus de périls avec l'inquisition minutieuse de l'État qu'avec les prétentions les plus exorbitantes des familles. On peut opposer, du moins, aux préjugés étroits de certains parents l'esprit libéral d'autres parents ; mais quand l'État, investi des droits et du pouvoir de la société tout entière, prétend tout connaître et tout apprécier, on ne voit d'autre parti que de s'en remettre à sa direction, et, de peur de tomber en faute à ses yeux, on s'interdit toute action personnelle et originale sur les jeunes intelligences dont on a reçu le dépôt. Une éducation ainsi entravée est peut-être pire qu'une éducation mal dirigée : on peut arracher les mauvaises herbes, on ne fait pas porter de fruits à un sol où il n'a rien été semé.

La surveillance de l'État ne doit donc s'appliquer qu'à des abus légalement définis et légalement punissables. Ce n'est pas l'exercice discrétionnaire d'une mission toute paternelle, où l'autorité du gouvernement ne pourrait que se compromettre en même temps qu'elle entraverait la liberté des individus ; c'est un flambeau que la loi tient dans sa main pour éclairer son action souveraine, en veillant sur les droits qui sont placés sous sa sauvegarde.

VII.

La protection légale et, par suite, la surveillance publique, en matière d'éducation, embrassent deux intérêts distincts : celui des parents dont elles garantissent les droits contre la fraude et la violence ; celui des enfants, qu'elles doivent préserver de toute influence nuisible ou corruptrice, lors même que les parents s'en feraient les complices.

En veillant sur le premier intérêt, les agents de l'État n'ont à consulter que l'intention exprimée ou justement supposée des familles. Ils n'ont pas à considérer si l'éducation est bonne en elle-même, mais si elle est conforme, soit pour les soins matériels, soit pour l'instruction littéraire ou scientifique, soit pour la direction morale et religieuse, aux engagements pris par les maîtres. Il s'agit en un mot, si l'on nous passe cette comparaison entre l'ordre moral et l'ordre matériel, de prévenir toute tromperie sur la nature, la qualité ou le poids de la marchandise vendue. C'est à ce point de vue seul que l'État doit s'enquérir des doctrines enseignées. Il laisse aux corps savants le soin de signaler l'erreur en matière de science, aux corps religieux celui de dénoncer et de censurer l'hérésie. Son devoir se borne à prévenir et à réprimer tout abus de confiance, toute usurpation de pouvoirs, même au profit de la vérité. Un établissement d'instruction se livre ostensiblement ou d'une manière déguisée à des actes de prosélytisme, ou bien, obéissant à d'autres tendances, il donne un enseignement philosophique en opposition avec les dogmes de toutes les religions : s'il s'est engagé à respecter chez les jeunes gens qui lui sont confiés la foi de leurs parents, il faut signaler et poursuivre, non pas la propagation de mauvaises doctrines, mais un abus de confiance qui est un attentat aux droits des familles. Que s'il n'a été pris aucun engagement de ce genre, si le caractère bien connu de l'établissement ou les principes publiquement avoués des professeurs peuvent être considérés comme un avertissement suffisant, l'autorité paternelle n'a reçu dès lors aucune atteinte, et la surveillance de l'État n'a plus à s'exercer pour la protéger. Une jeune fille protestante, élevée dans un couvent, annonce à ses parents l'intention d'embrasser la foi catholique : ils protestent, et leurs coreligionnaires se joignent à eux pour crier au scandale et pour faire appel à la vindicte publique. Ignoraient-ils donc, quand ils confiaient leur enfant à des religieuses catholiques, à quelles influences ils la livraient? S'ils n'ont pris aucune précaution pour conjurer ces influences, ils ne peuvent alléguer leur bonne foi surprise ; ils ne doivent accuser que leur imprudence. Qu'ils cherchent, en reprenant sous leur direction cette âme qu'ils croient égarée, ou en la remettant en des mains plus sûres, à lui rendre la foi qu'ils ont contribué à lui faire perdre ; qu'ils réclament au besoin la protection des lois contre toute résistance illégitime, c'est leur droit incontestable; mais qu'ils n'invoquent pas des mesures de répression contre un prosélytisme qui n'est que l'usage le plus légitime de la liberté religieuse, quand il s'exerce sans tromperie et sans contrainte.

Le cas serait le même si un philosophe, après avoir professé dans ses livres des doctrines anti-chrétiennes, prétendait les exposer dans un cours public. Si les auditeurs sont majeurs, ils s'appartiennent à eux-mêmes, ils n'entendent que ce qu'ils veulent bien entendre : ils n'ont donc pas à se plaindre, et personne n'a le droit de se plaindre pour eux. S'ils sont mineurs, leurs parents ont le droit et, avec l'aide de la loi, le pouvoir de les empêcher de suivre un enseignement dont ils redoutent la séduction pour leur conscience. Mais il n'est pas besoin, pour les éclairer, de faire appel à la vigilance de l'État. La foi religieuse a, au sein de chaque communion, ses représentants et ses protecteurs naturels : c'est leur devoir, c'est leur mission de dénoncer aux fidèles toutes les doctrines qu'ils jugent dangereuses. L'État est incompétent pour une telle mission ; elle ne lui incombe, ni dans l'intérêt des familles, ni, pouvons-nous ajouter, dans le second intérêt qui appelle sa surveillance, dans celui des enfants eux-mêmes.

Comme protecteur des parents, l'État ne représente que leurs droits particuliers ; comme protecteur des enfants, il représente la société tout entière, atteinte dans ses espérances et dans sa fleur, si une éducation vicieuse lui prépare des corps sans vigueur, des âmes ignorantes et corrompues. Les conditions de salubrité des maisons d'éducation, la nourriture des élèves, leurs rapports entre eux ou avec leurs maîtres, tout ce qui, dans leur conduite, dans les habitudes qu'ils contractent, dans les actes auxquels ils sont directement provoqués ou qui sont l'objet d'une permission expresse ou tacite, dans les récompenses ou les châtiments qu'ils reçoivent, pourrait devenir un péril pour la société, appelle naturellement une surveillance attentive et continuelle, et, au besoin, une répression sévère. Mais, quelque étendu que soit ce devoir, nous dirons encore que l'État doit se renfermer, pour le remplir, dans les bornes que lui imposent sa responsabilité propre et la nature de ses moyens d'action. En veillant sur l'éducation physique, il doit craindre de gêner l'initiative individuelle ; en veillant sur l'éducation morale, il s'expose à sortir de son domaine et à empiéter sur les droits de l'âme. Pour tout acte qui n'est pas purement matériel, sa surveillance est assujettie à une grande réserve ; elle doit s'abstenir dès qu'il s'agit exclusivement de l'ordre spirituel, c'est-à-dire des doctrines elles-mêmes.

Je ne sais s'il est besoin de démontrer que tout ce qui tient proprement aux théories littéraires ou scientifiques doit rester en dehors de la surveillance de l'État, et ne souffrir aucune interdiction ni aucune entrave. Il y aurait quelque chose de puéril, de la part d'un gouvernement, à prendre des mesures pour protéger le goût des jeunes gens contre le romantisme, ou leur jugement contre la phrénologie ou les générations spontanées. Ce serait le cas de rappeler, non pas la condamnation de Galilée, mais l'arrêt burlesque de Boileau. Toutefois, il n'est pas bien sûr que tout le monde soit disposé à souffrir dans l'enseignement certaines nouveautés qui, vraies ou fausses, appartiennent encore au domaine de la polémique passionnée. On n'invoque plus, pour les proscrire, l'autorité d'Aristote, mais le bon goût ou le bon sens, dont chacun s'arroge naturellement le monopole ; ou bien, si l'on consent à respecter en principe la liberté de la science, on ne se fait pas scrupule de lui couper les ailes au nom de la religion et de la morale. Le dévergondage des esprits conduit au dévergondage des mœurs : voilà pour le romantisme. La prétention d'assigner à chaque disposition de l'âme une case dans le cerveau asservit l'âme à la matière : voilà pour la phrénologie. C'est supprimer la nécessité de la création que de supposer des naissances, dans le règne animal, sans un premier couple sorti des mains de Dieu : voilà pour les générations spontanées. Nous accorderons volontiers que de tels arguments sont excellents comme armes de discussion : nous ne saurions les repousser trop énergiquement comme armes d'intolérance. Ce ne sont pas, Dieu merci, des armes mortelles, mais elles font encore des blessures : on ne brûle plus les livres, ni ceux qui les écrivent ; on ferme encore les chaires.

Considérons donc ces intérêts sacrés de la religion et de la morale, sur lesquels on persiste à appeler la surveillance de l'État. Si nous prouvons que, dans leur propre sphère, ils ne peuvent réclamer l'interdiction d'aucune doctrine, il n'est point d'enseignement, dans les divers ordres de connaissances, qui ne doive être à l'abri des prohibitions légales.

VIII.

Nous ne voulons pas anticiper sur les considérations que nous aurons à présenter en faveur de la liberté religieuse. Il nous suffira d'établir ici que la surveillance de l'enseignement, soit public, soit privé, ne saurait justifier, à l'égard de cette liberté, des entraves exceptionnelles. Si l'État n'admet qu'une seule religion, il est clair qu'il ne tolérera pas un enseignement contraire à cette religion. Mais donner pour base exclusive à l'enseignement de la jeunesse les dogmes d'une seule religion, quand on autorise l'exercice de tous les cultes, à plus forte raison quand on proclame en principe la liberté des cultes, c'est une contradiction manifeste que l'on s'étonne de trouver dans le décret constitutif de l'Université impériale. Si un père de famille, comme nos lois le reconnaissent, a le droit d'élever ses enfants dans la religion de son choix, s'il peut en faire, à son gré, des catholiques, des protestants ou des juifs; si, comme catholique, il peut leur inculquer les maximes des molinistes ou des jansénistes, des ultramontains ou des gallicans; comme protestant, celles des orthodoxes ou des rationalistes, des méthodistes ou des unitaires; s'il peut même ne leur donner aucune éducation religieuse, sans encourir d'autres censures que celles de l'Église qui le réclame comme un des siens : à quel titre lui refuserait-on le droit de choisir dans toutes les sectes, ou même en dehors de toutes les sectes, les maîtres à qui il les confie?

Nous avons peine à secouer, sur ce point, les vieux préjugés et à nous montrer conséquents avec nous-mêmes. Des partisans déclarés de la liberté religieuse s'indigneront si l'on ferme des écoles protestantes, et ils réclameront la fermeture des collèges des jésuites. On ne trouvera pas mauvais que des israélites, dans l'enseignement de leur religion, s'élèvent contre un des dogmes fondamentaux du christianisme, la divinité de Jésus-Christ; on souffrira même que ce dogme soit mis en discussion par le rationalisme protestant; mais qu'un philosophe ou un historien, sans enseigner au nom d'une Église, reproduise dans sa chaire les mêmes arguments, on ne se bornera pas à lancer sur lui l'anathème, à le signaler à la vigilance des familles chrétiennes, on prétendra lui interdire absolument la parole. Le théologien israélite ou protestant ne s'adresse, dira-t-on, qu'à ses coreligionnaires : le philosophe et l'historien font appel aux jeunes gens de toutes les communions. La distinction serait légitime si les auditeurs du philosophe ou de l'historien, ou les familles qui lui donnent leur confiance, étaient exposés à se méprendre sur l'esprit de son enseignement ; mais, s'il ne cache pas son drapeau, s'il s'abstient de toute propagande détournée, de toute concession hypocrite, pourquoi lui refuseriez-vous la tolérance que vous accordez au théologien ?

Il y a quelques années, un professeur, dont l'honorabilité n'était pas plus contestable que le talent[1], était traduit devant le conseil de l'instruction publique pour avoir attaqué dans un écrit les principes du christianisme au nom du pur déisme, et la condamnation prononcée contre lui non-seulement le rayait des cadres de l'Université, mais lui interdisait l'exercice de l'enseignement libre. La première peine, quoique rigoureuse, et à nos yeux excessive, n'était pas injustifiable : un corps enseignant qui sollicite la confiance des familles de toutes les religions peut se faire un devoir d'exclure de son sein tout professeur dont les convictions avouées sont de nature à porter ombrage à la religion de la majorité de ses élèves. La seconde peine était évidemment incompatible avec la liberté religieuse : dès qu'il s'agit de l'enseignement libre, de quel droit prétendrait-on empêcher un professeur déiste de s'adresser aux familles qui partagent ses principes ? Il serait coupable de les tromper, non de réclamer de leur bonne foi une adhésion volontaire. Ce qu'on repousse, dira-t-on, ce n'est pas le déisme lui-même, c'est la polémique contre le catholicisme ; ce sont des attaques qui, loin d'être autorisées par la liberté religieuse, sont un outrage aux consciences. Si la polémique prend un caractère passionné et injurieux, elle peut motiver la répression ; mais, si elle garde la mesure qui convient à la discussion scientifique, si le philosophe, en se séparant des religions positives, ne reproduit aucun argument dont l'usage ne soit permis au catholique contre le protestant, au protestant contre le catholique, au juif contre l'un et l'autre, quel prétexte reste-t-il à l'intervention de l'État ?

---

[1] M. Amédée Jacques, mort récemment dans un exil volontaire, à plusieurs mille lieues de sa patrie, où il avait perdu le droit de vivre d'une profession qu'il honorait par son caractère et par ses succès

IX.

A défaut de l'intérêt religieux, que la liberté des cultes ne permet pas d'invoquer pour lui-même, on allègue l'intérêt politique, l'intérêt général de la société. Il est, dit-on, du devoir de l'État de ne pas laisser se produire dans l'enseignement de la jeunesse, sous le couvert de la liberté religieuse ou philosophique, certaines doctrines, certaines influences qui peuvent mettre la paix publique en péril. Que les questions sociales ou politiques remplissent les livres ou les journaux, on l'admet, avec des restrictions plus ou moins étroites ; qu'elles prennent la parole dans les assemblées délibérantes appelées légalement à les résoudre, cela paraît incontestable ; mais qu'elles quittent la tribune pour les chaires, qu'elles s'introduisent dans l'éducation, c'est une prétention qui ne saurait être acceptée, ce semble, que par un libéralisme outré et paradoxal. Nous osons soutenir ce paradoxe, et même avec d'autant plus de confiance qu'il est impossible de ne pas lui faire sa part dans la pratique.

Il est au moins un enseignement (et, depuis l'école primaire jusqu'aux facultés, cet enseignement a partout sa place légitime) qui appelle la politique et qui ne peut se passer de ses inspirations : c'est l'enseignement de l'histoire. En dehors même de l'histoire contemporaine, qui vient d'entrer dans le cadre de nos études classiques, toutes les questions politiques se rencontrent dans l'histoire, et imposent au professeur qui l'enseigne l'obligation de les aborder. Ici, c'est la démocratie et l'aristocratie ; là, la république et la monarchie ; ailleurs, la rivalité de l'Église et de l'État. Il n'est pas un livre d'histoire, et nous ajouterons, il n'est pas une chaire d'histoire, où ne se manifeste nécessairement une opinion sur ces questions capitales, qui sont de tous les temps, et qui ne tiennent pas moins à la politique actuelle qu'à la politique du passé. Il y a une âme même dans un résumé chronologique ; et que vaudrait l'histoire si cette âme se dissimulait pour ne laisser paraître qu'une collection de faits et de dates ? Ce serait donc une vaine prétention que de vouloir exclure la politique de l'histoire, et il ne peut être question que des bornes dans lesquelles elle doit se renfermer.

Il semble naturel d'imposer à l'enseignement le respect des principes constitutifs du gouvernement établi. C'est ainsi que le décret de 1808 donnait pour base nécessaire à tout enseignement, avec les préceptes de la religion catholique, la fidélité à l'Empereur, et que l'ordonnance du 27 février 1821, modifiant cette base pour l'accommoder au changement de régime, faisait reposer l'éducation des colléges sur la religion, la monarchie, la légitimité et la charte. Cette modification, qui devait appeler, neuf ans plus tard, un changement non moins radical, démontre surabondamment ce qu'il y a de chimérique, sinon d'oppressif, dans la prétention d'assujettir l'enseignement à tel ou tel principe politique. Les mêmes professeurs qui étaient obligés, en 1808, de façonner les jeunes esprits au respect de l'Empereur élu par la nation, avaient, en 1821, à soutenir le principe de la légitimité, d'après lequel l'élection populaire n'était plus qu'une usurpation ; à partir de 1830, en continuant à glorifier la monarchie, ils devaient lui ôter le bénéfice du droit divin ; enfin, s'ils enseignaient encore en 1848, leur enseignement devait repousser à la fois la monarchie et le droit divin, pour s'asseoir sur la démocratie pure. Quelle autorité pourrait avoir un enseignement astreint à de pareilles palinodies, s'il était possible de les exiger ailleurs que sur le papier ? Et qui voudrait consacrer sa vie à l'instruction de la jeunesse, si l'on était placé, à chaque révolution, dans l'alternative ou de trahir sa conscience ou de renoncer à sa profession ? C'est déjà trop que l'obligation de la réserve et du silence, si l'on veut que l'enseignement porte ses fruits et qu'il soit une communication de l'âme à l'âme, non le dépôt dans la mémoire de quelques lieux communs ou de quelques faits sans vie.

Mais quoi ! peut-on demander à un gouvernement de laisser attaquer son principe ? Il ne pourrait le souffrir, sans se suicider, dans des livres à l'adresse des citoyens, à plus forte raison dans des leçons destinées à l'enfance ou à la jeunesse.—Il faut distinguer entre le principe pratique d'un gouvernement et son principe spéculatif. Le principe pratique d'un gouvernement, c'est l'obligation de lui obéir, en vertu du fait de son existence : provoquer à la désobéissance ou à la révolte par la voie de la presse ou de la parole, voilà, sans contredit, ce qui appelle une répression énergique et ce qui peut justifier une étroite surveillance. Le principe spéculatif d'un gouvernement, c'est le fondement historique, religieux ou philosophique de ses droits : c'est là une question de conscience ou d'opinion sur laquelle on peut varier sans faire un usage séditieux de la liberté de penser [1].

Sans doute il est fâcheux pour la paix intérieure que les citoyens d'un même pays soient divisés de principes, et surtout que les jeunes gens soient nourris dans ces divisions ; mais il serait plus fâcheux encore de donner à la jeunesse le spectacle des conversions intéressées ou d'étouffer, sous les exigences d'une prudence excessive, la vie même de l'enseignement qui doit présider au développement de ses convictions. En élevant les jeunes gens dans l'ignorance des questions qui pourraient les diviser, en entourant, pour les hommes faits, de difficultés presque insurmontables la discussion de ces questions, un gouvernement diminue peut-être le nombre de ses ennemis, mais il paralyse en même temps le zèle de ses amis, et, s'il échappe aux révolutions populaires, il n'échappe pas à ces révolutions de palais ou de caserne, auxquelles se prêtent si aisément les peuples désintéressés de la politique. Qu'on souffre donc, même dans l'enseignement, pour qu'il conserve toute sa valeur, pour qu'il prévienne cette indifférence fatale qui est le premier symptôme de la décadence des peuples, la libre discussion des questions politiques ;

---

[1] S'il est un gouvernement qui ait le droit de se considérer comme soutenu par l'adhésion de l'immense majorité du peuple auquel il commande, c'est le gouvernement actuel de la France ; mais de ce que dix millions de suffrages se sont réunis pour l'établir, faut-il en conclure qu'ils fussent d'accord sur le principe politique de leur acceptation ? Pour les uns, c'était le principe monarchique ; pour les autres, le principe démocratique ; pour ceux-là, une réaction définitive contre la révolution ; pour ceux-ci, la consécration des conquêtes de la révolution ; quelques-uns y voyaient une nouvelle légitimité, fondée, dans la vacance du trône, par la volonté nationale, comme avait été fondée, neuf siècles auparavant, la légitimité des Capétiens ; d'autres, au contraire, le saluaient comme la reconnaissance du droit national substitué au droit divin ; beaucoup ne considéraient que les intérêts matériels de la société, qui demandaient une main ferme pour repousser des théories subversives ; d'autres en attendaient la réalisation d'une partie de ces mêmes théories. Non-seulement ces opinions se cachaient au fond des consciences, sous l'unanimité des suffrages, mais elles ont pu être publiquement discutées, entre les partisans les plus dévoués du gouvernement, sans ébranler son autorité et sans qu'il ait senti le besoin d'y mettre des entraves.

qu'on tolère un enseignement démocratique ou légitimiste, révolutionnaire ou conservateur : il vaut mieux laisser ces influences diverses se combattre ouvertement que de les inviter, en quelque sorte, par des persécutions presque toujours impuissantes, à une propagande subreptice, ou de chercher à les neutraliser dans une mort commune, qui serait la mort de la société elle-même.

Que l'on ne croie pas, d'ailleurs, que l'abstention de l'État laisse le champ ouvert à tous les excès de la liberté. S'il est juste que la politique s'introduise avec plus de réserve dans l'enseignement de la jeunesse que dans la presse ou à la tribune, elle y sera contenue naturellement par l'obligation imposée au professeur de ménager la susceptibilité des familles qui l'investissent de leur confiance. Si, comme c'est l'ordinaire, il fait appel à des familles d'opinions différentes ou opposées, cette obligation, qui trouve une sanction dans son propre intérêt, et qui peut recevoir au besoin la sanction de l'État, deviendra une garantie plus que suffisante contre l'entraînement des convictions et les témérités de la parole. Enfin, lors même qu'il n'aura pas à protéger les droits des familles, l'État aura toujours le droit d'agir en son propre nom, toutes les fois qu'une appréciation politique pourrait dégénérer en excitation directe à des actes séditieux. La distinction est délicate sans doute; mais elle est nécessaire, si l'on ne veut sacrifier ni les droits de la liberté ni ceux de l'autorité. Il ne s'agit pas de désarmer l'État ; il ne s'agit pas même de lui conseiller l'indifférence à l'égard des opinions, soit qu'elles touchent directement à la politique, soit qu'elles intéressent la sécurité publique par leur action sur les mœurs; nous lui demandons seulement, dans son intérêt même, de borner son action directe à la répression des actes coupables, et de se confier à la liberté pour écarter les idées dangereuses et pour faire prédominer les idées utiles.

X.

On nous accordera plus difficilement l'immunité légale des doctrines, quand elles semblent menacer les fondements de la morale. Que l'enseignement obéisse à des tendances diverses en religion ou en politique, il faut peut-être le souffrir ; mais qui voudrait lui permettre d'être immoral? — Entendons-nous. Si l'immoralité se traduit par des actes ou par la provocation à des actes condamnables, ou si de tels actes sont encouragés chez les jeunes gens par la négligence de ceux qui sont chargés de former leur caractère et leurs mœurs, le droit de surveillance, et par suite de répression, ne saurait être contesté à l'État. Il faut lui conseiller seulement de ne pas rendre l'éducation impossible par une inquisition trop sévère. On ne peut pas compter sur la perfection, soit dans le caractère des maîtres, soit dans les moyens qu'ils emploient. Une école ou un collége est un gouvernement en petit, où il y aura toujours des abus, comme dans les grands gouvernements, et, s'il est bon de les signaler, il n'est pas toujours sage de chercher à les extirper. Nul moraliste n'approuverait aujourd'hui l'usage des punitions corporelles : sans parler des infirmités physiques dont elles sont souvent l'origine, elles ne peuvent que développer des habitudes serviles ou entretenir des sentiments de colère et de haine. Dangereuses dans la famille, elles le sont encore plus dans les écoles, où les mauvais effets n'en sont plus tempérés par l'affection. Toutefois, jusqu'à ce que le progrès des mœurs les ait fait disparaître de l'éducation domestique, elles se maintiendront inévitablement dans les maisons d'éducation, et l'État risquerait de compromettre l'autorité des maîtres et de décourager leur zèle, s'il ne se résignait pas à en proscrire seulement l'habitude et l'excès, même dans les établissements qu'il dirige, à plus forte raison dans ceux qui sont simplement placés sous sa surveillance. Nous en dirons autant de ces pratiques de délation que certains maîtres encouragent, dit-on, chez leurs élèves dans l'intérêt de la discipline. Nul plus que nous ne les réprouve, nul ne plaint davantage ceux qui croient nécessaire ou utile d'y avoir recours, et, si nous connaissions des maisons où de telles pratiques fussent en vigueur, nous nous ferions un devoir de détourner nos proches et nos amis d'y placer leurs enfants ; mais nous nous ferions scrupule d'invoquer contre elles l'action de l'État. Il faut réserver la sévérité légale pour des actes nettement définis, où l'immoralité prend un corps en quelque sorte : demander à l'État de faire l'office des opinions, des mœurs, de la conscience générale, en s'immisçant dans la direction des âmes et dans toutes les dispositions qui leur sont inspirées, c'est exagérer ses devoirs, c'est autoriser des abus plus dangereux que ceux qu'on veut prévenir.

Si l'immoralité dans les actes ou dans les habitudes doit quelquefois échapper à la surveillance de l'État, l'immoralité dans les doctrines est entièrement hors de sa compétence. L'État est dans son rôle quand il juge les actes : il ne l'est pas quand il juge les doctrines. Si vous me gênez dans mes actes en me laissant la liberté de mes opinions, je puis espérer que celles-ci finiront par prévaloir et triompheront de l'oppression dont, à tort ou à raison, je me crois victime : quel espoir me reste-t-il si vous condamnez avec les actes la manifestation des opinions ?

Rien de plus juste, dira-t-on, quand il s'agit de doctrines évidemment immorales, que d'en décourager les fauteurs. Oui, si chacun ne voyait pas cette évidence à la lumière de ses sentiments personnels. Point de salut pour la morale hors de mon Église et de ses dogmes, disent les théologiens ; point de salut pour la morale hors de mon système, disent les philosophes. Entre ces affirmations opposées et également exclusives, faut-il embrasser l'indifférence du sceptique? Non, sans doute. La vérité morale est quelque part ; mais il n'est pas sûr que l'État saura toujours la reconnaître et lui donner gain de cause. Une philosophie de l'État n'est pas plus acceptable qu'une religion de l'État. Ces principes de morale, dont on veut qu'il soit dépositaire, ne sont que les opinions qui dominent, à une époque donnée, au sein d'un gouvernement. Leur accorder le droit d'étouffer les autres opinions, c'est leur attribuer une sorte d'infaillibilité qui n'est que trop démentie par leurs variations perpétuelles.

On n'en veut pas, sans doute, à la liberté philosophique. On admet, ou, du moins, on tolère en principe, même dans l'enseignement, la pluralité des systèmes, comme la pluralité des religions. On n'appelle la surveillance et, au besoin, la sévérité de l'État que sur certaines doctrines singulières et paradoxales, qui paraissent plutôt des aberrations de l'esprit qu'un usage légitime de la raison, et qu'on renverrait volontiers aux Petites-Maisons, si les dangers qu'elles font courir à l'ordre social ne commandaient pas de les traiter avec rigueur. C'est pour résister aux théories de ce genre que Napoléon avait attribué à l'Université impériale une juridiction souveraine sur tous les degrés d'enseignement. « Si ces espérances se réalisent, disent les instructions à M. de Fontanes, Sa Majesté veut trouver dans ce corps même une garantie contre les théories pernicieuses et subversives de l'ordre social, dans un sens ou dans l'autre. Il y a toujours eu, dans les États bien organisés, un corps destiné à régler les principes de la morale et de la politique. Telles furent l'Université de Paris et la Sorbonne; les universités de Pavie, de Pise et de Padoue; en Allemagne, celles de Gœttingue et d'Iéna; en Espagne, celle de Salamanque; en Angleterre, celle d'Oxford; chez les Turcs, le corps des ulémas. Ces corps, étant les premiers défenseurs de la morale et des principes de l'État, donneront les premiers l'éveil et seront toujours prêts à résister aux théories dangereuses des esprits qui cherchent à se singulariser, et qui, de période en période, renouvellent ces vaines discussions qui, chez tous les peuples, ont si vainement tourmenté l'instruction publique. »

Laissons de côté les prémices, qui assimilent la nouvelle Université non-seulement aux universités du moyen âge, mais au corps des ulémas. Les conclusions dénoncent à la surveillance du corps enseignant, c'est-à-dire à la surveillance de l'État, les nouveautés théoriques qui ne peuvent que troubler sans profit les jeunes intelligences. Or, je le demande, que sont, à leur apparition, tous les systèmes philosophiques, sinon des opinions singulières, qui scandalisent les défenseurs des saines doctrines? Si une vue plus profonde reconnaît, même dans les plus faux, un véritable progrès pour la raison humaine, bien des esprits sérieux ne sont-ils pas portés à y voir le renouvellement périodique de ces vaines discussions qui ne servent qu'à ébranler les croyances, sans approcher de la vérité?

En France surtout, on aime trop à penser avec tout le monde pour qu'un philosophe puisse, sans se singulariser, apporter une idée nouvelle. S'il s'agit d'une de ces questions de métaphysique qui n'intéressent que les philosophes, il sera protégé par l'indifférence générale, à moins que la forme plus ou moins piquante dont il aura revêtu ses paradoxes ne leur vaille un succès de curiosité. S'il touche ou s'il paraît toucher à ce qu'on appelle emphatiquement les grands principes de l'ordre social, on criera de tous côtés au scandale. Il faut voir comment ont été accueillis, dans ces dernières années, les symptômes d'une renaissance philosophique. Que l'Église condamne des nouveautés qu'elle juge menaçantes pour la foi ; que les philosophes de la vieille école discutent avec vivacité les opinions et les tendances d'une jeune école ; que l'État refuse son patronage à des doctrines suspectes d'immoralité, rien de plus légitime ; mais que leur originalité leur soit un titre d'exclusion dans l'enseignement libre, voilà qui est peut-être plus dangereux que ne pourraient l'être ces doctrines elles-mêmes. Au point de vue de nos convictions personnelles, nous nous rangeons nous-même, sans hésiter, parmi les adversaires de ces théories panthéistes, matérialistes ou positivistes qui causent tant d'alarmes ; au point de vue du droit et des intérêts généraux de la philosophie, nous regretterions qu'elles ne pussent trouver en France la tolérance dont des théories semblables ont pu jouir en Allemagne, à une époque de réaction, sous des gouvernements despotiques.

Je sais que l'Allemagne a paru se repentir de sa tolérance, et que des mesures ont été prises, dans plus d'un État, contre ces doctrines téméraires, qui non-seulement avaient joui du bénéfice de la liberté d'enseignement, mais avaient reçu l'hospitalité des universités publiques. La liberté de penser n'a nulle part jeté d'assez profondes racines pour que la puissance publique renonce à s'opposer à la propagation des idées malsaines. Que l'on bâtisse en philosophie système sur système, que l'on s'écarte tant qu'on voudra des opinions reçues, mais qu'on n'empoisonne pas les âmes, disent partout les politiques les plus tolérants. Nous demanderons s'il existe, pour les inspecteurs ou les administrateurs de l'instruction publique, ou, si l'on veut plus de garanties, pour les tribunaux, des moyens assurés de constater l'empoisonnement moral, comme il en existe d'à peu près certains pour constater l'empoisonnement physique. Si l'on peut, dans un procès criminel, pour le besoin de la défense, provoquer le doute sur les résultats les mieux constatés de l'appareil de Marsh, l'autorité de la médecine légale n'en est pas sérieusement ébranlée, et elle peut toujours se flatter d'obtenir l'assentiment unanime et sans réserve d'un jury qui se recrute indifféremment au sein de tous les partis, de toutes les religions et de toutes les opinions. Dans l'ordre moral, chaque parti, chaque secte, chaque système a son appareil de Marsh : où l'État prendra-t-il le sien, s'il veut échapper à l'obligation d'avoir sa religion ou sa philosophie ?

Énumérons quelques-unes de ces *théories pernicieuses et subversives de l'ordre social, dans un sens ou dans l'autre*, qu'aucun État bien organisé ne devrait tolérer. Au premier rang, on placera sans doute l'athéisme. Mais, quoi! n'y a-t-il d'athées que ceux qui rejettent hardiment le nom de Dieu, et, comme ce poëte anglais de nos jours, ne craignent pas d'écrire sur un registre public, à la suite de leur nom, l'épithète ἄθεος [1]? Ce sont les plus rares, et, sans contredit, les moins dangereux par la franchise même de leur aveu, en supposant qu'ils soient sincères et que cette épithète, tristement ambitieuse, ne cache pas un charlatanisme assez commun, un moyen d'attirer l'attention par une sorte de bravade. Il y a là quelquefois une hypocrisie au rebours, qui, en haine de l'autre hypocrisie, n'est qu'un hommage imprudent rendu au mal, plutôt que la réalité du mal lui-même. On peut même y voir, comme le prouve l'exemple de Shelley, le froissement d'une âme sincèrement religieuse, qui, ne reconnaissant plus son Dieu dans les fausses images que les hommes en ont faites, croit devoir repousser un nom qui ne représente pour elle que superstition ou idolâtrie. Si vous ne proscrivez que ce genre d'athéisme, vous risquez de lâcher la proie pour l'ombre ; si vous voulez vous attaquer à l'athéisme réel, à ces doctrines plus ou moins dangereuses qui conservent le nom de Dieu, en raffinant sur le sens, vous ne pouvez associer l'État à vos censures sans l'associer également aux croyances particulières qui vous les inspirent. Qu'il s'engage à condamner comme athées tous ceux qui ne s'inclinent pas devant tel ou tel symbole, voilà une formule simple et commode, mais qui ne laisse plus de place à la liberté de penser. Qu'il commande aux magistrats, chargés d'appliquer ses lois, de se soustraire à l'influence de leurs convictions personnelles et de ne frapper que là où il y a une perversion funeste de l'idée de Dieu : quelle lumière les guidera au milieu de tous les déguisements, soit hypocrites, soit sincères, du panthéisme, du mysticisme, de l'anthropomorphisme, quand ils verront les mêmes doctrines signalées par les uns comme un détestable

---

[1] Shelley, sur l'album du Montanvers.

athéisme, par les autres comme la plus pure expression du sentiment religieux ? Le système de Spinoza est sans Dieu, suivant ses adversaires ; il est plein de Dieu, ou, comme on l'a dit, ivre de Dieu, suivant ses partisans. Quoi de plus élevé, à un certain point de vue, que la doctrine mystique du pur amour ? c'est la foi des âmes saintes ; quoi de plus abominable, à un autre point de vue ? c'est l'indifférence du bien et du mal. Si l'on ne veut tenir compte que des dangers d'un système, il ne faut pas considérer ses principes, mais ses tendances. Or, on va loin avec les procès de tendance ; c'est une arme à deux tranchants, que toutes les opinions doivent craindre de confier à la puissance temporelle.

Que si l'on descend des hauteurs de la métaphysique religieuse, pour sauvegarder du moins les principes qui touchent directement à l'ordre social, comme la famille et la propriété, nous convenons que l'État sera plus à l'aise. Ici, il peut même user d'un droit incontestable : celui de punir toute provocation, par la voie de l'enseignement ou par toute autre voie, au renversement de ses institutions. Mais, quand la discussion est toute spéculative, une interdiction légale, quoique plus facile à motiver, ne serait pas plus légitime. Et, d'abord, qu'entend-on par une attaque théorique contre les principes de la propriété et de la famille ? Est-ce simplement le rejet de ces deux noms ? Comme pour le rejet du nom de Dieu, le crime ne sera souvent que le fait d'un esprit paradoxal, enflant sa voix pour se faire entendre plus sûrement et recherchant un succès de scandale, quand il croit pouvoir le faire sans danger, ou quand une légère persécution peut le mettre en relief. Si l'orage devient menaçant, rien de plus aisé que de le conjurer par un changement de langage. Que gagnera la société à ces concessions verbales, qui ne sont pas toujours de l'hypocrisie, qui tiennent souvent à un désir sincère de ne pas rompre avec les croyances générales, mais qui ne changent rien au caractère des opinions et au venin qu'elles peuvent recéler ?

Si l'on veut chercher les choses sous les mots, il faut frapper non-seulement ceux qui repoussent le principe, mais ceux qui, le conservant nominalement, l'ébranlent dans l'application. Quelle arme ne va-t-on pas mettre aux mains de tous les abus qui, de la meilleure foi du monde, se confondront avec les conditions nécessaires de l'ordre social ! La famille et la propriété ne sont pas de pures abstractions; c'est, pour chacun de nous, la famille et la propriété, telles que les ont faites les institutions dont nous subissons à la fois l'empire et l'influence, ou telles que les voudraient nos convictions ou nos intérêts personnels. Au delà de l'Atlantique, démontrer l'iniquité de l'esclavage, c'est, pour beaucoup encore, attaquer la propriété. En France, il y a quatre-vingts ans, tous les privilégiés de la féodalité ou des corporations industrielles voyaient des adversaires de la propriété dans les adversaires de leurs priviléges. Une révolution s'est produite récemment dans notre législation douanière : dans les discussions orageuses dont elle a été le sujet, ne se renvoyait-on pas de part et d'autre le reproche d'attenter au principe de la propriété? De même pour la famille. Pour beaucoup de moralistes, elle est atteinte dans son essence, si l'on soutient la légitimité du divorce; d'autres ne voient, dans le mariage, que la contrainte la plus immorale si toute l'existence y est forcément enchaînée. Nous avons adopté et une partie des États de l'Europe a adopté, à notre exemple, le mariage civil : il est des pays où ce serait une théorie immorale que de préconiser comme légitime un mariage dépourvu de toute consécration religieuse. Le principe de l'enseignement obligatoire vient de trouver, dans les conseils du gouvernement français, un éloquent défenseur : hier, ce même principe était dénoncé, par les organes les plus accrédités du gouvernement français, comme sapant par la base l'autorité paternelle.

Entre ces affirmations contraires, on peut sans doute compter sur la sagesse du législateur et des magistrats pour ne proscrire que les théories qui sont généralement reconnues comme dangereuses. Dans un temps où le doute a pénétré partout, quand il est peu d'institutions ou de croyances qui ne soient à moitié ébranlées dans l'esprit même de ceux qui sont investis du droit de les défendre, le fantôme de l'intolérance civile peut-il désormais effrayer personne? — Triste salut pour la liberté que de chercher sa sauvegarde dans le doute ou dans l'indifférence! Mais cette sauvegarde lui est-elle à jamais assurée? L'esprit moderne est-il fermé aux fortes convictions, et n'aurons-nous jamais, tout en saluant leur retour avec fierté, à prendre des précautions contre le retour de leurs exigences? Sommes-nous, du moins, à l'abri de ces temps de réaction où la peur fait l'office des croyances, d'autant plus inexorable qu'elle jette le cri d'alarme, non pour la défense de la vérité, qui sait bien se défendre elle-même, mais au nom des préjugés menacés et des intérêts en péril?

Qu'ont à faire, dira-t-on, ces questions controversées avec l'enseignement de la jeunesse? Est-il besoin de discuter devant nos enfants les institutions sociales? L'objection serait peut-être fondée, si l'école primaire et les basses classes des colléges étaient tout l'enseignement. Mais l'enseignement, c'est la parole au service de toutes les sciences qui peuvent former l'homme et le citoyen; c'est la parole s'adressant non-seulement à l'enfant, mais au jeune homme et même à l'homme fait, s'il croit, comme Solon, qu'il n'est jamais dispensé du devoir de s'instruire. Or, qui contestera la place, dans un enseignement élevé, de la morale sociale, aussi bien que de l'économie politique et de la politique elle-même? D'ailleurs, comme les questions politiques, les questions sociales pénètrent par l'histoire jusque dans l'enseignement de l'enfance. Est-ce que l'histoire des peuples n'est pas l'histoire de leurs institutions, c'est-à-dire de la famille et de la propriété, et, par suite, l'appréciation des divers régimes par lesquels elles ont passé? Quand il serait possible d'écarter ces questions, ce serait un devoir de les aborder, avec discrétion sans doute, mais avec fermeté. L'enfant, devenu homme, les rencontrera au sortir du collége; il aura peut-être à prendre parti dans les discussions qu'elles soulèvent sans cesse. A vingt et un ans, lorsque le jeune homme est encore peut-être sur les bancs d'une école, nos lois l'appellent à décider par son vote des destinées de la société, et, à vingt-cinq ans, il peut devenir un des législateurs de son pays: comment craindrait-on de provoquer trop tôt ses réflexions sur les fondements de l'ordre social? — Oui, mais non pas pour les ébranler dans son esprit. — Le droit de les consolider suppose celui de les ébranler. Il vaudrait mieux écarter absolument ces questions de l'enseignement que de ne pas permettre qu'elles y soient traitées librement.

C'est prétendre enchaîner l'avenir au présent que d'élever les jeunes générations dans le respect aveugle de ce qui existe. Rien n'est immuable dans les institutions sociales: on voit souvent ce qui était considéré comme une arche sainte rejeté dans l'âge suivant comme un monument d'iniquité, et ce qui est accueilli avec enthousiasme comme une conquête définitive de la vérité et de la morale, tombera peut-être au bout de peu d'années pour faire place à un régime que l'on croyait condamné sans retour.

Laissez donc toutes les tendances se produire librement, à tous les degrés de l'enseignement, sans autre frein que le vœu des familles. Ne craignez pas que chaque professeur exerce ainsi une influence décisive sur les jeunes esprits qu'il pétrira au gré de ses opinions. Plus un professeur se sentira libre, plus il sera porté à entretenir chez ses élèves le goût de la libre réflexion. En leur communiquant ses idées, il les préparera à les discuter, et, quelque opinion qu'ils doivent embrasser plus tard, ils puiseront dans ses leçons l'heureuse habitude de se rendre compte de leurs principes. Un enseignement imposé au professeur est un enseignement imposé à l'élève comme infaillible et indiscutable, accepté avec confiance par une âme docile et malléable, avec défiance par un esprit indépendant et rebelle; dans tous les cas, avec indifférence, parce qu'on ne tient qu'à ce qu'on s'est assimilé par un effort personnel. Enseignement funeste s'il ne fait que consacrer les préjugés d'un pays ou d'une époque, funeste encore s'il repose sur la vérité elle-même, car il ne lui préparera pas des défenseurs. Les uns la repousseront, parce qu'ils souffriront impatiemment qu'elle s'impose à eux sans examen ; les autres l'abandonneront aux premières objections, comme un sol inculte livre aux oiseaux du ciel la semence déposée à sa surface ; beaucoup sans doute lui seront fidèles, par attachement aux maximes de leur enfance, mais avec l'obstination du préjugé, non avec la fermeté d'une conviction raisonnée, et, incapables d'opposer les arguments aux arguments, ils ne pourront que la compromettre par leur intolérance.

XI.

Il n'y a pas d'avantage à régler officiellement la mesure dans laquelle les questions sociales ou simplement morales doivent être traitées aux divers degrés de l'enseignement. Sur ce point encore, la surveillance de l'État est d'autant plus incompétente qu'elle se trouverait placée entre les opinions les plus opposées, également soutenues par les esprits les plus sages et les plus honnêtes. Les uns sont partisans d'une prudence extrême ; ils voudraient prolonger le plus longtemps possible, pour les jeunes gens des deux sexes, cet heureux état d'innocence, qui n'est que l'ignorance du mal, de l'erreur, de tout ce qui divise les hommes. « Qu'on leur parle de Dieu, disent-ils, mais qu'on ne leur laisse pas soupçonner les sophismes des matérialistes, des panthéistes et des athées, ou du moins qu'on ne leur en parle que de façon à leur en inspirer l'horreur. Qu'on les nourrisse dans le respect des devoirs de la famille et des droits de la propriété, mais qu'on se garde de les initier à ces théories subversives, dont il faut craindre la contagion pour de jeunes esprits, quelque soin qu'on prenne de les réfuter. Qu'on évite surtout de toucher à ces points délicats qui, par leur rapport aux passions, peuvent entacher la pureté de la jeunesse. *Maxima debetur puero reverentia.* Que l'enseignement moral craigne de faire connaître le vice, même pour le flétrir, et qu'il garde un silence prudent sur les passions, toujours dangereuses, même quand leur objet est légitime. Que l'enseignement littéraire écarte tout ouvrage où trouve place la peinture de l'amour, sans distinguer entre l'amour honnête et l'amour criminel; car, pour un cœur innocent, la séduction du premier n'est pas la moins redoutable. Que l'enseignement scientifique laisse de côté les mystères de la génération, qui, pour un esprit mûr, sont assurément une des plus belles et des plus nobles parties des sciences naturelles, mais qui, dans l'adolescence, ne feraient que susciter des images blessantes pour la pudeur et dangereuses pour la pureté. » D'autres, au contraire, condamnent ces précautions comme impuissantes, car cet état d'ignorance est impossible, et la connaissance de l'erreur, du vice et de la passion se glissera toujours, quoi qu'on fasse, dans une jeune âme élevée au milieu du monde et même en dehors du monde ; comme périlleuses, car l'apprentissage de la vie se fait ainsi au hasard, au lieu d'être dirigé par l'éducation elle-même ; on éveille une curiosité impatiente, qui offre déjà un aliment à la contagion des fausses théories et des mauvaises passions, et, si l'on réussit, par impossible, à prolonger l'innocence jusqu'aux dernières limites de l'adolescence, on la livre désarmée à toutes les tentations qui viendront l'assaillir. « C'est, dit lord Byron, comme si l'on élevait un enfant sur le sommet d'une montagne, et qu'on le conduisît ensuite à la mer, et qu'on le priât de nager [1]. » S'il faut que l'État se prononce entre ces prétentions contraires ou qu'il adopte un moyen terme, qui vous garantit qu'il prendra le meilleur parti, et que son intervention n'aura pas pour effet d'universaliser les dangers que vous redoutez? Du moins, en s'abstenant, en respectant la liberté des maîtres et en s'en rapportant à leur prudence, il laisse subsister le remède à côté du mal.

Il est fort probable que, surtout dans un temps calme, sa surveillance se ferait sentir au profit du premier système. L'excès de prudence est toujours le parti le moins compromettant, et le fait seul d'une inquisition exercée au nom de l'État suffira pour faire régner dans l'enseignement la circonspection et la timidité. Je veux que ce résultat soit désirable, je veux que l'État garde toujours la juste mesure dans ses exigences : il est toujours mauvais de prescrire à tous les maîtres et pour tous les jeunes gens une règle uniforme. Ici, la réserve la plus scrupuleuse est nécessaire; là, les plus grandes témérités sont souvent de la prudence. Celui qui a la responsabilité de l'éducation doit être libre d'approprier son enseignement aux caractères qu'il est chargé de former. Il doit aussi être libre de l'approprier à son propre caractère. S'il se sent gêné par un excès de surveillance, il n'apportera plus à ses leçons le même intérêt : il aura sous les yeux, non les besoins des âmes qui lui sont confiées, mais les ménagements que demandent sa propre position, et sa parole froide et hésitante, parce qu'elle puisera ses inspirations au dehors, perdra la plus grande partie de son efficacité.

Est-ce à dire que l'enseignement abandonné à lui-même dans ce qu'il a de plus important, dans le choix de ses principes et de ses méthodes, ne fera courir aucun péril à la société? Les jeunes générations pourront être corrompues par des doctrines

---

[1] Lettre à M. Hoppner, 11 mai 1821. *Voir* aussi le tableau de l'éducation de Don Juan.

immorales ; mais réclame-t-on l'intervention de l'État quand elles le sont, beaucoup plus souvent et plus gravement, hélas! par des exemples immoraux? Sans sortir de la famille, quel spectacle ont sous les yeux un grand nombre d'enfants? Nous ne parlons pas des parents qui sont en lutte ouverte avec le Code pénal : on peut, en les châtiant, soustraire, dans une certaine mesure, leurs enfants à leur influence ; mais les parents qui vivent en état de concubinage? mais l'adultère forcément toléré? mais l'abandon aux passions les plus dégradantes? Vous avez le bonheur de n'offrir à vos enfants, dans votre intérieur, que d'honnêtes exemples ; mais les y tiendrez-vous toujours renfermés? Ces spectacles, qui, malgré la censure, sont loin d'être une école de bonnes mœurs ; ces cafés ou ces cabarets, où se contractent les plus funestes habitudes ; ces lieux de débauche qui ne se cachent que pour mieux se faire reconnaître, sont-ils fermés à l'adolescence? Quelques précautions que vous preniez dans le choix des compagnons de vos enfants, empêcherez-vous cet enseignement mutuel du vice auquel n'échappe aucune réunion de jeunes gens, et qui est la plaie de toutes les maisons d'éducation, sans exception? Les familles les plus éclairées et les plus vertueuses n'opposent à ces influences funestes que des palliatifs presque toujours insuffisants. La plupart n'essayent pas même de lutter contre elles, et quelques-unes les encouragent par leur propre conduite. Mais, que la famille remplisse ou non sa tâche, l'État s'en rapporte à elle du soin de préserver les mœurs de ses jeunes membres, et, sans fermer les yeux sur les dangers qui menacent la société quand les habitudes vicieuses étendent leur contagion jusqu'à l'enfance, il accepte la liberté du mal par respect pour la liberté du bien. Pourquoi serait-il plus exigent à l'égard des doctrines?

Sur les vices, tout le monde est d'accord : nul ne les justifie absolument, même ceux qui en font parade ; on ne varie que dans le degré de sévérité avec lequel on les condamne. En fait de doctrines, les hommes les plus estimables diffèrent souvent d'opinion, et l'on ne peut accuser qu'une aberration d'esprit, dont les intelligences les plus droites ne sont pas toujours à l'abri. Prévenir ou réprimer les vices, c'est gêner seulement l'exercice de la liberté; empêcher la circulation des doctrines, c'est l'entraver dans son principe. Enfin, quelque danger que présente une doctrine spéculative, il n'est jamais égal à celui qui peut naître d'un mauvais exemple. Les hommes se laissent plus aisément diriger par ce qu'ils voient faire que par ce qu'ils entendent dire ou ce qu'ils disent eux-mêmes. Les adversaires théoriques de la famille sont quelquefois les meilleurs époux et les plus tendres pères. Le communiste le plus convaincu ne se laissera pas dépouiller de sa propriété. J'ai peine à croire, malgré l'autorité de Montesquieu, qu'il faille accuser la philosophie épicurienne de l'altération des mœurs romaines : le progrès du luxe à la suite de la conquête de l'univers, l'énervement des caractères par l'effet du despotisme, bien d'autres causes encore que Montesquieu lui-même a mises en lumière, suffisaient pour corrompre les maîtres du monde, quand même quelques esprits indépendants et délicats, comme Lucrèce, Atticus et Horace, n'auraient pas subi le charme des théories et des préceptes d'Épicure.

Les mœurs n'étaient pas meilleures au moyen âge, malgré le christianisme et la chevalerie, et bien qu'on ne connût pas d'autre philosophie que celle de l'École. Il n'est pas douteux qu'elles ne se soient améliorées depuis le commencement de ce siècle, et pourtant, à aucune époque, les doctrines qualifiées d'immorales n'ont pu se produire avec plus de licence. Il serait, dans tous les cas, difficile de soutenir qu'elles sont plus pures dans les pays où règne une religion unique, avec la censure de l'enseignement et des livres, que dans ceux qui reconnaissent, dans les plus larges limites, la liberté de la parole et de la presse.

Si l'on veut empêcher la corruption des mœurs ou lui porter remède, c'est sur les mœurs elles-mêmes qu'il faut agir directement, bien plus que sur les doctrines. Or l'État, qui ne peut rien sans les mœurs, n'a sur elles qu'une action indirecte et limitée. Il peut seulement, par une bonne organisation de la société, et surtout par le développement des libertés privées, dont la jouissance a naturellement pour effet le respect d'autrui et de soi-même, lutter contre la décadence morale de la société ou préparer les voies à sa régénération ; mais c'est par elles-mêmes et par des forces purement morales, comme l'énergie individuelle, l'éducation domestique, la prédication religieuse, l'enseignement philosophique, qu'elles résistent à la contagion du vice ou qu'elles refleurissent après s'être flétries.

On semble croire que tout est perdu, si l'État ne veille pas au salut des saines doctrines. Mais, à défaut de sa surveillance, celle des familles reste entière. Ces théories subversives que l'on signale à sa vigilance, est-il beaucoup de familles qui souffriraient qu'elles fussent prêchées à leurs enfants? Les parents les plus corrompus, les plus impies, les moins capables de donner à leurs enfants une éducation morale et religieuse, tiennent cependant à ce qu'ils soient élevés dans la crainte de Dieu et dans des sentiments de probité et d'honneur. Les jeunes gens eux-mêmes s'indignent quand ils supposent, à tort ou à raison, qu'on leur donne un enseignement immoral, et il faut quelquefois arrêter leur généreuse intolérance. Enfin, une surveillance légitime est exercée sur tous les genres d'enseignement par les sociétés religieuses, et, si elles n'ont pas le droit d'opposer la contrainte matérielle aux doctrines qu'elles réprouvent, elles peuvent du moins, non-seulement en signaler les dangers à leurs fidèles, mais frapper des censures spirituelles et ceux qui les enseignent et ceux qui s'exposent ou qui exposent leurs enfants à en subir la contagion. Elles peuvent aussi aider, au besoin, les familles dans leurs réclamations en justice, si leur bonne foi a été surprise par un enseignement contraire à leurs principes de morale. C'est ici, en effet, comme pour l'ordre politique ou religieux, que l'intervention de l'État devient légitime, non pour approuver ou pour condamner les doctrines elles-mêmes, mais pour faire respecter la volonté des parents. Devant cette surveillance des familles appuyée sur celle des autorités religieuses, et fortifiée, quand il y a fraude, par une sanction pénale, est-il besoin de nouvelles garanties contre la possibilité d'un enseignement corrupteur? Il faudrait supposer, chez le père et la mère, une égale indifférence à l'égard de tout principe de morale, non-seulement pour eux-mêmes, mais pour les innocentes créatures que la Providence leur a confiées. Or, quand tout sentiment de vertu est ainsi mort, même au cœur des mères, les exemples et les leçons du foyer domestique ne laissent malheureusement plus rien à faire aux doctrines les plus imprudentes de l'enseignement extérieur.

L'enseignement, d'ailleurs, à moins qu'il ne soit tout privé et qu'il ne se confonde avec l'éducation domestique, n'a pas à compter avec une seule famille, mais avec toutes celles à qui il s'adresse. S'il peut trouver quelques parents disposés à tolérer ses écarts, il ne peut espérer que l'indifférence sera générale; et, n'y eût-il qu'une seule famille qui se montrât exigente en fait d'éducation morale, on croira toujours plus sage de ménager ses scrupules que de se reposer sur la connivence de toutes les autres. Hélas! bien loin que l'excès de liberté soit à craindre dans l'enseignement, on ne le verra que trop souvent se prêter à des ménagements intéressés, et subir une violence morale qui dépassera de beaucoup les exigences que l'État pourrait manifester. C'est, du moins, une précieuse garantie pour celui qui vit surtout par la pensée de savoir qu'aucune opinion n'est interdite, et que, si l'on peut faire partager ses convictions à quelques familles, on peut, investi de leur confiance, braver toutes les censures et toutes les excommunications. Et, si l'on parle encore des dangers que pourront faire courir à la société ceux qu'un tel espoir entraînera, à leurs risques et périls, en dehors des sentiers battus, qu'on n'oublie pas de mettre en parallèle les avantages qui sont inséparables de ces dangers, parce que les uns et les autres sont attachés à la liberté : cette voie ouverte à tous les progrès moraux, qui ne peuvent naître que de la libre manifestation des pensées; cet heureux stimulant que donne aux esprits la nécessité de défendre leurs opinions contre le prosélytisme des opinions rivales ; enfin, en ce qui concerne les intérêts propres de l'éducation, cette confiance en eux-mêmes que les maîtres de la jeunesse puiseront dans le sentiment de leur indépendance, sinon vis-à-vis des familles, du moins vis-à-vis de l'État, et cette vigilance nouvelle, dont les familles sentiront le besoin, quand l'État se bornera à les seconder, sans se mettre en tout à leur place. Faut-il renoncer à ces avantages, dans la crainte que des doctrines immorales ne se glissent dans les esprits par la connivence de quelques parents imprudents ou pervertis? Autant vaudrait dire qu'il faut renoncer à la liberté d'aller et de venir, dans la crainte qu'elle ne profite aux voleurs.

XII.

Les examens, les certificats de capacité, les grades universitaires sont, après la surveillance directe, une des formes les plus légitimes de cette assistance que l'État doit prêter à tous les intérêts qui se rattachent à l'enseignement. Ils constatent chez les maîtres la capacité et le talent, et servent ainsi à guider le choix des familles. Ils constatent chez les élèves les fruits de l'enseignement, et, par là encore, ils offrent aux familles un nouveau moyen d'appréciation. Ils constatent enfin, pour les professions qu'on appelle libérales, parce qu'elles reposent sur le libre développement de l'esprit, les études préalables nécessaires pour les exercer, et ils offrent à la société, dans ses rapports avec ces professions, une précieuse et souvent indispensable garantie. Le propre de l'instruction littéraire ou scientifique et de toutes les professions qui s'y rattachent, c'est qu'elles demandent à la plupart des hommes une confiance presque aveugle, ou du moins qui ne repose pas sur une connaissance directe et personnelle. Sans être tailleur ou horloger, chacun peut juger à l'usage si l'habit qu'on lui a livré est bien fait et d'une bonne étoffe, si la montre qu'il a achetée marque exactement les heures ; mais combien peuvent juger du savoir d'un médecin, d'un avocat, d'un professeur de langues ou de mathématiques ? Ma maladie se prolonge, sans espoir de guérison : j'aurais tort d'en conclure que mon médecin n'est qu'un âne. J'ai perdu mon procès : c'est peut-être qu'il était mauvais ou que mes juges se sont trompés, et il serait téméraire d'accuser l'incapacité de mon avocat. Mon fils suit depuis plusieurs années les cours d'un collége ou d'une faculté : fait-il des progrès dans ses études ? je suis hors d'état de m'en rendre compte, sauf peut-être sur quelques points qui rentrent dans l'éducation générale que j'ai reçue, ou dans l'instruction spéciale qu'a exigée ma profession. L'État vient en aide à notre ignorance, en nous offrant la garantie de ses examinateurs. Il ne nous dispense pas de surveillance ; mais, par ses examens publics, il nous aide à suivre les progrès de nos enfants ; par ses diplômes, il atteste les études préparatoires de tous ceux qui font appel à notre confiance.

Les examens et les diplômes, qui rentrent dans les droits et peut-être dans les devoirs de l'État, peuvent-ils être obligatoires ? Cela n'est pas douteux pour les fonctions publiques, et particulièrement pour l'enseignement donné au nom de l'État. L'État, pas plus que les particuliers, ne doit accorder sa confiance en aveugle, et, s'il voit dans l'appréciation des examinateurs qu'il a choisis une garantie pour les particuliers, il doit la considérer comme une garantie nécessaire pour lui-même, puisqu'il n'a pas d'autres lumières. Il serait inique de placer à l'entrée des fonctions publiques des barrières arbitraires, comme la naissance, la fortune, la foi religieuse ou les opinions politiques ; mais rien de plus juste que d'exiger la preuve des connaissances générales ou spéciales qui sont utiles pour les remplir avec honneur et avec fruit.

On conçoit encore, à la rigueur, des examens obligatoires pour certaines professions, qui, bien que libres dans leur exercice, ont cependant un caractère public. Telle est la profession d'avocat. Un avocat est un intermédiaire entre les particuliers et les tribunaux. Dans ses rapports avec les particuliers, il n'a besoin que d'obtenir leur confiance ; dans ses rapports avec la justice publique, on peut lui imposer toutes les garanties qui sont compatibles avec la liberté de son ministère. L'État n'outre-passe pas ses droits, il n'entrave pas les devoirs de la défense, en ne permettant pas au premier venu d'abuser des instants de ses tribunaux. Il trouve d'ailleurs, pour les examens qu'il impose, une base positive, la loi, qu'on ne peut se dispenser de connaître quand on en réclame, dans un sens ou dans un autre, l'application juridique. Mais les examens ne doivent porter que sur le texte légal ou sur le texte des jurisconsultes anciens ou modernes qui font autorité. Le candidat doit rester libre dans toutes ses opinions ; il n'est obligé que de connaître la loi et la jurisprudence, non d'en adopter telle ou telle interprétation. Sur ce point, la profession d'avocat jouit en France de toute la liberté désirable. En déclarant expressément qu'elles laissent aux candidats la responsabilité de toutes les opinions soutenues dans leurs thèses, nos facultés de droit renoncent à exercer sur les doctrines un droit de censure ; et, s'il est, d'un autre côté, un sanctuaire où toutes les opinions peuvent se produire impunément, c'est assurément celui de la justice, quand elles s'y produisent sous la robe de l'avocat.

Quand il s'agit, non plus d'une fonction ou d'un ministère public, mais d'une profession toute privée et sans rapport avec l'État, convient-il encore d'imposer l'obligation d'un examen? Le régime des corporations exigeait pour la maîtrise, en fait d'arts manuels, la confection d'un chef-d'œuvre, et cette exigence, qui trouverait aujourd'hui peu de défenseurs, était appuyée sur des raisons qui ont longtemps paru irréfutables. Elle protégeait le public contre les sollicitations et les offres d'ouvriers incapables ; elle protégeait les bons ouvriers contre la concurrence des mauvais, qui, ne s'étant pas donné la peine d'apprendre et ne se donnant pas la peine de bien faire, auraient pu se prévaloir, à peu de frais, du mérite du bon marché. Elle protégeait enfin les débutants contre la tentation de s'établir trop vite en qualité de maîtres et de s'exposer à la ruine, faute d'une capacité suffisante. Nous croyons aujourd'hui que c'est aux ouvriers et au public à se protéger eux-mêmes, et que le rôle de l'État doit se borner à punir la fraude et la concurrence déloyale, en renonçant à des mesures préventives, qui sont un encouragement à la paresse et à la routine. Le maintien des examens obligatoires est-il mieux justifié pour l'exercice d'une profession libérale, telle que la médecine ? Nul principe, nous l'avons reconnu, ne s'y oppose d'une manière absolue ; car la santé publique est un de ces intérêts de l'ordre matériel pour lesquels les individus ont le droit de compter sur la protection de l'État, et leur imprudence ne met pas entièrement sa responsabilité à couvert. Nous ne craignons pas toutefois de soutenir que, dans un pays éclairé et accoutumé à la liberté, les devoirs de l'État se borneront avec avantage à instituer, pour la médecine, des examens facultatifs, entourés de toutes les garanties qui peuvent appeler la confiance des ignorants aussi bien que des gens instruits.

L'intérêt privé suffit pour faire rechercher les grades, sans qu'il soit besoin de les rendre obligatoires [1]. On ne voit plus guère de

---

[1] « Rien n'est plus utile que les grades ; rien n'est plus nécessaire. Il faut rendre les examens très-sérieux, augmenter la valeur des diplômes, faire que, dans toute l'Europe, dans le monde entier, ce soit un très-grand honneur, une très-grande preuve de science et d'habileté que de posséder un diplôme français. Après cela, on n'aura que faire d'exiger la possession de ce diplôme. »
Jules Simon, *La liberté*, t. II, p. 59.

notaire ou d'avoué, au moins dans les villes importantes, qui ne tienne à se parer du titre de licencié en droit, et quelques-uns vont même jusqu'à celui de docteur. Quel pharmacien n'est heureux de pouvoir mettre sur son enseigne : Pharmacien de première classe? Il en est de même pour la médecine. Sauf pour certains cas presque toujours éludés, le titre d'officier de santé est seul obligatoire; et cependant, partout où un docteur vient s'établir à côté d'un officier de santé, il est rare que celui-ci puisse soutenir la concurrence : la supériorité du grade, signe probable de celle du mérite, suffit pour assurer au premier, sans le secours du monopole, une clientèle sans rivale.

Sans doute il se trouve des malades qui préfèrent les soins d'un officier de santé à ceux d'un docteur en médecine, et ils ont quelquefois raison, s'il s'agit d'un praticien éprouvé. Il s'en trouve même qui préfèrent les soins d'un empirique, et il n'est pas toujours certain qu'ils aient tort. Ni l'État ni ceux qu'il charge de conférer les grades ne sont en possession de l'infaillibilité médicale. Dans la médecine, comme dans toutes les sciences, l'hérésie de la veille peut être l'orthodoxie du lendemain. Je ne veux pas me prononcer entre les différents systèmes allopathique, homœopathique, hydrothérapique, etc. Je crois que la vérité vraie, comme la vérité officielle, est du côté des allopathes. Mais n'est-on pas effrayé de penser qu'il suffirait d'un changement dans les conseils du gouvernement pour que l'homœopathie devînt la vérité officielle, et que les allopathes fussent traités d'empiriques et de charlatans, et menacés de poursuites, à moins qu'ils ne se pourvussent d'un diplôme devant une faculté homœopathique?—Un grade, même délivré au nom d'un faux système, suppose toujours des études sérieuses.—Oui, mais c'est un grand poids jeté dans la balance de l'erreur qu'il consacre. Qui vous assure, d'ailleurs, que la vérité médicale sera toujours le fruit des études, et que le hasard ne la révèlera jamais aux ignorants et aux simples? Tout n'est pas à dédaigner, on en fait sans cesse l'expérience, dans ce qu'on appelle des *remèdes de bonnes femmes*. C'est un paysan de la Bohême qui a inventé l'hydrothérapie, acceptée aujourd'hui à peu près sans réserve par toutes les sectes médicales. Qui a introduit le quinquina en Europe? Des sauvages l'employaient avec succès depuis un temps immémorial. Quelques voyageurs ignorants en vantèrent les bienfaits,

Cependant, près d'un siècle, on l'a vu sans honneur [1],

jusqu'au moment où Louis XIV en acheta le secret d'un médecin anglais, et qu'un médecin du prince de Condé, après en avoir obtenu, contre toutes les règles, la guérison de son illustre malade, osa en préconiser l'emploi, au grand scandale de la faculté. Nous rions des médecins de Molière, qui s'indignent qu'un malade ait l'impertinence de guérir autrement que dans les formes. On rira, dans quelques siècles, du monopole attribué par nos lois aux médecins gradués ou patentés par l'État.

Si nous sommes devenus plus raisonnables, nous sommes certainement moins conséquents que nos pères. On croyait, au moyen âge, et la Faculté prétendait, jusqu'au milieu du xviie siècle, que la science était faite, qu'elle était consacrée par des autorités indiscutables, et qu'il fallait s'attacher aveuglément, comme dit M. Diafoirus, aux opinions de nos anciens. Aujourd'hui nous croyons au progrès dans la médecine, comme dans tout le reste ; nous faisons peu de cas des doctrines anciennes, même de celles qui n'ont pas plus de cinquante ans de date ; nous ne tenons qu'aux grades. Pourvu qu'on possède un diplôme délivré dans les formes, on peut, dans la pratique, rompre en visière à toutes les théories dont il a fallu se pénétrer pour l'obtenir, comme on cesse désormais, après son dernier examen, de porter cette robe de médecin qui a essuyé tant de brocards. Quelle garantie est-ce donc que ce diplôme obligatoire? C'est une barrière, je le veux bien, qui arrête quelques charlatans ; mais c'est aussi une prime en faveur des impudents qui peuvent s'en parer, ou qui gagnent assez d'argent pour pouvoir payer, au bas de leurs ordonnances, une signature privilégiée. C'est, en même temps, un bill d'indemnité qui suffit pour protéger, non pas sans doute le meurtre volontaire, mais l'imprudence homicide. Toutes les mesures préventives ont pour effet d'endormir la défiance et de détourner la répression de son but, en la faisant porter sur la forme, et non sur le fond. On punira sans pitié l'exercice illégal de la médecine : les abus de l'exercice légal seront à l'abri de toute plainte

---

[1] La Fontaine, *Le Quinquina*.

et de toute poursuite. En servant ainsi les intérêts du charlatanisme gradué, on ne réussit pas même à extirper le charlatanisme illégal : on ne fait que le rendre plus dangereux, en le forçant à des déguisements et à des pratiques clandestines, et en lui ôtant l'épreuve de la publicité, devant laquelle succombent toujours l'ignorance et la mauvaise foi [1]. Toutes ces recettes que la tradition perpétue au sein de nos campagnes ne constituent qu'un grossier et dangereux empirisme. Elles contribueraient peut-être à former le trésor de l'expérience scientifique, si la clandestinité, à laquelle elles sont condamnées, n'empêchait pas toute observation exacte et précise. La routine médicale a été à moitié vaincue, lorsque les doctrines hétérodoxes ont pu du moins se produire sous le couvert du diplôme officiel ; sa défaite ne sera consommée que lorsque l'obligation du diplôme aura disparu, en laissant le champ libre à toutes les méthodes.

La médecine ne repose pas, comme le droit, sur des textes précis dont on peut toujours exiger la connaissance. Un examen de médecine ne peut avoir pour base que les opinions vraies ou fausses des examinateurs, et, dans une science aussi variable et aussi systématique, les chances peuvent être considérées comme égales entre la vérité et l'erreur. Or, quelques concessions que les examinateurs soient disposés à faire à la liberté des candidats, les doctrines qu'ils professent n'en exerceront pas moins une séduction toute-puissante. On a de la peine à penser par soi-même, quand on s'est habitué, dans ses premières études, soit par l'effet d'une docilité naturelle, soit dans l'intérêt du grade qu'on poursuit, à jurer sur la foi d'autrui. Pour quelques médecins qui se laissent entraîner vers les nouveautés, moins, le plus souvent, par une conviction raisonnée que par tempérament ou par charlatanisme, la fidélité aux doctrines reçues est, pour la plupart, une règle de prudence et une habitude invincible.

Faut-il donc renoncer aux diplômes officiels ? Non sans doute,

---

[1] Un soi-disant docteur nègre avait naguère surpris la confiance, non de quelques grossiers campagnards, mais de malades d'élite, dans la ville qui s'intitule la capitale de la civilisation. Tout son crédit tomba, non quand il fut traduit devant la police correctionnelle, mais quand il fut appelé à exercer son art, dans un de nos grands hôpitaux, sous les yeux des princes de la science.

mais les rendre facultatifs, en n'apportant aucune entrave à l'exercice de la médecine. Que tout médecin, qu'il soit ou non pourvu d'un diplôme, que son diplôme lui ait été délivré au nom de l'État ou au nom d'une école libre, soit responsable de ses actes, lorsque sa négligence ou ses pratiques frauduleuses ont eu des suites funestes ; mais qu'on renonce à des précautions restrictives, toujours plus efficaces pour empêcher le bien que pour prévenir le mal. Dans la médecine, comme dans toutes les sciences, comme dans tous les actes de la vie, la foi dans la liberté doit être le premier enseignement de la prudence.

XIII.

S'il est une profession qui repousse absolument l'obligation légale des grades, c'est la profession de l'enseignement, toutes les fois qu'elle s'exerce en dehors du patronage de l'État. L'avocat remplit un ministère public ; le médecin tient dans ses mains notre santé et notre vie, dont la protection est l'objet propre de la police. Le professeur prend soin de l'âme, sur laquelle l'État n'a point d'action directe, et qui ne reconnaît pas son empire, lors même qu'elle accepte ou invoque son assistance. Si la surveillance de l'État sur l'enseignement libre ne doit pas s'étendre aux doctrines, à plus forte raison ne peut-elle pas imposer certaines doctrines sous la forme d'examens. Exiger de toute personne qui se livre à l'enseignement un brevet de capacité ou un diplôme, c'est remettre plus ou moins la direction de l'enseignement entre les mains des examinateurs institués par l'État. En vain leur recommanderez-vous de s'assurer seulement de l'instruction des candidats, en acceptant, les yeux fermés, toutes les théories scientifiques, littéraires ou morales qu'ils peuvent professer, la distinction n'est pas possible, elle est au-dessus de l'impartialité humaine. Un théologien catholique serait-il bon juge de l'instruction religieuse d'un protestant? Or, partout nous rencontrons des protestants, des hommes qui heurtent de front nos plus chères convictions, et que nous sommes disposés, dans la sincérité de nos croyances, à taxer d'ignorance ou de mauvaise foi. Voyez, à la veille d'une exposition des beaux-arts, les reproches qui s'élèvent contre les décisions du jury chargé de l'examen des statues et des tableaux. L'accuse-t-on d'une injustice volontaire ? Non, mais d'une partialité aveugle à l'encontre des œuvres qui blessent le goût de ses membres. On a souvent reproché à l'Académie française, comme à l'Académie des beaux-arts, d'exclure systématiquement de son sein ou de la participation à ses récompenses des hommes de talent, quelquefois même de génie, dont le seul tort était de s'être insurgés contre les règles de goût qu'elle avait transformées en articles de foi. On lui reproche aussi de subordonner ses jugements littéraires à des considérations morales, religieuses ou politiques. Même quand ils sont le mieux fondés, ces reproches ont quelque chose d'injuste. Toute foi est naturellement exclusive. Je sens difficilement le mérite d'un ouvrage où sont foulées aux pieds toutes les règles que je suis habitué à respecter, tous les principes auxquels sont attachés pour moi le salut et la dignité du genre humain. Tout ce qu'on est en droit de me demander, c'est que mes censures ne fassent pas loi pour l'État. L'État ne saurait se porter garant d'une orthodoxie esthétique et littéraire, après avoir cessé de reconnaître une orthodoxie religieuse. Je ne voudrais pas même pour lui d'une orthodoxie morale, ou du moins d'une orthodoxie qui s'en prendrait non-seulement aux actes, mais aux théories. La force matérielle ne doit, à aucun titre, enchaîner la pensée.

Ajoutons qu'il n'y a pour personne un droit positif à faire partie d'une Académie, à obtenir quelqu'une des couronnes qu'elle est chargée de décerner, ou à voir figurer ses œuvres dans une exposition publique. Aucun droit n'est atteint tant qu'il ne s'agit que de distinctions honorifiques. Les représentants officiels du bon goût ont repoussé mes tableaux : leur *veto* ne m'interdit pas une exposition particulière ; il ne m'ôte pas l'espoir de trouver des admirateurs et des acheteurs. L'Académie des sciences garde un silence dédaigneux sur ma découverte : elle n'est pas tout le public ; elle n'est pas même tout le monde savant ; j'ai d'autres juges devant qui je puis appeler de ce que je considère comme un déni de justice. L'Académie française me ferme ses portes : je puis m'asseoir de mon chef sur ce quarante et unième fauteuil qui est la consolation de toutes ses victimes, et qui souffre à la fois plus d'un occupant; je puis confier au public vengeur le soin de ma renommée et de ma fortune, en attendant que l'Académie elle-même, abjurant trop tard ses préventions, vienne s'écrier sur ma tombe :

> Rien ne manque à sa gloire, il manquait à la nôtre!

Il en est tout autrement d'un examen obligatoire et exclusif pour l'exercice de l'enseignement. Il ne s'agit plus ici d'un honneur, mais d'un droit, et la condamnation est sans appel, même au jugement du public. C'est comme si l'on interdisait aux artistes d'exposer et de mettre en vente leurs ouvrages sans l'agrément d'un jury ; aux savants, de professer des théories que l'Académie des sciences n'aurait pas approuvées ; aux écrivains, de publier des livres qui ne porteraient pas l'estampille de l'Académie française. C'est la censure préventive non des écrits, mais de la parole ; c'est le droit d'exercer une profession, et, de toutes les professions, celle qui demande le plus de liberté, remis entre les mains d'un tribunal, dont on peut toujours suspecter la partialité, quelques garanties qui aient présidé au choix de ses membres. Lors même que les diplômes seraient délivrés avec une impartialité sur laquelle il ne faut pas compter, n'est-ce rien que la séduction exercée par les doctrines et par les méthodes des examinateurs ? La préparation aux grades qu'ils confèrent et, par suite, la préparation à l'enseignement, dont ces grades sont la condition, n'en reçoivent-elles pas un pli, qui, presque toujours, sera ineffaçable? C'est une précaution contre de dangereux écarts, je le veux bien, mais c'est aussi le plus grand obstacle au progrès.

D'où vient que la liberté d'enseignement a porté en France si peu de fruits? Elle a fait passer aux mains du clergé la direction d'une partie de la jeunesse, et ceux qui ne la demandaient que dans cet intérêt doivent être satisfaits; mais elle n'a pas transformé l'enseignement; elle n'a pas fait surgir de nouvelles méthodes, elle n'a pas imprimé aux intelligences un mouvement plus vif et plus libéral. A part le caractère et la science des maîtres, en quoi les écoles libres diffèrent-elles des écoles de l'État? Les classes y sont distribuées de la même manière ; on y suit à peu près les mêmes programmes ; on se sert, en général, des mêmes livres. Cédant aux instances souvent mal entendues des familles, plusieurs établissements d'instruction secondaire ont cherché, il est vrai, depuis quelques années, à abréger le temps des études; mais de quelle façon? On n'essaye pas, par des méthodes plus intelligentes et plus rapides, d'enseigner solidement en six ou sept ans ce qu'on apprend mal en dix ans ; mais, après avoir laissé aux classes inférieures leur organisation séculaire, on dispense les élèves d'une partie des classes supérieures, qui suffisent à peine aux enseignements divers dont elles sont surchargées, et on reporte tout le fardeau sur celles qu'on conserve, sans en modifier sensiblement la distribution. Des études hâtives et indigestes, qui, au bout de peu d'années, laissent à peine quelques traces dans l'intelligence, voilà la seule innovation dont nous soyons redevables à la liberté d'enseignement. Est-ce à dire qu'il n'y eût rien à changer au système de nos études? Tout le monde en sent les défauts, tout le monde réclame des réformes. Comment se fait-il qu'au lieu de demander ces réformes à la liberté, on ne les attende que de l'initiative de l'État? C'est évidemment intervertir les rôles. L'État, qui ne procède que par des mesures générales, s'expose à tout désorganiser, s'il décrète une réforme dont l'expérience n'a pas encore démontré les bons effets. La première tentative doit venir des particuliers, qui, n'opérant que sur un point, ne compromettent, s'ils échouent, que des intérêts restreints. Si la crainte d'un échec peut paralyser leurs efforts, quel stimulant ne devraient-ils pas trouver dans l'espoir du succès, sous un régime qui leur laisserait toute liberté? D'où vient donc, je le répète, que la liberté d'enseignement s'est montrée infidèle à son rôle? C'est qu'en la reconnaissant en principe, nous l'avons embarrassée de toutes sortes d'entraves; c'est que l'État la tient dans ses mains, et par les conditions qu'il impose à ceux qui en réclament le bénéfice, et par la surveillance minutieuse qu'il exerce sur elle, et par les examens obligatoires qu'il place au terme des études comme le *Sesame, ouvre-toi !* de la plupart des carrières libérales.

Faut-il s'étonner qu'en présence de ces entraves l'enseignement n'attire souvent que des esprits timides, défiants d'eux-mêmes, se résignant à enfermer leur pensée dans un moule convenu et à répéter, sans y rien mettre qui soit à eux, les leçons d'après lesquelles ils se sont formés? Ces dispositions routinières se font surtout sentir dans l'enseignement qu'on appelle classique, dans l'enseignement des langues et des littératures anciennes. Nous avons vu naître, de nos jours, pour l'étude des langues vivantes, de nouvelles méthodes, qui, sans avoir dit leur dernier mot, ont été couronnées par un succès incontesté. L'enseignement de la musique et du dessin tend à se transformer, et, là encore, l'épreuve est faite pour des méthodes plus rapides et plus sûres. L'enseignement classique reste seul stationnaire, d'aucuns diraient qu'il rétrograde : or, c'est précisément le seul sur lequel pèse l'obligation des grades [1].

Quoi donc! faut-il abandonner l'enseignement, dépourvu de la garantie des grades obligatoires, à l'influence de ces congrégations envahissantes, qui deviendraient si aisément un État dans l'État? Faut-il permettre à des sociétés politiques de propager, sous le couvert de l'enseignement classique, des principes subversifs? — Rien de plus ordinaire que d'opposer à la liberté, ici le fantôme des empiétements du clergé, là celui de

---

[1] Cette condition des grades, imposée à l'exercice de l'enseignement libre, a déjà souffert plus d'une brèche, du consentement de l'État lui-même. En exigeant, pour l'instruction secondaire, le grade de bachelier ès lettres ou ès sciences, la loi française permet d'y substituer un certificat, délivré par une commission spéciale. Elle est plus libérale encore pour l'instruction primaire, où elle accepte, à la place des examens publics, les lettres d'obédience données par certaines congrégations. Enfin, l'enseignement libre, à son premier degré, est à la veille d'être affranchi de toute condition préalable de grades, de certificats d'aptitude ou de lettres d'obédience. Nous formons des vœux pour que cette heureuse réforme se réalise et pour qu'elle soit étendue à tous les degrés d'enseignement. Que l'examen se passe devant une commission ou devant une faculté universitaire, c'est toujours un examen imposé par l'État; et nous ne voyons pas pourquoi on attendrait plus d'impartialité d'une commission choisie arbitrairement et annuellement par un ministre que d'un corps savant, dont les membres sont nommés à vie, ou du moins ne sont révocables que par un décret du souverain. D'un autre côté, c'est constituer en faveur des congrégations un injuste privilège que d'incliner, devant leurs lettres d'obédience, le prétendu droit de l'État, quand on le maintient tout entier pour les autres associations enseignantes, de même que pour les individus isolés. L'État ne doit abdiquer que devant le droit commun de la liberté. Mais n'est-ce pas une inconséquence que de renoncer aux grades pour l'enseignement primaire, qui s'adresse aux familles les moins éclairées, et de continuer à les exiger pour les deux autres degrés, où l'intérêt public est moins pressant et l'intérêt privé mieux en état de se protéger lui-même?

la propagande révolutionnaire. Mais, pour être logique, ce n'est pas la liberté spéciale de l'enseignement qu'il faudrait frapper avec cette arme à deux tranchants, c'est la liberté de conscience. Vous prétendez défendre à des parents catholiques de s'en rapporter aveuglément aux conseils d'un prêtre pour l'éducation de leurs enfants : pourriez-vous leur défendre, sans porter atteinte à leur foi, de livrer à leur guide spirituel, par la confession et par la direction, la conduite de leur ménage, la réglementation de tous leurs actes, soit privés, soit publics? Le vrai remède aux abus d'influence, c'est la liberté pour tout le monde, c'est la lutte à armes égales entre toutes les prétentions opposées.

En renonçant aux mesures préventives, la société ne désarme pas, d'ailleurs, devant les manœuvres frauduleuses : la vigilance de la police et la sévérité des tribunaux les atteindront plus sûrement que les exigences d'un jury d'examen. — La répression vient trop tard, direz-vous, quand la confiance des familles a été trompée par de fallacieuses promesses, quand la droiture de l'enfance a été faussée par un enseignement inintelligent ou immoral. — Elle vient trop tard aussi quand un enfant a été perverti dans sa famille elle-même, dans l'atelier qui l'a reçu comme apprenti, dans le magasin où il est entré comme commis, dans la maison qui, sous prétexte de bienfaisance, lui a donné un refuge. Allez donc jusqu'au bout : imposez des examens non-seulement aux maîtres d'école, aux professeurs de belles-lettres ou de sciences, mais à tous ceux qui se chargent ou que la nature a chargés de prendre soin des enfants. La logique demanderait qu'on en imposât même aux nourrices. Quiconque respecte l'institution de la famille doit craindre de l'ébranler en exagérant la répression, même contre l'abus le plus manifeste de son autorité, à plus forte raison en prenant trop de précautions contre ses erreurs.

Si la famille peut se tromper, si elle peut être trompée, les représentants de l'État ne sont pas plus infaillibles, leur examen n'est pas plus à l'abri d'influences exclusives et funestes. Les erreurs des parents ne sont pas, du moins, universelles : celles des examinateurs publics, quand ils exercent une juridiction obligatoire, se font sentir à toute la société. On craint l'influence que pourrait exercer une congrégation religieuse ou une association politique, si elle avait le droit de délivrer des diplômes, en concurrence avec ceux de l'État ; mais cette influence ne s'imposerait à personne : celle de l'État peut être aussi mauvaise, et, si ses diplômes sont obligatoires, elle pèse sur tout le monde. Vous ne voulez pas, vous libre penseur, que des jésuites puissent enseigner, à moins qu'ils n'aient passé sous les fourches caudines d'un examen public : qui vous assure que l'État ne tombera pas un jour aux mains des jésuites, et ne vous imposera pas, en vertu du droit que vous réclamez pour lui, des maîtres formés d'après leurs principes? Vous ne voulez pas, vous conservateur, que des novateurs révolutionnaires puissent ouvrir des écoles, ou du moins vous prétendez que l'État se fasse juge de leur capacité, et par suite de leurs doctrines : êtes-vous certain que leurs doctrines ne deviendront jamais celles de l'État? Faites donc en sorte que l'habitude de la liberté et de l'initiative individuelle entre tellement dans les mœurs que les changements politiques les plus radicaux puissent se produire sans ôter tout refuge aux croyances vaincues et aux intérêts des minorités.

On fait valoir une dernière considération en faveur de l'obligation des grades pour la profession de l'enseignement : c'est la nécessité de maintenir à une certaine hauteur le niveau général des études. La prospérité d'un pays, ses progrès matériels, aussi bien que ses progrès moraux, son influence et son honneur au dehors, tiennent au développement des intelligences, à la direction que reçoit l'éducation nationale. C'est là un de ces intérêts communs pour lesquels tous les individus qui composent une nation sont solidaires, et qui ne sauraient être délaissés par l'État, représentant légal de leur association. Or, si le premier venu peut ouvrir une école sans justifier de sa capacité, combien de familles, séduites par le bon marché, donneront leur confiance, sinon à des maîtres tout à fait ignorants, du moins à des individus d'une instruction superficielle et mal assise, qui ne sauront que répéter par routine le peu qu'ils auront appris, ou mettre entre les mains de leurs élèves quelques livres de classe, dont ils seront incapables et d'éclaircir les passages obscurs, et de combler les lacunes, et de rectifier les inexactitudes! Depuis que la liberté d'enseignement a succédé en France au monopole de l'État, il est facile de reconnaître que les études se sont abaissées. Que serait-ce donc si l'on abattait les barrières que l'on oppose encore à la décadence ?

Du moment qu'on invoque l'expérience, nous avons le droit de demander si elle a été bien faite, si ce ne sont pas ces barrières mêmes qui ont empêché la liberté de porter ses fruits. Nous n'avons fait que passer, en ce qui concerne l'enseignement, du monopole absolu au système des maîtrises; nous n'avons pas encore essayé de la libre concurrence, et il nous est permis de croire qu'elle ne serait pas moins favorable au progrès dans l'ordre intellectuel que dans l'ordre industriel. Ce niveau que l'on espère maintenir dans l'enseignement, à l'aide des grades obligatoires, ne sera jamais que celui de la médiocrité ; il empêchera, je le veux bien, les études de tomber trop bas : il les empêchera aussi de s'élever.

Un grade obligatoire est forcé, en effet, de chercher sa mesure non dans les intérêts des études, mais dans ceux de la profession pour laquelle il est exigé. Aussi, la vraie cause de la décadence de notre enseignement classique, ce n'est pas la liberté d'enseignement, c'est l'extension imprudente que l'on a donnée à l'obligation professionnelle du baccalauréat. On y a gagné sans doute d'écarter de certaines carrières les candidats illettrés ; mais, sous peine de briser l'avenir d'un grand nombre de jeunes gens, il a fallu se contenter d'études médiocres, et cette médiocrité, au-dessous de laquelle on ne voulait pas descendre, est devenue le niveau au-dessus duquel bien peu cherchent à monter. La préparation au baccalauréat, dans les limites de capacité exigées pour le baccalauréat, voilà quel a été dès lors le seul but des études, et la supériorité d'intelligence n'a plus été considérée que comme un moyen d'arriver plus vite au but, non de le dépasser. Il n'y a que les grades facultatifs qui présentent des garanties de capacité vraiment sérieuses, parce qu'ils peuvent exagérer leurs exigences, sans qu'elles prennent un caractère vexatoire. Le doctorat en droit a incontestablement plus de prix que le doctorat en médecine : c'est que celui-ci est un grade professionnel, l'autre est en quelque sorte un titre de luxe, sauf pour ceux, et c'est le petit nombre, qui se destinent à l'enseignement; si l'on venait à l'exiger pour la magistrature ou pour le barreau, il ne tarderait pas à se déprécier. Le doctorat en médecine lui-même ne se maintient à une certaine hauteur que parce qu'on peut s'en passer pour exercer l'art de guérir; la suppression des officiers de santé, si imprudemment demandée par les docteurs, lui porterait un coup fatal. Il en est de même pour l'enseignement classique. Ce qui en maintient le niveau, ce n'est pas le baccalauréat, dont les exigences ne peuvent être que très-modestes, par suite de son caractère obligatoire : ce sont les grades facultatifs, la licence et le doctorat; c'est aussi l'émulation des maîtres, en les engageant à suppléer, par un travail persévérant, à l'imperfection des études qui ont suffi pour leur ouvrir l'entrée de la carrière.

XIV.

En instituant des examens, soit obligatoires, soit facultatifs, l'État peut y ajouter des conditions d'études préalables. Ce n'est pas, en principe, une exigence contraire à la liberté. Si le grade est facultatif, toutes les conditions imposées pour l'obtenir sont également facultatives ; s'il est obligatoire, le fond emporte la forme, et la liberté n'est pas plus atteinte par les conditions du grade que par le grade lui-même.

Des certificats d'études sont exigés en France pour les examens de droit et de médecine. Le baccalauréat ès lettres et ès sciences a été, depuis 1849, affranchi de cette obligation, dont le rétablissement n'a pas cessé d'être réclamé, dans l'intérêt des études, par l'Université. Il semble en effet que, si un examen doit appeler cette garantie, c'est surtout quand il embrasse les matières les plus étendues et les plus diverses. Un examen de droit ou de médecine ne porte, en général, que sur l'enseignement d'une année ; le baccalauréat, sur celui de plusieurs années. Le premier se renferme dans une seule science et dans une portion limitée de cette science. Le second est une véritable encyclopédie : la langue maternelle, les langues vivantes elles-mêmes, les chefs-d'œuvre de toutes les littératures, l'histoire, la géographie, les sciences physiques et mathématiques, la philosophie, voilà le champ qu'il faut parcourir dans une série d'interrogations, condamnées, par la durée nécessairement très-restreinte de l'examen, à se contenter, pour réponses, d'assez vagues généralités. Mieux vaudrait peut-être un certificat d'études sans la sanction d'un examen, qu'un examen de ce genre sans la garantie d'un certificat d'études.

Nous sommes loin de nous dissimuler la force de ces raisons ; nous croyons cependant que le maintien ou le rétablissement des certificats d'études, s'il n'est pas inconciliable avec la liberté, ne peut que la mettre en péril. Si l'on exige que les études aient été faites dans les écoles de l'État, comme cela a lieu pour le droit et la médecine, on crée en leur faveur un privilége énorme. Ce privilége ne s'est maintenu en France, pour l'enseignement supérieur, qu'en enlevant à cet enseignement le bénéfice de la liberté. Le monopole des facultés n'est pas, sans doute, une conséquence forcée de l'obligation d'assister à leurs cours. Mais quel succès peuvent espérer des cours libres, à côté de cours obligatoires, à moins qu'ils n'aient l'attrait d'un grand talent, ou qu'une sorte de mode ne les prenne sous son patronage ? L'enseignement primaire et l'enseignement secondaire ont conquis parmi nous presque toutes les garanties de la liberté : l'enseignement supérieur a les mêmes droits, et il ne faut pas qu'ils soient confisqués, soit directement par l'interdiction des cours libres, soit indirectement par l'obligation des inscriptions auprès des facultés de l'État. Il serait aussi inconséquent qu'injuste que l'enseignement de la jeunesse restât en tutelle, quand celui de l'enfance a cessé de l'être. J'admets que les professeurs qui enseignent au nom de l'État ont été choisis avec la plus grande impartialité : la liberté est défiante de sa nature, et elle ne peut remettre ses plus chers intérêts entre les mains du gouvernement le plus éclairé et le plus équitable.

Le privilége serait moins excessif si les grades devenaient simplement facultatifs. Ils n'en seraient pas moins très-recherchés, et si la fréquentation des cours institués par l'État était nécessaire pour les conquérir, ces cours défieraient toujours la concurrence de l'enseignement libre. Qu'on se représente la situation des établissements libres d'instruction secondaire, s'il fallait encore un certificat d'études dans les colléges de l'État pour se présenter au baccalauréat, lors même que le baccalauréat ne serait plus exigé à l'entrée de toutes les carrières libérales ; qu'on se représente surtout quelle atteinte une telle obligation porterait à la liberté des esprits. S'il est difficile à un examinateur de faire abstraction de ses doctrines personnelles, comment un professeur le pourrait-il? Que son cours soit imposé à tous ceux qui ont besoin des grades ou qui croient devoir les rechercher, ses théories leur seront imposées par là même. Privilége chèrement acheté d'ailleurs, car, en exagérant les droits qu'il confère à ceux qui enseignent en son nom, l'État exagère nécessairement leur responsabilité. L'enseignement donné par l'État peut être, à beaucoup d'égards, c'est un point sur lequel nous aurons à revenir, un enseignement libre, car l'existence de l'État n'est proprement attachée à aucune doctrine littéraire, scientifique, médicale ou même juridique; mais la liberté est incompatible avec un enseignement imposé. Chacun a le droit de protester contre des théories qu'il est forcé d'écouter, si ces théories blessent ses convictions; chacun a le droit de réclamer soit contre une obligation pénible pour sa conscience, soit contre un enseignement qu'il juge faux ou dangereux, et c'est le devoir de l'État, s'il maintient l'obligation, d'exiger de ses professeurs le respect de ces susceptibilités, dont il ne lui appartient pas de se faire juge. Faire violence à la conscience des professeurs ou à celle de leurs auditeurs forcés, telle est l'alternative à laquelle il ne saurait se soustraire.

Échappera-t-on à tout péril en accordant les mêmes droits aux certificats de l'enseignement libre qu'à ceux de l'enseignement public? Non, à moins que l'obligation ne devienne tout à fait illusoire. L'État peut maintenir le niveau des études, dans les établissements qui lui appartiennent, par la surveillance qu'il exerce sur les maîtres et sur les élèves, par les conditions qu'il impose soit à la nomination ou à l'avancement des premiers, soit au passage des seconds d'une classe dans une autre, enfin par ses programmes d'enseignement et par la durée qu'il assigne à chaque branche des études. Toutes ces garanties lui font défaut vis-à-vis des écoles libres, s'il est vrai que la liberté d'enseignement ne suppose pas seulement des maisons d'instruction fondées, entretenues et dirigées par des particuliers, mais des établissements vraiment libres dans leur organisation, dans le choix de leurs méthodes, dans les doctrines qu'ils professent [1].

---

[1] Quand on parle de certificats d'études délivrés par des établisse-

Le certificat d'études répond à un besoin réel ; mais il est loin d'avoir la vertu qu'on lui suppose. Considérons d'abord l'enseignement supérieur, où il s'est toujours maintenu. Des inscriptions auprès des facultés sont exigées pour les licences ès lettres et ès sciences ; mais ce n'est qu'une mesure fiscale, car les inscriptions peuvent être prises toutes à la fois, sans justifier de l'assiduité aux cours. Ces deux examens n'en sont pas moins sérieux, et ils portent avec eux toutes les garanties qu'on peut souhaiter, sans avoir besoin de celle d'un certificat d'études. Pour le droit et pour la médecine, la présence régulière aux cours des facultés est exigée en principe ; mais, dans la pratique, surtout pour le droit, de nombreuses dispenses sont accordées, et on sait à quoi se réduit l'assiduité, pour ceux mêmes à qui elle est imposée. Des mesures plus rigoureuses pourraient sans doute être prises. On pourrait assimiler les cours des facultés aux classes des colléges, exiger la présence des élèves à toutes les leçons, et, pendant toute leur durée, les obliger à prendre des notes, leur imposer des rédactions. On ne leur imposera pas le goût du travail ; on ne fera pas qu'une besogne machinale soit une besogne féconde. La discipline est une belle chose ; il vient un âge où la liberté

ments libres, on entend qu'ils attesteront des études faites sur le même plan que celles des établissements publics. C'est ainsi qu'on réclame pour le baccalauréat un certificat de rhétorique et de philosophie comprenant les matières de l'enseignement de ces deux classes, tel qu'il est organisé dans les lycées. Mais quoi! si je crois pouvoir distribuer ces matières en plusieurs classes ou les réunir en une seule, pourquoi me défendriez-vous d'en tenter l'épreuve ? S'il faut deux classes distinctes, m'empêcherez-vous, du moins, de répartir sur elles une partie de l'enseignement que vos lycées donnent dans les classes précédentes ? Faudra-t-il que j'adopte tout votre plan d'études avec les dix années qu'il embrasse ? On n'a rien obtenu si l'on ne va pas jusque-là. La rhétorique et la philosophie des lycées n'ont de valeur que comme couronnement des études antérieures, non comme pouvant en tenir lieu. Et ce n'est rien encore que de supprimer la liberté des méthodes en astreignant les établissements libres aux programmes des établissements publics. En supposant qu'ils ne donnent jamais des certificats de complaisance, que prouveront leurs attestations ? qu'on a suivi leurs cours pendant un certain temps, mais non pas qu'on en a profité, non pas que ces cours ont été bien dirigés, non pas, en un mot, qu'on a fait de bonnes études. Quelles garanties peuvent offrir de telles attestations, que n'offre pas l'examen lui-même ? Et si l'on prétend les contrôler par une action directe et efficace, exercée, au nom de l'État, sur les maîtres, sur les élèves et sur les études, que reste-t-il de la liberté d'enseignement ?

est encore meilleure. Que les étudiants abusent trop souvent de la liberté qui leur est laissée, nous sommes loin de le nier ; que, sans les traiter en enfants, on ne doive pas les traiter tout à fait en hommes, nous l'admettons encore ; mais, pour les engager au travail, nous préférons à la contrainte l'intérêt des cours, l'attrait des récompenses, la juste sévérité des examens. Nous sommes persuadé que les cours seraient mieux suivis s'ils étaient tout à fait libres, et surtout s'il y avait une salutaire émulation entre les professeurs de l'État et des professeurs indépendants, comme ces *privat docent* que la France est réduite à envier à l'Allemagne. D'un autre côté, les récompenses scolaires seraient plus recherchées si les diplômes portaient la mention des prix remportés dans les concours ou des marques de distinction obtenues dans les examens, si l'usage permettait de s'en parer devant le public et si l'État en faisait un titre à ses faveurs. Enfin, pour ceux qui ne peuvent pas ou qui ne veulent pas viser aux récompenses, les examens offriraient une garantie plus sérieuse, si l'on n'y ajoutait pas cette autre garantie à peu près illusoire de l'obligation des études. Rien de plus naturel que de se laisser entraîner à un excès d'indulgence, quand on sait que l'on dispose de la destinée d'un jeune homme ; or, la conscience des examinateurs se tiendra d'autant moins en garde contre un tel entraînement qu'elle pourra se donner cette excuse que la fréquentation des cours rachète ce qu'il y a d'insuffisant dans les examens.

Ce n'est que dans l'enseignement secondaire et pour le baccalauréat que le certificat d'études apparaît à de bons esprits comme le seul remède à un état de choses déplorable, dont on sentait déjà la gravité, lorsque ce certificat était éludé par des déclarations mensongères, et qui est devenu manifeste pour tout le monde, lorsqu'il a été entièrement supprimé. Sans dissimuler le mal, nous croyons qu'il en faut chercher la cause dans le baccalauréat lui-même, et qu'en lui ôtant l'importance exagérée qu'il a usurpée, on fera disparaître, avec le mal, la nécessité apparente du remède. Bien qu'il ne s'agisse que d'une question toute pratique, l'importance qu'elle a prise de nos jours et les graves intérêts qui s'y rattachent nous engagent à la traiter avec quelque développement.

Le baccalauréat a subi bien des métamorphoses depuis la création de l'Université. Ce n'était d'abord qu'un examen assez facile et assez restreint, imposé seulement à ceux qui voulaient prendre d'autres grades dans les facultés. Il embrasse aujourd'hui tout le cercle des études classiques, et il est exigé pour tant de carrières, que c'est un signe d'incapacité et une sorte de déchéance que de ne pouvoir y réussir. Or, il est remarquable que plus le baccalauréat a vu croître ses exigences, plus on s'est plaint de l'affaiblissement des études. Nous en avons déjà indiqué la raison. C'est que la force d'un examen n'est pas dans l'extension de son programme, mais dans la destination qui lui est assignée. L'examen pour l'école polytechnique n'était pas moins élevé qu'aujourd'hui, lorsqu'il se bornait aux mathématiques, avec la simple addition d'une composition littéraire, dont la faiblesse n'était presque jamais un motif d'exclusion. Le baccalauréat, au contraire, en s'imposant, comme une commune mesure, aux aptitudes et aux professions les plus diverses, a été condamné, par la force des choses, à courber sous un niveau de plus en plus bas ses prétentions encyclopédiques.

Tous les enfants qui font leurs classes de huit à dix-huit ans ne sont ni également intelligents ni également laborieux. Ceux mêmes qui se valent sous ce double rapport ne marchent pas d'un pas égal dans la durée de leurs études. Pour les uns, l'esprit paraît longtemps engourdi et se révèle tout à coup dans les dernières années; d'autres manifestent dans l'enfance une vivacité qui ne tient pas toujours ses promesses. De même pour le travail. Qui n'a eu, soit au début, soit dans le courant de ses études, des boutades de paresse, plus ou moins prolongées, qui n'empêchent pas qu'on ne puisse se montrer plus tard un homme actif et dévoué à ses devoirs? Lors même que l'intelligence et le travail n'ont souffert aucune éclipse, les aptitudes ne sont pas toujours les mêmes. Tel a le goût des lettres, tel autre celui des sciences. Celui-ci, faute de mémoire, ne peut retenir que des notions vagues et incomplètes d'histoire et de géographie ; celui-là ne sera jamais qu'un très-médiocre humaniste. Il y aurait une véritable injustice à frapper d'exclusion tous ceux qui, par l'effet de la diversité de leurs dispositions ou par suite d'un retard dans le développement de leur intelligence, n'ont pu atteindre à une force égale sur toutes les matières d'un programme aussi vaste et qui demande d'aussi longues études. Beaucoup d'hommes distingués, même parmi les littérateurs et les savants, ont été, dans leurs classes, d'assez mauvais élèves, et, lors même qu'on aurait le droit de juger de l'homme par l'écolier, il ne faut pas décourager ceux qui, sans avoir fait de très-bonnes études, n'en ont pas fait cependant de tout à fait mauvaises. L'injustice serait d'autant plus grande qu'on ne répare pas les lacunes des études classiques comme celles des études spéciales. Celui qui a échoué à un examen de droit, peut, sans beaucoup d'efforts, tenter, au bout de trois mois, une nouvelle épreuve avec des chances de succès. Celui qui a échoué au baccalauréat, faute d'avoir suffisamment profité d'un enseignement de plusieurs années, aurait besoin de refaire ses classes pour se mettre en état de passer un bon examen.

Il est donc juste que le baccalauréat rabaisse ses prétentions, qu'il accepte des études faibles et incomplètes, qu'il se contente d'une honnête médiocrité. Mais son ambition a beau être modeste, ce grade, à l'aide duquel on peut prétendre à tout, et sans lequel on n'est presque rien, garde toujours tout son prestige aux yeux des jeunes gens et de leurs familles. Ce n'est plus seulement le signe des études, c'est un but auquel on vise pour lui-même, et sur lequel chacun règle ses efforts. De là une tendance générale, chez ceux qui participent aux bienfaits de l'instruction secondaire, à renfermer leur ambition dans les exigences du baccalauréat. S'il oblige les uns à s'élever jusqu'à lui, il engage les autres à ne pas prétendre plus haut. C'est ainsi que le niveau des élèves médiocres est devenu celui des bons.

Que faut-il donc pour relever les études ? Supprimer cet examen uniforme, qui est devenu une sorte de lit de Procuste, ou, si l'on tient à le conserver, lui superposer d'autres examens, qui offrent aux élèves capables un prix plus digne d'eux, et le rendre lui-même encore plus facile, en ne le considérant que comme la dernière limite de la médiocrité. Si les professions libérales supposent une certaine moyenne d'instruction, que peut constater un examen commun, chacune d'elles, en dehors ou au-dessus de cette moyenne, demande une capacité particulière, qu'il est juste de vérifier par un autre examen plus ou moins élevé. Convient-il, par exemple, de ne rien exiger de plus, en fait d'instruction littéraire, d'un avocat ou d'un juge, que d'un commis des contributions indirectes [1] ?

Par là, sans décourager personne, on fera naître une émulation féconde, qui, en offrant une prime aux efforts des bons élèves, se fera sentir dans toutes les professions libérales, même dans celles qui deviendront plus abordables. Si quelques-uns, se rendant justice ou n'écoutant que la voix de la paresse, se résignent de bonne heure à ne poursuivre que le but le plus rapproché, beaucoup ne consentiront à descendre qu'après avoir frappé, vainement pour leur ambition, mais non pour le développement de leur esprit, à la porte la plus élevée. Voyez ce qui a lieu pour les sciences, où la décadence est beaucoup moins sensible que dans les lettres. Dès qu'un enfant montre quelque goût pour les mathématiques, il est rare qu'on ne songe pas pour lui à l'école polytechnique, et, parmi les carrières auxquelles conduit cette grande école, aux services civils. Bien peu arriveront au terme de leurs

---

[1] Nos institutions universitaires ont déjà fait un pas dans cette voie, en créant deux baccalauréats rivaux, l'un pour les lettres, l'autre pour les sciences. Mais la réforme était mal entendue. Elle gênait à la fois et ceux qui pouvaient prétendre à des succès égaux dans les lettres et dans les sciences, et ceux qui, sans pouvoir s'élever bien haut, de l'un et de l'autre côté, réunissaient cependant, dans un degré inférieur, les deux aptitudes. Elle avait un tort plus grave, en ne reconnaissant que deux catégories tranchées là où il eût fallu tenir compte d'un plus grand nombre de nuances. C'est ce dont on s'est aperçu tout de suite pour la médecine, qui a forcément un pied dans les deux camps. Mais ce qui a surtout compromis l'institution, c'est ce qu'on a appelé la bifurcation, la séparation des élèves, dès douze ou treize ans, en deux sections radicalement distinctes, répondant non-seulement à des examens différents, mais à des professions différentes, et préjugeant leur vocation à l'entrée de l'adolescence. La plupart des parents, quand ils font faire à leurs enfants des études classiques, n'entendent pas enchaîner leur avenir, mais au contraire les mettre à même, au sortir du collège, de choisir entre les carrières libérales. Il n'y a pas lieu de décourager cette ambition, qui contribue au développement intellectuel de la nation, en donnant aux études un prix qu'elles n'auraient pas toujours par elles-mêmes. Qu'il y ait donc un enseignement commun pour tous ceux qui prétendent aux professions libérales, ou, du moins, que la séparation ne commence que lorsqu'elle est tout à fait inévitable. Mais si tous suivent les mêmes cours, tous n'y obtiendront pas les mêmes succès. Rien de plus juste que de constater, par des examens gradués, la diversité des résultats; rien de plus juste aussi que de manifester des exigences plus grandes, à mesure que l'ambition des postulants vise plus haut.

vœux; mais, si l'on ne peut être ingénieur des mines ou des ponts et chaussées, on est encore fier de revêtir l'uniforme d'officier d'artillerie ou du génie; et, si l'on échoue aux examens de l'école polytechnique, ou si, faute de chances suffisantes, on renonce à s'y présenter, on est heureux de mettre à profit, soit pour une autre école, soit pour certains emplois qui demandent des connaissances scientifiques, soit enfin pour l'industrie ou le commerce, ces hautes études, qui, sans avoir atteint leur but, seront loin d'être infructueuses. Ainsi se maintient le niveau de l'enseignement scientifique, sans certificat d'études, et même sans le concours du baccalauréat, qui n'a exercé aucune influence, ou plutôt qui n'a exercé, comme partout, qu'une influence fâcheuse sur les examens des grandes écoles. Ajoutez que personne ne se plaint de ces ricochets auxquels est condamnée l'ambition des jeunes gens et de leurs familles. Chacun comprend qu'un examen spécial a le droit d'être sévère et de repousser les présomptueux vers un autre porte : un examen général, hors duquel il n'y a, pour ainsi dire, aucune issue, ne saurait, au contraire, être trop facile. L'influence d'un examen unique et uniformément obligatoire, voilà la véritable cause de la faiblesse toujours croissante des études littéraires. Quand on sème l'uniformité, faut-il s'étonner qu'on ne récolte que la médiocrité?

XV.

Si nous repoussons l'enseignement obligatoire pour les grades des facultés, l'imposerons-nous d'une manière générale, dans les limites de l'instruction primaire, à toutes les classes du peuple, en dehors de la poursuite de tout grade ou de toute profession déterminée? C'est une institution qui existe dans quelques pays, et qui a en France de nombreux partisans. Elle a eu l'heureuse fortune d'être réclamée avec ardeur par les voix les plus éloquentes de l'opposition, à la tribune et dans la presse, et de trouver un zélé défenseur jusque dans les conseils du gouvernement [1].

---

[1] Rapport de M. Duruy, ministre de l'instruction publique, *Moniteur* du 6 mars 1865. — *Voir* aussi le beau livre de M. Jules Simon, *L'école*.

Les intérêts élevés auxquels elle prétend donner satisfaction et les sympathies qu'elle excite, dans les camps les plus opposés, nous font un devoir de ne pas la repousser sans une discussion approfondie.

On nous permettra d'écarter les arguments tirés de l'expérience. Il est peu d'institutions, si mauvaises et si injustes qu'elles soient en principe, qui ne puissent invoquer le succès qu'elles ont obtenu dans certains temps et dans certains pays. Nous voyons, dans l'antiquité, l'esclavage établi par toute la terre, se faisant accepter partout sans trop de résistance, et pouvant se faire un titre, dans les États les plus civilisés et les plus libres, des facilités qu'il offrait à la vie politique des citoyens. Ce n'est là, sans doute, qu'un des côtés de la médaille, et le revers nous offrirait non-seulement l'oppression la plus horrible pesant sur le corps et sur l'âme des esclaves, mais la corruption des maîtres eux-mêmes par le fait seul de l'esclavage. Toute expérience a sa contre-partie, et tant qu'elle n'a pas dit son dernier mot, il faut toujours opposer les résultats aux résultats, sans qu'on ait le droit d'en tirer une conclusion définitive. Aujourd'hui l'épreuve est faite pour l'esclavage; il est condamné, sans retour, par l'expérience comme par la raison. Mais, tant qu'il était en vigueur, les faits qui parlent contre lui paraissaient probablement beaucoup moins évidents que ceux qui semblent témoigner en sa faveur, et nous-mêmes nous aurions peut-être quelque peine à nous prononcer entre les uns et les autres, si nous n'étions pas éclairés par certains principes qui règnent dans nos âmes, et qui ont plus de force pour nous convaincre que tous les enseignements de l'histoire. L'épreuve ne fait que commencer pour l'instruction obligatoire, et il serait téméraire d'en préjuger les résultats, si la question était de celles que l'expérience suffit à trancher. Mais, comme celle de l'esclavage, quoique dans un moindre degré, hâtons-nous de le dire, c'est une question de principes, et, laissant de côté les faits allégués pour ou contre, ce n'est que sur le terrain du droit naturel que nous devons en chercher la solution.

Remarquons, d'ailleurs, que l'épreuve n'a été sérieusement tentée, avec un succès apparent, qu'en Allemagne ou dans des pays de race allemande. Or, les Allemands sont un des peuples les mieux doués pour la liberté et les moins heureux dans leurs efforts pour s'élever jusqu'à elle. Qu'on les compare, sous ce rapport, avec les Anglais, leurs frères d'origine. Ceux-ci ont, depuis plusieurs siècles, consacré l'indépendance de l'individu en restreignant dans une juste mesure la puissance de l'État; ceux-là commencent à peine à rompre les mailles dans lesquelles les enserrent encore des institutions plus ou moins despotiques, et leurs instincts de liberté n'ont guère trouvé d'issue, jusqu'à présent, que dans l'ordre spéculatif. C'est ainsi qu'ils se sont élevés à un haut degré de culture intellectuelle, et qu'ils en sont comme embarrassés dès qu'il s'agit d'en tirer parti dans la vie active. Or, un régime qui fait de l'instruction un devoir civil et une sorte d'impôt, acquittable sous forme d'amende, quand il n'est pas acquitté en nature, peut être éminemment favorable à la diffusion des connaissances au sein de la nation : je doute qu'il le soit autant à l'émancipation pratique des individus. L'Allemagne est fière, à bon droit, de ses conquêtes sur l'ignorance, qui sont en même temps des conquêtes sur le vice ; mais ceux de ses enfants qui rougissent pour elle de la lenteur de ses progrès vers des institutions franchement libérales seraient peut-être fondés à souhaiter qu'elle comptât un peu moins d'individus sachant lire, si elle pouvait gagner, à ce prix, quelques individus de plus sachant agir.

Considérons donc les arguments de droit, les seuls qui puissent avoir de la valeur. Nous ne nous dissimulons pas leur gravité. S'il faut des connaissances spéciales pour l'exercice de certaines professions, comme la médecine et le barreau, s'il faut un niveau général d'instruction pour toutes les professions qu'on nomme justement libérales, parce qu'elles s'exercent par ce qu'il y a de plus libre en nous, par l'esprit, n'y a-t-il pas un niveau inférieur, au-dessous duquel personne ne peut descendre, en quelque condition que le sort l'ait placé, sans compromettre ses devoirs d'homme et de citoyen? L'ignorance est le pire fléau d'une société. Toutes les statistiques constatent, parmi les accusés de crimes ou de délits, une grande majorité à peu près illettrée[1]. L'ignorance ne contribue pas seulement à faire des criminels, mais des esprits faibles et grossiers, livrés à toutes les influences qui

---

[1] 81 sur 100, suivant le rapport de M. Duruy.

peuvent abuser de leur stupidité, esclaves de mille superstitions, opposant d'incurables préjugés à tous les progrès sociaux. Or, ces terribles ignorants n'ont pas seulement à remplir des devoirs individuels; ils auront charge d'âmes, ils décideront des destinées d'autrui; ils exerceront une véritable magistrature, dans la famille comme pères, dans l'État comme citoyens. On prend des précautions contre l'incapacité des magistrats, en leur demandant des grades, qui supposent un degré plus ou moins élevé d'instruction : est-ce une exigence exorbitante que de prendre aussi des précautions contre l'incapacité des particuliers, en leur imposant, non pas des grades ou des examens, mais la fréquentation des écoles où l'on apprend à lire et à écrire ?

Il ne serait pas juste, toutefois, de frapper personnellement d'exclusion ceux qui ne justifient pas de cette fréquentation. Leur refuser l'exercice de certains droits civils ou politiques, ce serait les punir d'une faute qui n'est pas la leur. Le tort vient tout entier de leurs parents, qui ont négligé de les envoyer à l'école. Si l'enseignement doit être obligatoire, ce n'est pas aux enfants, c'est aux parents qu'incombe la responsabilité de cette obligation; c'est sur eux que doit retomber la peine. Leurs droits ne peuvent couvrir la violation de leurs devoirs. Tenir leurs enfants dans l'ignorance, ce n'est qu'une négligence, mais plus grave que bien des fautes positives. C'est pécher contre la société, à qui ils doivent des hommes et des citoyens capables de remplir toutes les obligations qu'impliquent ces deux grands noms ; c'est pécher surtout contre leurs enfants, à qui ils doivent non-seulement le pain du corps, mais celui de l'esprit. Ils n'échapperaient pas à des poursuites, s'ils laissaient sans nourriture ces faibles êtres qui ne peuvent subsister que par leurs soins : l'impunité serait-elle mieux justifiée, parce que la négligence n'aurait eu pour objet que la nourriture intellectuelle? Sans doute, l'âme ne meurt pas comme le corps, faute d'aliments ; mais son immortalité ne rend pas sa condition meilleure. Elle ne meurt pas, mais elle se dégrade, elle traîne avec elle, peut-être pour l'éternité, le fardeau de tous les vices que contracte aisément un esprit sans culture.

Non-seulement l'instruction moralise, non-seulement elle prévient les conséquences funestes de l'ignorance; mais, par le travail salutaire qu'elle impose, elle arrache l'enfant aux mauvaises habitudes qui naissent du désœuvrement et du vagabondage. Refuser à un enfant le bénéfice de l'école pour lui imposer de bonne heure et d'une manière exclusive le travail manuel, c'est étioler son corps, en même temps qu'on néglige le soin de son âme. L'affranchir à la fois de l'atelier et de l'école, c'est le livrer à toutes les séductions de l'oisiveté, ou plutôt, car l'oisiveté n'est pas le mot propre, et la paresse elle-même n'est le plus souvent chez l'enfant qu'un emploi vicieux de son activité, c'est encourager la mendicité, le maraudage et le vol. Ne serait-ce pas pousser trop loin le respect de la liberté que d'interdire à la société de se protéger elle-même et de protéger ses plus jeunes membres, qui sont sous sa tutelle aussi bien que sous celle des familles, en décrétant l'obligation de l'enseignement et en lui donnant une sanction efficace?

Il faut distinguer, dans les arguments qui précèdent, un double point de vue, l'un politique, l'autre purement moral. Le premier est loin de nous laisser indifférent, mais nous ne croyons pas qu'il doive prévaloir contre des raisons de droit naturel. Nous sommes de ceux, nous l'avouons, qui n'attribuent aucun caractère absolu aux institutions politiques. Nous sommes fier d'appartenir à une nation qui se sent assez forte et assez éclairée pour accorder le droit de suffrage à tous ses citoyens; nous en serions plus fier encore, si ce droit était entouré de toutes les garanties qui peuvent en assurer l'usage indépendant et judicieux; mais, quelque prix que nous y attachions, nous ne saurions considérer comme entachées d'injustice les institutions qui, dans d'autres pays, le soumettent à des conditions plus ou moins restrictives. Nos institutions elles-mêmes ne se font pas scrupule d'en exclure tout un sexe. L'incapacité politique dont les femmes sont frappées, serait souverainement injuste, si on pouvait y voir la privation d'un droit naturel. Elle est parfaitement légitime, s'il s'agit, nous ne dirons pas d'une fonction, mais d'un devoir spécial, dont il appartient à la loi de fixer les conditions, en tenant compte de tous les intérêts. En quoi l'exclusion des illettrés, si on la jugeait nécessaire au bon exercice du droit de suffrage, serait-elle moins légitime?—Ils porteraient, dira-t-on, le châtiment de la négligence de leurs parents, qui ne les ont pas envoyés à l'école. — Pas plus que les femmes ne portent le châtiment de la faute de la nature, qui, en les destinant aux devoirs d'épouses et de mères, leur a fermé l'entrée de la vie publique. Il ne faut pas parler de châtiment, quand le droit dont on est privé, quelque large qu'il soit, quelque fondé en raison qu'il paraisse, ne saurait être considéré comme antérieur à la loi qui le consacre.

Il ne faut pas parler davantage d'une peine à infliger aux parents pour avoir causé par leur négligence l'incapacité politique de leurs enfants. Dans les pays où règne un cens électoral, punira-t-on l'incurie du père qui n'aura pas su conserver à son fils ou ne l'aura pas mis à même d'acquérir le revenu nécessaire pour devenir un citoyen actif? On ne serait pas plus fondé à punir un père pour avoir laissé son fils dans l'ignorance, si la capacité électorale était attachée, non au cens, mais à une certaine somme d'instruction. Il pourrait y avoir, dans les deux cas, un oubli très-répréhensible des devoirs paternels; mais, sous peine de porter atteinte soit au droit de propriété, soit aux droits de la famille, on ne saurait y voir un délit légalement punissable. Si un père était passible d'un châtiment quelconque, pour avoir mis ses enfants, par mauvaise volonté ou par négligence, non pas dans l'impossibilité morale de remplir leurs devoirs, mais dans une situation plus ou moins défavorable à l'exercice de leurs droits, autant vaudrait dire que l'action coactive de la loi doit se substituer en tout et partout à la libre action de la famille dans l'éducation des futurs citoyens. Les droits politiques, les droits civils eux-mêmes sont une arme dangereuse aux mains d'un homme entièrement illettré: offrent-ils moins de péril sous l'influence d'une éducation mal dirigée, faussée par de mauvais principes ou compromise par de mauvais exemples? Qu'on traîne donc devant les tribunaux tout père qui n'élève pas ses enfants suivant le vœu de la loi et de ses interprètes officiels, ou plutôt, car ce serait à la fois plus logique et plus sage, qu'on s'empare des enfants eux-mêmes, pour les soumettre à une éducation commune, soustraite aux inégalités et aux imperfections de l'éducation domestique, et dirigée suivant le plus grand intérêt de la société; qu'on décrète, en un mot, pour rappeler une comparaison malheureuse, que désavoue aujourd'hui, nous en sommes convaincu, l'illustre orateur qui l'invoquait, il y a trente ans, en faveur d'un système dont elle est la meilleure réfutation, l'expropriation forcée de la famille pour cause d'utilité publique [1].

Nul ne saurait soutenir que des parents ne soient coupables, en général, quand ils laissent leurs enfants sans instruction. Les partisans de l'enseignement obligatoire n'ont que trop raison quand ils se placent au point de vue moral. Toute la question est de savoir si ce point de vue peut être celui de la loi. Nous n'allons pas, pour notre part, jusqu'à réclamer l'impunité légale pour tous les abus d'autorité ou les actes de négligence qui se commettent dans l'intérieur de la famille ; mais, sans revenir sur une question que nous croyons avoir suffisamment discutée dans le chapitre précédent, nous pensons que si la liberté légale du mal est une condition nécessaire de la liberté du bien, c'est surtout dans les rapports des parents avec leurs enfants. Tout châtiment infligé à un père de famille, dans l'intérêt de ses devoirs comme père de famille, non-seulement trouble la vie domestique ou lui enlève une partie de ses ressources, mais affaiblit les liens d'autorité et de respect, sans lesquels elle ne peut longtemps subsister.

Pour justifier l'intervention de la loi pénale, il faut un crime patent, odieux, sans excuse, ajoutons, un crime matériel. Les intérêts de l'âme sont plus précieux que ceux du corps ; mais ils ne touchent pas aussi directement l'État, et, en les prenant sous sa protection, il doit craindre de se placer en travers du droit des consciences. Pour un catholique fervent, un père de famille qui ne prend aucun soin de l'éducation religieuse de ses enfants, ou qui leur fait sucer le lait de l'hérésie, est beaucoup plus coupable que celui qui ne leur fait pas apprendre à lire. C'est au prêtre, c'est à tous les hommes religieux qui l'entourent à lui adresser des avertissements sévères, à l'effrayer par la menace des châtiments éternels. L'immixtion de la magistrature pénale serait une atteinte évidente à la liberté de conscience. Serait-elle mieux justifiée si, en dehors de toutes les croyances dogmatiques, entre lesquelles l'État ne doit pas se prononcer, les principes de la

---

[1] « Une loi qui ferait de l'instruction populaire une obligation légale, ne nous a pas paru plus au-dessus des pouvoirs du législateur que la loi sur la garde nationale, et *celle que vous venez de faire sur l'expropriation forcée pour cause d'utilité publique.* » — M. Cousin, Rapport à la Chambre des pairs, cité par M. Duruy.

religion naturelle n'avaient aucune part à l'éducation qu'un enfant reçoit dans sa famille? Rousseau croit qu'on ne doit pas parler de Dieu aux enfants. Beaucoup sont convaincus, au contraire, que l'éducation morale est impuissante, si on lui ôte la base du sentiment religieux. C'est aussi notre conviction; mais, lors même qu'elle serait partagée par tous ceux qui sont appelés à faire les lois ou à les appliquer, ils doivent la garder pour leur conscience d'hommes; ce serait la transporter sur un terrain qui n'est pas le sien que de lui donner une sanction pénale. L'irréligion dans la famille est peut-être un crime, ce n'est peut-être aussi qu'une erreur : crime ou erreur, l'État est incompétent pour en connaître. Pourrait-il obliger un père de famille qui ne croit pas en Dieu, à parler de Dieu à ses enfants? Il ne pourrait que les soustraire à son autorité, et le remède, à tous égards, serait pire que le mal.

Les mêmes principes s'appliquent à l'instruction. Sans doute, s'il peut se trouver des pères de famille qui repoussent toute éducation religieuse et fassent de bonne foi, pour eux-mêmes et pour leurs enfants, profession d'athéisme, il n'est pas vraisemblable qu'aucun père, même le plus ignorant, ferme les yeux sur les bienfaits de l'instruction. Mais il ne s'agit pas seulement, pour la conscience des parents, de décider s'ils feront ou non instruire leurs enfants : le libre choix des maîtres à qui ils doivent les confier est leur droit le plus précieux. L'État ferait évidemment violence à leur liberté, s'il leur imposait ses écoles; or, même en acceptant un enseignement libre à côté de celui qu'il patronne, laissera-t-il toujours à leur choix toute la latitude nécessaire? Dans la plupart des communes, il ne peut y avoir qu'une école, soit privée, soit publique, et il n'est pas rare qu'un instituteur, à tort ou à raison, soit l'objet des préventions invincibles d'un certain nombre de parents. Admettez qu'il y ait deux écoles, qu'il y en ait même plusieurs : il peut se trouver des pères de famille à qui toutes inspireront de la défiance. Il reste encore, dans nos départements de l'Ouest, quelques familles catholiques qui repoussent le concordat comme attentatoire aux droits de l'Église. Pour elles, le curé de leur paroisse, l'évêque de leur diocèse ne sont que des intrus, et, plutôt que de les appeler auprès d'elles, elles préfèrent se priver des secours religieux. Scrupules mal entendus assurément, mais consciencieux, et auxquels il serait odieux de faire violence. Des scrupules du même genre ne sont pas impossibles et ne seraient pas moins respectables par rapport au choix d'une école.

Enfin, lors même qu'on ne se défierait pas du caractère ou des principes du maître, le régime seul des écoles peut inspirer aux familles de sérieuses inquiétudes. La fréquentation d'une école vaut mieux, sous tous les rapports, que le vagabondage ; mais vaut-elle mieux, au point de vue de la moralité, que le foyer domestique ? Toute réunion d'enfants, quand un choix sévère n'y préside pas, développe et entretient des germes de corruption, dont ne saurait trop se préoccuper un père jaloux de la pureté de ses enfants. Sans fermer les yeux sur ces redoutables écueils de l'éducation commune, nous n'irions pas assurément, pour notre part, jusqu'à les mettre en balance avec les bienfaits de l'instruction. Rien de plus précieux que l'innocence, rien de plus aimable que l'ignorance du mal ; mais, quoi qu'on fasse, il viendra toujours un temps, avant le terme de l'adolescence, où cette heureuse innocence aura reçu plus d'une atteinte, où le mal se sera révélé avec quelques-unes de ses séductions, et les moins exposés ne seront pas toujours ceux pour qui on aura retardé le plus longtemps possible l'heure de ces périlleuses révélations. Les bons principes puisés au sein de la famille sont l'arme la plus sûre contre les entraînements du dehors, à quelque moment qu'ils se fassent sentir. L'instruction elle-même contribue à les conjurer, en éclairant et en fortifiant l'esprit et en le prémunissant, par l'habitude du raisonnement, contre l'erreur et le sophisme. Voilà ce que nous dirions aux parents qu'une prudence exagérée pourrait mettre en garde contre les périls de la vie scolaire. Mais nous nous bornerions à des conseils ; nous ne nous croirions pas le droit, si nous avions en main le glaive de la loi, de leur imposer notre sagesse et de nous jouer de leurs scrupules. Entre les dangers qu'ils redoutent et l'absence d'instruction, nous aurions raison de ne pas hésiter, car on ne gagne rien à vouloir éteindre les lumières dans l'intérêt des mœurs ; mais des hésitations qui ont leur principe dans ce que la conscience a de plus respectable ne sauraient être l'objet d'une condamnation pénale.

Il peut, d'ailleurs, se présenter des cas où l'on n'aurait pas même le droit de blâmer ces hésitations. Il est des enfants pour qui l'éducation commune est absolument mauvaise : des natures faibles, sans initiative pour le mal, mais accessibles à toutes les influences corruptrices ; des âmes délicates, que brise le moindre froissement ; des caractères fiers et indépendants, pleins de ressources peut-être, si l'on sait s'en emparer sans leur faire sentir le frein, mais que révoltent toute discipline et tout appareil d'autorité. Quand les parents sont assez instruits pour diriger eux-mêmes l'instruction de leurs enfants ou assez riches pour leur donner des précepteurs, rien de mieux ; mais, quand on n'a pas la ressource des études domestiques, le sacrifice de l'instruction se présente quelquefois comme le parti le moins dangereux. Ce sont là des cas extrêmes, nous en convenons, mais ils sont possibles ; ils peuvent exciter de justes alarmes, et il serait tyrannique de n'en pas laisser l'appréciation à la conscience des pères de famille.

S'il est des enfants qu'on peut craindre d'envoyer à l'école, il en est d'autres qu'on doit craindre d'y garder. Le bon ordre d'une classe et la sécurité des familles exigent également que le maître ait la faculté de renvoyer des élèves obstinément rebelles à ses leçons ou d'un exemple funeste pour leurs camarades. Or, peut-il conserver cette faculté s'il n'y a pas un libre contrat entre lui et les parents, mais une sorte d'impôt qu'ils sont forcés d'acquitter entre ses mains? En faisant de l'enseignement une obligation, l'État en fait par là même un droit pour les familles. Il ne peut les contraindre à mettre leurs enfants à l'école sans leur donner le droit de contraindre le maître d'école à les recevoir; ou, du moins, s'il peut y avoir des cas d'exclusion, le maître n'en saurait être le souverain appréciateur; ils doivent être l'objet d'un débat contradictoire et d'une décision judiciaire. C'en serait fait, d'ailleurs, de l'obligation, si l'on pouvait y échapper en se faisant renvoyer de l'école, ou si des parents mal inspirés par le ressentiment d'une exigence vexatoire pouvaient encourager, dans ce but, l'indiscipline de leurs enfants. Là, l'exclusion ne serait plus une peine, mais une prime. Or, quelle autre arme peut-on donner à l'autorité méconnue du maître? C'est la réduire à l'impuissance, c'est compromettre tous les intérêts dont elle est la gardienne, que de maintenir par force dans une classe des élèves qui en sont le fléau. Ce serait, d'un autre côté, une ressource extrême et pleine de périls, que de lui prêter l'appui des châtiments légaux. J'aimerais mieux, je l'avoue, pour la société, voir les écoles à moitié vides que de voir les maisons de correction devenir les succursales des maisons d'instruction.

Nous n'avons parlé, jusqu'à présent, que des obstacles moraux qui peuvent s'opposer à l'universalité de l'instruction. Ces obstacles ne peuvent être combattus que par des moyens moraux, par l'influence officieuse de toutes les personnes à qui leur position, leur caractère ou la confiance qu'elles inspirent donnent le droit et le pouvoir d'agir sur les âmes. L'État peut contribuer à les écarter, en allant au-devant des scrupules et en désarmant le mauvais vouloir par le choix des maîtres qu'il institue et par le régime qu'il prescrit aux écoles placées sous son patronage. Il y contribuera, surtout, en n'apportant aucune entrave à la libre multiplication des écoles, aux libres rapports des maîtres et des familles. Il perdrait tout en usant de contrainte, en donnant à une obligation toute morale une sanction légale. Il est un obstacle d'un autre genre, qu'il peut lever plus directement, mais qui n'appelle pas davantage une action coercitive : c'est la misère des parents, qui les empêche souvent de pourvoir aux frais de l'éducation de leurs enfants, et qui les oblige soit à les garder près d'eux pour les associer à leurs travaux, soit à les mettre de bonne heure en état de gagner leur vie, comme ouvriers ou comme domestiques. Quand la négligence des familles peut invoquer cette terrible excuse de la misère, ce n'est pas par des obligations légales, escortées de châtiments pécuniaires ou personnels, qu'il convient de lui répondre, mais avec toutes les ressources de la bienfaisance publique ou privée. Où pouvez-vous mieux placer vos bienfaits qu'en luttant contre l'ignorance ? Ce n'est pas seulement de la charité, c'est de l'intérêt bien entendu, s'il est vrai que la diffusion des lumières, au sein de la société, contribue naturellement à augmenter pour chacun de ses membres les chances de sécurité et la somme du bien-être. C'est également de l'intérêt bien entendu, de la part de l'État, s'il comprend que les droits, dont il est le protecteur, ne peuvent trouver une meilleure sauvegarde que dans le développement de l'instruction populaire. Qu'il multiplie les écoles, qu'il les rende accessibles aux plus pauvres familles par la gratuité et, s'il le faut, par des secours ; qu'il sache enfin, par l'heureuse distribution de toutes les matières de l'enseignement public et par tout l'ensemble de ses institutions, faire sentir à tous les avantages de l'instruction : il atteindra ainsi son but plus sûrement, avec moins de péril et plus d'honneur que s'il imposait à la liberté des parents la contrainte de l'enseignement obligatoire.

XVI.

L'enseignement ne doit être obligatoire à aucun degré, mais il doit être mis à la portée de tous, soit par des encouragements donnés aux écoles libres, soit par l'institution d'écoles publiques. Répandre l'instruction est un de ces devoirs que la plupart des politiques prescrivent à l'État, souvent même en l'exagérant, et que tout gouvernement civilisé se fait un honneur de remplir. Ce n'est qu'un devoir d'assistance, mais qui tient le premier rang parmi ceux où l'État, sans imposer son intervention exclusive, comme dans l'administration de la justice, se borne à prêter son concours aux efforts individuels. Quand il ne s'agit que de la vie matérielle, chacun, à la rigueur, se suffit à soi-même. Le plus pauvre peut demander à son travail des moyens de subsistance, ou, du moins, l'incapacité absolue de vivre en travaillant n'est jamais qu'une exception. Pour la vie intellectuelle, au contraire, ce n'est que le petit nombre qui peut se passer d'autrui en cultivant soi-même et sans auxiliaire son esprit et celui de ses enfants. L'instruction, pour le riche comme pour le pauvre, exige des écoles, des collèges, des cours littéraires et scientifiques, des maîtres de toute sorte qui se donnent pour mission de la répandre. Et ce n'est pas assez de quelques foyers d'instruction, il faut qu'ils soient assez multipliés pour suffire à tous les besoins. S'agit-il de l'enseignement élémentaire ? c'est l'enseignement nécessaire à tout le monde, la lumière qui doit éclairer l'exercice de toutes les professions et la pratique de tous les devoirs. Chacun doit pouvoir le trouver à sa porte, pour ainsi dire ; il faut aux moindres villages une maison d'école. S'agit-il de cet enseignement plus élevé, qu'on appelle secondaire ou classique? désirable pour lui-même, il est la condition indispensable des professions libérales. S'il ne peut pas être distribué partout, il faut du moins qu'aucun centre un peu important n'en soit dépourvu. S'agit-il, enfin, de cet enseignement supérieur qui prépare, nous ne dirons pas aux plus hautes professions, mais à celles qui supposent le plus de connaissances? sa destination spéciale demande naturellement qu'il soit plus restreint ; mais il ne doit faire défaut à aucun État, et, dans un grand État, il doit trouver plusieurs centres.

Ce n'est pas encore assez qu'il y ait une école dans chaque commune, un collége dans chaque ville, un corps de facultés pour chaque État et pour chaque division régionale d'un grand État : tous les besoins légitimes ne seraient pas satisfaits, si des influences particulières et prédominantes pouvaient faire de ces écoles, de ces colléges, de ces facultés, les représentants exclusifs d'une seule doctrine, religieuse ou politique. Il n'est pas possible, sans doute, que les minorités, quand elles sont peu nombreuses, aient partout à leur portée des établissements d'instruction ; mais que, dans une pauvre commune, grâce à des libéralités inspirées par l'esprit de parti, il n'y ait qu'une école, qui, sans répondre aux vœux de la majorité des habitants, rende impossible la concurrence d'une autre école, réduite à ses seules ressources; que, dans une contrée qui ne comporte qu'un seul collége, le monopole de l'instruction secondaire soit aux mains d'une association riche et puissante, dont toutes les familles subissent la loi, bien que la plupart se défient de ses tendances ; que, dans une vaste région, et quelquefois même dans tout un pays, d'anciennes fondations, perpétuant au sein des générations nouvelles l'esprit des générations précédentes, maintiennent sans rivales des universités dont l'enseignement n'est plus en rapport avec les idées et les besoins de la société : c'est, sans contredit, un mauvais régime, aussi préjudiciable à l'intérêt public qu'aux intérêts privés. Nous ne sommes pas de ceux qui ne se feraient pas scrupule d'appeler contre un tel régime la contrainte et la confiscation, au nom de l'omnipotence du gouvernement ou du prétendu droit des majorités ; mais, s'il est protégé par les droits inviolables de la propriété et de la liberté, tout ce qui peut aider les opinions qu'il opprime à lui opposer une concurrence loyale et sérieuse mérite assurément les plus grands encouragements.

Des écoles de tous les degrés, en nombre suffisant et dans les conditions les plus favorables pour donner satisfaction à tous les vœux légitimes, n'atteindraient pas encore leur but, si le recrutement des maîtres, avec les meilleures garanties de capacité et de zèle, n'était pas assuré par la perspective d'un salaire honorable. Il faut qu'un homme instruit, qui se voue aux pénibles devoirs de l'enseignement, puisse compter sur un traitement plus ou moins élevé, pour payer non-seulement son travail intellectuel, mais les études préparatoires auxquelles il a été obligé de se livrer, et pour compenser les avantages qu'il pourrait trouver dans un autre emploi de son talent.

Enfin, un lien est nécessaire entre les divers établissements d'instruction. L'enseignement supérieur repose sur l'enseignement secondaire; l'enseignement secondaire, sur l'enseignement primaire, et chacun d'eux remplit imparfaitement sa tâche, s'il la remplit isolément. Il faut même un lien, dans l'intérêt des maîtres, et par suite dans l'intérêt des études, entre les établissements d'un même ordre. L'espoir de l'avancement, tout autant que celui du salaire prochain, entre parmi les motifs qui peuvent attirer vers l'enseignement. Or, l'avancement ne peut être assuré régulièrement, s'il n'y a que des établissements isolés et purement locaux, s'ils ne forment pas une association universitaire.

Que si l'industrie privée peut satisfaire à toutes ces exigences; si des écoles primaires, des institutions secondaires, des facultés, des universités peuvent s'élever d'elles-mêmes, partout où le besoin s'en fait sentir, et sans servir des tendances exclusives; si la rétribution payée par les élèves répond partout aux justes espérances des maîtres et suffit pour garantir à des hommes d'un vrai talent un avenir honorable, sinon très-brillant : c'est évidemment le régime le meilleur, celui qui témoigne le mieux de la prospérité et de la civilisation d'un pays, et qui offre le plus de sécurité pour la liberté, précisément parce qu'il rend superflue l'intervention de l'État. Si, pour seconder l'industrie privée, c'est assez de l'assistance des communes et des provinces, qui sont comme l'État en petit, dans des conditions plus rapprochées de l'activité individuelle, rien n'appelle encore le concours du gouvernement central, et son abstention est toujours un hommage qu'il rend à la liberté. Si, enfin, il suffit de quelques secours ajoutés par l'État à ceux des provinces et des communes, qu'il borne là son rôle, et qu'il se fasse un mérite, non de prodiguer ses bienfaits, mais de ne rien faire que ce qui ne peut être fait que par lui.

Il n'est, malheureusement, aucun pays où l'intervention de l'État dans l'enseignement puisse être aussi restreinte, où l'on puisse se confier exclusivement dans l'industrie privée, plus ou moins secondée par l'initiative locale et plus ou moins assistée des deniers publics, pour créer tous les foyers d'instruction qui doivent satisfaire aux besoins de la société tout entière, sans distinction de classes, d'opinions ou de croyances, pour leur assurer tous les avantages qui sont nécessaires à leur succès, enfin pour les coordonner par une sorte de lien hiérarchique, sans lequel ils ne rempliraient qu'imparfaitement leur destination. Tous ces intérêts réunis appellent partout non-seulement le concours indirect et purement pécuniaire de l'État, mais des fondations dont il lui appartient de prendre l'initiative.

Ce sont, en effet, des intérêts vitaux pour la société, dont il est le représentant, l'organe actif et personnel, et, quand la société, livrée à elle-même, ne peut pas y faire face, il ne peut se dispenser de mettre dans la balance le poids de la puissance publique. Qu'il n'y ait point d'écoles de médecine ou de droit, ou que, pour ces deux sciences, l'enseignement soit donné par des maîtres incapables : ce ne seront pas les médecins ou les avocats qui en souffriront, mais les malades et les plaideurs. Que l'agriculture et l'industrie se recrutent en majorité parmi des hommes complètement illettrés, entretenus par une crasse ignorance dans tous les préjugés de la routine, faute d'écoles en nombre suffisant, et, dans ces écoles, d'un enseignement suffisamment étendu : qui en portera la peine ? les cultivateurs et les artisans ? non, mais la société tout entière, qui consomme les produits du sol et qui fait usage de ceux des manufactures. Enfin, si nous considérons, non plus les intérêts matériels, mais les intérêts moraux, quand l'ignorance multiplie les crimes et accroît la nécessité de la répression, je consens à plaindre ces misérables qu'un esprit plus cultivé aurait peut-être détournés de la voie du bagne ou de l'échafaud ; mais je plaindrai encore davantage les innocents, que la diffusion générale des lumières aurait pu soustraire à leurs attentats. Ici, nous touchons aux intérêts propres de l'État. L'instruction publique est l'auxiliaire de la justice. L'instituteur rend plus facile la tâche du législateur et du juge. Plus il y a de lumières dans la société, moins la puissance publique est obligée d'agir, et son action, en même temps qu'elle se restreint, devient plus intelligente et plus efficace.

L'État, d'ailleurs, n'est pas une pure abstraction, mais une collection d'individus appelés à remplir des devoirs déterminés, dans l'intérêt de tous. Depuis les plus hautes sphères de l'administration jusqu'aux plus humbles emplois, ces devoirs demandent des connaissances générales ou spéciales, constatées pour quelques-uns par des examens, mais qui, dans tous les cas, ne peuvent être acquises que si l'instruction est suffisamment répandue dans la société. Or, quand nous parlons des fonctionnaires de l'État, il faut entendre tous les citoyens. Qui n'est pas appelé, en effet, à prêter son concours actif à l'État, quand ce ne serait que comme soldat ? Et quelque service qui soit demandé à un citoyen, l'instruction élémentaire n'en est-elle pas une condition sinon tout à fait nécessaire, au moins infiniment désirable ?

Tous les États ont intérêt à la multiplication des écoles, quelle que soit leur constitution ; mais cet intérêt croît évidemment, quand des institutions libérales veulent que tous les emplois publics soient accessibles à tous les citoyens, sans distinction de naissance ou de fortune, et sous la seule condition de la capacité. Est-ce trop dire que de le considérer comme le plus pressant de tous, quand des institutions démocratiques font de tous les citoyens, par l'universalité du droit de suffrage, des législateurs et des magistrats ? Un pays où tous les citoyens sont électeurs et où près d'un tiers des électeurs ne savent ni lire ni écrire offre une anomalie monstrueuse, que tous les efforts réunis des particuliers et de l'État doivent s'attacher à faire disparaître.

XVII.

Si, en dehors d'un idéal à peu près irréalisable, il doit y avoir un ensemble d'écoles fondées, entretenues, coordonnées par l'État, l'enseignement doit-il y être gratuit? Il semble peu convenable que l'État fasse payer ses services, qu'il se fasse marchand de science, élevant ou abaissant ses prix suivant les intérêts de la concurrence qu'il est obligé de soutenir avec l'industrie privée. Il est vrai que, si l'enseignement de l'État n'est pas payé par ceux qui le reçoivent, il faudra qu'il le soit par la masse des contribuables; mais ceux-ci n'auront pas le droit de se plaindre. Si la diffusion de l'enseignement doit profiter à tous, n'est-il pas juste qu'il soit distribué aux frais de tous? La gratuité absolue a cet avantage qu'elle sauvegarde la dignité des familles pauvres, pour qui il faudrait toujours demander la dispense totale ou partielle des frais d'études ; ce n'est plus une aumône qui leur est faite : elles jouissent du droit commun.

Sans méconnaître la force de ces raisons, nous répondrons que le droit commun ne serait ici que le droit pour tous les parents, quelle que fût leur fortune, de ne pas contribuer aux frais de l'éducation de leurs enfants, c'est-à-dire la dispense d'un devoir. Sans doute, ils y contribueront par l'impôt : cela revient au même au point de vue matériel, non pas au point de vue moral. L'un des meilleurs liens de la famille, ce sont les sacrifices que demande l'éducation des enfants. On a remarqué que l'affection croît souvent chez les parents à proportion de ces sacrifices; ils y puisent, du moins, de nouveaux droits à la reconnaissance de ceux qui en recueillent les fruits. N'avoir donné que la vie à ses enfants, ce n'est pas proprement un bienfait; les avoir entourés de soins vigilants depuis leur enfance, ce n'est que l'accomplissement du plus vulgaire devoir, et ils s'y accoutument si aisément, qu'ils oublieront quelquefois de s'en montrer reconnaissants. Les faire participer à l'instruction commune, dispensée gratuitement par l'État, ce serait appeler toute leur gratitude sur l'État lui-même ou sur les maîtres qui le représentent. « Mes parents n'ont formé que mon corps, vous avez formé mon âme, » est un cri qui est souvent sorti des lèvres d'un élève reconnaissant. Ah! que, du moins, il puisse se dire que ces maîtres à qui il doit tant, ce sont ses parents qui les lui ont donnés. C'est assez, pour l'État, de s'attacher les générations nouvelles, en mettant à leur disposition tous les moyens d'instruction : il est bon qu'il en partage le mérite avec les parents eux-mêmes; il n'a rien à gagner à l'affaiblissement des sentiments de famille.

La gratuité n'a plus cet effet quand l'indigence est seule appelée à en profiter. C'est toujours un sacrifice pénible et méritoire pour de pauvres parents que de se priver du travail de leurs enfants pour les envoyer à l'école. Qu'on ne craigne pas, d'ailleurs, que la gratuité, présentée comme une sorte d'aumône, ne répugne à la juste fierté d'un grand nombre de familles, pour qui elle serait un bienfait nécessaire. Il n'en est pas de l'aumône intellectuelle comme de l'aumône matérielle; celui qui rougit de la seconde va au-devant de la première, surtout quand on doit la demander non pour soi-même, mais pour ses enfants. Voyez combien de familles relativement aisées et souvent même presque riches sollicitent des bourses dans les colléges ou dans les grandes écoles. Loin de craindre des scrupules excessifs, il y aurait peut-être à souhaiter, sous ce rapport, plus de délicatesse. On s'accoutume trop aisément à considérer comme un droit les bienfaits de l'État et à se décharger sur lui des devoirs qu'on est appelé à remplir. Il ne faut pas qu'une libéralité mal entendue encourage ces funestes habitudes. Que l'État ne soit pour la famille, dans la distribution de l'enseignement, qu'un auxiliaire attentif et prévoyant; qu'il ne la dispense que des sacrifices qui sont au-dessus de ses forces; que, partout ailleurs, il se borne à mettre à sa portée le champ où elle devra déployer son dévoûment en s'attachant plus étroitement ces jeunes cœurs, dont l'affection lui est acquise par la nature.

Il y a, contre la gratuité absolue, une autre considération qui n'a pas moins de force. S'il doit y avoir un enseignement de l'État, la liberté demande que cet enseignement ne soit pas le seul. Il est juste, il est même utile qu'il y ait concurrence entre les écoles publiques et celles qu'entretiennent les particuliers. Concurrence mercantile, dira-t-on, au-dessous de la dignité de l'État, s'il s'y joint un intérêt pécuniaire. Concurrence inique, dirons-nous à notre tour, si l'État, par l'appas de la gratuité, qui ne lui coûte rien, puisqu'il la fait payer aux contribuables, assure à ses écoles des avantages contre lesquels ne peuvent pas lutter les écoles libres, à moins d'énormes sacrifices. La lutte serait d'autant plus inégale que le sacrifice serait double pour le zèle des particuliers : les frais qu'ils auraient à supporter pour mettre leurs écoles sur le même pied que celles de l'État, ne les dispenseraient pas de concourir, comme contribuables, à l'entretien des écoles rivales. Dans de telles conditions, la concurrence ne serait possible que pour une association puissante, soutenue par la passion politique ou religieuse et disposant d'une vaste influence. La liberté vraie, la liberté à l'usage des individus, serait écrasée entre ces puissances rivales, qui ne lui laisseraient aucune place. Nous sommes tellement jaloux des intérêts de la liberté que, même en réclamant la gratuité pour les familles qui en ont besoin, nous ne voudrions pas qu'elle contribuât exclusivement au recrutement des écoles de l'État. S'il est bon que l'enseignement, à tous ses degrés, soit ouvert aux plus pauvres, il conviendrait que les bourses fondées par l'État ne fussent qu'un secours pécuniaire, qui ne gênât en rien la liberté des familles dans le choix d'une maison d'instruction ; il conviendrait, en un mot, que les écoles de l'État n'eussent pas d'autre attrait que la supériorité de leur enseignement.

XVIII.

On croit, en général, que la liberté d'enseignement est suffisamment assurée, quand des établissements privés peuvent s'élever à côté des établissements publics et leur faire une libre concurrence. Nous voulons plus encore : nous voulons que la liberté d'enseignement subsiste au sein même des établissements publics. Quand on parle de l'enseignement de l'État, il ne faut pas entendre un enseignement distribué par des agents directs de l'État, comme la justice ou la police. On dit quelquefois *l'État enseignant ;* c'est une expression fausse et propre à entretenir la confusion. Autant vaudrait dire l'État médecin, l'État littérateur, l'État philosophe, voire même l'État théologien, puisque nous possédons des facultés de théologie. L'État, nous ne saurions trop le répéter, n'a point de doctrines, pas même celles qui servent de base à ses lois. Il lui appartient de régler les actions, non les opinions. Pour les premières, il doit exiger l'unité, dans les limites des prescriptions légales ; pour les secondes, il doit souffrir, que dis-je ! il doit appeler la diversité. Nul ne doit marchander sa soumission à la loi, mais il est dans l'intérêt même de la loi qu'elle soit discutée dans ses principes, pour éclairer les changements dont elle peut être susceptible.

Sans doute, la discussion sera toujours possible, si, à côté des établissements publics, dépositaires des doctrines de l'État, il y a des établissements privés où la liberté des opinions peut trouver les garanties dont elle a besoin. Garanties précieuses assurément, mais insuffisantes. La liberté religieuse serait-elle entière, si une religion d'État se maintenait en face des églises dissidentes, lors même que celles-ci jouiraient d'une tolérance sans limites ? Une vérité officielle, une vérité de l'État, dans tous les ordres de sciences, n'est pas moins contraire à la liberté d'enseignement, lors même que celle-ci, en dehors des écoles de l'État, aurait toute latitude pour se créer des asiles. C'est un grand poids en faveur d'une opinion que d'avoir l'appui de l'État ; c'est un argument décisif pour cette foule de gens qui se dispensent si aisément de penser par eux-mêmes. « Cet homme a quatre laquais, et je n'en ai qu'un, dit Pascal : cela est visible ; il n'y a qu'à compter ; c'est à moi à céder, et je suis un sot, si je conteste. Nous voilà en paix par ce moyen, ce qui est le plus grand des biens [1]. » Cette doctrine a l'appui du gouvernement, qui la fait enseigner en son nom et qui en garantit la vérité en lui donnant sa livrée ; cette autre a pour elle quelques pauvres diables, qui ne représentent qu'eux-mêmes : c'est à eux de céder, et bien fou qui se battrait pour eux ! « Nous voilà en paix par ce moyen ! » Est-ce vraiment le plus grand des biens ?

S'il doit y avoir une vérité de l'État, s'il ne doit pas souffrir que d'autres soient enseignées en son nom, il se heurte aux mêmes principes qui lui défendent de s'immiscer par sa surveillance dans les doctrines de l'enseignement libre. Et, d'abord, où trouvera-t-il cette vérité légale ? Toutes les écoles de l'Université impériale,

---

[1] *Pensées*, édition Havet, p. 64.

aux termes du décret constitutif, doivent prendre pour base de leur enseignement les préceptes de la religion catholique : une telle prétention équivaut à la reconnaissance d'une religion d'État. Si l'on veut respecter la liberté de conscience, on ne peut demander aux professeurs de l'État qu'une doctrine négative, en quelque sorte, sur toutes les questions religieuses. Recrutés au sein de toutes les communions, ils n'en devront blesser aucune. Le principe paraît sage : est-il applicable? Il n'est pas une branche d'enseignement où ne se présentent sans cesse des occasions de conflit, soit entre les croyances rivales, soit entre la raison et la foi. Le premier besoin de la foi, c'est de s'affirmer, et par conséquent de nier toute opinion contraire : le premier besoin de la science, c'est de suivre librement sa voie, d'aller jusqu'au bout des expériences qui l'éclairent et des raisonnements qui la dirigent, sans s'inquiéter si elle est arrêtée par des barrières qu'elle-même n'a point élevées. Obliger le professeur à renfermer sa foi en lui-même, c'est exclure la foi de l'enseignement public ; lui faire une loi de ne contredire les dogmes d'aucune Église, c'est bannir tout ensemble et la foi et la science.

Les sciences qu'on appelle positives, et dont le domaine est le plus exactement circonscrit, touchent de tout côté à celui de la religion. Quand leurs résultats semblent acquis d'une manière indubitable, aucune religion, sous peine de se condamner elle-même, ne fait aujourd'hui difficulté de les accepter. Elles ont changé, depuis trois siècles, toutes les idées reçues sur le système du monde et la formation des choses, et la foi la plus exigente, après de vaines censures, a dû s'incliner devant l'évidence de leurs démonstrations. Mais, avant qu'il y ait pour une découverte scientifique ce qu'on peut appeler possession d'État, l'intolérance religieuse ou, pour parler plus exactement, les scrupules religieux, peuvent encore lui susciter des entraves. Si le système de Galilée se produisait de nos jours pour la première fois, il pourrait faire plus aisément son chemin : je ne sais si l'État oserait le laisser enseigner dans ses collèges.

Que dirons-nous des autres sciences, plus vagues dans leur objet et dans leurs méthodes, plus incertaines dans leurs résultats? On a vu récemment que la philologie elle-même pouvait porter ombrage à l'orthodoxie religieuse, car elle touche aux questions de races, et, si elle fait entrer, comme c'est son droit, la langue hébraïque dans le cercle de ses études, elle ne peut se dispenser de soumettre à ses interprétations le texte de la Bible. Et l'histoire, comment serait-il possible de l'enseigner dans les écoles de l'État, si le professeur ne doit se montrer dans ses appréciations ni juif, ni protestant, ni catholique ?

Je ne parle pas de la philosophie, elle a toujours été un champ de bataille ; mais la morale ? Elle a place dans tous les enseignements. On ne veut pas sans doute qu'un maître d'école croie sa tâche achevée quand il a appris à ses élèves à lire et à écrire : par le choix des livres qu'il met entre leurs mains et qu'il les aide à comprendre, par celui même des exemples d'écriture qu'il leur donne à copier, il concourt à former leur cœur, aussi bien qu'à éclairer leur esprit. Le sens grammatical des mots n'est pas tout pour le professeur de langues, quand il dicte un texte de thème ou de version ou quand il fait expliquer un passage d'un auteur : les pensées appellent aussi ses commentaires ; il se fait un devoir de les éclaircir quand elles lui semblent obscures, de les rectifier quand il les juge fausses. Or, quelles pensées tiennent le plus de place dans les auteurs anciens, comme dans les modernes, sinon des pensées morales ? Nulle partie de l'enseignement public n'échappe donc à la nécessité ou plutôt à l'obligation de donner des conseils de morale. De là, pour l'État, la responsabilité la plus redoutable, s'il ne se tient pas en dehors de toute doctrine. Permettra-t-il à ses professeurs de parler suivant la foi qu'ils professent ? Ils ne seront jamais sûrs de ne pas alarmer la foi d'autrui. La morale n'est pas toujours un terrain neutre : le catholique y craindra sur plus d'un point les tendances du protestantisme ; le protestant, celles du catholicisme ; ni l'un ni l'autre n'y souffriraient aisément l'esprit du libre penseur et une morale indépendante de toute foi positive. Quel parti prendra l'État au milieu de ces conflits inévitables ? S'il abdiquait toute juridiction sur les doctrines professées dans ses chaires, elles n'engageraient que leurs auteurs ; du moment qu'il s'en reconnaît responsable, elles ne peuvent appeler la contradiction sans le compromettre lui-même. Les censures dont elles sont frappées au nom des dogmes religieux prennent dès lors le caractère d'une agression contre le gouvernement qui les couvre de son patronage ; la tolérance qu'il leur accorde en dépit de ces censures ne peut être considérée que comme un acte d'hostilité contre l'Église qui les condamne.

Nous ne faisons pas de vaines hypothèses. Combien de fois n'avons-nous pas entendu accuser la faiblesse ou le mauvais esprit d'un gouvernement, ici parce que ses chaires étaient pleines de libres penseurs, là parce que quelques-unes semblaient un foyer de propagande protestante, ailleurs parce que des professeurs imbus de la foi du moyen âge semaient dans les jeunes intelligences le mépris des idées modernes ? Réclamations pleines de périls pour l'État, s'il refuse d'y faire droit, plus funestes encore, s'il se fait un devoir de leur ôter tout prétexte, en écartant de ses chaires tous ceux qui pourraient les compromettre, c'est-à-dire tous ceux qui pourraient les honorer par la sincérité et l'indépendance de leurs convictions et par la fermeté de leur caractère, si, en un mot, l'enseignement public, voué aux ménagements excessifs d'une prudence intéressée, ne désarme que trop aisément la défiance par son insignifiance et sa stérilité.

Sans doute, l'État doit interdire à ses professeurs ce qu'il interdirait à tous les citoyens, l'injure et la violence à l'égard de ceux qui ne partagent pas leur foi, ou les écarts d'un prosélytisme qui tromperait les vœux des familles. Mais il doit leur permettre d'être franchement de leur religion ou de n'en avoir aucune, si leur conscience abjure toute foi surnaturelle. Sa responsabilité ne doit jamais être engagée dans la manifestation de leur foi religieuse.

Est-il besoin d'ajouter maintenant qu'elle ne doit pas l'être davantage dans celle de leurs opinions scientifiques ou littéraires qui ne touchent pas à la foi ? Sur ce point, la plus large tolérance s'est introduite dans la pratique. Il existe en France deux facultés de médecine qui obéissent, depuis un temps immémorial, à des tendances différentes, et dont la rivalité a certainement tourné au profit de la science. Si une seule école occupe à peu près toutes nos chaires de philosophie ; si les disciples attardés de Condillac ont peu à peu disparu, et si on a fermé prudemment la porte au panthéisme allemand, ce serait faire injure à l'école régnante que de se la figurer professant comme un seul homme des doctrines rigoureusement uniformes. L'anarchie est plus grande encore dans les lettres. Tel professeur est resté classique, tel autre a embrassé la foi romantique et lui reste fidèle après sa chute. Celui-là s'est donné pour mission de combattre le réalisme au nom du bon goût et de la morale ; celui-ci se fait un devoir de mettre ses élèves en garde contre les chimères de l'idéalisme. L'État ferme les yeux sur toutes ces oppositions d'opinions entre ses professeurs, et la conscience publique ne semble pas s'en émouvoir.

Elles ont peine toutefois à se faire accepter en principe. C'est, en effet, un spectacle étrange, non-seulement pour les fanatiques de l'unité, mais pour beaucoup de bons esprits, qui ne sauraient comprendre un enseignement de l'État sans une doctrine de l'État. Quoi ! dans la même Université, que dis-je ! dans le même établissement et souvent dans la même chaire, devant les mêmes élèves, au nom et aux frais d'un même gouvernement, on viendra, à quelques heures de distance, professer le pour et le contre ! Vérité le matin, erreur le soir, et l'une et l'autre payées des mêmes deniers ! C'est pourtant une nécessité qu'il faut subir, si l'on ne veut pas pousser jusqu'à l'absurde la responsabilité de l'État. Est-il possible que l'État, c'est-à-dire un prince ou une assemblée politique, ou, si l'on veut, un ministre, dépositaire de la confiance du souverain, ait des doctrines toutes faites sur toutes les matières qui peuvent faire l'objet de l'enseignement ? Lors même que le ministre de l'instruction publique aurait l'infatuation de se croire éclairé d'en haut pour trancher toutes les questions littéraires ou scientifiques, se représente-t-on une armée de médecins, de jurisconsultes, de littérateurs ou de philosophes recevant d'un seul homme, comme un mot d'ordre, les saines doctrines qu'elle doit infuser à la jeunesse ? Instituera-t-on un conseil chargé de veiller à la pureté des doctrines de l'État, et fera-t-on décider par une majorité ce qui est vrai et ce qui est faux dans chaque ordre de science ? Faut-il se résigner à voir, suivant les fluctuations de cette majorité, l'homœopathie substituée à l'allopathie dans toutes les facultés de médecine, Racine immolé à la gloire de Shakespeare dans toutes les facultés des lettres, ou l'hégélianisme prenant possession de toutes les chaires de philosophie, sauf à revenir, si le respect des traditions reprend le dessus, aux principes de Descartes, aux règles d'Aristote et aux formules d'Hippocrate?

On n'ira jamais jusque-là, nous en sommes convaincu. L'État aura beau afficher la prétention d'avoir une doctrine, de même qu'il a un enseignement, il sera toujours forcé de souffrir la contradiction parmi les dépositaires de son enseignement et de sa doctrine. C'est seulement, dans la pratique, une affaire de mesure. Mais qui fixera la mesure et, le principe une fois admis, qui en empêchera les applications téméraires? On laissera en paix l'enseignement purement scientifique; mais les lettres et la philosophie, sur lesquelles tout le monde se croit compétent, s'abstiendra-t-on toujours d'y toucher? Des voix en possession de se faire écouter ne s'élèveront-elles jamais, de bonne foi sans doute, mais sous l'empire d'un zèle exagéré, pour signaler au gouvernement, dans l'enseignement qu'il salarie, la contagion du mauvais goût et des mauvais principes? Je veux que le gouvernement use toujours avec discrétion du droit qu'il s'est réservé de répudier les doctrines suspectes et de révoquer ceux qui les propagent dans ses écoles : un tel droit n'est pas moins une menace toujours suspendue sur la tête des professeurs, et qui suffit pour paralyser leurs efforts, soit qu'ils en sentent le joug, soit, ce qui est plus triste encore, que l'habitude de ne plus penser par eux-mêmes les rende insensibles à la contrainte. Mieux vaudrait, sans contredit, renoncer à l'enseignement de l'État que de lui refuser, soit absolument, soit dans une mesure quelconque, les avantages féconds de la liberté de penser.

La suppression de l'enseignement public, tel est, en effet, le parti auquel s'arrêtent des esprits extrêmes, qui ne peuvent comprendre ni la science sans indépendance, ni l'indépendance chez ceux qui reçoivent de l'État leur mission et leur salaire. La difficulté s'évanouit, dès qu'on se fait une juste idée des intérêts auxquels doivent répondre des écoles instituées par l'État. Ce ne sont pas les intérêts d'une seule doctrine, mais les intérêts intellectuels de la société, la culture des esprits, la diffusion des lumières, le progrès des sciences. Or, l'indépendance de l'enseignement public peut seule sauvegarder tous ces intérêts. Cette indépendance est une garantie pour les familles, qui ne demandent à l'État que des professeurs capables et des établissements bien organisés, offrant à leur libre choix des représentants de toutes les opinions entre lesquelles elles se partagent. C'est également une garantie pour la société tout entière. En appelant l'intervention de l'État, non-seulement pour la gouverner, mais pour lui ouvrir d'abondantes sources de lumières, elle n'entend pas lui remettre la disposition de son avenir. Or, l'avenir serait enchaîné au présent, et le plus souvent même au passé, si un esprit exclusif présidait à l'enseignement de la jeunesse. C'est, enfin, une garantie évidente pour la science, dont les progrès ne sont possibles que si elle jouit d'une vraie liberté. Vous voulez une nation éclairée et vous vous chargez de lui distribuer la lumière. Ne commencez donc pas par en gêner la propagation et par en altérer la pureté, en la forçant à ne traverser que des milieux de votre choix.

Nous allons même plus loin, et, quoique cette proposition ait l'air d'un paradoxe, nous croyons que la liberté d'enseignement doit trouver son plus sûr asile dans les écoles de l'État [1]. Il faut des écoles libres, d'abord par respect pour les principes, pour que la liberté ne soit pas à la merci des institutions variables de l'État, puis parce que l'État, quelque précaution qu'il prenne pour éviter toute tendance exclusive, ne peut jamais se flatter de donner satisfaction à tous les vœux légitimes des individus et des familles. Ajoutons qu'il faut des écoles libres dans un intérêt contraire à celui de la liberté, parce qu'il est des familles à qui ne saurait convenir cette indépendance nécessaire de l'enseignement public, ouvert aux représentants de toutes les doctrines, comme de toutes les religions. Il suit de là qu'il y aura des écoles libres qui ne seront pas des écoles libérales et dont les maîtres feront vœu de ne jamais se départir d'une doctrine rigoureusement définie. Dans celles mêmes qui ne prétendraient pas, pour toutes les matières de leur enseignement, à une orthodoxie exclusive, la nécessité de ménager chez les familles à qui elles font appel

---

[1] C'est ce que sentaient d'instinct ces esprits libéraux, qui, dans tous les temps, ont exagéré les droits de l'État sur l'enseignement : théories injustes, car elles immolaient la liberté sur l'autel de la liberté, mais qui, en fait, auraient pu servir ses intérêts, si l'on eût pris soin de stipuler pour elle les garanties qu'elle doit trouver entre les mains de l'État lui-même.

des scrupules plus ou moins respectables, imposera toujours des entraves à l'indépendance des professeurs. L'État, plus libre, parce qu'il est plus fort, obligé d'ailleurs, par sa nature même, à se déclarer incompétent dans toute matière doctrinale, n'ayant point, enfin, de scrupules à ménager, du moment que son enseignement n'est obligatoire pour personne, peut seul donner un enseignement parfaitement indépendant. Un enseignement privé, constitué, comme doit l'être celui de l'État, sur les bases de la liberté la plus large, rencontrerait des difficultés insurmontables. Il n'appartient qu'à l'enseignement de l'État, sans gêner la liberté soit de ceux qui le reçoivent, soit de ceux qui le dispensent, de faire une propagande efficace en faveur de la liberté elle-même.

XIX.

Quel est donc le régime qu'il convient d'établir pour l'enseignement public ? S'il s'agit d'une chaire isolée, l'État, en l'instituant, fixera les conditions à remplir pour la nomination du professeur, puis il laissera à ce dernier toute liberté dans l'exercice de ses fonctions, soit en lui garantissant l'inamovibilité, soit en exigeant un jugement, motivé non par sa doctrine mais par une infraction à ses devoirs, pour qu'il soit touché à sa position. S'agit-il de la réunion d'un certain nombre de professeurs dans une école, un collége ou une faculté, ou de celle d'un certain nombre d'établissements de tous ordres dans un corps universitaire ? l'État n'interviendra directement que par des règlements généraux, pour fixer la matière des cours, la discipline intérieure, les conditions qui doivent présider au choix des professeurs, à leur avancement, à la répression de leurs fautes. S'il prend sur lui de nommer les administrateurs et les professeurs, ses choix ne seront point arbitraires, et il devra, d'ailleurs, maintenir partout la garantie de l'inamovibilité ou d'un jugement régulier. Enfin, il devra laisser chaque établissement isolé ou chaque Université se gouverner librement, en veillant seulement à l'exacte observation des règlements. Un point essentiel, dans ces règlements, devra être d'assurer l'indépendance des corps enseignants, non-seulement contre l'arbitraire de l'État, mais contre celui de leur gouvernement intérieur. La loi n'atteindrait pas son but, si elle n'affranchissait les professeurs du joug de l'État que pour les mettre à la merci des fantaisies d'un principal de collége ou d'un recteur d'Université. Chacun de ces corps, à qui l'État confie la distribution de l'enseignement public, doit être libre dans son administration et dans sa discipline, mais à la condition de respecter le principe sur lequel repose l'enseignement public lui-même. Or, ce principe, c'est l'indépendance du professeur en tout ce qui tient à ses opinions.

Nous sommes tellement accoutumés à exagérer la responsabilité du gouvernement, que des corps indépendants institués par l'État, et recevant de lui un salaire, sembleront peut-être une utopie. Ce ne serait pas cependant, même en France, une institution sans exemple. L'inamovibilité dont jouit notre magistrature, et que la constitution de l'Empire français considère comme un principe sacré, supérieur aux lois ordinaires, lui donne le droit de s'opposer, non pas sans doute à l'autorité législative, mais à toutes les exigences du pouvoir exécutif. Nos grands établissements financiers, la Banque de France, le Crédit foncier, le Crédit industriel, ont, sans contredit, le caractère d'établissements publics, puisqu'ils reçoivent de l'État leurs chartes, leurs gouverneurs et, sinon une subvention directe, des priviléges très-étendus. Ce sont cependant, dans leur administration intérieure, des établissements privés, fonctionnant en vue d'intérêts privés, en même temps qu'ils servent l'intérêt général, et dont les opérations n'engagent la responsabilité de l'État qu'autant que ses agents ont négligé de s'assurer de l'exécution des statuts.

L'exemple des théâtres est encore plus frappant. L'État croit, à tort ou à raison, que l'intérêt des lettres ou des arts exige des théâtres subventionnés et, jusqu'à un certain point, dirigés par lui. Il nomme leurs administrateurs, il leur impose des règlements, il charge des commissions de veiller à l'observation de ces règlements : ce sont, en un mot, sans que la comparaison aille plus loin, ses théâtres, comme les établissements universitaires sont ses écoles. Est-ce à dire qu'il soit directement responsable des pièces qu'on y joue, et de la façon dont elles sont jouées ? Doit-on dire l'État comédien, l'État chanteur, l'État danseur, comme on croit pouvoir dire l'État enseignant? A-t-il des principes d'esthétique ou de morale engagés dans les pirouettes du corps de ballet? S'il s'attribue sur les pièces un droit de censure, accepte-t-il comme siennes les tendances morales ou littéraires de celles qu'il laisse représenter? Se fait-il romantique quand on joue Hernani au Théâtre-Français, et classique, quand on refuse d'y jouer Macbeth? Serait-il juste de lui imputer la justification du suicide, quand il laisse ses comédiens ordinaires jouer Chatterton, ou celle de la virginité refaite par l'amour, quand ils représentent Marion Delorme? Non; quand l'État prend certains théâtres sous son patronage, il n'a en vue que les intérêts de l'art dramatique, et il comprend qu'il irait contre son but, s'il gênait par son intervention directe la liberté des auteurs, des acteurs et des directeurs eux-mêmes. Les entraves, à notre avis fort discutables, qu'il met à cette liberté, ne répondent du moins qu'à des exigences de police, et n'impliquent pas son immixtion dans le domaine propre des arts.

Il ne prétend pas davantage s'approprier celui des lettres et des sciences, quand il fonde des académies. L'Institut de France est une création de l'État. La nomination de ses membres est soumise à l'approbation du gouvernement. Ils reçoivent un traitement aux frais du Trésor. L'Institut n'en est pas moins un corps indépendant, composé de corps eux-mêmes indépendants et laissant à leurs membres, comme écrivains et comme savants, une complète indépendance. Le contrôle de l'État sur les élections académiques n'a pour but que d'assurer l'observation des règlements. Ces élections sont parfaitement libres; elles peuvent même se produire comme des actes d'opposition politique, sans avoir à craindre que l'approbation du souverain leur soit refusée. Ni cette approbation, ni le traitement qui en est la suite ne créent pour l'académicien, vis-à-vis du gouvernement, des obligations différentes de celles des autres citoyens, et n'engagent la responsabilité de l'État dans les opinions qu'il peut manifester, même quand il les publie comme membre de l'Institut. La responsabilité de chaque académie à l'égard des doctrines littéraires, religieuses ou politiques de ses membres expire également après l'élection. Une académie est libre de fermer ses portes à une opinion, en refusant obstinément ses suffrages aux écrivains et aux savants, même les plus illustres, qui s'en sont faits les représentants. Mais si, sous ce rapport, elle peut affecter une sorte d'orthodoxie, elle n'a aucun pouvoir pour la maintenir chez ceux qu'elle a admis dans son sein. Les doctrines d'un académicien peuvent être blâmées par un de ses confrères, soit personnellement, soit au nom de l'Académie elle-même : son caractère et ses droits, comme académicien, n'en sont pas entamés. Ils ne sont pas davantage entamés par une condamnation politique. Si l'Institut ressent encore le contre-coup de nos discordes civiles, l'exil fait des vides dans ses séances, il n'en fait plus dans son sein. Depuis les tristes réactions qui ont marqué la chute du premier Empire, une seule exclusion a été prononcée par une académie contre un de ses membres : elle avait pour motif une condamnation aux travaux forcés, pour crime de vol.

Ici la comparaison ne laisse rien à désirer. Les académies, comme institution de l'État, ont la même destination que l'enseignement public, dont elles sont, en quelque sorte, la forme la plus haute. Elles sont appelées à maintenir et à élever, s'il est possible, le niveau intellectuel de la nation. En les prenant sous son patronage, en les faisant entrer dans la sphère de son action, l'État a compris que le succès de la mission qu'il leur confiait était précisément attaché à leur indépendance. Il en doit être ainsi de l'enseignement public; que dis je ! il en a été ainsi de l'enseignement public, pendant une notable partie de ce siècle, et il n'est pas besoin d'exemples étrangers pour expliquer la liberté dont il peut jouir.

Certes, quand Napoléon a fondé l'Université, il n'avait pas l'intention d'en faire un corps indépendant. Elle devait représenter, à tous les degrés, non-seulement l'action directe de l'État, mais ce que son fondateur croyait pouvoir appeler les doctrines de l'État. Et cependant, au bout de quelques années, par la force des choses, en vertu de cet esprit de liberté que développe naturellement la culture de l'intelligence, elle s'était transformée, sans changer sensiblement ses règlements, et en laissant seulement tomber en désuétude ce qu'ils avaient d'illibéral, au point de réaliser dans son sein à peu près toutes les garanties de cette liberté d'enseignement au nom de laquelle on lui livrait de si rudes assauts. Elle avait toujours à sa tête un grand maître, membre du gouvernement, sous le nom de ministre de l'instruction publique, à qui appartenaient l'initiative et la responsabilité de tous les actes destinés à modifier ses règlements, de même que toutes les nominations qui pouvaient modifier son personnel ; mais, en fait, la direction de l'enseignement public était passée des mains du ministre dans celles d'un conseil inamovible. C'est de ce conseil, soustrait par son inamovibilité aux vicissitudes de la politique et à la pression du gouvernement, qu'émanaient à la fois les arrêtés relatifs aux études et les nominations de professeurs. Ces nominations étaient entourées elles-mêmes des garanties les plus propres à exclure l'arbitraire. Pour le haut enseignement, c'était, avec le grade de docteur, le concours public ou la présentation des facultés, et, après la nomination, l'inamovibilité. Pour l'enseignement secondaire, c'était le titre d'agrégé, obtenu à la suite d'un concours, et conférant des droits positifs à ceux qui en étaient investis, dans des conditions analogues à celles des grades dans l'armée. Pour l'enseignement primaire, le ministre n'avait également sur les maîtres qu'un droit suprême d'institution ; ils étaient nommés, non par le conseil suprême, placé trop loin des besoins auxquels il fallait satisfaire, mais par des comités d'arrondissement, dont la composition offrait à la liberté, aussi bien qu'aux droits de l'État, toutes les garanties désirables ; et ces conseils eux-mêmes devaient renfermer leur choix dans les limites des présentations faites par les conseils municipaux. Enfin, s'il y avait lieu, sans toucher aux droits des membres du corps enseignant, de les frapper de peines disciplinaires, ce n'était pas le ministre seul qui les condamnait : ils avaient des juges indépendants, dans les comités d'arrondissement pour l'instruction primaire, avec appel au conseil royal, dans les conseils académiques et dans le conseil royal pour l'instruction secondaire et l'instruction supérieure, et aucun jugement n'était prononcé sans que l'inculpé eût été admis à présenter ses moyens de défense. Ces garanties tutélaires étaient d'ailleurs non-seulement acceptées, mais provoquées par le gouvernement lui-même. « La carrière de l'enseignement, écrivait dans un rapport officiel un des ministres les plus libéraux qui aient gouverné l'instruction publique, exige tant de dévoûment et de sacrifices, que ceux qui l'embrassent ont besoin d'être spécialement protégés contre l'arbitraire par une législation prévoyante [1]. »

Est-ce à dire que ce régime fût irréprochable? Non, sans doute, pas plus qu'aucune institution de ce monde. Son premier tort, inhérent à cet esprit de centralisation qui a prévalu en France depuis la Révolution, était de concentrer l'enseignement public dans une seule Université : un corps unique tend naturellement à l'uniformité et, par suite, à la routine. Le progrès ne peut naître que d'efforts partiels, de tentatives diverses et d'influences rivales. Quelques précautions qui fussent prises pour assurer l'indépendance respective des professeurs, l'unité de direction menaçait de faire disparaître l'heureuse opposition des écoles de médecine de Paris et de Montpellier; enfin, un système unique de philosophie tendait à prendre possession de toutes les chaires des facultés et des colléges; déjà on commençait à réclamer, entre tous les membres de l'Université, une solidarité de sentiments et de doctrines, un esprit de corps, qui est assurément fort souhaitable, quand il y a plusieurs corps rivaux, chez qui la vie est entretenue par leur rivalité même, mais qu'il faut bannir autant que possible d'un corps exclusif, qui ne peut vivre qu'en appelant dans son sein la diversité et la lutte.

Un autre défaut, qui viciait et qui vicie encore par la tête notre organisation universitaire, c'était la confusion des fonctions de grand maître et de membre d'un cabinet politique. Cette confusion livrait l'enseignement aux nécessités de la politique ; elle faisait dépendre ses destinées de toutes les combinaisons que peut réclamer l'esprit de parti. Le ministère de l'instruction publique, non-seulement devait suivre tous les déplacements de la majorité parlementaire, mais pouvait être une prime accordée à une minorité dont on avait besoin de se ménager l'appoint. Il y avait, sans doute, une garantie dans les droits du conseil royal. Mais un ministre, responsable devant le souverain, qui l'avait investi de sa confiance, et devant les chambres, dont il subissait le contrôle, pouvait difficilement se résigner à subir encore la loi d'un conseil inamovible et irresponsable, et il était naturel qu'il cherchât à sortir de tutelle. C'est ce qu'on a vu en 1845, quand M. de Salvandy, en adjoignant aux membres inamovibles du conseil un

[1] M. de Vatimesnil, Rapport au roi Charles X, 21 avril 1828.

nombre supérieur de membres amovibles, et en reprenant entre ses mains le droit de nomination, accomplit un véritable coup d'état universitaire, qui fut le prélude de toutes les atteintes que devait recevoir, quelques années plus tard, l'indépendance du corps enseignant. Ce coup d'état, il faut bien le dire, rencontra presque de la faveur dans le corps à qui il enlevait une de ses principales garanties. Le conseil royal, par le petit nombre de ses membres, constituait une sorte d'oligarchie, qui, en se partageant toutes les branches de l'enseignement, remettait proprement chacune d'elles à la discrétion d'un seul homme. C'était, sans contredit, par la compétence et l'autorité spéciale de ceux qui l'exerçaient, un arbitraire plus intelligent que celui d'un ministre politique ou d'un chef de division ; mais c'était toujours de l'arbitraire, et il pesait d'autant plus sur ceux qui s'en croyaient les victimes, que l'inamovibilité même des membres du conseil ajournait indéfiniment tout espoir de réparation.

Enfin, le régime libéral dont jouissait l'Université avait l'inconvénient de ne reposer que sur des usages, qui avaient pris peu à peu force de loi. Il suffisait, comme on l'a vu, de la volonté d'un ministre, pour revenir à l'esprit et à la lettre des premiers règlements, qui étaient loin d'avoir en vue les libertés universitaires.

C'était donc un régime imparfait et précaire ; et pourtant, tel qu'il était, il s'en fallait de bien peu qu'il n'eût réalisé le problème de la liberté d'enseignement au sein de l'État. Les conditions préalables imposées aux professeurs assuraient à l'État leur capacité ; les garanties dont ils jouissaient, soit pour leur nomination, soit dans l'exercice de leurs fonctions, assuraient leur liberté contre les empiétements de l'État. D'un autre côté, les divers degrés de juridiction qui leur étaient ouverts, permettaient de punir leurs écarts, sans les mettre à la merci d'une autorité arbitraire. Il s'était ainsi formé, grâce à cet ensemble de garanties, un corps éminent en science, d'une moralité incontestée, sans rien d'exclusif dans ses doctrines. L'Université appelait la confiance des familles par l'excellence de son enseignement ; elle se prêtait à la diversité de leurs tendances, en leur offrant, dans son sein, des représentants de toutes les opinions. Même l'opposition la plus avancée en politique n'était pas exclue de l'enseignement public. Le salaire que recevaient les professeurs n'était pas considéré comme un engagement de s'associer, au moins par le silence, à la politique du gouvernement, et ils pouvaient, sinon l'attaquer avec violence, du moins la blâmer impunément, soit dans leurs cours, soit dans leurs livres, soit dans les journaux, auxquels ils prêtaient librement leur collaboration. En ce qui concerne la religion, l'Université, malgré son caractère laïque, ouvrait ses portes au clergé, et confiait même à des prêtres la direction de quelques-uns de ses établissements; d'un autre côté, parmi les laïques, elle admettait non-seulement des catholiques, des protestants et des juifs, mais des philosophes, qui ne craignaient pas de placer la raison au-dessus de la foi. Est-il besoin d'ajouter qu'elle ne se montrait pas plus exclusive en philosophie, bien qu'elle tendît à y faire prédominer le spiritualisme cartésien, ni en littérature, bien que la majorité de ses membres restât fidèle aux traditions classiques?

C'était, dira-t-on, la tour de Babel. Non, c'était la liberté; c'était le seul régime qui puisse convenir à l'enseignement de l'État, quand l'État, se renfermant dans son rôle de puissance temporelle, abdique toute prétention à l'infaillibilité doctrinale; et ce régime, où l'on ne voit que confusion, et où nous voyons, dans la diversité même de ses éléments, une véritable harmonie, s'impose tellement à un État tant soit peu libéral, qu'il s'est maintenu en fait presque entièrement, quoiqu'il ait perdu la plupart des garanties qui le consacraient en principe. Il faut en faire honneur et à la sagesse des ministres à qui a été confié successivement le gouvernement de l'Université, et à cet esprit de liberté que rien n'a pu affaiblir au sein de l'Université elle-même.

C'était la liberté pour l'Université; mais, en dehors, c'était le monopole: le monopole le plus libéral assurément, et l'on comprend les sympathies qu'il s'était acquises et qu'il a conservées parmi tant d'esprits sincèrement libéraux, mais odieux, à ce titre seul de monopole: et doublement inconséquent par la double face avec laquelle il se présentait aux particuliers et à l'État. « Si vous êtes la liberté, pouvaient dire les particuliers, pourquoi employez-vous la contrainte? Si vous ne vous croyez pas le droit d'imposer à vos professeurs des doctrines exclusives, de quel droit nous imposez-vous vos professeurs? » « Si vous êtes le monopole, disait l'État de son côté, il importe à ma responsabilité de vous replacer dans les conditions du monopole. C'est en mon nom que vous vous imposez aux familles; c'est à moi qu'elles s'en prennent si leurs opinions sont blessées par vos doctrines. Je pourrais, par respect pour la liberté, tolérer un enseignement que je désapprouve : vous ne pouvez exiger que je force ceux qui le désapprouvent comme moi, non-seulement à le tolérer, mais à le subir. » En présence de ces deux courants de plaintes également logiques, l'Université a eu le tort de s'attacher, autant qu'elle a pu, à son monopole, et de défendre faiblement sa liberté. Elle a pu ainsi conserver une partie de l'un, mais elle s'est laissé enlever presque toutes les institutions qui protégeaient l'autre.

La première condition, pour que l'enseignement reprenne l'indépendance dont il a besoin, c'est donc qu'il renonce à tout vestige de monopole. Plus d'enseignement obligatoire, ni pour les facultés où il s'est maintenu, ni pour les colléges où le regrettent encore d'imprudents amis de l'Université, ni pour les écoles primaires où l'on songe à l'introduire. Plus de grades exigés pour l'enseignement libre : si l'État croit utile de mettre des conditions à l'ouverture d'une maison d'éducation ou d'exercer sur elle un droit de surveillance, ni ces conditions ni cette surveillance ne doivent porter sur les doctrines professées. Enfin, ce n'est pas assez de l'enseignement individuel, donné par un professeur isolé, soit au sein de la famille, soit dans un cours public ; ce n'est pas même assez que des professeurs puissent s'associer pour diriger en commun des écoles libres, des colléges libres, ou, ce qui nous manque, des facultés libres : il faut que des universités libres puissent se fonder, groupant dans une direction commune un certain nombre d'établissements d'instruction répandus sur toute la surface de l'Empire. Lorsque la liberté aura reçu ces garanties en dehors de l'enseignement de l'État, toute objection aura disparu pour que l'enseignement de l'État soit replacé lui-même sous un régime de liberté.

Non pas qu'il faille rétablir dans toutes ses parties le régime qui a subsisté de 1828 à 1845, mais seulement tout ce qu'il avait de libéral. Au lieu d'une Université unique, des universités provinciales, reliées, pour sauvegarder l'unité nationale, par des institutions communes, et, dans tout ce qui intéresse le maintien de ces institutions, recevant une direction commune, soit celle d'un ministre, soit celle d'un conseil suprême, mais, pour tout le reste, vivant de leur vie propre, se gouvernant elles-mêmes, dans la sphère de leur action, et, sans gêner la liberté de leurs membres, pouvant avoir leurs traditions et leur esprit. Au sein de chaque Université, non le pouvoir absolu d'un chef, grand maître ou recteur, mais le contrôle d'un conseil indépendant, et, pour la nomination, pour l'avancement, pour le jugement des professeurs, toutes les garanties que s'était assurées, dans sa période de liberté, l'Université de France. C'est ainsi que l'État remplira ses devoirs de protection et d'assistance, sans assumer une responsabilité étrangère à sa nature et compromettante pour son autorité, et en laissant à la science, à ceux qui l'enseignent et à ceux qui la reçoivent, toute la liberté dont elle a besoin pour présider efficacement à tous les progrès sociaux, dans l'ordre matériel et dans l'ordre moral.

CHAPITRE IV.

LA LIBERTÉ DE CONSCIENCE.

> Ibi violentissime regnatur, ubi opiniones, quæ unius cujusque juris sunt, quo nemo cedere potest, pro crimine habentur.
> SPINOZA.

ARGUMENT.

I. La liberté de conscience et la liberté religieuse ; dans quel sens elles se confondent.
II. Caractère social de la liberté religieuse.
III. Ses vicissitudes.
IV. La liberté de conscience et le scepticisme : leur alliance de fait n'est pas une alliance de droit.
V. Jusqu'où peut aller la liberté de conscience : 1° dans l'ordre moral ;
VI. 2° Dans l'ordre civil et politique.
VII. Impossibilité d'une séparation absolue de l'Église et de l'État.
VIII. Les concordats ; leur légitimité.
IX. Principes qui doivent présider aux rapports de l'Église et de l'État.
X. Liberté du prosélytisme.—Dans quelles limites le prosélytisme peut-il être légitime à l'égard de l'enfance?

Nous avons déjà discuté, en traitant de la liberté d'enseignement, la plupart des questions que soulèvent les autres libertés de l'ordre moral : la liberté de conscience, la liberté de la presse, la liberté d'association. Il nous sera donc permis d'exposer plus brièvement les principes sur lesquels elles s'appuient et les garanties qu'elles réclament.

I.

La liberté religieuse n'est pas toute la liberté de conscience. L'une se rapporte proprement aux croyances et aux devoirs qui ont Dieu pour objet ; l'autre embrasse tous les devoirs ; et, pour en assurer le libre accomplissement, toutes les opinions, toutes les manifestations de l'âme. La première éveille surtout l'idée d'une association de croyants, d'une Église défendant, contre d'autres Églises ou contre l'État, l'indépendance de ses dogmes et de son culte. Les opinions isolées, les doctrines individuelles, invoquent plutôt le nom de la seconde.

Toutefois, ce n'est pas sans raison que ces expressions de liberté de conscience et de liberté religieuse sont prises généralement pour synonymes. La conscience et la religion s'enveloppent réciproquement. La révélation et la foi supposent la conscience et s'appuient sur elle. L'obligation d'obéir à Dieu est un de ces devoirs qui se révèlent naturellement à la conscience : la foi ne fait que déterminer la matière de cette obligation. Les sources des croyances humaines peuvent varier, suivant les différentes religions ; la foi a toujours le même caractère : c'est une adhésion intime de la conscience aux devoirs qui lui sont présentés au nom de Dieu, et qu'elle s'approprie pour les imposer à la volonté. Une religion révélée fait croître, en quelque sorte, de nouvelles plantes sur le sol de la conscience ; mais elle ne se crée pas un nouveau domaine ; elle n'a pas à revendiquer d'autres libertés que celles de la conscience elle-même.

Toutes les religions ne reposent pas sur une révélation surnaturelle. Leur fond commun, c'est la croyance en Dieu ou, du moins, en quelque chose de divin. Or, cette croyance, dans sa généralité, appartient à la conscience naturelle ; elle est impliquée dans toute idée de devoir.

La morale est-elle possible en dehors de toute conception métaphysique ou religieuse ? C'est une question vivement débattue aujourd'hui, et dans laquelle il ne faut voir qu'un malentendu. Pour la plupart des âmes, le devoir se présente comme un commandement non de la raison pure, mais d'une volonté suprême, c'est-à-dire d'une volonté divine. C'est ainsi qu'il faut l'annoncer aux enfants ; c'est sous cette forme seule qu'ils en sentent la nécessité. Plus tard, ils pourront sans doute dégager l'idée d'obligation de l'idée de Dieu ; ils pourront même rejeter entièrement cette dernière idée sans rejeter tout devoir avec elle. Mais, qu'on ne s'y trompe pas, si le déiste croit que le devoir puise toute sa force en lui-même ou dans l'assentiment de la raison, il ne refuse pas cependant de le rapporter à Dieu comme à son principe et à sa fin, et, quand il reconnaît que la morale ne peut se passer d'une sanction, l'existence de Dieu devient pour lui, comme pour Kant, un *postulat* nécessaire de la *raison pratique*. Quant au panthéiste, à l'idéaliste, au positiviste, à l'athée déclaré lui-même, à tous ceux, en un mot, qui ne voient dans un Dieu personnel qu'un Dieu fait à l'image de l'homme, cette idée du devoir, qu'ils continuent à invoquer comme une loi que l'homme s'impose à lui-même, ne peut garder pour eux son caractère absolu, sans retenir en même temps quelque chose de son essence divine. Elle devient leur Dieu, et leur donne, quoi qu'ils fassent, une foi religieuse. Les uns ne voient rien au delà ; les autres sentent le besoin de la réaliser au sein de la nature divinisée ; et si quelques-uns osent s'écrier, avec le Prométhée de Gœthe :

N'est-ce pas toi-même qui as tout fait, cœur brûlant d'un feu sacré ?

c'est qu'ils placent dans leur cœur la divinité qu'ils nient au dehors. Religion de la nature, religion de l'idée, religion du devoir, c'est toujours une religion, une foi en quelque chose d'absolu et d'universel. Or, la liberté religieuse est le commun droit de toutes les formes de la pensée du divin ; elle n'exclut aucune des croyances qui soumettent l'homme à une loi obligatoire : elle protége donc, en réalité, toutes les opinions qui, par leur empire sur la volonté, se présentent comme des manifestations de la conscience.

Nous l'étendrons même à ces opinions négatives qui rejettent, avec l'idée de Dieu, tout principe absolu de morale. S'il est des doctrines qui placent la règle de la conduite humaine non dans le devoir, mais dans l'intérêt ou dans la passion, sous cette altération de la vérité morale, on reconnaît encore une foi et une loi, c'est-à-dire les conditions extérieures d'une croyance religieuse. Ces doctrines ont eu leurs sectateurs, comme les religions proprement dites, et, dès que ceux-ci ont voulu réunir leurs efforts pour la propagation de leurs opinions, ils ont affecté le même dogmatisme, la même intolérance, la même ardeur de prosélytisme; ils ont fondé, en un mot, de véritables Églises. N'est-ce pas le spectacle qu'ont offert, dans notre siècle, les saint-simoniens et d'autres sectes socialistes? Le positivisme lui-même, qui proscrit toute recherche métaphysique, n'a-t-il pas voulu être une Église, avec un sacerdoce et tous les dehors d'un culte ? Ceux-là même qui pratiquent à la lettre la religion de la matière et le culte du plaisir, le langage populaire les caractérise naïvement, mais avec vérité, quand il dit qu'ils se font un Dieu de leur intérêt, un Dieu de leur argent, un Dieu de leur ventre.

Mais n'est-ce pas profaner le nom de religion que d'en revêtir toutes les sectes, toutes les opinions qui se parent du nom de Dieu, ou qui lui substituent n'importe quelle idole? Dieu ne peut avoir qu'un langage, qu'une loi, qu'une volonté. C'est le Dieu jaloux de l'Écriture. Il n'y a donc qu'une religion vraie, qu'une seule religion, à parler rigoureusement. Les autres ne peuvent invoquer les droits du souverain maître, qu'elles offensent par leurs impostures, pour s'attribuer une liberté qui est la négation de son autorité même. Ces mots de liberté et de religion ne peuvent être accouplés sans contradiction, sans une sorte de *délire*, comme l'ont déclaré, à deux reprises, en face des prétentions de notre siècle, les chefs de l'Église catholique [1]. Parler de liberté religieuse, c'est nier qu'il y ait une vérité religieuse.

On pourrait dire, avec la même apparence de raison, que, parler de liberté de conscience, c'est nier qu'il y ait une conscience. La conscience est une et universelle, comme Dieu même. Entre ces opinions opposées qui se produisent sous son nom, une seule peut être vraie; les autres sont des erreurs ou des mensonges; elles ne sont pas la conscience; elles usurpent ses droits, quand elles revendiquent, à leur profit, la liberté qui lui est due.

La contradiction tombe, si l'on distingue, dans la liberté religieuse ou dans la liberté de conscience, le point de vue moral et le point de vue légal. Moralement, l'erreur n'a pas de droits contre la vérité, pas plus que le mal n'a de droits contre le bien. Ce sont deux ennemis acharnés, qui ont le droit de se combattre, même jusqu'à l'extermination. Dieu et la conscience n'ont qu'un empire, au sein duquel ils ne souffrent pas de rivaux. La foi sincère, la foi sûre d'elle-même ne peut être qu'intolérante. Elle ne peut voir dans la liberté religieuse, au profit des croyances ou des illusions qu'elle condamne, que la liberté de l'irréligion, c'est-à-dire d'une révolte ouverte contre Dieu même. Une conscience pure éprouve la même indignation à l'égard des doctrines qu'elle

---

[1] Encycliques de Grégoire XVI et de Pie IX.

juge immorales et funestes ; loin de les admettre à partager ses droits, elle se fait un devoir de les repousser, de les flétrir, de chercher, par tous les moyens, à les déraciner.

La guerre, la guerre à outrance, tel est donc l'état naturel de la vérité, de la conscience, de la foi en face des opinions rivales. Mais avec quelles armes ? Avec les armes propres de l'esprit, avec la discussion raisonnée ou passionnée, mais sans recours à la force. Nous l'avons établi dans les précédents chapitres : la force ne détruit pas l'erreur dans les âmes que l'erreur aveugle ; elle n'ajoute rien à l'empire de la vérité dans les âmes que la vérité éclaire. Elle protége tout au plus les âmes neutres et indécises, en écartant d'elles les doctrines qui pourraient les corrompre ; mais à quel prix ? en les laissant dans leur indifférence, en leur retirant, avec les dangers de la lutte, les bénéfices de la discussion, en y greffant des doctrines mortes, incapables de porter des fruits, et que le plus léger souffle fera tomber en poussière. Et il faut supposer encore que la force sera toujours au service de la vérité, et qu'elle ne s'emploiera jamais pour la combattre ou pour l'étouffer. La vérité peut toujours disposer de ses armes naturelles : le raisonnement, la persuasion, le sentiment du bien ou du beau. La force est pour elle une arme d'emprunt, que la fortune lui prête ou lui refuse. C'est un auxiliaire perfide, sur lequel il est dangereux de se reposer, car il est toujours prêt à passer du côté de l'ennemi.

La force au service du droit, c'est l'ordre légal, qu'il faut accepter avec reconnaissance, malgré la possibilité de ses erreurs, quand il s'agit d'opposer un frein aux violences individuelles. Nous devons sacrifier aux exigences des lois une portion de notre activité pratique, pour assurer au reste la liberté et la sécurité. Mais nous n'avons pas le droit de faire un semblable partage, quand il s'agit de notre activité intellectuelle. La vérité ne doit être à la merci d'aucun pouvoir étranger ; et, comme il n'appartient qu'à elle de vérifier ses titres et ceux de ses adversaires, elle doit, vis-à-vis des lois, réclamer la même indépendance que pour elle-même [1]. Cette indépendance légale assurée à toutes les opi-

---

[1] Jure igitur agendi ex proprio decreto unusquisque tantum cessit, non autem ratiocinandi et judicandi ; adeoque, salvo summarum potes-

nions, ce n'est pas l'indifférence pour la vérité, c'est, au contraire, le respect de la vérité, affranchie à la fois d'une protection injurieuse et de toute chance d'oppression.

Ainsi entendue et bornée à l'ordre légal, la liberté de conscience a tout à gagner à se confondre avec la liberté religieuse. Le nom de conscience n'est qu'un terme abstrait. La religion, c'est le royaume de Dieu même, élevé au-dessus des royaumes humains, leur refusant tout droit sur lui, et repoussant leur concours pour la défense de ses droits. Or, on a beau idéaliser Dieu, il se personnifie, quoi qu'on fasse, dans la conscience et dans le langage. C'est une puissance réelle, qui se pose en face de celle de l'État, et qu'il suffit de nommer pour comprendre qu'elle ne peut souffrir ni partage ni dépendance. Que la force ne touche pas à l'esprit ; que l'ordre légal n'envahisse pas l'ordre moral ; que le domaine de la conscience reste en dehors de celui de l'État : ce sont là des formules qui peuvent convaincre une intelligence éclairée, mais où beaucoup ne verront que de vagues antithèses. « Rendez à César ce qui appartient à César, et à Dieu ce qui appartient à Dieu : » voilà qui est clair et net, et s'empare aussitôt des esprits les plus rebelles.

II.

La liberté religieuse, par son caractère éminemment social, s'appuie partout sur des sociétés organisées, et, d'abord, sur la famille. La mission de la famille, c'est de former l'homme au devoir. Or, quel que soit le lien métaphysique de l'idée morale et de l'idée religieuse, il est permis d'affirmer, en fait, que le devoir n'a jamais parlé clairement à l'âme d'un enfant, sans le secours du nom de Dieu. Rousseau ne se passe de Dieu, dans l'éducation de l'enfance, qu'en ajournant jusqu'à l'adolescence tout appel à la raison et toute instruction purement morale. Toute famille, même celle de l'athée, quand elle ne renonce pas à former le cœur de

---

tatum jure, nemo quidem contra earum decretum agere potest, at omnino sentire et judicare, et consequenter etiam dicere, modo simpliciter tantum dicat vel doceat, et sola ratione, non autem dolo, ira, odio. (Spinoza, *Tract. théol. polit.*, c. xx.)

ses plus jeunes membres, est une Église en petit. Aussi la persécution religieuse est forcément un attentat contre la famille. Fermer les temples, frapper de terreur les réunions clandestines, exiger des abjurations publiques, confirmées par des actes sacriléges, élever des potences ou des bûchers pour les récalcitrants, tout cela n'est rien ; le sang des martyrs est une semence de fidèles : s'emparer des enfants, les arracher à leurs parents et à leurs proches, sans se fier à des conversions forcées ; les remettre en mains sûres, c'est-à-dire en des mains fanatiques, se charger, en un mot, de pétrir, au gré des opinions persécutrices, ces âmes encore neuves, voilà seulement ce qui peut étouffer, dans leurs germes, les croyances qu'on veut détruire.

Mais cette violation de la famille rencontre une résistance désespérée dans les sentiments naturels de la famille. Ceux qui craignent le martyre peuvent cacher leur foi au fond de leur cœur, ils ne cacheront pas leurs enfants : il faut les livrer ou les défendre. Le plus faible trouvera du courage pour les disputer aux ravisseurs. Le plus indifférent à sa foi ne souffrira pas qu'elle soit violée dans son enfant. Et il faudra compter, non-seulement avec les familles auxquelles on fait violence, mais, du côté même des persécuteurs, avec la conscience de toutes les autres, si le fanatisme n'a pas fait taire en elles la voix de la nature. On peut différer de religion, on ne diffère que par le degré dans l'amour paternel ou maternel. Chaque famille est un sanctuaire pour toutes les familles. Chacun se sent frappé dans quelqu'un des siens, quand il entend des cris dans Rama.

La liberté religieuse trouve dans la famille une organisation toute faite ; elle s'en crée une dans chaque Église. Les opinions philosophiques, même quand elles sont professées par une école ou une secte, gardent toujours un caractère individuel. On n'est philosophe qu'à la condition de penser par soi-même. Une religion, au contraire, est la mise en commun de certaines croyances ; elle suppose toujours une association dans le but de les conserver et de les répandre, un culte extérieur et collectif, en vue de les manifester publiquement ; en un mot, une Église constituée. La persécution philosophique ne prend pour ses victimes que les chefs d'école : Anytus n'accuse que Socrate. La persécution religieuse est entraînée irrésistiblement à sévir, non sur des individus isolés, mais sur des masses de croyants, unis dans une foi commune, dans un égal attachement aux mêmes doctrines et aux mêmes pratiques. Ses victimes portent des noms communs : ce sont les chrétiens, du 1er au ive siècle ; les albigeois, au xiie ; les huguenots, au xvie. Ses annales n'enregistrent pas seulement des supplices, mais des massacres.

Mais, si l'intolérance frappe ses ennemis en masse, c'est en masse qu'ils lui résistent ; c'est contre des armées qu'elle est forcée de combattre : armées d'insurgés ou armées de martyrs, aussi redoutables les unes que les autres à leurs persécuteurs. Après le massacre de Wassy, les protestants soutiennent une lutte de dix ans contre l'intolérance catholique, tour à tour vainqueurs ou vaincus, mais toujours assez forts pour dicter les conditions de la paix. Après la Saint-Barthélemy, après la formation de la Ligue, leurs forces semblent croître encore. Ce n'est plus dix ans, c'est vingt-cinq ans que dure la guerre civile, et le traité qui la termine consacre la victoire des dissidents. Les chrétiens des premiers siècles n'ont pas eu besoin, pour vaincre, de la rébellion et de la guerre civile. Ils courent au devant de leurs bourreaux, et, à chaque persécution, leurs bourreaux les retrouvent plus nombreux et plus fermes ; et, après la dernière, la plus sanglante, la plus générale, la mieux organisée, le christianisme est maître de l'Empire. Cette nécessité et, en même temps, cette impuissance des persécutions générales, quand on veut abattre une secte religieuse, plaide la cause de la tolérance, auprès de toutes les âmes sages et modérées, avec plus de force que tous les arguments des philosophes.

Du moment que la tolérance est conquise par les religions, la logique veut qu'elle profite aux doctrines individuelles. Si l'on respecte une secte organisée, que craindra-t-on d'une opinion isolée ? Si l'on a le droit de changer de religion, comment n'aurait-on pas celui de rester sur un terrain neutre, en attendant qu'on retrouve assez de lumières pour revenir à la foi qu'on a perdue, ou, s'il est possible, pour en embrasser une nouvelle ?

III.

La raison, l'humanité, la logique, tout doit contribuer à élargir le cercle de la liberté de conscience. Mais le monde n'est pas gouverné par la raison, par l'humanité et par la logique. La liberté de conscience est, sans contredit, la plus précieuse au cœur de l'homme. Elle a pour elle l'énergie des convictions individuelles et l'ardeur des dévoûments collectifs. Il n'est pas un siècle, il n'est pas une contrée où elle n'ait été défendue avec un courage enthousiaste. C'est d'hier seulement que date la revendication franche et complète de ses droits, et il n'est pas une seule législation qui les ait reconnus sans réserve. Un éloquent écrivain [1] faisait naguère le triste bilan des atteintes qu'elle reçoit encore sur tous les points du globe : ici la persécution ouverte, s'exerçant au profit d'une religion exclusive ou maintenant toutes les religions sous la dépendance de l'État, et, si elle ne réclame plus de supplices, du moins dans les pays civilisés, appelant toujours à son aide la prison, l'amende, la confiscation, la privation des droits civils ; là, la liberté admise en principe, soumise en fait aux décisions arbitraires des autorités administratives ; ailleurs, une liberté égale pour toutes les sectes religieuses, mais sans une égale jouissance des droits politiques ; dans certains pays, des questions de dogmes tranchées par un prince ou par un parlement ; dans d'autres, les tribunaux appelés à se prononcer sur des théories philosophiques. Et, au milieu de tous ces empiétements de l'ordre légal sur l'ordre moral ou religieux, prêtez l'oreille à toutes ces voix qui s'élèvent contre la liberté de conscience, depuis Rome jusqu'à New-York : voix franchement ennemies, qui la proscrivent absolument ; voix faussement amies, qui l'étendent ou la resserrent, au gré des intérêts de parti ; voix théocratiques, qui subordonnent l'État à l'Église ; voix autocratiques, qui asservissent l'Église à l'État ; voix politiques, qui cherchent des compromis impossibles entre des prétentions inconciliables. En présence de ces dénégations, de ces restrictions, de ces réserves de toute sorte, il ne faut pas sans doute désespérer de la liberté, mais il ne faut pas

---

[1] M. Jules Simon, *La liberté de conscience*, 1857.

non plus, avec un imprudent optimisme, croire ses conquêtes tellement assurées qu'il soit superflu de chercher à les accroître et presque puéril de songer à les défendre.

La liberté de conscience aura longtemps des adversaires : d'abord au sein des gouvernements, toujours jaloux de leur autorité, toujours prêts à exagérer leur responsabilité pour exagérer leurs droits, toujours portés, malgré de cruels mécomptes, à chercher, dans les religions qu'ils protégent, des instruments de domination ; puis parmi ceux mêmes dont elle est la sauvegarde, parmi les sectateurs des diverses croyances, souvent plus désireux d'assurer leur empire, par l'extinction de leurs rivaux, que d'abriter leurs droits derrière les droits de tous. Quand même toutes les opinions seraient assez sûres d'elles-mêmes pour ne se confier qu'à la force morale que donne la possession de la vérité, elles sont professées par des hommes, mélange de passion et de raison, que la contradiction irrite et pousse à la violence ; toujours enclins, s'ils sont les plus forts, à abuser de la victoire, et, s'ils sont les plus faibles, songeant moins à demander justice qu'à se tenir prêts pour la vengeance et pour les représailles.

Ce qui nuit plus que tout le reste à la liberté de conscience, c'est qu'elle est le plus souvent mal défendue, tantôt appuyée sur des prémisses fausses ou équivoques, tantôt compromise soit par des prétentions immodérées, soit par d'imprudentes réserves, d'où une logique rigoureuse tire aisément sa condamnation. Il est rare, en effet, que l'idée de la liberté se fasse jour dans l'intelligence, à la lumière de la raison pure. Elle naît le plus souvent d'un mouvement d'indignation, à la vue d'une oppression dont on souffre soi-même ou dont on voit souffrir les autres. Il s'y mêle une sorte de colère qui trouble et obscurcit le regard de l'esprit. Son langage est celui de la révolte, non celui du droit. Si elle réussit à se dégager de toute passion, elle reste concentrée sur l'intérêt particulier qui l'a éveillée ; elle ne se présente pas comme la liberté pour tous et à tous les points de vue, mais comme la liberté de l'Église contre les empiétements de l'État, ou comme la liberté de l'État contre les empiétements de l'Église, ou encore comme la liberté de la science contre les prétentions réunies de l'Église et de l'État. Elle prend des armes ou élève des remparts pour la défense des points menacés ; elle ne sait pas fonder un vaste royaume où tous, amis et ennemis, puissent vivre en paix côte à côte, dans la pleine jouissance de leurs droits respectifs. De là les principes mal posés, les préjugés toujours subsistants, les contradictions de toute nature qui voilent la pure image du droit. La liberté ne se montrera dans tout son éclat, aux yeux de ses blasphémateurs comme de ses adorateurs, que lorsqu'elle aura écarté tous les nuages.

IV.

La liberté de conscience n'a été longtemps qu'un sentiment mal défini. On a commencé par plaindre les persécutés, sans les excuser, sans contester la légitimité de la persécution elle-même. On avait peine à voir des criminels dans ces condamnés dont le seul crime était leurs opinions, dont la conduite générale avait toujours été pure, et qui montraient, dans les tourments, toute la fermeté d'une bonne conscience. Plus tard, on en vint à penser que, s'il y avait crime dans des opinions contraires aux lois établies ou aux croyances dominantes, c'était un égarement fatal de l'intelligence, plutôt qu'une libre révolte de la volonté. Dès lors, le sentiment de la tolérance entra peu à peu dans les âmes, d'abord faible et timide, tant qu'il eut à lutter contre des convictions ardentes, puis gagnant du terrain, à mesure que la foi s'affaiblissait du côté des persécuteurs.

Il n'est rien, en effet, de plus favorable à la tolérance que le doute. Une certitude absolue admet difficilement la sincérité chez ceux qui ne se rendent pas à son évidence. Il faut qu'elle commence à être ébranlée pour qu'on hésite à voir, dans les affirmations contraires, une obstination coupable. Si faible que soit encore le doute dans l'âme du croyant, il y plaide la cause des croyances rivales. Il ne réclame d'abord que l'indulgence, en alléguant la possibilité de la bonne foi; il s'enhardit bientôt jusqu'à demander une tolérance entière; enfin, quand il peut parler haut, quand il n'y a plus devant lui qu'une foi mal assurée, il se fait, sans crainte et sans scrupule, l'avocat de la liberté. Au XVIe siècle, au milieu de l'ardeur des luttes entre les sectes nées de la réforme et le catholicisme rajeuni par la nécessité de se défendre, il n'est question que de persécutions réciproques. On entend à peine quelques voix timides prêcher la douceur dans le désert. Ces voix deviennent plus nombreuses et plus pressantes au xviie siècle : les croyances n'ont encore rien perdu de leur force, elles ont perdu de leur fureur ; le scepticisme du siècle suivant se prépare dans l'ombre ; bientôt il envahit tout, et, comme dédommagement des ruines qu'il sème autour de lui, il apporte le bienfait de la tolérance. La tolérance est le mot d'ordre du xviiie siècle [1]. Avec le progrès du scepticisme, ce mot d'ordre est devenu plus précis au xixe, non plus un sentiment, mais une idée, non plus une concession, mais un droit : la liberté de conscience.

Il n'est donc pas étonnant que la liberté de conscience se soit surtout appuyée sur des arguments de scepticisme. Condamner, dit-on, une croyance contraire à la vôtre, chercher à l'étouffer par la persécution, c'est la supposer nécessairement fausse, et vous arroger le privilège indubitable de la vérité. Mais êtes-vous infaillible ? Possédez-vous la certitude absolue ? Jetez les yeux sur l'histoire de l'esprit humain : ce n'est que l'histoire de ses illusions. Vérité aujourd'hui, erreur demain : voilà le sort de toutes les opinions, tour à tour persécutées ou persécutrices. On élève une statue à Socrate après qu'il a bu la ciguë. Galilée expie par la reclusion, que dis-je ! par un désaveu solennel, plus odieux que la prison, l'opinion mensongère et blasphématoire du mouvement de la terre : l'opinion contraire serait renvoyée aujourd'hui aux Petites-Maisons. Sachez donc vous défier de vos croyances, et, quelque crédit qu'elles aient sur votre esprit, n'en faites pas la mesure des croyances d'autrui.

Arguments excellents pour le sceptique, mais sans valeur pour le croyant convaincu. Oui, je dois m'abstenir, quand le doute est possible ; les religions les moins tolérantes m'en font un devoir : *in dubiis libertas !* Mais, si large que vous fassiez le champ du

---

[1] Ce mot d'ordre était cependant repoussé par le dogmatisme philosophique aussi bien que par le dogmatisme théologique. On peut voir dans les documents inédits que nous avons publiés sur la philosophie du dix-huitième siècle (*Antécédents de l'hégélianisme dans la philosophie française*), les anathèmes prononcés contre la liberté de conscience par un métaphysicien athée.

doute, il reste encore une place dans l'âme humaine pour la certitude, et tous les efforts des pyrrhoniens ne l'en arracheront pas. Ils ne l'arracheront pas même de leur propre intelligence : *secte, non de philosophes, mais de menteurs !* Conseillez-moi la défiance, je pourrai vous écouter ; mais ce n'est pas me défier de moi-même, c'est renoncer en quelque sorte à moi-même, c'est me crever les yeux de gaîté de cœur, que de supposer l'erreur quand je vois clairement la vérité, l'ignorance, quand je suis illuminé par la foi. Comme Pauline, *je vois, je sais, je crois*. Géomètre, je crois aux propositions d'Euclide ; physicien, je crois au principe d'Archimède ; chrétien, je crois à l'Évangile. Là, une démonstration rigoureuse ou une expérience décisive ; ici, une foi invincible, qui n'est pas seulement l'œuvre de la grâce, mais qui est confirmée par les raisons les plus fortes et par les témoignages les plus convaincants, ne me permettent pas d'hésiter. Hors de ces croyances inébranlables, je ne puis voir de salut pour la vérité. Il faut s'y rallier, si l'on ne veut pas s'obstiner dans une erreur sans fondement et sans excuse : *in necessariis unitas !* Heureux si l'on ajoute : *in omnibus caritas !*

Voilà le langage du croyant. Vous lui donnez le droit de rejeter avec horreur la liberté de conscience, si vous ne la faites reposer que sur l'incertitude de la vérité. Il ne peut y voir que la perte des âmes, dès qu'elle ne s'établit que sur les ruines de toute certitude. Il se fait un devoir de n'admettre aucune croyance sans l'avoir vérifiée avec un soin scrupuleux ; mais, une fois que sa conviction est solidement assise, son devoir est de la défendre, en repoussant tous les sophismes qui la menacent, et, tant que la liberté de conscience fait cause commune avec le scepticisme, il ne peut que la traiter en ennemie.

Si le progrès du doute a favorisé la liberté de conscience, en ébranlant l'autorité des opinions les plus intolérantes, on ne saurait nier qu'il ne l'ait compromise, en lui donnant une base suspecte et périlleuse. La foi n'est pas morte, au sein des diverses religions. Il y a encore, dans chaque Église, des âmes ardentes, pour qui les croyances qu'elles ont sucées avec le lait, ou qu'elles ont embrassées par choix, ont tous les caractères de la certitude absolue. En vain leur parlez-vous de la possibilité de l'erreur, la défiance même que vous prétendez leur inspirer à l'égard des opinions humaines leur est une arme contre vous. Elles acceptent, elles exagèrent volontiers votre scepticisme pour tout ce qui vient des hommes : elles y puisent une nouvelle confiance dans l'infaillibilité de la foi divine.

Cette foi vive, entière, sûre d'elle-même, n'est-elle qu'une exception? Je le veux. Le scepticisme absolu n'est aussi qu'une exception. Si, depuis plus d'un siècle, le doute a envahi la plupart des âmes, s'il a été accepté d'abord avec une sorte d'enthousiasme comme une délivrance, une réaction naturelle n'a pas tardé à lui disputer pied à pied le terrain. Chacun cherche à s'envelopper dans un lambeau de croyances, auquel il attache d'autant plus de prix, qu'après avoir goûté, comme Adam, aux fruits de l'arbre de la science, il a senti, comme lui, l'horreur de la nudité. L'un cherche à conserver toute la foi de son Église; il ne laisse de prise au doute que sur quelques miracles plus ou moins contestables, sur quelques croyances accessoires ou quelques pratiques de surérogation. Un autre fait bon marché de tout symbole ecclésiastique; mais il ne permet pas le doute sur l'autorité fondamentale des Évangiles. Celui-ci livre tout, même l'Écriture; il abandonne entièrement l'ordre surnaturel, mais il a une foi inébranlable dans certaines vérités naturelles, comme l'existence et la personnalité de Dieu, la spiritualité et l'immortalité de l'âme : l'athéisme et le matérialisme lui font horreur. Celui-là, indifférent à toute doctrine spéculative, ne souffrira pas qu'on touche aux principes de la morale. Or, si la tolérance ne doit être que l'effet du doute, autant de degrés dans la foi, autant de degrés dans l'intolérance.

Chacun mesure ainsi à ses doutes la liberté qu'il veut bien laisser aux opinions d'autrui : ici, elle ne dépassera pas l'horizon commun des diverses communions chrétiennes; là, elle s'étendra à toutes les religions positives; ailleurs, on en fera profiter toutes les doctrines spiritualistes; les plus libéraux en accorderont le bénéfice à toutes les doctrines qui respectent les bases de la morale; nulle part on n'en voudra pour toutes les opinions. Le scepticisme absolu lui-même ne donnera pas pleine carrière à la liberté. Tout sceptique est dogmatique à sa façon. Il croit à son doute. Il est convaincu de l'ignorance, de la folie, de la mauvaise foi de ceux qui se prétendent en possession de la vérité. Il ne permet à aucune doctrine d'imposer silence aux autres, car toutes lui paraissent également pleines d'incertitude et d'erreur ; mais, s'il a la force en mains, il se permettra volontiers d'arrêter la propagation de ce qu'il regarde comme une superstition grossière, comme un abandon de la raison ; car lui seul est la raison même, lui seul est infaillible. Le scepticisme du xviiie siècle a commencé par réclamer la tolérance pour toutes les religions : il a fini par persécuter toutes les religions, comme outrageant également la vérité par leurs impostures.

C'est que, si l'on veut fonder solidement la liberté de conscience, il ne doit être question ni de vérité ni d'erreur, ni de certitude ni de doute. Il ne s'agit pas de se prononcer entre les croyants et les sceptiques, entre la foi et la raison, entre une doctrine et les doctrines contraires. Toutes les opinions sont *légalement* respectables, non parce qu'elles sont toutes douteuses, non parce que le discernement du vrai et du faux n'est pas donné à l'homme, mais parce que ce discernement n'appartient pas proprement à la *loi*. La loi règle l'usage de la liberté, non celui de l'intelligence, les actions, non les croyances. La fausseté, l'absurdité même d'une opinion, fût-elle aussi déraisonnable que le paraissent, au xixe siècle, la magie et la sorcellerie, n'est pas un motif pour la proscrire. Ni l'académie des sciences, au nom du bon sens, ni la faculté de théologie, au nom de la foi, n'ont le droit de réclamer des châtiments légaux contre la prédication du *spiritisme*. Il faut éclairer celui qui s'égare et raffermir celui qui hésite ; mais ce n'est pas l'affaire de la loi ; c'est le droit et le devoir de tout homme qui a la conviction de posséder la vérité. La seule garantie qu'il doive demander à la loi, c'est une liberté entière. Il n'a pas besoin qu'on ferme la bouche à ses adversaires. Il a tout avantage à les connaître, à les combattre seul à seul, en opposant les arguments aux arguments, les sentiments aux sentiments, et en ne réclamant protection que si l'on emploie contre lui la fraude ou la violence. La discussion lui révèlera les erreurs qui ont pu se glisser dans son esprit à l'ombre de la vérité elle-même, les points faibles qui la compromettent, les développements qu'elle a besoin de recevoir, pour échapper à toutes les objections et pour satisfaire à toutes les exigences des âmes.

L'histoire de la philosophie nous montre partout le développement progressif de chaque système provoqué par les objections des systèmes adversès. L'histoire de l'Église catholique elle-même, comme le proclament aujourd'hui les apologistes les plus autorisés, n'est que l'histoire des développements du dogme, qui doit aux discussions des théologiens et aux attaques des hérésiarques les définitions, de plus en plus précises, qu'il a reçues des conciles et des papes [1]. Partout la contradiction est utile aux fortes croyances, c'est-à-dire aux croyances les plus voisines de la vérité. Si la liberté de conscience a été le fruit du scepticisme, elle pouvait naître aussi bien de la foi : plus les convictions se sentent sûres d'elles-mêmes, plus elles doivent se montrer jalouses de ne devoir qu'à leur propre force leur empire sur les âmes : c'est leur intérêt aussi bien que leur honneur.

V.

La liberté de conscience, en matière purement religieuse, est à peu près entrée dans nos mœurs. Soit qu'on l'admette ou qu'on la conteste en principe, on n'en refuse guère le bénéfice à des doctrines spéculatives, plus ou moins mystérieuses, qui semblent indifférentes pour la pratique. Y a-t-il en Dieu trois personnes ou une seule? Une des personnes divines est-elle réellement ou symboliquement présente dans l'Eucharistie? La Vierge a-t-elle été conçue sans péché, ou a-t-elle eu sa part de la souillure originelle? Questions fort importantes pour la foi ; mais en quoi, dit-on, leur solution intéresse-t-elle la conduite des hommes? En quoi peut-elle les rendre meilleurs ou plus heureux? Le seul point à considérer, ce n'est pas la vérité ou la fausseté des opinions, ce sont les dangers qu'elles peuvent présenter pour les individus ou pour l'État. Que toutes les opinions soient donc libres, pourvu qu'elles n'offensent pas les bonnes mœurs : telle est la limite extrême jusqu'où veulent bien aller les esprits les plus circonspects, et que leur accordent, en général, les défen-

---

[1] *Voir* le livre du docteur Newman, traduit par M. Jules Gondon : *Histoire du développement de la doctrine chrétienne, ou Motifs de retour à l'Église catholique*, Paris, Sagnier et Bray, 1848.

seurs les plus hardis de la liberté. Nous avons posé, à propos de l'enseignement, des principes plus larges, et nous n'avons pas craint de réclamer la liberté, même pour les opinions réputées immorales. Ce point est tellement important, il est obscurci par des préjugés tellement enracinés et tellement respectables, que nous ne pouvons nous dispenser de le discuter de nouveau, dans l'intérêt spécial de la liberté religieuse.

C'est livrer la liberté à la merci des opinions dominantes que de lui donner pour limite les dangers qui peuvent naître de certaines erreurs. Toute erreur est plus ou moins dangereuse. Dans le domaine de la pure science, quelles conséquences ne peuvent pas résulter d'une fausse notion de physique ? Écoutez les discussions des philosophes : s'occupent-ils seulement d'erreurs spéculatives ? Et s'il est un point sur lequel toutes les religions soient d'accord, n'est-ce pas l'importance pratique de leurs dogmes ? Non, il n'est pas indifférent pour le chrétien que l'homme se courbe devant une révélation surnaturelle, ou qu'il ne veuille ouvrir les yeux qu'à la lumière naturelle ; qu'il se croie frappé d'une déchéance originelle et qu'il attribue tout son mérite au mystère de la Croix et à la grâce divine, ou qu'il se repose de son salut sur lui-même ; qu'il attende la règle de sa foi des décisions infaillibles de l'Église, ou qu'il se confie dans une inspiration d'en haut pour interpréter lui-même les saintes Écritures. Toutes ces questions dogmatiques peuvent faire sourire le scepticisme. Pour la foi, il s'agit du salut de l'âme, du bonheur de la vie future et des devoirs à remplir dans cette vie. L'erreur en ces matières est, à ses yeux, la plus grave, la plus dangereuse, la plus digne d'être proscrite, si les dangers qui peuvent résulter d'une erreur sont un motif de proscription.

Interrogez tous les docteurs du christianisme, depuis les Pères de l'Église jusqu'aux apologistes de nos jours : les plus modérés reconnaissent sans doute des vertus chez les païens, mais exceptionnelles et imparfaites, une sorte de demi-victoire de la nature humaine sur le péché originel et sur la corruption inhérente à l'idolâtrie. Vertus, d'ailleurs, plus brillantes que solides, sagesse mondaine, qui perdrait le chrétien, s'il n'avait pas d'autre règle, et dont il serait juste de le préserver, si elle pouvait encore le séduire !

Il ne s'agit plus du paganisme, dira-t-on. Qu'on le condamne ou qu'on le justifie, il ne sortira pas de son tombeau pour protester contre l'intolérance ou pour refleurir à l'ombre de la liberté.—Si le paganisme est mort, la philosophie pure, le rationalisme vit toujours. Or, ce que le christianisme repousse comme immoral, sous le nom d'esprit païen, ce n'est pas seulement le polythéisme ou l'idolâtrie ; c'est la négation de ses mystères et de son autorité surnaturelle, ce sont les prétentions de la raison à gouverner par elle-même la conduite humaine. Nous ne parlons pas ici des chrétiens immodérés, qui croient servir les intérêts de la foi en ôtant tout crédit à la raison. La foi accepte la raison, mais elle ne permet pas, elle ne peut pas permettre à la raison de s'élever contre elle. Elle ne peut accepter la philosophie que comme une alliée, sinon comme une servante. Une philosophie indépendante et hostile, une philosophie toute profane, comme celle des païens, doit lui paraître d'autant plus dangereuse, qu'elle n'a plus l'excuse de l'imperfection de ses lumières : c'est une révolte contre les lumières reçues d'en haut ; c'est un orgueil sacrilége ; c'est l'abus de l'intelligence et la corruption du cœur ; c'est un prélude au renversement de toutes les barrières qui protégent les bonnes mœurs. Si l'immoralité d'une doctrine suffit pour la rendre condamnable, tout chrétien convaincu se fera un devoir de dénoncer à la vindicte des lois ce reste de paganisme, qui, sous le nom de rationalisme, ébranle dans sa base le temple du Christ.

Point de salut pour la morale en dehors du christianisme ; point de salut pour la morale en dehors de chaque Église. Que les vertus des protestants soient plus parfaites que celles des païens, que leurs doctrines soient moins grossières, un catholique en convient sans peine : ils ont, bien qu'obscurcie, la lumière de l'Évangile. Mais le principe propre du protestantisme n'en est pas moins, aux yeux du catholique, un principe immoral. Qu'est-ce autre chose, en effet, avec une inconséquence de plus, que le principe même du rationalisme, le libre examen, le sens individuel substitué à l'autorité de l'Église, c'est-à-dire à l'autorité de Dieu même ? Et le danger est plus grand peut-être qu'avec le rationalisme lui-même. Réduite à ses propres forces, la raison a beau se complaire dans son indépendance, elle sent toujours sa faiblesse. Appuyée sur l'Évangile, elle ne craint rien. Mais la passion veille, mais l'orgueil est debout, mais l'intérêt plaide sa cause : tous ces ennemis de la vérité et de la saine morale sauront bien trouver des textes qui se prêteront, sans trop d'efforts, à leur justification. Le vice autorisé par l'abus de la raison, voilà le péril du rationalisme; le vice autorisé par une interprétation forcée de l'Écriture elle-même, voilà le péril du protestantisme.

Ainsi parle le catholique. Écoutez maintenant ses adversaires, protestants ou philosophes. Le fond propre de la religion romaine n'est, suivant eux, qu'idolâtrie et superstition : l'infaillibilité d'un homme ou d'une réunion d'hommes mise à la place de l'infaillibilité de Dieu ; l'énergie de l'âme hébétée dans une soumission inerte à des décisions qu'on ne cherche pas à comprendre ; les sens flattés, aux dépens de l'intelligence, par le culte des images, par la pompe matérielle des cérémonies, par une foule de pratiques qui demandent tout aux attitudes du corps et au mouvement des lèvres, rien à l'esprit ou au cœur; la perfection cherchée dans l'abdication de soi-même et dans le renoncement aux devoirs de famille, sans souci de la violence que le célibat fait à la nature et du péril qu'il fait courir aux mœurs. Ce reproche d'immoralité que le catholique adressait aux principes de ses adversaires, ceux-ci le renvoient à presque toutes ses institutions : immoralité dans la célébration du culte, immoralité dans la confession auriculaire, immoralité dans le célibat des prêtres, immoralité dans les vœux monastiques. En faut-il plus, partout où dominent dans l'État des passions hostiles au catholicisme, pour que l'intolérance s'autorise contre lui des intérêts de la morale ?

Le bon sens public, direz-vous, saura rester neutre au milieu de ces accusations réciproques. Elles n'empêchent pas les honnêtes gens, au sein de toutes les sectes, de se conduire par des maximes communes. Attachons-nous à ces maximes, préservons-les de toute atteinte, et abandonnons le reste aux discussions des théologiens. — Cela revient à dire qu'il faut séparer les intérêts de la morale de ceux des religions. Mais cette indépendance de la morale à l'égard des dogmes religieux, aucune religion ne l'admet; toutes sont d'accord pour considérer comme inefficace et funeste une morale purement rationnelle. Il ne suffit donc pas que vous écartiez leurs prétentions, il faut, pour que la liberté de conscience soit à l'abri de leurs atteintes, que vous engagiez la lutte avec elles; il faut que votre philosophie devienne, à tout prix, l'opinion dominante, et, en quelque sorte, la religion de l'État. On ne veut pas qu'une religion puisse dénoncer comme un danger public la négation de ses dogmes : on dénoncera comme dangereux tout dogme exclusif, tout effort de prosélytisme, toute manifestation extérieure propre à raviver le zèle des croyants. Au lieu de la tyrannie d'une religion sur les autres, on aura celle d'une loi indifférente et sceptique sur toutes les religions : là, la liberté sacrifiée à la foi; ici, la liberté s'immolant de ses propres mains.

C'est vainement, en effet, que l'on compte sur l'impartialité des hommes, dès qu'on laisse un prétexte à l'intolérance. J'admets que la liberté religieuse trouve dans la loi et dans les mœurs de telles garanties que la persécution directe et violente de toute une religion soit désormais impossible. Faut-il compter qu'on ne verra jamais de fervents catholiques, investis du pouvoir par les vicissitudes de la politique, poursuivre, comme des manœuvres frauduleuses, les efforts du prosélytisme protestant? Des protestants ou des philosophes, également intolérants, ne réussiront-ils jamais à entraver la liberté des catholiques dans leurs cérémonies, dans leurs associations, dans les communications hiérarchiques des fidèles avec leurs pasteurs, des pasteurs avec leur chef commun? Enfin, si l'apaisement des esprits protège suffisamment les religions existantes, que ferez-vous à l'égard des religions nouvelles? Quelle autorité sera appelée à contrôler la moralité de leurs dogmes? Toutes seront étouffées dans leur berceau, si le zèle religieux préside à ce contrôle.

Elles n'ont guère moins à craindre, hélas! du zèle philosophique. Chaque école philosophique, comme chaque secte religieuse, ne voit que dans ses principes le salut de la morale. Toutes les discussions métaphysiques se changent aisément en procès de tendance. « Vous, spiritualistes, dit l'un, vous vous débattez en vain contre les chimères de l'idéalisme; vous passez votre vie, comme le Socrate d'Aristophane, au milieu des nuages; vous faites le vide autour de vous et en vous-mêmes, incapables de bien, quand vous ne faites pas le mal. » « Vous, panthéistes, dit-on ailleurs, vous asservissez l'homme à la matière; vous le laissez sans Dieu en qui il puisse espérer, sans personnalité qu'il puisse développer et défendre, sans relations avec d'autres personnes qui puissent être l'objet de ses affections et de ses devoirs, etc., etc. » Tous ces reproches peuvent être mérités ; ils sont dans les droits de la controverse philosophique ; mais craignons d'en faire la base d'interdictions légales ou de condamnations pénales.

Quand on s'en prend à des doctrines, non à des actes positifs, l'intolérance d'une conviction honnête et sincère ne connaît point de limites. On ne veut frapper qu'une maxime directement immorale ; mais cette maxime repose sur une théorie générale, qui n'est pas moins dangereuse pour l'être moins immédiatement : se contentera-t-on de couper la branche sans toucher à l'arbre ? La théorie générale elle-même sort de tout un système, toujours vivant, toujours fécond en conséquences funestes : se contentera-t-on d'abattre l'arbre sans arracher ses racines ? Nous n'éveillons pas de vaines craintes. N'avons-nous pas vu, il y a trente ans, une accusation légale, intentée au nom de la morale publique, non par des théologiens, mais par des légistes philosophes, aux sectateurs d'une religion nouvelle ? Plus récemment, ne traduisait-on pas devant la police correctionnelle de jeunes écrivains pour avoir professé des théories matérialistes, et s'ils étaient acquittés en première instance en vertu des droits de la discussion philosophique, n'étaient-ils pas condamnés en appel au nom de la morale outragée par leurs principes [1] ?

Nous n'avons de sympathies ni pour le saint-simonisme ni pour le matérialisme. Nous n'avons pas moins à cœur les intérêts de la morale que ceux de la liberté. Mais ce n'est pas à la loi que nous voudrions confier ces intérêts délicats. Il lui appartient de les protéger quand ils sont menacés par des actes criminels en opposition avec les droits d'autrui ; nous déclinons sa compétence quand le danger moral est dans les opinions et dans leurs tendances. Pour les opinions qui touchent à la morale, comme pour toutes les autres, la loi est impuissante à empêcher le mal ; elle ne peut que faire obstacle au bien lui-même. Il est des âmes que révoltent les doctrines perverses, il en est d'autres qu'elles empoi-

---

[1] Procès du journal *le Travail*, arrêts du tribunal de police correctionnelle de Paris en date du 29 mars, et de la Cour impériale de Paris en date du 17 mai 1862.

sonnent. D'où vient la différence ? C'est qu'elles se brisent contre les bons sentiments des unes, tandis qu'elles s'appuient sur les mauvaises passions des autres. Or, que peut la loi sur la sensibilité ? Vous arrêtez, vous punissez la propagation des doctrines ; vous les frappez dans leurs principes et dans leurs conséquences ; vous proscrivez les religions et les systèmes de philosophie qui leur donnent asile : le sol où elles prennent naissance, par une véritable génération spontanée, échappera toujours à votre action. On ne les professera plus tout haut, elles circuleront tout bas ; elles ne seront plus réduites en dogmes ou en systèmes, elles se feront adages ou proverbes.

Tâchez de surprendre les conversations des plus jeunes enfants dans toutes les écoles, des paysans les plus grossiers dans les campagnes qu'a le moins envahies la civilisation générale : vous serez souvent effrayé de l'immoralité de leur langage. Qu'ils se corrompent les uns les autres, cela n'est pas douteux ; mais comment ? Est-ce en propageant ces théories que vous cherchez à déraciner ? elles ne sont pas descendues jusqu'à eux, et leur intelligence ne pourrait pas les comprendre. Tout au plus pourrait-on supposer que les conséquences qui en découlent se sont infiltrées insensiblement dans ces âmes ignorantes et simples, si l'on ne voyait des maximes non moins immorales professées par les peuples les plus sauvages. La racine du mal n'est pas dans l'influence directe ou indirecte d'une mauvaise philosophie ou d'une théologie mensongère ; elle est dans les bas-fonds de la nature humaine : espérez-vous l'atteindre à l'aide de mesures légales ?

Opposer une digue à l'erreur, en réprimer la manifestation, ce n'est pas assez ; il faudrait descendre dans ces âmes égarées, pénétrer jusqu'à la racine des sophismes qui les ont séduites, des passions qui leur ont voilé la vérité. Les effrayer, les punir, mauvais moyen. Obtenez plutôt leur confiance, ranimez le zèle des auxiliaires que vous trouvez encore dans leurs bons instincts ou dans leurs saines croyances, discutez avec elles doucement, paisiblement, avec l'onction de la charité, avec la fermeté calme d'une conviction arrêtée, tentez, en un mot, ce qu'on appelle dans le langage religieux une conversion. Est-ce l'affaire de la police et des tribunaux ? non, mais de la religion et de la philosophie. Le magistrat, le représentant de la loi, si honnête et si éclairé qu'on le suppose, ne peut pas, comme le moraliste ou le prêtre, entrer en communication directe avec les âmes. Son caractère officiel y est un obstacle invincible. Quoi qu'il fasse, il est toujours armé des menaces de la loi. C'est l'homme qui châtie, non celui qui console. La confiance s'accorde à celui qui ne parle qu'à l'âme, elle se refuse à celui qui peut enchaîner le corps. Je veux bien discuter avec vous, si vous n'avez à m'opposer que le glaive de la raison et de la foi : si vous tenez en réserve celui de la loi, je m'incline et je garde ma conviction.

Quand il s'agit de repousser la violence matérielle, chacun doit s'en remettre à l'État. Chacun doit s'armer, au contraire, des armes du bon sens et de la conscience, des armes morales, en un mot, pour repousser toute erreur funeste à la vertu. Il n'y a rien à craindre pour la paix publique de ces luttes pacifiques des idées contre les idées, des sentiments contre les sentiments. Plus elles se multiplient, plus elles annoncent de vitalité dans les âmes, plus elles laissent d'espoir dans le triomphe de la vérité et des saines croyances. L'État, par son intervention, ne peut que les gêner ou les décourager. Ses menaces donnent naissance à une hypocrisie de langage, à une moralité tout extérieure, qui n'ôte rien à la corruption des idées ou des mœurs, mais qui empêche de la voir et d'y porter remède. Ceux mêmes qui discernent le mal sous cette honnêteté de convention, s'en rapportent à l'État du soin de le guérir : ne s'en est-il pas donné la mission? D'ailleurs, signaler l'erreur, quand elle peut être punie, c'est jouer le rôle, toujours odieux, de dénonciateur. On renoncera donc à cette intolérance morale, qui est le droit éternel de la vérité contre l'erreur, pour ne pas se rendre complice de l'intolérance légale. On comprimera la révolte de la conscience contre les maximes perverses. Bientôt on s'habituera à ne plus la sentir. Une confiance inerte dans la protection de la loi prendra la place de l'énergie de l'âme. Que dis-je? c'est par les yeux de la loi qu'on jugera. On ne reconnaîtra plus d'autres erreurs que les opinions qu'elle condamne. Celles qu'elle ne pourra atteindre feront impunément leur chemin, d'autant plus dangereuses, souvent, que leur venin sera plus caché. L'immoralité, en un mot, n'aura plus qu'un adversaire, impuissant par sa toute-puissance même, qui réussira tout au plus à défendre la société contre des attaques directes et démasquées, tandis que des millions de complices saperont en silence les fondements de la place.

L'intervention de l'État ne nuit pas seulement aux esprits sages, aux défenseurs des saines doctrines, elle blesse aussi, nous ne devons pas l'oublier, les devoirs, les droits, les intérêts des esprits égarés eux-mêmes. Vraie ou fausse, chacun doit proclamer hautement sa pensée. Vraie, elle pourra faire du bien ; fausse, elle provoquera la contradiction, et, si elle n'est pas renversée par une réfutation directe, elle tombera tôt ou tard par ses conséquences. C'est l'histoire de toutes les erreurs. Laissez l'arbre porter ses fruits : celui qui l'a planté finira par le désavouer, sinon des lèvres, du moins au fond du cœur.

Vous direz qu'on cherche rarement la lumière, quand on se fait le fauteur d'opinions paradoxales ; qu'on la fuit plutôt, quand elle se montre, et qu'on ne craint rien tant que d'être obligé de renoncer à des théories flatteuses pour l'amour-propre par leur singularité, agréables aux passions par la licence qu'elles autorisent. Cela peut être vrai des chefs d'école ou de secte : leurs convictions sont naturellement plus entières, et leur orgueil plus intéressé à ne pas se départir d'une doctrine à laquelle est attaché leur nom. Et encore, si vous pouviez lire dans leurs âmes, vous les verriez souvent inquiets et troublés, non-seulement par la crainte d'être mal compris, d'être victimes des préjugés, mais aussi par un doute secret, qui ne s'avoue pas à lui-même, qui n'ose pas élever la voix contre l'approbation partielle du dedans, mais qui cherche dans l'appréciation du dehors sa confirmation ou sa défaite. On repoussera peut-être les objections avec dédain : on les avait prévues, on les avait réfutées d'avance. Elles se font entendre cependant, comme l'esclave qui rabaissait l'orgueil du triomphateur antique. L'assurance faiblit peu à peu avec le premier enivrement de la lutte ; et, si l'on ne finit pas par une rétractation formelle, humiliante pour l'amour-propre, on environne sa pensée de telles explications, de telles réserves, qu'elle devient tout autre en réalité, sous la ressemblance des mots, d'autant moins dangereuse qu'elle a dépouillé à la fois toute sa force logique et tout son venin.

S'il en est ainsi des maîtres, quelle prise n'offre pas à la vérité le commun des hommes, toujours flottants entre les opinions les plus contraires, passant de l'une à l'autre, sans presque s'en apercevoir, au gré des entraînements du moment! Ce qui est à craindre, ce n'est pas de laisser un libre cours à toutes ces opinions qui les séduisent tour à tour; c'est de chercher à comprimer celles qui vous déplaisent ou qui vous révoltent. S'ils n'ont pas un vif amour de la lumière, ils n'ont pas de parti pris pour les ténèbres. Vous ne faites qu'épaissir les ténèbres, en empêchant la discussion. Ce demi-jour, auquel vous condamnez l'opinion proscrite, est tout à son avantage. Si elle circule dans l'ombre, à mots couverts, sans donner ses raisons, sans réfuter celles de ses adversaires, ce n'est pas à elle qu'on s'en prendra, mais à la loi qui prétend l'étouffer. L'opinion favorisée, au contraire, gagne peu à se produire au grand jour, sous les auspices de la force légale. Sa lumière paraît empruntée; ses arguments sont suspects, tant qu'il n'est pas permis de les contredire. Pourquoi écouterait-on l'accusation, puisqu'il n'est pas permis d'entendre la défense? Aux appuis que l'erreur trouve naturellement dans l'âme humaine vous joignez la paresse, toujours prête à se payer de toute excuse qui la dispense d'examen, et ce vague sentiment d'équité qui incline à chercher le bon droit du côté où porte la persécution.

Laissons donc à la libre discussion le soin de corriger l'erreur. La loi ne peut faire l'office que d'un chirurgien ignorant, qui ne voit pas d'autre remède au mal que de tailler ou d'enlever les parties atteintes. Un habile médecin reconnaît dans le mal extérieur l'indice du mal intérieur, un symptôme à la fois utile et funeste, qu'il ne cherchera à faire disparaître qu'après en avoir tiré parti pour remonter jusqu'à son origine. Dans tout ce qui touche aux opinions, c'est la loi qui est ce médecin. Si l'on veut que l'erreur soit frappée dans sa racine, il faut qu'elle puisse se manifester librement, avec tout le cortége de ses conséquences, et que toute liberté soit également laissée à sa réfutation.

Jusqu'ici, nous avons supposé que l'État était en possession de la vérité morale. Mais il n'est pas plus infaillible sur ce point que sur tous les autres. Une loi immorale est un grand malheur, contre lequel on n'a d'autres garanties que la sagesse, toujours imparfaite, des institutions, et la prudence, toujours bornée, du législateur; mais une croyance immorale imposée au nom de la loi, est-il une tyrannie plus odieuse ? Une législation qui autorise l'esclavage est une législation inique : que penser d'une législation qui en ferait un article de foi? L'immoralité est plus rare, j'en conviens, dans les lois que dans les opinions, et elle ne s'y étale jamais avec la même impudence ; mais la perfection dans les lois, de même que la vérité absolue dans les doctrines sur lesquelles elles reposent, est une vaine utopie. Contre l'imperfection des lois et des théories légales, il y a du moins un remède, si les opinions sont libres, si l'on peut signaler le mal, s'il est permis d'en appeler de la conscience aveuglée à la conscience bien informée.

Si la loi s'empare des opinions, la plus sage, au milieu d'idées justes, fera toujours régner quelque idée fausse. Qu'elle s'appuie sur la vraie religion, dit l'intolérance théocratique, et elle sera assurée de ne faire régner que la vérité!—Oui, si Dieu, en donnant la vraie religion, s'était engagé, partout et toujours, à la faire asseoir sur les trônes de ce monde, et si l'on ne voyait pas sans cesse toutes les religions qui ont invoqué le bras séculier, frappées des mêmes armes qu'elles lui ont confiées contre leurs adversaires. Tout est-il réglé, d'ailleurs, même en fait de croyances morales, par le dogme religieux ? Son immutabilité exclut-elle le progrès? Parmi ceux qui conservent la foi du moyen âge, en est-il beaucoup qui voulussent reprendre toutes les idées morales du moyen âge? Combien de théories, condamnées d'abord comme immorales, parce qu'elles choquaient les idées reçues, sont devenues, dans l'âge suivant, des vérités banales, et ont obtenu l'adhésion tacite de l'Église elle-même ! Nous n'en voulons pour preuve que le prêt à intérêt, dont on condamne encore l'abus, mais dont l'usage modéré n'a plus besoin des artifices des casuistes pour échapper aux anathèmes qui le frappaient naguère d'une manière absolue. Laissez donc un libre cours à ces théories malsonnantes, pour que du sein des erreurs jaillisse la vérité salutaire. Que dis-je! l'erreur même est quelquefois un instrument de progrès. Le philosophe qui a le plus contribué à déraciner les superstitions du paganisme, et à déblayer le terrain devant la prédication chrétienne, ce n'est pas Platon, c'est Épicure. Le scepticisme voltairien nous a donné la tolérance. La philosophie sensualiste de Locke et de Condillac a fait germer dans les esprits les maximes de liberté qu'a consacrées la Révolution française.

Sans doute, il faut un frein à la corruption des mœurs, et l'espoir d'un progrès problématique ne doit pas nous faire fermer les yeux sur les maux présents et certains dont le dévergondage des opinions peut infecter la société. Mais ce frein nécessaire, il ne faut le demander qu'aux puissances purement morales, devant lesquelles doit s'abaisser, pour tout ce qui touche aux mœurs et aux idées, le glaive de la puissance civile. Toutes les armes bienfaisantes dont l'État pourrait se servir, une Église en dispose. Elle porte des lois contre les doctrines immorales et contre leurs fauteurs ; elle a des tribunaux pour faire exécuter ses lois ; elle peut même infliger des châtiments. Il ne lui manque, pour ressembler en tout à l'État, que l'emploi de la contrainte. Mais c'est là ce qui fait sa force véritable ; c'est là ce qui lui donne l'âme des fidèles, en lui permettant de s'y insinuer par la persuasion, et d'obtenir une confiance qui se refuse à la violence matérielle. C'est, en même temps, ce qui prévient l'abus. Si une religion est fausse, elle n'a, du moins, aucun pouvoir pour empêcher la diffusion de la vérité. Ses armes contre ses adversaires sont toutes morales, comme ses moyens d'action sur ses sujets.

Tel est le caractère que l'État doit laisser à l'action des diverses Églises : une indépendance absolue, avec la seule exclusion de la contrainte, c'est-à-dire une égale liberté pour toutes les religions. Si une religion ne réussit pas à ramener à la vérité une intelligence égarée, qu'une autre le tente. Si toutes les religions sont impuissantes, que la philosophie puisse intervenir à son tour. Moins forte que les religions, car elle n'est pas organisée comme elles, elle a, pour beaucoup d'esprits, l'avantage de ne s'adresser qu'à la raison et de provoquer elle-même le libre examen. Elle se subdivise, d'ailleurs, en écoles ou en systèmes, comme les religions se subdivisent en sectes. Que l'État ne se mêle aux luttes de ces systèmes, de ces écoles ou de ces sectes, que pour empêcher tout recours à la violence. Qu'il se confie, en un mot, dans la vérité pour triompher de l'erreur, dans la conscience droite pour redresser les consciences faussées.

Verra-t-il, à la suite de ces discussions plus ou moins passionnées, mais forcément pacifiques, disparaître toutes les doctrines dangereuses pour les mœurs ? Ce serait folie de l'espérer. La liberté assure au bien le moyen de se défendre et de combattre avec avantage : elle ne lui promet pas une victoire complète et décisive sur des ennemis sans cesse renaissants. Elle ne change pas la nature humaine. Si l'immoralité se manifeste par des actes positifs, contraires aux droits qu'il a mission de protéger, que l'État intervienne, avec fermeté, avec rigueur, avec toutes les armes qui sont en son pouvoir ; qu'il se garde seulement de vouloir tout régler dans la conduite privée. Son action est essentiellement générale, et nécessairement restreinte par sa généralité même. Elle doit s'abstenir d'entrer dans le détail, si elle ne veut pas étouffer la liberté. Trop de précautions décourage les bons et ne fait qu'irriter les méchants, sans les corriger [1] ; c'est les inviter à éluder ou à violer la loi, en faisant peser sur eux une gêne insupportable, sans s'assurer l'appui des bons instincts, sur lesquels l'État ne peut rien. Qu'il renonce, à plus forte raison, à poursuivre l'immoralité dans la sphère des idées et de leur expression directe. Devant un mal qu'il ne saurait guérir, qu'il sache se retirer, avec regret sans doute, mais avec la conviction d'avoir rempli tout son devoir. Quand le médecin du corps a mis en œuvre toutes les ressources de son art pour sauver un malade, il cède la place au médecin de l'âme, et, quand celui-ci échoue à son tour, il se confie dans la miséricorde et dans le juste jugement de Dieu.

VI.

Est-il besoin de prouver maintenant que la tolérance de l'État pour les doctrines immorales doit s'étendre aux doctrines contraires aux lois ? Nous avons revendiqué, pour l'enseignement, la liberté de discuter les lois, même celles qui règlent la constitution de l'État, même celles où sont proclamés les principes fondamentaux des sociétés. La même liberté ne saurait évidemment être refusée aux religions. Il n'est pas permis, sous prétexte de religion, de prêcher la désobéissance aux lois ou d'en provoquer le renversement : il est toujours permis d'en signaler les imper-

---

[1] Qui omnia legibus determinare vult, vitia irritabit potius quam corriget. (Spinoza, *Tract. theol. pol.*, c. xx.)

fections et les erreurs. La distinction est délicate, mais elle est juste et nécessaire. Il n'est pas une opinion qui n'ait le droit de se produire tant qu'elle ne se présente que comme une opinion [1].

[1] Ce droit, qui semble énorme, de contredire, dans leurs principes, les institutions civiles, a pu récemment être exercé sans péril par la plus haute autorité religieuse qui soit sur la terre. Dans une pièce officielle adressée à tous les évêques, le chef de l'Église catholique a condamné, comme contraires à la foi, un certain nombre de maximes suivies par les gouvernements temporels dans leur législation et dans leur politique *. Aucune entrave n'a été mise à la publication de cette pièce par la plupart des gouvernements, qu'elle frappait d'une sorte d'anathème. En France, on a usé contre elle de restrictions légales, qui n'ont jamais prouvé plus clairement leur inefficacité ; mais ces restrictions n'avaient pour but, dans l'intention déclarée du gouvernement, que de répudier solennellement, au nom de l'État, les doctrines professées au nom de l'Église. S'il n'a pas été permis de lire du haut de la chaire le manifeste pontifical, il a pu être porté à la connaissance des fidèles par toutes les voix de la presse. Tous les évêques, tous les prêtres ont pu s'en approprier publiquement toutes les propositions. Atténuées par les uns, aggravées par les autres, aucune voix ayant quelque autorité dans l'Église ne les a désavouées. Tout ce qu'on a gagné à un semblant de persécution, ç'a été de constater l'accord unanime du clergé catholique avec son chef dans ce que l'État considérait comme une attaque ouverte contre ses institutions ; et cette attaque s'est compliquée encore des censures publiques prononcées par la majorité des évêques contre les lois particulières au nom desquelles on prétendait leur fermer la bouche.

Qu'eût-il fallu, en effet, pour protéger efficacement, contre les sentences de l'autorité religieuse, les institutions attaquées ? Arrêter à la frontière tout exemplaire de l'*Encyclique* et du *Syllabus*, en interdire la reproduction par la presse française, ce n'était pas assez. Qui ne sait avec quelle facilité circulent, à l'ombre de l'inquisition la plus tracassière, les écrits prohibés ? Que pouvait-on, d'ailleurs, contre les copies manuscrites et, à leur défaut, contre les communications verbales ? En vain eût-on violé, à l'égard de tout le clergé, le secret des lettres, on ne pouvait espérer de le tenir longtemps dans l'ignorance des décisions du Souverain Pontife, et, une fois éclairé, on pouvait encore moins compter, il faut le dire à son honneur, sur sa faiblesse ou sur sa prudence pour l'engager à garder la lumière sous le boisseau. Placer au pied de chaque chaire des agents de police chargés de signaler à l'autorité administrative ou judiciaire toute propagation directe ou indirecte des doctrines illégales, ce n'eût été qu'un inutile appareil d'intimidation. Le prêtre n'est pas réduit à la prédication, et, à moins de vous placer en tiers dans le confessionnal, entre lui et ses pénitents, vous ne l'empêcherez pas de souffler à leur oreille le mot d'ordre parti de Rome. La persécution ouverte comme au temps de la Terreur, la persécution de toute l'Église, la fermeture des temples, la dispersion et l'emprison-

* *Voir* l'Encyclique du 8 décembre 1864 et le *Syllabus* qui l'accompagne.

Qu'il nous soit donc permis de plaider la cause des Mormons eux-mêmes, au nom des mêmes principes et en vertu des mêmes distinctions, dont il serait difficile et périlleux de refuser le bé-nement des prêtres, et, puisqu'on en avait le pouvoir, la violence exercée sur la personne du pape lui-même, voilà ce qu'il eût fallu tenter, voilà ce qui eût réussi peut-être à étouffer pour un temps les théories proscrites : pour un temps, disons-nous, car l'exemple même de la persécution révolutionnaire prouve trop bien l'impuissance de la violence contre la foi religieuse.

Il n'est venu, Dieu merci, à la pensée de personne, même dans les pays en révolution, de protéger, contre les anathèmes de l'Église, la liberté de conscience, en renouvelant, contre la liberté de l'Église, d'odieux attentats. Sauf un vain appel aux foudres légales, on s'est confié dans la liberté de discussion, et elle a prouvé, comme toujours, qu'elle était la meilleure sauvegarde de la vérité. La controverse a été, des deux parts, passionnée et sans ménagements : mais les invectives n'ont pas empêché les bonnes raisons de se faire jour, et les opinions conciliantes de rester maîtresses du champ de bataille. Dans les deux camps, on a senti le prix de la liberté : ici, puisqu'on la revendiquait pour l'enseignement doctrinal de l'Église ; là, puisqu'on en défendait le principe contre les censures de l'Église. D'un côté, on a été amené, sinon à retirer ces censures, du moins à leur ôter ce qu'elles avaient de trop absolu, et, à Rome même, de libres interprétations, qui ne laissaient guère subsister que la lettre du document pontifical, ont été accueillies avec reconnaissance. D'autre part, on a commencé à comprendre qu'il était à la fois illogique et imprudent de maintenir des lois destructives de la liberté, quand on mettait son honneur à soutenir les principes de liberté posés dans les lois. Tous les préjugés ne sont pas tombés sans doute ; tous les nuages qui, pour les deux partis, voilaient l'image de la liberté ne se sont pas dissipés ; mais qui pourrait nier l'heureux effet d'un tel débat pour éclairer l'opinion publique et pour manifester en même temps ses véritables préférences ? Et quel plus fort argument, d'ailleurs, en faveur de la liberté des opinions, que ce débat solennel entre la puissance religieuse et la puissance civile, sur les plus chers intérêts des sociétés, passionnant tous les esprits, d'un bout à l'autre du monde, dans les États despotiques comme dans les États libres, sans troubler un seul instant la paix publique ?

Si, en effet, une grande religion, puissante par le nombre de ses sectateurs, puissante par son organisation, puissante surtout par les vérités dont elle garde le dépôt, et qu'elle contribue à faire régner dans le monde, a pu, impunément et sans danger, par ses organes les plus autorisés et par la voix de son chef lui-même, se mettre en opposition avec les institutions des plus grands États, n'y aurait-il pas une inconséquence flagrante à refuser aux autres sectes l'usage de la même liberté ? Vous voulez, vous catholiques, garder le droit de croire à la parole du pape, sans la soumettre au contrôle de l'État : cessez donc de réclamer contre ses adversaires des prohibitions légales, dont la gêne se fera tôt ou tard sentir à vous-mêmes. Vous redoutez, vous libres penseurs, l'intolérance cléricale, et vous inclinez trop souvent à vous armer contre elle des droits de l'État : reconnaissez que la libre discus-

néfice à une grande religion, entourée des respects de plusieurs millions d'hommes, et par là infiniment plus redoutable aux institutions civiles, si elle se mettait en opposition avec elles. Qu'un individu, Mormon ou autre, en France, en Angleterre ou aux États-Unis, veuille prendre plusieurs femmes, la loi civile, et, s'il cherche à l'éluder, la loi pénale, sont suffisamment armées contre ses prétentions. Il ne peut contracter légalement un second mariage, tant que le premier n'est pas dissous. S'il surprend la bonne foi des gardiens de l'état civil, il sera poursuivi et condamné comme bigame. S'il se passe, pour ses unions ultérieures, de la consécration civile, il pourra être poursuivi comme adultère. S'il aime mieux s'affranchir de tout lien légal, il sera dans le même cas que tous ceux qui vivent, sous la tolérance des lois, dans un état de concubinage multiple, qui, du moins, ne peut donner lieu, devant les pouvoirs publics, à aucune revendication de droit. Mais si, sans désobéir à la loi, ni dans sa lettre, ni dans son esprit, il se borne à soutenir théoriquement la légitimité de la polygamie, l'antipathie que vous inspire une telle doctrine ne vous autorise pas à la proscrire. Contre les actes qui violent les lois, servez-vous des armes légales. Contre une simple opinion, même quand elle s'érige en dogme, même quand elle sert de

---

sion est, après tout, la seule arme efficace et sans péril, et, lorsqu'elle vous suffit contre les puissants, n'en invoquez pas une autre contre les faibles. Et vous, représentants de la loi, qui voulez qu'elle soit, non-seulement obéie, mais respectée, que pouvez-vous redouter pour elle des opinions qui la contredisent, lorsque vous êtes forcés, dans votre intérêt même, de renoncer à leur faire violence, dès qu'elles peuvent vous opposer de gros bataillons ?

Nous professons, ce livre en fait foi, la plupart des propositions dont la condamnation, de la part de l'Église, a éveillé, en France et dans d'autres pays, la juste susceptibilité de l'État. Nous n'en reconnaissons pas moins que l'Église était dans son droit en les dénonçant aux fidèles comme dangereuses pour leur foi. « Nous ne devons à l'État que notre obéissance, disaient avec raison les défenseurs de l'Église, et nous la lui accordons sans réserve ; nous ne revendiquons que la liberté de nos croyances et le droit de ne pas approuver en principe, quand elles blessent notre conscience, les lois devant lesquelles notre volonté s'incline dans la pratique. » La distinction est légitime, et il est juste qu'elle profite à tous nos adversaires, soit au sein de la grande Église catholique, soit dans une de ces sectes obscures et grossières, dont on se fait un épouvantail contre la liberté de conscience.

lien à toute une société religieuse, même quand elle blesse la majorité des consciences et tend à infirmer l'autorité morale des lois, contentez-vous des armes intellectuelles : réfutez, ne persécutez pas [1].

VII.

La forme la plus simple et la plus séduisante de la liberté religieuse, c'est la séparation absolue de l'Église et de l'État. Une Église est un gouvernement tout spirituel ; un État, un gouvernement temporel. Au premier, la direction des croyances ; au second, celle des actions. Le premier s'appuie sur la force morale, sur l'adhésion des âmes ; le second, sur la force matérielle, sur la contrainte. L'un a en vue le bonheur futur, dans une vie meilleure : son royaume n'est pas de ce monde ; l'autre ne peut placer sa fin qu'ici-bas, dans la liberté, la sécurité et le bien-être dont on peut jouir sur la terre. Qu'ils poursuivent donc librement, chacun dans sa sphère, leur double destination. L'Église, en tant qu'Église, n'a rien à voir dans l'État ; ses membres, lorsqu'ils doivent agir comme sujets ou comme citoyens, ne sont plus ni des catholiques, ni des protestants, ni des juifs, mais des hommes, unis par les mêmes droits et par les mêmes devoirs, et trouvant, dans les lois de leur pays, la détermination des uns et la garantie des autres. L'État, de son côté, en tant qu'État, n'a pas à s'immiscer dans les affaires de l'Église. Il n'est proprement d'aucune religion, il ne reconnaît aucune religion, mais seulement des individus, isolés ou associés, et, dans les deux cas, soumis également et uniformément à ses lois. Tant qu'il se renferme dans son domaine, il ne peut qu'appliquer à tous la même règle, sans faire acception de leur culte ou du caractère religieux dont ils sont revêtus. Envers les croyances de la majorité, comme envers

---

[1] « La polygamie, adoptée par les Mormons, est la cause principale de cette antipathie contre leurs doctrines, qui viole ainsi les lois de la tolérance religieuse ; la polygamie, quoique permise aux Mahométans, aux Hindous, aux Chinois, semble exciter une animosité implacable quand elle est pratiquée par des gens qui parlent anglais et qui se donnent pour une sorte de chrétiens. » — J. Stuart Mill, *De la liberté*, p. 167 et 168 de la traduction française.

celles de la minorité, envers les pasteurs, quel que soit leur rang hiérarchique, comme envers les simples fidèles, il ne doit jamais se départir du droit commun, soit dans la liberté, soit dans l'obéissance.

Ces distinctions sont fondées du côté de l'État; elles ne le sont pas, ou, du moins, ne le sont qu'en partie du côté de l'Église. L'État doit rester étranger au gouvernement de l'Église, à sa foi, à ses moyens d'action, à sa fin toute spirituelle. L'Église ne saurait rester étrangère au gouvernement de l'État, à sa constitution, à ses lois, à l'exercice de son pouvoir. Elle est l'empire des croyances, sans exception, dans le sens le plus absolu. De quel droit exclurait-on de son domaine les croyances politiques? Sa fin est hors de ce monde; mais nous arrivons à l'autre monde par celui-ci, par les devoirs que nous remplissons sur la terre, par l'usage que nous faisons, non-seulement de nos facultés intellectuelles, mais de nos facultés physiques. Sa mission n'est pas purement dogmatique, elle est morale, ou plutôt le dogme embrasse la morale, et la morale religieuse comprend tous les devoirs des hommes, sans laisser en dehors ceux qui sont réglés par les lois. La loi est-elle juste ou injuste? Le gouvernement qui la promulgue et qui la fait exécuter, est-il légitime ou illégitime? Suis-je tenu de lui obéir, ou bien ai-je le droit de lui résister, et jusqu'où doit aller ma résistance? Voilà des questions capitales pour la conscience. Chacun a évidemment le droit d'en chercher la solution en soi-même, et, s'il ne se sent pas suffisamment éclairé par sa raison, de recourir aux lumières surnaturelles qui sont l'objet de sa foi. Comment n'aurait-il pas celui d'interroger ceux de ses semblables qui partagent ses croyances, et, parmi eux, ceux qu'il accepte comme ses guides spirituels? A quel titre la décision des questions légales et politiques serait-elle donc refusée à l'Église?

Rien de ce qui est du ressort de la philosophie ne saurait être exclu de celui de la religion. C'est le droit et le devoir d'une philosophie complète d'élever des théories politiques, comme des théories de morale générale, comme des théories de logique ou de métaphysique. C'est également le droit et le devoir que s'est toujours attribués toute grande religion. Le traité des lois a sa place légitime dans la *Somme de théologie* de saint Thomas; il y tiendrait une place plus grande, il serait la théologie tout entière, qu'il n'y aurait pas usurpation. Parmi toutes les formes que peut revêtir une religion, j'admets la religion politique, la foi dans certaines institutions comme pouvant seules réaliser la cité de Dieu sur la terre. Une telle religion pourra être fausse, dangereuse, immorale, en opposition avec les lois établies ; mais, en fait d'opinions, ni l'erreur, ni le danger, ni la critique de l'ordre légal ne sont un motif d'exclusion. L'État doit souffrir qu'on juge ses institutions, car il ne saurait prétendre à l'infaillibilité. Il doit se féliciter qu'on en propose de meilleures, car il est fait pour le progrès. La seule chose qu'il ne doive pas tolérer, c'est la provocation à la désobéissance et à l'insurrection ; car, pour une société constituée, le respect des droits de tous se résume dans le respect des lois qui les protégent. L'État manquerait également à ses devoirs envers ses sujets, s'il mettait obstacle aux manifestations de leur raison ou de leur foi, et s'il ne savait pas se défendre contre des pratiques séditieuses, lors même qu'elles se couvriraient d'un manteau sacré.

Si une doctrine religieuse ne doit pas avoir des droits moins étendus qu'une doctrine philosophique, il y a cependant, dans l'organisation d'une religion, des dangers que ne présente pas le simple enseignement de la philosophie. Une Église est, à certains égards, un État dans l'État. C'est une société qui a ses lois, son gouvernement, son budget. C'est déjà un conflit redoutable, quand la loi morale, telle qu'elle apparaît à la conscience individuelle, ne s'accorde pas avec la loi de l'État. Quand l'opposition se produit au nom de la loi religieuse, le péril s'accroît, non-seulement en proportion du nombre et de l'union des fidèles qui soumettent leur conscience aux décisions de cette loi, mais par suite du caractère public, officiel, en quelque sorte, des devoirs qu'elle leur prescrit.

Il y a généralement, dans les simples devoirs de conscience, quelque chose d'indéterminé, qui résulte de l'indétermination naturelle des droits auxquels ils correspondent. Dans la loi religieuse, tout est fixe et positif, comme dans la loi civile. Nous avons déjà cité le cas du mariage. Les deux lois ont également le droit de régler, non-seulement les formes sous lesquelles doit s'accomplir l'union conjugale, mais les conditions qui peuvent seules la rendre valable. Si elles sont en désaccord, quel trouble pour les consciences ! quelle atteinte à l'union des familles ! quels périls pour la paix publique ! Et quelles facilités pour la révolte, quand elle peut s'appuyer sur un gouvernement organisé, comme en possède chaque Église ! Voilà des armées toutes prêtes, habituées à se réunir, à mettre en commun leurs pensées, leurs désirs, leurs espérances, et conduites par des chefs dont la voix leur inspire d'autant plus de confiance qu'elle leur parle au nom de Dieu.

Enfin, les besoins du culte, en autorisant un budget de l'Église, peuvent aisément servir de prétexte pour recueillir toutes les ressources nécessaires à la résistance et à la lutte. Même quand la paix n'est pas menacée, ces contributions levées sur les fidèles ne peuvent laisser l'État indifférent ; car elles touchent aux intérêts temporels qu'il est chargé de protéger. Elles ne peuvent être que volontaires, si l'Église reste dans ses limites naturelles, si elle est privée de tout moyen de coercition ; mais, à défaut de la contrainte, il y a les influences, il y a les promesses et les menaces spirituelles, plus efficaces sur certaines âmes que si l'on ne faisait appel qu'aux intérêts de ce monde ; il y a mille manœuvres, plus ou moins frauduleuses, qu'il est d'autant plus difficile de prévoir ou de réprimer, qu'elles se pratiquent dans une sphère toute morale. D'ailleurs, l'abandon qu'un individu fait de son bien, pour être volontaire, n'est pas toujours légitime. La propriété n'appartient pas d'une manière absolue à l'individu, elle est le bien commun de la famille [1]. Quelque liberté qui doive être laissée à chacun dans l'administration de sa fortune, époux, on en doit compte à sa femme ; père, on en doit compte à ses enfants. Sous ces impôts facultatifs, étrangers à toute proportionnalité exacte, car les plus zélés payent naturellement pour les tièdes, soustraits, enfin, à tout contrôle, si l'Église et l'État se renferment chacun dans son domaine, peuvent se cacher trop souvent la désunion des familles et la spoliation des patrimoines. Ici, l'ordre moral se rattache évidemment à l'ordre légal.

Il est surtout une religion qui a eu, dans tous les temps, le privilége d'exciter la défiance de tous les gouvernements, même de ceux qui lui ont accordé une protection exclusive : c'est la

---

[1] *Voir* plus loin le chapitre sur la propriété.

religion catholique. Nous ne faisons pas cette remarque dans une intention hostile à cette grande et noble religion ; nous constatons plutôt un fait qui l'honore ; car ces inquiétudes qu'elle inspire à tous les pouvoirs sont la preuve de son indépendance aussi bien que de sa force, et, bien que nous gardions devant elle, comme devant l'État, toute la liberté de nos opinions, nous ne sommes pas de ceux qui s'effrayent de cette indépendance et de cette force.

Dans toutes les religions, les principales relations de la vie civile sont soumises à des obligations déterminées. Les naissances, les mariages, les décès, les funérailles ont leurs lois, leur jurisprudence et leur police dans l'Église comme dans l'État. Mais, dans aucune Église, la concurrence entre la loi religieuse et la loi civile n'est plus complète et plus minutieuse qu'au sein du catholicisme. Et les conflits sont d'autant plus à craindre que, pour les relations les plus importantes, les devoirs prescrits par le dogme catholique ont le caractère de sacrements : le baptême, le mariage, la pénitence, etc. Les violer, c'est plus qu'un péché, c'est un sacrilège ; les entraver au nom des droits de l'État, c'est outrager la foi jusque dans son sanctuaire. Résister, dans leur intérêt, aux empiétements de la foi, c'est s'appuyer sur ce qu'il a de plus sacré dans la conscience.

Toutes les religions cherchent à régner sur les âmes, non-seulement par des lois générales et par la prédication publique, mais par une action individuelle et privée : c'est le devoir du pasteur de se mettre en rapport avec chacune de ses brebis, pour la diriger, pour la ramener si elle s'égare, pour la relever si elle tombe, pour la porter dans ses bras si elle n'a plus la force de se porter elle-même. Dans l'Église catholique, la pratique de la confession prête à cette action individuelle une influence toute-puissante. Le prêtre n'est pas un simple conseiller, c'est un juge, à qui on est obligé d'ouvrir son âme sans réserve, et qui a le pouvoir absolu de condamner ou d'absoudre ; et tout se passe entre ce juge et l'accusé volontaire, sans publicité, sans témoins, sous le sceau d'une discrétion mutuelle. Il a, comme on dit, charge d'âmes ; mais à cette charge est attachée la disposition des âmes qui se confient à lui. Il a le droit de leur dicter tous leurs devoirs sans exception, devoirs de famille, devoirs de citoyens, devoirs de princes; rien, dans la vie publique et dans la vie privée, n'est en dehors de sa compétence.

La loi religieuse a sa sanction, comme la loi civile. Pour la plupart des religions, cette sanction est tout entière entre les mains de Dieu, dans les récompenses et les châtiments de l'autre vie. Pour le catholique, elle est en partie entre les mains de l'Église. L'Église catholique a ses châtiments terrestres, qu'elle inflige au tribunal de la pénitence. Elle a même un droit sur les châtiments ultérieurs. Elle dispose, dans une certaine mesure, du sort des âmes coupables, quand leur peine ne doit pas être éternelle, par l'influence qu'elle s'attribue, au moyen des prières et des bonnes œuvres, sur la durée des peines du purgatoire. Elle participe également à la rémunération des âmes pieuses, en cette vie par les indulgences, dans l'autre par la canonisation et par les honneurs qu'elle rend aux saints. Quelque opinion qu'on ait sur tous ces moyens d'influence, ils constituent, sans contredit, pour l'Église qui les met en œuvre, une puissance énorme et sans rivale.

Toutes les religions ont un gouvernement. L'Église catholique possède seule un gouvernement absolu. Il n'est pas une question que ce gouvernement n'ait le droit de trancher souverainement, et toute conscience qui lui refuse sa soumission sur un point qu'il a décidé, se place, par sa désobéissance, en dehors de la communion des fidèles. C'est, d'ailleurs, un gouvernement monarchique, avec une hiérarchie fortement organisée, sous la dépendance d'un chef suprême. Le pape concentre-t-il en lui toute l'infaillibilité de l'Église, ou bien a-t-il besoin des lumières d'un concile? Question indécise entre les catholiques, mais qui laisse subsister, quelque solution qu'on adopte, les droits absolus de l'Église sur les croyances des fidèles et la force qu'elle puise dans sa constitution monarchique. En effet, le concile ne peut rien sans le pape, et le pape, dans son gouvernement, sinon dans sa législation dogmatique, peut se passer du concile. Ajoutez que le chef de l'Église catholique est, pour tous les États, à l'exception d'un seul, un étranger, aujourd'hui un prince temporel, pouvant avoir, comme tel, ses intérêts politiques, ses alliances, ses inimitiés; demain, peut-être, le sujet ou l'hôte d'un autre prince, et, dans un cas comme dans l'autre, soumis à des influences qui peuvent le mettre en hostilité avec le reste des gouvernements.

Cette domination spirituelle, exercée par un étranger sur les sujets catholiques des divers États, a pour instruments, non-seulement toute la hiérarchie ecclésiastique, mais des associations plus ou moins vastes, unies par des liens plus étroits, par une solidarité plus intime que la grande société catholique dont elles font partie, et placées directement sous la dépendance du père commun des fidèles. Ces ordres monastiques n'ont nulle part un caractère national. Chacun d'eux étend ses rameaux dans le monde entier. Leurs chefs particuliers, aussi bien que leur chef suprême, sont des étrangers pour la plupart des États où s'exerce leur action. Le caractère, les mœurs, les intérêts, la politique des pays qui leur donnent asile ne sont rien pour eux. Chaque ordre a son esprit, sa pensée propre qu'il porte partout avec soi ; tous obéissent à l'impulsion commune qu'ils reçoivent de Rome.

Les gouvernements temporels pourraient voir sans ombrage cette puissante organisation de l'Église catholique, s'il était possible de réaliser cette séparation absolue que l'on se plaît à supposer entre l'ordre religieux et l'ordre politique. Mais si une Église a revendiqué avec force et avec succès le droit de faire sentir son influence dans la conduite des affaires de ce monde, c'est assurément l'Église catholique. Tout la prépare à un rôle politique. Sur toutes les questions de droit, de législation, de gouvernement, elle a ses traditions déposées dans ses livres sacrés, dans les décisions de ses conciles, dans les bulles de ses pontifes, dans les commentaires de ses théologiens. Et ces traditions, dans une religion qui se glorifie de son immutabilité, reçoivent une double force de leur accord à peu près constant et des autorités souveraines de qui elles émanent. Constituée, d'ailleurs, plus qu'aucune Église, comme un véritable gouvernement, ayant réuni, pendant une longue série de siècles, la puissance spirituelle à la puissance temporelle, non-seulement sur la tête de son chef, mais sur celle d'un grand nombre de ses prélats, comment l'Église catholique pourrait-elle rester étrangère aux intérêts des sociétés civiles? comment n'aurait-elle pas sa politique? et comment un État qui voit cette politique soulever les consciences d'une partie de ses sujets contre les institutions sur lesquelles il repose, contre les lois qu'il s'est données, contre la conduite qu'il croit devoir tenir à l'intérieur ou à l'extérieur, fermerait-il les yeux sur les dangers dont peut menacer sa sécurité et ses droits un tel usage de la liberté religieuse?

Ces dangers sont réels. Mais autorisent-ils l'État à violer la liberté de conscience en intervenant dans les rapports obligatoires des fidèles avec leurs chefs nationaux ou étrangers, en plaçant sous sa dépendance les associations monastiques, en entravant l'exercice de tous les actes du culte qui peuvent lui porter ombrage, en interdisant la publication de toute décision dogmatique en contradiction avec ses lois, en s'opposant, d'une manière absolue, à toute prédication politique? Nous ne dirons pas : *Périsse l'État plutôt qu'un principe!* mais nous sommes convaincu qu'un État fondé sur la justice ne peut pas périr, quand il respecte les droits des consciences. Le plus grand péril pour lui, c'est de les blesser dans leur foi. Elles sont toujours assez fortes pour ébranler une autorité tyrannique, lors même qu'elles n'opposeraient à l'oppression que la résistance passive du martyre. Mais, s'il agit avec modération, dans la mesure de ses droits essentiels, renonçant à tout pouvoir qui ne lui est pas indispensable, en vain une Église fortement constituée s'élèvera-t-elle contre lui ; il trouvera un appui non-seulement dans les autres religions, mais au sein même de cette Église, dont les plus sages sectateurs, malgré leur confiance dans leurs directeurs spirituels, ne pourront s'empêcher de reconnaître la bonté de sa cause.

Quelle que soit la puissance apparente d'une Église, toute sa force réelle est dans l'adhésion morale des fidèles, adhésion compromise, dès que la foi est d'un côté et la raison de l'autre. Hélas! il n'est pas même besoin que l'État ait pour lui la raison. La foi est assez tiède dans la plupart des âmes pour que les moyens d'action dont un gouvernement dispose, les intérêts qui s'appuient sur lui, les passions qu'il peut surexciter, viennent aisément contre-balancer les efforts du zèle religieux. Cette organisation même, qui rend si redoutable aux gouvernements temporels les prétentions de l'Église catholique, est souvent une gêne, en même temps qu'une force. En ne laissant presque rien à l'initiative des fidèles, elle contribue à accroître cette tiédeur, cette indifférence qui permet à l'État de lutter contre elle avec avantage ; bien plus, elle provoque, parmi les fidèles eux-mêmes, ce sentiment d'hostilité qui naît partout de la compression de la liberté, et c'est souvent dans leurs rangs qu'elle trouve ses adversaires les plus ardents et ses persécuteurs les plus implacables. Combien de fois l'histoire de l'Église ne nous montre-t-elle pas sa discipline entravée, son culte empêché, ses prêtres emprisonnés ou mis à mort par des gouvernements qui se disaient catholiques, avec le concours ou l'approbation d'une grande partie de leurs sujets catholiques !

Si l'indépendance de l'Église peut être un danger pour les droits de l'État, les droits de l'Église n'ont pas moins à craindre de la puissance de l'État. Nous ne parlons pas ici d'une persécution déclarée, mais de l'usage le plus légitime, le plus modéré de l'autorité temporelle, du droit commun renfermé dans les limites les plus étroites. L'État, sans sortir de son rôle, sans porter une atteinte directe à la liberté des opinions, pourrait gêner la prédication et le culte par des mesures de police, faire pénétrer sa surveillance au sein des congrégations, sans tenir compte des barrières qu'elles ont élevées entre leurs asiles et le monde extérieur, entraver par les exigences des services publics, surtout du service militaire, le recrutement du sacerdoce, contrôler enfin et, au besoin, restreindre le droit de lever des contributions volontaires pour subvenir aux frais du culte. Il pourrait également, en cas de contravention, effrayer, par la rigueur de ses lois répressives, tous ceux des ministres de l'Église dont la foi ou le fanatisme n'a pas assez de force pour braver le martyre. Il pourrait enfin, par l'opposition de sa politique avec les maximes suivies dans l'Église, jeter le trouble dans les consciences, et un tel trouble ne met pas moins en péril l'autorité morale de l'Église que l'autorité matérielle de l'État. Toutes ces chances de conflit seraient à redouter pour toutes les Églises ; elles pèseraient surtout sur l'Église catholique, en raison de la précision de ses dogmes, de la multiplicité de ses lois, de l'étendue de son action et de la solennité de son culte.

VIII.

Quand les périls sont réciproques, il est naturel que l'on cherche à y obvier par un accord : c'est l'origine des concordats. Au lieu de rester étrangères l'une à l'autre, les deux puissances s'entendent sur ce qu'elles peuvent abandonner de leurs prétentions, sans compromettre soit les droits dont l'une est la gardienne et la protectrice, soit les croyances dont l'autre est dépositaire. Ainsi, dans le concordat qui règle les rapports de l'Église catholique avec le gouvernement français, la première a renoncé au droit de choisir elle-même ses ministres et de lever directement les impôts dont elle a besoin, en échange d'une liberté assurée, quoique restreinte, dans l'exercice de son culte et dans l'emploi de son revenu, et de l'exemption de quelques-unes des charges que le droit commun fait peser sur tous les citoyens. Si l'État pouvait ainsi entrer en accord avec tous ses sujets, au lieu de leur imposer des lois sans les consulter, ce serait assurément la meilleure garantie de leur liberté ; ce serait la réalisation de l'hypothèse du contrat social, qui ne suppose pas seulement le consentement du plus grand nombre, mais l'assentiment de tous aux lois que tous sont obligés d'observer. Chacun ne supporterait que la loi qu'il aurait faite, et ne serait lié que par ses engagements personnels. Entre l'État et chaque individu, ce n'est évidemment qu'une conception idéale. Entre l'État et de grandes associations comme les Églises, c'est un arrangement difficile sans doute, mais l'expérience prouve qu'il n'est pas impossible, et, si la conciliation de la sécurité et de la liberté est la fin de toute société, il faut le proclamer comme infiniment désirable.

D'où vient donc que les concordats semblent exciter la répulsion de ceux qui professent le plus vif attachement pour la liberté de conscience? En signant de pareils traités, l'Église sacrifie, dit-on, à des avantages matériels, sa dignité et son indépendance. Mais n'est-ce pas elle qui est le meilleur juge de la convenance des sacrifices qu'elle s'impose? Si vous lui êtes étranger, de quel droit prétendez-vous lui dicter ce qu'elle doit faire? Vous trouvez qu'elle se déshonore et qu'elle s'enchaîne : eh bien! félicitez-vous de n'avoir pas à partager sa honte et son esclavage. Comptez-vous, au contraire, parmi ses enfants? votre liberté n'est pas davantage entravée, puisque vous conservez le droit de vous retirer de son sein. Dans les Églises protestantes, chaque fidèle peut chercher en lui-même la règle de sa foi : tout traité conclu par ces Églises n'enchaîne donc que les individus qui veulent bien l'accepter ; leurs coreligionnaires, sans rompre avec eux pour le reste, peuvent renoncer aux bénéfices et aux charges du concordat, en formant une ou plusieurs associations indépendantes. C'est ainsi qu'il s'est formé en France une Église libre, dont le trait distinctif n'est pas un dogme étranger aux autres communions protestantes, mais la rupture de tout lien avec l'État. Dans le catholicisme, il n'appartient qu'aux chefs de l'Église de décider toutes les questions de dogme et de discipline, et, dès lors, les stipulations auxquelles ils ont consenti engagent l'Église tout entière. Mais dans quelle mesure? en tant qu'elle garde son empire sur la conscience des fidèles. Tout catholique est obligé de croire que l'Église a été éclairée d'en haut, dans la conclusion du concordat, comme dans tous ses autres actes; on cesse d'être catholique dès qu'on conteste ses lumières surnaturelles et ses droits souverains, et on se met ainsi en dehors de ce traité auquel on répugne.

Les concordats sont surtout attaqués par ces catholiques de nom, qui semblent ne retenir le titre d'enfants de l'Église que pour se donner le droit de se plaindre de leur mère. Ce sont eux qui accusent avec le plus d'amertume son avarice, son ambition, sa tyrannie. Elle achète de l'État, lui reprochent-ils, le droit d'opprimer les consciences. Si l'on entend, par l'oppression dont on accuse l'Église catholique, l'autorité qu'elle s'arroge sur les croyances, c'est son principe propre, c'est par là qu'elle se sépare surtout des autres communions chrétiennes, fondées sur la liberté d'examen. L'indépendance qu'elle réclame, ce n'est pas le droit, pour chaque fidèle, de penser et de croire par soi-même, c'est le droit, pour ses chefs, de diriger librement et souverainement les croyances de tous les fidèles. Ce droit, qui est son essence, elle ne l'achète pas, elle ne cherche qu'à s'en assurer l'exercice au prix de toutes les concessions qu'elle juge compatibles avec son autorité. Ne parlez donc pas d'oppression, si vous êtes vraiment catholique; applaudissez, au contraire, à toutes les conventions qui permettent à l'Église de jouir dans sa plénitude de ce gouvernement des âmes, pour lequel elle est instituée. Si vous voulez être libre, sortez de l'Église, ne parlez pas au nom d'une foi que vous n'avez pas; vous ne sauriez être catholique sans le pape et contre le pape. Êtes-vous avec lui? vous devez vous incliner devant les engagements qu'il avait seul le droit de prendre en votre nom;

rejetez-vous son autorité? que vous font alors ces engagements? Je comprendrais vos protestations si la puissance publique, en vertu du concordat, devait prêter main-forte à l'Église, pour vous courber sous ses lois : ce serait là un engagement sans valeur morale, qui appellerait justement la résistance ; mais l'iniquité d'un tel engagement ne prouverait rien contre la légitimité générale des concordats.

On s'élève encore contre les concordats au nom de l'égalité. Ils confèrent, dit-on, aux Églises qui les obtiennent, un privilége injuste, puisqu'il n'est pas partagé par les autres Églises. On oublie que c'est un privilége fondé sur des concessions mutuelles. Si vous n'avez pas voulu traiter, si vous avez aimé mieux conserver toute votre indépendance, en courant les risques du droit commun, de quoi vous plaignez-vous? Si vous n'avez pas pu vous entendre avec l'État, vous ne pouvez que lui demander de respecter vos droits et vos devoirs ; il ne vous fait aucun tort en profitant des facilités plus grandes qu'il a trouvées ailleurs pour un accord. Quand l'État a besoin d'un terrain pour cause d'utilité publique, quoi de plus équitable que d'entrer en marché avec le propriétaire? L'expropriation forcée ne doit être prononcée, et l'indemnité fixée par autorité de justice, que si le propriétaire préfère lui-même ce dernier mode, ou si l'acquisition n'a pu se faire de gré à gré. Or, dans ce dernier cas, le propriétaire exproprié et justement indemnisé aurait-il le droit de crier au privilége, parce qu'un autre aurait pu traiter à l'amiable avec l'État ? En fait de concordats, d'ailleurs, je ne verrais pas même une injustice, de la part de l'État, s'il refusait de conclure des conventions de ce genre avec certaines religions. De même qu'aucune Église ne peut être forcée de traiter avec lui, il ne saurait être obligé de traiter avec toutes les Églises. En s'en tenant au droit commun vis-à-vis d'une religion, il marque par là qu'il n'a pas besoin, pour sa sécurité, de lui demander des concessions ni de lui en faire. Tant qu'il reste avec elle sur le terrain de la liberté légale, il ne sort pas évidemment de celui de l'égalité et de la justice.

C'est surtout le salaire des cultes qui soulève des plaintes passionnées contre les concordats où il est stipulé. Il n'est rien, en effet, qui semble plus injuste que de forcer tous les citoyens sans exception, sans distinction de croyances, à payer les frais de tous les cultes que l'État reconnaît officiellement, par suite d'un concordat. Chacun contribue ainsi à entretenir des religions qu'il réprouve ; le judaïsme vit aux dépens du christianisme ; les diverses communions chrétiennes se fournissent mutuellement des armes pour se combattre. Au moins y a-t-il réciprocité pour les Églises salariées. Mais celles qui n'ont pas voulu ou qui n'ont pas pu obtenir un concordat, quel n'est pas leur désavantage, obligées de rétribuer à leurs frais leurs propres ministres, et de concourir, sans compensation, à rétribuer ceux des Églises rivales ! Et les individus qui vivent en dehors de toute religion positive, de quel droit puise-t-on dans leur bourse, pour encourager des croyances et des pratiques qu'ils repoussent comme des superstitions absurdes et funestes?

Ces plaintes seraient fondées si le salaire des cultes, aux frais de l'État, était un avantage gratuit, une simple donation, non une concession à titre onéreux, en vertu de stipulations réciproques, en échange de concessions équivalentes. L'État paye, en réalité, l'abandon que lui fait chaque Église salariée d'une partie de son indépendance ; il achète des garanties pour sa propre sécurité, c'est-à-dire pour la sécurité de tous les citoyens ; en un mot, le salaire n'est pas le signe des avantages qu'il accorde, mais le prix de ceux qu'il obtient. Dès lors, n'est-il pas juste qu'il soit payé par tous, puisqu'il doit profiter à tous ? On peut contester sans doute que tous aient à y gagner ; on peut le blâmer comme onéreux pour l'État, sans compensations suffisantes ; on peut estimer qu'il y aurait moins de périls à l'indépendance absolue de part et d'autre qu'à ce système de concessions mutuelles, dont le trésor public doit faire les frais. C'est un point sur lequel l'expérience seule permet de se prononcer, comme sur la plupart des charges que l'État impose. Mais, en droit, un impôt est juste, quand il est établi par les pouvoirs publics, en vue d'un intérêt général, dont l'appréciation légale n'appartient qu'à eux. Il faudrait rayer presque tous les articles du budget, s'ils avaient besoin, pour être légitimes, de l'approbation unanime de tous les contribuables.

Mais pourquoi l'État payerait-il ou plutôt ferait-il payer aux citoyens des concessions qu'il a le droit d'exiger? N'est-il pas le maître? n'est-ce pas lui qui fait la loi ? — Ici, on repousse les concordats, non plus au nom de la liberté des individus, mais au nom de l'omnipotence de l'État. L'argument est plus logique, mais il n'a de valeur que pour ceux qui reconnaissent l'omnipotence de l'État. Pour nous, la fin véritable de l'État n'est autre que la liberté, comme dit Spinoza [1]. S'il restreint la liberté, que ce soit dans l'intérêt de la liberté même. Il doit la respecter, autant que possible, dans l'ordre matériel ; à plus forte raison dans l'ordre moral, où il n'est plus sur son terrain. Aussi, si un traité conclu d'un commun accord peut le dispenser de fixer à lui seul les frontières qu'il ne doit pas dépasser, il doit le signer des deux mains. Tel est le but des concordats. Les concessions qu'ils assurent à l'État lui doivent être doublement précieuses, parce qu'elles augmentent sa sécurité, et parce qu'elles lui sont accordées de gré à gré, sans rien coûter à la liberté. Ce salaire qu'il prend à sa charge ne paye pas seulement cette portion de leur indépendance que lui abandonnent les Églises : il aurait pu leur imposer ce sacrifice ; c'est le prix d'un avantage plus important, ou du moins plus élevé : l'assurance qu'il obtient, par leur consentement au concordat, de ne pas s'exposer à faire violence à leur liberté, à porter atteinte aux droits des consciences. Loin de croire que l'État se dégrade en traitant avec ses sujets, nous voudrions de semblables contrats pour tout ce qui représente, au sein de la société, une pensée, une intention morale : non-seulement pour les communions religieuses, mais pour les universités, pour les académies, pour les associations de bienfaisance. L'État se rend respectable, quand il respecte la liberté de l'âme ; il consolide son empire, quand il s'incline devant un autre empire, celui des consciences, qui n'est autre que celui de Dieu même.

IX.

La liberté religieuse marque elle-même, dans un concordat, les garanties qu'elle réclame et les limites légales auxquelles elle s'assujettit. Un concordat n'est légitime qu'autant qu'il ne ren-

---

[1] Finis reipublicæ revera libertas est. (*Tract. theol. pol.*, ch. xx.)

ferme aucune clause qui soit incompatible avec les conditions essentielles de la liberté religieuse. Il importe donc de reconnaître exactement les conditions qui doivent présider à tous les rapports de l'État et de l'Église, soit qu'ils soient réglés par des traités, soit qu'ils restent sous l'empire du droit commun.

L'État doit aux sociétés religieuses ce qu'il doit aux individus : protection contre la violence. Il peut leur accorder, comme aux individus, son assistance spéciale, sous la forme d'une subvention pécuniaire. Elles peuvent, de leur côté, remettre entre ses mains une partie de leurs droits, par exemple le choix de leurs ministres. Mais elles ne peuvent pas, avec sa permission ou son concours, changer la nature de leur puissance, en l'exerçant par la force. Cette puissance est absolue, pourvu qu'elle reste exclusivement morale. Une Église peut prescrire à ses membres, par la voix de ses chefs, tout ce qu'ils doivent croire, tout ce qu'ils doivent faire. Elle peut s'immiscer dans leurs travaux, dans leurs plaisirs, dans leurs lectures, régler l'emploi de leur temps, le choix de leurs aliments, et jusqu'à la forme et à la couleur de leurs habits. Elle peut enfin, en cas de désobéissance, anticiper, par des pénitences plus ou moins sévères, sur les châtiments de l'autre vie. Mais, dans l'exercice de ses droits, elle ne peut agir que sur les consciences. Si elle a recours à la force, c'est, aux yeux de l'État, un de ces actes de violence que ses lois ont pour mission de réprimer. A lui seul appartient le droit de contraindre, et il ne doit, sous aucun prétexte, le mettre au service d'une religion, quelque vraie, quelque sainte qu'elle lui paraisse. Il n'est chargé de réprimer et il ne doit laisser réprimer par des moyens coercitifs ni l'erreur, ni l'immoralité, ni l'impiété, mais seulement toute usurpation volontaire des droits d'autrui.

Il se rendrait coupable d'une usurpation de ce genre, s'il s'engageait à favoriser les prétentions d'une Église sur ceux de ses membres qui lui refusent leur soumission ; à plus forte raison ne saurait-il autoriser ou seconder les persécutions exercées par une Église sur ceux qui se retirent de sa communion et sur les Églises dissidentes en général. Une religion a le droit de réprouver ou de flétrir toute croyance contraire aux siennes, tout culte différent du sien ; mais, sur ses adversaires comme sur ses sujets, son droit est tout moral : l'appuyer sur la force, c'est usurper les droits de l'État ; réclamer le concours de l'État, c'est l'armer contre les droits qu'il a le devoir de protéger. Donc, point de concordat ni de loi portant des peines ou des exclusions contre l'hérésie, le sacrilége, la violation des lois ecclésiastiques. Si l'État pouvait s'approprier quelqu'une des lois de l'Église, ce serait, non pour elle-même, mais en vue d'un intérêt général, et à condition de ne pas toucher à la liberté des opinions et au domaine propre de la conscience. Ainsi, une loi sur le repos du dimanche, dans la société civile, ne pourrait être légitime que si elle avait pour but de préserver ceux qui observent ce repos, par scrupule de conscience, de la concurrence de ceux qui s'en affranchissent. Elle ne ferait ainsi que régler les conditions du travail matériel ; elle n'imposerait aucun acte moral ou religieux.

Si l'État ne doit pas prêter main-forte aux lois de l'Église, il doit du moins tout faire pour ne pas entrer en conflit avec elles. Sans trahir ses devoirs propres, c'est de lui que doivent venir les plus grandes concessions ; car il n'a qu'une responsabilité restreinte, et celle de l'Église est indéfinie. Il n'est obligé de réaliser ni tout ce qui est juste ni tout ce qui est utile, mais seulement ce qui est indispensable. L'Église, au contraire, quand la foi parle au nom de Dieu, doit sa sanction sans réserve à tous les devoirs qu'elle lui révèle. Aussi cette séparation absolue, qui rendrait l'État étranger aux lois religieuses, n'est désirable ni pour la conscience du législateur ni pour celle des citoyens. Il faut, au contraire, que l'État connaisse ces lois et qu'il fasse tous ses efforts pour que les siennes ne leur apportent aucun obstacle. C'est ainsi qu'en traitant de la famille nous avons demandé que l'État acceptât comme légal le mariage religieux, sous quelque rite qu'il fût célébré, pourvu qu'il ne s'y joignît aucune condition contraire aux droits respectifs des époux ou à ceux des tiers. Cette conciliation des devoirs civils et des devoirs religieux, dans la constitution de la famille, est un des points qui plaident le plus en faveur d'un concordat, et qui, en l'absence de toute convention, réclament, de la part de l'État, le plus de discrétion et de mesure.

Quand l'État a cru nécessaire de porter une loi, c'est son droit et son devoir de la faire respecter, même par la contrainte, sans se laisser arrêter par l'opposition de la foi religieuse. La résistance pour cause de religion ou pour tout autre motif ne peut être à ses yeux qu'un acte criminel, qu'il doit déférer à la justice pénale. Mais il ne faut pas oublier qu'il n'y a crime ou délit que lorsqu'il y a une intention mauvaise, dont le jugement appartient naturellement au jury. Cette obligation d'en appeler au jury serait le meilleur frein contre les lois oppressives en matière de religion. Elles seraient, en effet, dépourvues de sanction, du moment que la généralité des consciences, représentée par le jury, leur refuserait son assentiment.

En soumettant à des règlements de police l'exercice du culte extérieur, la loi ne devient oppressive que si elle s'oppose à la manifestation et à la propagation des croyances. Ses prescriptions peuvent être aussi justes qu'utiles, quand elles n'ont pour but que d'empêcher le désordre, la violence, toute atteinte, en un mot, à la paix publique. Ainsi l'État ne dépasse pas ses droits quand il interdit, en dehors des temples, certaines cérémonies qui pourraient être un obstacle à la circulation publique, ou quand il exige que toute réunion religieuse soit publique, ouverte à tous, assujettie à toutes les conditions qui peuvent faciliter sa surveillance. Nous ne trouverons pas même ses prétentions exorbitantes, quand il se fait accorder par un concordat le droit de désigner les ministres du culte et de contrôler leurs doctrines, pourvu que chacun reste libre, en rompant avec l'Église qui accepte cette servitude, de se soustraire à l'autorité de ses ministres et de professer d'autres doctrines. Il n'y aurait excès de pouvoir que s'il interdisait d'une manière absolue la prédication des idées qui lui déplaisent, s'il forçait toute Église à lui confier le choix de ses pasteurs, s'il soumettait tout exercice du culte à l'obligation d'une autorisation préalable ; si, enfin, il empêchait autre chose, dans la manifestation des croyances, que la provocation à des actes illégaux ou criminels.

La manifestation des croyances, comme actes de la pensée, voilà, en effet, ce qui constitue proprement la liberté de conscience. Réduite à ces termes, elle est sans limites. Aussi les concordats et les lois qui règlent les rapports de la puissance religieuse et de la puissance civile, ne concernent pas la liberté de conscience, considérée en elle-même, mais son enveloppe extérieure en quelque sorte, la forme sous laquelle elle se manifeste dans l'organisation des Églises. Tous ces actes n'ont rien à voir avec les croyances individuelles, soit religieuses, soit philosophiques ; et ils n'atteignent pas davantage les croyances collectives elles-mêmes, au sein des religions, quelques restrictions qu'ils apportent à l'exercice du culte qui leur sert de vêtement. Vraies ou fausses, saines ou malsaines, les opinions restent au-dessus des lois humaines ; elles n'ont aucune protection à leur demander, aucune concession à leur faire ; elles ne doivent subir de leur part aucune entrave.

X.

La liberté de conscience est essentiellement la liberté du prosélytisme. Manifester sa croyance, pour l'homme religieux ou pour le philosophe, ce n'est pas seulement une satisfaction personnelle, c'est une conquête à entreprendre sur les esprits. Employer dans ce but la contrainte, la menace ou la ruse, c'est une violation du droit, qui doit être réprimée ; se servir de la persuasion, faire appel au sentiment ou à la raison, c'est l'accomplissement d'un devoir, qui ne doit souffrir aucune atteinte. On ne fait aucune violence à ceux qu'on cherche à convaincre. Si vous craignez leur faiblesse, soutenez-les par vos exhortations et vos conseils ; mais ne demandez pas à l'État de prendre charge d'âmes, en empêchant la diffusion des idées que vous regardez comme dangereuses.

Le prosélytisme est de droit naturel vis-à-vis de l'homme fait : l'est-il également vis-à-vis de l'enfant ? L'enfant est confié naturellement à ses parents ; c'est à eux non-seulement de nourrir son corps, mais de former son esprit, parce que ni son esprit ni son corps ne peuvent se développer d'eux-mêmes. Arracher un enfant à ses parents, c'est une violence que ni l'État ni aucune puissance ne doit se permettre. Le détourner du respect qu'il leur doit, le provoquer à leur désobéir, c'est également une violation de leur droit. Mais l'âme de l'enfant n'est pas une simple argile que le père et la mère peuvent pétrir à leur gré. Le sentiment, la conscience, le raisonnement s'y éveillent d'eux-mêmes, et quelque pli qu'ils reçoivent de l'éducation domestique, ils n'attendent pas la majorité légale pour entrer peu à peu dans la jouissance de leurs droits. Aux conseils que l'enfant reçoit de ses parents se joignent bientôt ceux qu'il se donne à lui-même, sous l'inspiration de l'instinct, de la passion, des penchants bons ou mauvais qu'il a reçus en naissant. Il s'y joint également, dès le berceau, les influences du dehors, que la mère la plus vigilante ne peut jamais entièrement écarter. Un enfant qui ne connaîtrait que la pensée de ses parents, qui ne serait façonné que par elle, est une chimère irréalisable. Ce n'est pas même une chimère désirable. Il s'agit de former un homme, un être intelligent, capable de penser par lui-même, un être libre, appelé à diriger sa propre conduite. Il faut qu'il acquière de bonne heure le discernement du bien et du mal; il n'est pas bon qu'il reste trop longtemps étranger à toutes les sollicitations, à toutes les séductions, entre lesquelles il aura tôt ou tard à exercer son libre choix. C'est à la prudence des parents à juger quelle part il convient de faire à ces influences extérieures, à les combattre par de sages conseils, quand elles leur paraissent dangereuses, à user de l'autorité qui leur appartient pour retenir, dans la voie qu'ils lui ont tracée, la jeune âme qu'elles tendent à séduire.

En substituant sa surveillance à celle des parents, l'État ne ferait qu'encourager chez eux la négligence de leurs devoirs; il pourrait nuire, en même temps, à d'autres devoirs. N'est-ce pas, en effet, notre devoir, quand nous voyons un enfant se livrer à de mauvais propos ou à de mauvaises actions, de le réprimander, de lui donner de bons avis, de faire tous nos efforts pour le ramener au bien? S'il est vrai qu'aucun enfant n'échappe à des influences étrangères à sa famille, n'est-il pas juste que les bonnes puissent contrebalancer les mauvaises, et seconder ainsi l'œuvre légitime des parents eux-mêmes? Nous pourrions également, sans crime et même par devoir, contrarier l'œuvre des parents, quand nous la croyons funeste. Ils gâtent, sous nos yeux, l'esprit et le cœur de leurs enfants; ils leur font contracter les habitudes les plus vicieuses : nous avons assurément le droit de faire entendre à ces parents dénaturés tous les reproches que nous suggère notre conscience indignée; comment n'aurions-nous pas celui de combattre l'effet de leur perversité dans l'âme de leurs enfants eux-mêmes?

C'est une entreprise délicate, j'en conviens. Il y a une limite à la fois morale et légale, devant laquelle doivent s'arrêter nos efforts les plus légitimes : c'est le respect qui est dû à l'autorité paternelle jusque dans ses excès. L'action que je puis exercer est toute morale ; elle se borne à donner des conseils, à semer les pensées que je crois les plus salutaires, à éveiller les sentiments les plus propres à arrêter la contagion du mal. Il est permis à ces parents, dont la conduite me révolte, d'opposer à mes conseils, non-seulement leur influence morale, mais le pouvoir dont ils sont investis ; ils peuvent défendre à leurs enfants de me fréquenter et de m'écouter, et je suis coupable si je les pousse à la révolte. Il en est, sous ce rapport, de la famille comme de l'État ; l'appel à la résistance ne saurait être toléré ; mais, devant l'enfant comme devant l'homme fait, nul ne doit être empêché de remplir son devoir, en faisant entendre la voix de sa conscience.

Si le prosélytisme moral peut être légitime à l'égard de l'enfant lui-même, de quel droit interdirait-on le prosélytisme religieux ? Si je crois que le devoir se suffit à lui-même, je puis me borner à en ranimer le sentiment dans le cœur de l'enfant. Si je crois, au contraire, que le devoir n'est qu'un vain mot tant qu'on ne fait pas intervenir l'idée de Dieu, il ne saurait m'être interdit de faire appel aux sentiments religieux. On ne saurait davantage me faire un crime d'invoquer les dogmes chrétiens, si je suis convaincu qu'une âme ne peut être sauvée que par la foi en Jésus-Christ, et de parler en catholique, si je n'admets pas de salut pour l'âme en dehors de l'Église catholique. L'opinion qui veut que la morale soit indépendante de toute religion, soit naturelle, soit positive, peut être fort soutenable ; on ne peut exiger qu'elle fasse loi pour toutes les consciences. Sans doute le terrain est plus glissant quand mes conseils prennent un caractère religieux, que lorsque je me renferme dans la morale générale. Ici je m'appuie sur des principes que j'ai le droit de supposer dans l'âme des parents eux-mêmes ; là, je blesse évidemment leur conscience, quand je sers les intérêts d'une autre religion que la leur.

Une extrême réserve est donc commandée pour concilier les exigences de la foi avec le respect de l'autorité paternelle. Si j'ai recours à l'intrigue, aux moyens détournés, aux manœuvres subreptices, je puis être aussi justement poursuivi que si j'usais de violence au préjudice des droits de la famille. Quand un enfant a été remis entre mes mains, comme élève ou comme domestique, je me rends coupable d'un abus de confiance, en cherchant à le détourner, à l'insu de ses parents, de la foi qu'ils lui ont inculquée. Je ferais également un acte répréhensible et punissable, si je m'emparais de l'esprit d'un tout jeune enfant, encore étranger à toute responsabilité personnelle, soit pour sa conduite, soit pour ses pensées. Mais si, franchement, ouvertement, dans mes rapports licites avec un adolescent, qui peut comprendre mes raisons et les comparer avec celles de ses parents, je lui tiens le langage de mes convictions; si je vais au-devant de lui sans détour et sans déguisement, sous l'impulsion de l'intérêt que m'inspire son salut; si surtout c'est lui qui vient au-devant de moi pour m'exposer ses doutes et pour recourir à mes lumières, il peut y avoir quelquefois, dans l'ardeur de mon prosélytisme, un manque de discrétion qui appellera justement la vigilance des parents; mais la loi ne peut y voir que l'exercice plus ou moins sage d'un droit incontestable.

L'âge fixé par la loi pour la majorité n'a pour but que de protéger les intérêts des tiers; il ne concerne pas les croyances, l'usage de la raison et de la liberté, la responsabilité morale. Dès seize ans, la responsabilité de l'enfant est toujours présumée devant la loi pénale. Elle est admise avant seize ans, quand le jury déclare qu'il a agi avec discernement. Cet être raisonnable et libre, qui doit compte de ses actes à la justice humaine, j'ai sans doute le droit de m'inquiéter du compte qu'il peut avoir à rendre à la justice divine. Comment ne me serait-il pas permis d'éclairer sa conscience sur les périls que court son âme, et dont ma foi ne me permet pas de douter?

Quand l'adolescent, soit de son propre mouvement, soit à l'instigation d'autrui, croit devoir rompre avec la foi de ses parents, la liberté de conscience est-elle un droit pour lui, au sein de sa famille, comme pour l'homme fait, au sein de la société civile? Il faut reconnaître que l'analogie n'est pas entière. La famille a des droits plus étendus que l'État; son gouvernement embrasse les croyances comme les actions, les âmes aussi bien que les corps. Après comme avant son changement de religion, l'enfant reste soumis à l'autorité de sa famille. Elle continue à régner sur lui moralement et matériellement, d'un côté par les conseils, les exhortations, les réprimandes; de l'autre, par tous les moyens de contrainte dont la loi naturelle lui reconnaît et dont la loi civile lui garantit l'usage. Il ne lui est pas permis d'alléguer sa foi nouvelle pour secouer ce joug obligatoire. Il n'est pas permis davantage à ceux dont il a embrassé les croyances de l'exciter à la résistance ou à la fuite. Mais le droit des parents n'est pas absolu et sans limite. Longtemps avant la majorité, il doit se restreindre. A tous les âges, il est des violences qu'il ne saurait justifier. Celui qui, demain, jouira de tous les droits de l'homme et du citoyen, ne peut pas aujourd'hui être traité en esclave. Un adolescent que ses parents, non-seulement empêcheraient de remplir les devoirs que lui prescrit sa conscience, mais contraindraient, par de mauvais traitements, à des actes contraires à sa foi, aurait droit à la protection de la loi, et l'Église dans laquelle il serait entré remplirait un devoir incontestable en appuyant ses réclamations.

C'est devant un conseil de famille, et, en dernier ressort, devant un jury, que devraient être portées les plaintes de ce genre, comme toutes celles dont l'appréciation n'appartient qu'à la conscience. Leur fermer toute issue légale, c'est plutôt ébranler la famille que consacrer ses droits. L'enfant qu'on livre sans défense à la persécution domestique ne garde pas le respect; il cède à la force, en cherchant des moyens de délivrance. Les hommes religieux, qui font passer avant toute autre considération l'intérêt de cette âme, qu'ils se félicitent de voir arrachée à l'erreur, se croient autorisés à employer toutes les fraudes pieuses qui peuvent leur permettre d'éluder la loi. Le divorce n'est pas plus conforme au droit naturel entre un enfant et ses parents qu'entre le père et la mère; mais, dans un cas comme dans l'autre, la séparation de fait devient une nécessité morale, quand la vie commune a perdu sa raison d'être et qu'elle n'est plus qu'un obstacle à la jouissance des droits les plus essentiels et à l'accomplissement des devoirs les plus sacrés.

CHAPITRE V.

LA LIBERTÉ DE LA PRESSE.

> If New and Old, disastrous feud,
> Must ever shock, like armed foes,
> And this be true, till Time shall close,
> That Principles are rain'd in blood,
> Not yet the Wise of heart would cease
> To hold his hope, thro' shame and guilt,
> . . . .
> Certain, if Knowledge bring the sword,
> That Knowledge takes the sword away.
>
> TENNYSON.

ARGUMENT.

I. Bienfaits de la presse comme auxiliaire et, jusqu'à un certain point, comme substitut de toutes les formes de la liberté de penser.
II. Ses dangers.
III. Dangers de l'arbitraire ou d'une législation exceptionnelle à l'égard de la presse.
IV. Liberté légitime de la presse : 1° dans l'ordre moral et religieux.
V. 2° Dans l'ordre civil et politique.
VI. Application des principes du droit commun à toutes les industries qui relèvent de la presse : 1° colportage, 2° librairie, 3° imprimerie.
VII. La presse périodique.
VIII. Les délits de presse.— Compétence nécessaire du jury.—Publicité des procès de presse.

La liberté de la presse n'est qu'une forme indirecte de la liberté de la pensée. Elle ne fait que lui assurer le concours d'un procédé artificiel, dont l'humanité a su se passer pendant des milliers d'années. La pensée, de quelque façon qu'elle se manifeste, tire d'elle-même tout son prix. Un siècle de l'histoire d'Athènes, sans l'imprimerie, compte infiniment plus, pour l'esprit humain, que dix siècles de l'histoire de la Chine. D'où vient donc que cette liberté accessoire, subordonnée, contingente, tient un rang égal, dans les préoccupations des peuples, à celui de ces vieilles libertés, qui sont un besoin de notre nature morale, un besoin de tous les temps, jamais méconnu, quoique jamais entièrement satisfait? La presse n'est qu'un instrument; mais, comme la langue dans la légende d'Ésope, il n'en est pas de plus puissant et pour le bien et pour le mal. Aussi ne se lasse-t-on pas de refaire son panégyrique et d'instruire à nouveau son procès; et, bien que ce soit, des deux parts, le thème le plus rebattu, c'est toujours le plus propre à passionner les esprits. Il ne peut, en effet, rien perdre de son à-propos, tant que les hommes n'ont pas appris soit à se désintéresser des bienfaits de la presse, soit à conjurer ses dangers, sans la tenir plus longtemps en dehors des garanties nécessaires de la liberté légale.

I.

La presse, si elle ne crée pas la pensée, lui prête, en quelque sorte, une vie infinie, en l'affranchissant, dans sa diffusion, des bornes de l'espace et du temps. Cela même, c'est concourir véritablement à la faire naître. Quel stimulant plus énergique, pour une intelligence active et féconde, que cet espoir de se faire entendre partout où un livre pourra pénétrer, partout où il pourra se conserver et se reproduire? Espoir généreux de contribuer à l'amélioration intellectuelle et morale des autres hommes, ou simplement à leurs jouissances les plus délicates et les plus pures; espoir intéressé, mais également légitime d'une gloire étendue et durable et d'une fortune acquise par le seul travail de l'esprit. C'est seulement depuis l'imprimerie que les livres ont pu enrichir, en même temps qu'illustrer leurs auteurs. La consécration des droits des auteurs sur les produits de leurs œuvres n'a pas sans doute eu le pouvoir de susciter des hommes de génie : le génie se fait jour par sa propre force, en dépit des entraves que lui opposent l'injustice et la misère; mais elle a, sans contredit, multiplié le nombre des écrivains utiles, qui, dans une sphère plus modeste, se donnent pour mission d'éclairer leurs semblables, et qui ne sont pas moins dignes de reconnaissance et d'estime, parce que la perspective d'une rémunération pécuniaire n'a pas été étrangère à leurs efforts. Nous sommes loin d'accepter l'assimilation de la production littéraire à une industrie et de l'esprit à un fonds de terre [1] ; mais, si la dignité des lettres n'a pas toujours gagné à l'accroissement de leurs profits, elles y ont trouvé, en somme, de nouvelles garanties de sécurité et d'indépendance.

N'oublions pas une autre action plus délicate et non moins féconde de l'imprimerie sur la pensée de l'écrivain. L'influence du signe est un des lieux communs de la philosophie. Par cela seul qu'il donne à l'idée une forme arrêtée et précise, le signe a la puissance de la faire éclore. Penser, c'est déjà revêtir sa pensée de mots; c'est, proprement, la parler à soi-même. Mais la parole intérieure est encore trop vague et trop fugitive ; la parole extérieure elle-même est entraînée par une sorte de mouvement presque fatal, que nous ne dirigeons qu'à moitié et dont nous avons à peine conscience. C'est la parole écrite qui fixe surtout la pensée, qui la présente à l'esprit tout ensemble comme une matière extérieure, qu'il peut façonner à son gré, et comme une création intérieure, comme une inspiration personnelle et spontanée ; c'est elle qui introduit dans le travail de l'intelligence la méthode et la mesure, sans affaiblir son énergie productive, ou plutôt en lui prêtant de nouvelles forces par le point d'appui qu'elle lui donne. Toutefois l'écriture elle-même garde, comme la parole, quelque chose de trop personnel. Ces signes que nous avons tracés avec précipitation ou avec lenteur, suivant le mouvement de la composition, ils sont à nous, ils sont nous-mêmes; la pensée y conserve l'empreinte de l'inspiration, bonne ou mauvaise, qui l'a mise au jour, et il faut un effort, toujours difficile, pour la juger avec impartialité. Les caractères d'impression sont impersonnels; ils revêtent notre pensée d'une forme générale, où nous la voyons non-seulement telle qu'elle est sortie de notre cerveau, mais telle qu'elle apparaîtra à l'esprit des autres hommes. C'est un effet familier à tous ceux qui se sont fait imprimer : on aperçoit son œuvre, en quelque sorte, sous un autre angle que lorsqu'on l'avait écrite. Les qualités et les défauts se manifestent avec une netteté nouvelle; la correction devient plus facile et plus sûre. Pour quelques-uns, la correction des épreuves donne lieu à un rema-

---

[1] *Voir* plus loin les considérations sur la propriété intellectuelle.

niement complet ; pour la plupart, elle est l'occasion d'heureuses et importantes retouches.

Il en est, sous ce rapport, de l'impression comme de la représentation dramatique. Des corrections, dont l'idée ne s'était pas présentée dans le cabinet, qu'aucun ami, qu'aucun critique n'avait suggérées, paraissent souvent indispensables, quand l'auteur a pu voir sa pièce à travers le jeu des acteurs, à travers l'indifférence ou l'émotion du public. Que si un auteur expérimenté, habitué à écrire pour la scène, échappe en général à cette nécessité des corrections ultérieures, c'est que, dans son cabinet même, il se représente le théâtre ; il entend, il voit les acteurs ; son imagination fait l'office du décorateur, non pas en s'abandonnant à sa libre fantaisie, mais en se pliant aux exigences de l'illusion scénique ; enfin, il a devant lui le public, et son âme, sans cesser d'être elle-même, entre en communication directe avec l'âme impersonnelle de la foule. De même pour l'influence de la presse sur la pensée écrite : il n'est pas besoin que le livre revienne à l'écrivain des mains du compositeur. On acquiert insensiblement l'habitude de se représenter les pages que l'on écrit sous la forme de l'impression, comme celui qui compose de tête se représente déjà sa pensée sous la forme de l'écriture. L'imagination va au-devant des épreuves typographiques ; la main prépare le travail de l'imprimeur ; l'esprit s'abstrait de lui-même pour se voir dans cette image plus nette et plus distincte, qui doit assurer son action sur les autres esprits. De là, ces habitudes d'ordre méthodique et de clarté qui ont rendu plus facile et plus fructueuse la lecture des ouvrages. C'est depuis l'imprimerie que l'orthographe a cessé d'être capricieuse, que la ponctuation, dont on trouve à peine des traces dans les anciens manuscrits, s'est imposée comme un usage général et rigoureux ; enfin, que l'alinéa a introduit dans l'évolution de la pensée un repos nécessaire entre la brièveté de la phrase et la longueur du chapitre.

Petits détails, dira-t-on, peu dignes d'être mentionnés, et qui n'ont rien ajouté à la puissance créatrice de l'esprit : ils ont certainement ajouté à l'efficacité générale de ses œuvres. On ne traitera pas, du moins, de petits détails ce caractère de plus en plus analytique qu'affectent toutes les langues modernes, même celles qui, comme l'allemand, ont un génie éminemment synthétique, et cet art de la composition, par lequel les moindres ouvrages modernes l'emportent, sans conteste, sur les chefs-d'œuvre de l'antiquité. Je ne parle pas ici de la composition proprement littéraire, soumise aux lois du génie et du goût, mais de l'exacte distribution des matières, en vue de l'ordre et de la clarté, dans un livre d'histoire, de philosophie ou de science. Sous ce rapport, il n'est aujourd'hui si mince historien qui ne compose mieux que Thucydide, et le savant le moins exercé en remontrerait à Aristote lui-même. Ce n'est pas un progrès dont il faille faire honneur à l'esprit allemand, ou à l'esprit anglais, ou à l'esprit français, mais à l'esprit moderne dirigé par l'imprimerie.

Si l'imprimerie a fécondé le champ de l'esprit, chez ceux dont elle propage et perpétue les travaux, combien n'a-t-elle pas été plus bienfaisante encore pour la masse des intelligences ! Le livre, voilà le véritable instituteur du genre humain. S'il n'a pas la vie de la parole, il n'est pas fugitif comme elle. Il donne à la pensée une forme fixe, sur laquelle l'esprit peut s'arrêter; il attend patiemment l'examen et la réflexion ; sans avoir besoin de se répéter, il se laisse relire, et, quand on est fatigué, il souffre qu'on le ferme, pour le reprendre dans un meilleur moment. Il faut, pour la parole, d'un côté, des auditeurs réunis et attentifs, de l'autre, un orateur disposé à parler et capable de bien dire. Avec le livre, des hommes dispersés, choisissant chacun le moment qui leur plaît, choisissant également l'orateur qu'ils préfèrent, assistent à un même discours, et ce discours, ils peuvent le demander aux meilleurs écrivains de tous les pays et de tous les temps. Telle était déjà la puissance du livre, dès l'antiquité, quand la parole semblait suffire à tout. Ce sont les livres, bien plus que les discours, qui ont fait et qui ont propagé la civilisation de la Grèce et de l'Italie. Si le public s'éclairait en écoutant les orateurs, les orateurs se formaient par la lecture des historiens, des philosophes et des poëtes, et ils sentaient eux-mêmes le besoin de se créer un auditoire plus vaste et plus durable, en écrivant et en publiant leurs discours. Or, qu'est-ce que la publicité du livre manuscrit auprès de celle du livre imprimé ? C'est comme l'assemblée du peuple d'Athènes ou de Rome auprès d'une immense réunion qui embrasserait dans son sein, non tous les citoyens d'une ville ou d'une province, mais toute la population d'un des grands États modernes.

La comparaison est d'autant plus exacte que la presse a pu seule réaliser la liberté politique, hors des proportions de la cité antique. De toutes les parties d'un vaste empire, chaque citoyen peut suivre et contrôler la marche de son gouvernement, assister aux débats qu'elle soulève, se faire juge de toutes les opinions comme de tous les actes, et, sans sortir de chez lui, sans se soustraire aux devoirs de la vie privée, revendiquer sa part d'action dans la direction des intérêts communs. C'est ainsi que l'idéal démocratique a pu se réaliser au sein de grandes nations, en substituant aux assemblées directes du peuple entier, devenues inutiles en même temps qu'impossibles, un système électif, qui n'exige pas l'abdication du peuple entre les mains de ses représentants, mais pour lequel son choix et sa surveillance peuvent toujours s'exercer en connaissance de cause. Et il n'est pas même besoin d'une constitution purement démocratique. Cette puissance indéfinie d'expansion qui appartient à la presse, assurera toujours, si elle est libre, sinon le règne, du moins le contrôle de l'opinion générale, et l'opinion générale, quand chacun peut s'éclairer, ce n'est pas l'opinion d'une classe, c'est l'opinion de tout le monde, même des plus ignorants, même de ceux qui ne savent pas lire. La presse répand la lumière partout où elle trouve accès ; la parole, même réduite aux conversations particulières, mais partout vivifiée par les livres, les brochures et les journaux, suffit à faire le reste.

La publicité de la presse n'a pas été moins féconde pour la liberté religieuse. Des superstitions invétérées, des traditions que nul ne songe à discuter, des dogmes vrais ou faux, acceptés sur la foi des prêtres, voilà la religion des peuples ignorants. Quand la lumière commence à se faire jour, tant qu'elle est réduite à la parole et à l'écriture, elle ne fait que susciter une aristocratie intelligente, qui s'élève au-dessus des superstitions vulgaires, et, si elles répugnent à sa raison, au-dessus des croyances elles-mêmes. Quant au peuple, rivé à son ignorance, il laisse peut-être s'affaiblir sa foi religieuse par la contagion des exemples partis de haut ; mais ses superstitions, auxquelles il tient d'autant plus qu'elles sont siennes en quelque sorte, e lâchent pas aussi aisément la prise. Pour chasser la superstition de ses derniers asiles, il faut l'action toute-puissante de la presse. C'est l'œuvre qu'elle accomplit depuis quatre siècles, et, quoiqu'elle soit loin de l'avoir achevée, elle a plus fait, dans ces quatre siècles, auprès des masses ignorantes, que n'avait pu faire, auprès des esprits les plus éclairés, dans toute la durée de l'antiquité païenne et du moyen âge chrétien, l'esprit philosophique privé de son secours.

En provoquant l'examen sur les superstitions, elle l'a appelé aussi sur les croyances. Elle a mis à la disposition des fidèles ces livres dogmatiques, dont les prêtres seuls étaient presque forcément dépositaires, et, du moment qu'on a pu les lire, on a voulu les comprendre, on a voulu remonter soi-même à la source de sa foi et substituer le choix raisonné à l'adhésion aveugle. La publication de la Bible en langue vulgaire, et sa propagation par l'imprimerie, tel a été le grand instrument de la Réforme, et c'est, en même temps, ce qui lui donne son caractère particulier dans l'histoire des dogmes chrétiens. La Réforme, en effet, ce n'est pas, comme les hérésies qui l'ont précédée, un changement plus ou moins radical dans les dogmes reçus; c'est, en dépit des réserves de Luther et de Calvin eux-mêmes, l'examen personnel pris pour mesure des croyances; c'est l'autorité religieuse se réduisant à la persuasion et s'inclinant devant la liberté des consciences. Or, ce principe, que la presse n'a pas introduit dans le monde, mais dont elle a pu seule assurer le triomphe, n'est pas resté la propriété du protestantisme; il a, sans toucher à ses dogmes, transformé le catholicisme lui-même. Le catholicisme n'a jamais exclu la discussion : elle est nécessaire avec les hérétiques; elle a toujours été permise entre les orthodoxes sur tous les points qui n'ont pas reçu une solution dogmatique. Mais, tant que les livres, qui pouvaient seuls l'éclairer, n'avaient qu'une publicité restreinte, la discussion n'était possible qu'entre les théologiens de profession. Quand tout le monde a pu lire, il a fallu discuter avec tout le monde et devant tout le monde, tantôt pour consolider l'orthodoxie, tantôt pour faire prévaloir des opinions particulières, auxquelles on tenait d'autant plus qu'on les avait embrassées par raison et par choix. Il faut voir quel intérêt passionné prennent aux controverses théologiques les gens du monde même les plus frivoles, du xvi⁰ au xviii⁰ siècle, et comme l'examen raisonné s'y fait de plus en plus sa part, à mesure que s'élargit le cercle des champions et des juges du camp.

Si ces controverses ont perdu aujourd'hui presque tout leur intérêt, c'est que d'autres, infiniment plus graves, les ont remplacées, non plus entre des opinions également orthodoxes ou entre l'orthodoxie et l'hérésie, mais entre les prétentions de la science humaine, se confiant dans l'ordre naturel, et les efforts réunis de toutes les religions et de toutes les sectes dans l'intérêt de l'ordre surnaturel. Sur ce terrain, la discussion ne peut plus être purement théologique : contre des adversaires qui ne reconnaissent que la raison, la foi ne peut se servir que des armes de la raison elle-même ; et, comme le procès se vide devant le public, à qui la presse en communique sans cesse toutes les pièces, on ne peut espérer de retenir ou de regagner les âmes qu'en les éclairant et en s'assurant de leur libre adhésion. Aucune Église n'a jamais professé, d'une manière absolue, le principe de la foi aveugle ; mais l'absence de lumières en a souvent fait une nécessité. Le progrès des connaissances, dont l'imprimerie a été le plus puissant instrument, doit amener partout le règne de la foi raisonnable, qui appelle naturellement avec elle, au lieu de la contrainte, la persuasion ; au lieu de la confusion du pouvoir spirituel et du pouvoir temporel, toutes les garanties de la liberté de conscience.

Enfin, la liberté de la science et particulièrement la liberté de l'enseignement n'ont pas moins ressenti les bienfaits de la presse. La liberté de l'enseignement, c'est, avant tout, pour les familles et pour les maîtres, le libre choix des méthodes et des doctrines. Un père de famille soucieux de ses devoirs, et qui peut les accomplir sans obstacle, continue à s'instruire pour veiller à l'instruction de ses enfants. Il se tient au courant des discussions littéraires ou scientifiques ; il se rend compte des méthodes nouvelles et de toutes les réformes qui tendent à s'introduire dans le système des études ; il se met, en un mot, en état de juger de la capacité des maîtres qu'il investit de sa confiance, et des progrès que ses enfants font sous leur direction. De même, un maître qui ne veut pas rester au-dessous de ses fonctions ne se contente pas de reproduire pour les autres l'enseignement qu'il a reçu lui-même ; il se l'assimile, en le modifiant d'après ses réflexions et son expérience personnelles; il met également à profit l'expérience d'autrui ; il n'est étranger à aucun des essais tentés pour élargir le cadre des matières qu'il enseigne ou pour perfectionner la façon de les enseigner. Or, ce n'est que par la lecture que les familles et les maîtres peuvent s'éclairer efficacement. Si des écrits sans cesse renouvelés et accessibles à tous par l'étendue de leur publicité et la modicité de leur prix ne portent pas partout la lumière, la routine régnera nécessairement dans l'enseignement, les écoles rivales ne chercheront à se distinguer que par leur régime extérieur et matériel. Ce seront les yeux du corps et non de l'esprit qui choisiront entre elles.

Toutes ces universités qui couvraient la face de l'Europe au moyen âge portent dans l'histoire un nom collectif: on les appelle l'*École*. Mais, dès que l'imprimerie se met au service de la Renaissance, l'*École* est battue en brèche sur tous les points : théologie, médecine, philosophie, lettres anciennes, tout se renouvelle. Les réformateurs s'entendent d'un bout de l'Europe à l'autre ; ils se communiquent leurs lumières, en quelque sorte à haute voix, par un commerce épistolaire qui n'avait jamais été ni si étendu ni si actif. Livrées à la presse, qui les réclame avec impatience, les lettres d'Érasme, de ses amis et de ses rivaux, deviennent des livres, que tout le monde veut lire et dont tout le monde fait son profit. Les vieilles doctrines sont mises en déroute, et avec elles les vieilles méthodes, les procédés surannés d'enseignement. D'Érasme à Montaigne, de Montaigne à Locke, de Locke à Rousseau, les livres se multiplient, appelant dans l'éducation de la jeunesse des réformes de plus en plus larges. Le progrès ne se fait pas sans luttes et sans violences : il a ses martyrs, comme Ramus ; mais tel est l'avantage du livre imprimé, du livre assuré d'une publicité sans bornes, qu'il fait triompher les réformes, en dépit des persécutions auxquelles succombent leurs promoteurs. Les hommes passent, les écoles tombent, les livres restent. La Saint-Barthélemy n'a pu tuer que le corps de Ramus ; ses livres ont continué à démolir la scolastique grammaticale et philosophique. Les jésuites ont réussi à faire fermer les *petites écoles* de Port-Royal : quels livres ont laissés les jésuites qui aient balancé dans l'enseignement le succès de ceux de Port-Royal?

Que si la routine n'a pas entièrement lâché prise, dans l'enseignement proprement dit, grâce au régime de privilége qui pèse encore sur lui, il ne faut pas oublier que l'instruction ne se répand pas seulement du haut des chaires. Depuis l'imprimerie, le livre tend de plus en plus à remplacer le professeur. Nous avons peine à nous représenter aujourd'hui, dans la solitude de la plupart de nos cours publics, les milliers d'auditeurs qui affluaient aux arides leçons de la scolastique. *Ceci a tué cela.* Des livres en nombre infini, plus variés, plus clairs, plus attrayants, font l'office des cours, et, sans quitter le coin de son feu, sans plier son esprit à la discipline universitaire, chacun peut leur demander tous les genres d'instruction.

Le livre a le double avantage d'être l'auxiliaire de toutes les libertés, et, s'il ne réussit pas à briser leurs entraves, de tenir lieu de toutes les libertés. Nous l'avons vu pour l'ordre politique. Il suffit que tous les citoyens puissent s'éclairer, à l'aide de la presse, sur leurs intérêts communs, pour qu'ils participent indirectement, par la force de l'opinion, au gouvernement de leur pays. De même pour l'ordre religieux. La persécution peut fermer les temples; le livre sacré remplace jusqu'à un certain point le prédicateur, et associe encore, par la communauté des réflexions et des prières, les fidèles dispersés.

Dans l'ordre scientifique, la presse est pour l'enseignement un substitut encore plus efficace. Combien de médiocres élèves, trompant les prédictions de leurs maîtres et l'attente de leurs camarades, sont devenus des hommes distingués! Combien de jeunes gens, sortis des mains de maîtres incapables, égalent plus tard, non-seulement par leur intelligence, mais par leurs connaissances, ceux qui ont fait leurs études dans les établissements les plus renommés! C'est une vaine prétention que de vouloir juger du mérite des hommes par ce qu'ils ont été au collége ou par le collége qui les a formés. Quand il y a de l'étoffe, l'équilibre peut toujours se rétablir, soit que l'éducation première se complète et se rectifie par des lectures personnelles, soit que le commerce du monde suffise à en combler ou à en réparer les lacunes. Or, le commerce du monde ne contribue lui-même à éclairer les esprits qu'à l'aide du courant d'idées que les livres y entretiennent sans cesse. D'ailleurs, la culture la plus parfaite que l'esprit a pu recevoir dans les premières années reste stérile, si elle s'arrête au sortir du collège. Il faut, pour n'en pas perdre les fruits, la continuer, la développer et la renouveler pendant toute la vie par l'habitude de la lecture ; et il n'est pas douteux que des lectures sagement distribuées, quand l'esprit est dans toute sa maturité, ne comptent beaucoup plus pour le former que l'enseignement de l'enfance.

De là l'indifférence que rencontre trop souvent la liberté propre de l'enseignement. Indifférence regrettable, assurément ; car des lectures isolées et sans guide ne sauraient remplacer entièrement la parole vivante et la direction éclairée d'un maître. Celui qui parle lit dans les yeux de ses auditeurs les besoins auxquels il doit satisfaire par des développements nouveaux, par des éclaircissements, par des réfutations. L'écrivain, renfermé dans son cabinet, se complaît dans sa pensée, plus préoccupé, quoi qu'il fasse, de se contenter lui-même que de contenter ce public fictif qu'il s'efforce d'avoir sous les yeux en travaillant ; et, une fois son livre sorti de ses mains, il n'est plus là pour l'expliquer, pour le mettre à la portée de chacun de ses lecteurs, pour répondre à leurs objections. L'œuvre écrite, comme dit Platon, si celui qui l'a mise au monde ne vient pas sans cesse à son secours, roule de tous côtés sans pouvoir par elle-même ni se comprendre ni se défendre [1]. Il est donc bon que l'enseignement des chaires se maintienne partout à côté de celui des livres, pour les hommes faits comme pour les enfants, et il ne faut pas se lasser de réclamer pour lui toutes les libertés qui peuvent féconder son action et assurer ses progrès. Mais il n'en faut pas moins se féliciter quand l'instruction, réfugiée dans les livres, y trouve assez de liberté pour oublier les entraves qui asservissent la parole. Aucune chaire n'aurait été ouverte à Descartes : il lui a suffi d'écrire le discours de la Méthode, les Méditations et les Principes pour régner sur le XVIIe siècle. Heureux ceux qui, de nos jours, ont pu entendre ces trois voix éloquentes à qui il a été donné de réveiller à la fois, sous l'inspiration de l'esprit moderne, les échos étonnés de la vieille Sorbonne ! Mais la critique littéraire, l'histoire et la philosophie ne leur seraient pas moins redevables,

---

[1] Platon, le *Phèdre*.

quand cet enseignement fécond aurait été réduit aux beaux livres qui l'ont conservé [1].

Non-seulement la liberté de la presse peut tenir lieu des autres libertés, mais elle les protége en les faisant participer à la sécurité exceptionnelle qu'aucun régime ne réussit à lui enlever. Rien de plus facile pour un gouvernement franchement despotique, ou pour un gouvernement qui, sans renier la liberté en principe, la tient à sa merci dans la pratique, que de fermer la bouche à un orateur politique, à un prédicateur ou à un professeur, et de disperser par la force toute réunion qui lui fait ombrage. Briser ou confisquer un matériel d'imprimerie, jeter en prison, déporter ou simplement ruiner par des amendes un imprimeur, un éditeur ou un auteur, ce sont également des procédés familiers à toutes les inquisitions. Mais les livres réussissent toujours à les éluder. Si vite que vienne la poursuite, elle ne saurait mettre la main sur toute une édition. La censure elle-même n'est qu'une ressource impuissante, à moins que tous les États ne s'entendent pour l'exercer à frais communs, au nom des mêmes principes et en vue des mêmes intérêts; et, fût-il repoussé de partout, un livre trouverait encore des presses clandestines. Une fois imprimé, il circulera toujours. Il n'est douane si bien faite qui puisse arrêter à la frontière les livres proscrits. Tout le monde s'en fait le complice; ceux mêmes qui les vouent à la persécution les apportent dans leur poche, et ne se font pas scrupule de les communiquer à leurs amis.

Est-il besoin de rappeler la philosophie du dernier siècle et le chemin qu'elle a fait par les livres à travers toutes les couches de la société, quand il y avait encore des censeurs royaux, une législation draconienne, et pour surcroît les lettres de cachet et la Bastille? Aujourd'hui encore, sous un régime plus libéral, la presse n'a pas désappris à se jouer des entraves légales. Il n'est pas une ville en France où, en dépit des condamnations judiciaires et des

---

[1] Un jeune et brillant professeur [*] a renouvelé, pendant quelques années, dans la chaire de M. Cousin, les succès du maître. Condamné au silence, il s'est résigné à faire d'excellents livres, au lieu de belles leçons. Il faut regretter sa parole; mais il est certain qu'il n'a jamais exercé autant d'action sur les générations contemporaines que depuis qu'il ne professe plus.

[*] M. Jules Simon.

interdictions de la police, tous les ouvrages que recommande un intérêt de parti, ou simplement de curiosité, n'aient pu pénétrer, au moins par un exemplaire, qui est devenu bientôt l'exemplaire de tout le monde. Ce colportage clandestin ne se fait pas sans danger, je le sais ; mais tel est l'attrait du livre, surtout du livre défendu, que ces dangers n'arrêtent personne ; et telle est sa souplesse que, s'il ne préserve pas toujours du péril ceux qui concourent à le publier et à le répandre, lui-même parvient toujours à s'y soustraire. On peut gêner plus ou moins sa diffusion, on ne l'empêche jamais entièrement ; et, comme il n'est qu'un instrument, c'est, en définitive, la liberté des opinions, en politique, en religion et dans tous les ordres de sciences, qui lui est redevable d'un asile assuré.

II.

Il n'est pas étonnant que cette puissance indéfinie de la presse ait, sous tous les régimes, appelé la sollicitude et la sévérité des législateurs. La liberté de l'individu a des bornes naturelles, outre celles qu'elle reçoit de la loi. Otez à la presse les bornes légales, elle a, pour le mal comme pour le bien, une force d'expansion sans limites. On peut, jusqu'à un certain point, se confier dans le discernement d'un individu : il sait quand il fait mal, et, soit conscience, soit prudence, il craint en général de mal faire, quand il n'est pas sollicité par une passion trop forte. Un livre est aveugle ; il porte la lumière sans pouvoir s'en servir pour lui-même. « Une fois écrit, dit Platon, dans ce passage du Phèdre que nous avons déjà cité, un discours roule de tous côtés, dans les mains de ceux qui le comprennent, comme de ceux pour qui il n'est pas fait, et il ne sait pas même à qui il doit parler, avec qui il doit se taire [1]. » Il est des choses que son auteur, s'il ne se servait que de la parole, ne dirait pas à tout le monde ou ne dirait pas de la même manière à tout le monde. Il pourrait enfin, s'il s'apercevait qu'il est entendu à rebours, et que ses paroles, mal interprétées, ont un effet dangereux, s'expliquer plus clairement, ou même s'interrompre tout à fait, s'il désespérait de se faire comprendre. Son livre tiendra partout le même langage, sans

[1] Traduction de M. Cousin.

discernement, sans explications, et, grâce à la publicité immense que lui ouvre la presse, il exercera cette influence aveugle bien au delà du cercle où sa parole intelligente pourrait se faire entendre, au delà même des bornes de sa vie.

Sans doute, nul n'est forcé de le lire; mais combien se laissent séduire par un titre attrayant, par une réputation usurpée! Lors même que l'imprudence des lecteurs serait sans excuse, le mal ne se fait pas moins, avec la participation indirecte de l'auteur et sans qu'il puisse y remédier. Dégagera-t-il sa responsabilité, en mettant au frontispice de son livre un avertissement semblable à celui de la *Nouvelle Héloïse :* « Jamais fille chaste n'a » lu de romans, et j'ai mis à celui-ci un titre assez décidé pour » qu'en l'ouvrant on sût à quoi s'en tenir, etc.? » Un avertissement de ce genre n'est souvent qu'une tentation de plus.

Ajoutons qu'il y a pour l'individu qui parle une responsabilité naturelle, qui ne se trouve pas chez celui qui écrit. Je parle en personne, face à face avec ceux qui m'écoutent. Si je me trompe ou si je mens, ils peuvent me contredire. Si les sentiments que j'exprime ou le langage dont je les revêts blessent leur conscience ou leur délicatesse, ils peuvent me témoigner leur indignation. Je me cache derrière mon livre, et, abrité par l'anonyme, je puis marcher le front levé devant ceux que j'ai trompés, que j'ai corrompus ou que j'ai injuriés.

Il n'est pas même besoin que je me couvre d'un masque. On ne me lit pas devant moi; la plupart de ceux qui me lisent n'auront jamais occasion de me voir, et, chez ceux mêmes qui me connaissent, l'impression qu'ils ont ressentie en me lisant, et qui aurait pu faire explosion, si je leur avais dit en face ce que je leur ai fait lire, est presque toujours affaiblie, quand ils me rencontrent, à moins qu'il ne s'agisse d'un outrage personnel. Je dois m'attendre à des critiques, et il est peu d'auteurs qui n'y soient très-sensibles; je ne les crains pas toutefois, comme je craindrais les sifflets ou les manifestations hostiles de mon auditoire, si je devais parler en public. Enfin, beaucoup souffrent aisément dans un livre ce qu'ils rougiraient d'entendre. Il s'établit naturellement, entre la personne qui parle et celle qui écoute, un lien de bienséance, qui, d'un côté, retient la langue, et, de l'autre, la curiosité et tous les instincts vicieux. On s'affranchit aisément de ce lien dans l'intimité; mais il n'y a pas d'intimité quand le cercle s'élargit, quand la parole s'adresse à un nombreux auditoire, et, dès lors, les moins sévères se font une loi du respect de soi-même et des autres. Il n'y a pas non plus d'intimité entre un auteur et la masse de ses lecteurs ; mais ils ne subissent pas la même contrainte. Ils ne peuvent se considérer que comme des étrangers, en communication de pensées, sans être en présence les uns des autres, se parlant sans se voir et sans se connaître, et ne se sentant plus retenus par ce sentiment de pudeur qu'ils n'oseraient entièrement abjurer dans leurs relations personnelles.

Cette force immense, dont la presse dispose aveuglément, sans une responsabilité naturelle et directe, n'est pas, comme celle de la parole, une puissance individuelle, mais une puissance collective; elle suppose au moins la réunion des efforts de l'écrivain et de l'imprimeur, et ce dernier apporte dans l'association le travail combiné de tous ses ouvriers. Outre l'imprimeur, il y a presque toujours un éditeur distinct, et, entre lui et le public, toute une armée d'intermédiaires, libraires ou colporteurs. Que la presse prenne un caractère périodique, que le journal se substitue au livre, l'association s'étend encore. Ce n'est plus un écrivain unique, mais une réunion d'écrivains, se partageant la tâche, dans un intérêt commun. Ce n'est plus, en général, un éditeur unique, c'est une société financière, dont la direction se concentre entre les mains d'un ou plusieurs gérants ou administrateurs, avec la force que leur prêtent l'appui moral et les capitaux de tous les sociétaires. Enfin, et ce n'est pas la moindre force du journal, c'est une association de matières, qui se soutiennent mutuellement, pour exciter et pour entretenir l'intérêt du public. Les lecteurs d'un livre ne l'achètent, en général, que lorsqu'ils savent, de réputation, quel en est le fond. Les abonnés d'un journal s'engagent d'avance, sur des promesses, sur un programme, en vue d'un certain ordre de matières, qui a pour eux un attrait particulier, soit la partie politique, soit le bulletin financier, soit le feuilleton littéraire ; ils n'en veulent pas moins tout lire, puisqu'ils payent pour le tout, et ils livrent leur esprit à toutes les appréciations de leur journal.

Or, si la puissance est collective, la responsabilité ne l'est pas, du moins avec toutes ses conditions naturelles. L'écrivain seul porte complétement la responsabilité morale de ce qu'il écrit, et encore faut-il faire une distinction entre l'auteur d'un livre et le rédacteur d'un journal. Le premier n'obéit qu'à son inspiration personnelle ; le second est toujours obligé de subordonner plus ou moins la sienne à l'esprit du journal ; ce n'est jamais en son nom seul, sous l'impulsion de ses seuls sentiments, qu'il doit écrire, mais comme organe d'une pensée commune. La loi française exige que tout article de journal porte la signature de son auteur ; mais elle ne peut en faire une œuvre tout individuelle ; au fond, il n'y a proprement qu'une personnalité collective, représentée par l'ensemble de la rédaction, et la responsabilité n'est jamais entière pour chaque collaborateur. La responsabilité s'affaiblit également, lorsqu'elle cesse d'être directe, comme celle des éditeurs et des imprimeurs, à plus forte raison des libraires et des ouvriers d'imprimerie, des actionnaires des journaux, etc. Nul n'est dispensé du devoir de refuser sa coopération à toute œuvre qu'il juge absolument mauvaise. Mais si chacun devait répondre, comme de sa pensée propre, de tout ce qu'il contribue à publier, autant vaudrait dire que chaque auteur devrait lui-même imprimer, éditer et vendre ses ouvrages. La loi peut sans doute aggraver les obligations personnelles des imprimeurs et des éditeurs ; elle peut les engager, pour sauvegarder leurs intérêts, à se faire les censeurs sévères et méticuleux de tous les écrits qui réclament leur concours ; mais elle ne leur impose qu'une responsabilité artificielle, qui dépasse les exigences de la conscience.

En un mot, dans la publicité des livres et des journaux, l'action s'accroît par l'association des efforts ; mais la responsabilité morale diminue à mesure qu'elle s'étend et se partage. C'est comme une bataille livrée par les idées contre les idées, par les passions contre les passions, souvent aussi par des volontés égarées ou coupables contre les droits ou les intérêts de quelques individus ou de la société tout entière. De part et d'autre, de nombreux combattants sont aux prises, et chacun contribue pour sa part à l'issue du combat. Il y a des généraux, des officiers, de simples soldats : ici des forces à peu près aveugles, là des forces intelligentes, mais ne faisant qu'un usage subordonné et limité de leur intelligence ; en haut seulement, l'initiative, la direction, et, par conséquent, la responsabilité véritable, qui n'existe pas ou qui n'existe qu'imparfaitement pour les instruments, bien que tout dépende de leur concours. Pour tenir tête à de telles armées, qui combattent pour toutes les causes, avec toute la puissance qui résulte de la combinaison des efforts et sans les justes garanties d'une responsabilité proportionnée, est-ce assez de la résistance des individus? N'est-il pas juste qu'ils puissent compter, pour les protéger, sur la puissance collective que les institutions sociales ont mise aux mains de l'État?

Enfin, les droits de la pensée et la liberté des opinions ne sont pas seuls en jeu dans la presse. Comme la parole, qu'elle ne fait que reproduire, en lui prêtant une expansion indéfinie, la presse est l'instrument de l'intelligence; mais elle est aussi l'instrument de la passion et de la volonté. Éclairer les esprits, quelquefois aussi les tromper par de fausses lumières, ce n'est qu'un des effets de la parole. Elle conseille, elle excite, elle commande; elle est proprement une action, qui ne peut rester étrangère à la responsabilité des actions matérielles, dont elle a souvent l'initiative. Celui qui, par ses provocations, arme le bras d'un meurtrier, est plus que son complice, et ce n'est que justice s'il partage sa peine. Or, si la loi, même la plus libérale, ne doit pas laisser à la parole une immunité absolue, qui n'appartient qu'à la pensée pure, comment s'inclinerait-elle devant la presse, c'est-à-dire devant la parole investie d'un privilége d'ubiquité et de perpétuité, non-seulement pour toutes les idées vraies ou fausses dont elle peut être le signe, mais pour les excitations plus ou moins coupables dont elle peut se faire l'instrument? Ce n'est plus le fer mis aux mains d'un ou de plusieurs individus par un perfide instigateur; c'est peut-être toute une population soulevée à la voix d'un individu, qui, du fond de son cabinet, grâce au concours que lui prêtent des instruments aveugles, souffle le feu sur les mauvaises passions, sur les convoitises péniblement comprimées, sur tous les ferments de discorde qui se cachent au sein des sociétés les plus paisibles. Telle est la puissance de la presse, qu'il paraît dangereux de lui laisser sans contrôle la direction des opinions. N'y aurait-il pas folie à livrer aux suggestions criminelles dont elle peut être l'organe la direction des cœurs et des volontés? Ne serait-ce pas, sous prétexte de respecter des foyers de lumière, entretenir, sur toute la surface d'un pays, des foyers de rébellion? L'incompétence de l'État, en matière d'opinions, autorise-t-elle son abdication, quand il s'agit de son intérêt propre et des droits les plus précieux qui réclament sa protection souveraine?

III.

Nous reconnaissons que la presse met en jeu une force immense, et qu'elle peut faire infiniment de mal, quand elle est dirigée par des volontés égarées ou perverses. Mais la puissance de l'État n'est pas moins immense, et, quand des lois d'exception l'autorisent à franchir ses digues, elle n'est pas moins dangereuse. La législation la plus sage ne peut prendre des précautions contre le mal sans faire obstacle au bien lui-même. Or, le bien qu'on peut attendre de la presse est infini, comme les maux dont on l'accuse. Ce n'est pas seulement une pensée utile, portée à la fois dans tout l'univers et transmise à toutes les générations; ce sont, avec cette première pensée, toutes celles qu'elle pourra engendrer dans les âmes où elle sera déposée. D'un autre côté, toutes les garanties d'une législation éclairée et impartiale n'empêchent pas que les jurés ou les juges ne soient des hommes, des intelligences faibles et vacillantes, des volontés passionnées et capricieuses, sur qui l'erreur a toujours prise, même quand il s'agit d'apprécier des faits matériels, à plus forte raison quand il faut saisir, sous l'expression de la pensée, une intention délictueuse. On frémit, quand on se rappelle ces exemples célèbres d'erreurs judiciaires, où les annales de la prison, du bagne et de l'échafaud portent inscrits des noms innocents. Combien sont plus fréquents et plus douloureux ceux qui rappellent les persécutions que l'ignorance et le fanatisme ont fait subir à la vérité! Ni le bûcher de Calas ou l'échafaud de Lesurques, ni même la prison de Galilée ou la ciguë de Socrate, n'ont été des erreurs aussi funestes que celles dont la presse peut être victime, quand on ne s'arme contre elle que du droit commun, à plus forte raison quand elle est à la merci d'un pouvoir arbitraire. La persécution nous révolte moins quand elle frappe les livres que lorsqu'elle atteint les personnes : elle nous touche en réalité de plus près ; car c'est nous-mêmes, c'est l'humanité tout entière, c'est, comme dit Milton, non pas une vie, mais une immortalité qui doit en souffrir [1].

On nous objectera que les livres ne meurent pas, même d'une mort temporaire, et que, dans cette sorte de massacre qui enveloppe une édition tout entière, il subsiste toujours quelques exemplaires pour répandre et pour perpétuer la vérité persécutée, comme le massacre de toute une famille de rois laisse toujours subsister un Joas pour déjouer les complots d'une Athalie. La persécution n'est pas moins funeste, et j'ajoute aveuglément funeste. L'arrêt qui prétend supprimer un livre ne fait qu'en dérober la circulation à tous les yeux intéressés à la surveiller. S'il porte des vérités dangereuses, il ira peut-être les annoncer à ceux qui peuvent le moins les comprendre, à ceux qui s'en feront une arme contre les intérêts que vous voulez protéger, et votre persécution les soustraira à la connaissance de ceux qu'elles pourraient éclairer sans péril, de ceux qui ne leur demanderaient que le progrès pacifique des idées ou des mœurs. S'il sert de vêtement au mensonge ou au vice, vous ne faites disparaître, en le proscrivant, que les manifestations extérieures et publiques de la contagion, et, avec elles, vous en

---

[1] « Qui tue un homme tue une créature raisonnable, l'image de Dieu; mais celui qui détruit un bon livre tue la raison elle-même, tue l'image de Dieu comme si elle était visible. Beaucoup d'hommes vivent comme un fardeau sur la terre ; mais un bon livre est le sang précieux d'un esprit supérieur, recueilli et embaumé précieusement pour une vie qui survit à la vie. Il est vrai que le temps est sans pouvoir pour ramener un homme à la vie, ce qui n'est pas toujours une grande perte : les révolutions des siècles sont aussi sans pouvoir pour réparer la perte d'une vérité rejetée, dont souffriront des nations entières. Prenons donc garde que cette persécution que nous élevons contre les travaux vivants des hommes publics, n'ait pour effet d'éteindre cette vie artificielle de l'homme, préservée et accumulée dans les livres ; car nous voyons là une sorte d'homicide, et, si la persécution s'étend à l'impression tout entière, une sorte de massacre, qui ne se borne pas à étouffer la vie matérielle, mais la quintessence éthérée de la vie, le souffle de la raison elle-même, une immortalité plutôt qu'une vie. » (Milton, *Areopagitica*.)

On nous permettra de faire encore plus d'un emprunt à cette éloquente revendication de la liberté de la presse, qui n'a pas vieilli depuis plus de deux siècles.

supprimez les symptômes. En un mot, il continue à faire son œuvre, mais sourdement et au hasard ; ou plutôt il ne vous laisse pas même le bénéfice du hasard. On peut prévoir presque à coup sûr que ceux qui liront les livres défendus seront ceux à qui, bons ou mauvais, ils peuvent faire le moins de bien et le plus de mal. Ce seront les esprits les plus ardents, les plus téméraires, les moins scrupuleux, ceux pour qui toute défense est un attrait, toute contrainte un aiguillon, toute persécution un signe de vérité. Or, le bon ou le mauvais effet d'un livre dépend moins de son contenu que du caractère et de l'éducation de ceux qui le lisent. Le meilleur peut égarer un esprit mal préparé ; le plus mauvais peut fournir de précieuses lumières à un esprit intelligent et sain. Des lois sévères contre la presse courbent sans discernement toutes les intelligences sous un même niveau, dont s'affranchiront le plus aisément celles-là même qu'il est destiné à contenir. Il ne pèsera ainsi que sur les âmes les plus droites et les plus honnêtes, leur dérobant la connaissance de la vérité, si la censure légale porte à faux, et, lors même qu'elle est fondée en raison, paralysant leurs efforts pour faire sortir le bien du mal lui-même.

Ajoutons que ces interdictions, par un double effet du même genre, sans arrêter les écrivains les plus passionnés et les plus hardis, qui sauront presque toujours les éluder, ne pourront que décourager tous ceux qui n'apportent pas dans leurs opinions assez d'ardeur pour se mettre au-dessus du respect ou de la crainte des lois, c'est-à-dire les écrivains dont la modération naturelle offrirait le plus de garantie aux intérêts sociaux. Comparons, sous ce rapport, les pays où la presse est libre, avec ceux qui l'enserrent encore dans les mailles d'une législation plus ou moins inquisitoriale. Ni les uns ni les autres n'échappent à la contagion des mauvais ouvrages et ne sont étrangers à l'éclat que jettent les bons. On verra même parfois un brillant mouvement littéraire se produire sous un gouvernement oppressif. La littérature proprement dite fait rarement ombrage au despotisme, et, s'il est intelligent, il se fera honneur de l'encourager pour consoler les esprits de leur servitude. Mais les livres vraiment utiles, les livres qui sont, pour un peuple, non-seulement un ornement, mais une source de lumière et un instrument de progrès, ne se multiplient et ne se répandent que sous les auspices de la plus large liberté. Jamais, dans aucun pays et à aucune époque, des idées plus saines et plus fécondes dans l'ordre scientifique, dans l'ordre économique, dans l'ordre politique, et je ne crains pas d'ajouter dans l'ordre moral et religieux, n'ont pénétré dans les masses, par la voie de la presse, qu'en Angleterre depuis un siècle, et en France depuis cinquante ans [1].

Il faut craindre, enfin, de nuire à ceux mêmes dont on prend en main les intérêts, en leur ôtant le bénéfice d'une protection plus efficace. On suppose, en effet, que l'honnêteté et la vérité sont tellement menacées par les excès de la presse, que l'État seul peut les sauver. Mais, contre l'erreur, il y a la réfutation ; contre la provocation au mal, il y a l'exhortation du bien ; contre toutes les influences plus ou moins funestes qui tendent à corrompre l'ordre social, il y a d'autres influences, qui, avec la force seule de la persuasion, peuvent y ramener la santé et la vie. La presse est douée d'une puissance énorme ; mais n'est-ce pas aussi une puissance énorme que la coalition de tous les gens de bien pour propager les saines doctrines et pour les opposer à la contagion des enseignements pervers? Il y a là une mission que toute personne éclairée et bien intentionnée peut remplir efficacement auprès de ses proches, de ses amis, de ses voisins, signalant avec fermeté, suivant le caractère de chacun, les lectures qui peuvent devenir dangereuses, et, pour en détourner plus sûrement une curiosité imprudente, se livrant à une propagande active en faveur des bons ouvrages.

C'est surtout la mission de tous les hommes dont l'influence

---

[1] Voir, pour l'Angleterre, le troisième volume de l'*Histoire de la littérature anglaise*, de M. Taine. Je ne connais pas de meilleure démonstration de l'influence d'une législation libérale sur les mœurs. Une étude aussi vivante sur la littérature française conduirait aux mêmes conclusions. Si le progrès y paraissait moins sensible, c'est que, chez nous, les mœurs, moins violentes et plus sociables, n'appelaient pas une transformation aussi radicale, tandis que les institutions avaient à subir, en revanche, une transformation complète, qui n'est pas encore à son terme. Il n'en faut pas moins reconnaître que notre littérature contemporaine, à la prendre dans son ensemble, est incomparablement plus morale que celle des trois siècles précédents, sans excepter le dix-septième. Nous sommes trop accoutumés à juger le siècle de Louis XIV par ses chefs-d'œuvre, en quelque sorte, officiels : c'est comme si l'on jugeait l'œuvre de Voltaire par ses tragédies.

peut s'étendre sur la société entière, et d'abord de ceux qui tiennent une plume, des auteurs eux-mêmes. S'il est des écrivains qui abusent de la presse pour troubler et pour corrompre la société, la presse ne se refuse pas à ceux qui, suivant le précepte de Fénelon, ne veulent se servir de la parole que pour la pensée, et de la pensée que pour la vérité et la vertu, et, dans son impartialité aveugle, elle offre au bien les mêmes ressources, la même puissance infinie dont le mal s'est emparé.

S'il faut une autorité positive pour décider de la victoire, une telle autorité ne manque pas à la bonne cause, en dehors de la puissance des lois et des moyens de contrainte dont elles sont armées. Elle est aux mains de tous ceux qui tiennent le gouvernement des âmes, comme le professeur et le prêtre : le premier, appelé à les façonner dans l'âge où, comme une cire molle, elles reçoivent toutes les impressions ; le second, investi du droit d'éclairer leurs croyances et de contrôler leurs actions, à tous les âges de la vie, avec la double influence des promesses et des menaces de la vie future. Pour lutter contre les mauvais livres, l'un et l'autre ne se contentent pas de la puissance persuasive de la parole ; ils y joignent souvent eux-mêmes la force indéfiniment expansive de la presse. Les ministres du culte font plus encore : ils ne se bornent pas aux exhortations et aux conseils, ils commandent et ils interdisent ; après avoir signalé un ouvrage comme dangereux, ils en défendent la lecture, sous toutes les peines spirituelles dont ils disposent, et ils frappent des mêmes peines tous ceux qui contribuent à le répandre.

C'est un droit redoutable assurément, et on conçoit qu'il effraye tous ceux qui sont jaloux de l'indépendance de la pensée. Ce n'en est pas moins, pourvu qu'il ne s'y mêle aucune contrainte et que les peines spirituelles n'appellent pas les peines temporelles, le droit strict et incontestable de l'autorité religieuse. L'odieux qui s'y attache encore vient de la confusion qui a si longtemps subsisté et qui n'a pas encore disparu, entre l'ordre spirituel et l'ordre temporel, entre la censure de l'Église et celle de l'État. Quand il ne s'appuie que sur lui-même, quand il ne s'impose qu'à ceux dont la foi s'incline devant lui, le droit de censure, entre les mains des diverses Églises, est sans doute une barrière redoutable contre les excès de la presse ; mais c'est une barrière toute morale et qui ne fait aucune violence à la liberté des âmes.

Tel n'est plus le cas si le même droit est confié à l'État ou revêtu de sa puissance, non plus pour persuader, mais pour contraindre. La persuasion ne s'empare des âmes qu'en vertu d'une adhésion volontaire; la contrainte s'exerce, sans distinction, sur tout le monde. La première éclaire, en même temps qu'elle commande ; elle fait appel à la raison et au libre arbitre. La seconde ne repousse pas absolument la raison ; mais, comme elle ne souffre pas ses réclamations, elle s'aliène d'avance son concours; l'obéissance qu'elle obtient est tout extérieure; le corps s'y soumet, l'esprit est toujours prêt à s'y soustraire. La persuasion choisit son terrain ; force intelligente et discrète, elle sait quand il faut commander et quand il suffit de conseiller ; si elle interdit une lecture, elle ne l'interdit pas uniformément ; elle sait tenir compte de l'état des âmes, de leur degré de lumières et de moralité, de la liberté qui peut leur être laissée, non-seulement sans danger, mais avec profit. L'autorité religieuse elle-même, dans l'Église la plus jalouse de l'intégrité de la foi, admet des dispenses individuelles au sein des interdictions générales ; elle laisse aux confesseurs, à ceux qui sont chargés d'apprécier les besoins de chaque âme, une certaine latitude pour tempérer la sévérité absolue de la loi. La contrainte légale ne connaît pas ces tempéraments ; ses prescriptions sont universelles et sans exception. Est-elle armée d'un droit de censure? elle y soumettra tous les livres, et par suite le public tout entier, sans distinction et sans dispenses; se contente-t-elle d'un droit de châtiment et de suppression? elle ne permettra pour personne la vente des livres condamnés, elle s'attachera à les faire entièrement disparaître ; s'ils circulent encore, c'est au hasard et malgré elle, non en vertu d'une exception intelligente et légitime.

Les violences contre les livres seront quelquefois le fruit de la persuasion, comme de la contrainte ; mais elles ne seront pas générales ; elles ne seront pas aveugles ; elles ne seront pratiquées que par ceux qui les jugent utiles, sur les livres qui leur appartiennent, non sur ceux d'autrui. Que si, enfin, la persuasion peut s'exercer quelquefois au profit de l'erreur et des mauvaises passions, pourquoi aurions-nous plus de confiance dans la contrainte? Les magistrats ne sont ni plus infaillibles ni plus impeccables que les prêtres, les professeurs et les écrivains, avec cette différence que leurs erreurs s'imposent par la force, d'une manière universelle et sans souffrir les mêmes remèdes. Que chacun reste donc dans son rôle : aux forces morales, la censure et la critique ; à l'État, le gouvernement et la protection des intérêts matériels [1].

L'effet ordinaire de l'action publique, dans quelque sphère que ce soit, c'est de décourager l'action privée. Si l'État se charge de la police des livres, les hommes éclairés et honnêtes, qui pourraient, par leurs conseils, propager les bons ouvrages et restreindre la circulation des mauvais, se dispenseront de la faire à sa place. L'Église elle-même se reposera d'une partie de sa tâche sur cette puissance matérielle, qui, si elle ne réussit pas à toucher les cœurs, a du moins l'avantage de pouvoir contraindre les volontés. Sa vigilance ne s'emploiera qu'à stimuler le zèle des pouvoirs publics, quand ils refuseront de servir son intolérance. Quant aux particuliers, s'ils ne cèdent pas à l'entraînement d'une foi fanatique, ils craindront souvent, en exerçant cette censure morale, qui est le droit de toutes les opinions contre les opinions contraires, de se faire les auxiliaires de la police. On n'aime pas, à moins d'une obligation rigoureuse, à jouer le rôle de dénonciateur. Aussi l'un des reproches que redoute le plus un journal, et qui lui fait le plus de tort aux yeux du public, c'est de paraître, par l'ardeur de sa polémique, provoquer des poursuites contre ceux dont il combat les opinions et les tendances.

D'où vient que la mise d'un livre à l'*index* excite tant de murmures, même parmi les personnes religieuses et dans les pays où il ne s'y joint aucune interdiction légale ? C'est qu'on ne sait pas encore distinguer entre l'intolérance religieuse et l'intolérance civile, et qu'à la suite de l'une on s'attend toujours à trouver l'autre. Le fanatisme se rira de ces murmures ; mais ils arrêteront ceux qui ne croient pas que la modération et quelques ménagements pour les préjugés eux-mêmes soient inutiles dans l'exercice de l'autorité la plus légitime. Enfin, ceux mêmes, laïques ou prêtres, qui se sentiront assez de zèle ou de courage pour faire une guerre ouverte aux livres dangereux, leur laisseront souvent le champ

---

[1] *State are my governor, but not my critic.* — Milton, *ibid.*

libre faute de les connaître, si la puissance civile a pris les devants par ses saisies, ses condamnations et ses suppressions. Ils n'en circuleront pas moins ; mais, lors même qu'ils n'échapperaient pas à la vigilance des honnêtes gens, on ne s'armera pas contre eux comme on le ferait contre un ennemi qui combattrait au grand jour [1].

L'intervention de l'État dans cette lutte de la vérité contre l'erreur n'a pour effet que de séparer les adversaires, comme l'arrivée de la police sur le terrain d'un duel. Plus de discussions, plus d'orages; le calme s'est fait dans les esprits ; un heureux accord, à peine troublé par d'inoffensives passes d'armes, règne dans la presse. Paix trompeuse et passagère ! L'erreur ne sera jamais si bien abattue par la force qu'elle eût pu l'être par la vérité. Quand la vérité combat avec ses propres armes, elle ne laisse aucune trêve à l'ennemi ; elle se refuse à toute concession, à tout ménagement ; elle considère la tolérance comme un acte de trahison envers elle-même, comme un acte de dédain envers son adversaire. L'emploi des armes matérielles oblige toujours à une modération relative, dont le gouvernement le moins tolérant sent la nécessité. Il craint de porter

---

[1] Qui n'a été surpris, en 1848, de voir les ravages qu'avaient faits certaines doctrines menaçantes pour la société, dont à peine, l'année précédente, on soupçonnait l'existence ? Quelques-uns des livres où elles étaient exposées avaient été condamnés légalement, et n'en étaient pas moins parvenus à leur adresse; les autres avaient été considérés comme trop peu dangereux pour qu'on songeât à les poursuivre. Quelques réfutations savantes avaient paru et n'avaient intéressé que les adeptes de l'économie politique. Le danger venu, la lutte devint générale : dans les livres, les brochures et les journaux, à coups de plume; dans les rues, hélas! à coups de canon. Dès que la victoire a été assurée aux institutions battues en brèche, on est retombé dans les mêmes fautes, au risque des mêmes conséquences. L'État a fait usage de ses lois restrictives ; quelques journaux ont été supprimés, quelques livres condamnés; et le public, confiant dans l'action protectrice du gouvernement, a repris son indifférence. La discussion à la tribune, dans la chaire ou dans la presse, de ces théories socialistes qui soulevaient de telles passions, il y a dix-huit ans, est devenue un lieu commun passé de mode, auquel nul ne prend intérêt. Dieu veuille que le silence trompeur que nous devons à une législation trop prévoyante ne soit pas rompu d'ici peu de temps par de nouvelles et plus terribles tempêtes ! Je serais plus rassuré, je l'avoue, si, à la place du régime rigoureux qui entrave encore l'expression des opinions par la presse ou par la parole, nous avions assez de confiance dans la force de la vérité et dans le bon sens public, pour laisser à la discussion, même la plus désordonnée, le soin de mettre l'erreur en déroute.

partout le fer et le feu, et, se proposant plutôt la paix que la victoire, il dicte les termes d'une capitulation honorable, qui met dans une certaine mesure l'erreur et le vice à l'abri de la persécution et de la vengeance. Or, dans ce partage inévitable entre le mal qu'il condamne et celui qu'il ne peut se dispenser de tolérer, l'habitude de s'en rapporter à l'État fait que beaucoup prennent ses arrêts pour la mesure de la vérité. En rendant la discussion inutile sur les points où il s'est prononcé, il lui soustrait également, par la force des choses, ceux où il s'est abstenu d'intervenir. Si quelqu'un se montre plus difficile que lui-même, il passe pour un esprit chagrin et fanatique, avide de persécution et hostile à toute liberté. Ainsi, peu à peu, la vérité et l'erreur, le bien et le mal, sont remis à la discrétion de l'État. La masse du public cesse de s'y intéresser; se croyant suffisamment protégée par la sévérité de la loi et ne sentant pas le besoin de faire face à des ennemis qui s'abritent derrière la tolérance de la loi elle-même.

C'est ainsi qu'une nation perd toute énergie, toute ardeur pour le bien, et, faute de savoir se défendre elle-même, est livrée à la merci, d'un côté, des opinions de ceux qui la gouvernent, de l'autre, de toutes les mauvaises passions qu'elle recèle, et qui échappent à leur vigilance : comme ces États despotiques qui ne connaissent pas les guerres civiles, toujours déplorables, quoiqu'elles ne soient pas toujours sans gloire et sans profit, mais qui voient se renouveler sans cesse les révolutions de palais, toujours honteuses et infructueuses. Si tout le monde pouvait avoir la même foi religieuse, morale et politique, sans que l'uniformité ôtât rien à l'ardeur des convictions, ce serait l'idéal; mais, à défaut de cet idéal chimérique, heureuses les nations où les discussions de secte et de parti attestent du moins qu'il y a quelque vie intellectuelle et morale! Que l'État empêche ces discussions de dégénérer en luttes violentes, c'est son droit et son devoir. Mais je crains encore plus pour un pays où l'accord apparent des opinions n'est qu'indifférence et apathie que pour celui où l'on se bat pour des idées; car je suis certain, avec le poëte auquel est empruntée l'épigraphe de ce chapitre, que, « si l'idée arme les combattants, l'idée suffira pour les désarmer. »

IV.

Nous n'avons voulu, dans les pages qui précèdent, qu'opposer les dangers d'une législation exceptionnelle à l'égard de la presse à ceux qu'on redoute de la part de la presse elle-même. Nous devons maintenant considérer plus en détail les intérêts menacés par la liberté illimitée des écrits, afin de voir dans quelle mesure ils pourraient réclamer une protection spéciale.

La religion, la morale, l'ordre social et politique, voilà, pour la presse, comme pour les autres manifestations de la pensée, les trois grands objets qui se recommandent surtout à la sollicitude de l'État. Est-il nécessaire de revenir sur la religion? Les discussions religieuses ne sont interdites dans la presse que là où n'est pas reconnue la liberté de conscience, et les États mêmes qui, comme la France, n'ont pas encore débarrassé la liberté de conscience de toute entrave, laissent impunément se produire dans la presse des opinions auxquelles ils n'accorderaient pas le droit de s'ériger en Églises, d'ouvrir des temples et de se répandre du haut d'une chaire. L'intervention légale ne paraît justifiée que lorsque les témérités de la presse passent les bornes de la discussion théologique, philosophique ou scientifique, lorsque l'attaque ou la défense prend un caractère passionné et violent qui peut menacer la paix publique.

Pour la presse comme pour la parole, s'il y a provocation directe, non pas aux luttes pacifiques des opinions, mais aux émeutes ou aux persécutions; si, en un mot, on ne fait usage de la liberté légale que pour attenter à la liberté d'autrui, on est dans le cas d'un assassin, qui, en attentant à la personne d'autrui, perd tout droit au respect pour sa propre personne. Mais autre chose est une excitation au renversement des autels, au pillage des temples, au massacre de ceux qu'on traite d'hérétiques ou d'impies, autre chose est la discussion, même la plus véhémente, même dégénérant en outrages et en calomnies. C'est le propre des convictions fortes d'être exclusives : on a peine à croire à la bonne foi de ses adversaires, quand la vérité dont on se croit en possession paraît aussi claire que le jour. Les discussions purement scientifiques, même sur des matières toutes spéculatives, n'épargnent pas toujours les railleries piquantes, et vont quelquefois jusqu'aux gros mots. En matière pratique, et tel est le caractère général des questions religieuses, la modération est encore plus difficile. Qui corrompt la foi menace les mœurs, et, par suite, les intérêts eux-mêmes. L'hérétique n'apparaît pas seulement comme un ignorant ou un imposteur, mais comme un malhonnête homme et un perturbateur de l'ordre social.

Quand la discussion laisse place aux personnalités injurieuses, ne refusons pas à l'individu offensé la protection de la loi, s'il juge à propos de l'invoquer ; mais, en l'absence de toute réclamation individuelle, pour des motifs individuels, craignons d'appeler la vindicte légale sur les outrages généraux dont une religion peut être l'objet de la part de ses adversaires : on ne nuit pas à la considération d'une religion, comme à celle d'un individu, par des calomnies. Même quand elle ne s'en prend qu'au caractère public d'un individu, la calomnie l'atteint toujours plus ou moins dans sa vie privée, dans cette portion de son existence pour laquelle il a le droit de réclamer le respect de tous, sans être obligé de l'étaler aux yeux de tous. Une religion n'a rien à cacher : à la publicité de l'outrage elle a non-seulement le droit, mais le devoir d'opposer la pureté publique et manifeste de ses dogmes et de ses pratiques; son honneur ne peut pas être entamé par des insultes dont tout le monde peut être juge, et le vrai moyen de les repousser, ce n'est pas de fermer la bouche à ses adversaires, mais de leur répondre. Bien plus, si elle a la vérité pour elle, elle a tout à gagner à des attaques outrageantes. Pour quelques hommes dont la malignité s'y laissera prendre, la plupart ne verront dans ces injures que l'absence de bonnes raisons : « Vous vous emportez, donc vous avez tort[1] ! »

On acceptera moins aisément l'abstention de la loi en ce qui concerne la morale. C'est le point sur lequel ont surtout porté nos efforts, en traitant de la liberté d'enseignement et de la liberté de

---

[1] Les *Annales de la propagation de la foi* se glorifient de plus de conversions du protestantisme au catholicisme, en Angleterre et aux États-Unis, où le catholicisme n'est l'objet d'aucune protection légale, qu'on n'en peut compter en France, où le respect mutuel imposé aux différentes religions n'est en réalité qu'une entrave au prosélytisme.

conscience : nous ne sommes pas assez sûrs de la victoire pour nous dispenser de défendre contre les mêmes préjugés la liberté de la presse.

Qu'il y ait des livres corrupteurs, cela n'est pas douteux; on peut même dire qu'il en est peu qui ne puissent devenir corrupteurs. « La Bible elle-même, dit Milton, rapporte plus d'un blasphème en propres termes ; elle décrit, non sans grâce, les passions charnelles des méchants; elle met dans la bouche des plus saints personnages des murmures passionnés contre la Providence, qui évoquent tous les arguments d'Épicure [1]. » Ce n'est pas sans raison, en effet, que la lecture de la Bible inspire des alarmes aux consciences catholiques, et même à plus d'une conscience protestante. Non-seulement elle peut troubler l'innocence par de trop vives peintures du mal, mais on sait quelles interprétations hasardeuses y a cherché de tout temps le fanatisme religieux ou politique. Or, si la Bible peut devenir dangereuse, quel livre sera inoffensif? On a souvent répété le mot de Fontenelle sur le livre de l'Imitation : « Le plus beau qui soit parti de la main de l'homme, puisque l'Évangile n'en vient pas [2]. » N'est-il pas des âmes tendres à qui cette lecture pourra devenir mauvaise, en entretenant un périlleux mysticisme? Le mal peut s'insinuer à la faveur des livres les plus excellents : parmi ceux qui sont à bon droit suspects, ce ne sont pas toujours les plus blâmables qui font le plus de ravages. Il faut peut-être plus redouter pour une jeune fille innocente et pure la lecture de Paul et Virginie, que pour un jeune homme celle de Faublas. La sévérité d'Arnaud se montrait effrayée, dans la Phèdre de Racine, non de l'amour incestueux de Phèdre, mais de l'amour innocent d'Hippolyte; et, quand Bossuet veut faire ressortir le danger des représentations dramatiques, ce sont également ces froides et légitimes tendresses d'Hippolyte et d'Aricie qu'il prend pour exemple.

L'indécence dans les peintures ou dans les expressions blesse la pudeur chez ceux qui l'ont gardée tout entière; mais elle ne corrompt personne. Nous la souffrons dans les écrits des anciens et chez nos vieux auteurs, parce que nous savons que la délica-

---

[1] *Areopagitica.*
[2] *Vie de Corneille*

tesse du temps n'en était pas offensée ; elle nous choque chez un contemporain, parce que nous y voyons un manque d'égards pour nous et de respect pour lui-même ; mais elle n'est pas plus corruptrice dans le don Juan de lord Byron que dans le *Morgante* du prêtre Pulci, que Byron lui-même citait pour son excuse. « En réalité, dit Walter Scott, à qui l'on fait honneur, à si juste titre, d'avoir épuré le roman, ce ne sont pas des passages d'une bouffonne obscénité qui gâtent les mœurs d'un peuple, c'est le fatras sentimental, où la grossièreté se cache sous l'appareil de la tirade morale, qui débauche l'intelligence, enflamme les passions endormies, et prépare le lecteur à capituler, dès que se présentera un tentateur [1]. » Faudra-t-il donc confier au législateur ou au magistrat le soin de définir cette immoralité déguisée, si difficile à apprécier, même avec la connaissance la plus profonde du cœur humain ?

En supposant qu'on frappât juste, on s'exposerait encore à repousser le remède qui, pour l'âme comme pour le corps, se cache souvent sous le poison même. Ce livre ne respire que des sentiments romanesques : le romanesque n'est pas toujours inutile pour réveiller les âmes engourdies par des préoccupations exclusivement vulgaires et positives. C'est un faux idéal, mais qui peut donner le goût du véritable. Cet autre ouvrage peint sous les couleurs les plus séduisantes des passions coupables : l'attrait qu'il leur donne, il ne l'a pas malheureusement inventé, et, pour nous y laisser séduire, nous n'avons pas besoin de lire des romans ou de voir jouer des pièces de théâtre ; mais, pour une âme droite, ces tableaux voluptueux, s'ils échauffent les sens, auront peut-être aussi pour effet de provoquer les murmures de la conscience, et d'augmenter le prix de la vertu, en laissant voir les piéges dont elle a à se défendre. Voici un livre plein des sophismes les plus captieux, les plus menaçants pour les mœurs : de tels sophismes peuvent faire naître, dans un bon esprit, d'heureuses et salutaires réflexions, en mettant à nu la faiblesse de certains arguments, que l'on considérait, avant ces habiles attaques, comme le plus ferme boulevard de la vertu.

C'est à chacun, en s'examinant soi-même, en gardant un juste

---

[1] Lettre à Ellis. (Lockart, Scott' life, p. 170.)

milieu entre une prudence trop circonspecte et une confiance excessive, à se faire le censeur et le juge de ses propres lectures, à préserver ses mœurs, sans écarter d'utiles lumières. Tout homme trouve en lui-même un guide sûr, qui le tient naturellement en garde contre les mauvais livres, comme contre les mauvaises compagnies ou les mauvais lieux ; et, si ce guide peut se laisser séduire, on peut se confier dans ces médecins des âmes dont nous avons déjà opposé l'autorité morale à la puissance matérielle de l'État. Il faudrait désespérer d'une société, et, par conséquent, de l'État lui-même, en qui elle se personnifie, si les bonnes mœurs n'y trouvaient pas dans les familles, dans le clergé des diverses religions, dans les relations de la vie privée, enfin dans la presse elle-même, des gardiens aussi nombreux et aussi vigilants que peuvent l'être leurs corrupteurs.

On s'exagère, d'ailleurs, la part que peuvent avoir les livres à la corruption des mœurs. S'ils ont, pour se faire entendre, des facilités que n'a pas la parole, ils agissent beaucoup moins sur les âmes, comme la parole elle-même agit beaucoup moins que les exemples. Non-seulement les délits et les crimes sont commis le plus souvent par des gens illettrés, mais les mœurs sont loin d'être plus mauvaises dans les classes de la société qui ont le plus de loisirs à consacrer à la lecture, et, parmi ceux qui savent et qui peuvent lire, les plus corrompus ne sont pas, en général, ceux qui lisent le plus, je dis même ceux qui lisent le plus de livres frivoles ou immoraux. Les mauvais principes ont trop de moyens de se répandre en dehors des livres, et le goût de la lecture, même quand il est mal appliqué, suppose toujours dans l'esprit un fond plus ou moins sérieux, qui est déjà une barrière contre la séduction du cœur. Puis celui qui nous parle à travers un livre n'est jamais un homme comme nous-mêmes. Il est placé, à certains égards, dans une sphère plus élevée, qui lui donne plus d'autorité ; mais, d'un autre côté, il garde un caractère abstrait qui diminue son influence sur la vie réelle. « Cela est bon dans les livres, » dit-on communément. On dépouille aisément, pendant qu'on lit un roman, les principes, les opinions, les préjugés dans lesquels on a été élevé : on les reprend sans s'en apercevoir, dès qu'on quitte le monde des livres pour celui de la réalité.

Un livre n'exerce une grande influence que si les esprits sont déjà préparés à la recevoir. S'il propage le mal, il l'accuse, il en est le symptôme le plus incontestable, et, à ce point de vue encore, on aurait tort de l'empêcher de se produire. Les mœurs d'une époque sont beaucoup moins dirigées que manifestées par sa littérature. C'est ce qui fait que les livres prohibés trouvent tant de complices, et que l'incendie reçoit de nouveaux et plus sûrs aliments des moyens insuffisants employés pour l'étouffer. Un peu d'eau jetée sur le feu le ravive : il en faut beaucoup pour l'éteindre. Il faut, non pas l'action imparfaite et souvent dangereuse de l'État, mais le concours éclairé de tout le monde, et, pour que tout le monde soit sur ses gardes, il vaut mieux que le feu lance des flammes, puisqu'on ne peut l'empêcher de brûler. Qui ne souhaiterait qu'on pût ôter au gaz d'éclairage cette odeur infecte, qui blesse un odorat délicat, comme un livre immoral blesse une conscience scrupuleuse ? Il serait cependant dangereux de la faire disparaître entièrement ; car elle trahit les fuites et fournit un moyen de prévenir les explosions.

V.

La presse, comme l'enseignement, comme les religions, ne doit répondre devant les lois que d'une attaque directe et positive contre les droits placés sous leur sauvegarde. On ne saurait voir une attaque de ce genre dans la critique des lois et des actes du gouvernement, avec quelque vivacité qu'elle s'exprime. « Les hommes croient être libres, dit Massillon, quand ils ne sont gouvernés que par les lois : leur soumission fait alors tout leur bonheur, parce qu'elle fait toute leur tranquillité et toute leur confiance [1]. » Or, ce sentiment de leur liberté, qui les dispose à l'obéissance, n'est assuré que s'ils sont gouvernés sans mystère, si des actes qui intéressent tout le monde, qui réclament la soumission de tous au profit de tous, ne sont dérobés à la connaissance de personne [2]. Qu'il se produise souvent des

---

[1] *Petit Carême*, sermon pour le jour de l'Incarnation.
[2] « La liberté que nous pouvons espérer ne consiste pas à prévenir tout sujet de plainte qui pourrait s'élever dans l'État ; car c'est à quoi

plaintes mal fondées, d'injustes réclamations contre le gouvernement et les lois, c'est ce qu'on ne peut pas plus empêcher que les erreurs du gouvernement et les imperfections des lois. Mais il y a avantage à ce que toutes les plaintes, même les plus injustes, puissent se produire sans obstacle. Il deviendra plus facile d'y répondre et de détruire le mécontentement dans son germe. M'empêcher de parler, ce n'est pas me prouver que j'ai tort ; refuser à mes plaintes la publicité de la presse, ce n'est pas m'ôter tout moyen de les exprimer et de trouver des personnes qui s'y associent ; c'est souvent leur donner plus de crédit. On connaît la marche de la calomnie, dans la célèbre description de Basile, et ce « *chorus* universel de haine et de proscription, » qui n'était, au début, « qu'un bruit léger, rasant le sol comme l'hirondelle avant l'orage. » Mieux vaut la publicité franche, ouverte, sans entraves, et recevant immédiatement, grâce à la presse, toute l'extension dont elle est susceptible.

Nous souffririons même, dans l'ordre politique, comme dans l'ordre religieux, la critique acerbe, violente, injurieuse. Du moment qu'on reconnaît les droits de la critique, la question de forme a peu d'importance. Exiger un langage modéré et sans passion, c'est souvent donner l'avantage à la calomnie froidement habile sur l'indignation sincère. Plus le grief est sérieux, plus il est difficile d'en maîtriser l'expression. La considération d'un gouvernement a, d'ailleurs, moins à craindre d'une attaque violente et sans mesure que d'adroites et perfides insinuations. Si l'injure fait son effet sur quelques esprits passionnés, elle excite la défiance du plus grand nombre, et elle ne manque jamais de provoquer, au sein des opinions qu'elle outrage, de légitimes et vives réclamations. La critique modérée, au contraire, trouve facilement accès auprès de tout le monde, ne fût-ce que par esprit d'impartialité, et ceux mêmes qui sont convaincus de son injustice, se sentent plus embarrassés pour la réfuter. Ajoutons que l'État, en repoussant la critique, sinon d'une manière absolue, du moins quand il y voit une offense, se fait à

---

nul ne peut s'attendre dans le monde ; mais quand les plaintes peuvent librement se faire entendre, quand elles obtiennent une attention sérieuse et une prompte satisfaction, c'est le plus haut degré de liberté politique auquel les hommes puissent aspirer. » — Milton, *loco citato*.

la fois juge et partie, ce qui dispose déjà les esprits en faveur de ses adversaires. Il s'expose, d'un autre côté, à diminuer le zèle de ses partisans, de tous ceux que leurs convictions ou leur intérêt porteraient à se faire ses avocats, s'il ne se chargeait pas lui-même de sa défense.

Ce qui fait la faiblesse de bien des gouvernements, c'est qu'ils sont assaillis par des partis hostiles, et qu'ils n'ont pas eux-mêmes un parti fortement organisé, plein d'ardeur, toujours prêt à la lutte. Au lieu de laisser la discussion s'engager librement entre leurs amis et leurs ennemis, ils ne se croient en sûreté que lorsqu'ils ont fermé la bouche aux uns et aux autres, en dominant le débat de leur voix toute-puissante. Vaine précaution ! A défaut de la presse, la haine et le mépris du gouvernement trouvent toujours des aliments dans la liberté des conversations particulières et de ces rumeurs injurieuses dont aucune loi ne saurait arrêter la circulation. Un des derniers gouvernements de la France est tombé sous une révolution, qu'on a pu appeler la révolution du mépris : mépris mal fondé, on le reconnaît aujourd'hui, mais contre lequel n'avaient pu le protéger, malgré son honnêteté, les lois qui, depuis douze ans, avaient élevé une barrière contre les excès de la presse, en limitant les droits de la discussion et de la critique.

Mettrons-nous, du moins, au-dessus de la discussion le chef même de l'État ? Dans la plupart des États monarchiques, le prince est considéré comme irresponsable ; mais il ne l'est réellement devant l'opinion publique et les passions populaires, sinon devant les lois, que s'il se contente de régner sans gouverner, et si rien ne permet de supposer qu'il fasse prévaloir sa volonté personnelle dans les conseils de son gouvernement. S'il a sa politique à lui, ou, ce qui revient au même, si on lui attribue une politique, il devient inévitablement un objet de discussion ; il peut obtenir les éloges, les bénédictions, l'amour de ses sujets ; il s'expose aussi au blâme, aux malédictions, à la haine ; il peut avoir de son vivant et laisser après sa mort un nom glorieux ou flétri ; il peut consolider son trône ou attirer sur lui la tempête. Or, combien trouvera-t-on de princes qui consentent à abdiquer toute initiative, qui craignent de mériter des louanges, de peur d'encourir des reproches, qui veuillent placer leur nom dans cette sphère d'indifférence, où n'atteignent ni l'amour, ni la haine, ni la gloire, ni la honte? L'Angleterre, qui seule a réussi à réaliser cet idéal de la monarchie constitutionnelle, ne compte encore qu'un souverain qui en ait rempli toutes les conditions : c'est la reine actuelle, et sa déférence pour toutes les manifestations légales de l'opinion publique ne l'a pas toujours mise à l'abri du soupçon. Si la révolution de 1688 a fait tomber la prérogative royale, si chère aux Stuarts, les principes qu'elle a consacrés n'ont pu dégager la responsabilité de l'habile Guillaume lui-même, et les quatre Georges, bien que forcés de s'effacer devant un parlement de plus en plus jaloux de ses droits, n'ont pas échappé à l'antipathie populaire et aux attaques les plus outrageantes. On connaît la hardiesse des lettres de Junius. Ces insolentes récriminations, qui étaient montées jusqu'au trône de Georges III, dès le début de son règne, se renouvelaient encore à la fin, contre un vieillard tombé en enfance, par la plume éloquente et cynique de lord Byron [1]. De quel ton le même Byron, Thomas Moore, les poëtes et les publicistes whigs ne parlent-ils pas de son fils Georges IV ! « Chaque brute a sa nature; celle d'un roi est de régner. Régner! En ce mot seul vous voyez comprises les causes de toutes les malédictions que contiennent les annales des peuples, de César le redouté à Georges le méprisé [2] ! » Voilà ce qu'osait écrire d'un roi constitutionnel, la première année de son règne, le plus illustre des poëtes de son royaume.

On dira que Junius se cachait si bien qu'il est resté le *Masque de fer* de la littérature anglaise, et que Byron était protégé par l'exil. Qu'importe! leurs attaques ne pénétraient pas moins au sein de la nation, elles n'ébranlaient pas moins le principe de l'irresponsabilité monarchique. Or, si ce principe n'est le plus souvent qu'une chimère, même quand il est couvert par toutes les garanties constitutionnelles, il faut choisir entre la discussion publique et sans détour des actes du souverain, dût-elle autoriser jusqu'à l'invective, et ces attaques anonymes ou subreptices, dont aucune précaution légale ne peut le mettre à l'abri. Dans le premier cas, aucun sentiment de crainte n'arrête l'expression et la

---

[1] Voir la *Vision du jugement*.
[2] Byron, l'*Avatar irlandais*.

circulation des critiques les plus violentes et les plus injustes; mais la publicité qu'elles reçoivent tient le souverain en éveil; il peut juger, par l'effet qu'elles produisent sur l'opinion, de la popularité qu'il conserve et de la confiance qu'il doit avoir dans l'approbation intéressée de ses flatteurs. Tantôt il peut laisser à l'indignation publique le soin d'en faire justice, tantôt elles lui feront sentir la nécessité d'une justification directe de ses actes, ou bien, en l'éclairant sur un commencement de désaffection, elles provoqueront un heureux changement de politique. Dans le second cas, rien ne trouble en apparence ce concert d'éloges qui s'élève toujours autour des trônes. Le blâme se produit tout bas, et il ne trouve d'écho, dans les discours ou dans la presse, que sous la forme d'allusions, d'allégories ou de réticences; mais on se dédommage, dans les conversations particulières, de la contrainte qu'on s'impose en public. L'injure et la calomnie, aussi bien que les griefs les mieux fondés, trouvent des auditeurs crédules, affamés de scandale, près de qui elles n'ont pas besoin de se déguiser, et qui les colportent sans pudeur. S'il en est qu'elles indignent, ils craignent d'y répondre trop haut, de peur de leur donner cette publicité que la sévérité de la loi a voulu empêcher.

D'ailleurs, quand le blâme n'est pas libre, la louange elle-même éprouve une certaine honte à se produire : beaucoup d'honnêtes gens, dévoués au prince et à son gouvernement, s'abstiennent de le défendre, de peur d'être confondus avec ses flatteurs. Peu à peu, la désaffection pénètre dans les différentes couches du peuple, d'autant plus aisément qu'on ne la voit guère combattue que par le zèle officiel et salarié. Un véritable abîme se creuse entre la nation et son chef, sans que celui-ci, trompé par le silence des uns et par les flatteries des autres, fasse rien pour le combler. Dans les deux cas, le mécontentement, s'en prenant à la personnification la plus élevée de l'État, peut amener une révolution; mais le trône est-il plus menacé, quand il reçoit un assaut direct, contre lequel il peut faire usage de tous ses moyens de défense, que lorsqu'il est miné sourdement, et que le danger ne lui est révélé qu'au moment où sa base se dérobe sous lui?

Nous avons réclamé, pour l'enseignement et pour la prédication religieuse, le droit de discuter théoriquement la constitution même de l'État. Le même droit ne saurait évidemment être refusé à la presse. Quelque opinion que l'on professe sur le principe ou la forme du gouvernement, et quelque publicité que l'on donne à cette opinion, tant qu'on ne prétend pas la faire prévaloir par la force, tant qu'on n'appelle pas le peuple à la soutenir par les armes, on n'est pas en état de révolte. On peut même remplir un devoir, comme nous l'avons montré, lorsqu'on est convaincu que le moment est venu, pour son pays, non-seulement d'un changement de politique, mais d'un changement de gouvernement, en exposant publiquement une opinion dont on s'est démontré à soi-même la vérité et l'utilité.

J'ajoute qu'on ne fait courir à l'État aucun danger. Si l'on est dans le vrai, c'est que les temps sont mûrs pour une révolution, c'est que les institutions subsistantes n'ont plus désormais assez de force pour protéger les intérêts sociaux, c'est qu'il n'y a plus de choix qu'entre une transformation pacifique et une transformation violente. On fait donc acte de bon citoyen, quand on cherche à préparer la première et à prévenir la seconde, en éclairant à la fois le gouvernement et le peuple. Que si l'on se trompe, ou si les idées qu'on expose, bien que vraies en elles-mêmes, n'appellent pas une réalisation prochaine, la publicité qu'on leur donne est encore sans péril. Ce n'est pas avec des théories qu'on renverse un gouvernement, même quand elles sont justes, même quand leur application est nécessaire pour sauver la société ; ce n'est pas même avec des plaintes générales ; c'est presque toujours avec un grief particulier, de nature à soulever l'indignation publique. Rome était mûre pour la liberté, lorsque tomba la tyrannie de Tarquin. Mais, quand même Brutus, au lieu de contrefaire l'insensé, eût pu impunément célébrer les bienfaits d'un gouvernement républicain, le peuple ne se fût pas soulevé pour lui donner raison, sans le viol de Lucrèce ou tout autre attentat également odieux [1].

---

[1] Quel exemple n'offre pas encore la chute du gouvernement de Juillet ! Pendant cinq ans, il eut à défendre son principe, non-seulement contre les attaques de la presse, mais contre des insurrections. Il respecta, en général, la liberté des unes et triompha aisément des autres. A la suite d'un attentat exécrable, il crut devoir à sa sécurité de mettre son principe au-dessus de toute discussion. Dès lors, les oppositions,

On répète souvent qu'il est impossible de gouverner avec la liberté de la presse : il serait plus juste de dire qu'il est impossible de mal gouverner. Supposer qu'un bon gouvernement peut succomber aux attaques de la presse, c'est supposer une nation tellement aveuglée et corrompue, qu'entre la vérité et l'erreur, le bon droit et l'injustice, l'ordre et le désordre, se combattant à armes égales, elle ne saura pas discerner de quel côté est son intérêt véritable, ou que, renonçant même à faire usage de son discernement, fermant également l'oreille aux arguments des deux partis, elle laissera quelques ambitieux disposer de ses destinées, au gré de leurs passions. On a vu des pays où tous les changements pouvaient se produire sans être provoqués par les fautes du gouvernement, et sans que la masse de la nation y prît une part directe ou indirecte ; mais ces pays ne jouissaient pas de la liberté de la presse, et l'indifférence du peuple venait précisément de l'absence de lumières. Des États plus éclairés et plus libres ont vu aussi se consommer des révolutions, auxquelles le peuple ne s'associait qu'en ne faisant rien pour soutenir son gouvernement ; mais cette connivence passive cachait un véritable mécontentement, et ce mécontentement n'était jamais sans motif. « Une révolution est toujours la faute du gouvernement, jamais celle du peuple [1], » disait Gœthe, qui était loin d'être un révolutionnaire, et qui n'a pas cessé de poursuivre de ses épigrammes le libéralisme et la démocratie. Bossuet lui-même ne s'exprime pas autrement. « Quelque haut qu'on puisse remonter pour rechercher dans les histoires

---

qui en voulaient à ce principe même, se confondirent peu à peu avec l'opposition légale, qui ne réclamait des réformes que dans les limites de la Charte. Il ne fut question, dans la presse ou à la tribune, que de changements dans les lois ou dans le personnel du ministère. On sait ce qui advint. Un grief particulier, qui ne touchait en rien à l'existence même du gouvernement, fit éclater une insurrection. Elle arbora le drapeau qui, depuis douze ans, grâce aux précautions imprudentes de la loi, abritait toutes les catégories de mécontents, celui de la réforme légale : il en sortit la république. C'est l'histoire de presque toutes les révolutions ; elles n'assurent leur succès qu'en dissimulant leurs prétentions. Aussi c'est la tactique habituelle d'un gouvernement habile de déconsidérer les adversaires de sa politique, en les transformant, aux yeux de l'opinion, en adversaires de son principe. Tant il est vrai que ce dernier genre d'adversaires n'est pas, pour lui, le plus redoutable.

[1] Entretiens avec Eckermann.

les causes des grandes mutations, on trouvera que jusqu'ici elles sont produites ou par la mollesse ou par la violence des princes[1]. » L'orateur sacré ne fait exception que pour Charles Ier d'Angleterre, ou du moins il ne lui reproche que l'excès de la clémence. On sait si l'histoire a confirmé cette exception et ce glorieux reproche.

Un gouvernement excellent de tout point n'est qu'une utopie. Ce peut donc être, dans bien des cas, le devoir d'un bon citoyen de pallier des fautes inévitables, dont la révélation et la critique ne feraient qu'irriter les esprits, sans profit pour la société ; mais c'est un de ces devoirs dont il faut laisser l'appréciation à la conscience et à la prudence de chacun. Il est dangereux de susciter un mécontentement qui ne saurait jamais obtenir une entière satisfaction ; c'est s'exposer à faire naître des exigences qui se renouvelleront toujours les mêmes après tous les changements, et qui peut-être, par le sentiment de leur impuissance, finiront par engendrer le découragement et l'indifférence. Il est plus dangereux encore de laisser la nation et le gouvernement s'endormir également dans une confiance aveugle. Le silence volontaire ou forcé de la presse sauverait peut-être le gouvernement, si ce pouvait être en même temps le silence complet de l'opinion. Mais des griefs ne laissent pas d'être ressentis, parce qu'il est défendu d'en parler publiquement ; et si, comme il arrive toujours, les fautes ont des conséquences générales, le mécontentement ne sera pas moins général, parce qu'un organe commun ne ralliera pas tous les mécontents. En hâtant l'explosion de ce mécontentement, la presse aurait du moins l'avantage de mettre le gouvernement en demeure d'y faire face, avant que le mal fût sans remède. Il ne pourra pas toujours satisfaire à toutes les réclamations légitimes : ce serait la perfection ; mais il sera sans excuse, s'il ne profite pas, dans la mesure du possible, de tous les avertissements qu'il reçoit, et, dès lors, il ne devra s'en prendre de sa chute qu'à lui-même.

Combien lui sera-t-il plus facile de s'aveugler, si la presse est muette, si le mécontentement reste longtemps à l'état latent, si les griefs s'accumulent, si les cœurs s'aigrissent insensiblement,

---

[1] Oraison funèbre de la reine d'Angleterre.

si de nouvelles fautes, que personne ne lui signale, viennent sans cesse ajouter à cette irritation générale, qui ne se trahit qu'au moment où elle va tout renverser! La France a connu un siècle et demi d'un despotisme paisible avant sa plus grande perturbation, avant celle qu'on nomme proprement la Révolution. Tous les ferments de guerre civile avaient été étouffés ; point de libre parole, et, quant à la presse, on pouvait la croire suffisamment muselée par la double censure civile et religieuse. Ce temps d'arrêt, pendant lequel toutes les fautes purent être impunément commises, à qui profita-t-il? La révolution se fit plus longtemps attendre: elle n'en fut que plus terrible, soulevant à la fois contre un gouvernement en désarroi, qui, la veille encore, pouvait parler de l'attachement invétéré des Français pour leurs princes, toutes les réclamations, toutes les colères, toutes les espérances légitimes ou illégitimes, toutes les théories raisonnables ou chimériques, que le ressentiment d'une oppression toujours croissante avait suscitées dans tous les rangs de la nation.

Après ce grand bouleversement, les révolutions se sont succédé à des intervalles tellement rapprochés, qu'on en est venu à les considérer comme un mal périodique. Faut-il en accuser la liberté désormais reconnue de la presse? Une société renouvelée de fond en comble ne peut pas, d'un seul coup, trouver son assiette: un grand ébranlement amène toujours, à la suite, des oscillations plus ou moins intenses. Mais que sont les révolutions dont nous nous plaignons auprès de celle dont elles n'ont été que le contre-coup? Dans celle-ci, tout est remis en question ; on refait la France, on refait l'état social tout entier, et les changements se précipitent pêle-mêle les uns sur les autres, sans préparation, sans étude, sans que l'accord se soit fait entre les novateurs. Depuis que la liberté de la presse, à peu près supprimée sous l'Empire, est rentrée en possession de ses droits les plus essentiels, des prétentions semblables, tendant à un renouvellement général de la société, n'ont pas renoncé à se faire jour, et elles ne se sont pas toujours contentées des luttes pacifiques de la plume et de la parole. Mais la nation s'est éclairée, et, en s'éclairant, elle est devenue moins ambitieuse et moins impatiente. Aussi c'est un trait commun de toutes les révolutions de notre siècle, qu'elles se sont spontanément circonscrites, même quand elles affichaient les espérances les plus radicales. Non-seulement l'état social est resté le même, mais ni l'organisation intérieure du pays ni sa politique générale n'ont souffert de changement sérieux. Les diverses administrations ont pu conserver leur personnel et leurs traditions; et on a pu voir les mêmes hommes d'État prendre part, sous tous les régimes, à la direction des affaires, sans trahir proprement leurs convictions et en ne faisant le sacrifice que de leurs sympathies.

Est-ce à dire qu'un pays puisse sans danger passer brusquement du régime de la presse asservie à celui de la presse libre, ou d'une liberté restreinte à la liberté absolue? Il serait puéril de le soutenir. C'est le malheur de toutes les institutions en dehors des vrais principes, qu'elles ne peuvent y revenir sans mettre en péril des intérêts plus ou moins précieux. Ménager les transitions est le secret de la politique, inconnu aux passions révolutionnaires, et voilà pourquoi les révolutions sont si souvent suivies de réactions qui les frappent de stérilité. Mais c'est toujours une mauvaise politique que de se refuser à l'évidence des principes et de laisser aux révolutions le soin de les réaliser, au risque de les compromettre. Qu'il nous soit donc permis de ne rien retrancher de l'idéal du droit, non-seulement parce qu'il exprime seul la vérité absolue, mais parce que sa réalisation progressive peut seule donner satisfaction à tous les intérêts.

VI.

La défense des particuliers contre des outrages personnels, celle du gouvernement contre une provocation directe à la désobéissance et à la révolte, voilà à quoi se réduisent, en principe, les droits de l'État sur la presse. Ce double intérêt justifie-t-il, comme moyen préventif ou répressif, une législation exceptionnelle? Nous croyons inutile de nous étendre sur la censure proprement dite. Elle a disparu de nos lois, et le moment n'est pas loin où elle disparaîtra de celles de tous les peuples civilisés. Ce n'est, en effet, que la loi des suspects appliquée à toute manifestation d'opinion; c'est, comme dit Milton, un jugement sommaire prononcé sur tous les livres, avant leur naissance même, non par un tribunal régulier, mais par la police, sans aucune des garanties de libre défense et d'appel qui ne sont pas refusées aux prévenus d'un crime : la mise à mort, sans forme de procès, de tous ceux à qui un magistrat au-dessus de tout contrôle ne croit pas à propos de délivrer une carte de civisme [1]. Un tel pouvoir est la négation du droit et le renversement de tous les principes.

Les principes ne sont pas moins violés, quoique d'une façon moins odieuse et moins funeste, par une censure indirecte. Nous voulons parler des droits que l'autorité administrative se réserve, non pas sur les livres eux-mêmes, mais sur les agents de leur publication. Dans le système de nos lois, les imprimeurs et les libraires sont des espèces de fonctionnaires publics, en nombre limité, analogues aux notaires et aux avoués, pouvant, comme ceux-ci, acheter leurs charges, mais n'ayant le droit de les exercer qu'après l'obtention d'un brevet personnel et la prestation d'un serment politique. Une condamnation pour une simple contravention aux règlements de leur industrie suffit pour qu'ils puissent être destitués; et même, pour ces libraires ambulants qu'on appelle colporteurs, le brevet n'est qu'une simple autorisation, toujours et arbitrairement révocable. C'est, en réalité, un droit de censure dont l'État se décharge sur les imprimeurs et sur les libraires : censure d'autant plus redoutable qu'elle est confiée à la vigilance, non pas de la conscience, mais de l'intérêt personnel, menacé, en cas de négligence, de la perte d'un emploi et de la confiscation d'une propriété.

Il dépend sans doute de l'administration d'alléger le poids de cette censure, en n'usant qu'avec discrétion de l'arme terrible qu'elle tient dans ses mains. Elle ne fait pas moins de la libre diffusion de la pensée une tolérance, non un droit reconnu. Ce n'est pas non plus une garantie bien réelle que la nécessité d'une

---

[1] « Qu'un livre, dans une condition pire que celle d'une âme pécheresse, doive comparaître devant un jury, avant d'avoir été mis au monde, et subir, lorsqu'il est encore dans les ténèbres, le jugement de Rhadamanthe et de ses collègues, avant d'obtenir un libre passage à la lumière, voilà ce qui était inouï jusqu'au moment où cette monstrueuse iniquité de l'inquisition, provoquée et troublée à la première apparition de la réforme, chercha de nouveaux enfers et de nouveaux limbes, pour y retenir les livres eux-mêmes au nombre de ceux qu'elle damnait.» — Milton, *loco citato*.

condamnation préalable pour autoriser le retrait du brevet. C'est, en effet, la menace de la peine de mort, non-seulement pour tout crime et tout délit, mais pour les simples contraventions, qui n'excluent ni la probité, ni la bonne foi, ni même la prudence, et que les plus vigilants, comme les plus honnêtes, sont sans cesse exposés à commettre. Cette garantie n'existe pas, d'ailleurs, pour les colporteurs, et même, pour ceux-ci, la censure est proprement rétablie. Non-seulement ils ont besoin d'une autorisation, qui peut toujours leur être retirée, mais ils ne peuvent distribuer aucun écrit qui ne soit revêtu d'une estampille administrative.

Comment justifie-t-on ce luxe de précautions? D'abord, quant au colporteur, on le considère, non sans raison, comme un instrument aveugle, qui n'a qu'un but, vendre le plus possible, et à qui on ne peut demander le discernement des livres qu'il distribue. Traduit devant un tribunal comme complice d'une publication illégale, il pourrait toujours exciper de sa bonne foi, et cette excuse ne saurait être entièrement repoussée, sans frapper de mort le colportage, c'est-à-dire le seul mode de librairie qui puisse faire pénétrer les livres dans les campagnes. Ce n'est pas, d'ailleurs, le colportage seul qui est aveugle, mais sa clientèle habituelle. Le paysan achète à peu près au hasard, sur la foi du format, du titre, des images, ou sur les sollicitations importunes d'un marchand aussi ignorant que lui. Où manquent, des deux parts, les conditions d'une responsabilité éclairée, il n'y a que des mineurs, dont la tutelle appartient à l'État, et, entre une tolérance funeste et l'exercice rigoureux du droit de répression, on prend le parti le plus sage en leur imposant une réglementation arbitraire.

Nous ne nions pas la valeur pratique de ces raisons; nous n'en croyons pas moins dangereux de leur donner crédit. Une première difficulté se manifeste, dès qu'on veut définir le colportage. Il échappe tellement à toute définition légale, qu'on a été conduit à étendre une loi faite expressément pour la librairie ambulante des campagnes, au simple fait de prêter un livre à un ami. En le restreignant à sa signification propre, il représente une industrie dont tout le monde reconnaît la nécessité. La remettre à la disposition du gouvernement, c'est faire du gouvernement l'arbitre à peu près exclusif des lumières qui peuvent pénétrer dans les campagnes ; c'est, pour une grande partie de la nation, lui livrer la direction des intelligences : pouvoir exorbitant et contraire à sa nature, s'il l'exerce au nom d'une doctrine exclusive ; pouvoir inefficace et dangereux par son inefficacité même, s'il en use avec réserve et sans parti pris. Qu'on parcoure les listes des ouvrages autorisés par les commissions de colportage : combien, pour des lecteurs ignorants, sont loin d'être inoffensifs ! Les uns ont été protégés par les noms plus ou moins illustres de leurs auteurs. Pour les autres, on a craint le reproche d'une sévérité outrée ; le mal qu'ils peuvent faire à quelques-uns n'a pas paru une raison suffisante de les interdire à tous. Pour beaucoup enfin, le vice qu'ils recèlent a échappé à l'attention de censeurs surchargés de travail, pour qui l'examen consciencieux de tous les livres est une tâche matériellement impossible, quand ce serait le seul emploi de leur temps. Cependant tous portent la même estampille, et cette estampille, pour la plupart des acheteurs, passe pour une approbation formelle, qui autorise la confiance.

Une tolérance entière serait, dira-t-on encore, plus funeste que cette demi-tolérance. Il est permis d'en douter ; car une tolérance entière éveillerait, du moins, les scrupules et provoquerait soit l'examen personnel, soit l'appel à des conseils éclairés. Il est sans doute plus commode, pour le colporteur et pour l'acheteur, de s'abriter derrière l'autorisation que le premier a reçue, et l'estampille que porte sa marchandise. Il est plus commode aussi de compter sur les gendarmes que sur sa propre vigilance pour garder sa maison des voleurs. Cependant le paysan, qui n'a point de gendarmes à sa porte, sait fort bien que sa meilleure sauvegarde est dans un bon chien et de forts verrous. Que s'il prend moins de soin de son esprit que de son corps, une surveillance officieuse peut toujours lui venir en aide, avec plus d'efficacité et moins de péril que la surveillance officielle. Rien n'empêche le clergé des diverses religions, directement intéressé à restreindre la propagation des mauvais livres, d'opposer au colportage sans contrôle un colportage dirigé par lui ; d'avoir ses distributeurs attitrés, et, s'il le faut, ses estampilles ; d'user, en un mot, de toute son influence, et, au besoin, de toute son autorité sur ses fidèles pour les détourner d'acheter aucun ouvrage dont il ne leur aurait pas garanti l'innocuité. En s'appuyant sur l'État, il pourrait donner à ses défenses une sanction coercitive ; mais peut-il assez compter sur la sagesse de l'État pour que cette sanction ne se tourne pas un jour contre lui-même, pour que les livres qu'il patronne ne se trouvent jamais au nombre des livres prohibés ?

Rien n'empêche, d'un autre côté, tous ceux qui, en dehors de la foi dogmatique, sont d'accord sur certaines maximes de morale ou de politique, de s'organiser en associations actives pour combattre la diffusion des mauvais livres et pour encourager la publication et la circulation des bons. Provoquer la composition d'ouvrages utiles, examiner avec soin les ouvrages publiés, couvrir d'un patronage effectif tous ceux qui peuvent servir les intérêts, soit matériels, soit moraux, des classes populaires ; surveiller les colporteurs, et, sans dénoncer à la police ceux qui se refusent à cette surveillance, se porter garant de ceux qui l'acceptent ; encourager enfin, dans le moindre village, la création de petites bibliothèques, destinées à répandre dans les campagnes les idées les plus pures et les plus saines : c'est une œuvre à laquelle chacun peut concourir, sans en confier la direction à une Église ou à l'État. Des œuvres de ce genre ne manquent pas en France, et l'on peut présumer que leurs bienfaits seraient plus sensibles, si l'habitude de tout attendre de l'État ne paralysait pas leurs efforts.

Toutes ces influences rivales ne seront pas sans doute irréprochables, et chaque opinion pourra déplorer l'abus que feront de leur ascendant les opinions adverses. Aucune, du moins, ne pourra se plaindre d'être exclue, tant que l'omnipotence de l'État ne viendra pas se placer entre elles. D'ailleurs, malgré la diversité des points de vue, ce seront en grande partie les mêmes ouvrages qui seront repoussés par toutes les associations laïques ou religieuses, et, lorsqu'elles seront en désaccord, on peut se confier dans le bon sens des masses pour ne donner crédit qu'à celles dont les tendances choqueront le moins les idées reçues. S'il en était autrement, le mal serait fait, et ce ne sont ni les livres estampillés ni le colportage autorisé qui pourraient y porter remède.

Le colportage ne doit pas être excepté du droit commun de la librairie ; la librairie elle-même ne doit pas être exceptée du droit commun de toutes les professions. Pourquoi un serment politique ? La conscience seule du libraire et, si elle est endormie ou faussée, son intérêt le détourneront suffisamment de prêter sciemment son concours à toute publication qui pourrait l'exposer à des poursuites. Pourquoi la restriction du nombre des libraires ? On veut rendre plus facile la surveillance de l'autorité : il vaut mieux qu'elle devienne moins nécessaire, grâce à la surveillance du public lui-même. La plupart des livres, dès leur apparition, sont appréciés par la critique, à tous les points de vue qui peuvent intéresser leurs lecteurs, et la critique remplira son devoir avec d'autant plus de fermeté que la presse sera plus libre, et l'intervention de l'État plus restreinte. Beaucoup d'ouvrages se présentent avec l'approbation soit d'un dignitaire ecclésiastique, soit d'un homme public, soit d'un particulier plus ou moins illustre, qui puise son autorité dans la noblesse de son caractère et dans l'élévation de son esprit. Il y a, enfin, pour guider le choix du public, des librairies catholiques, protestantes, israélites, et une association purement morale peut aussi avoir ses librairies recommandées par son patronage à tous ses adhérents. Ne craignez donc pas la multiplication des sources de lumières ; elles seront sans danger, si vous laissez se multiplier avec la même liberté toutes les influences qui peuvent en diriger l'usage.

Pourquoi, enfin, un brevet révocable ? Le libraire remplit une mission de confiance, et on veut qu'elle ne soit confiée qu'à d'honnêtes gens. On traite la vente des livres comme celle de la poudre, que l'on ne permet pas à tout le monde. L'assimilation n'est que spécieuse. La poudre sert à la défense comme à l'attaque ; mais une balle logée dans les flancs d'un adversaire ne sauve pas de celle qu'on a reçue soi-même. La presse est à la fois un moyen de défense et de guérison contre les coups qu'elle peut porter : réfuter un adversaire, ce n'est pas seulement repousser son attaque, c'est la rendre inoffensive. Le commerce des livres peut être un commerce dangereux ; mais c'est la liberté, non la réglementation, qui offre le plus sûr remède à ses dangers. Au lieu de libraires privilégiés et dépendants, traitez en hommes ceux qui vendent les livres, comme ceux qui les achètent ; confiez-vous dans le libre contrôle de tous les hommes éclairés et honnêtes : la vérité et le bon sens seront assez forts pour se passer de votre concours.

Les mêmes règlements entravent l'exercice de l'imprimerie comme de la librairie : la même liberté doit être laissée à l'une et à l'autre. On redoute les imprimeries clandestines, et il est juste, en effet, puisqu'il peut y avoir des délits de presse, qu'on puisse remonter à la source de ces délits. Mais il n'est besoin pour cela ni de serment ni de brevet ; il suffit d'une police bien faite et d'une répression sévère, une fois le délit judiciairement constaté. L'imprimerie n'est pas la seule industrie dont on puisse abuser. Pourquoi n'impose-t-on pas un serment et un brevet aux épiciers, aux marchands de vin, aux restaurateurs? Toutes ces industries ont besoin d'une surveillance spéciale, qui serait certainement facilitée, si des formalités rigoureuses les concentraient dans un petit nombre de mains. On trouverait cependant déraisonnable de consulter la commodité de la police, plutôt que les intérêts qu'elle est appelée à protéger. Or, la multiplication des imprimeries est-elle moins utile aux intérêts moraux du public que celle des épiceries, des débits de liquide ou des restaurants à leurs intérêts matériels? Qu'il s'agisse de la nourriture de l'esprit ou de celle du corps, il est bon de prévenir la fraude, mais sans gêner les particuliers dans la recherche et le choix des aliments dont ils ont besoin.

VII.

La presse périodique, depuis qu'elle est devenue un des besoins les plus essentiels des sociétés modernes, a surtout appelé cette censure indirecte, qui s'exerce par l'intermédiaire des instruments mêmes de la publicité. En France, elle n'a joui du droit commun qu'à de rares intervalles. Longtemps elle a été soumise à la censure. Sauf dans la période révolutionnaire, où la liberté, reconnue en principe, était presque toujours ou compromise par la licence ou comprimée par la terreur, les lois qui l'ont traitée le plus favorablement l'ont assujettie à des entraves fiscales et, comme marque de défiance, à la nécessité d'un cautionnement plus ou moins élevé. Dans la législation actuelle, elle est placée sous la dépendance directe du gouvernement, dès qu'elle prétend traiter des matières politiques ou d'économie sociale, c'est-à-dire les sujets pour lesquels on peut le moins se passer de son concours. Il faut une autorisation préalable, qui n'est pas accordée d'une manière générale au journal lui-même, mais personnellement à son éditeur et à son principal rédacteur, et qui est naturellement périmée par la mort ou par la démission de ceux qui l'ont obtenue. Le bénéfice de cette autorisation peut être suspendu ou entièrement retiré après certaines condamnations encourues par le journal. Enfin, elle est toujours révocable, sous certaines conditions et suivant certaines formes. Ce droit administratif d'autorisation, de suspension et de suppression n'exclut pas les entraves des lois antérieures, le timbre et le cautionnement; il n'exclut pas non plus la répression pénale, pour laquelle la garantie du jury a été écartée. En un mot, l'existence d'un journal exige la réunion de deux volontés : celle de son fondateur et celle du gouvernement, et il a quatre manières de mourir : la cessation volontaire de sa publication ; un changement, soit volontaire, soit fatal, dans son administration et dans sa rédaction; le retrait d'autorisation de la part du gouvernement, et une condamnation judiciaire.

Entre ce régime et la censure directe, la différence est petite. La censure s'exercerait sur chaque article d'un journal, sans toucher à l'existence même de ce journal. Dans l'état actuel, non-seulement l'interdit peut être mis sur le journal lui-même, mais, avant qu'il ait reçu un commencement d'existence, lorsqu'il n'est encore qu'en projet, il peut être étouffé par un refus d'autorisation. Dans la période d'existence que lui laisse la tolérance du gouvernement, tous les intérêts qu'il représente, sous peine de se voir frappés de mort, sont obligés de surveiller sa rédaction avec un soin aussi scrupuleux que celui qu'on pourrait attendre de l'administration elle-même. S'ils négligent de s'en acquitter, l'administration se charge de les avertir paternellement, en tenant en réserve, pour les cas les plus graves, le droit rigoureux de suppression immédiate ou de poursuites judiciaires. Que cette censure intéressée ne soit pas toujours assez sévère, au gré de l'autorité, les mesures de répression qui frappent de temps en temps les journaux le prouvent suffisamment ; mais un censeur officiel laisse souvent aussi passer bien des choses, dont le gouvernement qu'il représente déplore trop tard la publication. Sa négligence profite du moins à ses justiciables, et, si elle l'expose à une disgrâce, d'autres n'ont pas à en pâtir. Une imprudence ou un manque de surveillance de la part des propriétaires d'un journal ne serait pas expié par eux seuls, mais par tous ceux qui leur prêtent le concours de leur talent ou même de leurs bras, depuis les écrivains qui rédigent le journal jusqu'aux porteurs qui le distribuent.

Ce régime ne pèse que sur une partie de la presse périodique, sur celle qui, s'attribuant la discussion des intérêts sociaux, semble appeler surtout la sévérité de l'État. Mais la ligne de démarcation est difficile à tracer entre le domaine de la politique ou de l'économie sociale et celui de la littérature ou de la science. Les mathématiques et la physique peuvent, à la rigueur, être couvertes par la tolérance de la loi, et pourtant, dans ces sciences mêmes, il est plus d'une théorie qui touche, sinon à la politique proprement dite, du moins à la législation et aux intérêts généraux des sociétés. Dès qu'on entre sur le terrain des sciences morales, la distinction légale voit chanceler sa base. Des arrêts ont soutenu que des discussions philosophiques ou religieuses rentrent dans l'économie sociale ; car l'existence des sociétés n'est pas assurée seulement par l'ordre matériel, mais par l'ordre moral. L'histoire ne peut pas faire un pas sans rencontrer la politique. La littérature elle-même, quelque sujet qu'elle traite, est sans cesse entraînée soit à exprimer directement, soit à faire exprimer par les personnages qu'elle met en scène, des opinions morales, sociales ou politiques. La concession que fait la loi à une certaine catégorie de journaux ne les sauve donc pas de l'arbitraire. Ils n'ont pas besoin d'autorisation ; ils ne sont pas menacés directement de suppression ; mais, si leurs doctrines ou leurs tendances, à tort ou à raison, paraissent dangereuses, ils peuvent se voir poursuivis, condamnés et supprimés, non pour avoir professé des opinions contraires aux lois, mais pour avoir empiété sur un terrain interdit. Ils sont réellement dans la main de l'administration, à qui appartient l'initiative des poursuites, ou du moins ils ne la désarmeront qu'en bornant leurs prétentions à une littérature frivole et vide, et en fuyant comme une tentation funeste tout ce qui peut ressembler à des idées, tout ce qui peut éclairer les hommes sur leurs intérêts, sur leurs droits et sur leurs devoirs. Bien loin que le journalisme littéraire trouve un avantage sérieux, pour les intérêts qu'il représente, dans la tolérance précaire de la loi, ce n'est, en général, que le journalisme politique qui offre à la littérature un asile digne d'elle. Aussi je ne sais s'il ne vaudrait pas mieux, pour les deux catégories de journaux, une égale servitude, à défaut d'une égale liberté.

Parmi les entraves imposées à la presse politique, la plus justifiable est assurément le cautionnement. Il faut des peines pour la presse, puisqu'elle peut être l'instrument d'actes délictueux. Or un journal, n'étant jamais une entreprise purement personnelle, demande d'autres peines que des peines personnelles. Il ne peut être frappé efficacement que dans les capitaux dont le concours assure sa publication. De là la convenance d'un cautionnement pour garantir sa responsabilité. Il n'en est pas, en effet, d'une peine pécuniaire comme d'une peine personnelle : ce n'est qu'une vaine menace, si l'on ne s'est pas assuré d'avance de l'existence de sa matière. Toutefois le fait seul de la publication d'un journal suppose une certaine propriété, qui peut toujours être saisie, et qui doit suffire, si l'on ne multiplie pas les délits, et si l'on n'exagère pas le chiffre des amendes. Or les délits de presse, si l'on s'en tient aux principes que nous avons posés, et que nous croyons seuls conformes à la justice, ne peuvent qu'être extrêmement rares. La responsabilité générale de la propriété du journal ne saurait, d'ailleurs, couvrir entièrement la responsabilité personnelle de ses rédacteurs et de son éditeur : la peine pécuniaire destinée à atteindre le journal dans ce qui fait proprement son existence ne sera donc pas la seule, et elle peut, dès lors, être modérée et se passer de la garantie d'un cautionnement.

Le cautionnement, surtout lorsqu'il est élevé, met la pensée au service du capital qui la fait vivre. Or il est rare que le capital prenne les idées à sa solde dans un but entièrement désintéressé. Il est naturel qu'il recherche des bénéfices, et il n'est pas rare qu'il cherche à grossir ses bénéfices en faisant d'un journal l'instrument de spéculations industrielles ou financières. Dans tous les cas, il s'accommodera difficilement d'une politique en opposition avec ses intérêts. Il exercera ainsi sur la conscience des journalistes, et par suite sur celle du public, une influence séductrice, toujours à déplorer, lors même qu'elle ne tendrait pas directement au mal. Rien de plus dangereux, en effet, que tout ce qui peut fausser la droiture de la conscience.

La nécessité d'une autorisation, beaucoup moins acceptable en principe, n'est pas moins dangereuse. N'autoriser que les journaux qui s'engagent à soutenir la politique du gouvernement, c'est, par le fait, supprimer la discussion politique; c'est supprimer les lumières qu'y peuvent trouver les citoyens et le contrôle que doit lui demander le gouvernement lui-même. Autoriser une certaine opposition, c'est investir d'une force exorbitante les journaux qui en obtiennent le bénéfice. Cette opposition privilégiée, astreinte à une modération relative dans l'intérêt de son privilége, ne paraîtra pas chose si terrible, même aux esprits les plus circonspects, et on s'en parera d'autant plus volontiers qu'elle satisfait sans péril cet esprit d'indépendance et de contradiction si naturel à l'homme. Le gouvernement, de son côté, n'entendant pas d'autre bruit que celui qu'il provoque lui-même, et qu'il se réserve le droit de faire taire dès que sa tranquillité en sera troublée, ne se croira pas d'autres adversaires que ceux qu'il a ainsi dans sa main; et, tandis qu'il ne craindra pas de leur lâcher la bride, pour tenir l'opinion en haleine et pour la tâter en quelque sorte, il ne soupçonnera pas les sentiments hostiles, les rancunes amères, les prétentions ambitieuses, qui se dissimuleront souvent sous la feinte modération de leurs attaques.

Nous l'avons montré en traitant de la presse en général, et nous pouvons le répéter avec plus de force pour la presse périodique : dès qu'un gouvernement comprend la nécessité d'un contrôle, il est de son intérêt de laisser la parole à tous ses adversaires, soit pour apprendre à les compter, soit pour rallier autour de lui ses amis indécis, par le sentiment des périls qu'ils partagent avec lui. En concentrant la direction de l'opinion dans un petit nombre de journaux, il ne fera que la concentrer dans un petit nombre de partis, au sein desquels viendront se fondre et se discipliner les différentes nuances d'opposition, et dont il facilitera la coalition en enlevant à la discussion la plupart des points qui les divisent. Il serait plus habile de les mettre aux prises en ne souffrant entre eux qu'une polémique violente et systématique, si un tel machiavélisme n'était de nature à échouer auprès de la masse honnête du public. L'un des grands avantages de la publicité, c'est qu'elle impose l'obligation de la franchise. On peut faire peser sur les journaux des chaînes plus ou moins lourdes; mais l'arbitraire lui-même ne peut se dispenser de garder vis-à-vis d'eux les apparences de l'équité. Que l'on renonce donc à la prétention chimérique et périlleuse de diriger l'opposition, et, puisqu'il n'est ni possible ni même désirable de la faire entièrement disparaître, qu'on l'abandonne à elle-même, sous la garantie, nettement définie, de sa responsabilité pénale.

Ici, comme partout, l'intérêt du gouvernement se confond avec celui des citoyens. La presse périodique, lorsque rien ne vient la fausser, a la puissance merveilleuse de refléter toutes les nuances de l'opinion publique, en même temps qu'elle les tient sous sa direction. Si des journaux de toute opinion, de tout parti, de toute secte, peuvent se produire sans entraves, aucun d'eux ne sera une force menaçante; chacun d'eux, en restant attaché à son point de vue plus ou moins étroit, pourra éclairer à la fois son propre parti, les partis rivaux et le gouvernement lui-même. On a beau s'obstiner dans la discussion, on y puise toujours, et presque à son insu, des lumières. On sent d'instinct ses points faibles, quand on est obligé de les défendre. En vain se refuse-t-on à l'évidence, on lui cède, quoi qu'on fasse, et, par une de ces équivoques familières à la sophistique intérieure, on recule souvent, quant au fond, au moment même où l'on se décerne, quant à la forme, les honneurs du triomphe. D'ailleurs, on ne peut se battre sans se rencontrer sur un terrain commun. Toute lutte est un rapprochement; et, lorsque le champ de bataille est l'intelligence elle-même, toute lutte est un accord. On peut en sortir plus ennemi, on n'en sort jamais sans s'être en partie entendu.

La lutte profite aux champions plus ou moins passionnés qui la soutiennent; elle ne profite pas moins aux spectateurs impartiaux, c'est-à-dire à la majorité de la nation, généralement en garde contre les entraînements de l'esprit de parti, lors même qu'elle paraît s'y abandonner avec le plus de fureur. Le bon sens populaire est naturellement impartial ; mais, faute de lumières, l'impartialité n'est souvent qu'indifférence, laissant la lutte s'engager et se décider entre des minorités également passionnées. Rien de plus salutaire que la liberté des discussions politiques pour vaincre cette indifférence fatale, en entretenant au sein d'une nation un intérêt sérieux pour ses propres destinées. Dussent même les opinions extrêmes s'approprier cet intérêt, elles n'obéiront pas sans profit à la nécessité de s'exposer, de se développer et de se défendre par une polémique de tous les jours : si elles ne se modifient pas, elles se mûrissent. Ce n'étaient peut-être, dans l'origine, que des intérêts aveugles ; elles deviennent une force intelligente et consciente, plus redoutable peut-être, mais, au fond, meilleure et pour ceux qu'elle entraîne et pour ceux qu'elle menace. Une société gagne toujours à échanger la lutte des passions pour celle des idées, quoiqu'il soit plus facile de venir à bout de l'emportement des unes que du fanatisme des autres. Les fureurs populaires, après le redressement des griefs particuliers qui les ont soulevées, laissent à leur suite un état d'affaiblissement et de dégradation morale, éminemment favorable à la démagogie ou au despotisme ; mais, lorsque les idées se mettent de la partie, leurs efforts, quelle qu'en soit l'issue immédiate, et quelques sophismes qui les aient inspirés, élèvent toujours le niveau des esprits et finissent tôt ou tard par servir la cause de la civilisation et de la vraie liberté.

Or, la presse périodique est, en quelque sorte, l'instrument nécessaire de la discussion politique. La politique proprement dite ne réside pas dans les théories générales, qui sont le fait de la philosophie, et auxquelles suffisent les chaires et les livres ; elle se fait véritablement avec l'histoire de chaque jour, avec les nouvelles de chaque pays, avec les appréciations de toutes sortes auxquelles donnent lieu ces nouvelles. Elle a, si je puis ainsi parler, ses ateliers particuliers : les conseils des cabinets, les assemblées parlementaires, les champs de bataille ; mais il lui faut un atelier général, où elle se façonne dans son ensemble. C'était, pour les cités démocratiques de l'antiquité, la place publique ; c'est, pour les États modernes, la presse périodique. C'est là que tout vient aboutir ; c'est de là que partent tous les courants d'opinion qui, se combinant ou se neutralisant, forment l'opinion générale. Cette histoire de chaque jour, le journal la raconte, à mesure qu'elle se déroule, et, en la racontant, il la juge : ses jugements, recueillis, commentés, discutés par tous ceux qui s'intéressent aux affaires publiques, préparent ceux des historiens futurs.

Jugements hâtifs et téméraires, dira-t-on, qui se forment au jour le jour, suivant les impressions du moment, sans être mûris par l'expérience, ni éclairés par aucun principe. Le journal ne saurait en effet suffire à tout ; mais, précisément parce qu'il est plus mobile, il est plus impersonnel, plus dégagé de vues systématiques et exclusives. L'enseignement du livre pourra être plus profond, je ne sais s'il sera toujours aussi sûr. C'est surtout en politique que les premières impressions sont souvent les meilleures. Aussi l'influence propre d'un journal ne tient pas à ces articles de fond, étrangers à sa rédaction quotidienne, qui n'ont de prix que pour des lecteurs spéciaux et plus ou moins lettrés, mais où la masse des lecteurs ne voit, le plus souvent, que de brillants hors-d'œuvre, dont elle retire peu de profit, si même elle y jette les yeux. Ce n'est pas là le journal lui-même ; ce sont des opinions individuelles, auxquelles le journal a prêté sa publicité, et qui se distinguent aisément des aliments plus grossiers, mais moins subtils, qu'il sert chaque jour à l'opinion générale.

Je ne saurais approuver, pour cette raison, l'obligation de la signature imposée aux rédacteurs des journaux. Pour agir efficacement sur les masses, il faut se tenir plus près d'elles, en leur dérobant sa personne sous un voile collectif, qui participe de leur universalité. Autrement l'importance d'un journal s'attachera moins à l'exactitude de ses informations et à l'excellence de ses raisonnements qu'à l'éclat du talent ou de la réputation de son principal rédacteur, qui deviendra ainsi une véritable puissance. Cette puissance collective, que l'on reproche à la presse périodique, est, au fond, moins dangereuse. En réunissant les efforts d'un certain nombre de rédacteurs, la rédaction devient moins personnelle ; elle est plus voisine du sens commun, elle apporte, jusque dans l'esprit de parti, une modération dont l'individu livré à lui-même ne sentirait pas le besoin.

Qu'on n'exagère pas, enfin, ce pli exclusif, que chaque journal livré à lui-même tend à imprimer à l'opinion de ses lecteurs habituels. Celui qui ne lit qu'un journal n'est pas tout à fait dans la situation d'un juge qui n'entendrait qu'une partie. On peut, et toutes les lois sur la presse ont donné leur sanction à cette règle, obliger les journaux à insérer toutes les rectifications qui leur sont adressées, soit par les particuliers, soit par le gouvernement. C'est, d'ailleurs, l'intérêt, aussi bien que le devoir de tous ceux qui redoutent l'esprit de parti, de prendre à tâche de le combattre, dans les limites où s'étend leur influence respective, en redressant toutes les fausses opinions qu'ils voient se produire autour d'eux, soit qu'elles partent de la presse ou de toute autre source de préjugés.

Une institution, dont l'usage se répand de plus en plus dans les moindres localités, offre le plus sûr remède à cet esprit partial dont on accuse la presse périodique : ce sont ces sociétés littéraires, où d'honnêtes gens viennent s'éclairer en commun sur les affaires publiques par la lecture d'un certain nombre de journaux de tous les partis. Tous ceux qui ont à cœur la sincérité de l'opinion publique doivent encourager la multiplication de ces sociétés. C'est aussi le devoir du gouvernement de ne rien faire pour les entraver, sans même s'alarmer des discussions politiques qui pourront s'élever dans leur sein. On peut craindre le lecteur d'un seul journal, comme celui d'un seul livre, suivant le proverbe ; mais quelles garanties d'impartialité n'offrent pas des hommes qui se réunissent pour demander des lumières, non-seulement à plusieurs journaux, mais à de paisibles discussions, nécessairement contenues par les égards qu'ils se doivent entre eux ? Qu'on laisse donc se multiplier sans crainte et les organes de toutes les opinions politiques et les centres où ils peuvent simultanément exercer leur action. Si l'on veut que la lumière soit féconde, il ne faut intercepter aucun de ses rayons.

VIII.

Nous avons exclu, pour toutes les formes de la presse, les lois préventives et la juridiction administrative. Il reste à déterminer les conditions de la répression judiciaire, dans les limites que nous avons posées : offenses aux particuliers, provocation directe à des actes illégaux. Pour le premier délit, la poursuite légale doit attendre la plainte de la partie lésée ; pour le second, elle a naturellement lieu d'office. Dans l'un et l'autre cas, elle peut faire peser la responsabilité de l'écrit incriminé sur tous ceux qui ont prêté à sa publication un concours intelligent et volontaire : non pas, sans doute, sur les ouvriers typographes ou sur les commis de librairie, mais sur l'imprimeur et sur l'éditeur, aussi bien que sur l'auteur. La responsabilité des imprimeurs et des éditeurs devant la police, par voie de retrait de brevet et d'autorisation, a presque tous les effets de la censure : devant les tribunaux, elle est réclamée par tous les principes du droit pénal. Ni les uns ni les autres ne remplissent un ministère aveugle, et, puisqu'ils prennent part à l'action bonne ou mauvaise que peut exercer la pensée de l'écrivain, il est juste qu'ils en partagent l'honneur ou la peine. L'excuse de la bonne foi devra toujours être admise, si les circonstances la rendent vraisemblable ; mais la loi ne saurait dispenser d'un examen consciencieux celui qui concourt, de son plein gré, à une publication d'où peuvent sortir le déshonneur d'une famille et la perturbation d'une société.

Que cet examen soit une espèce de censure, je le reconnais ; mais elle ne s'exerce que dans les conditions de la liberté et de la justice. Il n'y aurait gêne ou oppression que si le nombre des imprimeries et des librairies restait limité, ou si les délits étaient tellement vagues et indéfinis, que nul ne pût se croire à l'abri de poursuites. Si toutes les professions qui relèvent de la presse sont ouvertes à tous, si ceux qui les embrassent n'engagent leur responsabilité que dans des cas parfaitement déterminés, il est impossible qu'un ouvrage, à moins qu'il n'affronte une condamnation inévitable, ou qu'il n'ait aucune chance de succès, ne trouve personne qui consente à le publier ; l'auteur aurait toujours la ressource, à l'abri de la liberté commune, non-seulement de l'éditer, mais de l'imprimer lui-même : comme Aristophane, ne trouvant aucun acteur qui voulût jouer le rôle de Cléon, montait lui-même sur le théâtre, couvert du masque de ce redoutable personnage.

Pour tous les délits de presse et pour tous ceux qui peuvent y être impliqués, la garantie d'un jury est plus nécessaire peut-être que pour tout autre procès. Tout ce qui tient aux opinions doit être jugé par les représentants naturels de l'opinion, par des arbitres qu'aucune volonté ne s'attribue le droit de désigner. Qu'on ne dise pas que, dans les délits de presse, tels que nous les avons définis, il ne s'agit pas d'opinions, mais d'atteintes volontaires soit à la considération d'un particulier, soit à la sécurité de l'État. Ces atteintes sont toujours de telle nature qu'elles ne peuvent se séparer de la manifestation d'une pensée, et que, si elles ont pour effet d'aigrir les cœurs ou d'armer les bras, leur action la plus immédiate est toujours dans l'intelligence. D'ailleurs, s'il s'agit de l'honneur privé, est-il besoin d'un caractère officiel pour en être juge ? L'appréciation de simples particuliers, dégagés de toute préoccupation légale, et ne consultant que leur conscience, n'est-elle pas la meilleure garantie ? Si l'on craint de trop laisser au sort, n'est-on pas protégé par le droit de récusation, et par cette récusation générale que nous avons accordée à la loi elle-même, en lui permettant d'exclure, non pas individuellement, mais par catégories, tous ceux qui ne seraient pas suffisamment aptes à remplir les devoirs de jurés ? Ce que nous repoussons, non pour l'application de la loi, mais pour l'appréciation morale des faits, ce ne sont pas les exclusions légales, mais des juges désignés personnellement, soit par le gouvernement, soit même par le suffrage de leurs concitoyens, et représentant toujours plus ou moins la volonté qui les a choisis.

Cette considération est surtout décisive en faveur de la juridiction du jury, lorsque l'intérêt politique est en jeu. Ni l'inamovibilité des magistrats, ni aucune des garanties qui peuvent présider à leur nomination, ne peuvent faire qu'ils ne soient pas les représentants de l'État. Ils gardent ce caractère, même quand ils sont électifs ; car l'État ce n'est pas seulement le gouvernement, c'est toute volonté investie de la souveraine puissance, et s'il s'en remet au choix d'une majorité, il lui délègue tous ses droits. L'État serait donc juge et partie, s'il devait faire juger par les organes de la loi les attentats contre sa sécurité. Puisqu'il est le plaignant, il faut qu'il cherche des juges étrangers à son action, intéressés comme lui à l'ordre social, mais n'apportant dans la balance que le poids d'une conscience droite, non celui de la volonté dominante. Tant que cette condition n'est pas remplie, le jugement politique n'est qu'un acte de guerre, non un acte de justice.

On craint la faiblesse du jury et le scandale d'acquittements trop fréquents. Pour que le sort désignât constamment des jurés indifférents ou hostiles aux institutions de l'État, il faudrait supposer que ces institutions ne seraient plus soutenues par l'opinion générale. Dès lors, ce ne sont pas les écrits incriminés qui doivent éveiller la sollicitude du gouvernement, c'est bien plutôt l'antipathie qui commence à se manifester contre lui au sein de la nation. Ces acquittements dont il se plaint ont pour effet de l'éclairer; ils accusent un mécontentement auquel il importe de remédier, soit par la réforme des lois, soit par un changement de politique, soit par un appel direct et énergique aux intérêts conservateurs. Si la faiblesse du jury n'atteste que l'indifférence du public, cette indifférence est souvent plus à craindre pour un gouvernement qu'une hostilité déclarée. Ce qui la rend surtout fatale, c'est que rien, en général, ne vient la trahir. Le bruit se révèle de lui-même; le silence n'appelle l'attention que lorsqu'on l'invite à se rompre. Un sage gouvernement doit tout faire pour prévenir l'indifférence, et, s'il ne peut l'empêcher de se produire, il doit du moins rechercher toutes les occasions qui lui permettent de l'interroger et de lui arracher son secret. Des électeurs indifférents donneront le plus souvent leur suffrage au gouvernement qui les consulte, ne voulant pas son renversement, quoique incapables du moindre effort pour le soutenir. Des jurés indifférents acquitteront presque toujours un accusé politique, n'étant pas assez attachés au gouvernement pour lui sacrifier la liberté ou la fortune d'un de leurs concitoyens. Les décisions du jury, quand elles affectent un caractère constant, sont donc le thermomètre le plus sûr et le plus sensible de l'état de l'opinion, et l'intérêt politique ne les réclame pas moins que la justice.

Les procès de presse doivent-ils être publics? La publicité du délit appelle naturellement la publicité de la répression, et, par conséquent, la publicité du jugement; car une condamnation dont on ne peut apprécier les motifs ne produit qu'une vague terreur et reste sans effet sur la conscience. On objecte cependant que le compte rendu d'un procès de presse par la presse elle-même n'est pas autre chose que la divulgation de l'écrit incriminé, avec tous les commentaires dont l'intérêt de la défense a pu le renforcer. Non poursuivi, il n'eût eu le plus souvent qu'une publicité restreinte; poursuivi, tout le monde voudra le connaître, et, pour satisfaire la curiosité générale, tous les journaux s'empresseront de le reproduire. N'est-il pas à craindre que l'ambition ou le fanatisme, au risque d'une forte amende ou de quelques années d'emprisonnement, ne recherche un procès de presse, comme une sorte de tribune du haut de laquelle on se flattera de répandre ses idées et de remuer les passions populaires?

Nous ne nions pas le danger; mais, comme tous ceux qui peuvent naître de la publicité, nous croyons qu'il porte avec lui son remède. Le délit de presse n'est pas dans le fait même de la publicité, mais dans l'intention coupable de faire tort à autrui ou de troubler l'ordre légal. Si la publicité peut assurer à cette mauvaise action la complicité d'autres volontés, qu'elle donne le moyen de séduire, elle a aussi pour effet de la dénoncer à l'indignation de tous ceux dont elle blesse les sentiments, et de les engager à réunir tous leurs efforts pour la combattre. La publicité nouvelle, et souvent plus étendue, qu'elle reçoit par le compte rendu du procès, joint, du moins, la défense à l'attaque. Si l'on craint que l'une n'égare les esprits, pourquoi ne compterait-on pas sur l'autre pour les ramener? S'il y a acquittement, le compte rendu est un appel de la partie plaignante à l'opinion générale contre la décision du jury. Ne connaissant que le résultat, la plupart réserveraient toute leur sympathie pour l'objet d'une poursuite reconnue sans fondement. En livrant les pièces du procès à l'appréciation de tous les honnêtes gens, on est en droit d'espérer que beaucoup refuseront leur approbation au déni de justice dont on croit avoir à se plaindre. Y a-t-il eu condamnation, la publicité lui donne la sanction de l'opinion. Elle pourra être discutée et contestée par quelques-uns; mais beaucoup l'approuveront, qui peut-être, s'ils n'avaient pu en peser les motifs, auraient cru à une susceptibilité déplacée ou à d'inutiles rigueurs. Elle pourra être, pour celui qui l'aura bravée, un piédestal élevé à sa réputation; mais, pour une grande partie du public, ce piédestal ne sera qu'un pilori. Il ne faut pas qu'un acte coupable reste impuni; mais, s'il est réellement coupable, c'est faire injure à la société que de lui en dérober la connaissance, de peur qu'il ne se rencontre plus de passions entraînées à le glorifier que de consciences droites disposées à le flétrir.

CHAPITRE VI.

LA LIBERTÉ D'ASSOCIATION.

> Der Isolirte vermag sich eben so wenig bilden
> als der Gefessellte.
> W. VON HUMBOLDT.

ARGUMENT.

I. Vicissitudes du droit d'association; défiance qu'il inspire.
II. Ses rapports avec les autres droits, dont il est le complément nécessaire.
III. Les associations politiques. — Les clubs.
IV. Le droit d'association et les intérêts de la morale.
V. Les associations littéraires ou scientifiques.
VI. Les associations religieuses.
VII. Les associations de bienfaisance.
VIII. Le droit de réunion.

Nous n'avons pu faire un pas dans le domaine des libertés morales sans rencontrer les droits de réunion et d'association. Des écoles, des colléges, des facultés, des universités, toutes les institutions, en un mot, qu'implique la liberté d'enseignement, sont des réunions d'élèves ; ce sont aussi, sauf les plus petites écoles, des associations de professeurs, et, dans la plupart des cas, des associations de capitaux, et, par conséquent, de fondateurs et d'intéressés. La prière en commun est le droit le plus essentiel de la liberté religieuse, et le lien des mêmes croyances demande autre chose que des réunions particulières et accidentelles. Il faut une Église, soumise à des lois communes, sous le gouvernement d'un corps de prêtres, et, au sein de chaque Église, des sociétés, plus restreintes et plus étroitement unies, ont encore une place légitime. Nous avons vu quelle association d'efforts, de pensées, de capitaux suppose, sous toutes ses formes et pour tous ses organes, la liberté de la presse. En dehors de ces libertés spéciales, qui ont fait le sujet des précédentes études, tous les intérêts moraux, comme tous les intérêts matériels des hommes, les invitent à se réunir et à s'associer librement. Isolé, l'homme ne peut rien pour le développement de son âme, rien pour l'accomplissement de ses devoirs positifs envers ses semblables. Il est comme enchaîné, suivant la forte image que nous avons empruntée à Guillaume de Humboldt. Or, il garderait encore ses chaînes, s'il remettait à une seule société, à l'Église ou à l'État, le soin de tous ses intérêts. Les besoins les plus précieux des âmes réclament l'indépendance réciproque de ces deux sociétés, et, à côté d'elles, quoique sans préjudice de leur autorité légitime, une foule d'autres associations, les unes industrielles et commerciales, qui ne rentrent pas dans notre cadre, les autres scientifiques, littéraires, charitables ou même politiques, se produisant au nom des droits mêmes de l'âme et dans l'intérêt de ses devoirs, peuvent également revendiquer une existence distincte et indépendante.

I.

La liberté de réunion n'a jamais été comprimée que dans un intérêt de police, au nom de l'ordre public. La liberté d'association a souvent été contestée au nom de la liberté même. Loin de faire des conquêtes, elle a vu se resserrer son domaine, à mesure que les idées de liberté se faisaient une place plus grande dans les esprits et dans les institutions. Les corporations industrielles avaient été frappées de mort avant la révolution de 1789, et il n'en reste plus que quelques vestiges, que l'on conserve, en quelque sorte, dans un intérêt archéologique, comme on respecte les monuments encore subsistants de l'âge féodal. La Révolution a emporté les universités, les congrégations, les Églises elles-mêmes, toutes les associations plus ou moins libres qui prétendaient donner satisfaction aux besoins de l'intelligence et de la foi. Les Églises ne se sont relevées après la tempête qu'en vertu d'un acte de la puissance politique, et en subissant la nécessité d'une reconnaissance légale et d'une autorisation préalable. Quelques-unes des anciennes congrégations se sont reconstituées, de nouvelles même ont été fondées ; mais la plupart ne subsistent que par une tolérance tacite et précaire, et toute action collective leur est légalement interdite. Ces associations sont, d'ailleurs, encore plus menacées par ce qu'on appelle l'esprit libéral que par l'omnipotence de l'État, dont on accuse souvent la faiblesse à leur égard [1]. Dans l'ordre intellectuel, les sociétés indépendantes ne rencontrent pas beaucoup plus de faveur ; elles ne peuvent se passer de l'autorisation de l'État, et la plupart cèdent docilement aux efforts du pouvoir central pour leur imposer son patronage et pour les faire entrer dans sa sphère d'action. Quant aux associations enseignantes, nous avons vu quelles luttes elles ont eu à soutenir pour obtenir une demi-liberté, qui leur a été longtemps marchandée, au nom des intérêts libéraux eux-mêmes, et qui, ne protégeant encore que des établissements d'instruction isolés et sans lien, n'aurait pas le pouvoir de faire revivre des universités libres.

La liberté d'association n'était, dans les siècles précédents, que la consécration de privilèges oppressifs. C'est le souvenir d'un régime odieux qui pèse encore sur elle. Dans ces temps de barbarie, où la force légale était impuissante, chacun devait se protéger soi-même. Or, le seul moyen pour les faibles de faire passer la force de leur côté, c'est de s'associer ; non pas d'une association pacifique, en mettant en commun leurs intérêts ou leurs pensées, mais d'une association militante, en unissant leurs efforts sous une sorte de gouvernement investi de tous les droits de la souveraineté, pour repousser les empiétements du dehors et pour réprimer les résistances du dedans.

Tel est le caractère de presque toutes les associations du moyen âge. Ce sont de véritables États, qui ont non-seulement leur législation et leurs finances, mais leur juridiction, leur police, leurs moyens directs de coercition et de défense. Des sociétés ainsi constituées n'ont pu se former et se maintenir sans arracher à la faiblesse de l'État quelques-uns de ses droits les plus essentiels, et sans usurper également sur la liberté des individus qui leur

---

[1] Un acte officiel nous a récemment rappelé que l'agrément de l'État était nécessaire pour la formation d'une association charitable, et, si quelques protestations désintéressées se sont fait entendre, on y a vu généralement une affectation de se singulariser et une sorte de donquichottisme de la liberté.

demandaient un refuge. Aucune société ne peut subsister si le droit n'achète pas l'appui de la force en s'inclinant devant elle [1]. Mais, pour qu'on puisse « mettre ensemble la justice et la force, » comme dit Pascal, il faut que la force soit placée, comme la justice elle-même, dans les conditions les plus sûres d'impartialité, de généralité et d'unité. L'État le plus despotique réalise au moins les deux dernières. L'organisation des communautés, des corporations, des congrégations au moyen âge, multipliait l'empire de la force, et le rendait d'autant plus odieux qu'il le rapprochait davantage des individus. Il fallait obéir à l'État suprême, qui n'avait pas abdiqué tous ses droits; il fallait en même temps subir la loi du corps dont on était membre, et heureux ceux qui n'appartenaient qu'à un seul corps! il fallait, enfin, se défendre contre tous ces petits États rivaux dont on était environné.

Non-seulement les diverses associations s'étaient arrogé une partie des droits de la puissance civile, mais, dans un temps où la notion du droit commun était partout obscurcie, elles s'étaient fait accorder les plus énormes privilèges. Point de place pour le travail libre : chaque genre de travail est le privilège d'une corporation; point de place pour l'enseignement libre : chaque degré d'enseignement a ses écoles, ses colléges, ses universités, en possession d'un privilége exclusif; point de place pour la foi libre : une seule Église règne sur l'État et sur le peuple, et la force publique est à son service pour lui assurer l'adhésion des consciences. Ces priviléges, tantôt usurpés, tantôt obtenus en vertu d'une concession bénévole, sont si peu d'accord entre eux, qu'ils perpétuent l'état de guerre entre les associations. Quelque soin qu'on ait pris de parquer dans chaque corps de métier une industrie déterminée et uniformément réglementée, les empiétements réciproques sont continuels, aboutissant à des luttes violentes ou à des procès sans issue. L'Université est en guerre ouverte avec les ordres monastiques pour la défense de son

---

[1] « La justice sans la force est impuissante; la force sans la justice est tyrannique. La justice sans force est contredite, parce qu'il y a toujours des méchants; la force sans la justice est accusée. Il faut donc mettre ensemble la justice et la force, et, pour cela, faire que ce qui est juste soit fort, et que ce qui est fort soit juste. » — Pascal, *Pensées*, édition Havet, p. 75.

monopole, et les ordres monastiques n'ont pas des priviléges moins respectables, qu'ils défendent avec acharnement, non-seulement contre l'Université, mais les uns contre les autres. Enfin, si la liberté de conscience fait la conquête de quelques garanties, elles se réduisent à constituer côte à côte des Églises privilégiées, armées pour la lutte, et qui ne peuvent se mouvoir, dans la sphère assignée à chacune d'elles, sans mettre en échec la puissance de l'État et sans allumer la guerre civile.

Est-il étonnant que les particuliers aient fini par préférer à ce régime d'oppression et de lutte le pur despotisme de l'État, et qu'ils l'aient aidé eux-mêmes à les débarrasser de ces corporations, qui ne les protégeaient qu'en les asservissant, du moment que sa puissance a suffi pour les couvrir d'une protection efficace? Il ne faut pas davantage s'étonner, si l'État s'est montré plus jaloux de reprendre sur les associations les droits qu'elles lui avaient enlevés, et qui en faisaient autant d'États dans son propre sein, que de faire disparaître ceux de leurs priviléges dont le poids ne pesait que sur les peuples. C'est ainsi que ces priviléges ont subsisté jusqu'à la Révolution, entretenant la haine contre un régime social, dont les abus semblaient d'autant plus odieux qu'il avait cessé d'être protecteur. La Révolution les a enfin immolés sur l'autel de la liberté, mais elle a été entraînée par la haine qu'ils inspiraient à immoler avec eux le droit d'association lui-même.

Toutes ces usurpations, soit sur l'autorité de l'État, soit sur la liberté des individus, sont étrangères au droit d'association. Il y a contradiction entre la liberté et le privilége. Il y a également contradiction entre la liberté et la contrainte. L'emploi de la force est nécessaire, dit Pascal, « parce qu'il y a toujours des méchants, » c'est-à-dire des ennemis du droit. C'est l'origine de l'État. Mais, précisément pour que toutes les libertés ne soient pas sous l'empire de la force, il faut d'autres associations que l'État lui-même ; il faut des associations libres, qui puissent se former librement et librement se dissoudre, et dont les statuts, la juridiction, la défense, excluent tout moyen coercitif. Ces sociétés indépendantes de l'État peuvent traiter avec lui, en quelque sorte d'égal à égal, mais non se confondre avec lui en introduisant la contrainte où ne doit régner que la liberté. D'un côté est l'ordre spirituel, qui n'est pas seulement l'ordre religieux ; de l'autre, l'ordre temporel.

Le premier ne peut vivre que sous la protection du second, et il est juste qu'il l'achète en se soumettant à ses lois ; mais il ne le serait pas qu'il ne vécût que par son bon plaisir. Le second doit reconnaître l'indépendance du premier, mais sans abdiquer devant lui, sans lui céder une partie de sa puissance, sans lui permettre de tourner contre la liberté les armes de la liberté.

C'est donc à tort qu'on oppose au droit d'association ces souvenirs d'un régime qu'il repousse lui-même. Ajoutons qu'il est chimérique d'en craindre le retour. La Révolution n'a pas détruit tous les priviléges ; mais ceux même qu'elle a respectés, elle les a frappés d'impuissance ; s'ils blessent encore l'égalité, ils ne sont plus une entrave à la liberté. Quant à l'État, loin que ses droits aient été entamés par une révolution qui semblait surtout dirigée contre eux, ils ont si bien repris possession de toutes leurs attributions naturelles, qu'ils lui assurent désormais une puissance sans rivale, sinon sans limites. Aucune association, non plus qu'aucun individu, ne prétend partager avec lui le droit qui lui est propre de se faire obéir par la force. On ne lui dispute que le terrain des influences morales, où il ne saurait s'aventurer sans danger. Il est assez fort pour n'avoir plus à redouter les empiétements d'une liberté réglée ; il ne peut que s'affermir encore en accordant à la liberté les garanties qu'il lui doit contre ses propres empiétements.

Nous ne prétendons pas toutefois que la liberté d'association, dépouillée de tout privilége et de tout droit oppressif, soit désormais sans péril. Une association est toujours, à certains égards, une sorte d'État ; elle a ses lois, bien qu'il ne lui appartienne pas de contraindre directement ses membres à les respecter. Elle a ses revenus, bien qu'ils ne se composent que de dons volontaires. Elle a sa juridiction, bien qu'elle ne puisse donner elle-même une sanction positive aux arrêts qu'elle prononce. Elle a, enfin, ses moyens d'action, qui ne laissent pas d'être efficaces, quoiqu'ils excluent l'emploi de la force. C'est, en un mot, comme l'État, une puissance collective et organisée, et, devant une puissance de ce genre, on conçoit aisément sinon la jalousie de l'État, du moins les alarmes des individus. L'égalité complète entre individus est une chimère. Quand on réaliserait l'égalité des biens, les intelligences et les forces seraient toujours inégales. Or, si la lutte n'est pas toujours possible d'individu à individu, comment le serait-elle entre un individu et une association? L'atelier disparaît devant l'usine. Le petit voiturier subit la loi des grandes messageries ; celles-ci, à leur tour, sont frappées à mort par les compagnies de chemins de fer. Si nous rentrons dans l'ordre moral, qui touche par plus d'un point à l'ordre industriel, la lutte n'est pas moins inégale entre les petits et les grands journaux, entre les professeurs isolés et les corporations enseignantes. Dans l'ordre religieux lui-même, dégagé de tout intérêt mercantile, est-il facile au libre penseur de s'isoler dans sa foi personnelle, en repoussant le patronage de toute Église ? Seul en face d'une organisation qui touche à tant d'intérêts précieux, ne se sent-on pas comme enlacé par mille liens, dont il est presque impossible de se dégager entièrement ? Qu'on oppose, dira-t-on, l'association à l'association ; que les libres penseurs, les professeurs isolés, les petites industries, sans abdiquer leur indépendance et leur individualité, sachent se soutenir mutuellement contre toute influence oppressive, contre toute concurrence inégale.—Oui ; mais si l'individu, contre les associations qui l'entourent, n'a de ressource que dans l'association elle-même, que devient sa liberté ? « L'homme isolé est comme enchaîné : » argument puissant en faveur du droit d'association ; mais, par là même, objection redoutable contre ce même droit, s'il est vrai qu'il s'impose à l'individu comme son unique moyen de défense, et que celui qui ne veut pas ou qui ne sait pas l'exercer soit condamné inexorablement à l'impuissance, à la ruine et à la mort !

C'est en vain, d'ailleurs, que le fait même de l'association reste entièrement facultatif : il est souvent difficile de se dégager d'un tel lien, une fois qu'on l'a accepté. Qui ne sait combien il en coûte, au sein des congrégations religieuses, pour reprendre une liberté qui n'est plus enchaînée par des vœux perpétuels, mais seulement par le respect humain et par la force de l'habitude ? On retrouverait une pression du même genre dans presque toutes les associations qui affectent un caractère moral, même dans les plus mondaines : bien que la servitude y soit volontaire, elle n'en apparaît pas moins comme une servitude, soit à ceux qui ne savent pas s'en affranchir, soit aux témoins désintéressés qui l'observent du dehors. De là le peu de sympathie de l'esprit de liberté pour le droit d'association ; de là les précautions que l'on réclame, au nom de la liberté, contre une de ses formes les plus respectables et les plus précieuses assurément, mais aussi les plus menaçantes.

Ce qui contribue le plus peut-être à l'impopularité des associations, ce sont les intérêts pécuniaires qui s'y lient nécessairement aux intérêts moraux. Toute société, lors même qu'elle ne tend qu'à unir les âmes, a besoin de revenus pour se maintenir. Vous ne voulez que prier en commun : il vous faut, au moins, une maison de prières, et, après l'avoir achetée ou louée, il faut pourvoir à son entretien. Une association entièrement désintéressée peut se former dans le but de répandre l'instruction : elle ne peut se passer de ressources pécuniaires, soit pour l'acquisition des locaux destinés à ses écoles, soit pour le salaire de ses professeurs. On peut en dire autant de la publication d'un journal, quelle que soit, dans sa fondation, la part du zèle politique. Enfin, il est des œuvres d'un caractère purement moral, qui ne peuvent s'accomplir que par des moyens matériels, et dont l'argent est non plus le salaire ou l'indemnité, mais l'instrument plus ou moins direct. Telles sont les œuvres de charité. Ici, c'est l'argent ou les choses qu'on se procure à prix d'argent, qui jouent le principal rôle après l'intention morale. Le journaliste vit de sa plume; le professeur, de son enseignement; le prêtre lui-même, de l'autel : la charité est le dévoûment le plus absolu et le plus constant ; tous ceux qu'elle associe doivent être toujours prêts à payer de leur temps, de leur travail et de leur bourse. Or, quand l'association est, dans toute la force du terme, une personne morale; quand elle ne se compose plus de copropriétaires appelés à partager des dépenses et des bénéfices éventuels, mais de membres d'un même corps, dévoués à une même œuvre, sans avoir personnellement aucun droit sur le capital et sur les revenus dont ils disposent, elle peut sans doute compter sur le concours désintéressé et sans réserve des individus qui sont volontairement entrés dans son sein ; mais elle se pose nécessairement en rivale d'une société antérieure et naturelle qui réclame leur premier dévoûment : c'est la famille. Ces biens, qui sont destinés à satisfaire aux besoins d'une Église, d'une congrégation, d'une corporation enseignante, d'une institution charitable, sont pris à la famille, et ils ne doivent plus lui faire retour. Faut-il donc s'étonner si des récriminations passionnées s'élèvent sans cesse contre l'avidité et l'esprit d'envahissement de ces différentes sortes de sociétés, et si l'on ne craint pas d'en appeler à l'intervention de l'État, pour qu'il mette des bornes au développement de leur fortune, et quelquefois même pour qu'il les en dépouille? Faut-il s'étonner de la défiance qu'inspire l'esprit d'association, même sous sa forme la plus respectable, comme dévoûment à la foi religieuse, au progrès des lumières, au soulagement des misères sociales?

II.

Nous traiterons de la propriété des personnes morales dans le chapitre suivant, sur la propriété en général, et nous montrerons alors comment leurs droits peuvent se concilier avec ceux des familles. Nous ne voulons ici que répondre aux objections qui concernent l'action et la vie propre des associations libres. Il ne faut pas nier la puissance redoutable de l'association : ce serait nier ses bienfaits; mais il ne faut pas l'exagérer. Il y a dans toute association un accroissement, mais il y a aussi une neutralisation de force. Certaines entreprises ne peuvent réussir que par des efforts collectifs; d'autres demandent, au contraire, des efforts individuels. L'association abandonne l'agriculture à l'exploitation individuelle; elle lui abandonne également un grand nombre d'industries, surtout celles qui exigent de l'intelligence et de l'adresse. Les masses sont plus aisément remuées par les accords d'un orchestre que par le jeu savant d'un soliste; mais celui-ci seul peut prétendre à la fortune aussi bien qu'à la gloire. De même, quelle que soit l'influence de la presse périodique, elle n'est pas toute la littérature, et ce n'est qu'aux écrivains isolés qu'appartiennent les grands et durables succès. Un corps enseignant a de grands avantages sur des professeurs isolés; ces derniers, cependant, obtiendront souvent la préférence, et des leçons particulières, sans avoir la garantie d'un savoir étendu et sérieusement constaté, seront quelquefois plus lucratives que l'enseignement collectif le mieux distribué, par cela seul qu'elles seront plus libres et mieux appropriées à la diversité des intelligences et des goûts. Enfin, pour des œuvres toutes désintéressées, c'est sans doute une faiblesse d'être seul, ce n'est pas un obstacle. La charité collective a une efficacité plus générale que la charité individuelle ; elle n'a pas toujours une efficacité aussi directe ; elle lui laisse encore beaucoup de bien à faire, et même, pour être vraiment bienfaisante, tout en combinant les efforts de ceux qui lui prêtent leur concours, elle sent la nécessité de se reposer en partie sur leur initiative personnelle. Il est certain que, dans l'ordre religieux, l'isolement est une souffrance pour les âmes les meilleures et une gêne pour les autres. Qui dit religion dit un lien, d'après l'étymologie même, et, si le sentiment religieux est naturel à l'homme, il l'invite naturellement à l'association. Beaucoup, cependant, se dégagent assez aisément de ce lien, et la pensée libre est rarement sans charme, lors même qu'elle n'a pas l'appui de l'esprit de contradiction et de paradoxe.

Que prouve, d'ailleurs, la faiblesse relative de l'individu en face des associations auxquelles il reste étranger? C'est que l'homme n'est pas fait pour l'isolement; c'est qu'il doit faire, pour en sortir, tous les efforts que lui permet le soin de son indépendance légitime. L'association apparaît ainsi, non pas comme une nécessité inexorable, mais comme un devoir imposé à l'homme par sa destinée, et dont il ne peut être dispensé que par d'autres devoirs. C'est une contrainte sans doute, mais on en peut dire autant de toutes les obligations. C'est une gêne pour la liberté, mais elle ne la subit que pour y puiser de nouvelles forces. C'est aussi une gêne que la nécessité du travail, et l'on peut souhaiter d'en être affranchi ; mais a-t-on le droit de demander autre chose que le droit de choisir librement le genre de travail auquel on se consacre ? On ne peut entrer dans une association sans abdiquer une partie de sa liberté; mais c'est une abdication volontaire, et qui n'est jamais sans retour. Que si le respect humain hésite devant l'éclat d'une rupture, c'est la juste expiation d'un engagement téméraire, et, dans tous les cas, tant que la liberté reste entière, nul n'est fondé à se plaindre.

Quelques reproches que l'on puisse faire à l'esprit d'association, au nom des intérêts individuels, ces intérêts eux-mêmes ne sauraient s'en passer, et ils ne peuvent que réclamer des garanties contre ses abus. Or, ce n'est pas écarter l'abus, c'est supprimer le droit, que d'exiger, pour toute association de plus de vingt personnes, l'autorisation du gouvernement. Qu'une telle exigence se maintienne dans nos lois, au nom de l'intérêt prétendu de l'État, on le conçoit aisément ; mais qu'elle invoque l'intérêt de la liberté elle-même et que le zèle le plus sincère pour la liberté lui prête quelquefois son appui, c'est une illusion assurément fort étrange. Vous vous sentez trop faible en face de ces grandes associations, qui se gouvernent comme de véritables États, mais du moins, sous la juridiction suprême de l'État, dont elles font partie comme vous-même, sans autre moyen d'action ou de défense que ceux du droit commun : vous sentez-vous plus fort en face de l'État, dont vous exagérez si imprudemment les droits ? Ne représente-t-il pas la plus puissante des associations, non-seulement comme la plus étendue, mais comme la seule qui ait la force en mains et qui ne reconnaisse au-dessus d'elle aucun juge ? Le plus sage gouvernement peut se tromper ; le plus honnête a ses préjugés et ses passions ; le plus libéral a ses défiances à l'égard de la liberté. Loin de livrer le droit d'association au bon plaisir du gouvernement, nous voudrions plutôt qu'on y cherchât un abri pour les individus eux-mêmes contre la toute-puissance de l'État. Dans l'intérêt des gouvernements, pour qu'ils soient moins tentés de sortir de leurs limites naturelles; dans l'intérêt des gouvernés, pour qu'ils ne soient pas réduits à tout souffrir ou entraînés à tout oser, il faut des intermédiaires assez forts pour imposer à la tyrannie, ou, s'il n'y a pas d'autre moyen de salut, pour organiser et pour contenir la résistance légale. Tel a été, en Angleterre, le rôle de l'aristocratie ; telles doivent être, sans l'inégalité et les priviléges aristocratiques, de libres associations, se recrutant librement au sein de toute la masse du peuple, dont elles reproduisent la mobilité et la vie, mais pouvant, d'un autre côté, comme les aristocraties elles-mêmes, opposer leur unité et leur perpétuité à l'unité et à la perpétuité de l'État. L'individu isolé peut les regarder d'un œil jaloux ; il n'a pas tort de réclamer des garanties contre l'abus de leur influence ; mais qu'il craigne, en exagérant ces garanties, de battre en brèche les plus sûrs remparts de sa liberté [1].

Et ce sont aussi les plus sûrs remparts de l'autorité publique elle-même, intéressée à se décharger, sur ces corps indépendants, d'une responsabilité dangereuse. En vain voudrait-on borner le rôle de l'État à la police et à la justice, il ne saurait refuser aux individus son assistance et son concours pour toutes les œuvres utiles auxquelles des efforts isolés ne sauraient suffire, si aucune association libre ne se présente pour les effectuer. C'est ainsi qu'il peut être obligé de se faire directement entrepreneur de travaux; c'est ainsi, à plus forte raison, qu'il ne peut se dispenser de soulager les misères privées si la charité libre est impuissante, de distribuer l'instruction si l'enseignement libre, individuel ou collectif, ne suffit pas à tirer le peuple de l'ignorance, et même de prendre en main la direction du culte public, si la nation sent le besoin de croyances et de pratiques religieuses, sans avoir assez de foi, de zèle et d'initiative pour fonder ou pour soutenir par elle-même une ou plusieurs Églises libres. Or, il n'en va pas de ces devoirs d'assistance comme des autres devoirs de l'État. Ceux-ci sont invariables, parce que l'État en est seul chargé. Entretenir une armée, une police, un corps d'administrateurs et de juges, voilà ce qui lui appartient sous tous les régimes, et, si l'organisation peut être différente, la nature et l'étendue des attributions sont toujours les mêmes. Mais, quelque extension que reçoive l'assistance de l'État sous toutes ses formes, comme travaux publics, comme institutions charitables, comme enseignement, comme organisation ecclésiastique, quelques utopistes demandent seuls qu'elle soit entre ses mains un monopole exclusif, ne laissant aux individus, pour leur travail, pour la culture de leur esprit, pour la manifestation de

---

[1] « Je sais bien qu'on ne saurait fonder de nouveau dans le monde une aristocratie; mais je pense que les simples citoyens, en s'associant, peuvent constituer des êtres très-opulents, très-influents et très-forts. On obtiendrait ainsi plusieurs des avantages politiques de l'aristocratie, sans ses injustices et ses dangers. Une association politique, industrielle, commerciale, ou même scientifique ou littéraire, est un citoyen éclairé et puissant, qu'on ne saurait plier à volonté, ni opprimer dans l'ombre, et qui, en défendant ses droits particuliers, sauve la liberté commune. — De Tocqueville, *l'Ancien Régime et la Révolution*.

leur foi, pour l'accomplissement de tous leurs devoirs, que la liberté impuissante de l'isolement. Elle ne doit, comme le nom l'indique, que venir en aide à l'insuffisance des efforts privés. Elle est donc naturellement variable, suivant les besoins qu'elle est destinée à satisfaire, et, par là, si ces besoins n'ont pas d'autre recours, elle expose l'État à des réclamations incessantes, soit qu'on l'accuse de faire trop peu et d'apporter une parcimonie odieuse dans le soulagement des plaies sociales, soit qu'on lui reproche de faire trop et de dilapider la fortune publique.

Ces plaintes ne manquent jamais, en dépit de leur contradiction, de trouver de l'écho au sein des masses, toujours prêtes à exagérer les devoirs de l'État, en lui marchandant les moyens de les remplir. Aussi, pour conjurer les périls qu'elles lui font courir, un sage gouvernement sent le besoin d'alléger sa responsabilité, et il sera quelquefois le premier à inviter les populations à prendre l'habitude de compter sur elles-mêmes. Or, ces invitations ne peuvent avoir d'effet tant qu'elles ne s'adressent qu'aux individus ou à des masses sans cohésion. C'est l'impuissance des forces individuelles qui rend seule nécessaire ce concours de l'État, si périlleux pour lui-même, et il ne peut devenir superflu que si l'on trouve dans de libres associations ce qu'on est accoutumé à demander à la société civile et à ses chefs. Le seul moyen de ranimer l'initiative privée, chez un peuple accoutumé à tout attendre de l'initiative publique, c'est donc d'encourager l'esprit d'association, et, pour cela, il ne suffit pas de lui faire appel, il faut le débarrasser de toute entrave. Il ne prendra confiance en lui-même et il ne pourra suffire aux grandes entreprises que lorsqu'il sera sorti de tutelle.

III.

Le droit d'association inspirerait sans doute moins de défiance, si l'on pouvait écarter les associations politiques. Mais la politique n'a pas un objet tellement défini qu'il soit possible de la parquer sur un terrain distinct, entouré d'un cordon sanitaire, en s'abstenant, pour tout le reste, de précautions désormais superflues. Dans l'enseignement, dans la religion, aussi bien que dans la presse, la politique a partout sa place naturelle, qui défie les distinctions et les délimitations légales. Pourquoi repousse-t-on les congrégations religieuses ? C'est qu'on leur attribue un rôle politique. Pourquoi se défie-t-on des sociétés littéraires elles-mêmes? C'est qu'on craint qu'elles ne propagent, sous prétexte d'histoire, une politique rétrograde, ou, sous prétexte d'économie politique ou de philosophie, des théories révolutionnaires, subversives de l'ordre social. Le seul motif qu'on ait pu invoquer pour faire peser la main de l'État sur les sociétés charitables, ce sont les facilités qu'elles auraient, si elles étaient abandonnées à elles-mêmes, pour exercer une influence politique. Il n'est pas une association qui puisse prétendre à la liberté, si les sociétés politiques n'en doivent pas partager le bénéfice.

Sous le nom de sociétés politiques, on se représente généralement ce qu'on appelle des sociétés secrètes. La clandestinité d'une association, nous n'hésitons pas à l'accorder, suffit pour justifier les soupçons et pour autoriser non-seulement des mesures restrictives, mais une prohibition absolue. Elle n'est pas l'usage légitime, mais l'abus d'un droit, et, sous un régime de liberté, elle ne peut que cacher des desseins coupables. Toutefois il faut bien s'entendre sur cette expression de sociétés secrètes. Il n'y a pas clandestinité, lorsqu'une association garde le secret de ses délibérations, de ses desseins et de ses actes, mais seulement lorsqu'elle cherche à dissimuler son existence. Si elle ne pouvait agir que sous l'œil du public ou sous la surveillance de l'État, elle ne serait pas placée dans les conditions d'une véritable liberté. Une association est un être moral, avec tous les devoirs et tous les droits des personnes. Son état civil doit être connu ; sa vie ne doit pas être entourée de mystères ; mais elle n'est pas obligée de poursuivre à ciel ouvert toutes ses entreprises, et il n'y a que la présomption d'un acte criminel qui autorise les agents de l'État à s'immiscer dans ses affaires, comme dans celles d'un particulier.

Une association peut donc avoir ses secrets, sans être proprement une société secrète. Mais, si ses secrets peuvent être politiques, n'est-ce pas une porte ouverte aux complots les plus dangereux ?—Il n'est pas naturel que l'on conspire au grand jour, sauf dans les tragédies classiques. Une association de conspirateurs dissimule nécessairement non-seulement ses projets, mais les réunions où ils s'élaborent. Elle tombe ainsi sous les lois qui interdisent justement toute société secrète. Ajoutons que tous les voiles et tous les mensonges sont presque toujours impuissants à préserver de tels secrets, dès qu'ils sont confiés à un certain nombre de complices. Machiavel, qui s'y connaissait, déclare qu'il est impossible de prévenir toutes les causes qui peuvent faire découvrir une conjuration, et qu'elle sera nécessairement trahie, à moins d'un miracle, soit par perfidie, soit par imprudence, soit par légèreté, si le nombre des complices dépasse trois ou quatre [1]. Il est rare que la police n'ait pas des représentants dans toute société secrète un peu nombreuse, et rien ne l'empêcherait, le plus souvent, d'étouffer ses complots dans leur germe, si elle ne préférait les laisser mûrir, pour que la répression soit plus sûre et plus complète. Non, sans doute, que tout complot politique soit forcément frappé d'impuissance : des associations de conspirateurs, de même, quoique plus rarement que des associations de malfaiteurs, ont pu, dans tous les temps, conduire leurs projets jusqu'à l'exécution, et quelquefois même avec un plein succès ; mais les lois les plus sévères contre le droit d'association auraient-elles eu le pouvoir de les arrêter ? Voit-on que les associations criminelles, soit contre la sûreté de l'État, soit contre les personnes et les propriétés, soient moins à craindre dans les pays où ce droit n'est pas reconnu ?

Pour ne parler que des complots politiques, et pour ne pas les confondre, quelque horreur qu'ils doivent inspirer, avec des crimes sans excuse et toujours sans honneur, ce qui les multiplie, suivant Machiavel, ce n'est pas la modération et la tolérance du gouvernement, mais la tyrannie, mais le mécontentement universel du peuple, « parce qu'il est naturel que le prince qui s'est rendu l'objet de ce mécontentement universel en éprouve, à plus forte raison, les effets des particuliers qu'il a offensés plus directement et qui ont à cœur de se venger ; et ce désir de vengeance puise de nouveaux aliments dans les mauvaises dispositions du peuple entier. » Une conjuration est surtout redoutable,

---

[1] Discorsi, l. III, c. VI. *Delle congiure.*

ajoute Machiavel, « quand la nécessité vous contraint de porter au tyran le coup dont il vous menace, surtout si le danger est tellement pressant qu'il ne vous donne pas le temps de songer à votre sûreté [1]. » Les crimes appellent les crimes, et l'audace naît souvent de la peur.

On conspire cependant ailleurs que sous les gouvernements despotiques et contre des tyrans ; mais est-il jamais arrivé qu'une conspiration ait été découverte, soit comme société secrète, soit comme association illégalement formée, sans qu'on ait en même temps mis la main sur les indices révélateurs de ses desseins ? Qu'a-t-on affaire alors des lois spéciales contre les associations, quand on est armé de celles qui, dans tout pays, punissent les complots contre l'État ? Supposez que, par impossible, une conjuration laisse échapper le secret de ses réunions, sans que celui de ses desseins puisse être légalement pénétré : elle peut toujours être réprimée comme association clandestine. Que si elle ne laisse pas même prise sous ce rapport, que pouvez-vous contre elle, à moins de considérer comme suspectes toutes les réunions privées ? Nos lois n'ont pas jugé possible d'étendre leur action préventive sur les associations de moins de vingt personnes, à moins qu'elles n'aient le caractère de sociétés secrètes. Or, une conspiration de plus de vingt personnes, qui se réuniraient ouvertement, sans rien laisser transpirer de leurs projets, jusqu'au moment de l'exécution, accuserait une police tellement aveugle ou négligente, que toutes les précautions légales ne sauraient sauver un État si mal gardé.

Une association un peu nombreuse n'est pas un terrain propice pour une conspiration ; mais elle peut lui fournir un instrument redoutable. « Le premier et le plus sûr moyen de faire réussir une conjuration, ou pour mieux dire le seul, dit encore Machiavel, c'est de ne pas donner aux conjurés le temps de vous trahir, et de ne leur communiquer l'entreprise que lorsqu'il est temps de l'exécuter, et pas avant [2]. » Quand on a noué, seul ou avec quelques amis, tous les fils d'un complot, si l'on a sous la main une association dont on est l'âme, dont on a entretenu les sentiments

---

[1] *Ibid.*
[2] *Ibid.*

hostiles, sans aller jusqu'aux manifestations factieuses, on pourra, par une révélation soudaine, suivie des plus pressantes excitations, l'entraîner en masse à la révolte. Toutes les diversités de caractères et de sentiments se fondent aisément dans un esprit commun, quand les hommes sont réunis et qu'on sait les manier, sans laisser à la réflexion et aux dispositions habituelles le temps de reprendre leurs droits. Tels sont entrés dans une réunion politique par pure curiosité et dans les dispositions les plus pacifiques, qui en sortent les armes à la main, pleins d'une fureur aveugle, prêts à donner leur vie pour une cause qui, une heure auparavant, les laissait à peu près indifférents.

Remarquons, toutefois, que l'exécution subite d'un complot, au moment même où il se révèle à ceux qui doivent s'en faire les complices, n'est guère possible, s'il s'agit proprement d'une conjuration, obligée d'agir dans l'ombre, par ruse plutôt que par violence. En vain toutes les mesures auraient-elles été prises, il s'écoulera toujours un certain délai jusqu'au moment où l'on pourra jeter entièrement le masque, et, chez des hommes dont on a surpris plutôt qu'obtenu l'adhésion, ce délai suffira, le plus souvent, pour ébranler des résolutions mal affermies ; ou si, pour ne laisser aucune place aux excitations ou aux remords, on sent la nécessité de précipiter le dénoûment, on risque de tout compromettre par cette précipitation même. Ces entraînements soudains ne peuvent compter sur le succès que lorsqu'ils se traduisent en un appel à la révolte ouverte, à l'insurrection ; mais, dès lors, il ne peut plus être question du droit d'association et de ses abus. Ce n'est pas, en effet, une association, toujours limitée dans le nombre de ses membres actifs, qui peut, en général, former le noyau d'une insurrection ; il faut une de ces réunions politiques, qui peuvent être d'autant plus nombreuses qu'elles n'imposent point aux assistants des engagements préalables, et qu'une éloquence passionnée peut cependant remuer, comme si elles formaient un véritable corps, animé d'une seule pensée.

La révolte peut sortir d'une réunion fortuite ; elle trouvera surtout des instruments bien préparés dans ces réunions organisées que l'on appelle des *clubs*. Les clubs ne sont pas, dans toute la force du terme, des associations ; toutefois, ce sont plus que de simples réunions. Si leurs membres ne sont pas des associés, ce sont, au moins, des affiliés, et, lors même qu'il n'y aurait pas entre eux d'autre lien que leur présence dans une même assemblée, l'esprit qui préside, en général, à toute réunion de ce genre, suffirait pour transformer ce lien en une véritable solidarité. Ne nous arrêtons donc pas à des distinctions trop subtiles, et, soit qu'il faille tolérer ou proscrire les clubs, ne séparons pas leurs destinées de celles des associations politiques.

La question semble jugée contre les clubs. Ils ne réveillent, dans notre histoire, que le souvenir d'agitations stériles, et les gouvernements mêmes qui les avaient accueillis avec le plus de faveur n'ont pas tardé à les condamner. Mais à quelle époque l'épreuve s'est-elle faite? A la suite de révolutions, au milieu de troubles civils, sous des gouvernements nouveaux et mal assis. C'est presque toujours dans de telles circonstances que l'on fait l'essai d'une liberté nouvelle, et si, comme on doit s'y attendre, elle se manifeste d'abord par ses périls, on est porté à la rejeter sans retour. Le premier usage d'un droit est souvent comme un jouet entre les mains des enfants : ils en abusent jusqu'à ce qu'ils l'aient brisé ou qu'ils en soient dégoûtés. Même dans un temps calme, un usage prudent et modéré ne peut être que l'effet de l'expérience et de l'habitude. Qu'est-ce donc quand les passions sont excitées, quand on voit, dans le droit qu'on a conquis, non le droit lui-même, mais un instrument au service de l'ambition ou de la vengeance? La période qui suit immédiatement une révolution participe toujours de l'état de guerre, et, comme l'état de guerre, elle peut autoriser la suspension des libertés anciennes, à plus forte raison l'ajournement d'une liberté encore inessayée. Mais il ne faudrait pas que l'ajournement fût indéfini. Il appartient, au contraire, aux époques paisibles et aux gouvernements solidement établis, de faire l'essai de toutes ces libertés que l'on attend ordinairement des révolutions, et que les révolutions finissent toujours par consacrer, après les avoir longtemps compromises.

Même en temps de révolution, même sous des gouvernements mal constitués, il n'a pas été donné aux clubs de disposer des destinées du pays. Ils l'ont agité, je ne veux pas le nier ; ils y ont entretenu les plus mauvaises passions ; ils ont souvent, et sur presque tous les points, usurpé l'autorité souveraine, et, sur leurs réclamations forcenées, le pillage, les confiscations, les massacres, les arrestations arbitraires, les assassinats juridiques, la terreur érigée en système de gouvernement, tel a été le spectacle que, pendant plusieurs années, la France a offert au monde saisi d'horreur. Mais ces passions détestables, auxquelles les discussions des clubs ont servi d'aliments, sont-elles nées dans les clubs? ne se sont-elles déchaînées qu'à la faveur des clubs? et, sous un gouvernement impuissant à contenir la flamme qu'il avait allumée, avaient-elles besoin de trouver ces foyers autorisés pour provoquer des réunions factieuses, pour faire prévaloir les résolutions les plus violentes et les plus sanguinaires? Dans les plus petites communes, comme dans les plus grandes, les décisions des clubs ont eu souvent force de loi : y avait-il à côté d'eux des autorités régulièrement constituées pour s'opposer à ces décisions et pour faire reculer l'émeute, toujours prête à leur servir de pouvoir exécutif? L'insurrection et la terreur, sous la première république, la guerre civile, sous la seconde, sont sorties des clubs ; mais, dans ces horribles crises que notre société a traversées, et qui l'ont plutôt consolidée en la régénérant qu'elles ne l'ont affaiblie en la déchirant, c'est faire violence à l'histoire que de rejeter tout le mal sur les clubs. Il eût été permis, il eût été raisonnable de suspendre une liberté qui n'était plus à sa place à l'heure de la lutte ; mais, toute fatale qu'elle a été, son influence n'a pas été la plus désastreuse, et si, dans nos révolutions, on fait la part équitable du bien et du mal, et de toutes les causes qui ont agi sur l'un et sur l'autre, il n'y a pas, sans doute, de raison d'aimer les clubs, il n'y en a pas non plus de les condamner en principe.

Considérons les clubs, non plus dans un pays qui ne les a connus qu'au milieu des tourmentes révolutionnaires, mais dans un État qui leur a laissé une place dans le jeu régulier et pacifique de ses institutions. Les réunions populaires ont moins de raison d'être en Angleterre qu'en France ; car le droit de suffrage y est resté un privilège, et des résolutions sont prises, dans ces réunions, par des ouvriers ou des paysans, qui n'ont aucun moyen de les faire prévaloir légalement. Si, quelque part, les discussions des clubs peuvent offrir à l'émeute des encouragements et des occasions favorables, c'est sous un régime qui autorise la vie politique là où sont exclus les droits politiques. Il y a certainement des émeutes en Angleterre : y en a-t-il plus qu'en France ? plus que dans les États qui ne reconnaissent aucune liberté ? On allègue le caractère calme et froid des Anglais : c'est leur faire trop d'honneur. L'Angleterre a eu ses époques de troubles et de révolutions : aucun pays n'y a déployé plus de férocité, des passions plus sauvages et plus implacables. Pour qui ne connaîtrait l'Angleterre que par son histoire, depuis l'invasion saxonne jusqu'à sa dernière révolution, ce serait encore une grande nation, mais ce serait une des nations les plus remuantes, les plus ingouvernables, une de celles où la froide raison a eu le moins d'empire et qui se sont abandonnées avec le moins de contrainte à tous les entraînements de l'imagination, à toutes les fureurs de la passion [1].

On a dit des clubs, encore plus que des journaux, qu'il est impossible de gouverner avec eux. Il est certain que les mêmes arguments sont applicables des deux parts, comme aussi les mêmes réfutations. Les discussions des clubs s'adressent surtout aux passions : le langage des journaux est-il moins passionné ? La parole vivante a sur les âmes une action que n'a pas la parole imprimée, cela est vrai ; mais elle est obligée naturellement à

[1] C'est par une plume anglaise et sous l'inspiration des mœurs anglaises qu'a été tracé le tableau le plus complet et le plus vivant d'une sédition populaire : je veux parler des scènes de la révolte de Jack Cade, dans la seconde partie de la tragédie de Henri VI. On conteste cette pièce à Shakespeare, et l'auteur, quel qu'il soit, n'avait pas besoin, en effet, d'être un inventeur de génie : il avait sous les yeux le modèle des passions qu'il a retracées naïvement et sans voile. Ce n'est pas davantage au génie de Shakespeare qu'il faut imputer toutes ces scènes d'horreur, que notre goût, devenu plus tolérant, a encore peine à supporter dans ses chefs-d'œuvre les plus authentiques. On les retrouve, avec moins d'art, dans les pièces plus anciennes, qu'il n'a fait le plus souvent que remanier, et tous ses contemporains en offrent de semblables et de plus dégoûtantes. C'est le caractère anglais qui s'y peignait fidèlement, non pas, comme le croyait Voltaire, à une époque de barbarie, mais au plus beau temps de la Renaissance. Les mœurs anglaises ne se sont adoucies qu'après deux révolutions, sous l'influence de la liberté légalement garantie, et l'on peut suivre, à partir du XVIIIe siècle, leur progrès continu vers ces habitudes de modération et de calme, qu'on pourrait leur croire inhérentes, si l'histoire n'attestait le chemin qu'elles ont eu à parcourir, et si l'on n'y retrouvait pas encore plus d'une trace de leur rudesse et de leur violence natives.

plus de ménagements, car on peut lui répondre sur-le-champ, et, si les masses sont dociles à la voix de la passion, il est rare, cependant, à moins que les esprits ne soient tout à fait aigris, qu'elles ferment l'oreille à celle du bon sens. La parole, dans les clubs, trouve, pour obéir à ses inspirations, des individus réunis, qu'elle n'a que la peine de soulever ; la presse, au contraire, va chercher des individus isolés ; elle n'a pas le pouvoir de les réunir, de les pousser directement à une action commune; mais, en revanche, son influence est infiniment plus étendue que celle des clubs ; et, quand les mêmes excitations, constamment répétées, s'adressent à des esprits bien disposés, il n'est pas besoin qu'ils soient réunis pour les recevoir, ils sauront bien d'eux-mêmes se concerter pour les mettre en pratique. Les clubs ne sont guère fréquentés que par des individus turbulents et factieux, qu'ils détournent d'un travail utile, pour exploiter contre la société et contre les lois leur paresse, leur vanité, leurs mauvais instincts. Quels sont donc, dans les classes populaires, les lecteurs habituels des journaux ? L'ouvrier des campagnes et des villes n'a pas son journal à soi, qu'il puisse lire au foyer domestique : le cabaret est son cabinet de lecture. Or, les habitués des cabarets valent-ils mieux que ceux des clubs, et sont-ils moins dociles aux mêmes entraînements ? Il n'y a donc pas lieu de séparer la cause des clubs de celle des journaux : il faut les proscrire également au nom des mêmes défiances, ou, à l'exemple de l'Angleterre, les accepter comme deux formes, également respectables, d'un même droit, et avec la même confiance dans les bienfaits de la liberté.

Quelle que soit la constitution d'un État, tous les citoyens ont le droit de s'éclairer entre eux sur leurs devoirs, leurs droits et leurs intérêts politiques, en un mot sur tous leurs rapports avec leur gouvernement. Droit évident, quand le peuple entier est appelé, sinon à gouverner directement, comme dans les démocraties antiques, du moins à choisir, par un libre suffrage, ceux qui doivent le gouverner. Droit non moins incontestable sous tout gouvernement qui, sans accepter le contrôle légal des gouvernés, se considère cependant comme leur représentant. Si les pouvoirs publics ne doivent agir que dans l'intérêt des citoyens et pour la protection de leurs droits, ils ne peuvent se refuser à entendre leurs vœux, et, pour s'éclairer eux-mêmes, ils ne doivent décourager aucune des manifestations de l'opinion publique. Lors même qu'ils ne reconnaissent pour juges que leur conscience et Dieu, ils n'en sont pas moins obligés, devant leur conscience et devant Dieu, de prendre connaissance des besoins auxquels ils doivent satisfaction, et, par conséquent, de laisser monter jusqu'à eux l'expression de ces besoins.

Sous tous les gouvernements, il est des limites morales à l'obéissance, et, à ce point de vue encore, les peuples ont le droit de se rendre compte de la façon dont ils sont gouvernés, soit pour ne pas pousser la fidélité jusqu'au sacrifice de leurs premiers devoirs, soit pour se mettre en garde contre d'aveugles et funestes entraînements. Tel est le fondement de la liberté de la presse politique ; tel est aussi celui de la liberté des réunions politiques. La presse ne remplace pas entièrement pour un peuple toutes les sources de lumières. Elle ne s'adresse qu'à ceux qui savent lire, et qui peuvent payer pour exercer le droit de lire. Elle ne se met pas en communication directe avec tous ceux qu'elle éclaire ; tous les besoins légitimes ne sont pas assurés de parvenir jusqu'à elle, et son langage ne saura pas toujours se mettre à la portée de toutes les intelligences. Elle n'est en général, vis-à-vis de ses lecteurs, qu'un monologue, et ce n'est jamais que dans des cas très-limités qu'elle peut accueillir leurs observations, leurs objections, leurs demandes d'éclaircissements. On a quelquefois appelé la presse périodique un des pouvoirs de l'État ; il faut l'assimiler, dans tous les cas, à ces pouvoirs qui représentent les nations qu'ils gouvernent, sans émaner de leur suffrage. Elle a besoin, comme eux, de s'éclairer sur les droits, les besoins, les griefs plus ou moins fondés auxquels elle sert d'organe. Elle suppose donc, au-dessous d'elle, d'autres manifestations de l'opinion, où toutes les idées, tous les sentiments, toutes les aspirations puissent se produire et se discuter sans contrainte. C'est une lumière officieuse qui descend sur les peuples, ce n'est pas la lumière dont le peuple a le droit de s'éclairer lui-même et d'éclairer tous ceux qui prétendent à le diriger. Celle-ci ne peut jaillir que de la liberté des assemblées politiques ou, pour ne pas reculer devant le mot, quand on reconnaît la nécessité de la chose, de la liberté des clubs.

Voilà le droit, et, lors même que l'état de la société n'en permettrait pas l'application complète et immédiate, il n'en faut pas moins le proclamer en principe. Le fanatisme du droit n'est pas plus acceptable que les autres fanatismes ; mais il ne faut pas que la vue de dangers plus ou moins redoutables, mais relatifs et temporaires, nous empêche de reconnaître ce qui est absolu et éternel.

Proclamer le droit, ce n'est, d'ailleurs, que le soustraire à des entraves arbitraires, telles que la nécessité d'une autorisation préalable; ce n'est pas l'affranchir des précautions et des pénalités qui peuvent soit en prévenir, soit en réprimer l'abus. Pour les clubs, comme pour les autres formes du droit d'association, on doit distinguer le fait primitif de l'association ou de l'affiliation, et sa manifestation, c'est-à-dire la réunion des affiliés. Le premier est permanent; la seconde est nécessairement particulière et intermittente. L'affiliation ne demande qu'un engagement volontaire, dont il faut respecter la liberté ; mais ce n'est pas l'empêcher que d'exiger d'elle une déclaration qui constate son état civil, et d'entourer sa naissance, comme celle de tous les individus, de toutes les formalités légales que demande l'intérêt de la société. De même, pour les réunions, on ne porte aucune atteinte à leur liberté en leur imposant certaines conditions réclamées par le bon ordre. Exiger, pour toute réunion, quel que fût le nombre des assistants, que l'autorité fût avertie et que l'entrée du lieu de réunion fût toujours ouverte à ses agents, ce serait une ingérence oppressive, qui ne reconnaîtrait la liberté en principe que pour la supprimer dans l'application. Mais la même exigence devient légitime dès qu'il s'agit d'une assemblée nombreuse, et particulièrement de ce qu'on appelle proprement un club politique. De telles assemblées ont forcément une certaine publicité, et elles ne sauraient être considérées comme des actes privés, qui ne se prêtent pas, de leur nature, à l'immixtion de la police.

Enfin, s'il y a un délit judiciairement prouvé, les peines du droit commun peuvent évidemment, sans injustice et sans oppression, être appliquées non-seulement aux membres d'un club, mais à ce club lui-même, considéré comme une personne morale. Il peut, comme un individu légalement condamné, être frappé dans ses ressources, dans sa liberté et dans son existence même, soit par une amende, soit par une suspension, qui équivaut à l'emprisonnement, soit par une suppression, qui serait pour lui la peine capitale. La société n'est jamais désarmée, parce qu'elle s'incline devant un droit absolu. C'est pourquoi elle ne doit écarter ou ajourner le droit que lorsque ses armes légitimes paraissent évidemment insuffisantes pour la protéger.

Les mêmes principes, avec les mêmes réserves, s'appliquent à toutes les associations politiques, soit qu'elles fassent appel, comme les clubs, à des réunions publiques, à ce qu'on nomme, d'un autre nom anglais, des *meetings*, soit qu'elles se bornent à une action privée, entre un petit nombre d'associés. Les clubs embrassent en général toutes les questions politiques, en s'attachant surtout à la politique active, aux intérêts et aux besoins du jour. Il peut se former des associations en vue de tel point particulier de la politique, de tel grief à redresser, de telle direction à imprimer aux affaires intérieures ou extérieures, de telle réforme à introduire dans la législation et dans la constitution elle-même. Certaines associations peuvent enfin se proposer un but entièrement spéculatif, ne chercher qu'à se satisfaire elles-mêmes par des discussions théoriques, ou du moins s'abstenir de toute action immédiate, soit sur les institutions, soit sur le gouvernement, en ne visant qu'à préparer de loin, et dans leurs principes généraux, les améliorations qu'elles envisagent comme un idéal désirable. Toutes ces associations sont également légitimes. Les dernières se réclament plutôt de la liberté de la science que de la liberté politique. Les autres n'outre-passeraient leur droit et ne mériteraient d'être réprimées que si elles poussaient les citoyens à se faire justice eux-mêmes, ou à réaliser par la violence, en dehors des conditions légales, les améliorations et les réformes qu'elles ont prises sous leur patronage.

L'initiation du peuple aux progrès de tout genre qu'il ne cesse pas d'appeler de ses vœux, mais qu'il ne comprend pas toujours, ne peut se faire que par la propagande de libres associations. Tant qu'une idée n'est soutenue que dans une chaire, un livre ou un journal, elle n'a encore qu'un caractère individuel; quand une association lui prête son appui, elle devient pour ainsi dire un fait social, l'embryon déjà formé, déjà distinct d'une loi. A mesure que cette association étend ses manifestations dans tout le pays, l'idée prend plus de consistance ; elle n'est pas devenue plus juste et plus utile, mais elle est entrée davantage dans les mœurs ; tous les esprits lui sont acquis, et il n'y a plus qu'un pas à faire pour que le législateur, en lui donnant sa sanction, lui soumette toutes les volontés. Qu'il ne craigne pas de voir son mérite rabaissé, parce qu'il n'aura fait que céder à des vœux expressément et unanimement formulés. Les intentions les plus généreuses sont souvent méconnues et réduites à l'impuissance, pour avoir tenté des réformes dont les esprits ne sont pas préparés à comprendre l'utilité, ou qui ne répondent qu'à de vagues aspirations. Il n'est pas, au contraire, de titre plus glorieux pour un homme d'État que d'attacher son nom à une œuvre utile, hautement réclamée par l'opinion publique, et, par là, assurée de s'accomplir sans secousse et à l'épreuve des réactions. Ainsi s'est faite, en Angleterre, la réforme des lois sur les céréales. Demandée seulement par les écrits des économistes, elle eût pu convaincre de sa légitimité le législateur appelé à la réaliser ; provoquée par de nombreuses et actives associations, elle est apparue à un habile ministre comme le vœu éclairé du pays, et, quoiqu'il en eût longtemps repoussé non-seulement l'application immédiate, mais le principe même, il lui a suffi de céder à ce vœu pour en avoir tout l'honneur.

IV.

Il est, toutefois, une réserve que l'on ne manquera pas de faire pour les associations comme on l'a faite pour la presse, pour les religions, pour l'enseignement. Qu'il soit permis de discuter tout ce qui est destiné à varier dans la politique et dans les lois, on veut bien y souscrire ; on pourra même se résigner à la discussion des lois constitutionnelles de l'État, en reconnaissant qu'elles ne sont pas immuables ; mais, au-dessus des résolutions plus ou moins arbitraires de la politique, au-dessus des lois, au-dessus des constitutions, la morale reconnaît des principes absolus, auxquels l'homme d'État dans tous ses actes, et le législateur dans toutes ses décisions, sont strictement obligés de se conformer, et que rien ne doit ébranler dans les croyances du peuple. Sera-t-il permis d'attaquer ces principes dans un club ou au nom d'une association quelconque? Si une société se formait, non pour provoquer un de ces changements dont on ne peut contester que la convenance, comme une réforme douanière, un nouveau système pénitentiaire, de nouvelles garanties en faveur de la propriété intellectuelle, mais dans le but avoué de chasser à la fois des institutions et des consciences ces premières et suprêmes vérités qui sont la loi de la nature et de la raison, ou plutôt la loi de Dieu même; si elle prenait, par exemple, pour drapeau la communauté des biens ou des femmes, faudrait-il laisser toute liberté à sa propagande désastreuse?

Nous ne pouvons que répéter ce que nous croyons avoir établi en traitant des autres formes de la liberté. Exciter à commettre quelques-uns de ces actes immoraux que les lois ont condamnés dans l'intérêt des droits de tous, c'est évidemment s'en rendre complice; discuter théoriquement les bases de la moralité publique ou privée, et soutenir qu'elles doivent être changées, sans pour cela refuser son entière soumission aux lois qui les consacrent, ce peut être une erreur, qu'il ne faut pas laisser sans réfutation, mais ce n'est pas un délit, sur lequel il faille appeler les châtiments légaux. Autrement, quel champ resterait-il aux discussions politiques? Elles ne roulent pas moins sur le juste que sur l'utile, comme le montrait Socrate aux politiques de son temps. Considérez les matières dont tout le monde admet la discussion, même dans des réunions publiques, même sous la pression d'associations constituées. La réforme douanière? Question d'intérêt, direz-vous; oui, mais aussi question de droit, et par conséquent question de morale. Des tarifs qui doublent ou triplent le prix de ce que j'achète sont une spoliation, dit le libre échange; une concurrence qui condamne nos ouvriers à mourir de faim est une liberté homicide, dit le système protecteur. Exagération de part et d'autre, je le reconnais; mais qui m'assure que le législateur ne partagera pas cette exagération, et que l'intérêt ne se couvrira jamais du manteau de la morale pour étouffer les opinions qui le menacent? — Le système pénitentiaire? Est-il possible de le discuter au point de vue des intérêts seuls, sans faire intervenir la destination morale des peines?

L'emprisonnement cellulaire, la déportation, la peine de mort, autant de questions de morale. — La propriété intellectuelle? Question de droit, s'il en fut, ou plutôt question de probité, pour ceux qui voient un vol manifeste dans le fait de publier un ouvrage sans que l'auteur ou ses héritiers, jusqu'à la dernière génération, soient appelés à en bénéficier : défendre l'opinion contraire, c'est évidemment, à leurs yeux, fouler aux pieds les bases de la morale, en soutenant la légitimité du vol.

Dira-t-on qu'on ne considérera comme légalement immorales que les opinions qui, dans tous les temps, ont été l'objet d'une réprobation à peu près unanime? C'est imposer à l'avenir la foi du passé. Nous avons déjà cité l'esclavage, institution essentiellement juste aux yeux de toute l'antiquité, sans excepter les sages, et, sous l'empire du christianisme lui-même, consacrée presque jusqu'à nos jours par toutes les théories de droit naturel, même par celles des docteurs de l'Église. La morale est éternelle et absolue; mais qui peut affirmer que les idées morales du législateur seront toujours l'expression de la vérité absolue et éternelle? Hommes privés, soyons fidèles, dans notre conduite, aux principes de morale dont la vérité nous paraît démontrée ; hommes publics, attachons-nous à ces mêmes principes dans tous nos actes, comme législateurs ou comme magistrats, et, dans la sphère de nos attributions légitimes; obligeons nos concitoyens à les observer comme nous-mêmes; mais laissons à chacun le droit d'avoir sur ces principes d'autres convictions que les nôtres, et de les soutenir librement, soit individuellement, soit en s'associant à ceux qui partagent la même façon de penser. Nous sommes sûrs d'être dans le vrai, je le veux bien; mais craignons de donner à l'erreur des exemples d'intolérance, dont elle ne manquera pas de s'autoriser contre la vérité, si les vicissitudes inévitables des législations et des gouvernements la rendent à son tour toute-puissante.

Croyons, enfin, que le véritable moyen de faire tomber l'erreur, c'est de lui laisser toute liberté de se produire. Avant la Révolution française, l'institution de la famille n'avait pu être attaquée que d'une façon détournée, par des inventions ou des fictions romanesques ; la discuter publiquement dans la presse, à plus forte raison au nom d'une religion nouvelle, et en organisant contre elle la propagande active d'une association, nul n'en aurait eu ni le pouvoir ni la pensée. On sait quelles atteintes reçut cette institution, soudainement ébranlée, de quelques-unes des lois de la Convention. Replacée sur ses anciennes bases au commencement de ce siècle, elle n'a pas manqué d'adversaires, qui ont pu mettre à profit toutes les libertés que nos lois modernes voulaient bien reconnaître. Non-seulement elle a vu s'élever contre elle des écrits isolés, mais, pendant quelque temps, des associations, sous une forme presque religieuse, ont pu la battre en brèche, et, si elles ont été promptement réprimées, elles n'en ont pas moins exercé sur l'opinion publique une sérieuse influence. C'est dans cet état des esprits qu'une révolution nouvelle est venue ramener la république et les souvenirs de la Convention. A la faveur d'une liberté momentanément sans limites, les mêmes réclamations se sont fait jour contre quelques-unes des bases de la famille; mais la discussion avait éclairé les consciences; le ridicule seul a fait justice de presque toutes ces réclamations, et une assemblée élue au milieu des agitations de la foule, sous la pression des clubs, par le suffrage de tout le peuple, a reculé même devant le rétablissement du divorce, que le restaurateur des autels avait maintenu dans son code, et qu'avaient demandé, à plusieurs reprises et à d'immenses majorités, d'autres assemblées élues dans des conditions plus favorables aux intérêts conservateurs.

V.

Il serait désormais superflu de nous étendre sur les associations qui ne se proposent pas proprement un but politique. Les mêmes règles y trouvent évidemment, et avec moins de difficulté, leur application. Nous avons déjà, en traitant de la liberté d'enseignement, démontré la légitimité des associations enseignantes et indiqué les principales garanties qu'elles réclament. On peut leur rattacher les associations littéraires ou scientifiques, qui répondent aux mêmes intérêts en demandant moins de précautions, puisqu'elles ne se chargent pas directement de former la jeunesse. Tant qu'on ne peut accuser que leurs tendances politiques ou morales, les unes et les autres ne doivent rencontrer aucune entrave. Du reste, elles ont peut-être autant à craindre de la faveur que de l'intolérance de l'État. La culture des lettres et le progrès des sciences sont un de ces intérêts moraux qu'une nation civilisée met au premier rang, dès que sa prospérité matérielle est à peu près assurée. C'est par là surtout qu'un peuple est quelque chose dans l'histoire; c'est par là qu'un prince éclairé mérite de donner son nom à son siècle. Or, des encouragements directs ne sont pas toujours sans péril pour la dignité de ceux qui les reçoivent, et même pour la sécurité de ceux qui les dispensent. Ils peuvent être pour les premiers un gage de servitude, une provocation à la complaisance et à la flatterie, une abdication de leur indépendance. S'ils illustrent le protecteur, il est rare qu'ils n'enlèvent rien à la considération du protégé, et, quand le protégé est un homme de génie, nous savons mauvais gré au protecteur de le faire déchoir dans notre estime par des bienfaits trop chèrement achetés. Se faire payer de ses faveurs par des flatteries, voilà le premier écueil pour un gouvernement dans ses rapports directs avec les gens de lettres, et ni Auguste, ni Léon X, ni Louis XIV ne l'ont évité.

Un autre écueil, d'autant plus dangereux qu'il est inévitable, est celui de la partialité. Les faveurs officielles ne peuvent pas se répandre au hasard, sous peine de n'avoir aucun prix; il y faut du discernement, c'est-à-dire des préférences, qui sont nécessairement dirigées par des inclinations ou des convictions plus ou moins exclusives. La neutralité est difficile entre le bon et le mauvais goût, entre la vérité et l'erreur, même quand elle est imposée par le respect du droit; elle est impossible, quand il s'agit de bienfaits arbitraires. Si Spinosa écrivait en France de nos jours, nos principes de liberté défendraient qu'il fût inquiété : ils n'exigeraient pas qu'on lui fît une pension, et, s'il en recevait une, les plaintes du zèle religieux ne seraient pas sans fondement.

Enfin, la décision des matières de science ou de goût n'est pas proprement de la compétence d'un homme d'État, et, lors même qu'il tiendrait à se faire honneur des récompenses décernées, il devrait encore s'entourer des lumières d'un tribunal spécial. La meilleure façon, pour un gouvernement, d'encourager les œuvres d'esprit, est de créer ou de patronner des corps savants, soit qu'il se borne à leur demander des conseils, soit plutôt qu'il se décharge sur eux d'un soin périlleux. C'est de ces corps que partira l'impulsion la plus féconde, et la gloire en rejaillira sur le prince qui se sera fait leur bienfaiteur, sans qu'il partage la responsabilité des opinions qui dominent dans leur sein, ou qu'il compromette, par une intervention directe, l'indépendance de leurs membres. Or, la première faveur qu'ils réclament est une entière liberté : toute pression exercée sur eux rend leur action inefficace. Tous les gouvernements modernes commencent à le comprendre, sinon pour les universités, au moins pour les sociétés académiques. Leur plus beau titre de gloire sera peut-être la multiplication d'académies indépendantes, placées sous leur patronage, mais affranchies de leur sujétion, et apparaissant partout comme la libre magistrature de ce qu'on nomme avec raison la république des lettres.

VI.

Nous avons également justifié, en traitant de la liberté de conscience, la liberté des associations religieuses. Toutefois on fait une distinction entre les Églises, avec leur gouvernement public, et les congrégations, dont la vie renfermée et secrète semble autoriser des précautions exceptionnelles. Ce sont, dit-on, des sociétés secrètes, auxquelles on ne peut accorder tout au plus qu'une liberté de tolérance, à la faveur d'une autorisation toujours révocable et sous certaines conditions de surveillance. Les couvents sont, en effet, des maisons de retraite, et leurs membres se font un devoir de se dérober aux yeux du monde, soit qu'ils lui deviennent entièrement étrangers, comme dans certains ordres, soit qu'il ses partagent entre la vie claustrale et une mission de prédication, d'enseignement ou de charité, qui ne peut se passer de publicité. Mais ce n'est pas là ce qui constitue une société secrète. L'existence des ordres religieux n'est jamais inconnue, non plus que leur action, dès qu'elle s'exerce au dehors. Il n'y a de caché que leur vie intérieure, qui ne regarde qu'eux-mêmes. Or, il en est ainsi de toute association. Une société commerciale pourrait-elle vivre, si elle devait délibérer sous les yeux du public sur toutes ses entreprises ?

Ce ne sont pas seulement les secrets légitimes de la vie privée, ajoute-t-on, ce sont souvent d'horribles mystères qui se cachent dans ces maisons si bien murées, derrière ces grilles infranchissables. — Elles ne sont pas fermées à la justice, si l'on respecte les règles du droit commun. La claustration n'est jamais, d'ailleurs, tellement absolue, qu'elle soit assurée, même en dehors des enquêtes judiciaires, d'un secret impénétrable. On a beau se retirer du monde, on garde toujours avec le monde certains rapports insensibles, qui suffisent pour faire pénétrer un rayon de lumière dans les recoins les plus obscurs. Ces crimes mystérieux qu'une imagination partiale aime à se représenter dans les couvents, ne sont pas sans doute impossibles, et il n'est pas non plus impossible qu'ils restent toujours inconnus et impunis. Mais la vie privée, dans la famille elle-même, n'en peut-elle pas offrir de semblables ? On parle des *in-pace* des couvents : il ne se passe pas de saison sans qu'on découvre, dans une maison ouverte à tous, un bouge infect où une créature humaine a été reléguée, pendant des années entières, par des parents dénaturés, au milieu des ordures et de la vermine, en proie aux tortures de la faim, livrée chaque jour aux plus odieux traitements ! Le châtiment n'atteint, en général, ces crimes monstrueux qu'après qu'ils sont restés longtemps ignorés, et presque toujours lorsque l'œuvre homicide approche de son terme. Quand on les voit se multiplier, quand ils ont tant de facilité pour se cacher, n'est-on pas en droit de soupçonner que tous ne sont pas découverts, et que les plus horribles peut-être échappent à la vindicte publique ? Faut-il donc, pour les prévenir, briser la clôture de la vie domestique ?

L'argument le plus fréquent contre les ordres monastiques, c'est l'accusation d'immoralité. On s'en prend d'abord à la perpétuité de leurs vœux, où l'on voit une offense à la nature. Nous ne saurions admettre, pour notre part, que des vœux perpétuels soient nécessairement immoraux : c'est une affaire de conscience; c'est, dans l'aliénation même de la liberté, un usage de la liberté que l'on peut blâmer, mais qu'on n'a pas le droit d'empêcher. Ce qui est juste, ce que demande la morale, c'est que de tels vœux n'obligent que la conscience, c'est qu'il ne s'y attache aucune sanction matérielle. L'intervention de l'État pour les faire observer serait un attentat aux droits de l'âme; des violences exercées par les communautés pour retenir de force des membres décidés à rompre leurs vœux rentreraient dans la catégorie des crimes contre les personnes, qui sont punis par le droit commun. Chacun est libre d'arranger sa vie comme il l'entend, pourvu qu'il ne fasse pas tort à autrui; mais, quelque engagement qu'on ait pris, nul n'est forcé de vivre comme il plaît à autrui, ou du moins des influences morales peuvent seules venir en aide à des obligations qui n'ont de force que dans le sentiment moral.

Ce sont précisément ces influences que l'on redoute pour des âmes qui, en abdiquant leur liberté personnelle, se sont réduites à l'état de cadavre, *perinde ac cadaver*. Il y a là, dit-on, un véritable suicide, où l'on a sans doute le droit de se repentir, d'appeler au secours, de se raccrocher à une branche, si l'on en trouve une à sa portée, de lutter contre cette mort morale qu'on a si imprudemment appelée de ses vœux; mais, quand il est trop tard, quand les moyens de salut sont trop éloignés, quand les forces sont trop épuisées pour en profiter, il n'en faut pas moins mourir. Qu'est-ce à dire, quand le suicide a des complices, quand la victime volontaire se débat en vain contre une pression dont elle aurait peine à se dégager, si elle avait gardé toute son énergie? On ne punit pas le suicide matériel; mais ceux qui le provoqueraient par leurs excitations directes, ou qui, par leur concours personnel, aideraient à le consommer, ne seraient pas à l'abri d'une responsabilité pénale : sera-t-on moins sévère, quand il s'agit du suicide de l'âme?

Oui, répondrons-nous sans hésiter, lors même que l'analogie serait entière et manifeste. Le suicide proprement dit est un de ces actes matériels et palpables, sur lesquels il ne peut y avoir aucun doute, et qui sont naturellement de la compétence de l'État : ce prétendu suicide moral, quand il serait possible, serait un acte intime, appartenant tout entier au domaine de l'âme, insaisissable même à la conscience d'autrui, car elle ne peut juger que par induction, à l'aide des signes extérieurs; il serait, en un mot, sous tous les rapports, étranger à la sphère dans laquelle doit se renfermer l'action publique. Ajoutons que l'analogie est si peu évidente, qu'elle est repoussée à la fois et par les défenseurs des vœux monastiques et par leurs adversaires les plus déclarés. Les premiers glorifient ce que vous appelez le suicide de l'âme, comme son affranchissement, et ils voient, dans le renoncement le plus entier à soi-même, le moyen le plus assuré de recouvrer la pleine possession de soi-même. Les seconds déclarent chimérique, et par conséquent inoffensive, cette pratique du renoncement absolu; ils soutiennent, non sans apparence, qu'elle laisse l'âme telle qu'elle est, avec toutes ses attaches naturelles, avec ses préjugés, ses passions, et, sous le couvert d'un amour mystique, ses intérêts tout mondains. Entre ces opinions diverses, le doute suffit pour protéger la liberté des congrégations.

Le vœu du célibat sert surtout de prétexte à l'accusation générale d'immoralité contre les ordres monastiques. L'objection tombe par son exagération même; car elle n'irait à rien moins qu'à réclamer l'obligation légale du mariage, c'est-à-dire à ôter au mariage son caractère moral, comme union entièrement volontaire et spontanée, cimentée par l'accord des âmes. Tant que le célibat reste un acte de liberté, la puissance civile n'a rien à y voir; elle doit le respecter, chez le prêtre comme chez le laïque, et on ne peut lui demander que de respecter également, chez l'un comme chez l'autre, la volonté d'y renoncer.

On insiste toutefois en ce qui concerne le célibat monastique. Un acte immoral prend, dit-on, un caractère beaucoup plus grave, quand il cesse d'être le fait d'individus isolés, pour devenir celui d'une association qui se voue à en propager le dangereux exemple. La loi ne doit forcer personne à se marier; mais, quand on s'engage formellement à s'affranchir de tout devoir de famille, sa sollicitude doit s'éveiller, et, quand cet engagement est collectif, quand il prend le caractère d'une véritable propagande, comment n'aurait-elle pas le droit de frapper? — Il faudrait, pour justifier cette prétention, non-seulement que l'immoralité prétendue du célibat fût démontrée aux yeux d'une conscience droite, mais qu'on pût le convaincre d'un préjudice effectif et appréciable, dont les intérêts sociaux auraient à souffrir. La loi n'est pas appelée, en effet, à punir tout acte blâmable, mais, parmi les actes blâmables, ceux qui portent atteinte aux droits dont elle est la gardienne. Or, ici, où est le préjudice? La vie religieuse est, dit-on, une vie d'oisiveté, débarrassée des soins de la famille et inutile à la société. Être inutile, ce n'est pas être nuisible ; être oisif, ce n'est pas diminuer la somme de travail et de richesse de la société ; car le travail qu'on ne fait pas soi-même, on le fait faire, et l'on concourt ainsi indirectement à la production, comme à la circulation et à la distribution de la richesse publique. Les déclamations contre l'oisiveté des riches tombent devant de saines notions d'économie politique ; il doit en être de même des déclamations contre l'oisiveté des couvents. L'oisiveté n'est pas, d'ailleurs, la loi générale des couvents, et ceux mêmes à qui on le reproche se livrent à des œuvres qui, pour beaucoup, ont le plus grand prix, bien qu'elles n'aient rien de matériel.

Le seul tort qu'on puisse sérieusement imputer au célibat monastique, c'est de nuire à la population. Il a longtemps passé en axiome que le développement de la population était le premier intérêt d'un État. C'est du moins le signe le plus certain de sa prospérité. Mais ce développement dépend-il, comme on l'a cru longtemps, des encouragements donnés au mariage, des primes accordées aux nombreuses familles, et, au besoin, des peines contre le célibat ? Tout n'est pas vrai dans la doctrine de Malthus : sa loi proportionnelle est puérile ; ses craintes d'un accroissement trop rapide de la population sont chimériques ; ses moyens préventifs, sans justifier le reproche d'immoralité, ont certainement quelque chose de choquant. Il a, du moins, mis en lumière un fait qu'on ne saurait plus contester : c'est que la population d'un pays a une tendance indéfinie à s'accroître, et qu'elle n'est contrariée que par l'insuffisance des moyens de subsistance. Les soins de l'État ne doivent donc porter que sur le développement de la richesse publique : la population croîtra d'elle-même. Si elle paraît s'arrêter, ce n'est pas l'effet de la multiplication du nombre des célibataires, sous l'influence du zèle religieux : c'est un signe de misère, c'est l'indication d'une plaie sociale à guérir.[1]

---

[1] L'argument que l'on peut tirer des théories de Malthus en faveur du célibat religieux, n'a pas échappé à Joseph de Maistre. Il est curieux d'opposer son témoignage aux accusations que le fanatisme catholique n'a pas épargnées à l'auteur de l'*Essai sur les principes de la population* : « C'est une singularité piquante que cette force cachée qui se joue dans l'univers, se soit servie d'une plume protestante pour nous présenter

Admettons toutefois qu'il n'y ait rien de vrai dans les idées de Malthus. L'accroissement de la population est-il un de ces intérêts majeurs auxquels doit se subordonner la liberté des individus et des associations? Plus la population est nombreuse, plus il y a de travailleurs, mais plus aussi il y a de bouches à nourrir : d'un côté une source de richesse, de l'autre une cause d'appauvrissement. Une population nombreuse donne à la patrie plus de défenseurs : c'est la considération qui a toujours eu le plus de poids aux yeux des politiques, et il était naturel qu'il en fût ainsi quand les besoins de la guerre semblaient le seul but des institutions, et les succès militaires la seule gloire des peuples; mais si ces préjugés n'ont pas entièrement disparu, ils ont beaucoup perdu de leur prestige. Fussent-ils fondés, ils seraient loin de fournir un argument péremptoire. Les États les plus peuplés ne sont pas ceux qui ont fait les plus grandes conquêtes ou qui ont offert à leurs voisins la proie la moins facile. Parmi les États qui ont disparu de la carte de l'Europe, l'exemple le plus remarquable est celui de la Pologne : ce n'est pas certainement le nombre et la bravoure de ses défenseurs qui lui ont fait défaut; son mauvais gouvernement et ses divisions ont été les seules causes de sa ruine, et, si elle renaît jamais de ses cendres, sa résurrection sera le fruit de l'union et de la discipline, non de l'accroissement de sa population.

On accuse souvent, sinon le célibat monastique lui-même, du moins l'influence pernicieuse qu'il peut avoir sur les mœurs des religieux, et, en général, sur la moralité publique. La corruption des couvents a été le thème de bien des déclamations et des satires, aux époques où la foi des populations leur était le plus favorable, et leurs désordres, dans les siècles passés, sont avoués par leurs plus zélés défenseurs [1]. Mais, sans même faire la part de l'exagération, ces désordres, que tout le monde s'accorde à

---

la démonstration rigoureuse d'une vérité tant et si mal à propos contestée. Je veux parler de M. Malthus, dont le profond ouvrage sur le principe de la population est un de ces livres rares, après lesquels tout le monde est dispensé de traiter le même sujet. »—(*Du pape*, l. III, c. III, § III.)

[1] *Voir* la belle introduction de M. de Montalembert à son *Histoire des moines d'Occident jusqu'à saint Bernard*.

flétrir, étaient-ils plus graves que ceux qui, aux mêmes époques, souillaient la société laïque? et, dans le temps présent, la partialité elle-même pourrait-elle imputer aux couvents des scandales qui feraient contraste avec la pureté de nos mœurs, en dehors de ces repaires d'immoralité? La conscience a le droit de se montrer plus exigeante à l'égard de ceux qui font vœu de chasteté, et à qui leur caractère religieux impose, d'ailleurs, une plus grande retenue ; mais, pour la loi, pour le droit strict, le niveau est partout le même. Vous ne pouvez punir dans les couvents que ce que vous punissez au dehors. Tant qu'ils ne violent aucune des lois que vous imposez à tous les citoyens, laissez à la conscience publique le soin de faire justice de leurs mauvaises mœurs. Si leurs désordres tombent sous la loi pénale, frappez les individus qui s'en rendent coupables ; frappez même, au besoin, la communauté tout entière, s'ils se sont produits dans de telles circonstances qu'elle en doive partager légalement la responsabilité; mais ne proscrivez pas, en principe, une institution parce qu'elle peut donner lieu à des abus, dont la répression est toujours possible, s'ils rentrent dans la sphère du droit pénal, et qu'on est obligé de tolérer si, par leur nature, ils sont hors de son atteinte.

Il est enfin certains ordres, comme les jésuites, auxquels on a reproché de tout temps des doctrines et des tendances immorales. Si l'esprit dangereux qu'on leur impute se traduit en actes, et que ces actes puissent être légalement poursuivis, usez de tous les droits que vous donne la loi commune. Mais des procès de doctrines ou de tendances ne sauraient jamais être légitimes, ou, du moins, de tels procès ne doivent être portés qu'au tribunal de l'opinion. Or, là où il n'y a pas matière à des poursuites criminelles, à plus forte raison n'y a-t-il pas lieu à une interdiction civile.

Au point de vue de l'intérêt politique, comme à celui de la morale, une congrégation ne doit être condamnée que pour ses actes, non pour ses doctrines ou ses tendances. Qu'on redouble de surveillance, lorsqu'il s'agit d'une association puissante, et qu'on proportionne le châtiment, s'il y a lieu, à la gravité du péril social ; mais qu'on respecte toujours le principe même de la liberté, même à l'égard de ceux qu'on accuse de lui être hostiles. La liberté ne serait plus la liberté, si elle ne devait profiter à tout le monde, sans excepter ses adversaires.

Nous n'avons voulu traiter, en ce qui concerne les congrégations religieuses, qu'une question de droit, sans nous constituer leur apologiste. Tout n'a pas été excellent dans l'action qu'elles ont exercée, et, lors même qu'on les absoudrait dans le passé, il faudrait encore se demander si notre époque comporte les mêmes influences, et si elle en peut recevoir les mêmes bienfaits. Sur ce point, nous aurions à faire plus d'une réserve ; mais ce n'est pas là la question. La liberté est le droit commun des associations, fussent-elles inutiles, fussent-elles même dangereuses, pourvu qu'elles ne portent pas une atteinte directe aux droits d'autrui ou à la sécurité publique. Il n'y a pas lieu de faire exception pour les congrégations, et nous ajouterons, sans partager les sympathies et la confiance de leurs partisans, qu'il n'y a pas lieu davantage de craindre l'usage qu'elles peuvent faire de leur liberté. Il est, dans tous les cas, un service que nous avons le droit d'en attendre : c'est l'heureuse influence qu'elles peuvent exercer sur le développement de l'esprit d'association, soit dans leur propre sein, soit parmi ceux qui sentent le besoin de réagir contre elles.

VII.

Un dernier genre d'association appelle un examen spécial : ce sont les sociétés de bienfaisance. Il semble que toutes les sympathies doivent leur être acquises sans distinction d'opinions, et que toute défiance doive tomber devant la mission de dévoûment qu'elles s'imposent et les bienfaits qu'elles répandent sur la société. Leur principe, en effet, rencontre peu d'adversaires ; on accepte, on provoque leurs efforts ; on demande à l'État de les encourager, de les susciter au besoin ; mais on ne veut pas qu'il les abandonne à elles-mêmes. Plus elles peuvent faire de bien, plus elles peuvent faire de mal, par l'influence même que leur donnent leurs bienfaits. Un service rendu est un puissant lien entre les hommes : un obligé devient aisément un client ; beaucoup d'obligés peuvent former un parti. L'ambition a toutes les facilités pour abuser de la bienfaisance. Elle s'ouvre toutes les portes avec une clef d'or, surtout celles des pauvres, chez qui elle trouve des cœurs aigris, déjà disposés par la misère à écouter ses conseils, et qui, bientôt, s'en feront un devoir, quand elle se les sera attachés par la reconnaissance.

Il n'est pas même besoin de supposer une bienfaisance intéressée et hypocrite. Quoi de plus naturel, quand on a de fortes convictions, que de chercher à les répandre? Rappeler les aveugles à la lumière, apporter la vérité en même temps que le bien-être, n'est-ce pas encore de la charité? Et n'est-ce pas une œuvre généreuse que de faire profiter une cause que l'on croit juste, à laquelle on s'est dévoué, de la reconnaissance qu'on s'est acquise? Ces malheureux dont j'ai séché les larmes voudraient s'acquitter envers leur bienfaiteur : je refuse pour moi-même leurs offres de services, mais j'en fais des serviteurs du droit, des champions de la vérité, des libérateurs de la patrie : n'ai-je pas bien placé mes bienfaits? C'est ainsi que le fanatisme politique ou religieux peut, de bonne foi, abuser de la charité ; mais, pour être sincère, pour être désintéressée, son action est-elle moins dangereuse? Elle est d'autant plus dangereuse qu'elle rencontre peu de résistance. Qu'un ambitieux ou un fanatique poursuive directement son but, il devra compter avec le bon sens, avec la foi, avec le patriotisme de ceux qu'il cherche à séduire ; mais, quand il prend la charité pour entremetteuse, de quelque beau zèle qu'il couvre ses manœuvres, c'est un marché qu'il conclut : il fait trafic des consciences et des dévoûments. Or, il est malheureusement trop facile de trouver des âmes à acheter, surtout quand elles ont l'excuse de la misère. Combien de consciences religieuses sont devenues le prix d'une faible aumône ! combien de mouvements populaires soudoyés par d'habiles libéralités ! Le vice le moins déguisé, s'il lui prend fantaisie de jouer avec la bienfaisance, peut compter sur des adeptes et des satellites. « Je m'en vais te donner un louis d'or tout à l'heure, pourvu que tu veuilles jurer, » dit don Juan au pauvre. Le pauvre résiste à toutes les instances du tentateur : « Non, monsieur, j'aime mieux mourir de faim [1] ! »

---

[1] *Le Festin de Pierre*, acte III, scène II.

Nous applaudissons à ce trait de probité comme à un acte inouï d'héroïsme.

Les largesses étaient, dans les républiques anciennes, le grand moyen de succès pour un ambitieux et un factieux. Cicéron, dans le traité des *Devoirs*, après avoir présenté la bienfaisance comme une vertu, la plus conforme à la nature humaine, *quâ quidem nihil est naturæ hominis accommodatius*, se hâte de la recommander comme la vertu la plus utile, comme la principale branche de l'art de parvenir. Se concilier les faveurs de la foule doit être la première pensée de tout jeune Romain qui aspire à s'élever; or, les honneurs et la puissance sont pour le plus libéral; qu'il prodigue donc les bienfaits, son intérêt l'exige, et sa conscience ne lui demande que de rester dans les bornes de la justice [1]. Dans les grands États modernes, la libéralité individuelle ne saurait avoir la même influence. Quand un particulier serait assez riche pour dépenser, au profit de son ambition, les millions que prodiguait César, il ne pourrait espérer que d'acheter les votes d'une circonscription électorale, comme cela a lieu, dit-on, en Angleterre. Mais ce qui n'est pas possible à un individu, le devient à une association, ce *citoyen puissant*, comme dit M. de Tocqueville, qui peut agir comme un seul homme, avec les forces et les richesses réunies d'un grand nombre d'individus. C'est de là que peuvent partir des influences redoutables; c'est là que la bienfaisance peut devenir l'instrument d'une révolution; c'est de ce côté que doit se diriger toute la sollicitude de l'État.

Que la bienfaisance, soit individuelle, soit collective, puisse être l'objet d'une surveillance proportionnée aux dangers qu'elle peut faire courir à la société, c'est évidemment l'un des droits de la puissance publique. Qu'il y ait lieu de rechercher ses abus, et, quand elle sert de prétexte à des manœuvres séditieuses, d'appliquer toute la sévérité de la loi, rien de plus légitime. Qu'enfin il faille blâmer ceux qui, par ambition ou par une fantaisie immorale, ou même par un zèle sincère et imprudent, exploitent l'influence que leur donnent leurs bienfaits pour peser sur la conscience de ceux qu'ils obligent, c'est ce que toute âme droite avouera sans peine. *Res sacra miser*. Le malheureux que vous

---

[1] *De officiis*, I, 14; II, 6 et sqq.

secourez doit vous être sacré, même dans ses erreurs, même, jusqu'à un certain point, dans ses vices. L'argent que vous lui donnez, loin de vous être un titre pour vous emparer de sa confiance, pour l'associer à vos opinions ou à vos aspirations, vous impose, à son égard, une nouvelle réserve. Vous rougiriez de réclamer un service matériel pour prix de votre bienfait. Il faut peut-être rougir davantage de réclamer un service moral et de se rembourser d'un service pécuniaire par l'acquisition d'une âme. Même quand l'intention est pure, la conscience proteste contre toute apparence de trafic dans l'accomplissement d'un devoir dont l'essence est d'être gratuit. Mais, ici, tout doit se borner à la protestation de la conscience. Tant que tout se passe entre les âmes, le pouvoir civil n'a point à intervenir. Il est d'autant plus incompétent que la conscience elle-même peut hésiter dans son appréciation, et qu'il peut se présenter des circonstances où elle devra craindre de se montrer trop scrupuleuse et trop sévère.

Des nuances extrêmement délicates séparent, en effet, le marché immoral des plus nobles et des plus légitimes entraînements de la charité. Qui dit charité dit un lien d'amour. Répandre ses dons avec mystère, envoyer des aliments, des remèdes, des vêtements, de l'argent, sans se faire connaître, sans chercher ces témoignages naïfs de reconnaissance qui sont la plus douce et la plus pure des récompenses, c'est un beau dévoûment, mais c'est souvent un dévoûment aveugle et stérile. Comment connaître les maux qu'on se propose de soulager, si on ne les touche pas, en quelque sorte, du doigt? Et comment deviner les remèdes qui leur conviennent, si l'on n'entre pas en communication directe avec le malheureux, si l'on ne cherche pas à pénétrer, non-seulement l'état de sa fortune, mais l'état de son âme. Souvent un don matériel, loin de l'arracher à la misère, sera un nouvel aliment pour les passions funestes qui l'ont perdu; souvent son salut sera dans une bonne parole, dans de sages conseils, ou simplement dans l'expression d'une sympathie qui le relèvera à ses propres yeux.

Ce qu'il faut à l'homme, quand il ne peut se passer du secours d'autrui, c'est moins un soulagement momentané à ses souffrances qu'un moyen de rejeter le fardeau de la misère, en retrouvant la possibilité de se suffire à lui-même. Donner du travail est la meilleure forme et presque toujours le véritable but de la charité. Or, pour procurer du travail, il faut connaître les forces et les aptitudes de celui à qui l'on vient en aide ; il faut, jusqu'à un certain point, pouvoir répondre de lui. Enfin, l'aumône matérielle jetée au pauvre, comme on jette un os à un chien, sans qu'on se rapproche de lui, sans qu'on ménage sa susceptibilité, sans qu'une marque de compassion efface, en quelque sorte, la distance par la communauté des sentiments, ne peut être qu'humiliante, surtout pour une âme un peu fière, surtout pour ceux qui sont le plus dignes de pitié. C'est peut-être, de votre part, de la réserve et de la modestie ; ce n'est pas une juste appréciation de l'étendue de votre devoir. Dissimulez votre nom, votre rang, votre fortune, si vous avez l'âme assez délicate pour craindre de vous faire un mérite de votre bienfaisance ; dissimulez même vos secours ; mais ne dissimulez pas votre personne. Que votre main se cache pour soulager ; que votre âme ne se ferme pas à ces âmes blessées, qu'elle peut faire renaître à la confiance, au courage, à la dignité morale. Visitez personnellement, visitez sans cesse ceux dont vous avez pris les maux en pitié ; soyez de moitié dans toutes les souffrances de leur âme, comme de leur corps, sans forcer ni surprendre leurs confidences, mais sans les repousser, et en les encourageant vous-même par l'exemple de la familiarité et de l'abandon. Fuyez la reconnaissance, mais cherchez l'amitié ; réalisez, en un mot, par votre bonté, encore plus que par vos bienfaits, tout ce que renferme ce mot sublime de charité.

Les secours matériels appellent donc inévitablement les secours moraux, et, dans cet heureux mélange des bonnes actions et des bonnes paroles, on est naturellement et nécessairement amené à se servir du droit de la charité pour gagner les âmes, pour se les attacher, pour leur faire partager ses sentiments et ses pensées. Nul ne songerait à s'en plaindre, si l'on ne donnait que ces conseils de morale naturelle pour lesquels on peut compter, en général, sur l'approbation de toutes les consciences. Mais quoi ! celui qui n'attribue d'efficacité qu'aux conseils religieux, lui sera-t-il défendu d'en faire usage ? Faut-il lui interdire tout appel à la foi, c'est-à-dire à sa foi personnelle, aux croyances d'où il attend non-seulement son propre salut, mais celui de tous les hommes? L'âme ne se scinde pas, et, si elle peut, suivant les circonstances, modifier son langage, elle ne peut pas dépouiller son caractère, elle ne peut pas abdiquer ses plus chères préoccupations. Les dons matériels ne peuvent imposer que la réserve, non le silence, et il ne peut être défendu au catholique de parler en catholique, au protestant de parler en protestant, pas plus qu'au philosophe de parler en philosophe. Voilà donc le prosélytisme religieux associé légitimement aux secours pécuniaires : il ferait un trafic honteux s'il les appelait directement à son aide; on ne peut le blâmer de se joindre à eux, soit qu'il n'intervienne qu'en sous-ordre, soit qu'il joue le principal rôle.

Par les mêmes raisons, de quel droit fermerait-on la bouche au prosélytisme politique? Les convictions politiques sont aussi une foi, non moins impérieuse, non moins exigeante que la foi religieuse. Celui qu'elles dominent leur subordonne toutes ses pensées, leur demande toutes ses consolations, leur emprunte tous les conseils, tous les encouragements, toutes les espérances qu'il cherche à donner aux autres. Comment renfermerait-il sa foi dans son sein, quand il est en face de ces malheureux à qui la charité lui ordonne d'ouvrir son cœur? comment ne les inviterait-il pas à y puiser les forces qu'il y puise lui-même? comment ne se ferait-il pas un devoir de les y gagner entièrement?

Sans doute, il y aura souvent des écarts de zèle. Il est naturel que l'homme se laisse aisément aveugler par les sentiments qui lui tiennent le plus au cœur, et que, dans l'ardeur sincère et honorable avec laquelle il poursuit son but, il ne se montre pas toujours assez scrupuleux dans le choix des moyens. Souvent on se dissimule à soi-même la pression blâmable que l'on exerce sur des âmes que l'on tient sous sa dépendance ; souvent la conscience n'est pas tout à fait dupe, mais on cherche à l'étourdir, en opposant à ses réclamations la pureté des motifs auxquels on obéit; souvent, enfin, les motifs ne sont pas tous avouables, et la vanité, l'ambition, l'intérêt prennent le masque du zèle politique ou religieux. Il faut éclairer les âmes sur tous ces écueils de la charité, acceptant et encourageant tout ce qui est conforme à son but légitime, excusant les déviations de ce but, toutes les fois que la faiblesse humaine les rend inévitables, et qu'on reconnaît une intention droite, bien que mal dirigée, blâmant enfin sans ménagement tout ce qui tend à semer l'hypocrisie et la corruption là où les bienfaits ne doivent être le lien que d'une libre confiance et d'une sincère et pure sympathie. Mais le blâme, quand il doit trouver place, doit être tout moral. Il n'appartient pas aux lois positives d'entrer dans toutes ces nuances, où la conscience la plus éclairée a peine à se reconnaître. Leur tâche s'arrête là où il n'y a pas d'abus palpables. Pour ne pas s'exposer à frapper la vertu des peines destinées au vice, elles ne pourraient procéder que par des interdictions générales, ou s'en remettre au pouvoir discrétionnaire du gouvernement, c'est-à-dire qu'elles n'éviteraient l'injustice qu'au prix de l'oppression et de l'arbitraire. Le résultat le plus sûr de leur intervention ne serait pas d'empêcher le mal, mais de décourager le bien.

Les mêmes considérations s'appliquent aux associations charitables, comme à la charité individuelle. Ces associations se composent d'individus, qui ont leurs convictions, leurs sentiments, leurs projets, et qui cherchent naturellement à les faire prévaloir dans la sphère de l'action collective à laquelle ils prennent part, comme dans celle de leur action personnelle. Ce sont, d'ailleurs, moralement, de véritables personnes, pensant et agissant avec des intentions et une volonté propres, et portant, dans tous leurs actes, le caractère qui les distingue et qui fait leur individualité. On peut même dire que chez aucun individu ce qu'on appelle le caractère n'est plus marqué que chez les personnes morales. Il y a, chez l'individu, mille nuances, toujours diverses, souvent contradictoires. Elles s'effacent dans une association, pour ne laisser subsister que les points communs sur lesquels ses membres se sont mis d'accord, en vue de la fin spéciale pour laquelle ils l'ont formée. Un catholique, un rationaliste, un démocrate ne subordonne pas tous ses actes aux intérêts de ses convictions religieuses, philosophiques ou politiques. Une association catholique, rationaliste ou démocratique ne perdra jamais de vue la défense ou le progrès du catholicisme, du rationalisme ou de la démocratie. Si elle se propose un but charitable, elle verra nécessairement dans la charité autre chose que l'aumône matérielle; elle considérera comme le premier de ses bienfaits la propagation de sa foi ou de ses principes.

L'association usera, sous ce rapport, quoique d'une façon plus décidée, des mêmes droits que l'individu, et elle rencontrera les mêmes écueils. Elle n'encourra aucun blâme tant qu'elle ne fera pas servir ses bienfaits à exercer sur les âmes une pression illégitime. Elle sera excusable si on ne peut lui reprocher que les écarts d'un zèle sincère, sans qu'il y ait dans son prosélytisme une véritable atteinte, soit physique, soit morale, à la liberté des individus. La conscience devra la flétrir, si elle emploie des moyens déshonnêtes, comme les conversions obtenues à prix d'argent, et, en général, toutes les manifestations d'opinion demandées non à la persuasion, mais à l'intérêt. Enfin, il sera juste de la déférer aux tribunaux, si elle commet un attentat formel contre quelqu'un des droits protégés par la loi pénale, par exemple si elle pousse le prosélytisme religieux jusqu'à arracher des enfants à leur famille, ou le zèle politique jusqu'à la corruption électorale ou à l'achat des suffrages. Mais, de ce qu'une société de bienfaisance peut faire un usage blâmable ou condamnable de ses droits, il ne s'ensuit pas qu'il faille la tenir en suspicion et faire dépendre son existence ou sa liberté d'action de la tolérance arbitraire du gouvernement. Son influence s'exerce nécessairement au dehors, dans des conditions où la surveillance est toujours facile; les délits dont elle peut se rendre coupable sont nettement définis, et, quant à ses autres abus, la difficulté de les saisir n'autorise pas une infraction au droit commun, car ils tiennent, en général, à un ordre de faits pour lequel l'État doit décliner sa compétence.

Il ne faut pas, d'ailleurs, exagérer ces abus et les périls qui en découlent. L'ingratitude est malheureusement encore plus commune que le fanatisme de la reconnaissance, et on peut du moins y voir une garantie contre le principal danger des influences charitables. La reconnaissance est un fardeau dont on se décharge aisément sous le moindre prétexte, à plus forte raison quand on peut supposer un motif intéressé ou coupable au bienfait qu'on a reçu. Le pauvre est naturellement défiant, et il n'exempte pas de sa défiance ceux qui viennent en aide à sa misère. La charité le trouve généralement sur ses gardes, et, quand elle est sincère et vraiment dévouée, sa première difficulté est de lui arracher, non pas des témoignages de gratitude, il en est souvent plus prodigue qu'on ne voudrait, mais des marques d'une franche et entière confiance. Aussi le plus ignorant a-t-il une singulière perspicacité pour démêler les motifs secrets de ceux qui l'approchent. Il ne résistera pas toujours à la tentation avec la fermeté du pauvre de Molière; mais il la verra venir de loin, et il n'en sera pas la dupe. S'il n'a pas assez de probité pour repousser des bienfaits dont il a reconnu le piége, il aura assez de prudence pour ne pas s'engager, pour pratiquer le plus longtemps possible l'art des fauxfuyants. S'il vient enfin un moment où il faudra rompre ou donner des gages, il en donnera peut-être; mais, quand on croira avoir acquis un séide, on n'aura souvent qu'un faux frère, un complice toujours prêt à tirer son épingle du jeu, heureux s'il ne médite pas une trahison et s'il ne songe pas à vendre lui-même celui qui l'a acheté.

Une autre cause de suspicion contre les associations de bienfaisance, c'est le lien qui unit leurs membres et qui fait leur force pour le mal comme pour le bien. Ce lien, c'est, avant tout, la bienfaisance elle-même, c'est-à-dire un des sentiments les meilleurs du cœur humain, et l'on ne peut craindre que les arrière-pensées qui s'y cachent quelquefois. Or, l'influence de ces arrière-pensées diminue naturellement, à mesure que l'association s'étend, et, par conséquent, à mesure qu'elle devient plus forte et plus redoutable. Quand deux hommes se concertent en vue d'un même but, il y a toujours entre eux une certaine diversité de caractère qui ne leur permet pas de mettre en commun toutes leurs passions, et, pour celles mêmes qu'ils partagent, une certaine pudeur qui suffit souvent pour les engager à se dérober mutuellement celles qui sont le moins avouables. Multipliez le nombre des associés, vous augmentez les chances de diversité et vous donnez en même temps plus de prise à ce sentiment de pudeur. Quelques hommes peuvent se réunir pour se livrer à la débauche, sous le voile de la charité; un certain nombre de fanatiques ou de factieux peuvent s'entendre pour mettre la charité au service d'un prosélytisme immoral ou de complots révolutionnaires : un pareil concert est manifestement impossible dans une vaste association ; elle peut recéler dans son sein des hommes qui ne reculent pas devant des actes honteux, frauduleux ou séditieux; mais de tels actes ne sauraient être le fait de l'association elle-même [1].

La liberté seule offre les armes les plus légitimes et les plus sûres, soit contre les abus que la loi est appelée à punir, soit contre ceux que leur nature met en dehors de son action. Au lieu de réclamer l'intervention de l'État contre l'influence et les manœuvres de ces associations dont vous redoutez les tendances, usez contre elles des droits dont elles se couvrent, opposez-leur d'autres associations, livrez-vous, dans l'intérêt de ce que vous considérez comme la bonne cause, à une propagande non moins active. Si la lutte entre les sociétés rivales prend un caractère violent, il faut la réprimer ; mais, tant qu'elle se réduit à des discussions plus ou moins animées et à un assaut de zèle, elle est le meilleur préservatif contre les excès de la liberté. L'indifférence religieuse ou politique se retranche volontiers derrière la protection de l'État : quand cette protection se retire, par respect pour la liberté, il ne reste aucune excuse à cette funeste torpeur à laquelle se laissent souvent aller les esprits les plus honnêtes et les plus modérés. Or, quand est-il plus nécessaire de la secouer que lorsqu'il s'agit de charité ?

C'est ici surtout que l'émulation sera féconde. Des Églises, des congrégations, des clubs ont leur terrain distinct et se combattent souvent sans se rencontrer. Des sociétés de bienfaisance ne peu-

---

[1] Il existe en France deux grandes sociétés de bienfaisance, auxquelles n'ont pas été épargnées, dans deux camps opposés, les plus graves accusations. Quand chacun de nous peut compter, dans toutes les deux, des parents ou des amis; quand elles se recrutent publiquement, parmi des hommes de toute condition et de toute opinion politique ; quand, enfin, il est si facile à la police de pénétrer leurs secrets, si par hasard elles en ont de coupables, quel esprit calme et désintéressé consentirait à y voir une conspiration permanente et toujours menaçante, ici contre nos institutions actuelles, là contre tous les trônes et tous les autels ? Condamnée par l'Église, la franc-maçonnerie n'a pu désarmer la défiance de l'État qu'en subissant son patronage. Après s'être formée et propagée avec une rapidité et un succès inouïs, en dehors de tout patronage ecclésiastique ou civil, la société qui avait pris le nom de Saint-Vincent-de-Paul a vu son unité brisée, malgré l'appui de l'Église, par les exigences de l'État. Combien il eût été plus libéral et plus sage d'applaudir à ce double et puissant effort qu'avait su faire parmi nous l'esprit d'association livré à lui-même, et, sans s'arrêter à des craintes chimériques, de compter sur l'émulation et la lutte de ces deux sociétés, pour rendre leurs bienfaits plus efficaces en neutralisant leurs abus!

vent avoir qu'un même terrain, celui des misères qu'elles se proposent de soulager. S'il y a, de part ou d'autre, excès de zèle, une influence contraire vient aussitôt rétablir l'équilibre. Si une aumône a servi d'appât pour séduire une conscience mal éclairée ou mal assurée, une aumône rivale pourra la ramener. Ainsi les efforts se neutralisent, mais seulement pour le mal. L'argent détruit l'effet de l'argent, mais la vérité reste en face de l'erreur, l'honneur en face de la corruption, le patriotisme en face des complots séditieux, avec la force sur laquelle doit toujours compter la bonne cause. Enfin, lors même que le résultat serait nul au point de vue moral, et qu'on n'aurait rien gagné sur les âmes, soit pour le bien, soit pour le mal, resteraient toujours les résultats matériels, les bienfaits accumulés par l'émulation même des sociétés rivales. En laissant ces sociétés se multiplier et se combattre librement, on gagne au moins de diminuer la somme de la misère publique; en les entravant, on ne peut que tarir quelques-unes des sources de la bienfaisance générale. On prend ainsi la responsabilité de tous les maux dont on réduit les chances de soulagement, ou plutôt on met cette responsabilité à la charge de l'État, toujours obligé de subvenir à l'insuffisance des efforts privés. En cherchant à le préserver d'un péril douteux, on l'expose ainsi à un péril certain et infiniment plus redoutable.

Le devoir d'assistance envers ceux qui sont hors d'état de se suffire à eux-mêmes ne peut être rempli que sous trois formes : la charité individuelle, la bienfaisance collective, l'assistance publique. Rien ne peut tenir lieu de la charité individuelle : c'est la forme la plus naturelle, la plus nécessaire, la plus efficace de l'assistance. Y aura-t-il toujours des pauvres parmi nous? C'est un beau rêve d'espérer le contraire; mais nous aurons toujours besoin les uns des autres, toujours besoin de nous entr'aider :

<blockquote>C'est la loi de nature,</blockquote>

c'est la condition de la faiblesse humaine, c'est en même temps le lien de tous les sentiments qui font notre force et notre dignité morale. La misère permanente, le paupérisme peut disparaître : je ne sais s'il faudrait souhaiter que les hommes n'eussent plus aucun besoin de s'éclairer, de se consoler, de se secourir mutuellement. Ce serait le cas de s'écrier qu'une vertu a disparu de la terre. Cette vertu, c'est la charité, dans le sens le plus général, un plus beau nom que la fraternité elle-même ; car la fraternité ne fait que supposer l'affection mutuelle, et la charité l'implique. Les hommes auront toujours des services à se rendre, et ceux qu'ils attendent réciproquement du dévoûment individuel seront toujours les meilleurs : ce sont les seuls qui touchent le cœur, parce qu'ils partent du cœur. Ce sont aussi les services qui risquent le moins d'altérer la délicatesse et la dignité de l'âme. Ils humilient quelquefois, parce qu'il en coûte à ce sentiment d'égalité, si naturel à l'homme vis-à-vis de ses semblables, de ne pouvoir se passer de leur assistance ; mais la charité, quand elle est vraiment dans le cœur, sait adoucir cette mauvaise honte, dont le motif, au fond, ne laisse pas d'être honorable et d'être souvent salutaire. Elle permet de la surmonter par le sentiment de la reconnaissance, qui est déjà, par lui-même, comme un échange de dévoûment, un moyen d'acquitter sa dette et de rétablir l'égalité entre le bienfaiteur et l'obligé. Enfin, précisément parce qu'on est porté à rougir de recevoir des secours, on fait effort pour se mettre en état de n'en avoir plus besoin ; on sent que la meilleure façon de témoigner sa reconnaissance à son bienfaiteur et de s'élever jusqu'à lui, c'est de lui épargner de nouvelles charges, en lui gardant, pour les anciennes, un dévoûment inaltérable et en s'efforçant de substituer au lien des bienfaits celui d'une affection désintéressée.

Vis-à-vis d'un être abstrait, comme une association ou l'État lui-même, le lien du cœur ne saurait avoir la même force. Le besoin physique peut recevoir satisfaction, non le besoin de l'âme. Le secours est peut-être moins humiliant, car le sentiment d'égalité ne peut être blessé que dans les rapports d'individu à individu, non d'individu à société ; mais il n'y a plus de place pour ce langage affectueux qui relève la dignité du pauvre, pour cette reconnaissance qui est à la fois un aveu d'infériorité et une revendication d'égalité, pour cette fierté salutaire qui souffre impatiemment, non les témoignages de l'affection et de la pitié d'autrui, mais la nécessité d'y recourir. L'amour et la reconnaissance ne vont pas naturellement à une abstraction. On n'éprouve pas, d'un autre côté, la même pudeur à recevoir un secours abstrait et impersonnel, et même à en abuser, que lorsqu'on vit à la charge de la charité individuelle. Un individu s'appartient à lui-même : une abstraction semble être la propriété de tout le monde, et l'on sent moins le besoin de se suffire à soi-même quand on peut compter sur un bien qu'on s'habitue aisément à considérer comme sien.

Toutefois, la charité individuelle est évidemment insuffisante. Nécessairement très-limitée dans ses moyens d'information, comme dans ses moyens d'action, non-seulement elle ne fait pas tout le bien qu'elle se propose de faire, mais elle ne fait pas même tout le bien qu'elle pourrait faire. Sentant son impuissance à connaître et à soulager tous les maux, chacun va au hasard, où les circonstances l'appellent, où son inclination l'emporte, et souvent on ne consulte que le caprice du moment. Voilà pour ceux dont la bonne volonté est entière. Mais c'est le petit nombre. Beaucoup sont susceptibles de sentiments charitables; mais ces sentiments dorment au fond de leur cœur, tant que la vue du malheur ne vient pas les éveiller. Ils n'éprouvent pas le besoin d'aller à la recherche de ceux qui souffrent ; mais, s'ils les rencontrent sur leur chemin, ils seront les plus généreux des hommes. Leurs secours ne vont qu'à une seule forme de la misère, et la moins digne de pitié, à la misère qui se montre, non à celle qui se cache, à la misère qui demande, non à celle qui rougit d'accepter, en un mot à la mendicité. D'autres ont le cœur plus sec et la main moins libérale ; ils fuient le contact de la misère, et, s'ils lui jettent parfois une aumône, c'est l'importunité seule qui la leur arrache. Pourtant il n'est pas impossible d'intéresser en eux un sentiment d'amour-propre ou même un reste de pitié : ils se refuseront à une œuvre personnelle de charité ; ils consentiront à s'associer de leur bourse à une œuvre collective de bienfaisance. Enfin, il est des œuvres de bienfaisance qui ne peuvent, en général, émaner de la charité individuelle. La fondation et l'entretien d'un hôpital, par exemple, sauf de rares exceptions, demandent d'autres ressources que celles dont un particulier pourra ou voudra disposer. Quand la charité n'a pour objet que des maux individuels, elle peut garder un caractère individuel ; elle appelle naturellement des efforts collectifs, quand elle réunit en un même lieu et pour des secours communs les individus qui ont part à ses bienfaits.

Il faut donc des associations pour ces œuvres que la charité proprement dite ne peut pas faire, et il en faut également sur son propre terrain, pour réunir toutes les bonnes volontés, depuis les plus isolées jusqu'aux plus récalcitrantes, pour éclairer et pour combiner leurs efforts, pour assurer enfin la distribution la plus sage et la plus profitable de leurs bienfaits. Mais l'action des sociétés de bienfaisance ne sera réellement efficace que si elle se rapproche, autant que possible, de la charité individuelle. De même que toutes leurs ressources ne peuvent venir que des individus qui les composent, il faut qu'elles descendent vers ceux qui en ont besoin par le canal des individus. Il faut que les malheureux, sous la personnalité collective et abstraite qui leur vient en aide, voient toujours des personnes vivantes, non pas une administration qui les inscrive sur ses registres, sous un numéro d'ordre, après avoir pris des renseignements en bonne forme, et qui les appelle à jour fixe dans ses bureaux pour recevoir les secours qui leur sont attribués ; mais des cœurs émus de compassion, des âmes qui s'ouvrent à leurs âmes et qui les invitent à s'ouvrir ; il faut que l'aumône matérielle, le seul fait apparent de la société bienfaisante, se dissimule, en quelque sorte, derrière les douces paroles, les consolations, les bons conseils, les soins empressés dont le mérite revient en propre à l'individu dévoué qu'elle a pris pour intermédiaire. Qu'est-ce qui triomphe, jusqu'à un certain point, de la répugnance du pauvre pour l'hôpital ? C'est la sœur de charité, parce qu'elle n'est pas, à proprement parler, un agent de l'administration hospitalière, parce que son dévoûment est tout à elle, à la tendresse de son cœur, au courage qu'elle puise dans sa foi. Ce lit où elle assiste le malade, ces remèdes qu'elle lui administre, ces vêtements dont elle le couvre, rien ne lui appartient : elle seule pourtant obtient de la reconnaissance ; elle seule se fait aimer, parce que chez elle tout part du cœur et s'adresse au cœur, parce que, devant elle, le malade se sent autre chose qu'un chiffre, parce qu'elle lui apparaît comme une sœur, ou pour mieux dire comme une mère.

Pour les associations, comme pour les individus, la meilleure forme de la bienfaisance, c'est la visite à domicile. Ici la société disparaît, son unité abstraite se brise ; elle se manifeste au chevet du pauvre, non plus par des auxiliaires, comme les sœurs de charité, mais par ses propres membres, qui viennent à la fois au nom de la mission qu'elle leur a confiée et de leur dévoûment personnel, presque toujours entraînés à mêler leurs dons à ceux qu'ils sont chargés de distribuer, et n'obéissant, dans leur attitude et dans leur langage, qu'aux mouvements spontanés que leur inspirent le spectacle qu'ils ont sous les yeux et la bonté de leur cœur. L'effet moral de la bienfaisance sera encore mieux assuré, si le visiteur du pauvre lui apparaît, non comme son bienfaiteur, mais comme son associé, si l'un et l'autre font partie d'une société de secours mutuels, dans un rapport de confraternité, qui rétablit l'égalité et relève la dignité, sans faire tort au dévoûment d'un côté et à la reconnaissance de l'autre. De telles sociétés, quand elles sont bien organisées, réalisent l'idéal de la bienfaisance ; car tout y est à la fois collectif et individuel, et les besoins moraux, comme les besoins physiques, y reçoivent la plus complète et la plus pure satisfaction.

Or, la bienfaisance collective ne peut ainsi s'approprier les mérites de la charité individuelle que si elle est placée sous un régime de liberté, dans son existence et dans ses actes. Une société qui ne vit que par le concours volontaire de ses membres est intéressée à rechercher toutes les occasions qui peuvent ranimer leur zèle. Plus elle les mettra en relation directe avec les souffrances qui appellent sa sollicitude, plus elle pourra compter, de leur part, sur un redoublement de compassion, et, par suite, sur un redoublement de bonne volonté. D'un autre côté, les membres d'une association libre sont d'autant plus intéressés au succès de ses bonnes œuvres, qu'elle est elle-même leur œuvre propre, qu'elle ne vit, qu'elle n'agit que par eux, qu'ils ont voix dans ses conseils, qu'ils disposent de ses destinées, qu'ils tiennent dans leurs mains ses ressources et qu'ils règlent souverainement l'emploi qu'elle en fait. Enfin, ce libre caractère qu'ils peuvent conserver dans tous les actes de charité, lors même qu'ils ne sont que les intermédiaires d'une association, contribue encore à leur ouvrir le cœur de ceux qu'ils secourent. Ce ne sont pas de simples agents, s'acquittant d'une tâche qui leur est imposée ; ils ont part au mérite des secours matériels qu'ils apportent; ils auront part à la réalisation des demandes qu'ils se chargent de transmettre ; on peut leur témoigner de la reconnaissance, non-seulement de ce qu'ils font personnellement, mais de ce que fait, par leur entremise, la société qu'ils représentent. C'est ainsi que cette société elle-même perd en partie son caractère abstrait. Formée et entretenue par de libres dévoûments, elle a, vis-à-vis de ceux qu'elle assiste, comme de ceux qui la composent, tous les caractères de la personne. Elle a son cœur qui bat de toutes les émotions que lui communiquent ses membres; elle a son intelligence, éclairée de toutes les lumières qu'ils lui apportent; elle a sa volonté, qui résulte du libre accord de toutes leurs volontés, à la suite de libres débats, non sans une certaine mobilité capricieuse, inhérente à la liberté, et, par là, elle n'en paraît que plus humaine. Elle peut se faire aimer; elle peut voir monter jusqu'à elle la reconnaissance de ceux qui ont part à ses bienfaits; elle peut enfin promettre ses secours, sans encourager la paresse et sans provoquer de dangereuses exigences. On s'habitue moins à compter sur l'assistance d'autrui, quand on sait qu'elle est toute volontaire et spontanée, et le sentiment de la dignité personnelle risque moins de s'émousser, quand il faut demander l'appui dont on a besoin, non à une bonne volonté purement abstraite, mais à une main réellement et librement secourable, quoique appartenant à un être collectif.

Les mêmes conditions ne sauraient être réalisées par l'assistance de l'État, et même par toute assistance où l'on sent la main de l'État. L'État bienfaisant, c'est, avant tout, l'impôt forcé, mis à la disposition des souffrances que le gouvernement croit nécessaire de soulager. On ne sait aucun gré à ceux qui payent, car on sait qu'ils sont contraints de payer; on ne sait également aucun gré à ceux qui distribuent les dons de l'État, car ce ne sont que des agents qui n'ont aucune responsabilité propre. On ne sait, enfin, aucun gré à l'État lui-même, car ce n'est qu'une abstraction; bien plus, c'est une abstraction qui trouve sa vie dans le corps social tout entier, dont font partie les malheureux eux-mêmes, et il est naturel qu'ils se croient des droits sur tout ce qui lui appartient. Dès qu'on attend tout de l'État, on le rend responsable de tous les maux qu'il laisse sans soulagement, et, pour ceux mêmes qu'il soulage, on est moins touché du bien qu'il fait que de son insuffisance. Point de reconnaissance, point de pudeur; à plus forte raison, point d'amour, point de place pour ce lien moral qui fait le principal prix de la charité. Les cœurs craignent d'autant plus de s'ouvrir à l'appel du représentant de l'État, quelque dévoûment personnel qu'il apporte à sa mission, que le premier sentiment du peuple est toujours la défiance devant les agents d'un pouvoir à qui appartiennent la menace aussi bien que les promesses, la répression aussi bien que les grâces.

On peut avoir de la reconnaissance et de l'amour pour un prince bienfaisant, parce qu'on reconnaît en lui une volonté libre, une véritable initiative, surtout sous un gouvernement absolu, au sein d'une nation accoutumée au despotisme, qui ne considère pas l'État comme sa chose, et qui reçoit comme une faveur gratuite le bien que son maître consent à lui faire. Ajoutons, à l'avantage du despotisme sous ce rapport, que, si la puissance du prince est illimitée, on sait que ses moyens d'information ne le sont pas. « Ah! si le roi le savait! » dit-on par manière de consolation, en continuant à l'aimer pour la bonne volonté qu'on lui suppose, et en détestant ses ministres pour l'ignorance dans laquelle ils l'entretiennent. La bienfaisance d'un prince absolu a, d'ailleurs, tous les défauts de la charité individuelle : n'ayant, comme elle, rien d'abstrait, elle peut parler au cœur, c'est son seul avantage ; mais, de même que la charité individuelle, elle est aveugle et capricieuse ; enfin, elle dépend d'une bonne volonté sur laquelle il ne faut pas compter, chez les despotes moins que partout ailleurs. On ne les louerait pas tant de quelques actes d'une charité délicate, s'ils leur étaient plus naturels. Sous un gouvernement libre, le chef de l'État pourra encore se faire aimer pour ses bienfaits, mais seulement pour ceux qu'il dispense, comme un simple particulier, en quelque sorte, disposant en son nom et au gré de ses sentiments personnels des ressources limitées qu'il doit à sa fortune privée ou au traitement qui lui est alloué. Sa bienfaisance, comme celle dont tout homme public peut se faire un mérite, en dehors de ses devoirs officiels, rentre dans la charité privée ; elle peut être plus abondante que celle de la plupart des particuliers, elle n'est pas d'une autre nature ; ce n'est pas proprement la bienfaisance de l'État.

Faut-il donc s'associer aux théories qui repoussent absolument toute assistance de la part de l'État ? Nous avons déjà eu occasion d'en signaler l'exagération. Elles n'iraient à rien moins qu'à supprimer l'État lui-même. Tous les devoirs qui lui sont propres, l'administration, la police, la justice, l'entretien des armées et des forces navales, les travaux d'utilité générale, la distribution d'un enseignement public, sont des devoirs d'assistance, des moyens de venir en aide aux particuliers dans la défense de leurs droits et dans la protection de leurs intérêts. A quel titre exclurait-on de ces devoirs d'assistance le soulagement de la misère? L'État doit y concourir, parce que la prospérité générale, qui repose en partie sur lui, est liée au bien-être physique, intellectuel et moral de tous les membres de la société. C'est même, en quelque sorte, l'acquittement d'une dette positive. Telle est, en effet, l'influence du gouvernement et des lois sur le mal comme sur le bien qui se produit dans une nation, que l'État ne saurait en décliner entièrement la responsabilité. Mais, pour la bienfaisance, comme pour les autres formes de l'assistance publique, il faut rester rigoureusement fidèle à ce nom d'assistance. L'État n'a pas le droit de se montrer généreux; il ne lui est pas permis, à proprement parler, de rechercher le mérite de la bienfaisance, encore moins de la charité. Il ne peut que venir en aide à ceux qui n'ont d'espoir qu'en lui, et seulement dans la mesure de ce qui est indispensable à leurs besoins.

La charité privée peut être prodigue de ses bienfaits, car elle dispose d'un bien qui est tout à elle. Quels que soient ses entraînements ou ses excès, ils ne font pas tort à autrui. D'ailleurs, tout désintéressés qu'ils sont, ils ont leur récompense, d'abord dans la satisfaction des nobles sentiments qui les inspirent, puis dans la reconnaissance de ceux qui en sont l'objet, dans l'acquisition de leur affection; enfin, si le sentiment religieux s'y trouve mêlé, dans le légitime espoir d'être agréable à Dieu et de gagner un trésor dans le ciel, en échange d'un peu de bien accompli ici-bas. L'État ne peut se livrer à de pareils entraînements; car les ressources dont il dispose, il les prend aux individus, non comme des dons volontaires, mais comme des impôts exigibles. Je veux que le budget de la bienfaisance soit le plus populaire, celui pour lequel on paye le plus volontiers; il n'en demanderait pas moins la même réserve. Ici, on ne doit plus parler d'une récompense à attendre. L'État, personne abstraite, n'a aucun droit sur les cœurs : c'est la patrie ou le prince, ce n'est pas l'État lui-même qu'on peut aimer. Renfermant, d'un autre côté, ses destinées sur la terre, il n'a aucune part aux espérances du ciel. Mais, s'il n'a rien à espérer, il a, en revanche, tout à craindre de l'exagération de ses bienfaits. Ce qu'il prend aux contribuables pour le distribuer lui-même, il l'enlève à la charité privée, toujours plus précieuse et plus efficace que tout le bien qu'il peut faire. Il fait plus que tarir quelques-unes de ses sources, il la décourage, il l'accoutume à se reposer sur lui, et, comme il ne peut suffire à tout sans excéder les exigences raisonnables de l'impôt, il ôte plus à la misère qu'il ne lui donne en réalité, même au point de vue matériel, sans parler de ce qu'il lui fait perdre au point de vue moral, comme consolations, comme action exercée sur les âmes. Il fait tort à la misère, et il la rend en même temps plus exigeante ; car elle aussi s'accoutume à ne compter que sur lui, oubliant peu à peu la dignité du travail personnel dans le sentiment plus agréable à la paresse des droits qu'elle s'attribue sur ses faveurs.

Ainsi, de nouvelles causes de misère dans l'affaiblissement de l'énergie individuelle et dans la diminution du travail ; un germe de corruption morale dans l'habitude trop aisément contractée, à tous les degrés de l'échelle sociale, de mendier des secours que l'on doit mettre son honneur à demander avant tout à soi-même ; un élément de troubles dans les réclamations violentes et séditieuses de ceux qui se plaignent que l'État ne fasse pas assez pour eux ou qu'il fasse trop pour les autres : voilà le bilan de l'assistance de l'État, quand elle dépasse ses justes bornes ; voilà ce qui a décrié, auprès de tant de bons esprits, ce droit, si naturel et si légitime en lui-même, qu'on a nommé le droit à l'assistance.

Ne rien faire que ce que lui seul peut faire, voilà la règle pour tous les actes de l'État. Il ne se met pas à la place des particuliers ; il leur tend la main, il les assiste, jusqu'au moment où ils pourront se passer de son secours. Ajoutons que l'assistance de l'État doit mettre tous ses soins à se cacher, non par modestie, comme la charité privée, mais par prudence, par le juste sentiment de ses propres intérêts et de ceux auxquels elle vient en aide, pour que personne, en la voyant toujours présente, n'exagère son influence. La charité privée, quel que soit son désir de rester dans l'ombre, doit multiplier ses rapports avec les individus. L'assistance publique, au contraire, n'atteindra jamais plus sûrement son but que si les individus ne la sentent pas, et s'ils peuvent croire qu'ils doivent tout à eux-mêmes. Son caractère est d'être générale, et ce n'est que par exception, dans un besoin pressant, qu'elle peut être individuelle. Sa meilleure forme, ce sont toutes les institutions qui préviennent les causes de misère, en ouvrant de nouvelles sources à la prospérité publique, en multipliant le travail, en l'affranchissant de toute entrave inutile, en ne lui fermant aucun débouché, en lui procurant toutes les lumières qui peuvent diriger ses progrès. S'il faut des moyens plus directs d'assistance, des caisses d'épargne, des établissements de prêt, des hôpitaux, des asiles, et qu'on ne puisse pas les attendre de l'initiative individuelle, ils appellent légitimement l'action fondatrice et les subventions de l'État; quant à son intervention directe vis-à-vis des individus qui doivent en recueillir les bienfaits, il vaut mieux qu'elle s'efface, qu'elle se substitue des sociétés indépendantes, en se bornant à tracer ou à contrôler leurs statuts, à conclure avec elles des sortes de concordats, à leur demander, en un mot, des garanties en échange de leur concours, mais sans s'ingérer dans leur administration et sans partager la responsabilité de leurs actes.

En France, les sociétés de bienfaisance qui sont approuvées par l'État, soit qu'il les ait suscitées lui-même, soit qu'il se borne à leur prêter son appui, reçoivent du gouvernement leurs règlements généraux, et il nomme lui-même leurs présidents. Nous croyons que c'est un usage dangereux, et qu'elles rendraient plus de services, avec moins de périls, si elles étaient davantage abandonnées à elles-mêmes. A plus forte raison, quand une société de bienfaisance peut se passer du patronage de l'État, quand elle ne lui demande aucune subvention, mais seulement respect et protection pour sa liberté, il est juste, il est utile qu'il lui laisse une pleine indépendance. Il irait contre son but, il assumerait une responsabilité dangereuse, s'il voulait qu'aucun bien ne pût se produire sans son concours. Ce n'est pas même assez de respecter l'indépendance des sociétés de bienfaisance et de la défendre contre toute atteinte; son intérêt veut qu'il l'encourage, qu'il la détourne, autant que possible, d'abdiquer entre ses mains, qu'il lui inspire une confiance salutaire en elle-même, qu'il reconnaisse, en un mot, qu'il n'est pas, de sa part, de plus profitable assistance que l'assistance donnée à la liberté.

VIII.

Nous nous sommes attaché jusqu'ici au droit proprement dit d'association. Les mêmes garanties s'appliquent évidemment au droit de réunion. S'il faut respecter les réunions d'associés ou d'affiliés, unis par la communauté des sentiments et des vues, il serait encore moins légitime d'interdire ou d'entraver celles auxquelles ne préside aucun engagement préalable. Toutefois il est une distinction que nous avons faite pour les réunions politiques, et qu'appellent également toutes les autres, qu'elles soient ou non le fait d'une association. Une réunion dans une maison privée ne comporte pas des moyens spéciaux de surveillance, qui seraient une atteinte à la liberté domestique. Une réunion dans un lieu public, dès qu'elle est assez nombreuse pour qu'elle puisse être l'occasion de graves désordres, engage naturellement la responsabilité de ceux qui, en la convoquant, se sont imposé l'obligation d'en faire la police; mais la police de l'État ne porte atteinte à aucun droit en prenant elle-même des précautions contre la possibilité de ces désordres. La liberté serait violée, si une autorisation était exigée : l'obligation de faire connaître aux dépositaires de l'autorité le lieu et l'heure de la réunion, et de souffrir toutes les mesures qu'ils croiront devoir prendre pour assurer le bon ordre, n'est que la sauvegarde légitime des intérêts confiés directement à la vigilance de l'État.

CHAPITRE VII.

LA PROPRIÉTÉ.

> Auch Wæchst die Idee des Eigenthums nur mit der Idee der Freiheit, und die am meisten energische Thætigkeit danken wir dem Gefühle des Eigenthums.
>
> W. VON HUMBOLDT.

ARGUMENT.

Sujet de ce chapitre : le droit de propriété envisagé au point de vue des intérêts moraux qui s'y rattachent. — Ses divisions : 1° la propriété matérielle, soit individuelle, soit collective ; 2° la propriété intellectuelle.

PREMIÈRE PARTIE.

La propriété matérielle.

I. Fondement moral du droit de propriété, considéré comme une des garanties nécessaires de tous les devoirs, et surtout des devoirs de la famille.
II. Le droit d'hérédité et le droit de tester ; leur limitation réciproque.
III. Ordre naturel des successions, d'après l'ordre des devoirs, non celui du sang. — Hérédité de la femme.
IV. La prescription ; sa légitimité.
V. Objections contre la propriété dans ses rapports avec les intérêts et les droits des non-propriétaires ; réfutation de ces objections.
VI. Limitation légale du droit de propriété.
VII. La propriété des associations ; sa légitimité ; restriction nécessaire qu'elle doit recevoir dans sa durée.
VIII. La propriété de l'État ; son antériorité de fait à l'égard de la propriété individuelle. — Développement historique du droit de propriété.

DEUXIÈME PARTIE.

La propriété intellectuelle.

I. Définition de la propriété intellectuelle ; sa légitimité.
II. Sa dépendance à l'égard de la loi civile, qui peut seule assurer son existence.

III. Réfutation des théories qui attribuent à l'État un droit d'expropriation sur les ouvrages d'esprit.
IV. La propriété intellectuelle n'implique pas la disposition des productions de la pensée, mais seulement la jouissance de leurs profits matériels.
V. De la durée de la propriété intellectuelle; réfutation des raisons de sentiment au nom desquelles on en réclame la perpétuité.
VI. Raisons de droit qui repoussent, pour les produits de l'intelligence, un monopole perpétuel.
VII. La propriété du fond dans les ouvrages d'esprit; durée nécessairement très-limitée qu'elle comporte.—Le droit de traduction.—Le fond dans les œuvres d'art : il ne saurait constituer une propriété.
VIII. La propriété de la forme ; raisons qui s'opposent à sa perpétuité :
1° dans les œuvres littéraires;
IX. 2° Dans les œuvres d'art.
X. Substitution d'une redevance à la propriété directe ; vices de ce système.
XI. Conclusion : application à toutes les formes de la propriété intellectuelle des principes consacrés par la législation des brevets d'invention.

En traitant de la propriété au point de vue des intérêts moraux qui s'y rattachent, nous ne pouvons nous dispenser de remonter à son origine. Le silence s'est fait aujourd'hui sur cette question, naguère débattue avec une sorte de fureur. La propriété était, pour certains réformateurs, la dernière des inégalités sociales, qu'il fallait renverser à son tour, pour établir sur la terre le règne de la justice. C'était, au contraire, pour ses défenseurs, l'arche sainte à laquelle on ne pouvait toucher sans faire crouler non-seulement l'ordre social, mais l'ordre moral tout entier. Ces discussions, qui empruntaient encore un caractère plus passionné aux excitations et aux périls d'une révolution inattendue, n'ont pas été stériles : elles ont jeté un jour nouveau sur la solidarité étroite qui unit la propriété et la liberté. Les uns se sont réconciliés avec la première par respect pour la seconde; les autres ont senti le prix de la seconde, dans l'intérêt de la première; et, en définitive, la propriété est restée debout, et la liberté a maintenu et étendu ses conquêtes. Ce serait désormais un anachronisme que de chercher à raviver le débat ; mais il y a lieu peut-être de le transporter sur un terrain à la fois plus philosophique et plus pratique. Dans l'ardeur d'une polémique où l'on s'engageait de parti pris, on prenait des arguments de tous côtés, sans en bien scruter la valeur. De là, même du côté du droit, plus d'une idée fausse, ou même dangereuse, acceptée à la légère et sans souci de ses conséquences; de là surtout une façon trop générale, trop abstraite, trop absolue, d'envisager la propriété, en ne s'attachant qu'à la forme qu'elle a reçue parmi nous sous l'influence de nos institutions démocratiques, comme si le droit n'en comportait pas d'autre, et sans tenir compte des circonstances qui peuvent légitimement la modifier, suivant les temps et les pays. Le droit de propriété, en effet, n'a pas une forme unique et exclusive, antérieure et supérieure à toute société constituée; il s'accommode aux intérêts collectifs de l'État ou de toute autre association, comme aux exigences des particuliers et des familles; il a son histoire et ses lois variables, aussi bien que son autorité éternelle et absolue, et ses défenseurs, de même que ses adversaires, risquent de s'égarer, quand ils cherchent son origine et sa légitimité en faisant abstraction de toute considération historique. Faire la part des faits, ce n'est pas déserter le champ du droit pur; c'est tenir compte des éléments empiriques, qui entrent nécessairement dans sa détermination.

Une autre façon de rajeunir la question de la propriété, et ici nous sommes proprement dans notre sujet, c'est de la considérer dans ses rapports avec les droits de l'âme. Sous sa forme la plus matérielle, la propriété intéresse l'âme aussi bien que le corps. Consacrée par la liberté, elle est, pour la liberté, le plus sûr rempart. Chez l'individu, elle apparaît comme une extension légitime des droits de la personne; chez l'être collectif, elle donne seule un corps à ce qu'on appelle la personne morale. Il y a, dans la famille, quelque chose qui survit à la famille elle-même : c'est la propriété; elle est comme un corps immortel destiné à en perpétuer l'esprit. De même, l'État ne trouve son unité sensible que dans sa propriété générale et perpétuelle, dans le territoire de la patrie, qui ne passe pas comme ses chefs, qui ne change pas comme ses institutions, et qui donne encore, dans la ruine de l'État lui-même, un corps aux espérances nationales. On peut en dire autant de toutes les autres associations. Celles dont le but est le plus exclusivement moral ont besoin d'une propriété, non-seulement comme instrument de leur action, mais comme symbole persistant de leur unité.

En devenant sociale ou commune, la propriété ne perd jamais son caractère personnel, puisqu'elle a pour effet de constituer une personnalité idéale ; d'un autre côté, lors même qu'elle reste individuelle, elle a toujours un caractère social. Tout homme appartient, dès sa naissance, à deux sociétés : la famille et l'État, et, si l'une et l'autre ont des droits sur sa personne, à plus forte raison en ont-elles sur sa propriété, dont il ne peut revendiquer l'usage que comme une extension de ses droits personnels. Chacun se doit à ces deux sociétés obligatoires ; chacun se doit également, quoique d'une façon plus facultative, aux associations libres qui font appel à son dévoûment. Si nous avons le choix entre elles, nous ne pouvons nous affranchir de tout lien avec les autres hommes. Lors même que nous voudrions nous tenir en dehors de toute Église, de toute association religieuse, scientifique ou politique, de toute société de bienfaisance, nous formerions encore avec nos semblables cette société universelle que Cicéron appelle la société du genre humain, *universi generis humani societas* [1]. Quelque forme que revêtent, au gré de notre conscience et de notre liberté, nos devoirs envers les autres hommes, ceux-ci ont moralement des droits sur nous, et par conséquent sur nos biens ; et si, en dehors de la famille et de l'État, ces droits ne sont pas susceptibles d'une sanction légale, notre conscience n'est pas moins forcée de les reconnaître. La propriété manifeste ainsi son caractère éminemment moral, en devenant pour nous non-seulement la garantie sensible de tous nos droits, mais l'instrument de tous nos devoirs.

Il est une dernière forme de la propriété qui la rattache plus intimement encore à la vie de l'âme : c'est celle qui appartient aux créations mêmes de l'âme, aux œuvres de l'intelligence, celle qui reçoit le nom de propriété intellectuelle. Sous ses autres formes, c'est la matière au service de l'esprit. Ici, c'est

---

[1] *De officiis*, I, 16, et ailleurs : « Quoniam, ut præclare scriptum est a Platone, non nobis solum nati sumus, ortusque nostri partem patria vindicat, partem amici ; atque, ut placet stoicis, quæ in terris gignuntur ad usum hominis omnia creari, homines autem hominum causa esse generatos, ut ipsi inter se aliis alii prodesse possent : in hoc naturam debemus ducem sequi, communes utilitates in medium afferre, mutatione officiorum, dando, accipiendo, tum artibus, tum opera, tum facultatibus devincire *hominum inter homines societatem*. » *Ibid.*, c. 7.

l'esprit lui-même se donnant un corps en quelque sorte, se faisant un instrument de bien-être physique pour les individus et pour les familles, et, sans se dépouiller de son caractère propre, réclamant ses droits au milieu des intérêts temporels de la société. Nulle part les deux sphères ne sont plus près de se confondre ; nulle part il n'est plus nécessaire de reconnaître exactement leurs limites.

PREMIÈRE PARTIE.

LA PROPRIÉTÉ MATÉRIELLE.

I.

Le droit de propriété a son fondement dans l'occupation et dans le travail; mais il ne trouve sa consécration que dans les devoirs dont il est l'instrument, et, par-dessus tout, dans les devoirs de famille.

Le travail n'est pas une création, mais une transformation. Il a besoin d'emprunter à la nature des matériaux et des instruments. L'homme, voué au travail par sa destinée terrestre, a donc le droit de s'emparer de toutes les ressources que lui fournit la nature. Il a le droit de féconder la terre, d'utiliser ses produits, de dompter les animaux eux-mêmes, d'en faire en quelque sorte des ouvriers dociles. Les êtres privés de raison ne s'appartiennent pas; ils ne peuvent disposer d'eux-mêmes; ils suivent fatalement les lois qui leur sont tracées; ils sont à l'être intelligent et libre, qui peut seul, par son travail, les modifier, les perfectionner, les utiliser. L'occupation primitive du sol et de ses fruits, soit par un individu, soit par une famille, soit par une tribu ou une association quelconque, est donc parfaitement légitime. C'est une conquête, dit Leibnitz, sur notre ennemi naturel, le monde physique. « Entre une personne et une personne, le droit de paix subsiste, tant que l'une d'elles n'a pas commencé la guerre ou causé un dommage; entre une personne et une chose, le droit de guerre est perpétuel. Il est permis au lion de dévorer l'homme, à la montagne de l'écraser, et il est permis à l'homme de dompter le lion et de percer la montagne. La victoire de la personne sur la chose et la captivité de la chose constituent la *possession;* et, par le droit de guerre, la possession donne à la personne droit sur la chose, pourvu que celle-ci ne soit à personne [1]. »

---

[1] *Nova methodus discendæ docendæque jurisprudentiæ.* Dutens, III, p. 213.

Mais le droit de prendre entraîne-t-il celui de garder? Le droit d'user de la chose, pour la satisfaction d'un besoin présent, a-t-il pour corollaire le droit de la mettre en réserve, pour la satisfaction d'un besoin futur? L'occupation, en un mot, crée-t-elle la propriété? Il n'y aurait pas lieu de poser la question, s'il n'y avait en présence qu'une personne et une chose; mais entre elles se placent les droits de toutes les autres personnes, qui, à chaque prise de possession transformée en propriété, voient diminuer la somme des choses qu'il leur est permis d'occuper, jusqu'au moment où tout sera pris et où il n'y aura plus, pour ceux qui seront venus trop tard, qu'un droit vide et sans emploi. C'est avec ces droits qu'il faut compter, si l'on veut établir la propriété sur une base vraiment morale.

Le droit de propriété, disent ses défenseurs modernes, ne dérive pas de l'occupation, mais du travail. Le travail est un emploi naturel de nos forces, de notre intelligence, de nos facultés physiques et morales. Or, nos facultés sont à nous sans contredit. L'affreuse iniquité de l'esclavage nous prend seule nos bras, nos jambes, notre cerveau, pour en faire la propriété d'autrui. Les choses que nous produisons à l'aide de ces facultés doivent donc nous appartenir; car nous y mettons notre activité, notre prévoyance, notre habileté, tout ce qui est à nous, tout ce qui constitue notre personne; en un mot, nous les assimilons à nous-mêmes. Nous avons toujours et partout le droit de revendiquer ce qui est notre œuvre, ce qui a reçu notre empreinte. Si nous sommes forts et industrieux, nous multiplierons nos richesses; si nous sommes faibles, nous resterons pauvres; l'inégalité des fortunes n'est que la conséquence naturellement légitime de l'inégalité des facultés et des aptitudes. Mais, riches ou pauvres, les fruits de notre travail sont notre propriété, au même titre que nos bras à qui nous les devons, et qu'on ne saurait nous disputer.

Cette théorie si simple et si séduisante n'est au fond que la justification de la force, et les adversaires de la propriété n'ont pas de peine à en faire justice. S'il y a un autre droit que celui du plus fort, nous ne sommes pas en réalité maîtres absolus de notre personne, de notre liberté, de nos facultés; nous ne vivons pas pour nous seuls; nous nous devons à notre famille, à notre patrie, à l'humanité. Dès que nous atteignons l'âge d'homme, notre pays réclame l'emploi de nos forces ; il nous demande notre temps, notre travail et jusqu'à notre vie, et nous lui devons quelquefois une obéissance toute passive. Tout emploi de nos facultés qui n'est pas légitimé par nos devoirs n'est qu'un fait brutal, qui ne crée pour les autres aucune obligation. Le travail, sous ce rapport, ne diffère pas de la simple occupation. Quand notre travail n'a pour but que notre intérêt ; quand nous profitons de notre supériorité physique ou intellectuelle pour nous emparer de la terre, pour la garder à perpétuité, pour la soustraire à ceux qui nous entourent, et pour en frustrer les générations futures, pouvons-nous invoquer quelque devoir qui légitime notre droit ? Voilà toute la question : résolue affirmativement, elle assure à la propriété le respect de tous les hommes, soit qu'ils participent à ses bienfaits, soit qu'ils ne la connaissent que par les obligations qu'elle leur impose ; résolue négativement, elle ne laisse subsister qu'une usurpation, fondée sur l'égoïsme et maintenue par la force.

Il est une première classe de devoirs qui semble justifier le droit de propriété : ce sont nos devoirs envers nous-mêmes. Ils nous imposent, en effet, avec le soin de notre vie, l'obligation de la prévoyance. C'est la condition du sauvage, comme de l'animal, de ne pouvoir user, pour se nourrir, que des fruits qui pendent aux arbres, des plantes que le sol produit sans culture, des animaux auxquels il fait la chasse ou que lui livre un heureux hasard. Dès nos premiers pas dans la vie civilisée, nous ne remplissons notre devoir d'hommes que si nous cherchons, par un travail intelligent et suivi, à dompter la nature, à mettre toutes ses forces au service de nos besoins présents et futurs. Par là, nous nous affranchissons de la sujétion du monde physique et de la dépendance de nos semblables ; nous entrons pleinement en possession de notre liberté morale. Mais à quelle condition ? c'est que nos semblables, individuellement ou en société, n'aient pas le droit de nous arracher les choses que nous nous sommes appropriées par ce travail persévérant ; c'est que nous puissions compter sur une possession permanente. Le travail fonde la propriété, non parce qu'il est un libre emploi de nos facultés, mais parce qu'il est un devoir.

Toutefois, un devoir qui ne se rapporte qu'à nous-mêmes, cesse avec nous-mêmes. Il autorise une possession viagère, non une possession perpétuelle. Il trouverait une garantie suffisante dans un usufruit qui laisserait, après notre mort, les choses dont nous aurions joui à la disposition du premier occupant, ou qui permettrait à la société dont nous faisons partie, de les revendiquer comme un bien commun et collectif. Ce n'est pas encore le droit de propriété dans toute son étendue et avec son véritable caractère.

Pour consacrer la propriété, il faut sortir des devoirs individuels; il faut invoquer les devoirs sociaux et les premiers de tous, les devoirs de la famille. La famille subsiste par le dévoûment mutuel de ses membres, par un échange constant de soins et de sacrifices. Les femelles des animaux mettent bas leurs petits, les soignent quelque temps, puis les abandonnent, pour former bientôt d'autres unions. Chez les hommes, les parents se sentent responsables de l'existence qu'ils ont donnée à leurs enfants; ils travaillent pour eux, amassent pour eux, s'imposent des privations pour assurer leur avenir. Si cette responsabilité est incontestable, si l'homme a réellement le droit et le devoir de consacrer à sa famille une part aussi faible qu'on voudra de son travail, de ses soins, de sa prévoyance, il n'en faut pas davantage pour attribuer à la propriété un caractère inviolable. Ces matériaux que j'ai mis en œuvre, ces capitaux que j'ai accumulés, ces ouvrages de mes mains qui portent l'empreinte de mon énergie infatigable et de mon dévoûment à mes devoirs, tout cela appartient à ma famille; vous ne pouvez m'en dépouiller sans porter obstacle à ma destinée morale. Vous devez donc respecter mes biens, soit que je les aie acquis par mon industrie personnelle, soit qu'ils m'aient été transmis par une autre personne, qui avait le droit d'en user à son gré après les avoir acquis. Ils vous sont sacrés, non dans mon intérêt, qui ne créerait pour vous aucune obligation, mais dans l'intérêt de ce devoir qui me lie à ma famille, et qui a sa racine dans la conscience et dans le cœur de tous les hommes.

Le droit de conserver les choses que je possède ne s'éteint pas avec ma vie. La propriété n'est pas attachée aux personnes, mais aux familles; elle s'y perpétue à travers les générations. Telle est l'origine du droit d'hérédité, qui donne seul au droit de propriété son couronnement naturel et son caractère vraiment moral.

II.

Des publicistes modernes, en justifiant le droit d'hérédité, l'ont considéré comme une simple forme de la donation arbitraire. Nous avons, disent-ils, le droit de disposer de nos biens, de les garder ou de les dissiper, de les vendre ou de les céder gratuitement ; nous pouvons donc les transmettre à nos enfants, et, quand nous n'avons pas manifesté autrement notre volonté, il est naturel de l'interpréter en leur faveur [1]. L'hérédité des biens a une base beaucoup plus respectable. Elle n'est pas seulement le droit du père, elle est aussi celui du fils, ou plutôt elle est le droit de la famille dans son indivisible unité. Nos proches sont nos héritiers légitimes; ils n'ont pas besoin d'une donation, d'un testament réel ou présumé. Nous pouvons sans doute, par un acte exprès, au moins dans une large mesure, déshériter nos collatéraux : ils ne sont pas directement confiés à nos soins, et nous avons le droit de préférer d'autres devoirs à ceux qui nous obligent envers eux. Nous pouvons également, dans une mesure plus restreinte, déshériter nos enfants, pour donner une sanction efficace à l'autorité souveraine dont la nature nous a investis : la perte de l'héritage paternel est un châtiment pour le fils coupable, comme la privation de la liberté, pour le mauvais citoyen ; mais l'hérédité ne laisse pas pour cela d'être un droit naturel, au même titre que la liberté. L'exception infirme si peu la règle qu'elle a peine à se faire accepter de la conscience publique. Quels que soient les sujets de mécontentement qu'un fils ait donnés à son père, il est rare qu'on ne flétrisse pas l'étranger qui s'enrichit aux dépens de l'héritier légitime, et, sans tenir compte de la volonté paternelle, la

---

[1] « Le don reconnu une des manières nécessaires d'user de la propriété, le don est inévitable, surtout au profit des enfants; il est inévitable, à toutes les époques de l'existence du père, et il faut, en accordant de plein droit la transmission de ses biens après sa mort, le dispenser de se dépouiller pendant sa vie. » — Thiers, *De la propriété*, l. I, c. IX.

loi civile elle-même, la loi *ennemie de la fraude* peut intervenir justement, comme au dénoûment de Tartufe, pour annuler un acte qui outrage la nature.

La donation arbitraire, loin d'être le principe, n'est que l'exception, tolérée plutôt qu'autorisée, lorsqu'elle est tout à fait capricieuse, par égard pour la liberté. Si l'administration de nos biens, de même que l'éducation de nos enfants et toute notre conduite privée, ne pouvait jamais être inintelligente, imprudente et même immorale, la loi substituerait sa responsabilité à la nôtre, et le bien que nous pourrions faire ne serait plus que l'effet de ses menaces, non l'œuvre méritoire de notre volonté libre. Mais, quelque latitude qui nous soit laissée, l'abus n'est jamais que souffert, et il appartient toujours à la loi de marquer les limites où doit s'arrêter sa tolérance. La propriété, dit le droit romain, est le droit d'user et d'abuser de sa chose, autant que le permet le principe du droit, *jus utendi et abutendi re sua, quatenus juris ratio patitur*. La loi peut opposer le principe du droit, qui n'est que le devoir lui-même, à certains actes de prodigalité, à certaines donations répréhensibles, qui sont de nature à mettre en péril les intérêts sacrés auxquels nous nous devons. Elle peut assimiler la prodigalité à la folie, parce que, si l'une fait perdre à la personne son caractère moral, l'autre met obstacle à la destination morale de la propriété. Elle peut appeler les tribunaux à prononcer sur la validité des donations, quand elles ne sont justifiées par aucun service rendu et qu'elles semblent n'avoir pour but que la spoliation de la famille. Un tel pouvoir est surtout légitime quand il s'agit d'actes testamentaires. Celui qui se dépouille de son vivant le fait sous sa responsabilité personnelle, et on peut supposer qu'il sera suffisamment retenu par son intérêt, sans que la loi ait à intervenir pour le protéger contre lui-même. Mais des dispositions qui n'auront d'effet qu'après la mort ne laissent au testateur que la responsabilité toute morale qui pèse sur sa mémoire ; ses héritiers légitimes en porteront tout le poids ; il est juste que la loi, protectrice et régulatrice de tous les droits, impose des limites plus ou moins étroites à ces fantaisies posthumes, suivant l'étendue et la précision des devoirs dont elles sont la violation. Ce droit exclusif que le propriétaire a sur sa chose n'est fondé que sur les devoirs dont il est l'instrument. En mésuser, en s'affranchissant de tout devoir, ce n'est plus un droit, c'est l'usurpation, dans un intérêt individuel, d'un bien commun, d'un bien que la nature a fait pour tous les hommes. Si la liberté peut couvrir cette usurpation du respect qui lui est dû à elle-même, elle ne saurait en protéger l'abus, quand il va jusqu'à vicier le droit dans son principe.

La loi française laisse toute liberté au droit de tester, quand il ne porte atteinte qu'à la succession collatérale; elle le restreint, quand il s'exerce aux dépens de l'hérédité directe, ascendante ou descendante. La distinction est fondée : envers nos proches, nos obligations sont beaucoup plus larges qu'envers nos enfants ou nos parents. Elles existent cependant, et il serait juste que la loi les garantît, non-seulement en laissant la faculté aux collatéraux de provoquer l'annulation d'un testament, pour vice de forme ou pour captation, mais en leur réservant une part dans la succession, comme elle en réserve une à l'État lui-même. L'impôt de succession, en effet, ne doit pas être considéré comme une simple exigence fiscale : il introduit l'État parmi nos héritiers naturels, et c'est là ce qui lui donne son caractère moral. Nous nous devons à notre patrie aussi bien qu'à notre famille : il est donc juste qu'elle ait une part dans notre héritage. La progression de l'impôt, à mesure qu'on s'éloigne de la succession directe, n'est pas moins équitable. Dans tout héritage, la liberté est en face de deux devoirs qui la limitent : les devoirs envers la famille et les devoirs envers l'État ; moins les premiers sont exigeants, plus ils laissent de place aux seconds. Il convient donc que la quotité disponible au profit des légataires ait toujours à compter avec une double réserve, l'une envers les héritiers du sang, dont les droits ne sont assurés jusqu'à présent que dans la ligne directe, l'autre envers cet autre héritier, qui sait toujours se faire sa part. Il convient également que cette double réserve suive une progression inverse : celle de la famille diminuerait naturellement avec l'éloignement de la parenté, dont l'effet serait d'accroître d'autant celle de l'État. Ainsi seraient conciliées, dans leur limitation réciproque, la liberté de tester et les obligations morales de la propriété.

Si nos lois n'ont pas suffisamment consacré le droit d'hérédité dans la ligne collatérale, elles l'ont traité trop favorablement dans la ligne directe. Elles réduisent, dans ce cas, la quotité disponible au quart des biens du testateur. C'est peut-être une restriction convenable, si elle ne doit s'appliquer qu'à des légataires étrangers ; nous ne pouvons nous empêcher de la trouver excessive, si le droit de tester doit s'exercer au sein de la famille et choisir entre les enfants eux-mêmes. Vous craignez la partialité et les préférences aveugles : craignez aussi de désarmer l'autorité paternelle, en lui ôtant les moyens de punir un fils ingrat ; craignez même quelquefois de mettre obstacle à des actes d'une rigoureuse équité. Quand un père a pourvu ses fils, au prix des plus grands sacrifices, de professions honorables et lucratives, n'est-il pas quitte envers eux, et n'est-ce pas blesser l'équité que de lui refuser la disposition de ce qui lui reste de son patrimoine, pour former la dot de leurs sœurs ? Il y a dans une famille un enfant infirme, que la faiblesse de son corps ou de son intelligence empêchera toujours de se suffire à lui-même ; son père, en mourant, se fait un devoir de pourvoir à ses besoins : le quart dont la loi lui permet de disposer sera-t-il toujours suffisant ? Toute latitude est laissée aux parents, pendant leur vie, pour les soins qu'ils prennent de leurs enfants : est-il juste de leur lier les mains quand ils veulent continuer leur œuvre au delà du tombeau, et qu'ils n'ont plus d'autre moyen d'action que la libre répartition de leurs biens ?

Cette restriction légale des droits des parents a pris surtout pour prétexte la nécessité de lutter contre l'injuste préjugé du droit d'aînesse. Le droit d'aînesse peut se justifier comme institution politique, non comme institution sociale. C'est un avantage accordé, dans les aristocraties, à ceux que leur naissance investit d'une portion de la puissance publique. L'héritage du domaine aristocratique, de même que celui du domaine royal, dans une monarchie, suit la primogéniture, non comme propriété, mais comme instrument de la souveraineté. En tant que personnes privées, tous les enfants d'un même père ont des droits égaux, à moins que sa volonté n'en ait décidé autrement. Mais faut-il enchaîner cette volonté souveraine dans la crainte que la vanité de quelque père de famille n'obéisse à un préjugé désormais sans raison d'être sous un régime démocratique ? C'est porter à la liberté une grave et funeste atteinte pour prévenir un abus restreint, qui tend de plus en plus à disparaître, et dont les sentiments de famille, abandonnés à eux-mêmes, n'auraient pas tardé à faire justice.

Le droit d'aînesse a retrouvé aujourd'hui un certain nombre de défenseurs, qui invoquent en sa faveur les intérêts de la liberté elle-même. Leurs arguments ne prouvent rien en faveur de ce prétendu droit; ils prouvent beaucoup contre l'égalité obligatoire que nos lois ont substituée au privilége de la primogéniture. Grâce au droit d'aînesse, disent-ils, la propriété foncière resterait aux mains d'un nombre limité de chefs de famille, assez forts pour défendre ses droits soit contre les fureurs aveugles de la multitude, soit contre les empiétements d'un pouvoir despotique; quant aux puînés, ils seraient stimulés au travail, à l'esprit d'entreprise, par la nécessité de se créer une position indépendante, qu'ils ne pourraient plus attendre de l'héritage paternel; et la société y gagnerait des âmes libres, fières et énergiques; les filles, enfin, trouveraient des époux, non pour leur dot, mais pour les agréments de leur personne, pour leur éducation, pour le rang et la considération de leurs parents. Ce tableau est sans doute fort exagéré, et il serait facile d'y montrer plus d'une ombre; mais tout n'est pas exagéré dans celui qu'on y oppose de la condition des familles sous nos lois de succession. Dans toute famille un peu aisée, chacun compte sur sa part de l'héritage paternel, et chacun, en même temps, en sent l'insuffisance. La nécessité de prendre un état s'impose à tout le monde, mais avec une certaine mollesse, dès qu'on a ce qu'on appelle brutalement des espérances. On ne veut guère qu'un supplément à la fortune dont on jouit ou qu'on attend, et, pour ne rien compromettre, on demande, en général, ce supplément à une de ces positions à peu près sûres, qu'un revenu fixe, sinon très-élevé, met à l'abri de toute chance de perte. Nul esprit d'entreprise, nulle initiative, peu de confiance dans le commerce et dans l'industrie; une préférence marquée pour les places du gouvernement; presque nulle part, en définitive, ni l'indépendance que donne une grande fortune patrimoniale, ni celle que l'on acquiert par ses efforts personnels. D'un autre côté, habitué à compter sur son patrimoine, plutôt que sur soi-même, on se préoccupe plutôt de le transmettre intact à ses enfants, que de les préparer à devenir eux-mêmes, par leur mérite et par leur travail, les artisans de leur fortune. On craint une famille nombreuse, parce que c'est une charge pour le présent et un sujet de soucis pour l'avenir. Chaque enfant qui survient est souvent accueilli avec un chagrin qu'on ne cherche pas à dissimuler, et, à entendre les maximes professées dans beaucoup de familles, on croirait que Malthus a écrit son livre en France et pour la France.

Si tel est l'état de notre société, et il serait difficile de le nier d'une manière absolue, il faut peut-être s'en prendre à notre caractère et à nos mœurs autant qu'à nos institutions civiles; mais ces dernières ne sont pas à l'abri de tout reproche. L'intérêt public, aussi bien que la justice, conseille donc de leur demander, non sans doute le rétablissement légal du droit d'aînesse, mais la restitution de l'autorité et de la liberté qu'elles ont ôtées aux pères de famille. Si l'on ne pouvait compter que dans une faible proportion sur la succession de ses parents, chacun mettrait plus d'ardeur à faire soi-même sa position ; les parents eux-mêmes s'habitueraient à placer les espérances qu'ils entretiennent pour leurs enfants, non dans l'héritage qu'ils peuvent leur laisser, mais dans l'impulsion qu'ils chercheraient à leur donner par leurs conseils, par leurs exemples, par une forte éducation, et, après avoir tout fait pour les mettre en état de se tirer d'affaire par eux-mêmes, ils verraient surtout dans leurs biens un moyen de récompenser les plus méritants et de dédommager les moins heureux. Enfin on redouterait moins une nombreuse postérité, si l'avenir de chacun des membres de la famille reposait principalement sur ses qualités et sur ses efforts personnels. Ainsi s'ouvrirait pour la société française une ère nouvelle de prospérité et d'indépendance, sans qu'on eût à regretter, au sein des familles, la disparition d'un odieux privilége. S'il plaisait à certains parents de revenir à des traditions que repoussent désormais nos mœurs autant que nos lois, il faudrait laisser à la conscience publique le soin de les condamner, sans recourir à des restrictions et à des entraves légales, qui ne seraient pas plus justifiables, et qui pourraient devenir plus dangereuses.

III.

Les institutions des peuples ont flotté entre trois points extrêmes dans la détermination du droit d'hérédité. On tend à le considérer tantôt comme le droit du propriétaire, qui reste libre de disposer de ses biens, après sa mort comme de son vivant, au gré de son caprice ; tantôt comme le droit de l'État, qui en règle l'exercice à sa guise, dans l'intérêt de ses institutions ou de sa politique ; tantôt, enfin, comme le droit indivisible de la famille entière, envers qui chaque nouveau possesseur, usufruitier plutôt que propriétaire, est comptable des biens qu'il a reçus de ses ancêtres et qu'il doit à sa postérité. Ces deux derniers points de vue se sont souvent confondus. Presque toutes les sociétés anciennes ou modernes, barbares ou civilisées, ont regardé avec raison la famille comme leur base naturelle, et son intérêt comme leur intérêt propre. Mais, en s'appuyant sur elle, elles ont été entraînées à la modifier dans sa constitution légitime, et à subordonner ses droits aux préjugés qui les dominaient. Généralement aristocratiques à leur origine, et plaçant dans la possession du sol le signe et l'instrument de la puissance publique, il était naturel qu'elles ne vissent, dans le droit d'hérédité, qu'un moyen de maintenir les mêmes biens, et, par suite, la même influence au sein des mêmes familles. De là le droit d'aînesse ; de là, le régime dotal, qui crée pour les deux époux des intérêts différents, comme appartenant, par leur naissance, à des maisons différentes ; de là, sous le régime même de la communauté, le partage qui se fait des biens de la famille, après la mort d'un des époux, au profit de ses héritiers directs ou collatéraux et à l'exclusion du survivant, considéré comme un étranger ; de là enfin, la condition faite à la femme, par le droit romain et par plus d'une législation moderne, dans la maison où elle exerce les droits d'épouse et de mère de famille, sans qu'elle puisse y acquérir, au point de vue de la propriété, d'autres droits que ceux qu'elle tient de sa famille d'origine ; car, dit le jurisconsulte Baldus, il n'y a entre elle et la famille où elle est entrée, aucun lien de sang, *mater non numeratur inter consanguineos*. On sait la spirituelle et éloquente parodie que l'auteur de Tristram Shandy a faite de cette théorie légale, transportée du droit romain dans la législation anglaise[1].

C'est là une façon toute politique et toute matérielle d'entendre la famille, en ne tenant compte que du lien du sang, non du lien moral. Sauf dans les aristocraties et pour les maisons aristocratiques, il importe peu que le bien qui vient de Paul ne soit pas détourné de la lignée de Paul ; mais il importe beaucoup que rien ne fasse obstacle aux devoirs mutuels qui lient entre eux les membres d'une même famille. Or, cette réciprocité de devoirs a pour condition évidente la solidarité des intérêts et la communauté des biens. Quoi ! deux époux auront confondu leurs vies et leurs destinées, ils n'auront fait, entre eux et avec leurs enfants, qu'une seule personne, et ils ne formeront, quant aux intérêts matériels, qu'une association précaire, qui devra se liquider, à la mort de l'un d'eux, par un partage contre nature ! Le survivant, chargé seul de la responsabilité commune pour tout ce qui touche aux devoirs, ne sera, quant à ses droits, qu'un étranger dans cette maison, témoin de toutes les joies et de toutes les douleurs de la famille, et, s'il ne peut la revendiquer comme son héritage propre, ses enfants auront le droit de l'en chasser ou de le forcer à la vendre dès qu'ils auront atteint leur majorité légale ! Bien plus, en droit rigoureux, il faudra, dès les premiers jours du veuvage, mettre en vente tous ces meubles au milieu desquels on a vécu et dont chacun rappelle un souvenir touchant ; car la moitié de leur valeur est acquise aux héritiers du sang, et un partage à l'amiable est souvent impossible. Enfin, il faudra faire un partage, non-seulement de ce que chacun a apporté en se mariant, mais de tout ce qui a été acquis, depuis le mariage, par une communauté de prévoyance, d'économie, de bonne administration : là encore il y a des créanciers qui ont des droits à revendiquer, et ces créanciers, ce sont les membres d'une famille que vous aviez le droit de considérer comme la vôtre ; ce sont vos propres enfants, dont les intérêts ne doivent plus désormais se confondre avec vos intérêts ! Il faut des préjugés bien enracinés pour qu'un tel régime se soit maintenu

---

[1] *Tristram Shandy*, vol. IV, ch. XXIX.

dans nos lois, sans soulever les protestations énergiques du sentiment et de la conscience.

Ces préjugés sont si forts, en effet, qu'un testament fait par un mari à sa femme ou par une femme à son mari est généralement considéré comme une spoliation de la famille. C'est presque un acte de courage que de braver l'opinion, et, ce qui est plus pénible, de s'exposer aux murmures de ses proches, en complétant le don de sa personne par celui de ses biens. Chaque époux, pendant sa vie, se doit tout entier à l'autre époux, aussi bien qu'à ses enfants : est-ce donc un paradoxe d'affirmer que cette dette ne s'éteint pas à la mort, s'il reste des biens pour la représenter? Il ne serait pas juste, quand il y a des enfants, que le survivant pût dissiper le bien commun, dont il devient seul responsable envers eux : un conseil de famille doit être placé auprès de lui pour surveiller son administration ; mais est-il juste qu'il voie se dissoudre, à son détriment, une communauté destinée à garantir ses intérêts et ses droits? Les soins du conjoint qu'il a perdu lui doivent être conservés par delà la tombe, et, puisqu'il hérite de toute l'autorité dont il n'avait que la moitié, il convient qu'il hérite aussi des moyens d'action qui peuvent seuls la rendre efficace. Cette indépendance que ses enfants acquièrent légalement vis-à-vis de lui, à vingt et un ans, lorsqu'ils ont ce qu'on nomme des droits acquis, est un outrage pour lui et un péril pour la société. Il est toujours fâcheux qu'un jeune homme, lors même qu'il est civilement majeur, trouve, dans les droits que la loi lui confère, non-seulement la liberté légitime de travailler par lui-même et pour lui-même, mais l'indépendance d'une fortune toute faite. Dans combien de familles ces héritages prématurés n'ont-ils pas apporté la ruine et le déshonneur! C'est une nécessité inévitable, si le jeune homme est entièrement orphelin ; mais, tant qu'il reste une autorité appelée naturellement à veiller sur sa conduite, pourquoi échapperait-il à une dépendance dont sa majorité ne l'affranchirait pas, s'il avait le bonheur d'avoir encore deux guides au lieu d'un seul?

Toutefois, s'il survenait un second mariage, les intérêts des enfants ne seraient-ils pas compromis au profit d'une autre famille? Ce serait là, sans doute, la source d'un danger possible, qui appellerait toute la sollicitude du conseil de famille. S'il y avait, dans ce cas comme dans tout autre, une mauvaise administration, le subrogé tuteur, représentant de l'époux décédé, pourrait provoquer une séparation de biens, que celui-ci, de son vivant, aurait eu le droit de demander lui-même. Mais, à moins d'abus démontrés ou justement présumables, pourquoi un second mariage ferait-il perdre au père ou à la mère, après la majorité de ses enfants, des droits qu'on ne lui conteste pas, durant leur minorité, quand ils sont à la merci de ses caprices et de toutes les influences qu'il peut subir?

Tant qu'il y a des enfants, les biens d'un époux ne doivent passer à l'autre époux qu'à titre d'usufruit viager, à moins que des dispositions formelles n'en aient décidé autrement. Mais, lorsqu'il n'y a pas d'enfants, l'héritage de chaque époux doit-il revenir, comme le veulent nos lois, à ses proches d'origine? Cette liquidation de la communauté, ces partages, ces ventes, cette expulsion possible du domicile conjugal, qui nous révoltent, quand il s'agit des droits des enfants, les accepterons-nous plus aisément au profit des collatéraux? Je crois qu'après ses enfants, une femme n'a pas d'autre héritier naturel que son mari, un mari que sa femme. En s'unissant par le mariage, ils ont fait passer avant tous les liens qui les rattachaient à leurs proches ce lien moral qui fait d'eux une seule personne et, comme le dit l'Écriture, une seule chair. Je ne suis pas moins convaincu, en vertu des mêmes principes, que les héritiers naturels des enfants, ce sont leurs parents, non pas pour un quart, comme le veut la loi française, mais pour la totalité de leurs biens, à moins qu'ils ne soient eux-mêmes époux ou pères de famille. Leurs devoirs envers leurs frères, à plus forte raison envers leurs autres collatéraux, ne sauraient passer avant leurs devoirs envers les auteurs de leurs jours. Des dispositions testamentaires peuvent changer cet ordre; mais c'est l'ordre naturel, c'est l'ordre que la loi doit reconnaître et consacrer en principe. Par là, dira-t-on, les biens d'une famille sont exposés à enrichir une famille étrangère: qu'importe à la société et au droit? Ce n'est là qu'un fait accidentel, indifférent en lui-même; l'essentiel c'est que tout ait lieu conformément à la loi du devoir. Quand un de vos proches se marie, vous cessez de compter sur son héritage. Lors même que le code civil vous l'assurerait en principe, vous ne seriez pas fondé à vous plaindre, si un testament en bonne forme vous en privait par un acte arbitraire ou capricieux. Vos réclamations sont-elles mieux fondées, quand c'est la loi elle-même qui vous en prive au nom des principes absolus sur lesquels repose la famille? La famille est une association toute morale : l'hérédité, qui lui sert de lien sensible, doit suivre non la proximité du sang, mais la proximité des devoirs.

IV.

Il n'y a que deux voies naturelles pour acquérir une propriété : l'occupation, avec ou sans travail, et la transmission par voie d'hérédité, de donation ou de vente. Dans le premier cas, l'acquisition n'est légitime que si l'objet occupé n'était à personne ; dans le second, que si toutes les transmissions ont toujours été conformes au droit, à partir du premier occupant. Est-il une seule propriété pour qui cette justification soit possible ? Écoutez, non pas un des contempteurs modernes de la propriété, non pas un Pascal, qui se plaît à étaler les contradictions de la justice humaine pour confondre la raison humaine, mais le grave et judicieux Bourdaloue : « J'en appelle à votre expérience. Parcourez les maisons et les familles distinguées par les richesses et par l'abondance des biens, je dis celles qui se piquent le plus d'être honorablement établies, celles où il paraît d'ailleurs de la probité, et même de la religion : si vous remontez jusqu'à la source d'où cette opulence est venue, à peine en trouverez-vous où l'on ne découvre, dans l'origine et dans le principe, des choses qui font trembler..... A peine en pourriez-vous marquer où l'on ne nous fasse voir une succession d'injustice aussi bien que d'héritage..... Vous reconnaîtrez avec frayeur que tel qui passe aujourd'hui pour homme équitable et droit, et pour possesseur légitime de ce que ses ancêtres lui ont transmis, n'est pas moins chargé devant Dieu de leurs iniquités et de leurs crimes qu'il est avantageusement pourvu dans le monde de leurs revenus et de leurs trésors. » Quand les deux siècles qui se sont écoulés depuis le *sermon sur les richesses* n'auraient ajouté aucune iniquité nouvelle à celles qui faisaient trembler Bourdaloue, ne suffiraient-elles pas pour infirmer non pas le droit abstrait de la propriété, mais les droits effectifs de tous les propriétaires? Ces droits trouvent dans la loi un moyen de justification, la *prescription*, c'est-à-dire le droit de se considérer comme légitime propriétaire d'un bien dont on a toujours continué à jouir sans réclamation, pendant un nombre d'années déterminé. C'est une troisième façon, sinon naturelle, du moins légale, d'acquérir la propriété.

La prescription, établie par la loi et suffisante à ses yeux, est-elle une justification valable aux yeux de la conscience? Il serait difficile de l'admettre, si sa légitimité ne reposait que sur l'intérêt social, si elle n'avait pour but que de mettre un terme à des réclamations qui ne laisseraient de sécurité à personne, et qui deviendraient ainsi un danger public. Il faut, pour la conscience, d'autres raisons que des raisons d'intérêt. Aussi a-t-on invoqué les droits du travail. Un bien dont nous avons joui sans interruption pendant plus de trente ans a, dit-on, été transformé, en quelque sorte, par nos soins et par notre industrie; nous y avons mis quelque chose de nous-mêmes et comme l'empreinte sacrée de notre personne. Si, en effet, nous avons ajouté quelque chose à la valeur du bien que nous détenons, il y a un droit d'*accession* qui peut donner lieu à un partage entre nous et le propriétaire dépossédé; mais y a-t-il là rien qui justifie une possession entière? Le travail ne crée pas la propriété, car il suppose toujours des matériaux dont on a acquis le droit de se servir par une occupation ou en vertu d'une transmission légitime; il en consacre seulement la conservation et l'usage, à condition qu'il ne blesse aucun droit et qu'il soit au service du devoir. On ne gagne rien, d'un autre côté, à remonter aux devoirs de famille : ces devoirs sont, au point de vue moral, la base la plus sûre de la propriété; mais ils ne lui confèrent des droits perpétuels que si elle a été légitimement acquise. La question reste donc entière quant à la légitimité de la prescription.

Le vrai fondement de la prescription a été indiqué par Hégel [1]. La propriété n'est pas un fait matériel, mais un fait moral,

---

[1] *Grundlinien der Philosophie des Rechts*, § 64.

subordonné à l'exercice d'une volonté libre. Il n'y a possession que si l'on *veut* posséder ; possession légitime, que si la volonté qui en est l'origine est conforme au droit. Si aucun acte, pendant de longues années, n'atteste cette volonté, quand, d'ailleurs, rien ne s'oppose à sa manifestation, elle est censée avoir abdiqué ses droits ; la chose est comme abandonnée par son ancien propriétaire ; elle appartient au premier occupant, comme une chose sans maître. Or, le premier occupant, c'est ici le propriétaire de fait, dont la possession, antérieure à la prescription, est ainsi légitimée par elle. Cette présomption n'est pas créée, elle est seulement fortifiée par la loi, qui marque et fait connaître à tous le délai légal après lequel une volonté que rien n'a manifestée jusqu'alors est considérée comme morte et frappée de déchéance. Ce délai est nécessairement arbitraire : le principe ne l'est pas.

Tout excellentes que sont ces raisons pour autoriser la prescription en elle-même, il est un point par lequel elles ne satisfont pas entièrement la conscience. Le détenteur d'une chose que la prescription laisse sans maître, suivant l'expression de Hégel, a, devant la loi, les droits du premier occupant : les a-t-il également devant lui-même, à son propre tribunal, quand il sait ou peut savoir que sa possession est entachée de fraude ? « Je sais, dit Bourdaloue dans le sermon déjà cité, de quelles erreurs la plupart des riches se laissent préoccuper, faussement convaincus que, de quelque manière qu'aient été autrefois acquis les biens qu'ils possèdent, ce n'est point à eux à faire le procès à la mémoire de leurs pères ; que d'exiger des enfants une telle discussion, c'est renverser l'ordre de la société ; que les péchés, s'il y en a, sont personnels, et que la bonne foi leur tient lieu d'une prescription sur laquelle ils ont droit de se reposer. Erreurs insoutenables dans les maximes de la vraie religion. » Ajoutons : dans les maximes du droit naturel. Les fautes sont personnelles, mais on participe personnellement à un crime dont on profite sciemment. Nous sommes strictement obligés à restitution, quand nous sommes à même de connaître l'origine coupable de notre propriété, qu'elle soit couverte ou non par la prescription, et lors même qu'elle remonterait à plus d'un siècle. Ce n'est pas là un vain scrupule, et toute conscience honnête doit lui faire droit, pourvu qu'on ne le compromette pas en l'exagérant. Il ne s'applique, en effet, qu'à des injustices évidentes, non pas suivant nos idées et nos mœurs actuelles, mais suivant les idées et les mœurs du temps où elles ont été commises. Il suppose, d'ailleurs, des injustices réelles, non simplement légales, mais morales. Quand le bien dont nous jouissons a été acquis au mépris d'une loi arbitraire, non d'un devoir de conscience, nous sommes en droit d'invoquer le bénéfice, également arbitraire, de la prescription légale. Nous ne nous ferons aucun scrupule de garder une propriété qui serait échue irrégulièrement à l'un de nos ancêtres, au mépris des lois sur le droit d'aînesse ou sur les testaments; il nous répugnerait, au contraire, de conserver une fortune qui serait, comme les trente deniers de Judas, le prix d'une trahison, quand même les lois humaines l'auraient non-seulement laissée impunie, mais positivement encouragée.

V.

En dehors de ces injustices particulières, que ne couvre pas toujours la prescription, il est une injustice générale dont on a, de tout temps, chargé la propriété. Pour ceux qui peuvent en revendiquer le bénéfice, elle participe aux droits de la personne; mais, tandis que les droits de la personne sont exercés effectivement par tout homme sain d'esprit, ceux de la propriété sont un privilége que la perpétuité héréditaire tend à concentrer dans quelques familles. Or, quand l'accroissement continuel de la population accumule les habitants sur des territoires restreints, il résulte fatalement de la différence des forces et des aptitudes, du développement variable des familles et de toutes les transactions dont la propriété est l'objet, une monstrueuse inégalité entre les hommes, de telle sorte que les uns sont maîtres et suzerains de la terre, et que les autres n'y vivent, pour ainsi dire, que par leur permission. On prétend que la propriété se fonde sur le travail: ne travaillent-elles donc pas ces masses humaines qui sont exclues du bienfait de la propriété par sa constitution même? Ce sont elles, au contraire, qui forment proprement la classe des travailleurs. On les appelle aussi les *prolétaires*, c'est-à-dire ceux dont toute la richesse est dans leurs enfants. Si la propriété est surtout destinée à l'accomplissement des devoirs de famille, d'où vient qu'elle n'est, pour ces pères de famille, qu'un droit en puissance, qu'une espérance vaine et dérisoire? Ils sont venus trop tard, la terre était déjà occupée; mais quoi!

Le premier occupant est-ce une loi plus sage?

et la justice permet-elle de l'opposer, au nom du droit et du devoir, à ceux qui devraient avoir les mêmes droits; puisqu'ils sont chargés des mêmes devoirs?

Dans ces plaintes passionnées sur l'inégalité des conditions humaines, on confond le droit et le fait. Le fait de la propriété, comme celui de la force physique ou de la supériorité intellectuelle, n'est que l'effet fortuit des desseins de la Providence, des lois de la nature ou des libres actions des hommes. Le droit de propriété, de son côté, n'est qu'une puissance; c'est la faculté nue de s'approprier la terre et ses fruits, quand on le peut légitimement, de conserver pour soi et les siens ce qu'on s'est approprié, et d'en user à son gré. Le fait est naturellement inégal; le droit est toujours et partout égal. Le fait est un avantage qui, en ajoutant aux facultés de ceux qui en jouissent, accroît par là même leur responsabilité; le droit suffit pour garantir à tous les hommes l'usage moral de leur liberté et l'accomplissement de tous leurs devoirs. Ce n'est, dit-on, qu'une puissance sans effet. Il en peut être ainsi par exception; mais, en général, les plus misérables sont au moins propriétaires du salaire journalier qu'ils gagnent par leur travail, et, par suite, des aliments, des habits, des meubles qu'ils acquièrent au moyen de ce salaire. C'est peu de chose, sans doute; mais c'est toujours l'exercice réel du droit, c'est la preuve que la propriété, dans ce qu'elle a d'essentiel, peut passer partout de la puissance à l'acte. Or, ces droits qu'elle revendique chez les plus riches lui appartiennent aussi chez les plus pauvres; ils stimulent leur ardeur, en entretenant leurs espérances, et, dans la simple possibilité de les exercer, chacun trouve une garantie pour sa liberté. Si l'on cherchait à les abolir, pour faire passer tous les hommes sous un même niveau, on abaisserait sans doute la condition des uns; il est permis d'affirmer, d'après l'expérience, d'après la connaissance du cœur humain, d'après la règle même de la justice, qu'on n'élèverait pas celle des autres.

Nous pouvons opposer, en effet, au tableau des injustices et des abus de la propriété, celui de ses bienfaits, que rien ne saurait compenser. Il semble qu'avec une grande fortune on jouisse de tout sans travail et sans sacrifices. Mais l'homme le plus riche ne peut entretenir son oisiveté qu'en se dépouillant sans cesse d'une partie de sa propriété, au profit de ceux dont l'industrie veut bien se mettre au service de ses besoins ou de sa fantaisie. Il est dans la même situation que le travailleur lui-même, qui, n'exerçant qu'un métier et n'ayant pas le droit de s'emparer de ce qui est à autrui, est forcé d'échanger les produits de son travail contre toutes les choses qui lui sont nécessaires ou qui peuvent contribuer à son bien-être. Il se fait entre tous les hommes, riches ou pauvres, oisifs ou occupés, une circulation continuelle de toutes les valeurs créées par le travail ; et, à mesure que le travail devient plus productif, il fournit à l'échange une plus grande somme de richesse. Chaque individu n'a qu'un moyen légitime d'augmenter son aisance : c'est d'appliquer ses facultés aux œuvres les plus utiles, pour attirer plus d'acheteurs, et pour pouvoir acheter, à son tour, avec les bénéfices qu'il a faits, les choses qu'il envie. Tous les membres de la société ont évidemment le même intérêt, et la réunion de tous les efforts individuels produit ainsi un accroissement constant du bien-être général. Il s'établit par là une solidarité étroite entre les hommes : chacun travaille pour soi et chacun travaille pour tous. Or, cette solidarité, que l'on a souvent cherchée dans l'abolition de la propriété, repose précisément sur la propriété, sur le respect qui lui est dû, sur la sécurité qu'elle peut se promettre pour le présent et pour l'avenir. Si l'on met tout en commun, il faudra substituer la contrainte ou le dévoûment à ces mobiles énergiques de l'intérêt individuel et des devoirs de famille qui poussent tous les hommes à travailler sans cesse avec plus d'habileté et de prévoyance, et à contribuer ainsi, dans la mesure de leurs forces, au développement de la fortune publique. Or, pense-t-on que le travail forcé soit plus fructueux que le travail libre, et peut-on espérer du dévoûment de l'homme à la société tout ce que l'on obtient de son dévoûment à sa famille ?

Le prétendu privilège de la propriété ne fait donc aucun tort, en réalité, à ceux qui n'ont pour vivre que leurs bras et leur travail. Ils payent des droits aux propriétaires pour toutes les choses dont ils ont besoin ; mais ces droits ne sont que la représentation de la valeur que les choses ont reçue d'un travail antérieur, et la multiplication indéfinie des valeurs est due aux garanties que l'industrie humaine a trouvées dans le respect des propriétés. Le partage égal des biens ou la communauté n'aurait fait qu'organiser la misère universelle. Sous l'empire du droit de propriété, et grâce à ses bienfaits, ceux mêmes qui lui semblent le plus étrangers peuvent se procurer, moyennant un faible travail, infiniment plus de bien-être que s'ils rentraient en possession, sur la terre vierge de toute occupation, mais aussi de tout travail, des droits du premier occupant.

Ne l'oublions pas toutefois : aucun droit n'est illimité, ni la liberté, ni l'égalité, ni la propriété elle-même. Les lois et les pouvoirs publics sont institués dans les sociétés humaines, non-seulement pour protéger les droits des individus, mais pour en prévenir l'abus, en leur assignant des limites. La loi fait respecter la propriété, dans l'intérêt de la communauté comme dans celui des individus et des familles ; elle punit le vol et la fraude ; mais elle empêche, en même temps, l'accaparement et le monopole, la hausse exagérée du prix des denrées nécessaires à la vie ; elle interdit les profits usuraires ; elle s'oppose enfin à une appropriation complète du sol, qui ne laisserait pas même aux familles pauvres des chemins pour circuler.

VI.

Tandis que certains utopistes étendent outre mesure le droit de l'État dans la détermination de la propriété, d'autres ne lui reconnaissent qu'un devoir de protection, qui laisserait l'exercice des droits individuels sans limite et sans contrôle. Tout doit être abandonné, disent-ils, à l'initiative individuelle. La concurrence, en suivant la proportion de l'offre et de la demande, doit être la seule régulatrice du prix de toutes les marchandises, même des plus indispensables à la vie. L'argent est une marchandise comme les autres, et, dans les transactions auxquelles il donne lieu, il a droit à la même liberté. Quant aux routes et autres travaux publics que nous sommes accoutumés à attendre de l'État, si son intervention nous faisait défaut, nous saurions bien les obtenir de l'industrie privée. Il nous faudrait sans doute en payer l'usage ; mais ne le paye-t-on pas par l'impôt, et d'une façon beaucoup moins équitable que sous la forme d'un péage, qui ne serait du moins acquitté que dans la mesure des services rendus ? Une société, en effet, a réalisé son idéal quand la liberté seule suffit pour corriger les abus de la liberté, et moins elle a besoin de l'action de l'État, plus elle se rapproche de cet idéal. Mais, tant que l'État reste dans sa sphère, tant qu'il se borne à limiter la jouissance des biens matériels, sans porter atteinte aux droits des âmes, l'expérience seule peut indiquer le point où doivent s'arrêter ses prétentions : elles ne sont injustes que lorsqu'elles sont contraires au principe même du droit, non lorsqu'elles en règlent l'exercice, au nom de ce même principe. On ne veut voir, dans la propriété, que la liberté qui la fonde ; il faut y voir aussi le devoir qui la consacre. Par les lois restrictives du droit de tester, la société s'oppose à la violation de nos devoirs envers notre famille ; par les lois sur l'accaparement, sur l'usure, sur l'expropriation pour cause d'utilité publique, elle s'oppose à la violation de nos devoirs envers nos semblables et envers elle-même. Toutes ces lois sont-elles sans inconvénient, au point de vue pratique, c'est ce que nous ne voulons pas examiner : nous n'écrivons pas un livre d'économie politique, mais de droit naturel, et, en nous renfermant dans notre cadre, nous ne pouvons que les justifier en principe.

S'il pouvait y avoir des droits sans limites, ce n'est pas la propriété, c'est la liberté qui devrait les revendiquer la première. La liberté de chacun se trouve en face de la liberté d'autrui, qui peut s'opposer à ses entreprises : chaque propriété ne rencontre pas toujours une autre propriété pour lui faire contre-poids et pour l'empêcher d'être oppressive. Si l'intervention de l'État est légitime, c'est moins quand elle prévient, dans l'intérêt de l'ordre public, une lutte à armes égales entre des prétentions rivales, que lorsqu'elle empêche un combat inégal entre le riche et le pauvre, entre les exigences de l'argent et les besoins pressants qui sont forcés de subir sa loi. Quand on aura prouvé que ces entraves légales manquent leur but, il conviendra d'y renoncer ; mais, en y renonçant, on n'aura le droit ni de les taxer d'injustice ni d'autoriser moralement les abus qu'elles tendaient à réprimer.

Le seul droit absolu, pour la propriété comme pour la liberté, c'est le respect des devoirs dont elle est la garantie nécessaire. L'intervention de l'État est légitime, quand elle protége contre les abus de la propriété les devoirs de l'homme envers sa famille ou les autres hommes; elle serait à la fois oppressive et funeste, si elle prétendait se substituer à ces devoirs, en supprimant ou en altérant les droits essentiels de la propriété. L'ordre moral serait bouleversé, si les hommes, n'ayant plus rien en propre, ne pouvaient rien pour leurs enfants ; il ne serait pas moins troublé, s'ils n'avaient aucun moyen direct de s'entr'aider, s'il n'y avait plus entre eux que la participation en commun aux charges et aux bienfaits de l'État. Pour tous les devoirs qui font de tous les hommes une même famille, de même que pour les devoirs proprement dits de la famille, le respect de la propriété est une garantie indispensable. Appuyées sur la propriété, l'industrie privée et la bienfaisance privée sont les plus sûrs moyens, non pas de faire disparaître la misère, mais d'élever le niveau général du bien-être : la première, par cette solidarité d'intérêts qui fait que chacun profite du travail de tous ; la seconde, par cette solidarité d'affection qui remédie aux injustices du sort et même aux justes effets de l'imprévoyance et de la paresse. L'intervention exagérée de l'État, si elle prétendait maintenir par force l'égalité, en se chargeant directement ou indirectement de la production et de la distribution des richesses, ne ferait que remplacer cette double solidarité par un lien de contrainte également fatal aux intérêts matériels et aux intérêts moraux de la société. Il est juste qu'on puisse compter en dernier ressort sur la protection et l'assistance de l'État; mais il faut qu'on n'y puisse compter qu'en dernier ressort. L'indépendance absolue de la propriété serait homicide : le communisme total ou partiel le serait plus encore, s'il est possible, car il tuerait à la fois les âmes et les corps. Sans la propriété privée et sans les garanties qui lui sont nécessaires, non-seulement il n'y aurait plus d'industrie libre, mais il n'y aurait plus de place pour des Églises libres, pour un enseignement libre, pour une presse libre, pour une charité libre ; il n'y aurait plus dans la famille humaine qu'une association forcée, façonnée peut-être à l'obéissance, mais étrangère à tout sentiment de devoir. Partout où les hommes sont unis par des devoirs, la propriété trouve une base solide, à laquelle les institutions civiles ne doivent toucher qu'avec respect et pour remplir elles-mêmes un devoir.

VII.

Au sein de cette grande famille humaine, qui, loin de répudier la propriété individuelle au nom de l'intérêt général, la réclame, au contraire, comme une de ses garanties les plus indispensables, se placent toutes les associations particulières, qui reposent sur la communauté de certains intérêts, de certaines affections, de certains devoirs. Une Église, une université, une académie, même une société industrielle et commerciale, sont autant de familles, dont les efforts, dirigés vers un même but, peuvent fonder et maintenir des propriétés collectives. L'indivision de la propriété n'est pas, d'ailleurs, une loi nécessaire des associations. Tantôt elles se bornent à réunir les efforts de leurs membres, en partageant immédiatement entre eux tous les profits obtenus ; tantôt elles demandent les ressources dont elles ont besoin à une contribution prélevée sur les revenus personnels des sociétaires, sans toucher à leur patrimoine. Souvent aussi, lors même qu'il y a une propriété sociale, l'indivision n'est qu'apparente, et les intérêts restent proprement séparés. C'est ce qui a lieu dans toutes les sociétés de commerce. Chacun de leurs membres a une part déterminée dans le fonds commun ; cette part est une des sources des revenus particuliers qui contribuent à son bien-être et à celui de sa famille ; elle entre en ligne de compte dans le patrimoine qu'il lègue à ses enfants ; il peut la céder ou l'engager par un acte particulier, comme toute propriété personnelle ; il peut enfin en obtenir la réalisation soit en se retirant de la société dont il fait partie, soit en en provoquant la dissolution. Ce n'est que dans les sociétés, non d'intérêt, mais de dévoûment, qu'il peut y avoir véritablement des propriétés communes. Les membres d'un clergé, d'une académie, d'une association de bienfaisance, ne sont pas réellement les copropriétaires, avec des droits distincts, des biens dont ils ont la disposition ; ces biens sont la propriété indivisible d'une œuvre religieuse, scientifique ou charitable ; ils appartiennent proprement à une idée, et nul n'a de droit sur eux que comme partie intégrante d'une société dévouée à cette idée. Là, seulement, il y a une personne morale, distincte des personnalités particulières qui concourent à la former; là, seulement, il y a une propriété morale, exclusivement attachée à des intérêts communs, sans qu'aucun individu ait le droit d'en détourner la moindre part pour son usage ou pour celui des siens.

Ce genre de propriété est évidemment aussi légitime que la propriété individuelle. Il s'acquiert, se conserve et se transmet par les mêmes moyens, en vertu des mêmes droits et aux mêmes conditions. L'accomplissement en commun de certains actes, de certaines œuvres, qui sont impossibles dans l'isolement, est un devoir pour les hommes. Or, ce devoir peut exiger des propriétés permanentes : il faut des temples pour le culte, des maisons d'école pour l'enseignement, des hôpitaux pour la bienfaisance. En dehors de ces propriétés nécessaires, la prévoyance fait un devoir aux associations comme aux individus de ne pas vivre au jour le jour, mais de s'assurer autant que possible des ressources pour l'avenir, et, par conséquent, de les asseoir sur des propriétés. On dira que plus d'une association, en se parant des titres les plus respectables, ne cherche dans ses biens qu'un moyen d'intrigue, non un instrument pour accomplir d'utiles devoirs. Beaucoup d'individus aussi abusent de leurs biens, et ils n'en ont pas moins le droit de les conserver, au nom même des devoirs dont ils s'affranchissent, tant qu'ils n'empiètent pas sur les droits d'autrui. La liberté de faire le mal est, dans certaines limites, une garantie pour l'obligation de faire le bien. C'est sur ce principe que nous avons fondé la liberté des associations. Toutes ne sont pas bonnes ; mais toutes doivent être libres, sauf à répondre judiciairement de l'abus qu'elles peuvent faire de leur liberté. Il en est de même pour leurs biens : elles doivent avoir toute liberté pour les acquérir, dans les limites acceptées par le droit naturel et fixées par le droit civil, et sous leur responsabilité propre, soit devant la conscience publique, soit, quand il y a fraude ou violence, devant les tribunaux.

Nos lois ne reconnaissent pas en principe les dons faits aux associations. Elles exigent, pour que ces dons soient valables, une autorisation du gouvernement, et cette autorisation n'est accordée qu'à des établissements qui ont été déclarés d'utilité publique. Ces entraves n'ont rien que de naturel sous un régime qui ne reconnaît pas la liberté des associations. Mais, dans les principes du droit, une donation au profit d'une société ne peut être considérée comme moins légitime qu'une donation au profit d'un individu. C'est au pouvoir judiciaire à réprimer la captation; c'est au droit civil à protéger la famille par la fixation d'une quotité disponible : en dehors des actes condamnés par le premier et de la réserve protégée par le second, la liberté doit rester entière. Sans doute, une association, par l'influence collective dont elle dispose, peut avoir des moyens de captation que n'a pas un individu; mais, si elle a plus de facilités pour se livrer à des manœuvres frauduleuses, il lui est bien plus difficile de les cacher. Plus elle est puissante, plus elle attire les regards. Cette force supérieure, dans laquelle on voit un danger public, lui est souvent un embarras, par les soupçons qu'elle fait naître et par la nécessité d'en employer une partie pour les déjouer. Elle peut compter, nous le reconnaissons, sur des moyens naturels de séduction, qui la dispenseront d'une captation directe. Tel répugnera souvent à sacrifier ses héritiers naturels à un étranger en possession de son affection, qui n'éprouvera pas les mêmes scrupules, s'il s'agit d'une personne morale. Il voit là, à côté de sa famille propre, une famille de son choix, à laquelle il est uni par le dévoûment aux mêmes principes, aux mêmes sentiments, aux mêmes œuvres : pourquoi ne se partagerait-il pas entre elles ? pourquoi, dans les limites fixées par la loi, ne préférerait-il pas la seconde ? L'entraînement est naturel, cela n'est pas douteux : est-il illégitime ? Nous nous devons à notre famille; mais notre famille n'a pas seule des droits sur nous. Or, de toutes les façons dont peut s'exercer, en dehors de la famille, notre activité bienfaisante, la forme de l'association est assurément la meilleure. Si elle nous enlace dans les liens d'une nouvelle famille, rivale de celle qui représente nos premiers devoirs, il y a place pour l'une et pour l'autre dans notre vie morale, même quand nous sommes époux et pères, à plus forte raison quand nous sommes affranchis de toute obligation étroite. Le don aux associations n'est donc pas plus incompatible avec les droits de la famille que le don aux individus. Si le cœur s'y laisse plus aisément entraîner, c'est qu'il est plus moral, c'est qu'il est plus conforme au devoir. Que si l'intérêt social demande des précautions particulières contre cet entraînement si naturel et si excusable, qu'on diminue, par une mesure générale, la quotité disponible au profit des associations, que la loi restreigne l'usage du droit, mais qu'elle ne le livre pas à la merci des pouvoirs publics.

Toutefois ces appréhensions, que les progrès de la liberté sont loin d'avoir dissipées, et qui semblent leur emprunter, au contraire, de nouveaux motifs, peuvent nous faire soupçonner déjà qu'il s'agit d'un genre distinct de propriété, auquel ne sauraient s'appliquer entièrement les principes qui régissent la propriété individuelle. Il y a, en effet, entre ces deux propriétés, des différences profondes, non quant à la façon de les acquérir, mais quant à leur mode de jouissance et aux droits positifs qu'elles confèrent.

La première et la plus manifeste, c'est que, pour les biens des corporations, il n'y a pas véritablement un propriétaire vivant et libre. Les détenteurs successifs ne sont que des usufruitiers, ou, s'ils peuvent faire acte de propriété, ils ne peuvent aliéner le fonds qu'à la condition de le remplacer ou d'en faire un usage déterminé. Chaque société est liée, sinon par la lettre de ses statuts, du moins par leur esprit général, par l'idée dont ils sont l'expression et la garantie. Une congrégation religieuse peut assurément réformer sa règle et sa discipline : elle ne pourrait, sans révolter toute conscience honnête, changer de religion, en conservant les biens qu'elle a acquis ou qui lui ont été donnés dans l'intérêt de ses anciennes croyances. Le véritable propriétaire est une abstraction, qui survit à tous les changements, soit dans le personnel, soit dans la constitution de la société où elle s'est incarnée, ou plutôt le véritable propriétaire, ce sont tous ceux qui, dans le passé, ont contribué à fonder ou à enrichir cette société. La propriété sociale, en effet, de quelque manière qu'elle ait été acquise, est toujours le fruit de dons volontaires. Il a fallu, pour la constituer, que des individus donnassent soit leur travail personnel, soit leurs revenus, soit tout ou partie de leurs biens. Or, leurs dons ont été faits non à des hommes, mais à des idées ; ce n'est que dans l'intérêt de ces idées qu'ils ont sacrifié leur intérêt propre et celui de leur famille ; disposer de leurs bienfaits sans respecter leurs intentions, c'est évidemment une espèce de vol. Leur volonté préside donc, au moins d'une manière générale, à l'usage des biens qu'elle a créés. On dit, pour la propriété individuelle, que *le mort saisit le vif :* il faut dire, pour la propriété sociale, que *le mort gouverne le vif.*

L'un des meilleurs aiguillons de l'activité humaine, c'est l'espoir que nos œuvres, que les créations de notre pensée et de notre travail dureront plus longtemps que nous. Jusqu'à la vieillesse, jusqu'aux approches de la mort, nous pouvons nous proposer un but d'autant plus digne de nos efforts qu'il est désintéressé :

> Mes arrière-neveux me devront cet ombrage,

C'est ce qui fait surtout la valeur morale de la propriété. Attachée à la personne, elle est destinée à dépasser ici-bas la durée de la personne. Par le droit d'hérédité, les choses où nous avons mis une partie de nous-mêmes non-seulement nous survivront, mais passeront à d'autres nous-mêmes, à des êtres qui nous doivent la vie, que nous avons formés, en qui nous pouvons espérer de voir revivre nos idées et nos goûts, et dont nous pouvons attendre la continuation de notre œuvre. Attente naturelle, et pourtant toujours déçue, souvent même lorsque la tombe vient à peine de se fermer sur nous ; que dis-je ! de notre vivant même, car notre héritier considère déjà comme à lui le bien que nous devons lui laisser ; il en dispose par la pensée, et, sans tenir compte des projets dont nous nous berçons, il dresse d'avance ses plans pour en tirer un parti plus conforme à ses goûts. Nous le savons, et notre imagination se représente souvent avec effroi ces changements inévitables que notre mort doit amener dans tout ce que nous avons créé, dans tout ce qui a été l'objet de notre sollicitude et de notre prévoyance. Nous le savons, et bien peu cependant n'aiment pas à se faire illusion. Il nous est plus facile de nous railler nous-mêmes de nos espérances que de les abdiquer entièrement. Ces espérances sont bonnes et salutaires, et c'est une triste expérience que celle qui les dément sans cesse. Il faut les encourager, mais à condition qu'elles ne soient que des espérances, qu'elles ne prétendent pas faire violence au cours légitime des choses. La terre n'appartient pas à une seule génération, mais à toutes, et, quoi qu'elle doive au passé, le présent seul a droit d'en disposer. « Cette recrue continuelle du genre humain, je veux dire les enfants qui naissent, à mesure qu'ils croissent et qu'ils s'avancent, semble nous pousser de l'épaule et nous dire : Retirez-vous, c'est maintenant notre tour [1]. ». Le respect que le fils doit à son père s'étend après la mort aux volontés de son père, mais sans qu'il soit enchaîné par elles, sans qu'elles gardent, au delà de la tombe, la plénitude de leurs droits, lorsque la même responsabilité a cessé de s'y attacher. Aussi la loi fait sagement, quand elle ne reconnaît aucune valeur aux dispositions testamentaires qui, en transmettant une propriété, prétendent en restreindre la disposition au profit d'une volonté désormais sans action. Le testateur peut distribuer comme il l'entend les choses qu'il a le droit de léguer ; il peut même faire passer en des mains différentes la nue propriété et l'usufruit ; mais il faut toujours qu'il se dépouille de tous ses droits et qu'il constitue à sa place de véritables propriétaires. Toute tentative pour éluder la loi serait à la fois immorale et impuissante.

Les dons ou legs faits à des corporations échappent seuls à cette règle salutaire. Ici, les intentions du donateur font loi après sa mort, non-seulement dans le choix de son héritier, mais dans l'usage des biens qu'il lui laisse. Il reste maître de la chose dont il s'est dépouillé et dont il a été dépouillé par la loi de la nature, et, tandis que les générations se succèdent, tandis que les idées marchent et que les croyances se renouvellent, il retire du mouvement de l'humanité et de la civilisation le coin de terre qui lui était échu pendant sa courte vie ; il y incarne à perpétuité la pensée fugitive qui l'animait quand il s'est endormi dans la mort.

[1] Bossuet, sermon sur la mort.

C'est plus qu'un droit exorbitant, c'est une prétention immorale à tous les titres, et, d'abord, par l'injuste concurrence qu'elle fait à l'esprit de famille. La famille a tout à gagner, nous le croyons, à la liberté des testaments, mais à une condition, c'est qu'on ne soit pas intéressé à user de cette liberté contre la famille elle-même. Or, quelle séduction ne peut pas exercer, en faveur des corporations, la pensée qu'en les choisissant pour légataires, on garde moralement la disposition de ses biens ? Avec l'hérédité naturelle, nous pouvons espérer que notre bien restera dans notre lignée, mais pendant combien d'années ? et, avant même qu'il en sorte, combien de temps nos intentions seront-elles respectées, combien de temps vivra notre souvenir ? Dans une corporation, nous nous donnons un héritier qui ne peut, sans perdre ses droits, se montrer infidèle à l'esprit qui a servi de lien entre lui et nous, un dépositaire plutôt qu'un héritier, qui continuera indéfiniment à exercer en notre nom, conformément à notre volonté, et en honorant notre mémoire, l'influence que nous devions à nos richesses. La famille tient l'homme par de si fortes attaches, qu'elle prévaudra le plus souvent, je le crois ; mais combien de fois ses droits seront-ils sacrifiés, quand ils seront battus en brèche par d'ardentes convictions, habilement exploitées, ou par la vanité, disons mieux, par l'ambition honorable de faire bénir son nom dans la postérité par une fondation utile !

Cette immobilité, qui est un des caractères de la propriété sociale, est incompatible avec la loi même de la propriété. Il y a deux droits en présence dans toute propriété : le droit de chacun et celui de tous. Le premier veut que chacun puisse conserver à perpétuité, pour lui et ses ayants droit, les biens dont il est légitime propriétaire ; le second veut que cette consécration perpétuelle de la propriété ne soit pas l'exclusion perpétuelle des uns au profit des autres. Comment se concilient ces deux droits dans la propriété individuelle ? Par la liberté de la propriété. Tant qu'une loi contraire au droit n'attache pas forcément la propriété aux mêmes familles ou à un même corps de propriétaires, la liberté a naturellement pour effet de lui rendre la mobilité qui en ouvre l'accès à tous, sans faire violence à sa perpétuité légitime. L'hérédité des biens est le droit de la famille ; l'hérédité des mêmes vertus, des mêmes habitudes d'ordre, de prévoyance et d'économie, n'est qu'un fait accidentel, qui ne saurait se reproduire constamment à travers une longue série de générations. Ce que les pères ont amassé, les fils le dissipent. Telle famille dont la prospérité paraissait assise sur une base inébranlable, au bout d'un siècle est perdue dans la foule ; telle autre qui semblait vouée à la misère prend place peu à peu, et quelquefois par un coup soudain de la fortune, parmi les heureux et les puissants de ce monde, pour retomber tôt ou tard dans son obscurité et dans son néant. Ces alternatives d'élévation et de chute sont inévitables, lors même que la propriété et la famille sont constituées aristocratiquement. On les remarque à peine sous un régime de liberté, tant elles sont communes et journalières. Or, les propriétés sociales, les biens de mainmorte, comme on les appelle, ne sont pas libres ; elles n'ont pas cette mobilité vivante qui concilie seule les droits de chacun et les droits de tous. Voilà pourquoi leurs droits, poussés à l'extrême, sont proprement en dehors du droit : *Summum jus, summa injuria.*

La propriété n'appelle pas moins la mobilité, si l'on considère, non plus les individus qu'elle enrichit, mais les pensées qu'elle représente et auxquelles elle sert d'instrument. Ici encore nous trouvons en présence le droit de chacun et celui de tous. L'appropriation de la matière est le droit de l'esprit ; mais elle impliquerait contradiction et injustice, si, une fois faite au profit d'une idée, elle excluait à jamais toute idée nouvelle. La conciliation se fait naturellement, quand la propriété n'est attachée qu'à l'idée vivante, à l'idée mobile et progressive. C'est ce qui a lieu pour la propriété individuelle. Si l'hérédité n'a pas pour effet de maintenir éternellement les mêmes biens dans les mêmes familles, elle a encore moins le pouvoir de les immobiliser au service des mêmes idées. Chacun tient plus ou moins à penser par soi-même ; chacun, quoi qu'il fasse, pense avec son siècle. Quand on supposerait non-seulement une même famille, mais un même propriétaire conservant à travers les siècles une même propriété, un même esprit ne s'y maintiendrait pas encore ; ce témoin des vieux âges y ferait circuler, sciemment ou à son insu, l'esprit successif des temps qu'il traverserait. Or, cette fiction d'un propriétaire immortel, la propriété sociale la réalise, mais en excluant le progrès de la pensée, qui suivrait, par la force des choses, l'immortalité d'un individu. L'esprit que représente une telle propriété, ce n'est pas celui qui animerait ceux qui l'ont constituée, s'ils vivaient encore, car il se serait nécessairement modifié ; c'est celui qui les animait il y a plusieurs siècles ; c'est une pensée morte avec eux, morte avec leurs contemporains, et qui ne garde peut-être une vie apparente dans quelques âmes que par l'influence des biens matériels auxquels elle est éternellement attachée.

Comme personnalité collective, une corporation ne peut avoir qu'un seul esprit, toujours le même ; mais cet esprit ne doit se conserver entre ses membres, sans cesse renouvelés, sans cesse empruntés à la société extérieure, que par la libre et consciencieuse adhésion des âmes. Ceux qu'il a cessé d'animer doivent se retirer, et, si tous lui sont devenus étrangers, la corporation doit se dissoudre. Or, quelle pression n'exerce pas sur les consciences l'intérêt personnel, l'intérêt de la propriété? Se retirer, c'est renoncer à ses droits sur le revenu social. Dissoudre la société, c'est se dépouiller du fonds et de la puissance dont il est l'instrument. On sait combien il en coûte, même quand la conscience parle le plus haut, pour faire violence à des habitudes invétérées de penser, de sentir et d'agir, surtout quand elles ont acquis la force que donnent une vie commune et des engagements solennels : si l'on met encore dans la balance le poids de la richesse, que restera-t-il pour la liberté morale de l'âme? Nul homme n'écoute volontiers des arguments qui, s'ils sont vrais, auront pour effet de le ruiner. Si le paganisme avait pu obtenir de l'État devenu chrétien, après la conversion de Constantin, le respect de ses propriétés, consacrées par les mêmes droits que les propriétés ordinaires, nous verrions peut-être subsister encore un clergé païen, en possession de tous les monuments de son culte et de toutes les richesses destinées à en assurer l'éclat, fidèle à ses dieux, sans bien savoir lui-même s'il y croit par intérêt ou par une foi sincère, et leur conservant des adorateurs parmi tous ceux que ses moyens d'influence maintiendraient dans sa clientèle.

Si chaque génération pouvait consacrer, au profit de ses sentiments et de ses pensées, une portion de cette terre où toutes les générations viennent successivement jouer leur rôle, que resterait-il bientôt pour les siècles futurs? « C'est une chose surprenante, dit Lady Montague, quelle quantité de terrain est perdue en Turquie au profit des cimetières! J'ai vu quelquefois des cimetières de plusieurs milles appartenant à de tout petits villages, qui étaient jadis de grandes villes, et qui ne retiennent plus que cette triste marque de leur ancienne grandeur [1]. » Des propriétés perpétuelles affectées aux idées du passé ressembleraient à ces cimetières. La mort y garderait également la place destinée à la vie. La propriété d'un monument dure légitimement, dit Hégel, tant qu'il conserve son âme, c'est-à-dire tant que le souvenir qu'il est destiné à rappeler reste présent dans les esprits. La consécration éternelle des tombeaux n'est qu'un caprice vide, si aucun souvenir n'y habite. Une concession perpétuelle se prescrit de soi-même, lorsqu'elle n'exprime la pensée d'aucune âme vivante [2]. D'où vient que nous appelons la protection de la loi sur certains monuments qui, depuis longtemps, n'ont plus, pour aucune famille, un intérêt particulier ? C'est leur antiquité qui leur vaut notre respect; mais c'est ce respect même, c'est-à-dire un sentiment vivant et présent, qui donne à ces débris du passé le droit de rester debout. De même pour les propriétés consacrées par les institutions du passé. Elles n'ont plus aucun droit, quand elles ont perdu leur âme, quand les idées qui se les ont appropriées ne sont plus, pour les générations nouvelles, qu'une lettre morte, et ne trouvent leur raison d'être que dans ces propriétés mêmes.

Tout ne change pas, sans doute, dans le domaine des idées. Quelques-unes, et l'on peut croire que ce sont les meilleures, bravent l'effort des siècles, et ne participent au progrès de l'esprit humain que dans leur développement, sans voir ébranler leurs principes. Pour celles-là, comme pour les plus périssables, il y aurait encore quelque chose d'immoral et de funeste, si elles pouvaient s'attribuer des propriétés perpétuelles. Tant qu'une idée subsiste dans toute sa force, elle peut toujours compter sur le même dévoûment. Les dons suivront sans cesse les dons au profit de la société qui la représente; les générations nouvelles

---

[1] Lady Montague, *Letters.*
[2] Hégel, *Grundlinien der Philosophie des Rechts,* § 64.

ne voudront pas rester en arrière de celles qui les ont précédées, dans leur libéralité à l'égard d'une institution qui ne leur est pas moins chère. Qu'est-ce à dire? S'enrichissant toujours et ne pouvant rien perdre, une société ainsi privilégiée finirait par accaparer toute la terre, si elle ne trouvait un obstacle dans sa prospérité même.

Il viendrait, en effet, un moment où, en présence de cette prospérité toujours croissante, les uns n'éprouveraient que des sentiments d'envie; les autres, en gardant leur sympathie et leur confiance, sentiraient peu à peu tomber leur zèle. La société elle-même, soit par prudence, pour éviter de porter ombrage à ses envieux, soit par cet esprit d'indifférence et de paresse qu'engendre communément la possession de grandes richesses, renoncerait bientôt à provoquer des témoignages de zèle, qui ne seraient plus pour elle qu'une affaire de luxe, non une véritable nécessité. Il se ferait ainsi insensiblement une sorte de divorce entre cette corporation si puissante et si prospère, et le public, dont l'adhésion et le dévoûment doivent être les fondements de sa prospérité et de sa puissance. C'est là, pour une œuvre utile, pour une œuvre encore vivante et digne de vivre, une situation mauvaise à tous égards. Une idée ne vit que dans les âmes, qui non-seulement la gardent en dépôt, mais en font le mobile de leur conduite active, et sont toujours prêtes à travailler et à lutter en son nom et pour elle. Il peut être bon que des propriétés lui soient affectées, pour qu'elle ne dépende pas entièrement des caprices du public; mais il ne faut pas qu'elle soit assez riche pour n'avoir plus à compter avec le public. Elle cesse d'agir sur les âmes dont elle n'intéresse plus le dévoûment; elle cesse même d'agir sur celles de ses dépositaires et de ses représentants constitués. Les devoirs sont encore remplis, mais avec tiédeur, pour la forme plutôt que pour le fond ; toute l'ardeur est réservée pour les intérêts matériels, pour ces richesses qu'on tient à conserver, si l'on ne cherche plus à les accroître.

C'est ainsi qu'au sein de la plus grande prospérité, avec toutes les apparences de la vie, une institution qui pourrait espérer encore plusieurs siècles d'influence, si elle ne puisait sa force que dans son empire sur les âmes, porte intérieurement des germes de mort, et tombe en poussière dès le premier choc, à moins qu'il ne lui soit donné de se ranimer par un retour à sa pauvreté primitive. Voyez quel mouvement religieux se produit en Amérique, grâce à l'active concurrence de toutes ces sectes dont aucune n'est assez riche, dans une société sans passé, pour se dispenser de faire un appel incessant au concours des fidèles. Comparez, en Angleterre, l'Église officielle, avec ses immenses richesses, et les sectes dissidentes, avec leurs ressources précaires, et demandez-vous de quel côté sont la vie et le progrès. Considérez, en France, ces ordres monastiques dépossédés et déracinés par la Révolution, qui travaillent avec tant d'ardeur, en dépit des entraves légales, à reconstituer leur influence et leur fortune, et rappelez-vous leur décadence morale, bien longtemps avant leur chute, alors que leur prospérité matérielle semblait à son comble. Est-il possible de douter que, si les associations trouvent leur sécurité dans le droit d'acquérir des propriétés, le droit de les conserver et de les accumuler perpétuellement ne saurait avoir pour elles-mêmes, aussi bien que pour tous les intérêts matériels ou moraux de l'humanité, que les conséquences les plus funestes?

Cette longue argumentation contre les vices des propriétés sociales peut sembler superflue. Aucun État ne leur a jamais reconnu les mêmes droits qu'aux propriétés individuelles, et, quelques priviléges qui leur aient été conférés, elles n'ont jamais assez duré pour manifester tous les abus sur lesquels nous avons cru nécessaire de nous étendre. Nous pourrions nous reposer, en effet, pour en empêcher l'exagération, soit sur l'omnipotence de l'État, qui les tient partout à sa discrétion, soit sur les guerres, les invasions, les révolutions, toutes les catastrophes sociales, en un mot, qui font succéder momentanément le règne de la violence à celui du droit. Quand la Révolution française mettait la main sur les biens du clergé, elle ne faisait que suivre un exemple qui lui avait été donné par tous les gouvernements, et qui s'était toujours produit, comme de lui-même, à tous les grands changements qui avaient renouvelé violemment ou légalement les croyances ou les institutions des peuples. Non-seulement les divers régimes qui ont succédé à la Révolution, et qui se sont donné pour mission de continuer son œuvre en réparant ses excès, ne sont point revenus sur la confiscation des biens du clergé, mais ils ont persisté dans les maximes qui semblaient l'autoriser. Nulle association, d'après nos lois actuelles, ne peut ni se former, ni se maintenir, ni s'enrichir par un don ou par un legs, sans l'autorisation du gouvernement, et il suffit du retrait de cette autorisation pour supprimer, avec le propriétaire, la propriété sociale. Que parlons-nous donc des dangers possibles de ce genre de propriété? Ils ont leur correctif dans les lois, et, à défaut des lois, dans des faits inévitables.

Nous reconnaissons et nous croyons avoir prouvé que le droit perpétuel des associations sur leurs propriétés n'est pas assez évident pour qu'il y ait une véritable iniquité à y porter atteinte ; mais une confiscation légale ou une spoliation révolutionnaire, parce qu'elles remédient à une extension abusive du droit, ne sont pas moins des actes en dehors du droit. Laisser l'abus se produire, en comptant sur une catastrophe sociale pour le faire disparaître, ce n'est ni d'une sage politique ni d'une législation soucieuse de la justice. N'opposer à l'abus que l'arbitraire, ce n'est pas davantage remplir la mission protectrice de la loi. Quand l'État, en supprimant une communauté, s'empare de ses biens, il ne fait que substituer un accapareur à un autre. C'est réaliser peu à peu le communisme, sans toucher directement aux biens des particuliers. Or, l'accumulation de la propriété entre les mains de l'État est peut-être encore plus dangereuse qu'entre les mains d'une association libre. Outre la puissance énorme qu'il confère à l'État, un tel droit pourrait avoir pour conséquence de l'intéresser à la violation de ses devoirs. Au lieu de protéger le patrimoine des familles contre l'envahissement des communautés, un gouvernement peu scrupuleux trouverait son profit à prêter les mains à l'accroissement de leur fortune, qu'il pourrait d'avance considérer comme la sienne. Que s'il se réservait seulement le droit de disposer des biens confisqués à une association, soit pour en investir une autre association, soit pour les partager entre des particuliers, il s'attribuerait un moyen d'influence exorbitant, et ne ferait d'ailleurs que prendre aux uns pour donner aux autres, sans autre règle qu'une volonté arbitraire. Quand une congrégation de femmes vient à s'éteindre, la loi française veut que ses biens fassent retour aux familles des donateurs ; si ce retour est impossible, une moitié est attribuée à d'autres établissements ecclésiastiques, et l'autre aux hospices [1]. L'arbitraire est évité dans le premier cas; il subsiste dans le second, quant au choix des maisons appelées à bénéficier de l'extinction d'une congrégation. D'ailleurs, ces établissements que la loi favorise, ce sont toujours des associations, des êtres moraux, et, quelque estime qu'ils méritent, l'accumulation indéfinie de leurs biens serait toujours contraire aux vrais principes.

Que demande donc la justice? Des règles générales, qui garantissent la liberté et la propriété de toutes les associations sans distinction, en traçant les limites légales qui doivent en prévenir l'abus. Tous les droits appellent de telles limites; des droits naturellement distincts veulent des limites distinctes. Or, les biens des associations diffèrent essentiellement des biens des particuliers, non dans leur mode d'acquisition et dans leur usage, mais dans les conditions de leur durée. C'est donc à leur durée seule que la loi doit appliquer des règles spéciales. La propriété individuelle a le droit d'être perpétuelle, parce qu'elle concilie la perpétuité avec la mobilité. La propriété sociale n'a pas le droit d'être perpétuelle, parce que pour elle perpétuité signifie immobilité. Au point de vue de leurs biens, l'existence légale des associations doit être enfermée dans certaines bornes, qu'il appartient à la loi de fixer, comme elle fixe l'âge de la majorité ou le temps nécessaire pour la prescription, et qui peuvent varier soit suivant le caractère des associations, soit suivant la situation morale ou matérielle des peuples. Ce n'est pas porter atteinte à la liberté; car une corporation considérée comme légalement éteinte pourra immédiatement se reconstituer; elle devra seulement renoncer à des propriétés sur lesquelles elle n'avait point de droits perpétuels. Sa succession sera ouverte, et, suivant le sage principe posé par la loi que nous avons citée, ceux de ses biens qui ont été acquis par une donation entre-vifs ou testamentaire devront faire retour aux donateurs ou à leurs héritiers naturels. Du moment que la volonté qui a constitué ces biens cesse de faire loi, il est juste qu'ils rentrent en la possession de ceux qui s'en sont dépouillés ou de leurs ayants droit.

Quant aux biens acquis à titre onéreux ou dont on ne peut

[1] Loi du 24 mai 1825, art. 7.

retrouver l'origine, il ne convient pas qu'ils soient attribués, comme le veut la même loi, à d'autres institutions semblables ; car ce serait aller contre le principe qu'on veut sauvegarder. Nous croyons qu'une partie doit revenir aux héritiers des sociétaires décédés pendant la durée légale de l'association. C'est le fruit de leur bonne administration, de leur prévoyance, de leur zèle : si l'œuvre à laquelle ils se sont dévoués pendant leur vie ne peut plus en profiter, il est juste que leur famille en recueille le bénéfice. Les mêmes considérations veulent que l'autre partie soit laissée aux sociétaires vivants. Nul n'y a plus de droits qu'eux, puisque leurs efforts ont contribué soit à l'acquérir, soit à la conserver. Si ce n'est pas entièrement leur création, il y a du moins prescription légitime en leur faveur. S'ils veulent maintenir l'association, ce sera le noyau des ressources nouvelles qu'ils auront à lui chercher ; s'ils ne la croient pas susceptible de revivre, ils se partageront les biens qui leur sont attribués, et ils pourront les appliquer soit à leurs besoins personnels, soit à d'autres œuvres de dévoûment.

On craindra peut-être que les membres des corporations, autorisés à voir, dans les biens dont ils disposent, un patrimoine qui, tôt ou tard, fera retour à eux-mêmes ou à leurs familles, ne cherchent à les accroître par des économies intéressées, aux dépens des œuvres auxquelles ils doivent en consacrer les revenus. Contre cette tentation, il faut compter sur l'esprit même d'association, sur l'influence des intérêts communs auxquels on a subordonné volontairement ses intérêts particuliers, sur le dévoûment que suppose toujours la libre participation à une œuvre collective, enfin sur les conditions nouvelles que doit faire aux corporations la durée limitée de leurs propriétés. Quand il ne lui est plus permis d'accumuler de grands biens, la force et la richesse d'une société, et, par suite, la force et la richesse de chacun de ses membres, dépendent des sympathies et de la bonne volonté du public. Or, le zèle du public ne se maintient et ne se renouvelle que si on lui donne sans cesse, non par des économies, dont l'effet est éloigné et douteux, mais par des actes et des services, des preuves positives de l'efficacité de son concours. L'accroissement du fonds ne fait qu'affaiblir le dévoûment et provoquer la défiance ; aussi, plus on craint de consommer les revenus, plus on doit craindre d'en voir tarir les sources.

Par une raison semblable, on ne doit pas supposer que les membres d'une association douée de quelque vitalité aimeront mieux se partager le peu de biens que sa dissolution mettrait entre leurs mains, que de s'en faire un point d'appui pour sauver et pour étendre son influence. Même quand ils n'auraient que des vues personnelles, c'est par cette association qu'ils sont quelque chose; c'est à son développement qu'ils ont déjà attaché leur ambition, et de son maintien dépend la réalisation de leurs plus chères espérances. S'ils la laissent mourir, c'est qu'elle est d'avance condamnée à mort, et, dès lors, peu importe qu'ils usent en commun ou individuellement de la portion du fonds social qui leur est abandonnée.

Les règles que nous avons posées peuvent, du reste, être modifiées par de libres concordats entre l'État et les associations. Seulement l'État ne doit jamais oublier qu'en stipulant pour lui, il n'est que le représentant de tous les intérêts sociaux, et qu'il n'appartient pas plus à un concordat qu'à une loi de violer les principes qui repoussent l'accaparement des propriétés soit par les corporations libres, soit par l'État lui-même.

VIII.

La mission légitime de l'État lui donne le droit, non-seulement de déterminer l'étendue du droit de propriété pour les individus et les associations, mais d'être lui-même propriétaire, de s'assurer un revenu public, de disposer d'une portion et, à certains égards, de la totalité du territoire national, dans l'intérêt de la protection et de la défense communes. L'association politique, investie du droit de contraindre, peut s'emparer d'une partie des revenus privés, et même du fonds qui les produit, soit par l'impôt ordinaire, soit en se portant comme cohéritière des particuliers par l'impôt de succession, soit, enfin, par l'expropriation forcée, mais, dans ce cas, moyennant une juste indemnité. Elle peut, d'ailleurs, acquérir des propriétés par tous les moyens qui sont à la disposition des autres associations, comme des individus : par l'occupation, par le travail, par l'échange, par des dons ou legs, par la prescription.

La propriété publique a commencé partout avant la propriété privée. En droit, la propriété privée a la priorité ; en fait, on peut dire qu'elle est sortie de la propriété publique. Rien ne contribue plus à compliquer la question de la propriété, dès qu'on cesse de la considérer d'une manière abstraite et qu'on veut tenir compte de ses vicissitudes historiques.

Aussi loin que nous remontions dans l'histoire, elle nous montre, à l'origine de tous les peuples, des tribus, sédentaires ou nomades, qui vivent en commun sur le territoire dont elles ont pris possession. Les peuples sauvages sont forcément communistes ; ignorant le travail personnel, qui pourrait seul les attacher à la terre, ils se dispersent, par bandes nombreuses, dans les grandes plaines ou les forêts vierges, où ils mènent une vie errante, cueillant les fruits qui croissent sans culture, demandant à la chasse un aliment à leur activité aussi bien qu'un moyen de subsistance, ou, plus calmes et déjà plus susceptibles de culture, poussant devant eux leurs troupeaux. C'est seulement quand l'agriculture et l'industrie prennent naissance qu'on voit des familles et des individus isolés se retirer sur un petit coin de terre, y concentrer leurs efforts et y trouver plus de richesses que le reste de la tribu sur ces immenses territoires de chasse, tant regrettés par les héros des romans de Cooper. Nul ne songe d'abord à leur disputer la possession de l'enclos qu'ils fécondent par leur travail ; car, disent naïvement les Indiens de l'Amérique du Nord, « nous aimons qu'il y en ait parmi nous qui plantent et qui cultivent : ils cessent de tuer tant de gibier, et il nous en reste davantage [1]. » La tribu, premier rudiment de l'État, encourage déjà la création des propriétés privées ; mais partout, dans la barbarie comme dans la civilisation, la société politique se réserve le droit d'en limiter l'extension et de conserver des propriétés indivises, au profit de la communauté. Son droit paraît d'autant moins restreint qu'on est plus voisin du communisme primitif, et que les mœurs sont plus grossières, les

---

[1] Cité par Hippolyte Passy, *Des causes de l'inégalité des richesses.*

passions plus violentes, les esprits plus ignorants et moins mûrs pour la liberté personnelle.

Aujourd'hui, dans nos théories politiques, nous aimons à nous figurer l'État comme une magistrature populaire, élue ou du moins contrôlée par les citoyens, qui se soumettent librement à son autorité, et recevant chaque année, du vote d'une assemblée délibérante, un budget régulier. Les peuples primitifs n'auraient rien compris à cette notion abstraite de l'État. Ils ne conçoivent le pouvoir et ne sont portés à le respecter que s'ils le voient constitué à l'image de la famille, transmis de père en fils, comme l'autorité domestique dans chaque maison, et disposant, au lieu d'un budget, d'un riche patrimoine, qui lui permet d'exercer sans contrôle sa libéralité et de veiller sur tous les intérêts de la nation. A la place de ces hiérarchies de fonctionnaires, que nous instituons au nom des lois, ils acceptent plus aisément des familles privilégiées, qui, renonçant aux professions manuelles, se consacrent au métier des armes et à toutes les charges publiques. Ces familles, qui se targueront plus tard de leur ancienneté, sont, en général, d'un sang plus jeune et plus vif que les autres ; souvent même elles se sont établies par droit de conquête dans un pays dont les habitants amollis n'ont pas su leur résister. Dans les temps de barbarie, elles sont plus propres que le reste de la nation à soutenir l'effort des guerres privées et des guerres étrangères, à maintenir intacts l'honneur et l'indépendance de la nation, qu'elles associent à leurs traditions de grandeur et de gloire. On peut dire, en définitive, que leur travail, à ces tristes époques, est plus précieux que tout autre travail, puisqu'il a pour but le salut du pays. Elles justifient ainsi, non-seulement par la prescription, mais par les devoirs qu'elles remplissent envers la société tout entière, les droits qu'elles ont usurpés sur la plus grande partie de la richesse publique.

On voit encore se former, chez tous les peuples, bien d'autres propriétés qui, sans faire partie du domaine propre de l'État, ont cependant un caractère public : telles sont les propriétés des associations religieuses et des corporations professionnelles, qui, en principe, devraient être entièrement distinctes de la société politique, mais qui, en fait, ont reçu presque partout leur institution de l'État, et ont été appelées par lui, dans une mesure plus ou moins grande, au partage de ses droits ; telles sont également les propriétés des communes. Il y a, entre les habitants d'une ville ou d'un village, une foule d'intérêts communs : les rues, les marchés, les écoles, les églises, les cimetières, toutes les habitudes qui résultent de relations constantes. Il est naturel qu'ils s'unissent pour ces intérêts communs. Il n'est pas moins naturel qu'ils laissent indivis entre eux des terrains d'un défrichement difficile, qui demandent des efforts collectifs, ou des pâturages dont la jouissance en commun offre peu de difficulté et répond mieux aux habitudes et aux besoins du plus grand nombre. Ces propriétés des communes ne diffèrent en rien, dans leur origine et dans leurs droits, de celles de l'État. La commune n'est pas une association libre, mais un État en petit, ayant ses lois, son gouvernement, sa force publique. C'est souvent le noyau de l'État, et elle peut garder dans son sein une véritable indépendance.

Ainsi se forment et se développent simultanément la propriété privée et la propriété publique : la première fondée et consacrée par la liberté naturelle de chacun, sous la protection des lois positives et dans les limites tracées par elles ; la seconde investie des droits de la société politique, soit qu'elle appartienne à l'État lui-même ou aux castes privilégiées et aux associations particulières qui participent de sa puissance. Les luttes de ces deux propriétés remplissent l'histoire de tous les peuples. Avec l'adoucissement des mœurs et le progrès de la prospérité publique, les particuliers souffrent impatiemment qu'une part de la richesse générale soit détournée au profit d'une aristocratie hautaine ou de corporations puissantes, dont les privilèges oppressifs paraissent plus insupportables, à mesure que leur protection devient moins nécessaire, ou bien soit retenue par les communes ou par l'État, dont on ne conteste pas les droits, mais dont on sent de plus en plus le besoin de limiter et de contrôler le pouvoir. D'un autre côté, les représentants directs de l'État, pouvant se passer désormais du concours de l'aristocratie, des corporations et des communes, voient avec jalousie ces puissances inférieures qui s'interposent entre eux et le peuple, et ils recherchent l'appui de ce dernier, jusqu'au moment où ils viendront se briser, à leur tour, contre ses prétentions toujours croissantes.

A ces causes de rivalité se joint presque partout un plus juste sujet de conflit. La propriété privée ne se forme, nous l'avons vu, que par la permission et sous le bon plaisir de la propriété publique, dont elle n'est, en général, qu'un démembrement. Lors même qu'elle s'est constituée directement, par l'effet d'une occupation personnelle et indépendante, elle ne peut se maintenir, dans un État encore barbare, qu'en se plaçant sous le patronage des forces sociales, représentées par les pouvoirs monarchiques, aristocratiques, ecclésiastiques ou communaux. L'*alleu* se transforme de lui-même en *fief*, en se *recommandant* à un *seigneur*. De là la situation précaire qui est faite à la propriété privée et les servitudes qui pèsent longtemps sur elle. Les lois qui lui sont imposées sont non-seulement une limitation, mais la négation de ses droits, dont la plénitude est retenue, comme *domaine éminent*, comme *suzeraineté*, comme *nue propriété*, par la communauté et les diverses puissances qui la représentent. Il se fait ainsi une sorte de division dans la propriété : la jouissance perpétuelle ou temporaire est laissée aux particuliers, avec des restrictions plus ou moins étroites, des charges plus ou moins pénibles ; le droit lui-même, entouré de prérogatives plus ou moins étendues, se confond dans les mêmes mains avec la souveraineté politique. Tel était, au rapport de César, l'état de la propriété chez les anciens Germains : « Il n'y a pour personne de domaines propres et permanents ; la portion de territoire que doit occuper en commun chaque famille ou chaque tribu est fixée annuellement par les magistrats et les chefs, qui, l'année suivante, les forcent à passer ailleurs[1]. » Tel était également, avec une jouissance moins limitée, l'état de la propriété chez les Juifs, sous le régime de l'année sabbatique. Un régime analogue subsiste encore en France, dans le partage de certaines propriétés communales. Ce sont des *portions ménagères*, comme on dit dans la Flandre française, concédées à de pauvres ménages à titre gratuit, pour la durée de la vie de deux époux. A leur mort, leurs enfants emportent les instruments aratoires et toutes les choses dont la terre se trouve *avêtie*, suivant les termes pittoresques d'une ordonnance royale de 1777;

---

[1] *De bello Gallico*, vi, 22.

et ils s'éloignent, comme le fermier de Virgile, laissant à des étrangers la jouissance du champ paternel :

En queis consevimus agros!

Il faut qu'ils attendent, pour avoir leur tour, qu'une autre portion devienne vacante [1].

Avec une organisation moins patriarcale et plus savante, le système féodal, qui n'est pas propre aux États de race germanique, mais qu'on retrouve, plus ou moins modifié, à l'aurore de presque toutes les civilisations, consacre, pour la propriété privée, les mêmes servitudes. Dans la hiérarchie féodale, la propriété est partout et elle n'est nulle part. Elle n'appartient pas aux cultivateurs du sol, attachés à la glèbe et vendus avec elle. Elle n'appartient pas davantage aux possesseurs de fiefs, maîtres absolus, souverains héréditaires dans leurs domaines, où ils ne sont cependant que les vassaux, que les tenanciers d'un suzerain. Chaque seigneur, en succédant à son père, doit demander l'investiture et rendre l'hommage féodal à un autre seigneur, de qui relève son fief. Celui-ci a lui-même un suzerain, à qui il doit, pour ses domaines, les mêmes marques de dépendance et de servitude personnelle. On remonte ainsi jusqu'au roi, suzerain de tous les suzerains, propriétaire éminent de tous les fiefs, sans qu'il y exerce, en réalité, les droits de la propriété; ou du moins, s'il jouit directement de certains domaines, ce n'est pas en qualité de roi, et, quelquefois même, c'est en qualité de vassal d'un de ses vassaux.

Où était l'injustice de ce système, à la fois politique et social, au temps où il reçut en France tous ses développements? Des usurpations successives lui avaient donné naissance; mais l'histoire de toutes les propriétés privées, si on pouvait la faire, présenterait des usurpations du même genre, pour lesquelles il faut bien admettre le bénéfice de la prescription. Ce droit éminent de propriété que s'attribuait la royauté sur tous les domaines blesse davantage le droit pur; mais il résultait de la disparition des

---

[1] *Voir*, sur ce curieux vestige de nos vieilles institutions communales, un intéressant ouvrage de M. Pierre Legrand, ancien député du Nord au Corps législatif : *Législation des portions ménagères ou parts de marais dans le nord de la France* (Lille, imprimerie Leleux).

alleux ou terres libres, et de la concession que les rois avaient faite aux seigneurs, à des conditions qu'il leur appartenait de fixer, des *bénéfices* ou *fiefs*, dont ils avaient seuls la propriété. D'ailleurs, tant que dura le régime féodal, toute la puissance politique de la royauté était attachée à ce droit, et, plus idéal que réel, il ne lui assurait qu'une influence assez restreinte dans sa généralité même. C'est dans les priviléges des possesseurs de fiefs que résidait la véritable puissance ; là seulement se confondaient réellement la souveraineté et la propriété ; mais les droits des seigneurs n'avaient pas une base moins légitime que ceux de la royauté, dont ils étaient une émanation, et ils se justifiaient, d'ailleurs, comme nous l'avons montré, par les services rendus. Le travail le plus utile, au moyen âge, c'est celui du chevalier, toujours armé pour repousser les envahisseurs ; c'est celui du prêtre, qui fait entendre les paroles de consolation et de paix ; c'est celui des corporations et des communes, où chacun trouve un abri contre ses voisins, presque toujours ses ennemis. Les services dont la société était redevable à la féodalité ne pouvaient être payés, suivant les idées du moyen âge, que par la possession de la terre, parce que la terre était alors le signe propre de la puissance. Voilà pourquoi la propriété est entre les mains des familles nobles et des associations privilégiées, pourquoi elle est attachée à toute force protectrice, soit matérielle, soit morale.

Les plus anciennes maisons féodales remontent à l'invasion des Normands, et leurs fondateurs sont désignés par les historiens comme les défenseurs du pays contre les barbares. Les châteaux forts qu'ils ont élevés sur tous les points du territoire étaient alors les seuls refuges du paysan, les seuls remparts de la France. La forteresse est partout, dans la société féodale : églises, monastères, maisons de ville, tout est fortifié, souvent comme moyen d'oppression, car des passions violentes règnent dans toutes les âmes, même dans celles qui font profession de les réfréner, mais toujours et en principe comme moyen de protection. Les abus de la féodalité attestent les mauvaises passions des seigneurs féodaux, plutôt qu'une injustice inhérente à l'institution elle-même. Ces abus avaient, d'ailleurs, leur préservatif dans l'imperfection des droits féodaux, partout dépendants, partout subordonnés, laissant partout au vassal opprimé la faculté du recours auprès d'un suzerain supérieur. L'iniquité n'apparaît évidente que dans la servitude des derniers vassaux; mais cette servitude n'était pas inhérente au système féodal, comme le prouve la transformation progressive des serfs de la glèbe en fermiers libres : ce n'est donc pas là qu'il faut chercher le vice radical de la féodalité.

La féodalité blessait les principes du droit naturel, moins par l'exagération du gouvernement aristocratique que par l'absence des conditions essentielles du droit de propriété. La propriété a sa racine dans la destinée morale des individus ; elle ne demande à la société civile qu'une détermination et une sanction ; tout ce qu'elle a de positif est moralement antérieur aux institutions qui en règlent l'usage. Sous le régime féodal, la pyramide est renversée. Sa base est dans l'État ; elle repose sur les pouvoirs publics, sur le roi d'abord, source commune de tous les droits, puis sur la hiérarchie aristocratique, qui seule les exerce dans leur plénitude. Point de terre sans seigneur, point de seigneur sans suzerain, point de propriété qui n'émane directement ou indirectement de la souveraineté politique : voilà les maximes qui dominent au moyen âge. Elles font plus que déplacer le droit de propriété, elles le compromettent à tous les degrés de l'échelle sociale. En bas, il n'est rien qu'une possession précaire et dépendante ; au milieu, malgré l'étendue, souvent exorbitante, de ses priviléges, il porte un signe de servitude ; en haut, il ne pourrait trouver sa réalité que dans un communisme heureusement impossible, et qui serait sa négation même. Dans ses conditions normales, la propriété brave les révolutions politiques. Elles ne peuvent atteindre son essence positive, qui réside dans les droits naturels des particuliers ; elles ne peuvent toucher qu'à ses bornes, dont la détermination est seule du ressort de l'État. L'organisation féodale, confondant le droit de propriété avec les droits politiques, le faisait dépendre de toutes les vicissitudes par lesquelles ces derniers sont destinés à passer, et le mettant sans cesse en question, le mettait sans cesse en péril.

Là était le mal, là était aussi le remède. Entraînée dans le cercle des révolutions politiques, la propriété privée a pu recouvrer par elles son indépendance et sa constitution naturelle. Le pouvoir politique n'existe en fait et en droit que par la volonté des peuples, non qu'il ait besoin d'émaner directement de leur suffrage, mais parce qu'il ne peut se constituer et se maintenir sans leur acquiescement exprimé ou tacite. Il n'est pas, comme la propriété, un droit absolu, auquel on ne doit toucher que pour en modifier les limites, non pour l'ébranler dans son principe. En vain s'était-il rattaché le droit de propriété lui-même, en le confondant tellement avec sa propre souveraineté que toute atteinte à l'une semblait un empiétement sur l'autre; il n'était pas protégé par cette adjonction contre nature, qui n'était pour lui qu'un danger de plus. Sous un tel régime, les luttes politiques n'avaient plus seulement pour but un changement dans l'organisation des pouvoirs, mais une nouvelle distribution de la propriété; elles se compliquaient de toutes les convoitises que fait naître l'inégalité des richesses; toutes les révolutions, en un mot, devenaient forcément des révolutions sociales. Celle que la France a faite à la fin du dernier siècle n'a été qu'une dernière et décisive victoire du droit de propriété, après dix siècles de combats, pour conquérir son affranchissement. « Il y a plus d'un millier et demi d'années, dit Hégel, que *la liberté de la personne*, sous l'influence du christianisme, a commencé à fleurir, et ce n'est encore que dans une petite partie de la race humaine qu'elle est devenue un principe général : *la liberté de la propriété* ne date que d'hier, et elle n'est encore, on peut le dire, reconnue comme un principe que sur quelques points isolés [1]. » La France est un de ces points depuis 1789.

La lutte a commencé au profit de l'aristocratie. Elle avait la possession, elle avait la puissance, elle avait le droit qui vient des services rendus; mais la propriété n'était d'abord pour elle qu'un titre précaire auquel manquait une de ses conditions essentielles, l'hérédité. L'hérédité des fiefs fut la première conquête de la féodalité; ce fut aussi la seule. Cette grande victoire gagnée, le rôle de l'aristocratie se borna à se défendre. Les attaques partirent des deux extrémités de l'échelle. Le peuple n'avait point de droits, la royauté était privée de toute puissance effective; mais d'un côté était le nombre, de l'autre le droit reconnu; ces deux forces, en s'unissant, devaient finir par triompher.

Pour la royauté, l'intérêt était surtout politique. Mais, par suite de la confusion qui faisait le fond du système féodal, elle ne pouvait

---

[1] *Grundlinien der Philosophie des Rechts*, § 60.

récupérer son autorité sans redevenir, en fait comme en droit, propriétaire de tous les fiefs. Des héritages, l'extinction de quelques maisons féodales, des confiscations légalement prononcées, des guerres heureuses, étendent petit à petit le domaine de la couronne. Les grands et moyens fiefs disparaissent successivement, les petits fiefs commencent à relever directement de la suzeraineté royale. La monarchie française reprend possession du sol de la France. Dès lors, elle paraît comprendre son véritable caractère. Ce qu'elle veut pour elle, ce n'est pas la propriété matérielle du territoire, mais la souveraineté politique. Elle enlève aux seigneurs tous les privilèges qui leur permettent de marcher de pair avec elle : le droit de justice, le droit de battre monnaie. Elle cherche en même temps à faire tomber quelques-unes des barrières qui s'opposent au développement des propriétés privées. Les fiefs ne sont plus de petits États indépendants ; ils rentrent à peu près dans les conditions régulières de la propriété.

Cette révolution, qui commence avec les premiers Capétiens, est favorisée par le mouvement ascensionnel qui se produit dans les classes serviles dès le milieu du xie siècle. Rien ne prouve mieux la puissance créatrice et libératrice du travail et de l'esprit de famille, même sous la plus mauvaise organisation sociale. Les serfs des villes et des campagnes ne possèdent rien en propre ; ils sont accablés de corvées, de droits odieux et vexatoires ; ils doivent subir tous les caprices, toutes les exigences brutales de leurs seigneurs ; les fruits de leur travail sont sans cesse détruits par les guerres privées, qui se renouvellent tous les jours, malgré la trêve de Dieu, de ville à ville, de quartier à quartier, de château à château. Et cependant, comme toute l'agriculture, toute l'industrie, tout le commerce de la nation sont entre leurs mains, leur condition s'élève rapidement. Beaucoup rachètent leur liberté ; quelques-uns même acquièrent des fiefs. Saint Louis, dans ses *Établissements*, croit devoir mettre un terme à ce scandale offensant pour la noblesse, en interdisant aux vilains l'acquisition des domaines féodaux.

La royauté joue, en effet, un double jeu dans cet affranchissement à la fois civil et politique des personnes et des propriétés. Elle le favorise et le contrarie successivement, et souvent même tout ensemble. Elle ne veut pas d'une aristocratie rivale, mais elle tient à conserver une aristocratie sujette ; et, si elle repousse le partage des droits entre elle-même et la noblesse, elle ne l'admet pas davantage entre la noblesse et la bourgeoisie émancipée. Tous les priviléges féodaux, qui tiennent asservie la propriété privée, sans être un empiétement direct sur la puissance publique, continuent à peser sur les familles affranchies. Elles supportent seules des impôts mal répartis ; elles ont à acquitter une foule de redevances, encore plus ridicules qu'onéreuses. Mais, malgré ces entraves, elles ont, du moins, obtenu le droit d'acquérir, de conserver et de transmettre ; elles peuvent user librement des fruits de leur travail ; elles ont conquis la réalité, sinon le droit complet de la propriété. Dès le xive siècle, la terre n'est plus le signe exclusif du rang et de la puissance. Autrefois la seule possession d'un fief faisait la noblesse. Quand les fiefs, malgré d'impuissantes défenses, ont pu passer entre des mains roturières, la noblesse n'est plus qu'un titre attaché à la naissance ou à des lettres d'anoblissement ; les terres roturières et les terres nobles, en tant que propriétés, ont à peu près des droits égaux.

L'émancipation des villes se fait plus rapidement que celle des campagnes, où la population, adonnée à des travaux moins lucratifs, est plus dispersée, moins en état de s'unir contre l'oppression. Les communes, point de départ de cette émancipation, n'embrassèrent jamais qu'un petit nombre de villes, et, sous leur forme primitive, la *conjuration armée*, elles n'eurent qu'une courte durée. Mais les institutions libres s'introduisirent successivement dans toutes les villes et s'étendirent jusqu'aux villages. Elles assurèrent une protection aux habitants contre l'arbitraire des seigneurs, et bientôt contre celui des rois. Elles préparèrent, en un mot, l'avénement du tiers état. Dès le règne du roi Jean, les députés de la bourgeoisie aux états généraux réclament le vote annuel de l'impôt. C'est la consécration la plus forte de l'indépendance de la propriété. L'impôt voté par les citoyens rend la propriété privée supérieure au pouvoir royal, qui n'est plus qu'une magistrature publique, chargée de protéger les biens des particuliers et payée par eux des services qu'ils lui demandent. C'en est fait de cette suzeraineté du roi sur toutes les terres, qui est la base du système féodal. Mais il fallut encore cinq siècles pour que les derniers états généraux, devenus l'assemblée nationale, fissent passer dans les institutions de la France l'égalité civile, et avec elle l'affranchissement définitif de la propriété.

La noblesse, au point de vue de la propriété, avait deux sortes de droits : les uns sur ses domaines propres, les autres sur ceux dont elle avait gardé la suzeraineté, en les laissant passer en des mains roturières. Les premiers devaient subsister, en tant que droits civils; ils ne devaient disparaître qu'en tant que priviléges politiques, avec la suprématie politique de l'aristocratie. Ainsi du droit d'aînesse ; ainsi de l'exemption d'impôts. Une simple servitude morale ou une servitude à la fois morale et matérielle faisait le fond des seconds. L'une et l'autre étaient la négation du droit de propriété dans son indépendance naturelle. Il était juste de les abolir ; mais il y avait lieu à indemnité pour la servitude matérielle, comme représentant, sous la forme d'une redevance, une partie du prix de vente de la propriété à laquelle elle était attachée. Tels sont les principes qui ont présidé à la réforme sociale de l'Assemblée constituante. C'est ainsi que, sans toucher à la propriété civile de la noblesse, elle n'a conservé en France qu'une seule classe de propriétaires, investis des mêmes droits et supportant les mêmes charges.

A côté de la noblesse subsistait un autre corps politique, également privilégié dans ses propriétés : c'était le clergé. Y a-t-il eu abus de pouvoir et violation du droit dans la confiscation de ses biens? Les biens de l'Église n'appartenaient pas aux membres du clergé, comme personnes privées, mais à l'Église elle-même, personnalité générale et abstraite. Si l'Église catholique n'avait été qu'une association religieuse, indépendante de l'État et sans pouvoir dans l'État, l'État, transformé par la Révolution, n'aurait pas eu d'autre droit sur ses propriétés que celui de les ramener au droit commun et d'en limiter la durée, suivant les principes que nous avons posés pour toutes les propriétés sociales, en s'opposant à leur accroissement indéfini ; il n'aurait pas été autorisé à se les attribuer à lui-même. Mais l'Église était un des ordres de l'État, une institution politique, destinée à disparaître, en tant qu'institution politique, dans le naufrage de l'ancien régime. En lui imposant, par ce qu'on a appelé la constitution civile du clergé, une organisation nouvelle, l'assemblée nationale n'avait que le tort de perpétuer la confusion fatale du pouvoir temporel et du pouvoir spirituel. Elle serait rentrée dans les vrais principes, si elle s'était bornée à lui ôter son caractère politique, en lui restituant son indépendance, par exemple la libre faculté de s'adresser directement aux fidèles pour la rémunération du culte. Elle pouvait aussi, comme le fit plus tard le premier consul, lui proposer de souscrire, par un libre concordat, au changement de sa constitution et à la transformation de ses biens en un salaire fixe, distribué suivant sa hiérarchie. Mais, dans tous les cas, la loi nouvelle n'était tenue que de respecter les droits spirituels de l'Église; elle ne violait aucun principe en touchant à ses droits temporels, qui avaient leur place dans un régime politique frappé de déchéance, et qui ne pouvaient d'ailleurs prétendre à une perpétuité absolue.

Les mêmes règles devaient s'appliquer aux corporations professionnelles. Ces institutions n'auraient eu rien que de légitime et de salutaire, si elles avaient gardé le caractère de libres associations; mais, participant de la puissance publique et de l'organisation féodale, elles ne pouvaient invoquer leur droit de propriété que pour obtenir de justes indemnités, non pour soustraire leurs privilèges à la transformation politique et sociale de la nation. En décrétant leur suppression, plusieurs années avant la Révolution, l'édit de Turgot et de Louis XVI a replacé la propriété privée sur sa véritable base : « Dieu, en donnant à l'homme des besoins, en lui rendant nécessaire la ressource du travail, a fait du droit de travailler la propriété de tout homme, et cette propriété est la première, la plus sacrée et la plus imprescriptible de toutes [1]. »

Les communes elles-mêmes étaient entrées dans cette société féodale contre laquelle elles s'étaient constituées. Parmi leurs propriétés, les unes étaient exploitées en leur nom et à leur profit, à titre de fermage ; les autres étaient livrées sans partage à la libre jouissance des habitants, ou bien étaient partagées, soit temporairement, soit pour toujours, mais sans que les communes eussent abdiqué, sur les domaines qu'elles aliénaient, la totalité de leurs droits. Quoique battue en brèche, d'un côté, par la jalousie du pouvoir central, qui voit presque toujours avec ombrage tout ce qui peut assurer l'indépendance des pouvoirs

[1] Préambule de l'édit de 1776.

locaux, et, de l'autre, par les tendances envahissantes de la propriété privée, la propriété communale a vu son organisation résister en grande partie à la tempête révolutionnaire. L'esprit municipal a encore de profondes racines en France. Chacun aime à voir, dans sa ville ou dans son village, comme sa famille agrandie, subsistant, de même que la famille, à travers les générations, et jouissant comme elle d'un patrimoine perpétuel. De là les résistances qu'a toujours rencontrées le partage ou la vente de ce patrimoine, auquel semble attachée la vie même de la commune [1]; de là, pour la propriété communale, une immobilité, contraire à ses intérêts, non moins qu'à l'essence de toute propriété. Si les communes s'appartenaient à elles-mêmes, il vaudrait bien mieux qu'elles demandassent leurs ressources à l'impôt qu'à des propriétés, dont l'industrie privée, agissant dans la plénitude de sa liberté, fera toujours un usage plus profitable. L'impôt, dans la commune comme dans l'État, c'est l'affranchissement des citoyens, qu'il dispense des servitudes personnelles. Mais, tant que l'administration municipale sera en tutelle, il y aura toujours plus d'indépendance pour les communes dans la possession d'une terre qu'elles peuvent considérer comme leur bien propre, lors même qu'elles n'en peuvent pas faire un usage entièrement libre, que dans des taxes, pour lesquelles elles ont besoin d'un double consentement, celui des contribuables ou de leurs représentants électifs et celui de la puissance centrale. Or, il faut encourager tout ce qui tend à maintenir un véritable esprit local, en face de ces deux tendances extrêmes, qui sont propres aux sociétés modernes, et particulièrement à la société française : l'individualisme et la centralisation. Si entre les individus et l'État il n'y a plus d'autre intermédiaire que la famille, l'esprit de famille lui-même aura peine à subsister, et l'on flottera bientôt entre l'anarchie et le communisme. Il faut donc que les com-

---

[1] « Les maires, syndics et échevins des communautés, les habitants eux-mêmes ne sont que les administrateurs des biens communaux; ils en doivent compte à ceux qui viennent après eux; ils doivent les considérer comme un dépôt sacré. Les futurs habitants ont, en effet, une vocation directe sur le titre primitif. Ce n'est pas à tels ou tels que le bien commun appartient, mais à la communauté, corps immortel, composé de ceux qui n'existent pas encore, comme des habitants actuels. » — Henrion de Pansey, *Dissertations féodales*.

munes trouvent ailleurs que dans leurs propriétés les éléments d'une vie propre, pour qu'on puisse leur demander le sacrifice de leurs propriétés. Ici, comme ailleurs, c'est une transformation politique qui doit préparer la restitution à la propriété privée de tout ce qui est retenu sans nécessité ou sans avantage par la propriété publique.

L'État, depuis 1789, a, de même que les communes, conservé des propriétés; mais, comme il jouit d'une indépendance que n'ont pas les communes, il n'a pas besoin de ces propriétés pour représenter, en quelque sorte, l'esprit national; aussi ne sont-elles pour lui qu'une ressource accessoire, et l'impôt est chargé de subvenir à presque toutes les dépenses publiques. C'est pour l'État, encore plus que pour les autres associations, le régime le plus naturel et le plus salutaire. Toute société doit, en principe, demander ses ressources à ceux dont elle tient en main les intérêts. Une société qui repose sur l'emploi de la force doit trouver un frein dans l'obligation de réclamer le concours de ceux qu'elle soumet à son autorité. La propriété et la souveraineté ne cessent d'être oppressives que lorsqu'elles se séparent entièrement, la première pour se renfermer dans son caractère privé, la seconde pour ne se considérer que comme une délégation publique des droits des particuliers. Comme le dit excellemment Sénèque, la propriété appartient exclusivement aux particuliers, et la puissance aux princes : *Ad reges potestas omnium pertinet, ad singulos proprietas* [1].

Les domaines nationaux ne doivent donc subsister qu'autant qu'ils répondent à des nécessités reconnues, et en subissant la même loi que toutes les propriétés, c'est-à-dire en ne conférant à l'État que des droits privés, quoique leurs revenus soient destinés à servir d'instrument à la puissance publique. Ils consistent dans la jouissance directe de la terre et de ses fruits, non dans un droit de suzeraineté sur les biens des particuliers. La théorie du domaine éminent et suzerain de l'État est formellement repoussée par les principes de 1789, qui placent la propriété parmi les droits de l'homme, antérieurs et supérieurs aux lois écrites. Toutefois cette théorie, que le système féodal a consacrée pen-

[1] *De beneficiis*, l. VIII, 4.

dant tant de siècles, et qui n'est pas étrangère au droit romain lui-même, n'a pas entièrement battu en retraite. Elle se retrouve non-seulement dans les doctrines communistes, mais dans une foule de prétentions qui se manifestent fréquemment au nom de l'État, par exemple lorsqu'on réclame l'expropriation des domaines communaux ou même celle de certains domaines privés, sous prétexte qu'on en pourrait faire une exploitation plus fructueuse. Il importe de faire justice de ces prétentions, en les attaquant dans leur principe. C'est en vain qu'elles invoquent l'histoire et l'antériorité universelle de la propriété publique à l'égard de la propriété privée ; elles ne peuvent être protégées à jamais par un régime politique qui n'est qu'une création de l'homme, soumise à tous les changements qui dépendent de la volonté humaine. Les droits de l'État ne sont eux-mêmes qu'une limitation de ceux des particuliers ; ils n'ont rien de positif, et il est juste qu'ils reculent à mesure que les particuliers se sentent plus mûrs pour l'indépendance. Ils forment un cercle destiné à s'élargir sans cesse autour des propriétés comme autour des personnes, et, lors même que ce cercle est le plus étroit, les unes et les autres doivent se mouvoir en toute liberté dans l'espace où il les enserre. L'affranchissement de la propriété n'est pas l'exemption de tout devoir envers la société ; mais, en acquittant l'impôt, elle ne fait que payer une dette ; en subissant l'expropriation moyennant indemnité, elle ne fait que se prêter à un juste échange ; chaque propriété n'a jamais qu'un seul propriétaire, soit un individu, soit une association, comme chaque personne, quelles que soient les obligations qui la tiennent assujettie, ne représente qu'une seule volonté libre.

DEUXIÈME PARTIE.

LA PROPRIÉTÉ INTELLECTUELLE.

I.

Toute propriété matérielle renferme une propriété intellectuelle. Partout la matière recouvre l'esprit. Si elle ne porte pas l'empreinte de la pensée de l'homme qui l'a transformée par son travail, elle porte celle de la pensée de Dieu, qui l'a créée. Dans le feu qui chauffe mon foyer, dans la lampe qui m'éclaire, dans les aliments dont je me nourris, je puis voir seulement des moyens de satisfaire mes besoins physiques ; mais j'y puis voir aussi, se manifestant à mon intelligence par leurs effets sensibles, les lois éternelles de la chaleur, de la lumière et de la vie. Une aiguille n'est, pour l'ouvrière qui l'emploie, que son gagne-pain ; c'est, pour l'économiste, le résultat d'une série de travaux et d'inventions où le génie de l'homme a eu sa part, autant que l'habileté manuelle. Dans toutes ses œuvres, même les plus grossières, l'homme met une portion de son intelligence, et, lorsqu'il en cède la propriété, il fait participer l'acquéreur à son expérience et à ses conceptions originales. « Il y a fagots et fagots, » dit Sganarelle, et, s'il vend les siens cent dix sous, c'est qu'il fait payer non-seulement ses matériaux et son travail, mais la supériorité de son talent.

Où se trouve donc une propriété intellectuelle distincte et séparée de la propriété matérielle? Tout objet créé ou fabriqué par l'industrie humaine est un modèle qui peut servir pour en faire de semblables, en s'emparant de la pensée qu'il recèle et en la transportant à d'autres objets par un nouveau travail, mais sans un nouvel effort d'intelligence. C'est ainsi qu'un livre se multiplie par l'impression, un dessin par la gravure ou par la photographie, une machine par la reproduction qu'en fait l'industrie. Si je copie exactement mon exemplaire, je ne fais qu'user de la pensée qui s'y révèle ; si je cherche à le modifier ou à le perfectionner, je ne fais pas moins usage de cette pensée première, quoique j'y superpose ma propre pensée. Voilà, dans les deux cas, un usage tout intellectuel, essentiellement distinct de l'usage particulier auquel chaque objet est destiné. On conçoit donc que l'écrivain ou l'inventeur, en livrant au public la jouissance de son livre ou de ses procédés, cherche à retenir cette faculté de reproduction et de perfectionnement, et qu'elle puisse devenir ainsi la matière d'un droit distinct. C'est cette faculté qui constitue la propriété intellectuelle.

Toutefois, quand je me borne à reproduire, pour mon usage ou pour mon amusement, la conception que je trouve exprimée dans un écrit, un objet d'art, ou un produit industriel, je ne fais encore qu'user d'un droit inhérent à la propriété que j'ai acquise, et son caractère intellectuel n'empêche pas qu'il ne se confonde avec les autres droits qu'elle me confère. Le créateur de la pensée dont je me suis emparé ne peut évidemment m'interdire que l'usage public de cette pensée, c'est-à-dire le droit de multiplier et de répandre les reproductions de son œuvre. En se réservant ce droit, il ne trouble pas ma possession privée : elle reste entière, avec toutes les jouissances matérielles ou intellectuelles qu'elle est de nature à me procurer ; il ne m'enlève qu'une faculté distincte, qui n'existe qu'à la condition de se manifester distinctement, au grand jour, en dehors de tous les autres usages de la propriété. Comme le remarque Hégel, ce n'est pas une sorte de suzeraineté féodale qu'il revendique sur les productions de son esprit, c'est une séparation qu'il établit entre deux façons de jouir d'une même propriété, qui n'ont rien de commun [1].

La séparation est naturelle : est-elle également légitime? On ne saurait nier que ce ne soit une restriction et une entrave aux droits d'autrui ; c'est en même temps un préjudice pour le public. Ce n'est pas autre chose, en effet, qu'un monopole, dont la conséquence nécessaire est la surélévation des prix. Un livre ne vaut que les frais d'impression, si tout le monde peut le publier. Un produit industriel ne vaut que les frais de fabrication, si l'application des procédés qui l'ont créé est laissée à la disposition de tout fabricant. En s'opposant à la concurrence, on s'arroge évidemment le droit de donner une plus-value aux objets dont on

---

[1] *Grundlinien der Philosophie des Rechts*, § 69.

se réserve la reproduction : c'est ce droit qu'il s'agit de justifier.

« S'il y a quelque bénéfice à retirer de la publication de ton poëme, écrivait le pape Léon X à l'auteur du *Roland furieux*, il ne doit pas t'être disputé par d'autres, puisque toi seul as supporté le travail de la composition de ce poëme [1]. » Voilà la raison d'être et la légitimité de la propriété intellectuelle, comme propriété privilégiée.

Le travail de l'esprit a droit à un salaire aussi bien que celui des mains. Par sa nature immatérielle, il appelle, sans doute, une récompense immatérielle comme lui-même : c'est la satisfaction de la conscience, c'est la reconnaissance des hommes, c'est la gloire, et la pensée se dégrade quand elle recherche pour elle-même un autre salaire. Mais la création intellectuelle n'est pas seulement l'œuvre de l'esprit : c'est l'œuvre de l'homme tout entier; c'est un emploi de notre temps, dérobé aux occupations matérielles, aux soins que nous devons prendre de notre vie physique; c'est même le plus souvent, par la surexcitation du cerveau, un épuisement de nos forces corporelles, et, s'il est permis d'entrer dans ces détails à propos de ce qu'il y a de plus élevé dans l'homme, un obstacle à l'accomplissement régulier de leurs fonctions. La vie elle-même, la vie du corps est en jeu, quand l'esprit seul paraît occupé. Payez l'intelligence, s'il est possible, d'une monnaie conforme à sa nature; mais que celui qui l'exerce à votre profit puisse au moins être dédommagé du temps que lui ont pris ses études antérieures et ses travaux actuels, et des rudes labeurs qu'il s'impose, quelquefois au péril de ses jours, pour accroître la somme de vos jouissances.

Et il ne s'agit pas seulement de ses fatigues, dont nous recueillons le fruit et dont nous lui devons le salaire; il faut lui tenir compte aussi des risques matériels auxquels il s'expose. C'est toujours une entreprise périlleuse que la première exploitation d'une découverte ou la première édition d'un livre. Si l'on échoue, on perd à la fois et sa peine et ses frais. L'équité demande au moins que les chances de perte soient compensées par l'espoir

---

[1] Si quis fructus ex ea re percipi potest, is ad te potius, qui conficiendi poematis laborem suscepisti, quam ad alienos deferatur. (Bulle du pape Léon X, rédigée par le cardinal Bembo.)

d'un bénéfice. Or, quel que soit le succès de l'ouvrage ou de la découverte, il n'y a plus de place pour cet espoir si légitime, si la reproduction ou l'application appartient au premier venu.

Tel est donc le fondement de la séparation légale des deux propriétés, l'une à la fois matérielle et intellectuelle, l'autre tout intellectuelle, l'une libre et de droit commun, l'autre privilégiée et investie d'un monopole : c'est le droit, pour le travail de l'esprit, comme pour tout autre travail, de recevoir la récompense de ses services, le dédommagement de ses fatigues et de ses risques.

II.

Longtemps méconnue, la propriété intellectuelle est devenue de nos jours, sous une de ses formes, la propriété littéraire, l'objet d'une vive et universelle sympathie, et l'on pourrait même dire d'une sorte d'engouement. A peine quelques voix s'élevaient-elles naguère, non pour contester en principe ce genre de propriété, mais pour lui dénier, au nom de l'intérêt social, la possession de tous les droits de la propriété matérielle. Si des attaques plus hardies osaient se produire, elles semblaient ne pouvoir être que le fait d'un esprit paradoxal, expert en sophismes et animé d'une haine incurable contre toute espèce de propriété [1]. Aujourd'hui le premier enthousiasme s'est déjà sensiblement refroidi. La propriété littéraire a gardé d'habiles et éloquents défenseurs ; mais elle se voit combattue avec non moins d'habileté et d'éloquence sur le terrain même du droit absolu, où elle paraissait jusqu'alors inébranlable [2]. Aussi, en présence de ces théories contradictoires, qui peuvent également invoquer les considérations les plus élevées, l'opinion publique se montre plus que jamais indécise. Le moment est favorable pour une étude impartiale, qui restitue à la propriété intellectuelle son caractère

---

[1] *Les Majorats littéraires*, par P.-J. Proudhon.
[2] *Voir* la brillante discussion qui vient d'avoir lieu au Corps législatif (juin 1866) sur un projet de loi destiné à étendre à cinquante ans après la mort des auteurs la durée des droits de leurs héritiers ou de leurs ayants cause.

et ses droits essentiels, en faisant justice des distinctions frivoles et des assimilations forcées qui l'ont compromise.

Et, d'abord, c'est sans raison que l'on a séparé la propriété littéraire des autres formes de la propriété intellectuelle. Le droit de l'écrivain sur son livre est le même que celui de l'artiste sur sa partition, son tableau ou sa statue, de l'industriel sur son invention, du savant sur sa découverte ou sa théorie. Toute œuvre accomplie, tout service rendu par un acte de l'intelligence est l'origine d'une seule et même propriété, qui partout se produit au nom des mêmes principes, avec les mêmes conséquences et dans les mêmes limites. Isolée du tronc dont elle n'est qu'une branche, la propriété littéraire se compromet en s'exagérant. Considérons donc la propriété intellectuelle dans l'ensemble de ses manifestations et dans les conditions qui leur sont communes : nous saurons ainsi faire la part des légitimes exigences et des prétentions exorbitantes.

Ce droit exclusif que nous revendiquons pour le créateur de toute œuvre intellectuelle, sans distinction, est assurément un droit de propriété. Il peut être l'objet de tous les actes relatifs à la propriété, tels que donation, échange, achat et vente, héritage, prescription. Il a, comme la propriété matérielle, son origine dans le travail sanctifié par le devoir, et il s'agit ici du plus noble des devoirs, de celui qui a pour objet d'éclairer les hommes et d'élever leur condition. Toutefois il est loin de se confondre avec ce qu'on appelle ordinairement et dans la force du terme une propriété. C'est moins une propriété positive que la limite d'une propriété, une restriction apportée, dans notre intérêt particulier, à l'exercice d'une faculté générale et indéfinie. Aussi ce droit ne reçoit-il une existence effective qu'après qu'il a été reconnu par les lois, et dans les limites que les lois lui ont tracées. Sur mon champ, je suis chez moi, et, si des voleurs l'envahissent, je suis dans mon droit en cherchant à les mettre en fuite, sans attendre les gendarmes. Mais je ne suis plus chez moi dans les imprimeries où l'on contrefait mon livre, dans les ateliers où l'on applique mes procédés. J'ai livré moi-même les moyens de me piller ; j'ai provoqué, en quelque sorte, la concurrence et la contrefaçon, en propageant aussi loin que possible les productions de mon intelligence. Cette publicité, qui est l'instrument de ma ruine, il ne dépend pas de moi d'y renoncer, sans ôter à mes œuvres leur destination naturelle et sans tarir tout ensemble la source du gain matériel et celle du profit moral qu'il m'est permis d'espérer. Spolié sans violence et avec mon propre concours, irai-je trouver le spoliateur, et, usant d'une violence que la sienne n'a pas autorisée, briser ses presses ou ses machines, mettre en pièces ces produits dont je réclame l'exploitation exclusive ? Qu'y gagnerais-je ? La spoliation n'est pas le fait d'un seul homme ; elle ne se renferme pas dans l'enceinte de ma ville ou même de mon pays : la pensée, une fois manifestée, franchit les frontières; elle se joue des barrières que la nature elle-même a élevées entre les peuples. C'est à travers l'Océan, c'est dans le monde entier que j'aurais à poursuivre le redressement de mes torts. En face d'une faculté universelle, il faut une puissance universelle. Ce n'est pas même assez de la loi civile et des pouvoirs qui la font respecter ; il faut l'intervention des traités qui unissent les peuples comme par une loi commune. Le droit naturel suffit pour assurer à la propriété matérielle un commencement d'existence : la propriété intellectuelle ne devient possible que sous l'empire du droit positif; elle n'est pleinement garantie que sous l'empire du droit des gens.

Voilà pourquoi elle est si nouvelle. La propriété matérielle a précédé les plus antiques législations qui l'ont consacrée. Le législateur moderne a eu à créer, sinon dans son principe, au moins dans ses conditions d'existence, la propriété intellectuelle. Non cependant qu'elle soit une création arbitraire des lois et des traités qui l'ont reconnue. Si l'État lui refusait sa consécration, pour affranchir la société d'un monopole importun, il s'imposerait l'obligation rigoureuse de payer lui-même au travail de l'intelligence le salaire qui lui est dû. Il serait tenu d'apprécier la valeur des découvertes, le mérite des œuvres d'art ou de littérature, et de distribuer, aux frais des contribuables, des récompenses proportionnelles entre les auteurs de ces œuvres ou de ces découvertes. Ce système a eu, il a peut-être encore ses partisans. Pour moi, je ne sais si le communisme matériel, qui charge l'État de répartir entre les individus, suivant leurs aptitudes, tous les genres de travaux, et de les payer en proportion de leurs fatigues ou de leurs besoins, sans leur laisser la jouissance de leurs œuvres, est plus énorme que ce communisme intellectuel, qui transformerait l'État en arbitre souverain des productions de l'esprit. La pensée, en tant que pensée, échappe à l'action de l'État. S'il a le droit de la punir, ce n'est pas comme fausse ou mauvaise, mais parce qu'il y voit, à tort ou à raison, une provocation à quelques-uns de ces actes matériels que ses lois sont appelées à réprimer. Quant aux récompenses honorifiques ou lucratives qu'il lui décerne, elles ne sont légitimes et sans danger que parce qu'elles ne constituent pas un droit ou un salaire exigible, mais une grâce, une faveur de surérogation, qui peut être refusée au vrai mérite sans lui faire tort, et accordée à la présomption et à la bassesse sans que personne soit lésé. Que l'État, au lieu de dispenser de simples faveurs, ait une dette à acquitter envers les ouvrages d'esprit, l'abus, qui ne compromet que l'exercice d'une prérogative, s'attachera, dès lors, à une obligation essentielle; la responsabilité sera excessive et en dehors des attributions naturelles de la puissance publique. L'État protége tous les intérêts sociaux, ceux de l'intelligence comme ceux de la matière. Mais, en acceptant ses bienfaits, l'intelligence ne lui reconnaît aucun droit sur elle; il ne peut que l'honorer et s'honorer lui-même en la récompensant; ce n'est pas à lui qu'il appartient de la juger ou de mettre un prix à ses services. Son unique devoir, vis-à-vis d'elle, n'est pas, en un mot, de la salarier lui-même, mais de lui assurer, par des lois équitables, le moyen d'obtenir sa juste rémunération. De là la nécessité légale de la propriété intellectuelle.

III.

Au milieu du naufrage, plus apparent que réel, des théories socialistes, le communisme intellectuel ne se présente plus aujourd'hui que comme une simple application du principe légal de l'expropriation pour cause d'utilité publique. On reconnaît, on exagère même les droits de la propriété intellectuelle; mais, en face de l'écrivain, de l'artiste ou de l'inventeur, propriétaire exclusif des produits de sa pensée, on place l'État, à qui on fait tenir ce langage : « La société, le public a besoin de votre bien ; vous lui en refusez la jouissance, ou vous la lui faites payer trop cher : dans l'intérêt général, je me substitue à votre propriété personnelle, en vous payant une juste indemnité, que je ferai évaluer par experts. » Une fois cet expédient imaginé, l'esprit de système l'a poussé jusqu'à ses dernières conséquences, jusqu'à l'expropriation en masse de tous les produits de l'esprit. Plus de brevets d'invention ; plus de droits d'auteur. Des jurys spéciaux d'industriels, d'artistes, d'hommes de lettres, apprécient la valeur de toutes les découvertes, de toutes les œuvres d'art, dont leurs auteurs revendiquent la propriété ; ils fixent l'indemnité à payer, pour qu'elles entrent aussitôt dans le domaine public ; l'État paye, et la propriété intellectuelle se trouve ainsi supprimée. C'est renverser d'une main ce qu'on a édifié de l'autre ; c'est revenir, par un détour, au système qui remet à la puissance temporelle le jugement et la rémunération des choses de l'esprit. Les conséquences en sont monstrueuses, de quelque côté qu'on les envisage. L'État, c'est-à-dire la masse des contribuables, est obligé d'acheter toutes les inventions, même les plus insignifiantes, même ces colifichets que chaque jour enfante la mode. Il faut également qu'il puise dans la bourse de tous une indemnité suffisante pour tous les livres, pour toutes les œuvres d'art, même pour ces productions frivoles ou malsaines où les oisifs ne recherchent que la satisfaction d'une vaine curiosité, quand ils ne leur demandent pas un aliment pour leurs passions. Recule-t-on devant une exigence aussi absurde, et veut-on que l'État fasse un choix, ou, pour plus de garanties, qu'il s'en remette au choix d'un jury indépendant ? L'institution du jury est la plus précieuse sauvegarde des droits des particuliers devant la justice légale, dans les limites où doit s'exercer la justice légale. Mais elle deviendrait elle-même un instrument d'oppression, si elle s'arrogeait un droit de vie et de mort sur toutes les productions de l'esprit humain, en les frappant, dans leurs chances de rémunération, au gré d'une appréciation arbitraire, qui renouvellerait tous les abus des lois somptuaires et des lois de censure.

Le système de l'expropriation appliquée aux ouvrages d'esprit ne se produit pas, en général, sous cette forme absolue. La plupart ne demandent pour l'État que le droit de racheter les procédés et les écrits dont la libre jouissance peut avoir pour le public un véritable intérêt, en laissant, pour tous les autres, aux auteurs et aux inventeurs le privilége de la reproduction et de l'exploitation. C'est toujours la même confusion de l'ordre spirituel et de l'ordre temporel : l'État juge de l'intelligence, décidant ou faisant décider en son nom et sous sa responsabilité quelles sont les œuvres qui doivent faire retour au domaine public et quelle est leur valeur relative. Même sous cette forme restreinte, ce système peut mettre entre les mains de l'État l'arme la plus redoutable pour la liberté des opinions. Un gouvernement qui repose sur des institutions plus ou moins libérales se prêterait difficilement à la proscription pure et simple de tous les ouvrages que le fanatisme religieux ou politique lui dénoncerait comme dangereux : investi du droit d'expropriation, il suffira du payement d'une indemnité pour qu'il puisse s'en emparer avec une apparence d'équité, et, une fois qu'il en sera maître, au nom de quel principe l'empêcherez-vous de les supprimer? En vain déclarera-t-on dans la loi que l'expropriation ne peut avoir lieu qu'au profit du public, pour conserver et non pour détruire. Ce qu'une loi a fait, une autre peut le défaire : les lois passent, mais les principes restent, du moment qu'ils ont pris racine dans les institutions d'un pays, et, quelques restrictions qu'on y apporte d'abord, ils ne tardent pas à s'en dégager pour se développer dans toutes leurs conséquences. Quand l'État exproprie une maison qui gêne la circulation publique, ou qui blesse la belle et savante harmonie qu'il a voulu donner aux édifices d'une même rue, c'est en vue de la faire disparaître, et nul ne lui conteste le droit de la démolir. Pourquoi lui refuserait-on le même droit à l'égard de la propriété intellectuelle, si elle est également passible d'expropriation ? Combien de voix l'encourageront, au contraire, si l'on estime qu'un livre est dangereux pour la circulation des idées sages et pour l'heureuse harmonie qui doit régner entre tous les esprits, non pas à le confisquer, mais, après s'en être assuré la propriété, à user de son droit pour en interdire à jamais la publication et la vente!

C'est donner une extension abusive au principe de l'expropriation forcée, que de lui soumettre toute espèce de propriété. Ce principe s'applique exclusivement aux terrains nécessaires pour les travaux publics. C'est l'impôt du sol, en quelque sorte, que l'État a le droit d'exiger des propriétaires en vue des travaux à exécuter sur le sol, dans un intérêt commun. L'État ne peut pas demander à chaque contribuable une parcelle de terre, et, réunissant ou distribuant à son gré toutes ces parcelles, y tracer ses routes, y élever ses endiguements, y bâtir ses édifices publics. Le sol ne se transporte pas comme l'argent. Il faut que l'État prenne les terrains dont il a besoin aux lieux mêmes où il doit exécuter ses travaux, et il ne peut répartir la charge entre tous les contribuables que sous la forme d'une indemnité acquittée par l'impôt. Dans ces limites seules, l'expropriation peut être un principe et un droit [1]. En dehors des travaux publics et des conditions qu'ils exigent, elle n'est qu'un abus de pouvoir, à plus forte raison en dehors de la propriété foncière, à plus forte raison encore en dehors de la propriété matérielle.

Non, sans doute, que nous voulions interdire à l'État le droit d'acquérir des livres, des objets d'art ou toute autre production de l'intelligence. Les exemplaires qu'il achète ou qu'il oblige les éditeurs à lui livrer, en échange de la protection spéciale qu'il leur accorde, n'embrassent pas toute une édition, et, lorsqu'elle est épuisée, n'empêchent pas d'en publier une nouvelle. Quand un gouvernement ennemi des lumières mettrait le feu à toutes les bibliothèques publiques, les monuments de l'esprit humain subsisteraient toujours, du moment qu'il n'aurait pu confisquer à

---

[1] C'est ainsi que l'entend la loi de 1841. Il n'y est question que de travaux publics. Seulement, le premier article de cette loi, au lieu de se servir d'une formule restreinte, qui eût marqué suffisamment l'intention du législateur : *l'expropriation pour cause de travaux publics*, emploie une formule plus générale, qui avait déjà trouvé place dans la déclaration des droits de l'homme de 1789 et dans tous les préambules de nos constitutions successives : *l'expropriation pour cause d'utilité publique*. On ne prévoyait pas l'abus que devaient faire de ces expressions les logiciens de l'utopie. Quiconque rêve une réforme sociale invoque, pour la réaliser, le principe de l'expropriation. Le morcellement de la propriété paraît un obstacle au progrès de l'agriculture : qu'on exproprie les petits propriétaires. Une partie de nos champs est mal cultivée : qu'on exproprie les cultivateurs routiniers. Le capital écrase le travail : qu'on exproprie le capital. De ces belles déductions au communisme pur il n'y a qu'un pas : on l'a déjà franchi, quand on transporte l'expropriation sur le terrain le plus antipathique à l'intervention de l'État, sur le terrain de l'intelligence.

son profit le droit exclusif de les conserver et de les reproduire, du moment, en un mot, qu'il n'aurait pu en faire l'objet d'une véritable expropriation. Que s'il s'agit d'exemplaires uniques, tels que les manuscrits rares, les tableaux, les statues, aucun principe ne demande que l'État n'en puisse devenir propriétaire, aussi bien qu'un particulier. Quelle que soit l'inintelligence apportée trop souvent par ses agents dans la conservation ou la reproduction des chefs-d'œuvre qui leur sont confiés, ces précieux dépôts ne courent pas plus de risques entre leurs mains qu'entre celles de tout autre propriétaire, et, du moins, le public est admis à en jouir. Mais l'État n'exproprie pas les artistes; il ne les force pas, moyennant indemnité, à payer à ses musées le tribut de leur génie. Je ne connais qu'un administrateur qui ait pratiqué en grand l'expropriation des objets d'art, sous prétexte d'utilité publique : il se nommait Verrès, et l'on sait quel nom il a laissé dans l'histoire.

IV.

On se fait une idée exagérée non-seulement des droits de l'État, mais des droits de la propriété intellectuelle elle-même, quand on demande que cette propriété soit soumise à la faculté de l'expropriation. On craint qu'un procédé utile, qu'un livre estimé ou admiré ne soit dérobé au public par un caprice ou un vain scrupule soit de l'auteur ou de l'inventeur, soit des représentants de leurs droits. Cette crainte ne se fonde que sur une interprétation abusive du mot de propriété intellectuelle. Il n'y a propriété que des profits matériels que peut donner un ouvrage d'esprit, et où il peut trouver sa rémunération. Que la loi assure ce profit à l'auteur d'une invention, d'un livre ou d'une œuvre d'art; qu'elle lui reconnaisse le droit de le laisser à ses héritiers ou de le céder à des étrangers, rien de plus juste ; mais elle ne peut reconnaître à personne la propriété exclusive d'une conception qui a été livrée au public, et dont le public a, dès lors, le droit de jouir.

Qui dit propriété dit le droit de disposer à son gré de sa chose, de l'altérer ou de la supprimer; ce droit, l'inventeur ou le savant, l'écrivain ou l'artiste le possède sans réserve sur les produits de son intelligence, tant qu'ils ne sont qu'à lui. Je suivrai, si je veux, le précepte de Boileau, en remettant mon ouvrage vingt fois sur le métier, et si, après l'avoir retourné en cent façons, je ne réussis pas à me satisfaire, si je trouve mon idée indigne de voir le jour, ou même si je cède à un simple caprice, rien ne m'empêchera d'ensevelir dans un éternel oubli tout le fruit de mes veilles. Ma conscience pourra me reprocher de priver mes semblables d'une œuvre utile; elle pourra aussi me faire un mérite de ma réserve et de ma modestie : c'est affaire à elle; le droit strict n'a rien à y voir. Mais quand un procédé est en cours d'application, quand un livre a été publié, ni l'inventeur, ni l'écrivain, ni les ayants cause de l'un ou de l'autre ne peuvent légitimement dire au public : « Votre jouissance est subordonnée à mon bon plaisir; non-seulement nul autre que moi n'a le droit, sans mon consentement, de se servir de mes procédés ou de reproduire l'ouvrage dont j'ai la propriété exclusive, mais, quand il me plaira, je cesserai ma fabrication ou ma publication ; et, si je ne puis anéantir les produits ou les exemplaires qui sont actuellement en circulation, j'userai du moins de mes droits pour qu'il n'en paraisse plus de nouveaux. Créateur des chemins de fer ou de la télégraphie électrique, je renie ces œuvres du démon, *cette machine violente, sa fumée, ses hurlements, son brutal et servile trajet à travers la terre déchirée*, *ces larges fils sur lesquels ne voyagent que la Bourse et la police, et qui tiennent la liberté pendue à leurs poteaux*[1] : on se passera désormais de télégraphes et de locomotives. Auteur de l'*Énéide* ou de la *Jérusalem délivrée*, je suis mécontent de ce poëme que la maladie ou la mort ne m'a pas permis de retoucher, et, sans me laisser désarmer par l'admiration universelle qu'il a excitée, j'ordonne qu'il soit livré aux flammes. En vain César lui-même s'écriera-t-il que c'est un ordre impie, *impia vox*, un crime digne des furies, *dirum nefas* : le crime, l'impiété serait de violer mon droit, en résistant à ma volonté suprême! »

Est-ce là, en effet, le langage du droit, et faut-il s'incliner devant

---

[1] M. Louis Veuillot, *Le Parfum de Rome*.

lui ? Je ne sache personne qui pousse la logique jusqu'à accepter de telles prétentions. Beaucoup, cependant, les croient conformes au droit rigoureux de la propriété intellectuelle, et ne les éludent qu'en invoquant ce prétendu principe de l'expropriation dont nous croyons avoir fait justice. Quelques-uns ne les admettent que pour la propriété artistique ou littéraire, comme si l'inventeur d'une machine à vapeur n'était pas propriétaire de son idée, au même titre que l'auteur d'un tableau ou d'un poëme épique. On distingue, avec plus de raison, entre le créateur même d'une œuvre intellectuelle et ceux qui ne font que le représenter par droit d'héritage, de donation ou de vente. Il semble juste, en effet, qu'ils ne tiennent sa place que pour retirer de la reproduction de son œuvre le profit qu'il en retirerait lui-même, sans qu'ils aient le droit de disposer d'une conception qu'ils n'ont pas contribué à mettre au jour.[1] Mais il n'est pas besoin de cette distinction. Pour l'auteur lui-même, le droit dont on redoute l'abus n'existe pas, et l'apparence de logique avec laquelle il se présente n'est que l'effet d'une équivoque.

Un écrivain peut, sans doute, retoucher l'œuvre qu'il a publiée, comme un inventeur peut perfectionner ses procédés. Mais, si le public ne goûte pas ce perfectionnement ou ces corrections, s'il préfère l'œuvre sous sa forme primitive, il ne dépend pas de l'auteur de lui faire violence, en retirant de la circulation et du commerce un produit de son esprit, dont lui seul n'est pas satisfait. Le Tasse refait la *Jérusalem délivrée* sous le nom de *Jérusalem conquise*, et il ne doute pas que le second poëme ne soit très-supérieur au premier : ni ses contemporains ni la postérité ne respectent son arrêt ; la *Jérusalem conquise* tombe dans l'oubli dès sa naissance, et la *Jérusalem délivrée* immortalise malgré lui son auteur. Le philosophe Kant remanie, en grande

---

[1] « Je ne pense pas que les héritiers d'un auteur aient le droit d'empêcher la réimpression. L'auteur seul peut se refuser à des publications nouvelles ; mais ce droit est incommunicable comme sa volonté, comme sa conscience ; les héritiers n'héritent que de la faculté de tirer parti de l'exploitation. Si l'on reconnaissait aux héritiers le droit d'empêcher l'impression, on porterait un grand dommage aux lumières et à l'intérêt public. » — Discours du comte Portalis à la chambre des pairs, 1839.
Le droit de l'auteur lui-même ne serait pas moins préjudiciable aux lumières et à l'intérêt public, et il ne serait pas plus légitime.

partie, la *Critique de la raison pure* : la nouvelle édition qu'il en publie avant sa mort peut être considérée comme la dernière expression de sa pensée ; mais ce n'est plus l'œuvre originale et puissante qui a donné l'impulsion au mouvement métaphysique de l'Allemagne moderne et, on peut le dire, à toute la philosophie du XIXe siècle. Des réserves, des restrictions, des concessions peut-être légitimes, et, dans tous les cas, sincères, mais quelquefois en opposition avec l'esprit général du système, ont gâté l'imposante ordonnance de l'édifice. Aussi les éditeurs modernes, sans souci des intentions de l'auteur, aiment-ils mieux reproduire sa première conception, en ne donnant que comme des variantes les modifications qu'il y a introduites. Kant usait de son droit et remplissait même un devoir, quand il faisait connaître au public le changement de ses idées. Mais son droit aurait-il pu aller, en supprimant la première édition de son livre, jusqu'à décapiter la philosophie allemande ?

Il faut le reconnaître, en effet : un livre est une action publique ; il a sa place dans l'histoire du pays et du siècle qui l'ont vu naître, dans l'histoire de l'esprit humain. L'auteur fait bien de le désavouer, s'il n'y retrouve plus l'expression de ses sentiments actuels ; il ne lui appartient pas de l'anéantir, pas plus que son repentir ou son apostasie ne peut anéantir la trace du mal ou du bien qu'il a fait. C'est un témoignage qui s'élève en face de lui, pour sa honte ou pour sa gloire. Poëte de Cromwell, il est devenu le poëte de Charles II : il n'est pas en son pouvoir de supprimer ses premiers vers ; et à ceux qui lui reprochent d'avoir chanté le tyran, et, ce qui est pis, de l'avoir mieux chanté que le roi légitime, il ne peut que répondre en homme d'esprit, comme ce Waller : « Nous autres poëtes, nous réussissons mieux dans la fiction que dans la vérité. » Racine déplore le temps qu'il a consacré au théâtre : il peut rester étranger à la publication et à la représentation de ses tragédies ; il peut défendre à ses enfants d'en retirer un profit qu'il condamne ; mais il ne peut supprimer la gloire qui en rejaillit malgré lui sur lui-même et sur le nom qu'il laisse à ses enfants et sur le siècle qu'il a illustré, et il ne peut pas davantage enlever à l'histoire littéraire de la France un de ses monuments. Dans nos anciennes assemblées parlementaires, quand un député retirait une proposition émanant de son initiative, un autre avait le droit de la reprendre. De même, quand un auteur ou son représentant renonce à publier un ouvrage dont il n'accepte plus la responsabilité, tout éditeur a le droit de s'en emparer et de le conserver au public. Dans le domaine de l'industrie, ce droit est formellement reconnu par la loi sur les brevets d'invention. Il n'est pas plus contestable dans le domaine de la littérature et des arts.

Mais quoi! si une œuvre est réellement mauvaise, si elle est immorale ou dangereuse, l'auteur peut-il permettre l'usage que l'on fait de son nom, en la publiant sans son aveu? — Il n'a rien à permettre ni à interdire : son droit et son devoir se bornent à mettre sa responsabilité à couvert par un sincère et complet désaveu. Quant à son nom, il appartient à son œuvre et à l'histoire; il y reste attaché pour son châtiment; et, si la postérité peut lui tenir compte de sa rétractation et de son repentir, elle ne renonce pas au droit d'apprécier jusqu'à quel point il avait souillé son intelligence et jusqu'à quel point il s'est lavé de sa souillure. D'ailleurs, la publication d'un même ouvrage peut être une action répréhensible de la part de l'auteur qui l'a composé, et une entreprise louable de la part de l'éditeur qui le réimprime. Sans être un moraliste trop rigoureux, j'approuve La Fontaine d'avoir désavoué ses contes, et je ne le blâme pas d'avoir promis de les brûler. Qui voudrait que cette promesse eût été remplie? S'il y a une spéculation immorale à en publier des éditions pour l'amusement d'une jeunesse libertine ou d'une vieillesse égrillarde, quel homme sérieux ne se féliciterait de les voir subsister parmi les œuvres de La Fontaine, non-seulement comme une œuvre de génie, dans sa licence même, mais comme un des plus curieux monuments de cette grave et décente époque où Mme de Sévigné les citait librement à sa fille, et où c'était le seul ouvrage du fabuliste qui obtînt l'attention et les éloges du sévère et chaste Boileau?

V.

C'est en confondant les droits de la propriété intellectuelle avec ceux de la propriété matérielle qu'on a cru que la première impliquait la disposition absolue de la pensée elle-même ; c'est par une confusion du même genre qu'on réclame pour elle une perpétuité qui ne répugne pas moins à sa nature. Une discussion approfondie est nécessaire sur ce point délicat, qui est devenu presque toute la question de la propriété intellectuelle.

Il semble qu'on soutienne un paradoxe immoral, quand on ne veut voir dans les droits des auteurs qu'une propriété exceptionnelle, qui n'est pas destinée à se transmettre de génération en génération, comme une maison ou un champ. Ceux mêmes qui maintiennent le caractère temporaire de ces droits se montrent souvent disposés à reconnaître qu'ils font violence aux principes, et ils s'excusent en alléguant les difficultés pratiques et l'intérêt de la société. Nous serons plus hardi, et nous nous proposons de démontrer que les principes sont d'accord avec les intérêts et avec les faits pour repousser un monopole éternel.

Écartons d'abord un argument plus spécieux que solide, qui, mêlant le sentiment au raisonnement, a, par cela même, conquis au système de la perpétuité le gros de ses partisans. Il est juste, dit-on, que ceux qui travaillent par la pensée, comme ceux qui travaillent de leurs mains, et à meilleur titre encore, puissent laisser à leurs enfants un autre héritage que celui de leur gloire ; la conscience se révolte, quand on voit les descendants d'un homme de génie réduits à la misère, tandis que le nom de leur père ou de leur aïeul est entouré de la vénération et de la reconnaissance de tous, et que les fruits de ses veilles font la fortune des gens habiles qui les exploitent. Nous sommes, nous aussi, plein de pitié pour ces nobles infortunes, et nous avons peine à en reconnaître la justice, lors même qu'elles sont l'effet de l'imprévoyance et de l'inconduite. Nous sommes disposé à applaudir à tous les efforts de la société pour les atténuer et pour les rendre plus rares. Mais, avant d'accuser les lois existantes d'inhumanité et d'injustice, il convient d'examiner si elles traitent moins favorablement le travail intellectuel que le travail matériel, quand elles fondent sur ces deux formes de l'activité humaine non-seulement un droit personnel de propriété, mais un droit d'héritage.

L'ouvrier est payé de son travail suivant le temps qu'il y emploie ou suivant l'ouvrage qu'il exécute, et, s'il est laborieux et économe, s'il échappe au chômage et aux maladies, si, enfin, la rétribution qu'il reçoit n'est pas entièrement absorbée par les dépenses nécessaires de son ménage, il peut mettre de temps en temps à la caisse d'épargne ; puis, quand il aura réalisé un capital assez rond, il achètera un titre de rente ou un petit bien foncier, dont les revenus lui permettront de se reposer sur ses vieux jours, et qu'il laissera à ses enfants. Les conditions ne sont pas différentes pour les travaux plus relevés, auxquels l'intelligence a la plus grande ou la seule part. Le marchand, l'avocat, le fonctionnaire, ne retire un revenu de sa profession ou de sa fonction que pendant le temps qu'il l'exerce, ou, si ce dernier reçoit une pension de retraite, elle s'éteint en partie à sa mort, et tout entière à celle de sa veuve. Les uns et les autres n'ont pas d'autre moyen d'acquérir une propriété perpétuelle que de l'acheter, comme l'ouvrier, à l'aide des économies qu'ils peuvent réaliser sur un revenu temporaire. Si nous considérons maintenant le genre de travail qui constitue la propriété intellectuelle, ces lois qu'on taxe d'iniquité, et dont on réclame si bruyamment la réforme, lui font-elles une situation moins avantageuse ? Chaque invention munie d'un brevet assure à son auteur la jouissance exclusive des bénéfices qu'elle peut donner pendant un espace de temps qui varie de cinq à quinze ans. Les livres sont encore mieux traités : la durée des bénéfices qu'ils assurent à l'écrivain et à sa famille peut embrasser près d'un siècle, et, pour la plupart des ouvrages, elle équivaut à la perpétuité. Ajoutons que ce sont des revenus privilégiés, que la concurrence ne peut faire baisser. Enfin, si l'inventeur ou l'écrivain veut acquérir une propriété perpétuelle, il n'a pas besoin, comme l'ouvrier ou le fonctionnaire, d'attendre les économies qu'il pourra faire d'année en année sur les produits de son travail : dès que celui-ci a publié un ouvrage, dès que celui-là a pris un brevet, il peut immédiatement en céder l'exploitation à prix d'argent, et entrer ainsi en possession d'un capital, qu'il pourra employer à son gré pour assurer à sa postérité un héritage exempt de déchéance. Ici encore, la perpétuité naît naturellement et légalement d'un droit temporaire, et les conditions sont loin d'être moins équitables.

On oublie trop qu'une rente temporaire est l'équivalent d'une rente perpétuelle, puisque l'échange de l'une contre l'autre est toujours possible. C'est un arbitrage qui se fait journellement à la Bourse et dans les études de notaires. Et il ne faut pas croire qu'une jouissance illimitée représente un capital sensiblement plus élevé qu'une jouissance bornée à cinquante ans. La différence serait à peu près d'un cinquième, s'il s'agissait de revenus fixes [1] ; elle serait beaucoup moindre, si l'on avait à évaluer en capital un revenu éventuel, comme celui d'un brevet ou d'une publication de librairie. Combien de livres, après un éclatant succès, pour lequel on ne doutait pas de la consécration de la postérité, n'obtiennent plus, du vivant même de leurs auteurs, les honneurs d'une nouvelle édition ! Quel éditeur, même pour le plus bel ouvrage, au plus fort de son succès, sera disposé à en payer beaucoup plus cher la propriété perpétuelle qu'un monopole d'un demi-siècle ?

Oui ; mais, si la propriété était perpétuelle, on n'aurait plus besoin de l'échanger contre un autre capital pour acquérir un revenu durable. Mozart est mort de misère : ses œuvres enrichiraient ses enfants, s'ils en avaient la propriété. — Sans doute ; mais l'auraient-ils encore ? Quand, de son lit de souffrance, Mozart voyait autour de lui sa famille en pleurs, dont sa mort allait consommer la détresse ; quand il sentait, d'ailleurs, qu'avec sa vie allaient s'évanouir tous les chefs-d'œuvre qu'il portait encore dans sa tête, qu'eût été pour lui la propriété perpétuelle de ceux qu'il avait déjà composés, sinon une valeur morte, qu'il se fût empressé de réaliser, pour faire entrer dans sa maison un peu de ce bien-être dont la privation le conduisait au tombeau ? Il faudrait à un auteur dont la vie s'est consumée dans une lutte impuissante contre la misère une foi bien robuste dans sa gloire future pour qu'il renonçât à tirer parti de toutes les ressources du présent, et pour qu'il renvoyât ses enfants, lorsqu'ils lui demanderaient du pain, aux dédommagements que leur doit la postérité. On veut constituer, pour la famille des hommes de génie, des domaines héréditaires : on ne fera qu'établir le monopole perpétuel des éditeurs.

Je ne prétends pas que la propriété intellectuelle s'aliénera

---

[1] Cette évaluation approximative est fondée sur la pratique de notre Crédit foncier.

toujours du vivant de l'inventeur, de l'artiste ou de l'écrivain, par l'effet de la misère ou par toute autre cause ; mais toutes les probabilités sont pour qu'elle sorte de sa famille, soit après sa mort, soit au bout d'un petit nombre de générations, lors même que la loi l'aurait déclarée perpétuelle. Quelles vicissitudes ne subit pas la propriété foncière, la plus fixe de toutes les propriétés ! Sans parler de tous les motifs qui peuvent engager un propriétaire à se défaire de son bien, l'ouverture d'une succession n'est-elle pas presque toujours accompagnée ou suivie de ventes? Que sera-ce s'il s'agit d'une succession intellectuelle ? la laissera-t-on indivise ? Nul n'est forcé de rester dans l'indivision, et, quand la loi ne provoquerait pas le partage, il se ferait toujours tôt ou tard, d'un commun accord, sous la seule impulsion de l'intérêt. Or comment, sans une mise en vente, arriver à une évaluation équitable et acceptée de tous les héritiers ? Supposons, toutefois, qu'on échappe, de génération en génération, à la nécessité de vendre ; supposons qu'un ouvrage dont le succès se soutient à travers les siècles reste à perpétuité dans la famille de son auteur : au moins ne peut-on supposer que toutes les branches de cette famille participeront également aux effets lucratifs de ce succès immortel. Les œuvres d'un auteur, après avoir, durant sa vie, bénéficié à peu près également de sa réputation, ont souvent, après sa mort, des fortunes très-diverses. Si l'une des filles de Milton avait eu pour sa part la propriété du *Paradis perdu*, l'autre celle du *Paradis reconquis*, la postérité de la seconde courrait risque de mourir de faim. Quelque égalité, enfin, qui préside au partage, les héritiers d'un homme de génie ne sauraient échapper à la loi commune. Les uns prospéreront, les autres dissiperont leur héritage, et, tôt ou tard, on viendra dire : « Il y a une petite-nièce de Lamartine ou un petit-fils de Victor Hugo qui vit dans l'indigence! » On s'intéressera et on aura raison de s'intéresser à ce contraste de la misère et de la gloire ; et, à défaut d'un Voltaire adoptant l'héritière de Corneille, il faudra se féliciter si une souscription publique ou une pension de l'État paye aux descendants la dette de reconnaissance contractée envers le père. Mais est-il une loi sur la propriété littéraire qui puisse prévenir ou empêcher ces vicissitudes de la fortune ?

Je me trompe, il en est une : ce serait de déclarer la propriété intellectuelle inaliénable, insaisissable et indivisible ; ce serait de constituer une noblesse de l'intelligence, à la place de l'ancienne noblesse d'épée ou de robe. Ainsi, quand la démocratie, pour rappeler une expression célèbre, coule à pleins bords dans toutes nos institutions ; quand le fils d'un héros, s'il n'a pas su conserver l'héritage paternel, n'a plus le droit d'affecter le dédain d'un gentilhomme pour les métiers lucratifs, le fils d'un grand écrivain, *qui ne se serait donné que la peine de naître*, verrait ressusciter à son profit tous les priviléges du sang, et il pourrait se faire un titre, pour les revendiquer, des ouvrages mêmes qui ont contribué à les démolir ! Que le fils hérite à la fois de la fortune et de la gloire paternelles, le régime du droit temporaire n'y met pas plus obstacle que la reconnaissance d'un droit perpétuel ; mais ni la vérité ni la justice ne le dispensent du travail et de la prévoyance. S'il tombe dans la misère, un sentiment de générosité et de pitié, excité par le souvenir des services de son père, demandera sans doute qu'il soit relevé par un acte exceptionnel de la munificence publique ; mais il n'a point de droit à revendiquer, et la loi ne saurait abdiquer, pour le protéger contre le sort et contre lui-même, les principes, aussi justes que salutaires, qui régissent toute espèce de propriété.

D'ailleurs, ce retour au système féodal, cette institution de *majorats intellectuels*, ne suffirait pas encore. Toutes les créations du génie peuvent espérer une gloire immortelle, mais non des bénéfices également durables. A part quelques chefs-d'œuvre littéraires qui peuvent braver l'effort des siècles, la loi du progrès fait succéder les inventions aux inventions, les théories aux théories, les livres aux livres. Que servirait un droit perpétuel, entouré de priviléges aristocratiques, pour des œuvres dont il ne resterait plus, au bout de quelques années, que le souvenir plus ou moins illustre ? On cite les poëtes morts à l'hôpital, et l'on veut qu'ils jouissent, au moins dans leur postérité, du succès posthume de leurs œuvres. Il faudrait citer aussi les inventeurs de génie, qui n'ont pu échapper non-seulement à la misère, mais à la honte d'une faillite. On leur élève des statues après leur mort ; mais, souvent, le progrès inexorable de l'industrie a déjà emporté leurs procédés, et, quand leur postérité aurait éternellement le droit exclusif de les exploiter, elle n'en saurait que faire. Si l'on veut soustraire à toutes les chances de ruine les familles dont l'intelligence a fait la noblesse, ce n'est pas assez de la propriété intellectuelle, constituée en un monopole héréditaire et en une espèce de fief inaliénable; il faut une dotation de l'État, il faut revenir au système qui charge la société de rémunérer directement les travaux de l'esprit.

VI.

C'est donc en vain qu'on fait appel, en faveur du système de la perpétuité, à toutes les ressources du pathétique; il faut se contenter de le discuter au point de vue du droit pur. Ce nom de propriété que l'on applique aux œuvres de l'intelligence, comme aux choses matérielles, n'appelle-t-il pas les conditions naturelles et légitimes de toute propriété, et parmi ces conditions ne faut-il pas placer le droit de transmission et d'héritage, à travers une durée sans limites? C'est ici un argument sérieux, et, sous la confusion d'idées et de mots qu'il recouvre, il a une telle apparence de justice, qu'il demande une discussion en forme.

Remarquons d'abord que la propriété intellectuelle, investie des mêmes droits que la propriété ordinaire, jouirait, en réalité, d'une situation exceptionnelle et exorbitante. Toute autre propriété est limitée dans son étendue, si elle ne l'est pas dans sa durée. Le plus riche propriétaire ne le sera pas du monde entier; et, quand on pousserait jusque-là la liberté des hypothèses, ses droits auraient encore des bornes que la logique la plus téméraire ne franchirait pas. Maître du sol, il aurait tous les autres hommes pour locataires, pour fermiers ou pour serviteurs, mais non pour sujets et pour esclaves; il ne pourrait qu'exiger d'eux une redevance pour l'usage du sol; son droit n'irait pas jusqu'à leur faire payer la jouissance de l'air et de la lumière: ce qui est inépuisable et infini de sa nature reste en dehors du droit de propriété. Seule, l'intelligence, plus inépuisable que l'air, plus infinie, s'il est possible, que la lumière, ajouterait l'immensité à la perpétuité, si elle pouvait communiquer à ses œuvres les droits absolus de la propriété matérielle. A travers tous les espaces, comme à travers tous les siècles, tous ceux qui jouiraient de ma pensée, qui appliqueraient mes conceptions, seraient mes débiteurs ou ceux de mes héritiers ; que dis-je ! ils seraient sous ma dépendance. Unique dispensateur des lumières, je pourrais en fixer le prix pour l'éternité. « Le premier, a dit un économiste [1], qui conçut et exécuta l'idée de transformer un morceau de bois en une paire de sabots ou une peau d'animal en une paire de souliers, aurait acquis le droit exclusif de chausser le genre humain ! »

On recule devant des conséquences aussi monstrueuses, et, jetant par-dessus le bord la propriété de l'inventeur, on ne garde que celle de l'écrivain et de l'artiste. Mais pourquoi cette distinction dans le droit ? La pensée qui ne sert qu'à la satisfaction de nos besoins matériels, vaut infiniment moins, je le veux, que celle qui procure à l'esprit lui-même de pures jouissances ; mais c'est toujours la pensée, et ses droits sont partout les mêmes. Toute invention industrielle n'a pas, d'ailleurs, pour but le bien-être du corps ; plus d'une intéresse l'âme et n'intéresse que l'âme. Est-il besoin de citer l'imprimerie et, plusieurs milliers d'années avant l'imprimerie, l'écriture ? La logique demanderait que les héritiers de Cadmus, s'ils pouvaient se présenter et produire des titres authentiques, fussent autorisés à prélever un tribut sur tout livre, toute lettre, tout billet qui s'écrirait dans les deux mondes.

Faisons violence à la logique, et laissons de côté les inventeurs. Rejettera-t-on aussi les savants ? La pensée, chez eux, n'a pas moins de prix que chez les artistes ou les poëtes. Newton valait Milton, et Galilée le Tasse, et je ne sais si le génie d'Archimède était beaucoup au-dessous de celui de Phidias. Sans remonter jusqu'aux créateurs des sciences et nous livrer, sur leurs droits héréditaires, à des hypothèses qui ne pourraient être que des jeux d'esprit, comptons seulement les savants modernes qui, par eux-mêmes ou par leurs ayants droit, auraient des réclamations à exercer sur tout traité de mathématiques, de physique ou de chimie, qui s'en-

---

[1] Charles Comte.

richirait de leurs théories ou de leurs expériences. Non-seulement chaque livre de science serait tributaire d'une centaine au moins de savants, mais leurs droits s'étendraient sur toutes les chaires où l'on exposerait les résultats de leurs recherches, sur toutes les industries qui en feraient l'application. Partout où la science porterait ses lumières, il y aurait un marché à conclure, sur lequel ils auraient la haute main. C'en serait fait de la science, si un tel monopole pouvait appartenir à ses maîtres, si, transmis par eux à leurs héritiers ou aux spéculateurs qui leur en payeraient le prix, il avait à la fois l'éternité et l'immensité. Comme Saturne, la science dévorerait ses propres enfants.

Veut-on, enfin, qu'un tel privilége soit réservé exclusivement à la littérature et aux arts? C'est, dira-t-on, la plus haute expression de la pensée, la pensée au service du beau, qui vaut mieux que l'utile et qui est plus excellent que le vrai lui-même! Mais quoi! tous les écrivains et tous les artistes ne sont pas des hommes de génie, des amants heureux du beau. Ce rayonnement divin, auquel rien ne serait comparable, ne se montre pas même dans toutes les œuvres qui jouissent d'une sorte d'immortalité. Nous ne voudrions rien sacrifier de ce qui nous reste de l'antiquité, livres, œuvres d'art, monuments de toute sorte; tout n'y est pas beau cependant, bien que tout nous intéresse par le privilége même de l'antiquité. Soyons sincères : nous ne supporterions pas un monopole éternel dans l'industrie et dans la science, parce qu'il s'agit de notre utilité et de nos besoins; un tel monopole nous choque moins dans les arts et dans la littérature, parce qu'il ne s'agit que de notre plaisir ; mais il n'y repose pas sur un fondement plus solide.

On ne rencontre que l'exception et l'absurde, dès qu'on prétend assimiler en tout point la propriété intellectuelle à la propriété matérielle. C'est qu'on ne les assimile, en effet, qu'à la condition de rompre entre elles tout équilibre. La propriété matérielle est illimitée dans sa durée, mais elle est limitée dans l'espace. Illimitée dans l'espace, la propriété intellectuelle demande à être limitée dans sa durée. Nous avons été conduit à une conclusion analogue, au nom des mêmes principes, pour la propriété des associations. Le seul remède légitime à ce que l'une et l'autre ont d'excessif n'est pas de les placer sous la dépendance arbitraire des pouvoirs publics, mais d'assigner légalement des bornes à leur existence. Dans les deux cas, l'égalité ne peut se trouver que dans la différence.

VII.

Cette conclusion devient encore plus évidente pour la propriété intellectuelle, si nous considérons son objet même, la pensée. La matière est faite pour une appropriation locale et individuelle ; la pensée est destinée à se répandre dans les esprits, à se mêler en mille manières à leurs conceptions antérieures, pour en faire germer de nouvelles. L'esprit le plus original ne saurait dire ce qui lui est propre, dans ce qu'il revendique comme le fruit de ses réflexions personnelles ou comme une inspiration soudaine de son génie. Chacun est le fils de son temps, de son pays, du milieu social dans lequel il passe sa vie ; il possède un fonds d'idées toutes faites, quand il commence à penser par lui-même, et tout ce qu'il y ajoute ou qu'il croit y ajouter, en est si bien imprégné, qu'il n'est pas une de ses conceptions qui soit à lui tout entière :

> Rien n'appartient à rien, tout appartient à tous :
> Il faut être ignorant comme un maître d'école,
> Pour se flatter de dire une seule parole
> Que personne ici-bas n'ait pu dire avant vous :
> C'est imiter quelqu'un que de planter des choux [1].

Et cet aveu charmant est fait par un de nos poëtes les plus originaux, par celui-là même qui a pu dire avec une légitime fierté :

> Mon verre n'est pas grand, mais je bois dans mon verre.

Suivons les vicissitudes d'une grande découverte. Ç'a été une expérience d'une fécondité merveilleuse que celle qui a mis en lumière, pour la première fois, il y a une quarantaine d'années, les effets magnétiques de la pile de Volta. Il en est sorti, pour la pensée, un moyen de communication qui supprime les distances à travers les continents, et bientôt à travers l'Océan lui-même, et, dans la sphère des intérêts matériels, la mécanique industrielle

[1] Alfred de Musset, *Namouna*.

en sera peut-être un jour entièrement renouvelée. Mais, pour que cette découverte porte ses fruits, il ne faut pas sans doute qu'elle s'immobilise entre les mains du savant qui l'a faite. Après l'expérience du Danois OErsted devaient venir les belles déductions de notre Ampère, et, une fois les lois posées, toute la série des applications scientifiques et industrielles. Chaque année voit surgir de nouveaux appareils télégraphiques, de nouveaux moteurs électro-magnétiques. Si leurs auteurs peuvent revendiquer le privilége perpétuel de les exploiter, il est juste qu'ils le partagent avec les savants dont ils n'ont fait qu'appliquer les théories, et ceux-ci, en justice rigoureuse, auraient également à partager avec tous leurs devanciers, depuis les premiers et naïfs observateurs qui ont constaté les propriétés de la pierre de Magnésie et de l'ambre jusqu'à Galvani et à Volta. D'un autre côté, enrichis par les travaux des âges précédents, ils n'ont pas le droit de mettre obstacle à ceux des âges futurs. Si leur privilége ne doit jamais s'éteindre, il faut du moins qu'il souffre, à côté de lui, et sur son propre terrain, autant de priviléges nouveaux que les procédés qui le consacrent pourront recevoir de perfectionnements. Voilà, à perpétuité, un ricochet de propriétés, depuis le premier germe d'une invention jusqu'à son développement définitif; voilà, s'il faut compter avec chacune d'elles, une entrave insurmontable au progrès, qui est la loi de l'industrie comme de la science. Il est plus probable qu'on n'aurait à compter avec aucune de ces propriétés superposées, et qu'elles se réduiraient à néant par leur éparpillement même. Dès qu'on donne à un principe une extension démesurée, on le détruit fatalement dans ses conséquences.

Au lieu de ce partage indéfini et, par suite, nécessairement illusoire, de la propriété industrielle, veut-on une succession de priviléges s'annulant tour à tour? D'essais en essais, de perfectionnement en perfectionnement, il pourra se produire une invention qui ne laissera presque rien à désirer, et qui se maintiendra en usage pendant une longue série d'années, peut-être même de siècles. L'homme habile à qui l'on devra cette invention durable pourra ainsi jouir d'un monopole séculaire, auquel n'auront pu prétendre ni le premier inventeur ni aucun de ceux qui auront préparé la voie à un perfectionnement définitif.

Est-ce juste ? Parmi ses prédécesseurs, il y avait peut-être des hommes de génie, qui ne lui ont laissé à trouver que quelques détails d'application ; ils n'ont eu qu'une jouissance de quelques années, contrariée par la routine, rendue infructueuse par le vice des moyens d'exécution, interrompue, à la veille du succès, par la découverte d'un procédé nouveau. Qui voudrait que le savoir-faire, pour avoir su triompher de ces difficultés pratiques, écueil ordinaire du génie, eût seul le droit de prélever sur l'humanité un impôt perpétuel ? La loi n'a-t-elle pas sagement fait, quand elle a cru payer suffisamment, par un droit uniformément limité, sans tenir compte du temps plus ou moins long pendant lequel elles peuvent rester en usage, des conceptions qui n'appartiennent jamais tout entières à l'intelligence de leurs auteurs ?

Représentée par un livre, la pensée trouverait-elle des conditions plus favorables au droit perpétuel et absolu d'une appropriation individuelle ? Il faut distinguer, dans un livre, le fond et la forme : d'un côté, des faits, des opinions, des sentiments ; de l'autre, le langage ou le style dont la pensée est revêtue. Pour le fond, il en est du livre comme de la découverte scientifique : aucun livre n'appartient tout entier à son auteur. « Presque tout est imitation, dit Voltaire. L'idée des *Lettres persanes* est prise dans celle de l'*Espion russe*. Le Boiardo a imité le Pulci ; l'Arioste a imité le Boiardo. Les esprits les plus originaux empruntent les uns des autres. Il en est des livres comme du feu de nos foyers ; on va prendre ce feu chez un voisin, on l'allume chez soi, on le communique à d'autres, et il appartient à tous [1]. »

Voltaire cite précisément des ouvrages d'imagination, des poëmes, des romans, c'est-à-dire des ouvrages où l'invention personnelle semble tenir la plus grande place. Quand un auteur crée à la fois les noms, les caractères, les aventures des personnages qu'il met en scène dans un récit ou dans une action dramatique, voilà, ce semble, une propriété suffisamment caractérisée, et, si un rival lui prend sa fable pour en enrichir un autre ouvrage, voilà un vol littéraire, dont il sera facile aux tribunaux de faire justice. Oui ; mais quel intérêt seront-ils appelés à protéger ? La propriété des

---

[1] *Lettres sur les Anglais*, lettre 23.

noms inventés? Rien de plus facile que de les changer. L'Avare de Molière ne ressemble pas moins à celui de Plaute, parce qu'il a quitté le nom d'Euclion pour celui d'Harpagon. La propriété des faits? Même dans les ouvrages de pure imagination, les faits ne sont que le plus bas degré de l'invention, le canevas presque sans valeur sur lequel l'écrivain de génie jette ses charmantes ou splendides broderies. Nous sommes fiers, à bon droit, de l'originalité de notre La Fontaine : quel partage il aurait à faire avec tous les fabulistes et tous les conteurs anciens et modernes! S'il est deux poëtes qui, de l'aveu de tous, aient mérité le titre de créateurs, c'est Dante et Shakespeare. On a pu cependant faire un livre de la *Divine Comédie* avant Dante, et on a pu publier, pour chaque drame de Shakespeare, des nouvelles, des chroniques, des pièces antérieures, qu'il avait suivies trait pour trait, et quelquefois même textuellement copiées. L'imagination du poëte s'exerce sur un sujet fictif, que lui fournit une œuvre antérieure, comme sur un sujet historique. On ne songe pas, sans doute, à réclamer pour l'historien la propriété des faits réels qu'il raconte. Mais quoi! Racine aurait le droit de prendre à Tacite le sujet de *Britannicus*, et il n'aurait pas celui de prendre à Aristophane le sujet des *Plaideurs*! Conférez, j'y consens, un privilége de quelques années au premier, qui met en circulation des aventures imaginaires. Mais voir dans ces fictions, qui passent sans cesse d'un ouvrage dans un autre comme un bien de peu de prix, la matière d'un droit éternel, c'est détruire toute proportion entre le service et la récompense.

Comment le fond banal d'un ouvrage d'imagination pourrait-il constituer une propriété durable, quand, dans les autres branches de la littérature, un fond plus sérieux et souvent plus original ne peut donner lieu à aucune propriété? C'est ce qui a déjà été établi pour les livres de science. La matière d'un traité scientifique ne crée pas pour son auteur un droit de propriété, même quand il s'agit d'expériences ou de théories toutes personnelles; car il n'est pas une découverte qui ne se rattache par mille liens à une série indéfinie d'autres découvertes; ce n'est qu'un anneau d'une vaste chaîne, qui n'a pas plus de droits sur les anneaux postérieurs que les anneaux antérieurs n'en ont sur lui. C'est ce qui est encore plus évident pour la philosophie, pour la critique, pour tous les ouvrages qui roulent sur des idées morales. La priorité d'une expérience ou d'un calcul peut, en général, s'affirmer ou se prouver rigoureusement ; mais, dans le domaine, infiniment plus vague, de ce qu'on appelle les sciences morales, il se produit sans cesse des rencontres de sentiments, d'opinions, de systèmes, dont la propriété première ne peut, à juste titre, être revendiquée par personne. Il en faut dire autant des sciences historiques. Les faits sont réels ; les appréciations ressortent des faits eux-mêmes, et peuvent se présenter à toute intelligence : il n'y a là aucune matière pour une appropriation personnelle. Un érudit a passé sa vie à mettre en lumière un point obscur de chronologie ou de géographie : le résultat de ses recherches passera de plein droit dans les livres élémentaires. Les auteurs de ces livres lui sont redevables, sans contredit, et, s'ils n'ont pas à lui payer un tribut pécuniaire, ils lui rendront volontiers hommage dans leurs préfaces ; mais, s'il faut lui céder une partie de leurs droits, hésiteront-ils toujours à déclarer qu'ils ont, comme lui, remonté aux sources ? et quel moyen aurait-on de contrôler leurs assertions ?

La façon la plus directe, mais non la plus servile, de s'approprier le fond d'un ouvrage, c'est de le traduire. Une bonne traduction a tous les caractères d'une œuvre d'intelligence. Ce n'est qu'un travail sur les idées d'autrui, mais un travail de réflexion et même d'invention, en vue de les comprendre, de se les assimiler et de leur trouver une forme nouvelle, qui ne leur fasse rien perdre de leur force et de leur clarté. Il faut, pour y réussir, des connaissances étendues, un esprit net, pénétrant, et toutes les ressources de l'art d'écrire. Aussi ne saurions-nous approuver la jurisprudence, qui ne voit dans une traduction qu'une reproduction pure et simple, et, si elle n'est pas autorisée par l'auteur, une contrefaçon du livre original. Nous y verrions plutôt une création nouvelle, quoique sur un fond emprunté, comme on reconnaît une nouvelle invention, susceptible d'un nouveau brevet, dans toute modification importante d'un procédé industriel. Si la loi protége le premier inventeur contre la concurrence qu'on peut lui faire en modifiant ses procédés, ce n'est que pendant une année, non pendant toute la durée de son brevet. Nous admettrions, par analogie, que l'auteur d'un livre eût le droit, pendant un certain temps, de s'opposer à toute traduction de son œuvre entreprise sans son autorisation ; mais nous n'admettons pas que ce droit soit considéré comme une dépendance essentielle de la propriété littéraire, qu'il en partage la durée, et surtout qu'il soit associé à ses destinées éternelles, si jamais elles obtiennent la consécration du législateur. Un même livre ne peut avoir qu'un seul auteur; il peut avoir des milliers de traducteurs, entre lesquels il provoque naturellement l'émulation et la concurrence. Le progrès est arrêté dans une des branches les plus estimables de la littérature, si le droit de traduire peut devenir l'objet d'un monopole éternel. Le premier traducteur d'un ouvrage pourra acheter de son auteur le droit d'interdire toute autre traduction que la sienne, et le talent sera forcé de s'incliner à jamais devant les titres antérieurs de la médiocrité.

Que voyons-nous actuellement sous l'empire de ce monopole temporaire ; que les traités, les lois et la jurisprudence ont attribué aux auteurs sur toute traduction comme sur toute reproduction de leurs ouvrages? Une traduction est devenue une entreprise commerciale, pour laquelle il faut traiter d'auteur à auteur, ou plutôt d'éditeur à éditeur. Ce n'est plus, dans son exécution, qu'un travail mercenaire, confié à des manœuvres littéraires par le spéculateur qui s'en est assuré le privilége. L'écrivain de talent qui, sans attendre une commande, serait tenté de faire passer dans sa langue un ouvrage étranger dont la lecture l'a ravi, trouvera le plus souvent la place prise, ou, si elle est libre, il reculera devant un double marché à conclure, pour l'acquisition du droit de traduire et pour la publication de sa traduction. Du moins, dans l'état actuel, la liberté retrouve ses droits à l'expiration du délai légal, et, pour les œuvres qui ne doivent pas vieillir, la concurrence est encore possible entre les traducteurs. La loi est-elle trop libérale, et serait-il juste que, pour assurer d'un côté une plus large rémunération au travail de l'esprit, elle le décourageât entièrement de l'autre?

Ce serait consacrer, d'ailleurs, entre les traductions et les autres genres d'imitation, une inégalité injustifiable. On ne prétend pas, sans doute, frapper d'une redevance, au profit des auteurs étrangers, les expositions, les analyses, les commentaires de leurs écrits : on frapperait de mort la critique philosophique ou littéraire. C'est pourtant un usage de leur pensée ; c'est une reproduction abrégée, qui, pour beaucoup de lecteurs, tient lieu de l'original. Comment connaissons-nous les principaux monuments de la philosophie allemande? Par des résumés, bien plus que par des traductions. De courageux traducteurs ont entrepris de nous donner toute l'œuvre de Kant et toute celle de Hégel : malgré le zèle qu'ils y apportent, ils ne peuvent avancer qu'avec lenteur, dans une tâche ingrate, où les difficultés sont sans nombre et la récompense sans proportion avec les efforts. Pour des ouvrages de cette nature, une analyse bien faite, sans exiger le même travail et sans avoir la même valeur, aura toujours plus de succès que la meilleure traduction. Or, tandis que l'analyse jouit d'une immunité complète, la traduction voit s'ajouter encore à toutes les difficultés qui pèsent sur elle, la nécessité d'acquérir à prix d'argent le droit de se produire. Et ce n'est pas seulement pendant une année, comme pour le perfectionnement d'une invention brevetée, qu'on veut qu'elle ait à compter avec le privilége de l'auteur qu'elle interprète ; on ne se contente même pas des deux ou trois générations qui ont suffi jusqu'ici au monopole littéraire : c'est une barrière éternelle qu'on prétend élever devant le zèle intelligent et l'émulation presque toujours désintéressée des traducteurs.

Ce qui est vrai des livres est plus évident encore, s'il est possible, pour les œuvres d'art. Les plus belles sont souvent des traductions. Phidias traduit Homère dans sa langue, Haydn traduit la Genèse dans la sienne. Ajoutons que ce sont des traductions qui ne peuvent donner lieu, au profit de l'œuvre originale, à aucune revendication de droit. Un opéra partage ses bénéfices avec le poëme dont il est la traduction en langue musicale, lorsqu'il est joint et comme attaché à ce poëme, dans sa représentation sur la scène ou dans sa reproduction par la presse. Quand la partition est exécutée ou publiée seule, comme œuvre purement instrumentale, elle est la propriété exclusive du compositeur. Ceux qui demandent qu'une orgue de Barbarie ne puisse jouer aucun air d'opéra sans payer un tribut à son auteur n'appellent pas l'auteur des paroles au partage de ce tribut. Dans les arts, en effet, la forme emporte le fond. L'idée et le sentiment, dans toute composition musicale, sont tellement incarnés dans les sons que si on les en dégage pour les exprimer à l'aide du langage ordinaire, ils n'ont plus qu'un caractère vague ou même banal, et perdent ainsi tout leur prix. S'il y a un texte écrit, ce texte peut avoir sa valeur propre, mais qui n'ajoute rien à celle de l'œuvre musicale, considérée en elle-même. Tel opéra est un chef-d'œuvre qui ne peut réussir au théâtre, à cause de la médiocrité des paroles ; tel autre, grâce aux paroles, se soutient sur la scène, qui, séparé de cet alliage, est dédaigné des vrais artistes. Pour juger proprement d'une œuvre musicale, il faut, sans doute, une âme intelligente et sensible ; mais il faut une âme qui se concentre tout entière dans l'organe de l'ouïe, si je puis ainsi parler, une âme accoutumée à tout se représenter sous la forme de sons. Des œuvres littéraires vivent quelquefois sans style, par le mérite du fond, par l'intérêt des faits vrais ou fictifs qu'elles exposent, par la vérité ou la nouveauté des pensées qu'elles mettent en lumière : l'œuvre musicale ne vaut que par le style.

De même pour les arts plastiques. Peu importe que le sculpteur ou le peintre ait inventé son sujet, ou qu'il l'ait emprunté à un historien, à un romancier ou à un poëte : on ne considère que la façon dont il l'a traité. Les héritiers d'Ary Scheffer ne doivent rien à ceux de Gœthe pour la propriété des tableaux dont le poëme de Faust a fourni le sujet ; et l'on peut peindre des Marguerite après Ary Scheffer sans être son plagiaire, pourvu qu'on ne les peigne pas d'après lui. Dans les lettres, il peut y avoir une propriété du fond, sans qu'elle prétende aux mêmes avantages que celle de la forme ; dans les arts, le fond ne saurait, à aucun titre, constituer une propriété.

VIII.

C'est donc à la forme seule, et proprement à la forme artistique ou littéraire, que pourrait s'attacher une propriété perpétuelle. Emprunter à un écrivain des faits ou des théories, c'est quelquefois une réminiscence ou une rencontre, quand ce n'est pas la mise en valeur d'une sorte de fonds commun. Le traduire, c'est lui rendre hommage, c'est souvent même lui rendre service; et si, parfois, c'est lui faire tort, un droit minime et temporaire est une compensation suffisante. Lui emprunter son style, ses expressions, ses phrases, toute la contexture de ses développements, c'est un plagiat ou une contrefaçon, et, si on s'empare ainsi du profit légitime qu'il devait retirer de son travail, c'est un vol.

N'allons pas, toutefois, jusqu'à incriminer toute imitation du style d'un auteur. Entre le simple effort pour s'assimiler l'art d'un grand écrivain et des emprunts textuels, il y a une foule de nuances que ni la loi ni la conscience ne songent à condamner. L'Arioste et le Tasse ont pris plus d'un vers à Dante, comme Virgile à Ennius. Sterne, un des écrivains les plus originaux de l'Angleterre, a une foule de passages pillés de tous côtés avec une extrême impudence : ces espèces de centons, destinés à déjouer la sagacité du lecteur, n'attestent que l'érudition de l'antiquaire et l'excentricité de l'humoriste. Le plagiat ou le vol littéraire n'existe moralement que si on se fait honneur de l'œuvre d'autrui; il n'existe matériellement que si on en retire un profit, au détriment des droits de l'auteur.

C'est même plus qu'un vol, dans la doctrine de Kant; c'est une atteinte à la personne même de l'écrivain que l'on dépouille. Publier son livre sans son aveu, c'est se mettre à sa place, c'est se faire, malgré lui, son organe, sa voix en quelque sorte ; c'est usurper un mandat qu'il a seul le droit de donner[1]. Cette théorie n'a rien d'excessif, si l'abus de confiance va jusqu'à s'emparer d'un manuscrit, pour le faire paraître prématurément et contre le gré de l'auteur. De tels actes d'indélicatesse ne sont pas sans exemple dans l'histoire littéraire. C'est ainsi que parurent la *Jérusalem délivrée* et le *Télémaque*. Il y a là une double violence faite à l'auteur ; car on le produit malgré lui devant le public, et, comme ces éditions subreptices sont presque toujours fautives, on le produit à son désavantage. Je verrais encore une violation

---

[1] Kant, *De l'illégitimité de la contrefaçon des livres*, opuscule traduit par M. Barni, à la suite des *Éléments métaphysiques de la doctrine du droit*.

de la personne, si l'œuvre d'un auteur était publiée sous un autre nom ; car son nom représente sa gloire personnelle. Mais, quand lui-même a parlé en son propre nom, quand il n'a plus de secrets pour le public, sa personne est hors d'atteinte ; on ne peut faire violence qu'à sa volonté de retirer un bénéfice de son livre et d'assurer après lui ce bénéfice à ses enfants ; on ne peut, en un mot, faire violence qu'à sa propriété. Autrement il faudrait admettre qu'en traitant avec un éditeur pour la publication d'un ouvrage, l'écrivain lui livre sa personne, pour la faire paraître devant le public, comme le comédien livre la sienne dans son contrat avec le directeur de théâtre. Il ne s'agit évidemment que d'une chose et d'un privilége sur la vente de cette chose ; il n'y a spoliation que dans les limites naturelles ou légales de ce privilége, et toute la question est de savoir s'il doit être temporaire ou perpétuel.

Ce droit absolu et éternel de propriété, que repousse la nature de la pensée elle-même, quand il s'agit du fond d'un ouvrage, pourrait assurément, sans des difficultés insurmontables, s'appliquer à la forme. Rien n'empêche de décréter qu'aucun ouvrage n'entrera dans le domaine public, tant qu'il se présentera des héritiers de l'auteur ou de ses ayants droit qui en réclameront la propriété. Une telle loi ne serait pas impraticable : serait-elle juste ? Le monopole de l'auteur n'est destiné qu'à rémunérer son travail. Il faudrait donc accepter cette étrange conséquence que le travail de l'esprit a infiniment plus de prix lorsqu'il crée le vêtement de la pensée que lorsqu'il crée la pensée elle-même.

Un monopole illimité, au profit de la forme, serait déjà exorbitant, si la forme était indépendante du fond, si elle pouvait constituer un genre de propriété tout à fait distinct. Mais c'est le plus souvent la nature même du fond qui détermine la valeur de la forme, non pas en proportion du travail que l'une ou l'autre a coûté, mais d'après des circonstances tout extérieures. Un savant, après de longs et patients efforts, dirigés par un esprit profond, soutenus par une volonté énergique, est arrivé à une importante découverte ; un érudit, en fouillant les bibliothèques, en compulsant les manuscrits, en déployant la sagacité la plus pénétrante pour éclaircir ce qu'il y a d'obscur dans les textes ou de contradictoire dans les témoignages, a jeté une vive lumière sur un point controversé de l'histoire ; l'un et l'autre, pour faire connaître les résultats de leurs travaux, écrivent, de leur meilleur style, de brillants mémoires, dont la publication est un événement dans les fastes de l'intelligence : quel profit en retireront-ils, je ne dis pas pour la gloire, mais pour la fortune? Ces mémoires seront insérés dans les comptes rendus d'une société savante ; ils seront peut-être tirés à part, à un petit nombre d'exemplaires, et l'auteur se tiendra heureux si la vente de ces exemplaires le dédommage des frais du tirage. Cependant son travail enrichira les livres de science ou d'histoire, à qui il ne saurait contester le droit de vulgariser ses idées à son détriment. Ces œuvres de seconde main, en se tenant au courant des progrès de la science, dans leurs éditions successives, revues, corrigées et augmentées, pourront seules valoir à leurs auteurs des profits durables ; elles pourront même devenir un héritage fructueux, si l'on confie à des manœuvres habiles le soin des corrections et des additions. Quel que soit le mérite de tels ouvrages, il n'est pas sans doute supérieur à celui des mémoires originaux ; leur forme même est souvent moins élégante ; leur valeur vénale vient seulement de ce qu'embrassant plus d'objets et gardant un caractère moins spécial, ils intéressent naturellement un plus grand nombre de lecteurs.

Toutefois, au point de vue lucratif, les livres de science, les livres d'histoire eux-mêmes, sauf un petit nombre de chefs-d'œuvre, n'ont qu'une durée passagère. Il vient un temps où les connaissances se sont tellement accrues, où les théories se sont tellement modifiées, qu'il faudrait une rédaction nouvelle et non plus un simple remaniement. Les livres anciens pourront se conserver dans les bibliothèques ; ils pourront même, dans la suite des siècles, voir leur valeur s'augmenter pour les érudits, à qui ils offriront un intérêt de curiosité ; mais, comme ils n'intéresseront plus la masse du public, on cessera de les réimprimer, et le maintien de droits d'auteur sur chaque édition nouvelle ne ferait qu'arrêter plus tôt leur publication. A quels écrivains profiterait donc une propriété perpétuelle? Aux poëtes, aux romanciers, aux auteurs dramatiques, à un petit nombre d'orateurs, de philosophes et d'historiens. Or, un tel avantage serait-il toujours justifié par le mérite supérieur de la pensée ou même du style ? Il y a quelquefois non-seulement plus de pensées neuves, mais un style aussi parfait dans les livres qu'on n'imprime plus que dans ceux qu'on imprime toujours. Malebranche est un aussi grand écrivain que Fénelon, son contemporain : combien compte-t-on d'éditions du *Télémaque* contre une seule de la *Recherche de la vérité*, des *Entretiens métaphysiques* ou de la *Morale*? et quel ouvrage de Malebranche, s'il était assujetti à des droits d'auteur, trouverait aisément un éditeur? D'où vient cette différence? Elle n'existait pas, ou elle était à peine sensible au temps des deux écrivains. On se passionnait pour la *vision en Dieu* comme pour les utopies de Mentor. Mais la philosophie, comme toutes les sciences, est progressive ; ses théories n'ont qu'un temps, après lequel elles ne gardent plus qu'un intérêt historique. Plus heureuses, les créations de l'imagination peuvent durer toujours ; leur succès n'est soumis qu'aux fluctuations du goût, auxquelles n'échappent pas non plus les systèmes de métaphysique ou de physique ; il n'est pas arrêté par le progrès des connaissances et l'évolution régulière de l'esprit humain.

Les œuvres qui tirent leur principal mérite de l'imagination, de la sensibilité, des dispositions intimes de l'âme, de toutes les qualités, en un mot, qui font la vie du style, sont les plus brillantes de la littérature d'une nation. Pour elles, les plus grandes chances de recevoir une publicité étendue et de vivre dans la postérité ; pour leurs auteurs, les bénéfices les plus certains, lors même qu'elles ne flatteraient que les goûts du moment, et, si elles ont des qualités durables, les plus sûres espérances de gloire. Mais ces heureuses facultés de l'âme que mettent en jeu la poésie, le roman ou le théâtre, si elles sont les plus aimables, sont aussi les plus dangereuses, les plus faciles à égarer ou à corrompre, et, quand elles sont égarées ou corrompues, les plus promptes à répandre la contagion. Laissons les déclamations surannées sur l'influence fatale des ouvrages d'imagination ; on conviendra du moins que ce ne sont pas, en général, les productions les plus saines et les plus dignes d'encouragement. Or, c'est surtout à ces ouvrages, et, parmi eux, aux moins recommandables, qu'a profité jusqu'à présent ce droit de propriété que nos lois ont garanti non seulement contre la contrefaçon, mais contre les traductions, les imitations et les emprunts de toute nature.

Depuis que ces lois, qu'on trouve trop parcimonieuses, ont transformé les gens de lettres en propriétaires, la littérature est devenue un métier, une profession libérale, à laquelle on se destine, comme à la médecine ou au barreau, avec cet avantage qu'elle n'exige pas de grades et à peine des études. Quand on s'est fait homme de lettres, quand on attend de sa plume le pain de chaque jour, travaillera-t-on pour la gloire? et, si la propriété littéraire était consacrée à perpétuité, travaillerait-on pour ses héritiers, sauf à mourir de faim soi-même? On a ces beaux rêves, on a ce noble désintéressement en entrant dans la carrière. On y renonce bientôt, alléché par l'appât, je ne dirai pas des succès faciles, mais des profits faciles. Nul ne trouverait à emprunter sur le débit futur d'un ouvrage de longue haleine, qui demande plusieurs années de travail, comme un grand poëme, une histoire consciencieusement élaborée et développée avec art, de patientes recherches scientifiques. Si l'on n'a pas de ressources personnelles, il faut, pour pouvoir se livrer à ces belles études et leur donner la meilleure partie de soi-même, demander ses moyens de vivre à un autre travail que celui de la littérature ou de la science. On sera professeur, médecin, ingénieur, ou même attaché d'ambassade, comme Lamartine quand il a conquis sa gloire la plus durable. Dès qu'on ne veut pas d'autre profession que les lettres elles-mêmes, et qu'on y cherche, comme disait Walter Scott, non un bâton pour marcher plus vite, mais une béquille pour se soutenir, il faut dire adieu à toutes les œuvres qui vivent d'une inspiration sérieuse, à laquelle on ne commande pas, ou d'un travail persévérant, qu'on ne peut pas hâter sans provoquer les murmures de sa conscience ; il faut se borner aux œuvres qui peuvent devenir lucratives. Ce que le public paye sans hésiter, ce qu'il lit avec empressement, c'est ce qui l'amuse, ce qui pique sa curiosité, ce qui remue ses passions : c'est le roman. N'est-il pas remarquable que la fortune extraordinaire de ce genre de littérature coïncide précisément avec la consécration des droits des auteurs, dans tous les pays de l'Europe, par les lois et par les traités?

Je ne veux pas médire des romans : les bons me ravissent, les plus médiocres m'intéressent. Mais des œuvres qui peuvent plaire indépendamment de leur valeur littéraire et de leur valeur morale, qu'une même plume, une fois rompue au métier, peut multiplier indéfiniment, sans se lasser et sans lasser la curiosité publique, ne sont-elles pas un danger pour un peuple dont elles deviennent, pour ainsi dire, la seule lecture? Et ne sont-elles pas un danger aussi pour les littérateurs eux-mêmes, qu'elles séduisent principalement par leur valeur vénale? Depuis qu'on a imaginé de les découper en feuilletons, avant d'en faire des livres; depuis surtout qu'on a des droits à revendiquer sur les comédies, sur les opéras, voire même sur les ballets auxquels on a fourni les éléments ou les matériaux d'un sujet, un seul roman est devenu une source multiple de revenus. Aussi, dès qu'on croit pouvoir tenir une plume, ou, ce qui vaut mieux, dès qu'on a attiré sur soi l'attention du public par une de ces œuvres qui donnent de la célébrité, mais qui ne font pas d'argent, pour employer l'expression du métier, on fait des romans; plus tard, on tentera le théâtre, en y transportant ses romans ou ceux des autres. Et, si l'on manque d'aptitude pour ces deux genres de composition, ce qui ne suppose pas toujours une infériorité d'intelligence, on fera de la critique, on se chargera d'annoncer au public les romans ou les pièces d'autrui; ou bien, visant plus haut, on exhumera un écrivain, un artiste, un nom plus ou moins célèbre des siècles précédents, et on essayera de le faire revivre dans une monographie aux allures plus ou moins romanesques. C'est ainsi qu'on se fait une position dans la littérature; c'est ainsi qu'on en est venu à coter les écrivains d'après les revenus de leur plume, celui-ci à dix mille francs, celui-là à vingt mille, cet autre à cinquante mille.

Il n'est bon, ni pour la dignité des lettres, ni pour leur influence morale, qu'elles deviennent un métier dont on ait besoin pour vivre. Ce sont, comme on disait autrefois, des loisirs studieux; s'il est permis de rechercher un dédommagement du temps et du travail qu'on y consacre, elles ne doivent pas être une profession, et il y a une sorte de prostitution à leur demander ses seules ressources, en livrant sa pensée en pâture aux appétits du public, dans l'espoir d'un salaire. Qui peut compter sur l'inspiration a jour fixe? Elle est souvent rebelle quand on la veut pure et entière, quand on n'en attend que des pensées dignes de vivre. Or les besoins matériels de l'auteur, et, quand ils sont satisfaits, ce bien-être, ce luxe qui devient si aisément une habitude et une nécessité, ne souffrent pas de relâche. Si l'inspiration fait défaut, il faut la forcer ou s'en passer. Il serait beau de conquérir les suffrages des gens de goût, en laissant reposer sa plume tant qu'on ne peut pas consciencieusement se contenter soi-même. « Mais, pense-t-on avec le maître de musique de M. Jourdain, cet encens ne fait pas vivre. Des louanges toutes pures ne mettent pas un homme à son aise ; il y faut mêler du solide, et la meilleure façon de louer, c'est de louer avec les mains. » Et ce n'est pas assez d'abaisser la littérature ; on la mutile, on restreint son domaine aux œuvres qui donnent des rentes et qui constituent une propriété à revenus fixes. Les seuls écrivains auxquels on donne le nom d'hommes de lettres sont ceux qui ont pu s'organiser en une sorte d'association commerciale pour l'exploitation en commun de leur industrie. Si une autre compagnie, où les lettres conservent encore un sanctuaire désintéressé, si l'Académie française admet dans son sein un savant éloquent comme Biot, un orateur comme Lacordaire, un philosophe comme Ballanche, un publiciste comme Tocqueville, on l'accuse d'exclure les gens de lettres : ouvre-t-elle ses portes à un romancier, on salue ironiquement son choix comme une réparation tardive envers la littérature. Quand les priviléges attribués par la loi à la propriété littéraire profitent surtout aux intérêts les moins dignes de respect et servent à entretenir de regrettables préjugés, je ne sais si, au lieu de les étendre, il ne serait pas plus utile et plus juste de les restreindre.

On éprouve, je l'avoue, une satisfaction légitime, et qui n'est pas sans noblesse, à ne vivre que de son talent, à pouvoir se passer de ces faveurs princières qu'un Corneille était réduit à mendier, ou de ces fonctions publiques qu'il est souvent difficile d'obtenir, et surtout de conserver, sans compromettre l'indépendance de sa pensée. Notre centralisation, en livrant à l'arbitraire du gouvernement une grande partie des fonctions qui s'exercent par l'intelligence, en éloigne quelquefois les âmes les plus libres et les plus fières : or, sans liberté et sans fierté, on n'est pas digne de tenir une plume. Mais vaut-il mieux se faire le flatteur ou le corrupteur à gages des passions du public? Vous ne sauriez, sans vous manquer à vous-même, trouver ou garder un emploi officiel, en rapport avec votre éducation : copiez de la musique comme Rousseau, taillez des verres de lunettes comme Spinoza ; demandez, s'il le faut, à la plus humble industrie la subsistance et le bien-être de votre famille ; et, quant à vos écrits, n'attendez d'eux que des profits de surérogation, et ne cédez, en les composant, qu'à l'appel de votre génie et à l'impulsion de votre conscience.

IX.

Pour les beaux-arts, encore plus que pour la littérature, il n'y a, nous l'avons vu, d'autre propriété que celle de la forme. La composition, en musique comme en littérature, est un travail original, un produit du talent et quelquefois du génie, qui a droit, comme tout travail, soit intellectuel, soit matériel, à une rémunération. Mais le génie musical n'a pas des droits supérieurs à ceux du génie littéraire ou scientifique ; comme toutes les autres formes de l'intelligence, il ne doit prétendre, pour ses œuvres, qu'à un privilége temporaire. Le musicien a, d'ailleurs, un avantage qui manque souvent au littérateur et au savant : il trouve dans son art même, comme exécutant ou comme professeur, une ressource contre le besoin. Triste ressource, dira-t-on, que celle de courir le cachet, de s'engager à l'orchestre d'un théâtre, ou de promener son talent nomade à travers toutes les salles de concert des deux mondes ! — Est-il donc plus digne d'un vrai talent de faire de la composition musicale un métier, et, pour échapper à la misère ou pour arriver à la fortune, de prodiguer les œuvres écrites à la hâte, inspirées par les goûts frivoles du public et désavouées par l'art ?

S'il faut juger de l'avenir par le passé, un droit perpétuel profiterait beaucoup moins à la musique qu'à la littérature. D'une nature plus intime et plus délicate, dépendant d'ailleurs, dans ses effets, du progrès des instruments dont elle réclame le concours, la musique est soumise, plus qu'aucun art, à la mobilité des goûts. Raphaël et Michel-Ange, Shakespeare et Corneille, qui vivaient il y a deux ou trois cents ans, sont des modernes dans les annales de la peinture, de la sculpture et de la poésie. Gluck et Piccini, qui sont morts il y a moins de cent ans, sont déjà des anciens dans celles de la musique.

Quant aux arts plastiques, ils sont placés, au point de vue des droits qui nous occupent, dans des conditions toutes spéciales. A l'exception de la gravure, art exquis, mais subordonné, qui ne crée une propriété intellectuelle qu'en s'appuyant sur une autre propriété de même nature, ils ne produisent que des œuvres individuelles, et non des exemplaires susceptibles d'une reproduction indéfinie. La pensée s'y confond tellement avec la matière, qu'elle ne peut s'en détacher entièrement pour passer dans une copie. Un édifice, une statue, un tableau servira de modèle à un autre architecte, à un autre sculpteur, à un autre peintre ; un dessinateur ou un graveur en reproduira les lignes ou en retracera l'ensemble ; un photographe en demandera l'image à l'action chimique des rayons du soleil ; mais ni l'imitation ni la reproduction intelligente ou mécanique ne saurait tenir lieu de l'original. L'œuvre d'art ne reçoit donc pas une publicité véritable ; l'artiste, en la livrant, ne livre pas un de ces modèles que des milliers de copies peuvent répandre avec un égal mérite, et qui n'ont d'autre valeur que celle des matériaux et de la main-d'œuvre. Il peut y mettre le prix et se faire payer à la fois, par son unique acquéreur, du travail de son intelligence et de celui de ses mains. Il ne lui est pas interdit, d'ailleurs, de chercher une nouvelle source de revenus dans les reproductions de son œuvre, en ne les autorisant qu'à prix d'argent. C'est son droit évident, si elle est encore en sa possession, et, s'il l'a vendue, ce peut être l'objet d'une transaction entre lui et l'acquéreur. La société n'a pas à intervenir, par une décision spéciale, puisqu'il n'y a qu'un contrat entre deux individus, soumis aux conditions de tous les contrats, et non pas une restriction, dans l'intérêt d'un seul, à l'usage d'un bien déjà livré au public.

La société n'a pas non plus à intervenir pour garantir les droits du graveur : c'est par une convention particulière avec l'auteur ou le détenteur de l'œuvre originale qu'il acquiert le droit de graver ; c'est également par une convention particulière qu'il peut céder la propriété de ses planches, et, tant que lui ou ses ayants droit les gardent en leur possession, les exemplaires qu'ils livrent au public n'emportent pas avec eux un moyen matériel de reproduction et un instrument de concurrence.

On peut seulement se demander si le contrat par lequel l'artiste créateur, après avoir cédé ses ouvrages, se réserverait le droit d'en autoriser seul la reproduction, pourrait avoir des effets durables, surtout des effets perpétuels. Il est permis d'en douter; car, en dehors des édifices, dont la reproduction par le dessin, la gravure ou la photographie, n'a jamais été, que je sache, revendiquée comme une propriété par les architectes, il s'agit d'objets mobiliers, pour lesquels, en général, la possession vaut titre, et qui pourraient difficilement être grevés d'une servitude éternelle. Dans tous les cas, il ne conviendrait pas à la loi de garantir, par une exception formelle, la perpétuité ou même la durée de ce privilége, quand les autres productions de l'intelligence doivent se contenter d'un droit temporaire, et quand il ne s'agit que d'une faculté accessoire, en dehors de laquelle le talent ou le génie de l'artiste peut toujours trouver sa juste récompense.

On demande à la loi d'assurer les droits des artistes, dans l'intérêt de l'art lui-même, dont la dignité est, dit-on, compromise par de grossières reproductions. Mais, si ces droits étaient consacrés à perpétuité, ce n'est pas seulement la reproduction grossière, c'est toute reproduction qui se trouverait empêchée. Au bout de quelques générations, les œuvres d'un artiste auraient passé par tant de mains, que ses ayants droit en auraient le plus souvent perdu la trace, et que ceux qui voudraient les copier ou les graver ne sauraient, de leur côté, où s'adresser pour obtenir l'autorisation nécessaire. Que si l'on se contente d'une garantie temporaire, que devient l'intérêt qu'on prétend protéger? Après la mort de l'auteur, de grossières reproductions de ses œuvres ne sont ni moins à craindre ni moins outrageantes pour la dignité de l'art que de son vivant. Si notre délicatesse doit s'offenser d'une mauvaise lithographie d'après M. Ingres, pourquoi s'offenserait-elle moins d'une mauvaise lithographie d'après Raphaël ?

Je me sens, d'ailleurs, peu touché de ce prétendu intérêt de l'art. Je crois que ni M. Ingres ni Raphaël ne seraient amoindris parce qu'on pourrait vendre, pour deux sous, une affreuse enluminure qui se parerait de leur nom, et, quant à l'art lui-même, je ne vois pas qu'une imitation imparfaite d'un chef-d'œuvre lui soit plus dommageable qu'une imitation imparfaite de la nature.

Je ne suis pas de ceux qui croient l'honneur de la musique intéressé à réprimer la licence des orgues de Barbarie. Quand j'entends estropier un air en possession de mon admiration et de mon respect, je me contente de fuir ou de me boucher les oreilles, si je ne puis éloigner à prix d'argent le malencontreux musicien. Je souffre volontiers qu'un colporteur puisse offrir à des paysans, pour un prix modique, une mauvaise édition de Molière, sur mauvais papier et avec de ridicules illustrations, et je verrais jouer le *Misanthrope* dans une baraque de la foire, par des bateleurs ou par des marionnettes, que je ne crierais pas à la profanation.

Nous avons, en France, en dépit de l'esprit démocratique dont nous nous targuons, une façon tout aristocratique d'entendre la dignité de l'art. Nous élevons autour de nos chefs-d'œuvre, dans tous les genres, toutes sortes de barrières, pour les préserver d'une popularité où ils courraient risque de *s'encanailler*. Hier encore, le droit de jouer une pièce de Corneille ou de Molière était un privilége au sein du privilége, et, sous l'influence toujours persistante des mêmes préjugés, le principe nouveau de la liberté théâtrale est resté à peu près sans effet. En Angleterre, des théâtres de tout ordre affichent tous les soirs le nom de Shakespeare; des acteurs de bas étage jouent ses plus belles œuvres devant les matelots de la Tamise, ou, en province, devant des rustres entassés dans une grange, sans se voir accusés du crime de lèse-génie,

Et *sa* gloire en a crû, loin d'en être affaiblie.

X.

Parmi les nombreux systèmes qu'a enfantés, dans ces dernières années, la question de la propriété intellectuelle, il en est un qui a l'avantage d'écarter le monopole ou, du moins, de le restreindre à la jouissance des bénéfices que peut donner un ouvrage d'esprit, en laissant au public la disposition de cet ouvrage. D'après ce système, tout produit intellectuel, œuvre d'art ou de littérature, découverte scientifique, procédé industriel, une fois livré au public, ne donnerait lieu qu'à une créance, au profit de son auteur, sur tous ceux qui entreprendraient de le reproduire ou de l'imiter. Des jurys spéciaux, qui auraient des agents dans les principales villes, régleraient la part proportionnelle à payer aux auteurs sur les profits matériels dont le travail de leur pensée serait la première origine, et ils formeraient comme un conseil de famille pour juger en dernier ressort toutes les contestations. L'association des auteurs dramatiques, dans ses relations avec les directeurs de théâtre, a déjà mis en vigueur un système analogue; on pourrait l'appliquer aussi équitablement à toutes les œuvres créées par l'intelligence. Il n'y a rien là, en effet, qui ne soit conforme à l'équité, si l'on s'en tient au principe; mais, dans l'application, les difficultés nous paraissent telles, qu'elles mettraient sans cesse en péril les droits réciproques des auteurs et du public.

Les théâtres, dont on invoque l'exemple, sont des établissements à part, pour lesquels tout est public. Ce sont, de plus, ou du moins c'étaient jusqu'à ces derniers jours, des établissements privilégiés, en nombre nécessairement limité, sur lesquels peut s'exercer aisément la surveillance des agents de la propriété dramatique. Mais voyez dans quelles difficultés on s'est engagé, quand on a prétendu soumettre à l'application des mêmes règles et au prélèvement des mêmes droits les concerts et les autres réunions musicales, et jusqu'aux instruments ambulants. Ces prétentions, plus ou moins justifiées, ont été une source de procès, qui ont mis les tribunaux à la torture [1]. Qu'on se demande maintenant où l'on serait entraîné par une inquisition de ce genre étendue à toutes les imprimeries, à toutes les fabriques, à tous les ateliers.

Ne considérons, si l'on veut, que les livres, qu'on a presque toujours en vue quand on parle de propriété intellectuelle. Les conditions sont les mêmes pour leur publication que pour toute autre entreprise industrielle. Si elle est livrée à la concurrence, comme

---

[1] La question a été portée, en dernier ressort, devant le Sénat, et peu s'en est fallu qu'il n'ait décidé que le principe de la propriété était violé par une loi qui refusait d'étendre les droits des compositeurs ou de leurs cessionnaires, aux airs notés sur les planchettes des orgues de Barbarie, des serinettes et des boîtes à musique. (*Voir* le rapport de M. Mérimée et la discussion à laquelle il a donné lieu. — *Moniteur* des 8 juillet 1865 et 9 mai 1866.)

on le suppose dans le système que nous discutons, elle est soumise à toutes les chances de hausse et de baisse qui sont la loi du commerce. Tous les livres ne se vendent pas au prix porté sur leur couverture ; beaucoup sont donnés, dans l'intérêt même de leur succès ; beaucoup passent directement des magasins de l'éditeur à l'étalage à prix réduit des bouquinistes ; presque tous ont à supporter les remises qui sont faites aux intermédiaires ou aux acheteurs privilégiés. L'équité demanderait qu'on ne prélevât pas un droit fixe sur chaque exemplaire mis en vente, mais qu'on attendît un compte d'ensemble, un inventaire dressé après l'écoulement de l'édition. On pourrait alors faire la part des profits et des pertes, et, sur le revenu net, retenir la rétribution de la pensée créatrice. D'ici là l'auteur aurait le temps de mourir de faim !

Et encore s'il ne s'agissait que d'attendre ! Mais ce tardif règlement de comptes ne donnera pas toujours des bénéfices, et, si l'auteur n'a pas à partager les pertes, quand la publicité n'est pas de son fait, il sera toujours exposé à voir crouler ses espérances de rémunération. Supposons qu'il y ait des bénéfices, et même d'importants bénéfices, en dépit de la concurrence : le spéculateur heureux qui les a obtenus n'est-il pas en droit d'en retenir la plus grande partie, comme récompense de ses soins et comme dédommagement de ses risques ? Quel éditeur, et nous dirions aussi bien quel fabricant, s'il s'agissait d'un autre genre d'industrie, s'engagerait dans une entreprise où le gain est problématique, où la concurrence tend naturellement à le réduire à ses dernières limites, s'il devait supporter un prélèvement considérable sur ses profits éventuels ? Voilà donc, après avoir surmonté toutes les difficultés d'application, ce que deviennent, dans ce système, les droits des auteurs : ils ne consistent que dans des espérances, qui ne se réalisent pas toujours, qui ne se réalisent que tardivement, et qui doivent être extrêmement modérées, sous peine de décourager ceux-là mêmes sur qui elles reposent.

En défendant ce système, on a quelquefois demandé que le prix à payer aux auteurs sur chaque édition ou sur chaque exemplaire fût fixé à l'avance par une commission composée d'écrivains et d'éditeurs, ou même fût déterminé par la loi. C'est revenir à l'expropriation moyennant indemnité. Seulement ce sont les éditeurs, et non plus les contribuables, qui en supporteraient les frais. Laissons de côté les difficultés d'appréciation pour établir cette indemnité : on les élude, en la faisant fixer par la loi ; mais c'est alors l'équité qui est blessée, puisqu'on ne tient aucun compte des chances diverses de gain ou de perte. Nul ouvrage ne pourra être publié sans que l'éditeur se soumette à une redevance fixe, avant de savoir, je ne dis pas quel succès il peut espérer, mais quelles conditions résulteront pour son entreprise d'une concurrence sans limites. Qu'un écrivain vende plus ou moins cher un privilége qui lui est assuré, c'est un traité qui a sa raison d'être ; mais on demande aux éditeurs de traiter en aveugles, quand on veut qu'ils payent un prix déterminé pour une jouissance qu'ils partagent avec tout le monde.

Mieux vaut le monopole, même perpétuel. Avec le monopole, la propriété de toutes les œuvres durables sera acquise, tôt ou tard, par des éditeurs, qui auront intérêt à les publier pour retirer un revenu du capital qu'ils auront déboursé. Lors même que cette propriété serait encore aux mains des auteurs ou de leurs héritiers naturels, les droits qu'ils auraient à revendiquer ne seraient pas un obstacle à des éditions nouvelles, si elles avaient quelques chances de succès. Mais l'éditeur qui verra ses intérêts doublement compromis, et par une redevance à payer et par les hasards de la concurrence, reculera le plus souvent devant une entreprise dont les charges seront certaines et le bénéfice précaire. Ni le public ni les auteurs n'ont à gagner à ce système, qui réunit tous les inconvénients de la liberté et du privilége [1].

XI.

Revenons donc au monopole, en le ramenant à ses justes bornes. Le travail de l'intelligence a droit à un salaire, et, quel que soit le champ où il s'exerce, l'industrie ou la science,

---

[1] Le système de la redevance, greffé, au bout de cinquante ans, sur celui du monopole, avait trouvé place dans un projet de loi rédigé en 1863 par une commission qui comptait à sa tête trois ministres, et, dans son sein, quelques-uns des représentants les plus éminents de la ré-

l'art ou la littérature, le seul moyen équitable de lui assurer ce salaire, c'est de lui reconnaître un droit exclusif, illimité dans l'espace, mais borné dans le temps, sur l'exploitation et la publication des œuvres qu'il a mises au jour. Ce droit, dans les limites que nous lui avons tracées, n'appelle pas des lois nouvelles, encore moins des principes nouveaux, mais tout au plus quelques modifications aux règles tracées par les lois existantes. A nos yeux, la loi de 1844 sur les brevets d'invention est celle qui a le mieux compris les vrais principes, et qui en a fait l'application la plus saine. Ces principes se réduisent à trois règles générales :

1° Pendant un temps limité (cinq, dix ou quinze ans), l'inventeur jouit seul du droit d'exploiter les procédés pour lesquels il a pris un brevet (art. 1 et 4).

2° Pendant un temps plus limité (une seule année), les modifications ou les perfectionnements apportés à ses procédés ne peuvent être pour un autre l'objet d'une exploitation qui fasse concurrence à la sienne (art. 16).

3° Si le titulaire d'un brevet renonce à en faire usage après un certain délai (deux années), l'invention entre de plein droit dans le domaine public (art. 32).

Appliquons les mêmes règles aux autres branches de la propriété intellectuelle :

1° L'auteur d'un livre, d'une composition musicale ou de tou autre ouvrage d'esprit susceptible de publicité, pourra seul, soi. par lui-même, soit par ceux à qui il aura transmis ses droits, publier son œuvre et en retirer un profit pendant un certain nombre d'années, qu'il appartient à la loi de fixer.

2° Il sera également, pendant un laps de temps moins étendu, propriétaire des idées qui forment la matière de son œuvre, s'il peut établir que l'invention ou la découverte lui en appartient, et nul autre, dans le même laps de temps, ne pourra les transporter dans un autre ouvrage par voie d'imitation ou de traduction.

---

publique des lettres et des grands corps de l'État. Malgré l'imposante autorité de ses auteurs, cette combinaison hybride a échoué devant le bon sens du conseil d'État. Nous n'avons pas à nous occuper ici du nouveau projet, infiniment plus modeste, qui lui a été substitué; car aucune question de principe n'est engagée dans les modifications plus ou moins heureuses qu'il apporte aux lois existantes.

sans se rendre coupable à son égard du délit de contrefaçon.

3° Si l'auteur ou ses ayants droit laissent s'écouler un certain délai sans publier l'œuvre dont ils sont propriétaires, leur propriété sera prescrite au profit du domaine public.

Il n'est pas besoin de justifier ces trois formules; leur légitimité ressort de tout ce qui précède. Quant aux époques après lesquelles doit cesser ou se prescrire la propriété intellectuelle, elles ne peuvent évidemment être les mêmes pour les écrits ou les œuvres d'art que pour les brevets d'invention. Quinze ans peuvent suffire pour assurer le succès d'une invention et pour que son auteur trouve, dans une exploitation exclusive, le dédommagement des efforts qu'elle lui a coûtés et des risques qu'elle lui a fait courir : il est des livres d'une grande valeur dont, après quinze ans, la première édition n'est pas épuisée. Un brevet laissé sans usage pendant deux ans peut être frappé de déchéance : il y aurait autant d'absurdité que d'injustice à frapper de déchéance le droit de l'auteur ou de l'éditeur d'un livre, parce qu'il aurait laissé s'écouler, je ne dis pas deux, mais même dix années sans le publier. Il faut des dates différentes pour chacune des sphères entre lesquelles se partage la propriété intellectuelle, et, dans l'ordre seul de la propriété littéraire, les différents genres d'écrits pourraient autoriser de nouvelles différences. Nous ne prétendons pas indiquer même des chiffres approximatifs. Ce n'est plus, en effet, une affaire de raisonnement, mais d'expérience, et il y a lieu de tenir compte non-seulement des principes, non-seulement des intérêts mis en balance, mais des habitudes prises et des règles suivies jusqu'à ce jour. Pour nous, en traitant une question qui soulève de vifs débats, notre tâche était plus simple, quoique non moins délicate. Nous avions à défendre les droits véritables de l'intelligence contre des prétentions excessives et de généreuses illusions, qui ne peuvent que les mettre en péril quoiqu'elles se parent de leur intérêt. S'il n'était pas possible d'écarter les questions pratiques, nous ne devions du moins les discuter qu'autant qu'un intérêt moral était engagé dans leur solution. Sur ce point, comme sur tous ceux que nous ayons traités dans ces études, la seule règle absolue qui puisse enchaîner la liberté du législateur est le respect de la vie de l'âme.

FIN.

TABLE DES MATIÈRES.

	Pages.
INTRODUCTION	I
CHAPITRE Ier. — *L'individu et l'État*	1
I. Dans quelles limites les droits des individus sont subordonnés aux droits de l'État. — Droit de résistance et d'insurrection. — Les droits de l'âme	Ibid.
II. Responsabilité limitée de l'État. — Sa destination ; sa nature ; caractère essentiellement matériel de sa puissance	7
III. Rapports constants de l'ordre matériel et de l'ordre moral ; difficulté de les séparer	12
IV. Division des attributions de l'État. — Le droit civil ; sa détermination législative	13
V. La justice civile. — Le jury en matière civile	22
VI. La police et la juridiction administratives	26
VII. Le droit pénal ; ses limites morales. — Illégitimité des peines infamantes. — La justice pénale ; nécessité universelle du jury	28
VIII. Les services publics. — Services obligatoires : l'impôt	34
IX. Services personnels : devoirs des témoins et des jurés	37
X. Le service militaire ; limite morale de ses exigences	41
XI. Services facultatifs : les fonctions publiques ; indépendance relative à laquelle elles ont droit	45
CHAPITRE II. — *La famille*	55
I. Fondement de la famille : l'enfant	56
II. Origine de la famille : le mariage	59
III. Le mariage n'est pas un contrat	66
IV. Fondement de la suprématie légale du mari	67
V. Le mariage religieux. — Le mariage civil	69
VI. Obstacles au mariage : empêchements civils	73
VII. Empêchements naturels au mariage : l'inceste ; la polygamie	76
VIII. Illégitimité morale, légitimité légale du divorce	79
IX. La séparation de corps	89
X. Les droits des parents	94
XI. Les droits des enfants ; la majorité légale	98
XII. Dans quelles limites l'intervention de l'État dans la famille peut être légitime	101
XIII. Le conseil de famille	104

CHAPITRE III. — *La liberté d'enseignement*.................................... 107

I. La liberté d'enseignement considérée : 1° comme la forme la plus générale de la liberté de penser...................... 108
II. 2° Comme la condition de toutes les libertés de l'ordre pratique.. 111
III. Ses vicissitudes. — Indifférence constante dont elle a été l'objet.. 115
IV. Explication de cette indifférence. — Nécessité d'y remédier.. 121
V. Droits de la société religieuse sur l'enseignement............ 128
VI. Droits de l'État : surveillance.............................. 130
VII. A quel point de vue la surveillance des doctrines peut rentrer dans les attributions de l'État....................... 133
VIII. Indépendance légitime de la science : 1° dans l'ordre religieux.. 136
IX. 2° Dans l'ordre politique................................... 139
X. 3° Dans l'ordre moral....................................... 142
XI. Droit illimité de l'enseignement sur toutes les questions morales ou sociales....................................... 151
XII. Les examens publics. — Dans quels cas ils peuvent être obligatoires... 158
XIII. Des examens et des grades exigés pour l'enseignement libre.. 164
XIV. Les certificats d'études; motifs qui doivent les faire repousser.. 172
XV. L'enseignement primaire peut-il être obligatoire ?.......... 180
XVI. L'enseignement public ou l'enseignement donné aux frais de l'État... 191
XVII. L'enseignement public doit-il être gratuit ?............... 196
XVIII. La liberté d'enseignement dans les écoles publiques...... 198
XIX. Les universités. — Indépendance dont elles doivent jouir. L'Université de France dans sa période de liberté (1828-1846).. 206

CHAPITRE IV. — *La liberté de conscience*........................ 217

I. La liberté de conscience et la liberté religieuse ; dans quel sens elles se confondent................................. *Ibid.*
II. Caractère social de la liberté religieuse.................... 222
III. Ses vicissitudes... 225
IV. La liberté de conscience et le scepticisme : leur alliance de fait n'est pas une alliance de droit................... 227
V. Jusqu'où peut aller la liberté de conscience : 1° dans l'ordre moral.. 232
VI. 2° Dans l'ordre civil et politique.......................... 244

	Pages
VII. Impossibilité d'une séparation absolue de l'Église et de l'État.........	248
VIII. Les concordats; leur légitimité............	256
IX. Principes qui doivent présider aux rapports de l'Église et de l'État........	261
X. Liberté du prosélytisme. — Dans quelles limites le prosélytisme peut-il être légitime à l'égard de l'enfance?......	265

Chapitre V. — *La liberté de la presse*............ 271

I. Bienfaits de la presse comme auxiliaire et, jusqu'à un certain point, comme substitut de toutes les formes de la liberté de penser.........	272
II. Ses dangers.................	283
III. Dangers de l'arbitraire ou d'une législation exceptionnelle à l'égard de la presse.........	288
IV. Liberté légitime de la presse : 1° dans l'ordre moral et religieux.........	297
V. 2° Dans l'ordre civil et politique............	302
VI. Application des principes du droit commun à toutes les industries qui relèvent de la presse : 1° colportage ; 2° librairie ; 3° imprimerie.........	311
VII. La presse périodique............	317
VIII. Les délits de presse. — Compétence nécessaire du jury. — Publicité des procès de presse.........	326

Chapitre VI. — *La liberté d'association*............ 331

I. Vicissitudes du droit d'association ; défiance qu'il inspire.....	332
II. Ses rapports avec les autres droits, dont il est le complément nécessaire.........	339
III. Les associations politiques. — Les clubs............	343
IV. Le droit d'association et les intérêts de la morale...........	355
V. Les associations littéraires ou scientifiques............	358
VI. Les associations religieuses............	360
VII. Les associations de bienfaisance............	367
VIII. Le droit de réunion............	387

Chapitre VII. — *La propriété*............ 389

Sujet de ce chapitre : le droit de propriété envisagé au point de vue des intérêts moraux qui s'y rattachent.—Ses divisions : 1° la propriété matérielle, soit individuelle, soit collective ; 2° la propriété intellectuelle......... 390

Première partie. — *La propriété matérielle*............ 394

I. Fondement moral du droit de propriété, considéré comme une des garanties nécessaires de tous les devoirs, et surtout des devoirs de la famille............ *Ibid.*

II. Le droit d'hérédité et le droit de tester; leur limitation réciproque..	398
III. Ordre naturel des successions, d'après l'ordre des devoirs, non celui du sang. — Hérédité de la femme..............	404
IV. La prescription; sa légitimité..............................	408
V. Objections contre la propriété dans ses rapports avec les intérêts et les droits des non-propriétaires; réfutation de ces objections..	411
VI. Limitation légale du droit de propriété.....................	414
VII. La propriété des associations; sa légitimité; restriction nécessaire qu'elle doit recevoir dans sa durée.............	417
VIII. La propriété de l'État; son antériorité de fait à l'égard de la propriété individuelle.—Développement historique du droit de propriété..	432
DEUXIÈME PARTIE. — *La propriété intellectuelle*...................	448
I. Définition de la propriété intellectuelle; sa légitimité........	Ibid.
II. Sa dépendance à l'égard de la loi civile, qui peut seule assurer son existence..	451
III. Réfutation des théories qui attribuent à l'État un droit d'expropriation sur les ouvrages d'esprit........................	454
IV. La propriété intellectuelle n'implique pas la disposition des productions de la pensée, mais seulement la jouissance de leurs profits matériels..................................	458
V. De la durée de la propriété intellectuelle; réfutation des raisons de sentiment au nom desquelles on en réclame la perpétuité..	462
VI. Raisons de droit qui repoussent, pour les produits de l'intelligence, un monopole perpétuel...........................	468
VII. La propriété du fond dans les ouvrages d'esprit; durée nécessairement très-limitée qu'elle comporte. — Le droit de traduction.— Le fond dans les œuvres d'art : il ne saurait constituer une propriété....................................	471
VIII. La propriété de la forme; raisons qui s'opposent à sa perpétuité : 1° dans les œuvres littéraires......................	478
IX. 2° Dans les œuvres d'art....................................	486
X. Substitution d'une redevance à la propriété directe; vices de ce système..	489
XI. Conclusion : application à toutes les formes de la propriété intellectuelle des principes consacrés par la législation des brevets d'invention....................................	492

FIN DE LA TABLE.

ERRATA.

—

Page 5, ligne 20 : supprimez la virgule.
P. 7, l. 27 : *est*, lisez : *c'est*.
P. 13, l. 26 : après *si distants*, mettez une virgule.
P. 17, l. 4 : *il*, lisez : *on*.
P. 20, l. 2, et p. 21, l. 35 : supprimez la virgule.
P. 32, l. 3 de la note : *Humbold*, lisez : *Humboldt*.
P. 37, l. 3 : supprimez la virgule.
P. 38, l. 5 et 9 de la note : *Ces*, lisez : *Les* ; — *Le*, lisez : *Ce*.
P. 44, l. 2 de la note : *guere*, lisez : *guerre*.
P. 50, l. 30 : *dependante*, lisez : *dépendante*.
P. 55, au numéro VIII de l'argument, ponctuez ainsi : *Illégitimité morale, légitimité légale*.
P. 73, l. 30 : *l'observation*, lisez : *l'inobservation*.
P. 82, l. 4 : *plus*, lisez : *moins*.
P. 85, l. 36 : *il se heurte*, lisez : *l'interdiction légale du divorce se heurte*.
P. 110, l. 26 : *ni même de l'entrevoir*, lisez : *et il ne peut l'entrevoir qu'au moment de mourir*.
P. 112, première note : *Grænzen*, lisez : *Grænzen*.
P. 121, l. 26 : *si on ne la reçoit pas*, lisez : *si on la reçoit*.
P. 124, l. 11 : après *éducation*, mettez une virgule.
P. 126, l. 25 : *peut être*, lisez : *peut-être*.
P. 132, l. 30 : après *empêcher*, mettez une virgule.
P. 145, l. 17 : *prémices*, lisez : *prémisses*.
P. 154, l. 30 : *exigent*, lisez : *exigeant*.
P. 157, l. 6 : *exigente*, lisez : *exigeante*.
P. 172, l. 30 : après *la langue maternelle*, ajoutez : *les langues mortes*.
P. 174, l. 9 : mettez entre parenthèses : *c'est un point sur lequel nous aurons à revenir*.
P. 180, l. 16 : *un*, lisez *une*.
p. 184, l. 24 et 25 : supprimez : *quelque prix que nous y attachions*.
P. 192, l. 13 : *et*, lisez : *ou*.
P. 200, l. 26 : *exigente*, lisez : *exigeante*.

ERRATA.

P. 211, l. 12 : supprimez *enfin*.
— l. 24 : *nécessités*, lisez : *vicissitudes*.
P. 213, l. 33 : après *monopole*, au lieu d'un deux-points, mettez une virgule.
P. 221, l. 34 : après *réclamer*, ajoutez : *pour eux*.
P. 224, l. 11 : *Wassy*, lisez : *Vassy*.
P. 246, l. 44 de la note : *ses*, lisez : *vos*.
P. 252, l. 21 : *foi*, lisez : *loi*.
P. 309, l. 1 et 2 : *causes*, lisez : *exemples* ; — *produites*, lisez : *causées*.
P. 317, l. 5 : *comme*, lisez : *et*.
P. 354, l. 3 : supprimez la virgule.
P. 357, l. 23 : ponctuez ainsi : *dans la sphère de nos attributions légitimes, obligeons*, etc.
P. 360, l. 27 : *qu'il ses*, lisez : *qu'ils se*.
P. 366, l. 37 : supprimez le premier *même*.
P. 380, l. 17 : ponctuez ainsi : *qui leur sont attribués, mais des cœurs*, etc.
P. 421, l. 18 : au lieu d'une virgule, mettez un point.
P. 466, l. 11 : *la*, lisez : *La*.

Poitiers. — Imp. de A. Dupré, rue de la Mairie, n° 10.

EXTRAIT DU CATALOGUE.

BEAUSSIRE E., professeur à la Faculté des lettres de Poitiers. — Lectures philosophiques ou Cours de logique, extraites des auteurs dont l'étude est prescrite par l'Université. 1867, gr. in-18 jésus.   2 »

> Rédigé d'après le programme de logique en vigueur dans l'enseignement des lycées et pour l'examen du baccalauréat, de 1852 à 1865, cet ouvrage répond encore à presque toutes les questions du programme actuel de philosophie. Il fait connaître par des analyses et par des extraits étendus les ouvrages dont l'étude continue à être prescrite. Il offre, enfin, pour la dissertation française, les plus parfaits modèles.

BOUILLIER Fr., correspondant de l'Institut, inspecteur général de l'enseignement secondaire. — Histoire de la philosophie cartésienne, dans le XVIIe et dans le XVIIIe siècle, en France et à l'étranger. 1854, 2 vol. in-8°.   14 »

> Autour de Descartes et de Malebranche, comme adversaires ou comme disciples l'auteur de cette Histoire complète de la philosophie cartésienne a groupé tous les noms les plus illustres des XVIIe et XVIIIe siècles dans les lettres, dans la théologie ; il raconte toutes les fortunes diverses du Cartésianisme, les persécutions qu'il eut à subir, l'empire qu'il a exercé sur toutes les grandes intelligences du XVIIe siècle ; il explique les causes de sa décadence au XVIIIe siècle ; enfin, il consacre, ce qui doit intéresser particulièrement la Belgique, plusieurs chapitres à l'histoire du Cartésianisme en Hollande, patrie adoptive de Descartes.

CHAIGNET A.-Ed., professeur à la Faculté des lettres de Poitiers. — Les Principes de la Science du Beau. 1860, 1 fort vol. in-8°.   7 50

> Ouvrage honoré d'une mention par l'Institut (Acad. des sciences morales et politiques).

— De la Psychologie de Platon. 1862, in-8°.   5 »

> Ouvrage couronné par l'Académie française.

COUSIN (Victor). — Fragments philosophiques pour servir à l'histoire de la philosophie. 5e édition. — Philosophie ancienne. 1865, in-8°.   8 »

— Fragments philosophiques pour servir à l'histoire de la philosophie du moyen âge. 5e édition. 1865, in-8°.   8 »

— Fragments philosophiques pour servir à l'histoire de la philosophie. 5e édition. Philosophie moderne. 2 vol. in-8°.   16 »

DENIS J., professeur à la Faculté des lettres de Caen. Histoire des Théories et des idées morales dans l'antiquité. 1856, 2 vol. in-8°.   10 »

> Ouvrage couronné par l'Institut (Acad. des sciences morales et politiques).
> Cet ouvrage est autant une histoire que de la philosophie. L'auteur ne se contente pas d'exposer les principaux systèmes de morale enseignés dans l'antiquité ; il les rapproche sans cesse des sentiments publics, des idées reçues, des institutions, des lois, des mœurs et des croyances religieuses. Il poursuit la conscience morale dans les historiens, dans les poètes, les orateurs, du vocabulaire commun, le mot ancien schématisait, comme de lui-même, à la volonté, ce qu'il appelle les tiers acquis. Véritable histoire sociale, le livre de M. Denis n'est pas moins fait pour les gens du monde que pour les savants de profession.

DUFAU P.-A. — De la Méthode d'observation dans son application aux sciences morales et politiques. 1866, 1 vol. in-8°.   6 »

LENOEL Émile, docteur en droit, ancien secrétaire particulier du ministre de l'intérieur, etc. — Des Sciences politiques et administratives et de leur enseignement. 1865, in-8°.   6 »

> Ouvrage recompensé par l'Académie des sciences morales et politiques en 1864.

Poitiers. — Imp. de A. Dupré